Das Wesen und die Stellung

der

höhern Bürgerschule

von

C. G. Scheibert,

Director der Friedrich-Wilhelms-Schule in Stettin.

Berlin, 1848.

Verlag von G. Reimer.

Das Wesen und die Stellung

der

höhern Bürgerschule

von

C. G. Scheibert
Director der Friedrich-Wilhelms-Schule in Stettin.

Berlin,
Verlag von G. Reimer.
1848.

Vorrede.

Die weitläuftige Inhaltsanzeige möge die Vorrede vertreten, und zeigen, daß nicht blos Schulmänner vom Fache sondern auch alle diejenigen als Leser gedacht werden, welche den innern oder äußern Beruf haben, an dem Gedeihen und der Gestaltung des Schulwesens und der höhern Bürgerschule im Besondern Theil zu nehmen. Zur Verständigung für den Leser seien daher nur noch einige Bemerkungen über die Form der Darstellung erlaubt. Es ist absichtlich verschmäht, ein oberstes Prinzip für die Ableitung aufzustellen, vielmehr sollte dies von den Lesern selbst gewonnen werden. Darum wurden mancherlei Nebenbetrachtungen, Zwischenreden u. s. w. nöthig, um die nächst liegenden Einwendungen zurück zu weisen. Nicht minder wurden viele Wiederholungen durch den gewählten Gang der Betrachtung beabsichtigt, um den Leser dasjenige, was ihm so oft aus der Untersuchung her wieder vorkam, als ein wichtiges Moment anerkennen zu lassen. Da die Untersuchung dahin führte, den bisherigen Begriff einer höhern Bürgerschule aufzugeben, so mußte schon darum eine Würdigung der Bildungskraft einzelner Lehrgegenstände versucht werden, in der freilich das Allbekannte wegbleiben durfte, weil nicht für Anfänger auf dem didactischen Gebiete geschrieben wurde. Die umfassende Untersuchung über das Latein, die Muttersprache und das Abiturienten-Examen konnte nicht vermieden werden. Die neue Lebens-Sphäre der Schule, welche hier mit Schulleben bezeichnet worden ist, und die veränderte Unterrichtsform, welche freier Unterricht genannt worden ist, hat freilich im Verhältniß zu den übrigen Theilen eine breitere Ausführung finden müssen, um durch Darlegung des Einzelnen den Gedanken über jedes Mißverständniß weg zu heben, ihn aber auch in seiner Bedeutsamkeit für die höhere Bürgerschule darzulegen. Der letzte Theil war unerläßlich, weil es sonst den Schein gehabt hätte, als ob hier ein Unmögliches von einer Schule gefordert, und nicht an die Schwierigkeiten gedacht wäre. Wenn nun aber dem Leser aus den Wünschen des letzten Theiles eben die Ueberzeugung entgegentritt, daß solche Schule noch lange werde wünschen müssen, ehe sie zur Erscheinung kommen dürfte, so ist das auch des Verfassers vollkommene Ueberzeugung. Dem Buche fehlt somit noch entschieden ein Theil, welcher die Frage beantwortet, wie weit sich heute die Idee schon annähernd realisiren lasse. Doch er wurde weggelassen und kann auch so lange fehlen, bis erst die öffentliche Stimme sich über die Idee selbst ausgesprochen hat. Es fehlt ferner der Theil über die Erziehung in der Schule; doch durfte dieser um so eher wegbleiben, als die Richtung derselben in dem Werke: Gymnasium und höhere Bürgerschule. Berlin b. Reimer 1836, vollständig angedeutet ist. Ohnehin würde eine vollständige Ausführung ein ganzes Buch für sich ausmachen. Schließlich möge der Wunsch ausgesprochen werden, daß der Gedanke beherzigt und beurtheilt werden möge von Männern, denen die Sache und nicht blos der Gedanke über die Sache am Herzen liegt.

Zur Verständigung ist noch Folgendes nöthig. Die Grundgedanken sind entsprungen mitten in der Schule und aus ihr heraus, erarbeitet und geprüft sind sie im Einzelnen mit den Collegen und waren so zunächst ein Hausschatz. Die erste Zusammenstellung in Umrissen, die Sichtung und tiefere Begründung veranlaßte ein Hohes Königliches Ministerium. Diese Anregung führte noch zu einer weitern Verarbeitung mit den Collegen. Die Berührung und der Verkehr mit Schulmännern und Literaten drängte zu einer Veröffentlichung. Sie sollte in vereinzelten, für sich bestehenden Abhandlungen geschehen. Die Wünsche der nahen und fernen Collegen forderten ein Buch; Umstände, innere und äußere, erheischten eine Beschleunigung; eine gänzliche Umarbeitung war mehr aus innern als aus äußern Zuständen nicht mehr möglich, und so tritt das Werk in einer Zwiegestalt auf, welche der Durchsichtigkeit geschadet hat. Möge die unvollendete Form nicht dem Gedanken einen Abbruch thun bei den Lesern.

Stettin, den 14. Novbr. 1847.

Nachrede.

Das Werk war vollendet im November des Jahres 1847, es tritt ins Publicum nach den Tagen des 18. und 19. Märzes dieses Jahres. Was ich in jener Zeit als Stellung des Bürgerstandes angedeutet, das ist heute zur Wirklichkeit geworden. Absichtlich ändre ich heute nichts mehr an dem Buche, damit man aus ihm ersehe, wie richtig oder falsch ich die Zeit erkannt habe; aber auch daraus den Schluß ziehe, daß die in diesem Werke construirte höhere Bürgerschule kein leeres Gedankending sei, es nicht bleiben dürfe. Mag nun auch ein andrer Mann der Erfahrung eine Bürgerschule für die mechanisch arbeitenden Bürger entwerfen.

Stettin, den 27. März 1848.

Inhalt.

Erster Theil.

Die Aufgabe der höhern Bürgerschule.

1. Abschnitt.

Der Begriff von allgemein bildenden Schulen.

§. 1. Der bisherige Begriff von allgemein bildenden Schulen ist nicht haltbar.

§. 2. Man muß Berufs- Geschäfts- und Kunstschulen unterscheiden; die Berufsschüler sind die, welche bisher als allgemein bildende galten, und eine Bildung anbahnen, welche sich zum Lebensfactor erhebt.

§. 3. Denn die Schulen sind nicht blos Producte des Lebens sondern auch ein wichtiger Factor in ihr.

§. 4. Trotz dem hat jede Schule eine Sonderbildung zu geben, welche durch die künftige Lebensstellung der zu bildenden Jugend d. h, durch den Beruf bestimmt wird.

§. 5. Der Beruf umfaßt aber die Befähigung des Menschen, von dem Geschäftskreise als dem Mittelpuncte aus alle möglichen Lebensbeziehungen zu erfassen.

§. 6. So haben viele Geschäfte für den Menschen noch einen ganz gleichen Berufskreis. Wenn nun das neu sich gestaltende Leben bestimmt ausgeprägte Berufskreise aufweist, so wird die Nachweisung derselben die Nothwendigkeit neuer Berufsschulen dargethan haben. Ein solcher neuer Gedanke ist die Volks-Individualität, ein andrer das Bürgerthum, ein andrer das Gewicht der Industrie und des Gewerbes.

§. 7. Sollten sich nun hiefür die geistigen Kräfte, welche etwa den Schulen zur Uebung überwiesen werden könnten, auffinden und so die Nothwendigkeit einer neuen Berufsschule darthun lassen, so entsteht für die Jugend ein Bedenken wegen der zu frühen Entscheidung für den Beruf, welches aber eben am entschiedensten durch Anlegung der verschiedenen Berufsschulen sich hebt, indem man nur für einen möglichen Uebergang aus der einen in die andre Sorge trägt.

2. Abschnitt.

Lebensboden der höhern Bürgerschule.

§. 8. Die in §. 6 dargelegte Möglichkeit für eine neue Berufsschule ist in der höhern Bürgerschule schon zur Wirklichkeit geworden. Sie ist von bestimmten Klassen des Bürgerstandes ausgegangen;

§. 9. hat also auch ihrer Aufgabe nach keine Beamten auszubilden;

§. 10. ist auch durch die Uebernahme der Bildung dieser in ihrer Entwicklung aufgehalten worden. Darum muß ihr Feld ohne Rücksicht auf Beamtenbildung aufgesucht werden.

§. 11. Der Berufskreis des erwerbenden Bürgers ist zu finden in seiner a) gewerblichen, b) staatlichen, c) socialen und d) Einzel-Stellung.

§. 12. a. In gewerblicher Beziehung fordert er 1) einen practischen Sinn; 2) eine künstlerische Productivität; 3) eine Tüchtigkeit im Geschäfte; 4) die Fähigkeit des Geistes und Herzens, menschliche Kraft und menschliche Zustände zu würdigen; 3) die Befähigung, die realen Zustände einer Zeit aufzufassen.

§. 13. b. In staatlicher Stellung fordert er neben einer Productivität auf dem realen Gebiete 1) die Befähigung, die realen Zustände bis in die Elemente hinein aufzufassen; 2) das Bewußtsein eines Berufes zur thatsächlichen Mitwirkung an der immer weitern und reichern Entfaltung der Staatsidee; 3) Gemeinsinn; 4) ein lebendiges National-Intresse; 5) die Befähigung zum geistigen Durchdringen der realen Zustände; 6) die Befähigung, einen gegebenen Gedanken auf reale Verhältnisse anzuwenden; 7) ein Intresse für die höchsten Güter des Lebens.

§. 14. c. Für die sociale Stellung bedarf er 1) ein theilnehmendes Herz für die Menschheit; 2) ein reges Intresse für die höchsten Güter der Menschheit; 3) die Befähigung, die Blüthen der National-Cultur zu pflücken und zu genießen; 4) die Befähigung, in den Gedankengang, der allgemein menschliche Intressen ohne Schulsprache darstellt, einzudringen; 5) die geistige Bildungshöhe, welche sich an dem wahrhaft Schönen erfreuen und an der durch die edle Kunst dargestellten Idee erheben kann; 6) Geschmack; 7) die Freude an der Tüchtigkeit und die Treue im Kleinen.

§. 15. d. Für die Einzel-Stellung thut Noth 1) Religion, Sittlichkeit, Liebe zum Vaterlande und Herrscherhause rc.; 2) eine Selbstständigkeit im Urtheile; 3) Geschmack; 4) ein Mittelpunct für den Geist in der Erkenntniß des Nationalen; 5) eine in sich abgeschlossene und Befriedigung gewährende Bildung; 6) eine erstarkte Willenskraft.

3. Abschnitt.

Ermittlung der Aufgabe der höhern Bürgerschule.

§. 16. Die Forderung des bürgerlichen Lebens (§. 11—15) sind nun auch die Forderungen an die Schulen, und wie fern die Möglichkeit zu denken ist, diesen in einer Schule zu genügen, so ist damit auch die Berechtigung zu einer neuen Berufsschule dargethan. Ob sie aber spezifisch verschieden sei, und worin ihr Spezifisches vor andern Berufsschulen liege, also worin ihre Berechtigung liege, sich als besondere Anstalt hinzustellen, das bedarf in der heutigen Zeit noch einer Untersuchung.

§. 17. Zuvor wird nun noch die Frage, ob denn auch die Bürstände dasselbe forderten, oder doch ähnliche Ansprüche machten, bejaht;

§. 18. §. 19. aber die in ihr zu bildende Jugend bedingt noch ein bedeutsames Moment für sie, nämlich einen nicht unwesentlichen Theil der Erziehung zu übernehmen.

§. 20. Das, was nun die höhere Bürgerschule vom Gymnasium unterscheidet, ist auf dem intellectuellen Gebiete 1) das Beharren am Realen und das Entwickeln aus ihm, und das Zurücktreten des rein Wissenschaftlichen, wodurch zugleich für sie eine eigenthümliche Methode — die naturhistorische — bedingt wird. Dahin gehört 2) die abzuschließende Bildung, wodurch ihr

Ziel und Schluß, also die natürliche Begrenzung ihrer Lehrgegenstände bedingt wird, sie ist Gymnasium und Universität zugleich; 3) die Einweihung in das Nationale als den geistigen Mittelpunct des Bürgers.

§. 21. Auf dem ethischen Gebiete zeigt sich das Spezifische der höhern Bürgerschule darin 1) daß Religion mit kirchlichem Sinne verbunden sein soll, 2) daß Treue im Kleinen, 3) ein lebendiger Nationalsinn, 4) ein Gemeinsinn, 5) ein practischer Sinn, 6) Geschmack als Trieb zur schönen That, 7) ein thatkräftiger Wille angeübt sein soll, woraus sich dann ergiebt, daß eine höhere Bürgerschule noch ein Schulleben haben muß, in welchem möglichst getreu die im bürgerlichen Leben geltenden Factoren zur Uebung und Geltung kommen können.

§. 22. 23. Die Gymnasien haben eine wesentliche andre Aufgabe, wenn sie eben reine Gymnasien bleiben und nicht die höhere Bürgerschule mit in sich aufnehmen wollen. —

Zweiter Theil.

Schulunterricht.

1. Abschnitt.

Ermittlung der Lehrgegenstände.

§. 24. Da die höhere Bürgerschule nicht für die Wissenschaft vorbildet, auch nicht für ein Geschäft, sondern vielmehr eine ganz eigenthümliche geistige und ethische Aufgabe zu lösen hat, so müssen alle bisherigen Lehrgegenstände in Frage gestellt werden, ob sie für diesen Zweck noch brauchbar sind.

§. 25. a. Der Religionsunterricht bleibt an Bibel und kirchlichen Institutionen.

§. 26. b. Das Nationale fordert 1) ein Eingehen in die Literatur (nicht blos klassische und ästhetische) und das bedingt 2) grammatische und historische Kenntniß der Sprache, zum Vergleich auch die grammatische Kenntniß einer fremden Sprache und die Kenntniß einer fremden Literatur, ferner einen Unterricht über griechische und römische Mythologie und Kunst und in der empirischen Psychologie. Das Nationale fordert ein Eingehen in die Staatsgeschichte und damit eine nach allen Seiten hin erweiterte Volksgeschichte, als Hülfswissenschaft dazu Geographie, und eine Einweihung in die Geschichte fordert wieder historische Kenntniß der Muttersprache, und eine Spezialgeschichte eines fremden Volkes. Es fordert das Nationale 3) ein Kunstmuseum über deutsche Kunst und ein Antiquitäten-Cabinet und Gesang.

§. 27. c. Die Geschmacksbildung fordert 1) einen Unterricht in der ästhetischen Literatur und Kunst, in der klassischen Literatur möglichst vieler fremder Völker; 2) die Uebung in der Kunst und zwar Schreiben, Zeichnen, Musik.

§. 28. d. Die Unterrichtsgegenstände, an denen der Schüler an das unvergeistigte Reale gestellt wird, um es eben zu vergeistigen, sind 1) neben Zeichnen nach der Natur die Naturwissenschaften, welche zerfallen in Naturbeschreibung, Physik, Chemie. Die geistige Sprache für die Natur ist 2) die Mathematik, und vornemlich die angewandte, sie fordert als Hülfsunterricht das Rechnen. Es gehört zu diesen Unterrichtsgegenständen 3) der deutsche Aufsatz mit einem Erfahrungsunterricht.

§. 29. Um den Schüler zu befähigen, einen gegebnen Gedanken auf reale Verhältnisse richtig anzuwenden, dazu gehört namentlich ein Schulleben.

2. Abschnitt.

Abwägung und Begrenzung des Lehrstoffes.

§. 30. Die Bestimmungen, wonach die Abwägung geschehen muß.

§. 31. Der Widerspruch, daß nur eine und viele fremde Sprachen zu lehren seien, führt zur Aufstellung der Gesichtspuncte, wonach die Entscheidung der Wahl der einen oder der andern Sprache für den Unterricht zu treffen sei. Um aber die Entscheidung treffen zu können, muß unterschieden werden der reine Sprachunterricht und der angewandte oder gemischte.

§. 32. Der reine Sprachunterricht giebt formale Bildung oder übt in der Form, und darum ist diejenige die beste für den Unterricht, welche der Muttersprache am fremdartigsten gegenüber steht.

§. 33. Der gemischte Sprachunterricht hat drei Seiten zu unterscheiden: 1) die Vorstellung mit dem richtigen Worte in der fremden Sprache, 2) die Gedankenverbindung in der richtigen Construction, 3) die Metaphern und Bilder in den entsprechenden Metaphern und Bildern der fremden Sprache wieder zu geben. Bis zu dieser letzten

Höhe muß der Unterricht vordringen können, wenn er das Mittel sein soll, die eigene Nationalität zu erkennen.

§. 34. Die practische Erlernung der Sprachen hat nur Nutzen, wenn eine schon gründlich grammatisch erlernt ist, und daher der Schluß: eine Sprache gründlich, so viele wie möglich auf mehr practischem Wege zu lehren.

§. 35. Diese eine Sprache kann nicht die Muttersprache sein, um an ihr Grammatik zu lehren, sondern an sie muß die grammatische Erkenntniß herangebracht werden. Der Unterricht in der Muttersprache muß darin bestehen, daß sie als eine gewußte gehandhabt wird, also beim Erfahrungsunterrichte, und beim Eindringen in das Nationale, er muß also die historische Seite der Sprache umfassen, also Etymologie.

§. 36. Die Entscheidung fällt nun dahin aus, daß für den reinen Sprachunterricht die lateinische Sprache, für den gemischten Sprachunterricht eine neuere und zwar zunächst das Französische zu wählen sei.

§. 37. Die Geschichte und Literatur hat nur in das Nationalleben und den Nationalgeist einzuführen, und muß den Schüler in demselben beschäftigen, ihm Arbeit darin geben.

§. 38. Die Geographie ist zu scheiden in einen reinen Theil, der die ruhende Oberfläche beschreibt, und einen gemischten, der die vorgegangenen Veränderungen mit umfaßt. Im reinen Theile gehört sie zu den Zweigen des Unterrichtes, durch welche der Schüler unmittelbar an das Reale gestellt wird, und ist darum für die höhere Bürgerschule wichtig und wesentlich; die übrigen Zweige, wie sie auch heißen mögen, gehören in andre Unterrichtszweige oder gehören gar nicht auf die höhere Bürgerschule.

§. 39. Die Mathematik, als die geistige Sprache für die Natur, muß darum in ihrer ganzen Reinheit und streng wissenschaftlich gelehrt werden (die vorbereitenden Raumanschauungen gehören nicht hieher, sondern sie erweitern das Bildungsfeld der Topographie und aller der Gegenstände, welche den Geist mit dem unvermittelten Realen beschäftigen), aber nach den Ergebnissen streben, welche Naturgesetze aufzuschließen im Stande sind, und diese wirklich rein geistig erschließen und so auf diesem Gebiete zu einer abgeschloßnen Bildung führen.

§. 40. Das zur Mathematik gehörende und ihr vorarbeitende Rechnen hat eine Wirklichkeit mit der Rechensprache zu begreifen oder jene in diese einzuformen, mit diesem Ziele ist seine Aufgabe gelöst; es endet, wenn die Mathematik neue Formen zum Befassen der Wirklichkeit gewonnen hat.

§. 41. Von den Naturwissenschaften kann eine höhere Bürgerschule nur Botanik bis zur Gewinnunng des Systems treiben; Physik bis zu selbst gefundenen Naturgesetzen ohne Bestreben irgend welcher Vollständigkeit, und bis zur Vermittelung des Naturgesetzes mit der Sprache der Mathematik; Chemie nur anorganische.

§. 42. Die Religion als Unterrichtsgegenstand hat nur zwei Zweige, Kenntniß der Bibel und Kenntniß der Kirche, und die Bibelkenntniß umfaßt 1) das Leben und Handeln der biblischen Personen und Christi, 2) das Leben, Leiden, Lehren Christi, und das Leben und Lehren der Apostel. Die Kenntniß der Kirche, so weit sie historisch geworden ist, gehört in die Geschichte.

§. 43. Uebersicht der Unterrichtsgegenstände in ihren Grenzen.

3. Abschnitt.

Vertheilung der Lehrgegenstände.

§. 44. Die Vertheilung der Unterrichtsgegenstände ist bedingt durch das Wesen und die Stellung und den Zweck der Schule, und durch die geistigen Zustände in den verschiedenen Altersstufen.

§. 45. Rechtfertigung dieser Bestimmungsgründe für eine höhere Bürgerschule im Besondern.

§. 46. Vorkenntnisse für die Aufnahme; Stundenplan für die untere Lehrstufe, d. i. VI. V. IV. Klasse und Lectionsplan für Sexta.

§. 47. Lectionsplan für Quinta.

§. 48. Lectionsplan für Quarta. Wie Musikunterricht in der Schule denkbar ist.

§. 49. Rechtfertigung des etwa Auffälligen.

§. 50. Stundenplan für die mittlere Lehrstufe d. i. III. u. II. Klasse, Lectionsplan für Tertia.

§. 51. Lectionsplan für Secunda.

§. 52. Rechtfertigung des Auffallenden.

§. 53. Stundenplan und Lehrplan für die obere Lehrstufe für Prima.

§. 54. Rechtfertigung des Auffälligen und Rückblick auf das Ganze.

4. Abschnitt.

Methode des Unterrichts.

§. 55. Allgemeine Grundzüge für die Methode in den höhern Bürgerschulen.

Dritter Theil.

Das Schulleben.

1. Abschnitt.

Das Schulleben sich am Unterrichte entwickelnd.

2. Abschnitt.

Das Schulleben in der Vereinzelung am Unterrichte sich entfaltend.

Erster Theil.

Aufgabe der höhern Bürgerschule.

I. Abschnitt.

Die allgemein bildenden Schulen.

§. 1. Der Begriff von allgemein bildenden Schulen ist in neuern Zeiten bei dem Kampfe über Wesen, Ziel und Zweck der höhern Bürgerschulen so in den Vordergrund getreten, daß er unmöglich noch umgangen werden kann, wenn von Schulorganisationen die Rede sein muß. Man begreift darunter bisweilen Schulen, welche Kenntnisse und Fertigkeiten geben, deren Besitz jedem Menschen ohne Rücksicht auf seinen künstigen Beruf entweder unerläßlich oder doch wünschenswerth ist. Auch versteht man im höhern Sinne solche Schulen darunter, welche diejenigen geistigen Vermögen anbauen und kräftigen, die den Menschen als Menschen stempeln und in deren engern oder weitern Entwicklung der Mensch als solcher eine niedere oder höhere Vollendung seines Daseins erreicht. Seit nun die höhern Bürgerschulen auch auf diesen Ehrennamen einer allgemein bildenden Schule Anspruch gemacht haben, hat nicht selten die unausgesprochene Ansicht das Wort geführt, welche unter dem Begriffe „allgemein bildend" eine Schule sich vorstellt, in welcher alle diejenigen geistigen Kräfte des Menschen angebaut würden, welche als die allgemeinsten und gleichsam als die Grundfactoren des gesammten geistigen Lebens angesehen werden müßten. Aus diesem Begriffe her hat man nun mit mehr oder minder klarem Bewußtsein einen nothwendigen Unterrichtsstoff und ein nothwendiges Unterrichtsziel hergeleitet, womit sich dann nur wieder diejenigen einverstanden erklären können, die diesen gesetzten Begriff ohne eine weitere Prüfung als wahr annehmen. So konnte denn auch die Folgerung, daß es nur eine Art von allgemein bildenden Schulen geben könne, als eine nothwendige sich Anerkennung verschaffen. Wiefern nun die Gymnasien den Begriff einer allgemein bildenden Schule für sich in Anspruch nahmen, mußte auch jede andere Anstalt von andrer Art ihnen mit demselben Aushängeschild verdächtig, wenn nicht gar noch schlimmer erscheinen. Da es nun hier nicht Zweck ist, den Schulstreit über den Begriff durchzukämpfen, so wird ein eigner Weg der Betrachtung eingeschlagen werden müssen, der freilich als ein unbetretener auch mühsamer zu wandern sein wird, aber hoffentlich auch um das fremde Gebiet und so um den Streit hinwegführt. Es wird sich auf demselben die Ansicht herausstellen, daß das, was das Gymnasium als ein Allgemeines hinstellt, nun eben sein Besonderes ist, denn es scheint darin der Fehler der Gedankenableitung und Beweisführung zu liegen, daß man die Richtung des Gymnasiums auf die allgemein geistige Ausbildung in seinem Sinne nicht als das Besondere des Gymnasiums sondern als ein allgemein Menschliches und darum als das alleinige Ziel der allgemein bildenden Schulen aufgefaßt hat. Um aber gleich anzudeuten, wohin die Untersuchung steuert, sei hier gleich bemerkt, daß die Zurückweisung des Begriffs von allgemein bildenden Schulen das Endziel der Untersuchung sein wird.

§. 2. Wie man ein und dasselbe Gewächs anbauen kann, entweder um in den an sich vielleicht ganz ungenießbaren Früchten den reifen Keim als Saat zu benutzen, oder um mit den anderweitigen nährenden und sonst verwendbaren Pflanzentheilen irgend welches leibliche Bedürfniß zu befriedigen, oder endlich um sich an dem schönen Wuchse und schöner Blüthe eine Zierde und mit ihr sich einen Genuß höherer Art zu verschaffen, so sind auch im Wesentlichen dreierlei Schulgattungen zu unterscheiden nach den Zwecken, die sie im Anbau der jungen Pflanzen des menschlichen Geschlechtes verfolgen. Sie mögen vorläufig Berufs- Geschäfts- und Kunstschulen heißen. Als Berufsschulen gelten die Volksschulen und das Gymnasium mit der Universität, als Geschäftsschulen die Militair- Landwirths- Gewerbe- rc. Schulen, als Kunstschulen die Bau- und andere Kunst-Akademieen. Die erstere Gattung erzielt in dem jugendlichen Geiste einen Fruchtkern — Religiösität, Bewußtsein vom Geistesleben und seiner höhern Bedeutsamkeit, wissenschaftlicher Sinn rc. rc. — der wie etwa eine Raumlehre oder Grammatik oder Kenntniß der alt klassischen Sprachen rc. an sich unverwendbar ist, der aber, mit seinem reifen Keime in den Lebensboden gesenkt, die elementaren und gleichsam anorganischen Kräfte des Volkslebens in einen organischen Lebensprozeß ziehen und sie zur Mitwirkung für ein höheres Lichtleben erwecken soll und sich so zum Lebensfactor erhebt. Die zweite Gattung sucht Kenntnisse und Fertigkeiten zu erzielen, welche im Leben unmittelbar verbraucht und fürs Bedürfniß und im Geschäfte selbst verwendet werden sollen; die dritte schafft nur eine Bildung für die höheren, das Leben verschönernden geistigen Intressen. Wie man nun aber auch an der so genannten Saatstaude Blätter und Wurzeln rc. hat und an den Nährstauden wie an den Ziergewächsen auch Früchte hat, so giebt es auch keine solche gänzliche Scheidung der Schulgattungen weder in der Wirklichkeit noch im Bereiche der Möglichkeit. Es bleibt ja der Mensch in seiner besondersten Ausbildung immer noch Mensch und in der allgemeinsten bleibt er stets ein besonderer. Die Schulen stehen um so höher für die Entwicklung des menschlichen Geschlechtes, je mehr sie sich der ersten Gattung nähern und Lebenskeime anbauen, welche als die eigentlichen Factoren des Einzel- wie Gesammtlebens auftreten; sie stehen um so tiefer, je mehr sie nur für das niedere Bedürfniß berechnet sind, und im Dienste des Erwerbens und Gewinnens oder einer bestimmten Beschäftigungsart stehen. Wenn z. B. die Militairschule nicht blos die militairischen Kenntnisse und etwanigen Fertigkeiten auf dem Kunstgebiete und ein nach diesem Zwecke nothwendiges und nach ihm abgemeßnes Wissen, sondern zugleich einen so genannten militairischen Sinn der unbedingten Subordination, der Ehrenhaftigkeit, der Treue an König und Vaterland rc. zu gewinnen sucht, so hat sie in diesen letzten Dingen sich über die enge Schranke der Geschäftsschule hinweg und zur Berufsschule erhoben, indem auch sie Keime in dem Geiste der Zöglinge gereift hat, welche als die Factoren des Besonderlebens und als die innern Träger uud Förderer der höhern Lebensäußerungen dieses Standes angesehen werden müssen. Wenn die Handwerkerschulen, um noch an einem zweiten Beispiele die Sache zu erläutern, außer einer mechanischen und technischen Fertigkeit und Gewandtheit in Verwendnng der Mittel auch noch einen Schönheitssinn, einen practischen auf wissenschaftliche Kentnisse gestützten und durch reiche Combinationen geübten Erfindungsgeist, und Treue und Sorgsamkeit rc. anbauen, so haben sie sich in dieser Beziehung zu Berufsschulen erhoben, indem sie geistige Potenzen angebaut haben, welche als die eigentlichen Saatkörner dieses Standes denselben zu einem höhern Leben treiben. Andrerseits aber auch, je mehr die Berufsschulen auf das künftige Standesleben d. h. auf die Beschäftigungsart in demselben hinwirken und für diese letztere Fertigkeiten und Kenntnisse zu gewinnen suchen, desto tiefer sinken sie von ihrer Höhe herab und werden um so mehr Geschäftsschulen. —

§. 3. Da es hier für unsern Zweck nur vornehmlich darauf ankommt, die Schulen der ersten Gattung ihrem Wesen nach genau zu bestimmen, weil die beiden andern Gattungen mit ihren Arten sich von selbst characterisiren, so wird es zunächst der Frage gelten müssen, ob in den beiden gedachten Anstalten, der Volksschule und dem Gymnasium mit der Universität, wirklich Lebensfactoren angebaut würden. Der Mittelpunct und der Kern der Volksschule ist Religiösität und kirchlicher Sinn, der des Gymnasiums ist neben jenem noch Stärkung der Erkenntnißkraft und wissenschaftlicher Sinn. Beide Elemente heben nicht blos den Menschen selbst aus dem Kampfe mit den irdischen Mächten heraus, indem sie ihm die Gewalten der Physis als dem höchsten göttlichen Willen unterthan oder dem geistigen Constructionsgesetze gehorsam nachweisen, ihm so die einzig wahre menschliche Würde wahren, ihn aus der vernichtenden oder niederbeugenden Gewalt der Nothwendigkeiten erheben und so ihn wahrhaft frei machen; sondern sie durchwirken seinen ganzen Geschäftskreis durch und durch mit einem höhern Lichte, und bringen sein ganzes Thun entweder in einen unmittelbaren Gehorsam gegen einen göttlichen Willen oder stellen es ihm als einen Dienst für eine höhere geistige Idee des Lebens dar; ja sie nöthigen ihn von Innen heraus entweder in einem unmittelbaren göttlichen Antriebe oder getragen von und begeistert für die Lebensidee auch um sich her diesem göttlichen Willen oder dieser Idee Gestalt und Schöne zu verschaffen. So werden sie Factoren des Lebens. Daß diese Schulen nicht Producte des Lebens sondern Factoren sind, das weiß die Weltgeschichte. Jeder, welcher einen tiefer greifenden Einfluß auf das Leben zu gewinnen gesucht hat — man denke nur an die Jesuiten — der hat nach der Volksschule und dem Gymnasium seine Hände ausgestreckt, nicht aber nach den Geschäfts- und Kunstschulen. Mögen diese Anstalten in ihrer äußern Gestaltung und ihrer rechtlichen Stellung und in ihrer Methodik Producte der Zeit sein; aber Niemand wird doch behaupten, daß das germanische Leben ein Christenthum und eine alt klassische Bildung und Lebensanschauung geboren. Sind dieses aber nicht die bedeutendsten Factoren des geistigen ja des staatlichen Lebens der Neuzeit gewesen? Und waren es nicht etwa die Schulen, wodurch diese Lebenspotenzen die Möglichkeit einer Lebenserweckung und Lebensumgestaltung gewannen? Nur zu gewiß findet der Geist, welcher in diesen Schulen weht und die Idee, welche in ihnen kreiset, in dem Boden des Volks- und Staatslebens alle diejenigen elementaren Kräfte vor, durch deren Erweckung sie selber zum Lichte hervorgetrieben und zum Baum gekräftigt wird. Demgemäß wird nun Alles in den Kreis der Bildung und des Unterrichts dieser Schulgattung gehören, was sich als Factor geltend machen kann. So befähigt die Volksschule mit der Verstandes- und Sprachbildung und mit einer Kenntniß der vaterländischen Geschichte und der vaterländischen Institutionen den Menschen, sich auch an höhern menschlichen Intressen zu betheiligen und sucht ihm durch die Beschäftigung auf diesem Felde eine Neigung für dieses Theilnehmen als Geleitsmann aus der Schule her mit zu geben; sie nöthigt ihm durch sittliche Uebungen an dem Unterrichtsstoffe und durch Gewöhnungen in der Zeit der Jugend einen zuverläßigen treuen Gefährten auf, der wie eine zweite Natur ihn zurechte weist, ohne mit willkührlich gebieterischer Laune lästig zu werden. Das Gymnasium mit der Universität schafft außerdem noch mit der alt klassischen Bildung und mit seiner mehr universellen Behandlungsweise aller Lehrgegenstände ein durchdringendes und weitsichtiges Auge und nährt mit der Wärme für die Wissenschaft eine reine Flamme, die leuchtend und wärmend über weite Lebenskreise hinstrahlt und sie durchglüht. Die Liebe zur Wahrheit, wie sie die reine Wissenschaft gebiert, läutert den Jünger für sich, aber giebt ihm auch mit der Erkenntnißkraft ein Schwert in die Hand, Lug und Trug zu zerschneiden, und die in den unreinen Nebeln der Zeitatmosphäre auftauchenden Truggestalten ihrer Scheinhülle zu entkleiden.

In dieser höhern Aufgabe liegt es begründet, daß das Unterrichtsmittel dieser Schulen für das besondere Leben gleichgültig erscheinen kann, nur weil es durch diesen höchsten Zweck bedingt wird. Der Tadel über diese Lehrobjecte, welcher den Schulen ein Losgerissensein vom Leben und unpractische Tendenzen vorwirft, ist hienach ein nicht sehr verständiger und diese Schulen können auf die Frage: wozu dies und das im Unterrichte? ganz ruhig schweigen; ja es dürfte ihnen um ihre Hauptaufgabe mit Grund bange werden, wenn sie diesen und ähnlichen Fragestellern eine befriedigende oder gar überzeugende Antwort geben könnten. Die wahre Antwort muß der Geistesfrühling des Volkes geben, und wer sie sich von diesen grünenden Fluren nicht ablesen kann, der hat auch noch keine Berechtigung zum Fragen, weil er den Fruchtgarten in der Baumschule sucht.

Nicht soll mit dieser Ansicht von den Schulen behauptet werden, sie wären die einzigen Factoren des Lebens, denn jedes Product hat deren ja mindestens zwei und das Leben hat deren viele, nur das sollte ersichtlich werden, daß es sich in ihnen gar nicht um Kenntnisse und Fertigkeiten handele, welche im Leben eine Anwendung fänden, sondern daß die Kräftigung der geistigen Vermögen, durch welche das Leben der Einzelnen oder der Gesammtheit seinen Lebensquell erhält, das wesentliche Kennzeichen sei. Noch weniger aber soll auch geläugnet werden, daß auch das Leben in diese Schulen hineinhauchen und so die reine Luft derselben mit allerhand Zeitdünsten mengen werde; doch darum verlieren sie ihren wesentlichen Character noch nicht, vielmehr schaffen sie auch noch in diesem Einflusse immer den jungen Stamm, auf den der Lebensgeist sich pfropft und durch dessen frischen Saft er genährt wird.

§. 4. Trotz dieser hohen Aufgabe können und dürfen die Schulen doch nur eine Sonderbildung geben, und muß das Beanspruchen einer allgemeinen Bildung im neuern Sinne (§. 1.) zurückgewiesen werden. Eine Schule, welche in der That alle geistigen Kräfte der Jugend nach allen denkbaren Seiten hin üben und kräftigen wollte, würde sich zunächst einen vollendeten Menschen als Ziel setzen; sie unternähme dann, den unendlichen geistigen Reichthum eines menschlichen Wesens in einem endlichen Zeitmaaße in beschränktem Raume zu durchmessen. Die an sich richtige Behauptung, daß die Seelenkräfte ja nicht wie ihre Namen verschiedene wären, sondern daß der Geist eben eine Einheit sei und so eine jede rein geistige Uebung eben eine Uebung des Einen Geistes sei, beweist hier gegen das Behauptete gar nichts. Denn es ist doch ein Andres, ob das Gedächtniß oder die Urtheilskraft oder die Phantasie oder der Wille und Unternehmungsgeist, das theilnehmende Herz oder der Schönheitssinn 2c. vorherrschend ausgebildet werden. Der scharfsehende und scharfhörende Schütze hat darum nicht auch schon ein geübtes Auge und Ohr für Farben, Formen und Harmonieen, und der rechtskundigste Advocat hat durch seine Kenntniß noch nicht einmal immer schon einen Rechtlichkeitssinn. Doch die Möglichkeit einer solchen Schule soll einmal gedacht werden, welche alle geistigen Richtungen anbauen und kräftigen und so gleichsam eine harmonische Bildung des Geistes erreichen könnte, so wird sie es bei dem Reichthum der geistigen Vermögen nach keiner Seite hin zu irgend welcher Erstarkung bringen; vielmehr würde sie Menschen bilden, die in einer Vorbereitung für Alles nun eben keine Vorbereitung gewonnen hätten, würde farb- und gestaltlose Wesen hinstellen, die erst in der Schaukel des Lebens für das Leben selber gewiegt und geschult werden müßten, d. h. sie würde keine Factoren des Lebens sondern unbeschriebne Blätter in die Welt ausstreuen, auf welche das Leben selbst erst einen leserlichen und verständlichen Text zu schreiben hätte. Eine Schule, welche eine Allgemeinbildung ohne Rücksicht auf irgend welchen menschlichen Beruf erzielte, würde den Menschen als ein Abstractum zwischen Himmel und Erde stellen, wo doch nun einmal sein Standpunct nicht ist. Doch die Früchte des Gymnasiums im Bunde mit der ihm zugehörenden Universität widerlegen diese gedankenmäßige Beanspruchung einer solchen Allgemeinbildung aufs vollständigste. Der Beamtenstand in seiner Gesammtheit ist diese schöne Frucht und Preußen darf wohl stolz auf denselben sein. Da ist nichts farb- und charakterloses, sondern die geübte Erkenntnißkraft hat sie zu scharfen Beobachtern und ihre ganze wissenschaftliche Richtung zu Freunden der Wahrheit und zu Förderern der Wahrhaftigkeit und ihre wissenschaftliche philosophische Durchbildung hat sie zu Construenten von Lebensverhältnissen reifen lassen, welche sonst nur durch trübe Gährungs-Prozesse und blutige Kämpfe sich regeln und allmälig ordnen. Nicht die Farblosigkeit, sondern die Ausgeprägtheit wird ihr ja zum Vorwurfe gemacht. Und wird nun diese Charakterfestigkeit, dieses ernste Pflichtgefühl und der Rechtlichkeitssinn etwa in den Kummerjahren des Hauslehrerlebens oder in dem Halbleben der Referendariatsjahre oder in dem Handlangerleben des cursirenden Doctors gewonnen? Oder wäre ihr Beruf so leicht und ihre äußere Lage eine so günstige, daß die Uebung dieser ihrer Pflichten ihnen so leicht gemacht wäre? So ist es nicht. Es geht vielmehr der junge Mensch — denn dazu sind Schulen da — aus der Schulstube erstarkt fürs Leben hervor, und tritt als junger Stamm, auf den die Schule ein edles Reis geistiger Bildung gepfropft hat, aus der Baumschule in den Fruchtgarten des Lebens, nicht um allerlei Früchte zu tragen, für welche ein Blüthenstaub aus den übrigen Gartenbäumen sich in seinen Kelch senkt, sondern um seine Frucht zu bringen. Diese Ausgeprägtheit einer geistigen Bildung zieht ja der Beamtenwelt so viele herbe Vorwürfe zu, läßt sie oft als unbewegliche, den Fortschritt hemmende, den Lebensideen entfremdete 2c. 2c. verklagen, in welcher Klage nun eben ausgesprochen ist, daß sie nicht eine allseitige Bildung empfangen habe. Die Studenten- und Schülerverbindungen, edle wie unedle, haben längst für den Beobachter den Beweis geliefert, daß in diesen Schulen eine große Menge von Seelenrichtungen mit einem in den Schulen unbefriedigten Drange nach Aeußerung und Verwirklichung auftreten. Aber es gebe nun einmal wirklich solche Schulen, welche nach dem heutigen Anspruche allgemein bildend wären, die also nichts Individuelles und Spezifisches hätten, so ständen solche Schulen im Widerspruche mit Religion, Staatsleben und Geschichte. Gott hat es nun einmal nicht gewollt, daß irgend ein Mensch die ganze Menschheit in sich zur Vollendung bringe, vielmehr hat er alle Menschen an einander gewiesen und zu einem Leibe gefügt, an welchem Jeder ein bestimmtes Glied sein soll. Wo nun Jeder Alles will sein können, da ist ein Widerstreben gegen ein göttliches Gesetz und ein Auflehnen wider Gottes Ordnung. Schulen haben nun, nicht durch Reden und Predigen, sondern durch die Art der von ihnen zu gebenden Bildung dieses göttliche Gesetz als ein bewußtes einzubilden und das dadurch, daß sie selber in ihrem Wesen eine ganz bestimmte geistige Kraft vorherrschend üben, dadurch dann das Bewußtsein und Gefühl der Nothwendigkeit des Anbaues anderer geistigen Kräfte wecken, und damit die Anerkenntniß einer vollgültigen Berechtigung anderer Bildungsrichtungen schaffen. Ahnen soll der Jüngling den Reichthum der Gottheit, der sich in der Schöpfung des Menschen offenbart hat, soll in der vorwaltenden Ausbildung der einen Seite die ins Unendliche gehende und nur in der Ewigkeit zu vollendende Bildungsfähigkeit dieser und damit jeder andern Seite des Geistes an sich schauen, soll dadurch mit einer Sehnsucht nach der unendlichen allseitigen Entwickelung seines Geistes erfüllt, und von ihr angetrieben werden, alle diejenigen mit Liebe zu umfassen, welche im Anbau anderer geistigen Richtungen eine nothwendige Ergänzung seines beschränkten Geisteslebens bilden. Das Staatsleben, in welchem jeder seine gewonnene Bildung als ein Pflichttheil gegen die Menschheit zum Opfer bringt, fordert ganz dasselbe. In diesem soll sich jeder einzelne Mensch den Leib gewinnen, in welchem er die ihm von Gott gestellte Aufgabe als Glied dieser Gemeinschaft zu lösen d. h. in welchem er seinen ihm gewordenen göttlichen Auftrag zu erfüllen hat. Stände heißen die Glieder dieses Leibes. Welcher Mensch sich nun als ein Theil aller Stände einreihen wollte, würde nirgend einen Platz finden, würde weder seine noch irgend welche Aufgabe lösen. Von Innen her nach allen Seiten hin zerfließend und von Außen her zwischen die eng eingefügten Glieder des Staatslebens eingeengt, müßte er ja im Conflicte vergehen. Kennt die Tagsgeschichte nicht genug Leute dieser Art und hat nicht jede Gruppe des organisirten Staatslebens solche unglücklichen Menschen aufzuweisen? Diese verschiedenen Stände bedingen aber ein verschiedenes Geistesleben, werden als solche von verschiedenen geistigen Kräften getragen, durch verschiedene gefördert, haben verschiedene Factoren. Es ist ein Geschichtsgedanke, daß jedes Volk seine eigenthümliche Aufgabe zu erfüllen hat, es ist ein Urtheilsspruch der Weltgeschichte, daß alle die Völker ihre productive Kraft verlieren, welche den ihnen eigenthümlichen Lebenskern nicht kräftigen und nur nach fremder Nahrung für ihr geistiges Sein greifen; es ist gewiß, daß alle geistig unproductiv gewordenen Völker beim ersten starken politischen Stoße zertrümmert werden und daß dann nur noch das zähe Festhalten an dem Nationalen sie vor der gänzlichen Auflösung in andere Nationalitäten schützt. Muß also selbst ein Volk individuell sein und hat jedes Volk oder sagen wir jede Nation eine ganz spezifische Aufgabe, die sie nicht, ohne an ihrer Kraft gestraft zu werden, aufgeben darf, so wird und muß das eben so sehr in allen andern auch engern Kreisen der Fall sein, oder die Weltgeschichte ist keine Lehrmeisterin mehr. Sie spricht es doch zu entschieden aus, daß nicht Jeder Jedes sein soll und fordert zu entschieden ein Besonderes für jedes Besondere. Wenn es nun keine Individuen und Persönlichkeiten, kein organisches Staatsleben und Gesellschaftsverhältniß, keine Standes- und Beschäftigungsverschiedenheit, keine Ueber- Neben- und Unterordnung der Menschen, wenn es keine Beschränkung des Einzelnen in sich und durch die Mitmenschen mehr giebt, sondern wenn der irdische Mensch ein absoluter nach Innen und Außen sein kann, dann erst wird man von allgemeinen Bildungsschulen reden können, welche keine Rücksicht auf den künftigen Beruf zu nehmen haben.

Es seien nur noch einige allgemeine Betrachtungen erlaubt, um etwanigen Mißverständnissen vorzubeugen. Wenn hier nun nachgewiesen ist, daß jede Schule eine Sonderbildung anstreben muß, so bedarf es kaum noch der Bemerkung, daß diese Sonderbildung eben durch die künftige Lebensstellung der zu bildenden Jugend in ihrer Besonderheit bestimmt wird. Es kann nach Obigem (§. 3.) wohl nicht mehr für die Berufsschulen so verstanden werden, als solle die Schule den menschlichen Geist wie den Fabrikarbeiter gleichsam für einen Thätigkeitskreis fertigen, sondern es soll und muß sich die Schule als ein menschliches Institut in Menschenhänden für Menschen in dem deutlichen Bewußtsein einer innern nicht aber in dem betrübenden einer äußern Nothwendigkeit beschränken, und in dieser Beschränkung eben zu erstarken suchen. Nicht auch soll sie geistige Krüppel dadurch ausbilden, daß nur eine geistige Kraft und nur diese vorzugsweise gekräftigt wird, wie das schon ohnehin nicht ohne Mitübung anderer Kräfte geschehen kann, vielmehr soll das Spezische der Schule gleichsam die Melodie und die Anklingung der übrigen geistigen Richtungen die harmonisch begleitenden Töne bilden. Ein nur harmonischer Satz, in welchem keine Melodie heraus zu hören, giebt ein Schüler-Tonstück, was bei allem kunstgerechten Satze einen dürren Theoretiker, sonst aber auch Niemanden befriedigen wird. Ob nicht auch folgender Erfahrungssatz, wenn er ein richtiger sein sollte, eine Bestätigung der Behauptung liefert? Seit die Volksschule den ihr eigenthümlichen geistigen Mittelpunct, den Religionsunterricht und das Besondere der für den heutigen Bürger nothwendigen Bildung mehr und mehr aus dem Auge gelassen, und mehr Fleiß auf die so genannte allgemeine Ausbildung des Verstandes verwandt hat, seit der Zeit scheint sie auch in das Volk mehr gehalt- und gestaltlose Wesen zu liefern, welche das Leben selber nun erst prägt. Und welches Gepräge hat dies ihnen oft gegeben? Nun sollen Sonntags- Handwerker- Bauern- rc. Schulen das Besondere bieten und gleichsam aus der großen weiten Tunika der allgemeinen Bildung ein Hauskleid fertigen, doch diese Tunika hat so dünnen Stoff, daß das Hauskleid nicht Nath hält und kaum den Schneiderlohn werth ist. Sollten nicht eben so die Gymnasieu in dem Bestreben, auch den neuern Zeitrichtungen und Zeitanforderungen Genüge zu leisten, und so den Charakter der allgemeinen Bildung für alle Stände zu behaupten, nicht an innerer Kraft verloren haben? Sollte nicht wirklich durch die erstrebte geistige Beweglichkeit die Kräftigkeit Abbruch erlitten haben? An Klagen fehlt es nicht.

§. 5. Es muß hienach das Besondere jeder Schulgattung gesucht werden in der künftigen Lebensstellung des Schülers und darum wird eine Rechtfertigung des Namens Berufsschule gegenüber der Geschäftsschule nothwendig. Beruf ist nicht zu verwechseln mit Beschäftigungsart oder Neigung oder Pflicht. Es soll hier vielmehr ein für allemal darunter die gesammte Lebenssphäre eines Menschen verstanden werden. Den Mittelpunct bildet das durch seinen äußern oder innern Geschäftskreis begrenzte und bestimmte Verhältniß zum Staate und seinen Mitmenschen, den Flächenraum der Berufs-Sphäre bilden alle die aus diesem Mittelpuncte kommenden Strahlen, die den Menschen mit andern Staatsverhältnissen, andern menschlichen Intressen, mit Gott und göttlichen Dingen in Verbindung setzen. Mit jeder neuen Beziehung, welche der einzelne Mensch anknüpft, erweitert er die Grenzen seines Berufes, macht er sein Leben reicher, giebt er sich die Möglichkeit einer weitern Entwicklung; je inniger und fester er alle diese Beziehungen knüpft, desto kräftiger wird sein innerster Lebenskern und desto berufsgetreuer heißt er, je vollkommner er allen Beziehungen genügt, desto vollendeter wird er. Nach dem Berufe fragen heißt also nicht blos nach der Beschäftigungs a r t im Broderwerbe fragen, sondern aufsuchen alle die möglichen, leicht zu ergreifenden, sich nothwendig darbietenden oder unabweisbaren Beziehungen, in welche der Mensch vermöge seiner staatlichen Stellung oder Beschäftigungsart hinein treten kann oder muß. Den Menschen für seinen Beruf bilden, heißt also nicht, ihn für eine Beschäftigungsart abrichten, sondern ihn b e f ä h i g e n, Lebensbeziehungen aus seinem Geschäftskreise her aufzusuchen, die dargebotenen zu ergreifen, die aufgedrungenen richtig zu erfassen und die angeknüpften zu befestigen, sich neue zu schaffen, und allen sich hinzugeben. So ist der Berufskreis der Leib, in welchem sich der Geist Gestalt schafft, das Gefäß, was er als sein Schneckenhaus ganz und gar erfüllt, ohne welches er aber auch nicht gedacht werden kann auf dieser Erde. Das Geschäftsleben ist gleichsam das rohe Material aber auch die nothwendige stoffliche Substanz, aus welcher das Gebäude des Berufslebens gefertigt wird. Dem Geiste die Triebkraft und zugleich Elastizität zu geben, dieses Haus zu erweitern und das erweiterte allseitig zu erfüllen, das ist Aufgabe der Berufsschulen, dem Menschen die Form eines fertigen Gefäßes zu geben, das ist die Aufgabe der reinen Geschäftsschule. Die Triebkraft im Berufe und die Fertigkeit im Geschäfte und für dasselbe, das sind die Unterscheidungszeichen der beiden Schulgattungen.

§. 6. Geht nun aus dem Begriffe des Berufes entschieden hervor, daß es nicht auch so viele Berufsschulen geben kann, als es etwa Geschäftschulen geben könnte, sondern liegt in ihm vielmehr ausgesprochen, daß von den verschiedensten Beschäftigungsarten aus sich doch ein ganz gleichartiges und verwandtes Berufsleben gestalten kann und wird, so entsteht nun andrerseits die Frage, ob denn nicht etwa aus **allen** Geschäftsarten her sich ein ganz gleiches Berufsleben entwickeln müsse, oder wenn auch das nicht, so doch die geistige in den Schulen zu gebende Uebung und Kräftigung eine ganz gleiche, vielleicht nur graduel verschiedene werden müsse. Vorläufig ist darauf nur zu antworten, daß die Abweisung dieser Behauptung bereits oben (§. 2. und 4.) gegeben ist; die Nothwendigkeit einer neuen Berufsschule wird aber nur dadurch dargethan sein, daß man eben neue, erst in der Jetztzeit mehr und mehr ausgeprägte Berufskreise aufweist, und daß man die in diesen Berufskreisen eigenthümlichen, in den Schulen zu übenden und zu kräftigenden Geistesrichtungen vorzeigt. Die Möglichkeit eines solchen Nachweises wird man in dem Zugeständniß einräumen, daß die Welt fortschreitet und als eine bildungsfähige sich immer reicher entfaltet, denn diese Wahrheit sagt nur aus, daß sich mit jedem Geschlechte neue Berufskreise bilden und so immer mehr Richtungen des menschlichen Geistes zur Blüthe kommen und so die als eine Person gedachte Menschheit immer vollkommener wird. Wenn nun mit dem Aufweisen dieser neuen Berufskreise zugleich auch die Forderung einer neuen Schulgattung begründet sein soll, so liegt darin versteckt die Behauptung von der Unzulänglichkeit der bisherigen Schulen. Um des Kampfes gegen das Bestehende aber gänzlich überhoben zu sein, sei nun hier ein für allemal bemerkt, daß die Zeit des Bestehens der Gymnasien, ihre Frucht für Volks- und Staatsleben, ihre Bedeutung für die Entwicklung der Menschheit den innern wesentlichen Organismus derselben vor jedem Angriffe gerechtfertigt haben, daß nur Unkenntniß der Geschichte, der bestehenden und berechtigten Verhältnisse oder auch der Anstalten eine theilweise oder gar wesentliche Umgestaltung wünschen kann. Hand an diese Anstalten legen, ihre Grundpfeiler untergraben oder, wie heut zur Zeit so oft in Vortrag kommt, sie mit neuem Putzkalke des sich neu aufbauenden Nachbarhauses [der höhern Bürgerschule] überwerfen zu wollen, das hieße sich am Bildungsgange der neuern Völker versündigen. Dies das Glaubensbekenntniß aber auch zugleich die Abwehr gegen den Gedanken, als könnten die Gymnasien durch eine etwanige Ummodlung das etwa aufgewiesene neue Berufsleben auch noch in ihren Vorbildungskeis hineinziehen.

Zu diesen neuen bedeutsamsten Elementen des sich entwickelnden Lebens gehört zunächst das schon oben berührte Bewußtsein einer Volks-Individualität, nach der jedes Volk wie jeder einzelne Mensch eine bestimmte Aufgabe in der Weltgeschichte zu lösen hat. Dieser Gedanke der Neuzeit, durch den Druck einer Fremdherrschaft als Nothruf ausgepreßt, durch die gründlichsten Geschichtsstudien während des erkämpften Freiheitsgenusses zum Gedanken der Gebildeten erhoben, hat sich als Volksgedanke bekundet in Polen und Ungarn und Schleswig-Holstein und im lauten wenngleich wirren Rufe nach einem einigen Deutschland. Er ist mächtig genug, als Panslavismus den milden germanischen Scepter mit einem sonst nicht beliebten vertauschen zu wollen, und kräftig genug, alle zerstreuten deutschen Elemente zu durchzücken, wenn irgendwo ein nationaler Gedanke erklingt, und wird über kurz oder lang mächtig genug sein, die Ländermarken nach ganz andern als Naturgrenzen und politischer Gleichgewichtslehre zu bestimmen. Seit er in das deutsche Volk als Ahnung und in seine Gebildeten und Edlen als klares Bewußtsein getreten, erst seit der Zeit kann man reden von einer politischen Mündigkeit; nur wer dieses klare Bewußtsein hat und die ganze Tiefe dieses Gedankens durchschaut und durchempfunden hat, ist wahrhaft berufen zum Mitreden und Mitwirken für die gesammte Volksentwicklung. Alle auch, welche dieser Gedanke durchdrungen hat, wollen ein Vorwärts, aber nur auf den Flügeln des germanischen Geistes, der das Fremde und dessen klägliche Nachahmung als einen entwürdigenden Flitterstaat abwirft, um mit kräftigen Schwingen frei und unbelastet sich zu der Höhe zu erheben, welche als sein welthistorisches Ziel ihm gesteckt ist. Sie alle nennen das Volk politisch reif, so weit es diesen nationalen, jeder Selbstsucht entkleideten, Gedanken erfaßt hat und als die höhere und idealere Seite des Volkslebens zu verwirklichen trachtet; sie wollen die in aller Welt zerstreuten und oft versteckten Trümmer eines ehemaligen deutschen Lebens sammeln, vom fremden Staube reinigen, und sie wieder zu einem großen Neubaue zusammenfügen, der mit starken äußern Mauern dem Feinde trotzt, am wärmenden Eigenheerde ein behagliches Dasein und im hellen Fackelschein des ächt deutschen Geistes einen höhern, heitern Lebensgenuß darbietet.

Eng verbunden mit diesem Gedanken und als ein Ausfluß aus ihm in die engern Kreise des Staatslebens tritt der Gedanke des Bürgerthums auf. Sich als Staatsbürger zu begreifen ist, das jetzige Streben in allen Richtungen und von allen Seiten her; dem Bürger die rechte Stellung im Staate zu geben, ist die Bemühung der vorwärts Drängenden wie der Zögernden und Hemmenden; der Zeitkampf dreht sich um den Begriff des Staatsbürgers, seine

Bedeutung, seine Rechte. Dies erwachende Bewußtsein ist in seiner heutigen Gestalt ein neues. Das Bürgerthum des Städtelebens im Mittelalter enthält freilich schöne und mit kräftigen Zügen geschriebene Buchstaben, indeß die heutige Zeit setzt aus ihnen erst die Wörter zusammen, um mit diesen dann rechte Sätze zu bilden. Freilich hat es Bürger gegeben so lange als Staaten; aber ein Bürgerthum unter den Deutschen, welches als ein ächt christliches jedes Glied der Gemeinschaft zu seiner höchst möglichen Vollendung will kommen lassen, welches verschiedene Stände will, aber nicht als solche über- und unter- sondern nur neben geordnete, wie vor Gott so vor dem weltlichen Gerichte gleich berechtigte, welches mit dem höchsten Schutze des persönlichen Rechtes und des Besitzes dennoch die größt-mögliche Verschmelzung des gesammten leiblichen Besitzthumes für die Entwicklung und Förderung der Gesammtheit erstrebt, welches bei der größten persönlichen Freiheit des Einzelnen doch den kräftigsten Schutz gegen Willkühr und den strengsten Gehorsam gegen das Gesetz durch alle seine Glieder erzielen möchte: ein solches Bürgerthum ist nie so dem Deutschen in den Sinn gekommen, wie es doch heute mehr oder minder deutlich als Ziel hingestellt ist. Doch es weiß jeder, was um ihn und auch was in ihm vorgegangen ist, und so bedarf es zum Belege nur dieser kleinen Hindeutung.

Auf gleicher Stufe steht Hand in Hand mit diesem erwachten Streben die Industrie der heutigen Zeit und das Gewerbe. Niemand kann ihre Macht leugnen und nur der Stubengelehrte, sage man lieber Stubengelernte, kann noch von einem rein Ackerbau treibenden Staate in Europa träumen. Freilich gab es zu allen Zeiten Handel und Gewerbe und Industrie; aber die Küstenfahrten Karthago's und die Handelsstraßen der alten Welt führten zu keinem Schlachtfelde der Concurrenz. Es fragt sich auch heute nicht mehr, ob diese Dinge in ihrer heutigen Ausdehnung und Höhe ein Glück oder ein Unglück sind, sondern nur darum kann es sich noch handeln, ihre Bedeutung für die Menschheit möglichst zu veredeln und ihre Macht zur möglichst wohlthätigen zu gestalten. Sie haben alle Lebensverhältnisse mit ihren ehernen Armen umschlungen und fast alle Erwerbszweige in ihr großes Bett geleitet, so daß auch der Landwirth zugleich Fabricant und Handelsmann und Speculant sein muß. Dabei steht das Gewerbe heut zu Tage mit dem einen Fuße auf der Wissenschaft mit dem andern auf Völkerverträgen, hält in der einen Hand die Kunst in der andern die Assoziation, und wandert im Gewande des Handels und der Speculation durch Städte, Flecken und Dörfer, und überschüttet mit seinen reichlichen Gaben die kleinen Werkstätten und drängt die selbstständigen kleinen Gewerbsbetriebe alter Zeit in den Weg der Assoziation oder die Arbeiter in das freie Sclaventhum. Dieser Nachweis wird ausreichend dargethan haben, daß in der That neue Lebenselemente aufgetreten sind, in denen sich ein neues eigenthümliches Berufsleben entwickelt und entwickeln muß. Es könnte somit nun sofort zu der Aufgabe vorgeschritten werden, diejenigen geistigen Factoren aufzusuchen, welche sich als die in der neuen Schulgattung zu übenden hieraus ergaben, um somit gleich die Aufgabe der neuen Schulart unter den Berufsschulen festzustellen; indeß um nicht hernach den Gang der Entwicklung zu oft zu unterbrechen, so sei noch erst das hier schon leicht sich regende Bedenken über die frühe Berufswahl oder eigentlich Geschäftswahl berührt.

§. 7. Unter der Voraussetzung, daß es gelingt, die geistigen Potenzen in einem hier angedeuteten Berufsleben aufzufinden und so die Nothwendigkeit einer neuen Schulart darzuthun, entsteht das große Bedenken wegen einer zu frühen Entscheidung für einen Beruf, welche doch für das Glück und den innern Frieden eines Menschen sorgfältig erwogen werden muß. Denn es ist jede menschliche Seele ein bestimmter Gedanke Gottes — um menschlich zu reden — den diese als ein Individuum in und an sich zur Vollendung bringen und somit in dieser seiner Beschränkung auf diesen einen Gedanken aus der unendlichen Fülle Gott ähnlich und vollkommen werden soll. Dieser innerste unantastbare, ewig unzerstörbare, göttliche Kern des Geisteslebens liegt außer oder vielmehr über dem Gebiete aller Erziehung und alles Unterrichtens, nicht minder auch über aller Einwirkung der Lebensverhältnisse; er ist vielmehr ein unauslöschlicher Schriftzug des göttlichen Fingers für die Aufgabe (§. 6.), den die dies Individuum einschließende Nationalität zu lösen hat. Für diese Individualität wird der künftige Beruf der Boden, auf dem sie sich einwurzeln, aus dem sie Nahrungsstoff für die Entwicklung zum Sonnenlichte, Kräftigung durch die Wärme und die belebenden Potenzen der Atmosphäre, und Erstarkung durch den Widerstand gegen Sturm und Kälte gewinnen soll. Für diesen Lebenskern des Individuums hat Unterricht, Gewöhnung und Zucht in der Schule einen Boden zu mischen und diesem Boden Sonnenlicht und Sonnenwärme und Thau und Regen zu schaffen, und gelingt es einer Schule, denselben so zu mischen und so zu bearbeiten und zu bestellen, wie ihn jenes Individuum in dem künftigen Berufsleben vorfindet, dann hat sie einen gesunden und gesund machenden Organismus. Diese Betrachtung macht das Verfehlen der Berufswahl um so bedenklicher, und mahnt um so mehr zu aller erdenklichen Vorsicht und spricht lautes Zeugniß gegen Trennung der Berufsschularten. Es soll dieses oft gehörte Bedenken nicht damit verhüllt werden, daß man aus Erfahrung und den bürgerlichen Zuständen nachweist, wie die bestehenden äußern Verhältnisse nur wenigen Leuten gestatten, erst ihre eigentliche Lebensrichtung auszuforschen und darnach erst den Beruf zu wählen, und wie demnach diese freie Wahl für den bei weitem größten Theil der Menschheit eine theoretische Träumerei ist; nicht auch damit, daß nach der hier gegebenen Fassung des Berufslebens jedes Individuum in jedem Verhältnisse eben die ihm eigenthümlichen Verhältnisse anknüpfen und nach seiner Individualität sein Berufsleben erweitern wird; nicht auch damit, daß die mit dem Deckmantel eines verfehlten Berufes oftmals vorgenommene Beschönigung von Nachlässigkeiten und Versäumnissen nichts weiter als die alte Eva-Lüge ist, welche in der Schlange und nicht in dem „und das Weib schauete an, daß von dem Baume gut zu essen wäre und lieblich anzusehen“ den Grund sucht; auch nicht damit, daß die frühsten Eindrücke auf das Kind, die Denkart der Umgebungen, die aus Nachahmungstrieb hervorgegangenen spielenden Beschäftigungen die Wahl der Beschäftigunsart längst bestimmt haben, noch ehe irgend eine Schule das Kind empfängt; nicht auch damit, daß die unwiderstehlichen Neigungen mancher Kinder auf diesem Gebiete nicht selten nichts als unausstehlicher Eigensinn sind, und daß überhaupt die Neigungen für irgend welches Geschäftsleben nicht anders denn als Erfolge der schon vom Kinde beobachteten und gespielten Lebensformen angesehen werden können. Mehr beruhigen möchte vielleicht der Gedanke, daß weder das Kind selbst noch irgend ein zuschauender Vater die an Umfang geringen Lebensäußerungen des Kindes für diesen Zweck richtig deuten kann und daß es fast eine Divinationsgabe voraussetzt, den tiefern Sinn und die innerste Richtung der Seele zu deuten, welche das Kind in seine Spiele hineinlegt und hinein dichtet, daß daher das Urtheil über richtige oder falsche Wahl meist immer ja wohl mit Bestimmtheit immer nur erst nach begonnenem Berufsleben gefällt werden kann. Beschwichtigen könnte diese Besorgniß wohl der Gedanke, daß jede Nationalität, wenn ihre Entwicklung nicht gehemmt worden ist, eben so viele Lebensformen oder sagen wir nur geradezu Berufssphären aus sich heraus gebären muß, als eben individuelle Richtungen in den, die Nationalität ausmachenden, Individualitäten characteristisch hervorgetreten sind, daß somit in jeder Nationalität dann durch die, den Berufssphären vorgehenden und vorbildenden Schulen, jede solche Individualität einen bestimmten Platz angewiesen erhalten werde. Ist denn aber dabei die Spaltung der Schularten nicht das größte Uebel, da ja durch die Schulen das junge Kind schon einen Platz erhält, der möglicher Weise seiner innern Richtung widerstrebt? Es scheint freilich so; doch bei Lichte besehen, ist die Sache umgekehrt. Sind diese voranstehenden Bemerkungen richtig, und ist ein verfehlter Beruf nicht blos ein Uebel für den Menschen, sondern oft ein unersetzlicher Verlust für das Staatsleben, indem die schönsten Kräfte seiner Entwicklung entzogen werden, so liegt die dringendste Aufforderung vor, alle spezifisch verschiedenen Berufsarten — nicht Geschäftsarten — sorgfältigst aufzusuchen, für diese möglichst spezifisch gestaltete Berufsschulen einzurichten, und in diesen eine dem Berufsleben möglichst gleichartige Lebensform und Lebensübung der jungen Kräfte zu begründen, um dann in einem schon früh begonnenen Berufsleben — was nun eben in der Jugend beginnt — das bestimmte und erfahrungsmäßig begründete Urtheil über die falsche oder richtig getroffene Wahl zu gewinnen. Die zweite aber eben so wichtige Sorge der Organisation ist dann die, daß die Berufsschulen bei der möglichst scharfen Ausprägung ihrer Eigenthümlichkeit eine Brücke in sich anbauen, auf welcher diejenigen Zöglinge, denen die Schulen nun schon die verfehlte Berufswahl nachweisen, ohne zu großen Schaden für ihre weitere Entwicklung von der einen Schule zur andern übertreten können. Je sorgsamer die einzelnen Berufsschulen sich sondern, und je mehr sie das Eigenthümliche aus dem künftigen Berufsleben ihrer Zöglinge zur Uebung für dieselben bieten, desto sicherer werden sie einer richtigen Berufswahl in die Hände arbeiten; je mehr sie den Uebergang aus der einen Berufsschule in die andere erleichtern, desto schöner haben sie Sorge getragen, daß jeder ihrer Zöglinge in die rechte Lebenssphäre gelange.

II. Abschnitt.

Lebensboden der höhern Bürgerschule.

§. 8. Es wurde oben (§. 6.) die Möglichkeit einer neuen Art der Berufsschulen nachgewiesen. Sie ist schon da und heißt höhere Bürgerschule. Der Name wird sich aus dem Gange der Betrachtung rechtfertigen. Jenes (§. 6.) hervorgetretene neue Lebenselement hat sich eben dadurch schon als ein bewußtes bekundet, daß es Schulen gegründet hat, in denen es, wie jede Pflanzenspezies in ihrem reifen Samen, einen Keim des eigenthümlichen Lebens entwickeln lassen will. Die Frage also, ob die höhern Bürgerschulen eine gewisse Lebenssphäre beanspruchen dürfen, für welche sie als Berufsschulen vorbereiten wollen, ist durch das Vorhandensein dieser Schulen bereits entschieden, und somit scheiden nicht die Schulen die Stände, sondern die Stände haben die Schulen geschieden, und es ist das als ein Thatsächliches vorhanden, was oben als ein dem Gedanken Nothwendiges dargelegt wurde. Kann jenes erwachte Bewußtsein eines Bürgerwesens nicht wieder zu einem unbewußten gemacht werden, so wird auch die Schulart, welche mit demselben geschaffen wurde, nicht wieder zurückgedrängt werden. Wenn also diese z. B. ohne Weiteres einen gewissen Kreis des Bürgerlebens als den Acker betrachten, auf den sie den Samen ausstreuen und die jungen Setzlinge pflanzen wollen, so ist das nicht eine von ihnen kommende Anmaßung, sondern eine Erfüllung des ihnen gewordenen Auftrages. Vom Bürgerthume sind sie ausgegangen, für dasselbe müssen sie vorbereiten. Es darf dabei nicht übersehen werden, daß sich dieses Bürgerthum im Gegensatze von den Beamten und in seiner Bildungsschule eben eine andere Art gedacht hat als die, worin die Beamten ausgebildet werden. Die, welche sie hervorgerufen haben, sind diejenigen gewerblichen Stände im weitesten Sinne des Wortes, welche nicht mehr als blos mechanische Arbeiter ihr Geschäft, sondern mehr künstlerisch productiv betreiben und mit Einsicht in die mechanischen, chemischen und menschlichen Kräfte diese Kräfte verständig und mit höherer Geistes- und auch Herzenskraft für ihre gewerblichen Productionen verwenden. Sie scheiden sich äußerlich in Kaufleute, Fabrikanten, Baumeister höherer und niederer Art, Mechaniker, Landwirthe, Werkführer in Fabriken, Bauherrn und Fabrikherrn ꝛc. Es finden sich seit Begründung dieser Schulen auch hinein alle diejenigen Gewerbetreibenden, welche durch künstlerischen Geschmack oder durch Einsicht in das Gebiet der Naturwissenschaften ihr Gewerbe selbst zu einer größern Vollendung bringen können, oder auch deren Gewerbe so einträglich ist, daß es dem Betreibenden eine solche Stellung in der Kommüne sichert, vermöge welcher er einer über das Gebiet der Volksschule hinausgehenden Ausbildung bedarf. Schwerlich hat aber wohl der eigentliche Beamtenstand den Wunsch gehabt, noch für sich und aus sich heraus den entferntesten Anstoß zur Begründung dieser Schulen gegeben, wenn es nicht aus klarer und einsichtsvoller Anschauung der neuern Lebensgestaltung und im lebendigen Intresse für die Entwicklung aller im Staate sich kund gebenden Lebenskeime geschehen ist. Hier ist also das Feld der höhern Bürgerschule und darum ihr Name. Nur, so scheint es, die Sucht nach einer Gleichstellung mit dem Gymnasium oder die Furcht vor dem Vorwurfe des Materialismus oder vielleicht auch die Furcht vor der Verweisung in den Bereich der Geschäftsschulen, hat den Namen Gymnasium auch diesen Anstalten gerne geben wollen, und Schul-Classification der Lehrgegenstände hat ihm den Zusatz des Realen gegeben.

§. 9. Wenn so dem Ursprunge nach die Vorbildung für den Beamtenstand nicht den höhern Bürgerschulen zukommt, so entsteht natürlich für ihre Organisation die Frage, ob auf diese Rücksicht zu nehmen ist, oder ob sie den in ihrem Keime liegenden exclusiven Character ausprägen muß. Der ganze erste Abschnitt hat diese letztere Frage bejaht für den Fall, daß die Vorbildung für den Beamtenstand die Uebung anderer Seelenkräfte als die für den (§. 10.) beregten Bürgerstand bedingen sollte. Dem steht nun aber entschieden wieder das bestehende Sachverhältniß entgegen. Denn alle anerkannten höhern Bürgerschulen sind darum anerkannte, weil sie für ihre Abiturienten die Berechtigung erworben haben zum Eintritt ins Postfach, ins Steuerfach, in den Bureau-Dienst ꝛc. Da das Erreichenwollen dieses Zieles meist doch von den die Schulen begründenden Kommünen ausgegangen ist, so scheint die Darstellung im Vorigen (§. 8.) um so unzuverläßiger, zumal der Staat keiner zu begründenden Schule der Art das Abiturienten-Reglement aufgedrungen, sondern nur gesagt hat: wenn eine Schule solche Berechtigungen für den niedern Staatsdienst sucht, so wird diese nur ertheilt, wenn sie die vorschriftlichen Forderungen erfüllt. Es war also freie Wahl der Kommünen. Suchen wir im Kurzen darzustellen, wie diese Beamten in sie hinein gekommen sind. Es waren an mittlere Gymnasialklassen jene obigen Berechtigungen geknüpft.

Gehobene städtische Bürgerschulen meinten eine gleiche Bildungshöhe erreicht zu haben. Die Berechtigung zum einjährigen Militairdienst (ohne Examen nämlich, weil jeder Mensch aus ganz natürlichem Instincte ein Examen scheut und scheuen muß) war besonders der Antrieb zur Bitte um gleiche und namentlich um diese letztere Berechtigung. Dies rief die Instruction für die Abiturienten hervor. Ohne Erfüllung derselben gab es nicht einmal die letztere, den höhern bürgerlichen Ständen erwünschte, ja ihre Ehre berührende Berechtigung. Denn mit ihr wurde ja ein Staatsstempel der Bildung aufgedrückt, der öffentlich ausgestellt wurde. Es mußten Kommünen wie Directoren dieser Anstalten diese Berechtigung wünschen, und die freie Annahme, sieht man wohl, war und ist factisch keine freie. Ferner wurden diese Schulen nur dann in die Reihe der höhern Bildungsanstalten eingereiht, wenn sie dieser Instruction nachkamen, und wer die Schulverhältnisse, Berufungen und Staatsstellungen der Lehrer kennt, weiß auch, wie es nicht gleichgültig ist, an welcher Schule man arbeitet. So war denn auch der Umstand, tüchtige und gewiegtere Lehrkräfte zu gewinnen, schon ein neuer, nicht unwesentlicher Antrieb, die Instruction zum Maaßstabe der Organisation zu nehmen. Die an der Spitze der Kommünen stehenden Männer und die anderweitig mitberufenen Sachverständigen konnten nicht das neue Bildungselement überschauen, weil es ein neues war, konnten daher nur mit Vertrauen begrüßen, was dem von ihnen selbst genommenen Bildungsgange das Gleichartigste war, und scheuten mit Fug und Recht einen Radicalismus, der sich von Hause aus mit einer großartigen Anstalt von der Staatsverordnung los machen wolle. Die Directoren, wohl erkennend, daß in den, durch den Staat in der Schule festgehaltenen, Schülern der Stamm sein werde, an welchem sich die junge Pflanze aufranken werde und an welchen sich die losen Blätter anlehnen würden, konnten auch nur mit Ernst nach Erfüllung dieser Instruction trachten. Es soll aber und darf auch nicht übersehen werden, daß viele Leute, Gebildete und Ungebildete, Gelehrte und Ungelehrte, Urtheilsfähige und Urtheilslose in diesen Vorschriften in der That das geistige Uebungsfeld sehen, welches dem künftigen Bürger als das förderlichste erscheinen dürfte, und die gewichtigsten Stimmen haben sich dafür ausgesprochen, so daß auch oft eine innere Ueberzeugung von der Zweckmäßigkeit ja vielleicht sehr oft die Ursache gewesen ist, die Schule so und nicht anders zu organisiren. Doch diese Bemerkung soll nur beiläufig gemacht sein, um nicht verletzend zu erscheinen, denn es handelte sich hier nur darum, daß trotz der vorliegenden sachlichen Verhältnisse doch die Vorbildung der Beamten in den höhern Bürgerschulen durchaus nur als ein zufälliges, durch mancherlei Rücksichten hervorgerufenes Zukommniß angesehen werden muß. —

§. 10. Bleibt demnach die Schule eine höhere Bürgerschule ihrem Ursprunge wie ihrem Sein nach, so ist damit die Frage, ob denn der Umstand, daß sie auch Beamten vorbilden wolle, einen solchen Einfluß haben könne, daß es einer so weiten Untersuchung werth wäre. Bleiben wir unserm Vorsatze getreu und damit auf dem Boden der Erfahrung stehen. Dem Staate steht die Berechtigung zu, für seine Beamten eine bestimmte spezifische Bildung zu verlangen, und er hat es gethan. So waren also die höhern Bürgerschulen fertig in ihrer Organisation, noch ehe sie zu leben begannen; der Weg zu allerhand Versuchen, zum Sammeln von Erfahrungen beim Einschlagen verschiedener Richtungen, war abgeschnitten, weil bei dem schwer zu erreichenden Ziele keine Zeit und Kraft dazu blieb; man möchte denn auch schon die Frage Versuche nennen, mit welcher fremden Sprache man erst anfangen solle, oder wieviel Stunden man diesem oder jenem Lehrgegenstande in den einzelnen Klassen einräumen wolle. Von solchen Versuchen und Erfahrungen, die ihre Wichtigkeit in der Schulstube aber nicht mehr fürs Leben haben, ist aber hier nicht die Rede. Es konnte das Spezifische der höhern Bürgerschule nirgend zur Erscheinung kommen, und der unselige Kampf um die verwischten Grenzen zwischen höherer Bürgerschule und Gymnasium ward dadurch nicht wenig angefeuert. Die innerste Verwandtschaft beider Anstalten, wie sie dem Principe der Instruction nach sich herausstellen mußte, drängte auch diese Schulen auf das reine Lehrgebiet hin. Man ließ aus Vorliebe für die Art der eigenen Bildung und aus Pietät für gewisse Unterrichtsgegenstände und mit einer von dem eigenen Schulleben im Gymnasium her mitgebrachten Lehrmethode diese Schulen trotz Physik und Naturgeschichte und Chemie in die Bahn der Gymnasien einlenken, und gab mit dem Ruhme einer, den Gymnasien gleichen, allgemeinen geistigen Ausbildung ihrer Schüler die spezifische Aufgabe einer höhern Bürgerschule gänzlich auf, und rettete sich dann vor dem Vorwurfe einer ledigen Trennungssucht durch den Aufweis von einigen Lehrgegenständen. Um aber ob dieser Gegenstände nicht in den Bereich der Geschäftsschulen gedrängt zu werden, suchte man dieselben eben auch in allgemein bildende, nach der heute beliebten Benennung, zu verklären, d. h. man verwandelte auch dies letzte Spezifische in ein gymnasiales Bildungsmittel. Thatsächlicher spricht wohl, daß seit 15 Jahren, obwohl lauter junge, begeisterte, tüchtige Kräfte an diesen Schulen thätig sind, auch nicht ein einziger Vorschlag zur innern Umgestaltung dieser Schulen aufgetreten ist, der sich Anerkennung verschafft hätte. Man möchte denn hieher den trübseligen Kampf um Latein und Nichtlatein rechnen. Sicherer Beweis, daß man lieber ein fertiges Gewand anzieht, als daß man sich selber den Schnitt construirte. Doch es wäre auch das möglich, daß man diese heutige Organisation für eine vollendete hielte, d. h. daß man, wenn man im Gymnasium einige Gegenstände mit andern, sogenannten practischen vertauschte, dann auch schon eine höhere Bürgerschule hätte. Das werden freilich alle die Männer, welche die heutige Allgemeinbildung der höhern Bürgerschulen als ihr richtiges Wesen ansehen und vertheidigen, unbedingt zugestehen müssen. Doch das Bürgerthum hat eben anders geurtheilt, sonst möchte es wohl nicht so große Opfer für das gebracht haben, was es mit geringem Aufwande hätte bewerkstelligen können. Dies Fertigen der Schule von der Schulstube und nicht vom Leben aus, welches sie ins Dasein rief; diese Construction von den Lehrgegenständen und nicht vom Lebensboden aus, für welchen sie vorbereiten sollten, war die nothwendige Folge der eingeschlagenen gymnasialen Richtung. So haben eigentlich die Schulen einen Verrath an ihren Committenten gespielt und haben deren Kinder nur in einem neuen Anzuge dahin ausgeliefert, von wo sie eben weggerufen waren. Doch steigen wir noch ein wenig niedriger. Die den höhern Bürgerschulen hiedurch gewordene schiefe Stellung zum Bürgerthume hat ihnen keinen Segen, wie wenig innerlich so auch nicht äußerlich gebracht. Die zu bildenden Beamten forderten eine erweiterte und doch wieder ganz individuelle Bildungssphäre, so war es vorgeschrieben, und das Bürgerthum mußte sich fügen in das Unvermeidliche, aber dankte es den Schulen nicht sehr, wenn sie ihm mit den Staatsvorschriften die Unerläßlichkeit deduzirten. Doch ein noch schlimmerer Schade ist der gewesen, daß auch in diese Schulen der Handel mit Klassen um Schulberechtigungen eingetreten ist. Dies Beprivilegiren der einzelnen Schulklassen hat die Bildung zu einer Waare gestempelt, deren Werth eben nach dem Klassenstempel bestimmt wird, mit welcher man sich dann diese und jene Bevorzugung vor andern Leuten erhandeln kann. So ist dem reinen und ungefälschten Suchen nach Bildung ein herber Stoß versetzt worden, und wie schön die nun gangbar gewordene Redensart auch klingen möge: „ich kann meinem Sohne nichts als Bildung mitgeben," sie sagt im Hintergrunde nichts anders als: „ich kann meinem Kinde nicht wohlfeiler seinen künftigen Lebensunterhalt sichern, als wenn ich es bis zu den und den Schulklassen kommen lasse." Es sind thatsächlich nicht viele Leute in dem Staate der Intelligenz, welche die Bildung um ihrer selbst willen suchen. Oder kennen die Directoren nicht dies Drängen der Eltern mit ihren Kindern nach hohen Klassen? Dies unsittliche Fordern von Abgangszeugnissen für eine nächst höhere Klasse? Oft ist Eitelkeit öfter aber das Suchen nach solchen Berechtigungen der Grund. Endlich hat die von den höhern Bürgerschulen eingeschlagene Bahn den Bürgerstand auch daran gewöhnt, von seinen Schulen nichts weiter als Wissen und nur Wissen zu verlangen; auch dieser hat sich gewöhnt, die Leistung der Schule nach dem Endexamen zu schätzen, ohne nur zu fragen, wie viele denn von den so Ausgebildeten noch in den eigentlichen (s. oben §. 8.) Bürgerstand zurückkehren. Um jedoch nicht unnöthigen und unzeitigen Widerspruch gegen unsre Ansichten hier schon zu erregen, sei noch schließlich die Versicherung abgegeben, daß Niemand und wir hier am wenigsten verkennen wollen, welchen wohlthätigen Einfluß die gegebene Abiturienten-Instruction oder sagen wir lieber die Berechtigung zur Vorbildung für gewisse Beamte gehabt hat. Ohne sie hätten gewiß nicht die höhern Bürgerschulen ihre heutige Höhe, nicht ihre innere feste Gestaltung, ihren äußern sichern Gang, ihre äußere Geltung und zwar nicht einmal in den Augen der Bürgerstände selbst; ohne sie würden ihr viele Schüler und vielleicht die bessern und besten fehlen, selbst ein großer Sporn zum Fleiße wie zur sittlichen Führung würde vermißt werden und vieles Andere auch noch. Es galt hier nur den Nachweis, wie die, für anderweitige Zwecke gestellte und nach ihnen gemodelte, Organisation der höhern Bürgerschulen sie ihrem eigentlichen Boden entrückt hat, um daraus den Schluß für die fernere Untersuchung zu ziehen, daß es hier nicht aus gewohnter deutscher Umständlichkeit und aus einem Trachten nach einer scheinbaren Gründlichkeit sondern aus unabweisbarer Nothwendigkeit geschehen muß, den Lebensboden, für welchen die höhern Bürgerschulen hervorgerufen wurden, sorgfältig zu durchforschen und sich von daher gleichsam von Neuem ihre Aufgabe zu construiren; wie dabei aber auch jede Vorbildung für die Beamtenwelt zunächst ausgeschlossen gedacht werden müsse, um nicht in irgend welchen Conflict mit irgend welcher Staatsverordnung zu gerathen. Obgleich wir mögliche Einreden über das Bürgersein der Beamtenwelt oder gar einen Vorwurf über kastenmäßige Standesausschließung nicht fürchten, so möge doch demselben durch den Hinweis auf eine spätere Erledigung dieser Bedenken hiemit vorgebeugt sein. Es soll und muß erst die Hauptaufgabe klar sein, dann erst kann man auch von Nebenzwecken reden.

§. 11. Um nun die Aufgabe der höhern Bürgerschule selbst zu gewinnen, wird es (nach §. 5.) nothwendig, den Berufskreis des hier zu betrachtenden Bürgerstandes zu ermitteln. Den Mittelpunct seines Berufslebens, der in seiner gewerblichen Stellung liegt, haben wir schon oben (§. 8.) angegeben, es kommt also nun noch darauf an, den Radien nachzugehen, welche die eigentliche Fläche des Berufes ausfüllen. Die staatliche Stellung dieser Bürgergattung läßt sie als diejenigen erscheinen, welche in dem Staate durch ihre zum Theil nur rein gewerbliche oder auch für das Gedeihen und die Förderung des Gewerbes sorgende Thätigkeit neue Zustände und Verhältnisse hervorrufen und aus ihrem Schooße gebären und so den Berufskreis des Staates fort und fort erweitern, und daneben nicht minder als diejenigen, welche den Staatsgedanken — sei der Ausdruck erlaubt — und seine Verordnungen unmittelbar den realen Verhältnissen anzupassen und jene in diese oder diese in jene einzufügen, die also gleichsam den Staatsgedanken an den Mann zu bringen haben, denen ein großer Theil der Verwaltung der Institute für die höchsten Güter des Lebens und wichtiger Zweige des Staatshaushaltes anvertraut ist, und endlich erscheinen sie als diejenigen, welche neue im Volks- und Gewerbsleben sich regende Keime und neue, Gestaltung suchende, Verhältnisse dem Staate darzulegen haben, damit dieser sie als neues Moment seines eignen dadurch erweiterten Berufskreises aufnehmen und sie gestalten oder einfügen könne. Nach den äußerlichen, diese Radien des Berufslebens bezeichnenden Namen findet man in gedachten Ständen die Vorsteher und Mitglieder von Assioziationen zu neuen Unternehmungen, Stadträthe und Stadtverordneten-Vorsteher und Stadtverordnete, Patrone von Kirchen und Schulen, vom Staate berufene Sachverständige in technischen und bürgerlichen Angelegenheiten, Beiräthe der verwaltenden Behörden, Schiedsmänner in den verschiedenartigsten Gerichten, und Geschworne, Mitglieder der Landstände 2c. 2c. Die soziale Stellung ist nicht minder eigenthümlich. Sie sind diejenigen, welche durch das Produziren der materiellen Staatsmittel und zugleich im eignen Besitze dieser Mittel die Ernährer von Tausenden der ärmern und arbeitenden Volksklasse sind, die durch ihre Beisteuer zum Staatshaushalte die Mittel für Kirchen, Schulen und andere Institute darbieten und diese aus der Mitte der Kommünen her begründen, die durch die ihnen und fast nur ihnen zu Gebote stehenden Mittel nach Maaßgabe des ihnen inwohnenden Geschmacks die mittelbaren Förderer der Künste der gesammten National-Cultur werden, die durch ihr Beispiel — indem sie dem zum großen Theile von ihnen abhängigen Volke so nahe stehen — durch ihre Gesittung, Gesinnung und Geschmack den tiefst greifenden Einfluß auf Gesinnung, Sitte und Sittlichkeit des Volkes üben. Endlich müssen diese Stände noch in ihrer Einzelstellung betrachtet werden. In dieser sind diejenigen, welche als die im Staate Freien gelten dürfen, deren Beschränkung nur in dem Maaße der von ihnen erworbenen Mittel liegt, die von ihrem Thun, so weit es innerhalb der Gesetze bleibt, Niemanden Rechenschaft zu geben schuldig sind, und deren Betheiligungen an den Institutionen für die höhern Lebensgüter von ihnen Niemand erzwingen kann; die das, was sie verwalten, meist als ihr Privateigenthum verwalten, und auch ganz nach Willkür und Geschmack und der ihnen inwohnenden Bildung verwenden; die auch über ihre Untergebnen eine nicht geringe Herrschergewalt üben, und das nicht durch gesetzliche Berechtigung allein sondern mehr noch durch das leibliche Bedürfniß, welches den Armen in ihre Fesseln schmiedet. Nicht minder aber bringt es ihre Stellung und die gefürchtete Concurrenz mit sich, daß sie in ihrem Geschäfte vereinzelt stehen und auf sich selber angewiesen sind. Aber nicht minder verlieren sie in den abspannenden und zerstreuenden Geschäften die Kraft, innerliche Ruhe und Abgeschlossenheit, welche die Stunden äußerer Muße in irgend welchen ernsteren Studien oder auch nur innerlich sammelnder Lectüre ausfüllen ließe, wozu dann noch oft Mangel an Hülfsmitteln, Anregung und Gelegenheit zur Mittheilung und an noch manch andern Dingen kommt. Schon das ist viel und zwar das Höchste, wenn sie die Ergebnisse der Wissenschaft ohne Beihülfe und Vermittler selbsteinsichtig auf ihren Gewerbsbetrieb verwenden können und nicht erst zu warten brauchen, bis es ihnen der oder jener vorgemacht hat. Alle anderweitigen menschlichen Beziehungen, die noch zum Berufsleben gehören, welche sich aber für jeden Menschen im christlichen Staate und in der christlichen wie bürgerlichen Gemeinde ganz von selbst verstehen, gehören darum nicht hieher, weil es ja eben auf die Auffindung des Spezifischen ankommt.

§. 12. Soll der Nachweis geführt werden, wie die höhere Bürgerschule zur Berechtigung einer Berufsschule (§. 2. 3.) komme, so wird man nun die, in dem (in §. 8. und §. 11.) dargelegten Berufskreise der gedachten Stände, wirkenden Factoren (§. 3.) aufzusuchen haben, welche vorzubilden eine Schule im Stande ist. Betrachten wir nun zunächst wieder den Mittelpunct, das gewerbliche Leben. Für alle Stände dieser Art gehört unbestritten 1) ein practischer Sinn. Dieser besteht darin, daß Jemand die ihm vorliegende Aufgabe vollständig erkennt, die Schwierigkeiten an sich und die Hemmnisse durch das reale Sein der ihm zu Gebote stehenden Mittel und Stoffe überschaut, das Zufällige an dem wirklichen Sein in Erwägung zieht, dagegen auch die zu verwendenden Kräfte und ihre Wirkungen und nun mit Umsicht die für seinen Zweck besten Mittel wählt und so sich den Erfolg sichert. Unpractisch wird der, welcher die ganze Welt der Erscheinungen zu seiner Begriffswelt erhoben, jedes Ding seiner zufälligen Kennzeichen und doch nothwendigen Erscheinungsmomente entkleidet hat, und nun mit den realen Dingen so leichtes Spiel haben zu können vermeint, wie der Geist mit seinen Begriffen. Mechanisch wird, wer ohne Einsicht in Zweck und Mittel nicht mehr das Spezifische der Aufgaben sondern kann, also ihr Wesen nicht durchdringt und so mit einem Mittel und einer Kraft alle Zwecke erreichen will. Nicht mehr wird man dies so verstehen können, als ob unter den hier gedachten Mitteln und Kräften nur die physikalischen oder chemischen gemeint seien, vielmehr werden einen wesentlichen Theil derselben auch die menschlichen ausmachen, da ja die Schule derjenigen Stände gesucht wird, die selber nicht mehr in den einzelnen Werkstätten mechanisch arbeiten, sondern die solche Arbeiter eben als die Kräfte für ihren Geschäftsbetrieb auzusehen haben.

Die Geschäfte fordern 2) eine künstlerische Productivität auf dem Gebiete des Gewerbes. Produziren, gestalten, und zwar mit Geschmack gestalten, ein schönes Product liefern, welches noch mehr als das rein leibliche Bedürfniß befriedigt, das ist die Aufgabe der hier beregten Stände. Je höher diese künstlerische Productivität gesteigert ist, je reiner der Geschmack gebildet ist, je mehr Freude der Produzent an der Schönheit und Vollendung seines Productes hat, desto höhere Bildung hat er für seinen Gewerbsbetrieb. Ganz niedriger Materialismus und gemeine Gewinnsucht, Betrügerei und Verfälschung, hervorgerufen durch den gewerblichen Wettlauf, wird der Mittelpunct des Geschäftes, wenn der Werth des Productes nur und nur nach der Nachfrage und dem erzielten Gewinne geschätzt wird. Zu reinen Speculanten und Geldmännern sinken alle produzirenden Stände herab — heute sagt man leider, sie schwingen sich dazu hinauf — in deren Augen die ganze Welt sammt ihren höchsten Gütern als käufliche Waare erscheint, wenn die Freude an einem schönen Producte und die Befriedigung an einem schönen Werke durch den blinkenden Gewinn überstrahlt wird. Solche Productivität kann aber nicht ohne 3) eine Tüchtigkeit im Geschäfte erzielt werden. Sie besteht in der Gewissenhaftigkeit und Treue und Sorgfalt im Kleinen und fürs Kleine, in der Ausdauer und Beharrlichkeit auch bei dem Mühesamen und nothwendigen Mechanischen, in der Freude an der guten und vollendeten Durchführung des begonnenen Werkes. Tüchtig heißt der, welcher in seinem Geschäftskreise — welcher Art dieser auch sein möge — alle Hemmungen der Materie und der Werkzeuge wie des eignen Willens und Herzens durch practische und sittliche Uebungen uud diese so oft durch seine Beharrlichkeit überwunden hat, daß eben dieser Kampf ihm eine eigenthümliche Befriedigung gewährt, durch welche innere sittliche Befriedigung er zu immer neuen Versuchen und Unternehmungen und so zur productiven schöpferischen Thätigkeit von Innen heraus getrieben wird. Das mechanische Nachmachen des von ihm oft Gefertigten oder von Andern Vorgemachten, wobei der Nachahmer keine Schwierigkeiten zu überwinden hat, das übernimmt der Tüchtige nur noch um des Brodes willen, oder überläßt es der Speculation zur Entwürdigung der mechanichen Arbeiter. Seine Freude ist Schaffen und zwar aus dem und daher, woraus und von woher bis jetzt noch nichts gewonnen wurde, und seine Freude am gelungenen Werke bezahlt ihm den Preis der noch nicht gangbaren Waare. Dieser Ehrenstern auf der Brust des deutschen Bürgerthumes ist zu wahren, da er vor dem Schimmer des Geldes und vor den Geistesblitzen der neuern Culturrichtung zu erbleichen droht. Nicht minder bedürfen diese Stände 4) der Fähigkeit des Geistes und noch mehr des Herzens, menschliche Kraft und menschliche Zustände zu würdigen. Ohne diese werden sie sich an den ihnen untergebnen und von ihnen abhängigen Menschen versündigen, indem sie dieselben nur noch als Ergänzungstheile ihrer Maschinen ansehen, so behandeln und wenn sie abgenutzt sind, sie verstoßen. Bedarf es heute noch des Beleges? Kann das Herz des Menschen nicht für den Menschen wieder geöffnet werden, sehen die produzirenden Stände in dem helfenden unentbehrlichen Arme ihrer Arbeiter nicht eine sittliche Kraft, die auch ihre Befriedigung sucht und ihre Betheiligung an der Arbeit als den Labetrank für den sauren Schweiß mit göttlichem Rechte beansprucht, so wird die vollste geöffnete Börse die Kluft zwischen den Menschen nicht ausfüllen. Das Gefühl dieser innern Verwandtschaft, dieser gleichen sittlichen Berechtigung und Betheiligung am Producte muß lebendig gemacht werden und auf alle nur denkbare Weise angefacht und genährt werden, wenn nicht Besitzende und Arbeitende einem und demselben Abgrunde von verschiedenen Seiten her und einem Vernichtskampfe entgegen gehen sollen, in welchem der schreckliche Ausgang nicht mehr zweifelhaft sein möchte. Es ist hier nicht von einem sentimentalen Mitleiden die Rede, welches allerhand geistreiche Vorschläge macht, um den Arbeitenden einen Ausweg zu zeigen, nie aber mit denselben geht; sondern von derjenigen Theilnahme ist die Rede, welche sich von dem Elende der Mitmenschen betroffen und beschämt fühlt und als das höchste Streben das erachtet, daß jeder Mensch nicht blos zu seinem staatlichen sondern zu seinem göttlichen Rechte gelange, d. h. als ein sittliches Glied mit sittlicher Betheiligung an seiner Arbeit auftrete. Hier liegt das große Geheimniß zur Bekämpfung des Proletariats. Scheint diese Betrachtung ein Vorgreifen der Betrachtung über die soziale Stellung, so war sie doch auch hier nicht zu umgehen, da sie mit dem Geschäftsbetriebe eng zusammen hängt. Der freie, an der Arbeit sittlich betheiligte, für das Werk sich intressirende Arbeiter überwiegt viele Sclaven, und nur aus Noth ums tägliche Brod Dienende. Je mehr menschliche Theilnahme der Unternehmer für das Menschliche in seinen Arbeitern, d. h. nicht blos für deren leibliches Wohlsein, hat, desto vollkommener wird ihm sein Geschäft gelingen. Endlich gehört für viele der Geschäftskreise 5) die Befähigung, die realen Zustände einer Zeit aufzufassen, sich in sie hinein zu denken. Dieser nur erweiterte practische Sinn ist heute zum Gelingen irgend einer großartigen Unternehmung durchaus unerläßlich. Die Concurrenz, die complizirten Bürger- und Staatsverhältnisse, die vielen sich geltend machenden und sich durchkreuzenden Ansprüche und Intressen, die Marktschreiereien auf der einen und die Geheimnißkrämerei auf der andern Seite, Verheißungen von hier und Befürchtungen von dort, Handelsbündnisse und Handelsverträge, neue Verkehrswege und Eröffnung neuer Absatzmärkte, Colonie- und Auswanderungswesen rc., das Alles hat einen zu entschiedenen Einfluß auf Verkehr und Geschäftsbetrieb, so daß man dem, der zur Auffassung solcher großartigern Verhältnisse unbefähigt ist, practischen Sinn für einen erweiterten Geschäftskreis absprechen muß.

§. 13. In staatlicher Stellung (§. 11.) dieser Stände sahen wir sie nicht minder productiv, indem wir sie als die Schöpfer neuer Verhältnisse und Erweiterer des Staatsberufes bezeichnen mußten. Neue Verhältnisse lassen sich aber nicht durch den Gedanken sondern nur durch die lebendige Productionskraft des Volkes hervorrufen. Das Volk macht den experimentellen Theil einer Staats-Physis, fördert Erscheinungen zu Tage und stellt sie fest, der Staat erhebt dann die Erscheinung zum Staatsgedanken und vollendet die Staats-Physik. Je reicher und mannigfaltiger die Erscheinungen, desto reicher das Volksleben, desto inhaltsreicher und vollendeter der Staatsberuf. Wer nun zu solcher Entwickelung als Glied mit zu wirken durch seine gewerbliche Stellung berufen ist, der muß 1) befähigt sein, die realen Zustände bis auf die Elemente hinab aufzufassen, um aus diesen, die Verhältnisse constituirenden, Elementen durch Combination derselben zu neuen Verbindungen zu gelangen. Nur mit dieser Befähigung wird man den vielen verunglückten und schon in der Geburt verkrüppelten Unternehmungen, die immer den Staat zum Hebammendienste auffordern, und ihn dann ob der Mißgeburten anklagen, mindestens vorbeugen. Man verstehe hier aber solche Unternehmungen, welche als Product der Zeit für das gesammte Staatsleben Einfluß äußern. Eisenbahnen geben ein nahe liegendes Beispiel. Damit aber das Reden und Opferbringen für das Staatswohl nicht ein bloßes Aushängeschild oder gar Deckmantel der eigennützigsten Blöße bleibt, muß in den Bürgern 2) das Bewußtsein eines Berufes zur thatsächlichen — nicht vordenkenden sondern vorhandelnden — Mitwirkung an der immer weitern und reichern Entfaltung der Staatsidee lebendig sein. Kann dieses staatliche Bewußtsein geweckt werden, welches eben nicht ein Streben nach Bevorrechtung und Geltendmachung ist, sondern welches sich als ein Glied in einem großen Ganzen erfaßt und in der Thätigkeit für das Ganze zugleich seine eignen Muskeln kräftigen will, welches aber auch die Nothwendigkeit der Kräftigung anderer Lebenspotenzen des Staates innerlich anerkennt und in der Entwicklung dieser zugleich eine Stütze für seine eigne Vervollkommnung sieht, dann wird das Drängen und Stoßen auf dem Lebensmarkte, das Wettlaufen und Ueberflügeln, dies unruhige hastige Erndten auf kaum erst bestellten und grünenden Feldern, dies unmündige Haschen nach Theilnahme an der Regierung ꝛc. verschwinden. Diese bewußte Stellung im Staate, die ohne Amtstracht die wahre Macht desselben ist, die nicht Skizzen mit der Kohle, nicht Pläne mit dem Federkiele, nicht Verhältnißzahlen mit dem Griffel und Projecte in hohlen Reden entwirft, sondern welche die realen Gestalten, Werke und Verhältnißglieder selber durch die That und durch sein Thun als die unwiderleglichen Zeugnißgeber der ächten, für den Staat einzig heilbringenden Productionskraft hinstellt; dieses bewußte aber thatsächliche nicht redende und schreibende Eingehen in den Staatsorganismus wird Frieden bringen und Seegen schaffen und den Kampf um Herrschaft mindern, ja ihn vielleicht als einen wie widerwärtigen so auch nutzlosen erkennen lassen. Soll dieser Gedanke aber nicht eine bloße philanthropische Träumerei sein, so setzt er 3) Gemeinsinn voraus und zwar als einen innersten, angelebten, und das Handeln bestimmenden Beweggrund voraus. Die Kräftigung, welche das Thun in einer Gemeinschaft giebt, die Freudigkeit, welche aus dem Thun für sie erwächst, und die Aufopferungsfähigkeit, welche aus dem Intresse gegen sie erblüht, diese muß erfahren, erlebt und angelebt sein. Was dem wissenschaftlich beschäftigten Manne die Idee und zwar die Idee der Wahrheit ist, der er nachforscht, die ihn selber erhebt und ermuthigt, ihn über Abspannung und Kleinlichkeit des Geschäftslebens hinweghebt, das muß dem Bürger in den höhern und mittlern Ständen der warme und begeisterte Sinn für Gemeindeleben sein. Dieser rein menschliche, wärmende und auch zugleich geistige Anhauch seiner Seele soll ihn aus dem Egoismus hinaustreiben, in den ihn sein Geschäftsleben nothwendig hineinführt, soll den niedrigen und leicht auch erniedrigenden Erwerbfleiß zu einer That für ein Gemeindeleben verklären, soll ihn befähigen zur Darbringung von Opfern ohne Prunken und eitles Blähen mit seinen Gütern. Je lebendiger dieser Sinn geworden, je lebensfrischer er den künftigen Bürger begleitet, desto sichrer ist Banausismus und Egoismus im Volke bekämpft, desto sichrer ein National- und Volksleben angebahnt, desto höher ist die Volksbildung gehoben. Soll dies aber nicht zu kleinlichem Corporationsgeiste führen, der statt des Egoismus der einzelnen Personen nur den der Körperschaft setzt, — wie das leider ein Uebel und zwar ein recht großes der Zeit ist — der aus allen Ecken her und mit allerlei Zungen von angebornen und wohl erworbenen Rechten redet, so muß unabweisbar hinzukommen 4) ein lebendiges National-Intresse. Die Nationalität (vergl. §. 6.) ist das geistige Band, was Gott um die Menschen geschlungen hat, oder vielmehr womit er Millionen durchdringend sie alle zu einer geistigen Einheit und Verwandtschaft an einander knüpfte. Durch diesen geistigen Einklang aller Saiten, von denen jedes Individuum eine eigenthümliche mit eigenthümlicher Spannung ist, hat sie Gott berufen zur Lösung einer Gesammtaufgabe, für welche Aufgabe in der Geschichte der Text vorgebildet wird, zu welchem die jederzeit mannigfaltigen Zeitbestrebungen als die Melodieen und die mannigfaltigen Betheiligungen der Volksgliederschaften oder auch einzelner Glieder als die Harmonieen hinzutreten. Die Nationalität ist die große Wiege, in welcher der Niedrigste wie der Höchste sein Lallen und Sprechen, sein Tichten und Trachten lernte, die Allen wie ein singender Baum das Wiegenlied, das unvergeßliche, sang und Allen das Grabeslied singen wird. Wer ihren Text versteht, den sie in die Geschichte mit kräftigen Zügen schrieb, der versteht eben sich selber in seiner höhern menschlichen Aufgabe, denn Jeder ist eben Glied dieser Nationalität; wer sich in sie tief versenkt, hat in seinen eignen geistigen Blüthenkelch geschaut; wer an ihrer Entwicklung und Erstarkung kräftig Theil nimmt, hat sich selber gekräftigt; wer ihre Aufgabe lösen hilft, der hat die Verwirklichung seines eignen Seins als des göttlichen Gedankens (§. 7.) angestrebt. In der Nationalität wurzeln und nur in ihr die Weltgedanken, als verschiedenseitliche Offenbarungen der Aufgabe, und alle andern ausgedachten und entlehnten Gedanken und Theorieen werden über Kurz oder Lang als eine Knechtigung empfunden und aller Berufung auf verjährten Besitz zum Trotz abgethan; nur in ihr und aus ihr heraus giebt es wahre Productivität und jedes nicht ihr entsprungene Werk ist Nachahmung, wie versteckt auch das Original sein möge. Aus ihr entspringen die Volksgedanken, die wie Dämonen auftauchen und die kein Aderlaß der Zeit aus dem Blutumlaufe entfernen kann. Ob nun dieses Nationalbewußtsein auch andern Ständen eben so Noth thue als den hier beregten, liegt außerhalb unseres Feldes. Für den höhern Bürgerstand ist diese Erkenntniß und dieses Erforschen der stets lebendige Baum menschlicher Erkenntniß und Forschens, wie ihn der wissenschaftlich beschäftigte Mann im letzten Grunde alles seines wissenschaftlichen Denkens auch sucht. Der Gewerbstand bleibt und bleibe auch im Suchen nach der höchsten irdischen aber von Gott zugleich zur Verwirklichung hingestellten Idee auf dem Boden der realen und Erscheinungswelt, wie sie ihm verkörpert in der Nationalität hingestellt wird, während ein andrer Beruf den Geist hinführen mag in die Welt der Begriffe und Gedanken, in welcher der Geist selber zugleich Schöpfer, Ordner, Gesetzgeber und endlich ein sich in seiner Schöpfung selbst erkennender wird. Die Forderung, welche der Staat an die Bürger macht, bedingt 5) die Befähigung zum geistigen Durchdringen der realen Zustände, nicht um neue Verhältnisse daraus zu gewinnen, sondern um sie in reiner, ungetrübter Auffassung zu der begrifflichen Erkenntniß zu erheben, in welcher Fassung sie dann das Object des nun weiter urtheilenden und schließenden Verstandes werden. Dies Vermögen setzt der Staat als ein vorwaltendes und besonders ausgebildetes voraus, wenn er technische Gutachten von den Bürgern verlangt oder wenn er sie zu Schiedsmännern ausersieht, sie zu Gerichte sitzen läßt und sie in die Ständeversammlung ruft. Wer immer in Theorieen denkt, wer in seinem Geiste meist nur eine Begriffswelt bewegt, in welcher alle zufälligen Accessite des zeitlichen Seins der Dinge durch die von ihnen oder nach ihnen gebildeten Vorstellungen abgestreift sind, der verliert in der That den Blick für die realen Zustände; er hat nicht geistige Ruhe oder Entsagung oder Verleugnung genug, um allen den Zufälligkeiten an der Erscheinung die ganze Aufmerksamkeit zu widmen oder gleichsam das Reale auf sich einwirken zu lassen, sondern er ist immer alsbald mit seinem Begriffe fertig und will nun nur noch wie der Jurist unter das Gesetz subsumiren, und bald kommt es dann nicht mehr auf die Sache sondern wirklich nur noch auf dieses Subsumiren an. Der zum Mitreden berufene Bürger soll nicht einen fertigen Begriff mitbringen, nicht auch eine Fertigkeit im Bilden derselben bekunden, sondern er soll dem Realen gegenüber sich jedesmal erst die Vorstellung bilden und diese mit der Fülle von Merkmalen für den subsumirenden Verstand darlegen. Dies muß hier an dieser Stelle genügen. Dieselbe Stellung des Bürgers fordert aber auch 6) die Befähigung, einen gegebnen Gedanken auf vorliegende reale Verhältnisse anzuwenden. In diesem Falle befinden sich die Bürger als Vorsteher großer wie kleiner Kommünen, Patrone von Kirchen und Schulen rc. rc. Wie leicht dies Manchem erscheinen möge, so hat das doch seine eigenthümlichen Schwierigkeiten. Die Wirklichkeit ist spröde, die Begriffswelt eine bewegliche, öfters auch vieldeutige und viel deutelnde. Den wahren Mittelpunct und Nerv einer Staatsverordnung oder eines Staatsgedankens nun mit klarem Sinne ohne Deutelei zu erkennen, und diesen von der Furcht vor der spröden Wirklichkeit und durch ihr eigensinniges Beharrungsvermögen sich nicht entwinden zu lassen, vielmehr Verordnung und Wirklichkeit so in einander zu fügen, daß keinem sein Recht vergeben werde und keins sich über Gewaltanthun beklagen könne, das ist ein practischer Sinn des höhern Staatsbürgerthums, der nur leider gar zu oft fehlt, weil man selber entweder zu sehr auf der beharrenden Seite des Realen oder auf der scharfen Schneide der Begriffswelt steht. Dieser unpractische Sinn kann einerseits — und hat es schon oft — die schönsten und fruchtreichsten Gedanken der Staatsverwaltung unter dem Scheine der gewissenhaftesten Verwendung gänzlich nichtig machen, andrerseits aber auch durch unnöthiges Gewaltanthun ein Widerstreben und eine Unzufriedenheit hervorrufen. Schließlich wird, da der Staat den Bürgern eine einflußreiche Stellung zu Kirchen und Schulen angewiesen hat, auch hier 7) ein Intresse für die höchsten Güter des Lebens gefordert werden, und zwar ein solches, welches die Sache will und nicht wie so oft nur eine Verwaltung der Mittel, welches nicht mehr die vielen abgearbeiteten Acten-Nummern eine Thätigkeit auf diesem Gebiete nennt, und die gemachten Ueberschüsse in der Kassenverwaltung sich zur höchsten Verdienstlichkeit anrechnet, sondern welches Schulen, Kirchen und alles andere Höhere um des in ihm genährten innern Kernes halber will.

§. 14. Wenden wir uns nun zu einer dritten Beziehung des Berufslebens, zur sozialen Stellung der Stände, so ist leichtlich zu ersehen, wie 1) die Forderungen des theilnehmenden Herzens für die Menschheit (§. 12, 4.) und 2) des regen Intresses für die Institutionen, welche die höchsten Güter pflegen (§. 13, 7.) hier noch stärker hervortreten. Waren die Bürger nun aber (§. 11.) auch als die mittelbaren Förderer der Kunst wie der gesammten National-Cultur anzusehen, dann müssen sie 3) befähigt sein, die Blüthen der gesammten National-Cultur — so weit sie national ist — zu pflücken und zu genießen. Die Klassiker der Nation sollen nicht blos in ihren zierlichen Bücherspinden als Verräther der Eitelkeit in den Empfangszimmern statt der Nippes-Tische stehen, und die das Zimmer schmückenden Gemälde nicht blos Zeugen der Wohlhabenheit sein, vielmehr sollen sie vom Besitzer genossen sein, und dieser Genuß soll ihn befähigt haben, überall Kunst und Wissenschaft fördern zu helfen, wo sie sich ernstlich regt, und Mittel zu geben, wo der Mangel sie niederdrückt. Dann muß aber auch erst National-Literatur mehr als ein Namenregister mit einigen Gedenkversen, und National-Cultur diesen Leuten mehr sein als ein Thema, über das sich viel Schönes sagen läßt. Diese Forderung schließt 4) die Befähigung ein, in einen vorliegenden Gedankengang, der allgemein menschliche Intressen ohne Schulsprache darstellt, einzudringen und ihn sich anzueignen, und daneben 5) die geistige Bildungshöhe, welche sich an dem wahrhaft Schönen erfreuen und an der durch die edle Kunst dargestellten Idee erheben kann. National-Literatur ist ein leerer Schall für Schulbänke und Zeitungsblätter, wenn die niedergelegten Geistesproducte nicht den Ideenkreis der Nation bereichert oder erfüllt haben; sie ist ein Schulwort, was dem Knaben nur noch einen Unterrichtsgegenstand mehr aufbürdet, wenn nicht ihr Inhalt in den Boden des Volkes wie ein erquickender und befruchtender Regen von den geistigen Koryphäen niedertroff. Sind nun diese Tropfen eben nichts anders als die concentrirten Geisttheilchen der Nation, und spiegelt so jeder Tropfen die Nationalität und in dieser wieder mehr oder minder jeden einzelnen Menschen, und ist dies Erkennen der Nationalität und das sich Hineinleben (§. 13, 4.) ein sich selbst Erkennen und gleichsam ein sich in sich selbst Versenken, so ist die hier gemachte Forderung von selbst gerechtfertigt. Die Möglichkeit dieser letzten Forderung wurzelt aber 6) in der Ausbildung des Geschmacks. Da seiner schon oben (§. 12, 2.) gedacht ist, so muß hier schon näher sein Wesen angegeben werden, zumal mit demselben als einem Angelpuncte unsrer Betrachtung leicht hier mehr gemeint sein möchte, als man vielleicht sonst darunter verstehen mag. Er ist, zunächst als urtheilend gedacht, die durch unmittelbare Anschauung des Gegenstandes, wenn auch nicht begrifflich vermittelte, so doch bewußte Empfindung einer Harmonie oder Disharmonie zwischen dem angeschauten Gegenstande und den sonst in der Seele vorhandenen und von ihm geweckten Vorstellungen. Den Geschmack bilden heißt demnach zunächst, in der Seele eine Reihe von schönen und edlen 2c. Vorstellungen lebendig machen, und vermitlelst der so belebten Vorstellungen die Empfindung der Harmonie [oder Disharmonie] mit geschauten Gegenständen zu einer lebendigen und vermöge dieser Lebendigkeit zu einer bewußten erheben, und so in dieser bewußten Empfindung ein eigenthümliches höheres Geistesleben wecken. Es wird sich sonach der Geschmack zur Theilnahme an der National-Cultur so verhalten, wie der Gemeinsinn zur Entwicklung des National-Intresses. Gebildet an den schönsten Blüthen dieser Cultur wird er nur die schönen und edlen Früchte derselben suchen, und durch sein Suchen sie auch fördern. Der verdorbne oder gar nicht gebildete Geschmack des Volkes duldet auch die schmutzigen Pflanzen der Cultur wie der Kunst. Geschmack kann aber auch im Verhältnisse zum Willen gedacht — wie ja jedes Empfinden des An- oder Unangenehmen auf Begehren und so auf den Willen wirkt — der Bestimmungsgrund für das Handeln werden. In diesem Sinne ist der Geschmack die so in der Seele gesteigerte Lebendigkeit der vorhandenen schönen Vorstellungen, daß sie die Verwirklichung in der Erscheinung fordern und zur Erreichung derselben drängen. Er umfaßt so in gewissem Sinne das ganze Gebiet der Seelenrichtungen nach Religion, Sittlichkeit, Kunst, und bezeichnet so den schöpferischen Trieb des gesammten innern Menschen, der sich überall und mit Nothwendigkeit realisiren und durch die That als seine Erscheinungsform sich Gestalt geben will. Er wird so die zum Handeln treibende und sich selber wollende Welt von schönen und reinen Anschauungen der Seele, dergestalt daß den zu solcher Geschmacksbildung gelangten Menschen alle Unklarheit und Unwahrheit, aller Schein und Prunk, alle Halbheit und Lüge, alles Unedle, Unreine und Niedrige anekelt als Etwas, welches mit seinen innersten reinen Vorstellungen im Widerspruche steht, und welches er somit in Folge dieses Widerwillens meidet, ja als ein Widerwärtiges bekämpft. Der gute Geschmack in dieser Höhe ist die practische Moral-Theorie unserer Stände, weil, wie sich unten zeigen wird, der Fortschritt in den Wissenschaften nicht bis zu der Grenze gelangen kann, daß diese mit ihrem reinen Lichte die bürgerlichen Stände durchleuchten, Herz und Sinn reinigen und so zur Wahrheit im Handeln führen könnten. Ein solcher guter Geschmack ist ferner darum nothwendig, weil für die künftigen Bürger die Beschäftigung in den Wissenschaften nicht lange genug dauert, um aus dem denkenden Verstande die alleinige Richtschnur für das künftige Handeln zu fertigen; endlich fordert vornehmlich die soziale Stellung der Stände eine solche Geschmacksbildung, weil die Bürger durch Schaffen und Handeln aber nicht durch ihr Denken die mustergültigen Beispiele für das mit ihnen verbundene und an sie gewiesene Volksleben sind, und so durch ihre Geschmacksbildung den tiefst greifenden Einfluß üben. Um den stillen Gelehrten, den zurückgezogenen Beamten kümmert sich Niemand aus den niedern Ständen. Diesen niedern Ständen werden die, mit ihnen auf dem Lebensmarkte zusammen tretenden, gewerblichen und industriellen Stände die Kanäle, durch welche die höhere Bildung auf sie herabfließt, und das werden sie nicht durch Wort und Schrift, sondern durch die aus ihrem Geschmacke geborne und durch diesen modifizirte That, die das nahe herum stehende ja dabei oft betheiligte Volk in der Nähe beschaut und nachahmt. Bestimmt nun der Geschmack die Wahl der Gattinn, des Freundes, des Umganges, des Vergnügens, bestimmt er die Gestaltung des Hauswesens, die Anordnung der Genüsse und die gesammte Form der Umgebung, so wird er der thatsächliche Redner an das Volk mit einer Stimme, die lauter und eindringlicher als alle Kanzel- und Kathedersprache redet. Das Volk wird nach und nach gesunden, wenn die höhern bürgerlichen Stände werden einen gesunden Geschmack erhalten haben; auch das minder gebildete Volk wird nach edlern Freuden wieder greifen, wenn jene erst andere Freuden als die Befriedigung der Eitelkeit und den Genuß werden gefunden haben. Endlich fordert die soziale Stellung nicht minder als (§. 12, 3.) das Geschäftsleben 7) die Freude an der Tüchtigkeit und die Treue im Kleinen. Wie die tüchtige und im Kleinsten sorgfältige Arbeit gut bezahlt wird, weiß auch der, welcher das Gewerbe nur noch mit Geld betreibt, und er auch wird um des reinen Gewinnes willen seine Arbeiter zur Tüchtigkeit und Treue im Kleinen anhalten. Doch dies entwürdigt diese und entsittlicht sie, weil sie sich im Dienste des Egoismus wissen, also das treibende Motiv nicht ein sittliches ist. Wenn dagegen der Fabrikherr oder sonstige Gewerbsmann selber eine Freude an dem tüchtigen Werke hat, und das Uebertünchte, Pfuscherhafte nicht dulden kann, weil es seinem eignen innern Zustande widerstrebt, so werden nun die zur Tüchtigkeit und Treue im Kleinen angehaltenen Arbeiter unter einer sittlichen Macht stehen und von ihr angetrieben und so zur Sittlichkeit selbst nach und nach durch Gewöhnung geführt werden. Möchte doch dieser große Unterschied dieser verschiedenartigen Einwirkungen auf die arbeitenden Klassen nie übersehen werden und nie übersehen worden sein. Es ist ein Anders, ob der Herr einen Arbeiter entläßt, weil er an der schlecht gefertigten Arbeit einen Schaden hat, oder ob er ihn entläßt, weil ihm selber das schlechte Arbeiten innerlich zuwider ist.

§. 15. Wenn nun für die isolirte Stellung auch noch das Bedürfniß aufgesucht werden soll, so ist der Mißdeutung dieses Unternehmens schon vorgebeugt (§. 11.). Es versteht sich zunächst von selbst, daß man für diese alles, was jedem Menschen als Menschen Noth thue, auch hier zu fordern hat, wohin zu rechnen 1) Religion, Sittlichkeit, Liebe zum Vaterlande und Herrscherhause rc. Aber es darf hier nicht übersehen werden, daß die hierher gehörigen Stände sich meist auf einem sehr schlüpferigen Boden bewegen, daß sie diesen sehr jung betreten, daß also darum jene rechten Pfeiler des Lebens um so fester gegründet sein müssen. Sie werden einer angelebten Religiosität, einer angeübten — man mißdeute nicht — Sittlichkeit bedürfen, um auch in der Zeit, in welcher der Character sich noch nicht befestigt hat, und mit der Bildung, die nicht tief genug gegangen sein kann, treue Lebensgefährten und ungesuchte Wächter zur Seite zu haben. Sie müssen zu dem Ende an sich und Andern erfahren haben, welche Kraft eine religiöse Gemeinschaft, ein gemeinsamer Gottesdienst und ein gemeinsames Gebet hat, damit das Bewußtsein von dieser Kraft sie diese Gemeinschaft immer festhalten und sich aus ihr die nöthige sittliche Kräftigung suchen lasse. Sie bedürfen 2) eine Selbstständigkeit im Urtheile. Dazu gehört zweierlei, zunächst nämlich das bestimmte Wissen, worüber man ein Urtheil haben könne und worüber nicht, oder das bestimmte Wissen von der Schwierigkeit der Beurtheilung der, nicht ganz und nach allen Seiten hin mit der Erkenntniß durchdrungenen, Dinge oder Verhältnisse; dann gehört dazu die bewußte Erkenntniß von dem Wesenhaften und Zufälligen des der Beurtheilung Unterliegenden. Diese Selbstständigkeit im Urtheile, die heut zu Tage in vielen und den meisten Leuten dieser Stände eine rein eingebildete Sache ist, macht sie erst wahrhaft frei und entwindet sie dem Leuchten der Blendlaternen; macht sie reif für eine freie Presse; macht sie selbstständig im Wollen, Beschließen, Handeln. Vornehmlich aber werden sie des practischen Urtheils bedürfen, um zu dieser Freiheit zu gelangen, welches sich mit keiner Dialectik, auch nicht mit der geistreichsten mehr abspeisen läßt, sondern welches in jedem für die Beweisführung gebrauchten Begriff erst den realen Inhalt, das darin vorgestellte reale Object aufsucht und anschaut, und dann erst von dieser Anschauung heraus das Urtheil mitbildet, und dann aus der Sachkenntniß her verbunden mit einem deutlichen Wissen über Ursache und Wirkung sichere Schlüsse zieht. Solche Urtheilsfähigkeit giebt den innerlich tüchtigen, unverblendeten, graden Weges fortgehenden Bürgersinn, und der thut heute mehr wie jemals Noth. Nicht minder aber bedürfen sie 3) der Geschmacksbildung als des practischen Wegweisers für eine schöne und edle Gestaltung aller ihrer Lebensverhältnisse, ihrer Vergnügen und Genüsse, und als der Triebfeder zu Gaben und Opfern für die Institutionen des Staates, welche die höchsten Güter des Volkes pflegen. Je mehr Mittel sie besitzen zu Vergnügungen, je mehr das Einförmige des Geschäftslebens von der einen Seite und das Zerstreuende und Abspannende von der andern sie zum Suchen der Vergnügungen und Genüsse hindrängt, und je geringer die Aussicht auf die wissenschaftliche Tüchtigkeit ist, die sie hier vor Fehlgriffen bewahren oder sie ihnen entbehrlich machen könnte, desto mehr bedürfen sie eines geläuterten Geschmacks, um die Genüsse zu veredeln und sie zu dem zu erheben, was sie dem Menschen eigentlich sein sollen. Soll der so gestellte Mensch aber nicht fade und richtungslos werden, so bedarf er eines Mittelpunctes der Erkenntniß, den er nie verlieren und nie aufgeben kann, der sich ihm überall wieder aufdrängt, ja um den er wie um seinen Angelpunct gedreht wird, und dieser ist gewiß keine Wissenschaft und wird auch nie eine werden, sondern ist allein 4) das Nationale in seinem ganzen weiten Umfange. Dieses ist für unsre Stände die unerschöpfliche, stets junge, immer lockende, immer erquickende Wissenschaft, die aus einem lebendigen Borne quillt, der er mit rechter Vorbereitung in der Schule ohne Hören von Collegien ja ohne Buch und Apparat zu Hause wie auf Reisen nachgehen, über die er sich — wenn's den Schulen für die höhern bürgerlichen Stände erst beliebt haben wird, solche Bildung zu geben — überall aussprechen, für die er sich überall anregen und beleben kann. Es bedürfen die Stände 5) einer in sich abgeschlossenen und Befriedigung gewährenden Bildung. Je mehr dieser ausgestreute Gedanke Anklang gefunden hat, einer desto gründlichern Erörterung bedarf er. Obwohl er seine Zustimmung schon in den Erfahrungen derjenigen gefunden haben könnte, welche, von Halb- und Ein-Gebildeten umgeben, deren Haschen nach und Prunken mit und Erheben über's Wissen &c. sattsam kennen, oder die mit klarem Auge das geistige oder ungeistige Treiben der beregten Stände im Großen und Ganzen beobachteten und theilnehmend das Wirre, Leere, Haltungslose &c. desselben schmerzlich wahrgenommen haben: so bleibt dennoch die schwierige Frage übrig, welche Bildung denn eine abgerundete und Befriedigung gewährende sei. Versteht doch Mancher darunter nur Religion und ein Anderer altklassische Bildung und noch Andere Anderes. Bleiben wir dem Vorsatze, aus unsern Erfahrungen herzuleiten, getreu, so sehen wir zunächst Leute, welche ein großes Wissensmaterial ohne Ordnung in der Seele aufgehäuft haben, und nicht ein Streben dabei äußern, dasselbe geistig bis zum letzten Grunde zu durchdringen, von ihm aus dann zurück zu construiren und so dieses Wissen als ein vom Geiste aufgebautes zum Wohnsitze des Geistes zu bilden. Diese Leute haben bei allem Wissensreichthum keine Bildung und sind in diesem Wissensbesitze — Kenntnißbesitze sollte man sagen — reine Materialisten, selbst wenn der Stoff auch Griechisch ist. Manche haben darin eine Befriedigung, freilich wie sie der Geldstolz auch hat. Andere Leute haben eine außerordentliche Gewandtheit in den logischen Redeformen, in Wendungen der Vorstellungen und deren Verknüpfungen, und in überraschenden, geistreich genannten, Combinationen und daraus zu ziehenden Schlüssen. Sie mischen die Vorstellungen und geben sie aus wie ein Kartenspiel und bringen aus den aufgenommenen Karten ein nicht selten überraschendes Spiel zu Stande. Diese geistige Bildung hat ein Wissen über die Form, nach welcher der Geist die Vorstellungen verknüpft und durch die Verknüpfung selbst sich die Richtigkeit des geistigen, dialectischen, Fortschrittes sichert, sie hat dabei ein Können in der Form und erscheint als eine besondere geistige Geschmeidigkeit. Oder um es mit andern Worten zu sagen: diese Bildung ist nicht vom realen Inhalte der Vorstellungen zu den aus diesem Inhalte sich bedingenden Verknüpfungen derselben fortgegangen, sondern setzt die geistigen Vorstellungen, den Begriff von den Dingen, als einen in der Seele mehr oder minder fertigen voraus, und sucht sich die Verknüpfungsformen der so fertigen Vorstellungen an wiederum gegebnen Verknüpfungsformen einzuüben und schließlich sie auch selber zu erforschen und so sich als Geist in seiner geistigen Thätigkeit selber zu erfassen. Wir nennen dieses Wissen über die Form und das Können in ihr eine *formale* Bildung, und die durch solcherlei Uebung gewonnene und angestrebte geistige Kraft der Erkenntniß nennen wir ein für allemal die formale Kraft des Geistes. So lange nun das geistige Leben dieser Leute sich in der fertigen Vorstellungswelt bewegt, sind sie unantastbar, und sind wie die anfangenden Musik-Theoretiker die schlimmsten Wittrer falscher Quinten, und erkennen auf den ersten Blick die logischen Blößen. Da aber ihre ganze Vorstellungswelt nicht vom realen, mit allen Zufälligkeiten auftretenden, Sein der Dinge ausgegangen ist, so sind sie zunächst ganz unfähig, sich irgend welchen neuen Begriff zu gewinnen und dem Conglomerate der Wirklichkeit abzuringen; sind unfähig, den fertigen Gedanken irgend welcher Wirklichkeit anzupassen, und fürchten und spüren überall die Gefahr, wie sie es selber nicht selten verüben, für das x ein u zu empfangen. Wie sie somit als unpractische Leute erscheinen müssen (vgl. §. 12, 1.) und den an den Bürgerstand gemachten Forderungen (§. 12, 5. §. 13,

1, 5, 6. §. 15, 2.) nicht genügen können, das ist wohl klar; aber warum soll denn solche Bildung keine Befriedigung gewähren können? Weil sie inhaltslos und leer ist, mehr Spiel als Ernst, mehr Blitz als Licht; weil sie vollkommen unproductiv ist. Mancher findet in ihr auch Befriedigung, denn auch der Prahlhans fühlt sich befriedigt, wenn er mit Worten große Summen ausgiebt und keinen Thaler in der Tasche hat. Das Betasten und Bekritteln aller bestehenden Zustände, das stete Projectmachen und doch Negiren des Vorhandenen, das Unternehmen dieser Leute und das sich Ergehen in der Debatte über das Unternehmen statt in ihm selbst sich zu ergehen ꝛc. ꝛc. das spricht wohl heut zu Tage laut genug für die Behauptung, daß diese Bildung keine Befriedigung gewähre. Jenem materiellen und diesem formalen Wissen steht nun ein concretes gegenüber, welches allein die in sich abgeschloßne und Befriedigung gewährende und die für den höhern Bürgerstand hier schon oft als nothwendig nachgewiesene Bildung ist. Sie besteht im Kurzen darin, daß der Geist geübt und gewöhnt ist, in jeder Verknüpfungsform der Vorstellungen sich den realen Inhalt der Vorstellungen in dem Geiste gegenwärtig zu halten und die Verknüpfungsform als congruent mit und bedingt durch den realen Inhalt der Vorstellung anzuschauen. Sie kann auf doppeltem Wege gewonnen werden — theoretisch betrachtet. — Entweder man geht immer vom realen Sein aus und erhebt sich von ihm aus zur Vorstellung und zum Begriffe, und befriedigt so das dem Menschen inwohnende geistige Bedürfniß. Das ist der Weg, den die sogenannten gesunden Ansichten der reinen Practiker gewandelt sind, die sich zwar schwerfällig bewegen, weil sie gleichsam immer den ganzen realen Inhalt mitschleppen, aber dafür immer auch auf einem soliden Boden ruhen. Dieser Weg hat diese Leute auch zu der sogenannten gesunden Logik geführt, und ihnen eine Kraft zur täglich zu erweiternden Bildung und damit eine innere geistige Befriedigung gegeben. Läugnen kann heut zu Tage das Vorhandensein einer solchen Bildung Niemand mehr und die Anerkennung wird ihr nirgend mehr versagt; aber als ein Unglück muß es angesehen werden, wenn sie durch den Glanz der dialectischen Bildung geblendet sich zurückzieht, und dem künftigen Bürgerstande auch die reichere Livree durch die höhern Schulen will anziehen lassen. Es ist schmerzlich anzuhören, wenn der so gebildete Bürger den ihm gegenüberstehenden Formalisten versichert, er wolle nur so seine dummen beschränkten Ansichten äußern. Wenn er den dialectischen Einwendungen nichts entgegnen kann als:

die Erfahrung wird es lehren, und jene dagegen mit einigen Schlüssen ihm gleich die ganze Zukunft aufschließen, so fühlt er sich beengt und ohnmächtig und wünscht seinem Sohne, der ihn dereinst vertreten oder ablösen soll, auch ein solches Geisteskunststückchen mitzugeben, und darum schickt er nun seinen Sohn in eine hohe Bürgerschule, und verlangt von ihr, daß sie den Knaben auch so klug mache, die Weisheit aufzugeben und leicht fahrbares Strohbündel statt schwerer Waizengarben einerndten zu lernen. Der zweite Weg zu einer solchen befriedigenden Bildung zu gelangen ist der. Man stärkt durch Uebungen zunächst die formale Kraft des Geistes an beliebigen, am geeignetsten zunächst an den an sich inhaltslosen oder doch für den Kindesgeist so gut wie leeren Vorstellungen, und bringt diese Erkenntniß über die Formen, in den sich der menschliche Geist bewegen muß, oder die logischen Kategorieen, durch Uebung zum Bewußtsein. Das thut nun vornehmlich das Gymnasium, und wir haben diesen vorherrschenden Zweck beim Unterrichte die gymnasiale Behandlung der Lehrgegenstände genannt. Diese Anstalt erhebt sich in dieser Bildungsrichtung bis zur Höhe der Systematik als der weitesten Form des Geistes für seine Bewegungen, und wenn sie — wie sich das ja ganz von selbst versteht — diese Höhe nicht ersteigen kann, ohne eben Vorstellungen zu Grunde zu legen und so dem Geiste einen Inhalt zu geben, so ist der wesentliche und letzte Zweck nicht dieser Inhalt sondern die geübte Erkenntnißkraft, die geistige Beweglichkeit und der wissenschaftliche Sinn, d. h. das Gymnasium giebt formale Bildung. Nun tritt das zweite Stadium dieses Bildungsweges ein, die Universität. Auf ihr erarbeitet sich nun der Geist an den Wissenschaften der Theologie, Jurisprudenz, Medizin rc. mit seiner formalen Kraft einen realen Inhalt und zwar nicht durch einen etwa rein dialectischen Prozeß und eine systematische Ableitungsweise, sondern er empfängt einen gegebnen Inhalt, welcher mit der geistigen Kraft durchdrungen erst ein geistiger Besitz und so eben auch erst ein Besitz für die Menschheit wird. Er weiß sich hier einem realen Objecte gegenüber und fühlt sich zunächst durch dasselbe bestimmt, und sucht sich dann zu ihm als ein bestimmender zu erheben, und ist ein solcher geworden, wenn er den Inhalt im eignen aufgebauten Systeme bewältigt hat. Die Freude an solcher geistigen That, die Befriedigung, welche eine so vollendete Bildung giebt, hat jeder ächt wissenschaftlich gebildete Mann erfahren, und darum hält er diese Bildung für das höchste Gut. So geben Gymnasium und Universität vereint erst eine abgeschloßne und befriedigende Bildung. Die hier unzeitige Anführung der beiden Bildungsanstalten war der Deutlichkeit halber nöthig, wie auch zum Belege dafür, daß wir uns auch hier noch nicht von dem Erfahrungsboden entfernt hätten. Um nun, da hoffentlich durch diese Auseinandersetzung jedem Mißverstehen vorgebeugt ist, für diesen Begriff der Bildung einen kurzen Namen zu haben, heiße sie eine abgeschloßne, denn sie möchte wohl der Angelpunct für die höhere Bürgerschule werden.

Doch alle geistigen Kräfte helfen unserm Bürger nichts, wenn nicht 6) seine Willenskraft gestärkt und gestählt ist durch Uebung eines freien Wollens. Ihrer bedarf er im steten Kampfe mit der spröden Wirklichkeit und mit den hemmenden Zuständen, um nicht zu erlahmen, wenn Ungunst der Verhältnisse ihn verfolgt; ihrer bedarf er, weil er als ein freier, sich selbst bestimmender Mann kein Regulativ, keinen Beaufsichtiger, keinen Antreiber zur Seite hat; sie muß der noch characterlosen Jugend auf dem schlüpferigen, gefahrvollen Boden einen sichern Gang geben, muß den Mann auch dann noch thätig sein lassen, wenn das Glück ihm auch schon zu äußern Glücksgütern verhalf, um mehr zu bleiben als der Diener seines Geldes; muß ihm die nöthige Herrscherkraft über die ihm Untergebnen verleihen; muß ihn zu stets neuer schöpferischer Thätigkeit wie im engen Kreise seines Berufes so im weitern des Gemeindelebens antreiben, und muß sein ganzes, sich um materielle Intressen drehendes Thun in ein höheres sittliches Moment verklären. Der ernste Wille zur Thätigkeit, der sich natürlich zum innern Antriebe gestaltet, kann allein den jungen Menschen schützen vor dem Andrange des Realen, das ihn hin und her zieht und locket und nur gar zu leicht vergräbt. Nur dieser aus dem freien Willen entspringende und von ihm begleitete Thätigkeitstrieb kann den Menschen dahin erheben, daß er den zu erzielenden Gewinn seines Geschäftslebens nicht als Zweck seines Daseins, sondern wie der Beamte sein Einkommen, als den nothwendigen Erfolg seiner Thätigkeit ansieht; der Thätigkeitstrieb entsprungen aus der befähigten und gestärkten Willenskraft macht allein sein Streben nach Erwerb, sein Ringen nach Gütern, sein Mehren des Besitzes, sein Schaffen von immer neuen Mitteln frei von allem Niedrigen und Gemeinen, entnimmt es dem Dienste des Materialismus, entkleidet es der Gewinnsucht, erhebt es über den Egoismus und macht es zu einer That, welche ein sittliches Bedürfniß des Thuenden befriedigt, d. h. macht ihn selber zum freien Manne, der er sein soll.

III. Abschnitt.

Ermittlung der Aufgabe der höhern Bürgerschule.

§. 16. Stellt man nun die so aufgefundenen Factoren des Bürgerlebens zusammen, so hat man damit die Aufgabe der höhern Bürgerschule, welche auf ein solches Leben vorbilden soll, selbst auch hingestellt. Sondern wir die Momente etwas übersichtlicher, so sind nach der intellectuellen Seite hin gefordert 1) Religionskenntniß, 2) eine abgeschloßne Bildung und namentlich eine geistige Befähigung, die realen Zustände geistig aufzufassen, sie zur Vorstellung und vielleicht auch zum Begriffe zu erheben; 3) umgekehrt einen gegebnen oder auch eigenen Gedanken scharf aufzufassen und ihn auf reale Zustände anzuwenden und gleichsam ihn in das Reale einzubilden; 4) Kenntniß der National-Cultur und die Bildungshöhe, sich in ihr die eigne Bildung zu erweitern und sich aus ihr die höhern geistigen Genüsse zu verschaffen; 5) eine Befähigung zum selbstständigen Urtheilen. Dagegen wird nach der ethischen Seite hin gefordert 1) Religiosität mit kirchlichem Sinne und angeübte Sittlichkeit; 2) Tüchtigkeit und Treue im Kleinen; 3) practischer Sinn; 4) Gemein- und Nationalsinn; 5) Geschmack; 6) ein erstarktes und von den angeführten Motiven getragenes und geläutertes Wollen. Da man heute so sehr geneigt ist, sich das Wesen eines Dinges in einen einzigen Begriff zusammen zu fassen, so ließe sich auch vielleicht hier die Aufgabe einer höhern Bürgerschule in eine Vorstellung einen, und man dürfte vielleicht sagen, ihr Ziel sei eine zweckbewußte gesinnungsvolle Thatkräftigkeit. Könnte es hier oder überhaupt irgendwo darauf ankommen, diesen aufgestellten Begriff als erschöpfend darzuthun, so müßte man nun aus ihm die vorhin angeführten Anforderungen ableiten können, was jedoch der Leser selber ohne Fingerzeig vermögen wird. Möge man ihm aber auch nicht die Wichtigkeit eines ersten Grundsatzes oder kategorischen Imperativ's beilegen, und nur das für das Wesentliche in der höhern Bürgerschule erachten wollen, was sich aus diesem Principe her ableiten läßt. Er soll nur als eine Handhabe dienen, an der wir bisweilen das ganze Wesen der höhern Bürgerschule fassen wollen, möge er aber zugleich auch die Momente herausstellen, die als die leitenden angesehen werden müssen. Das Wort gesinnnungsvoll möge nicht in den Augen der Leser einen Beigeschmack bekommen; es ist dargelegt, was unter dieser Gesinnung zu verstehen sei, nämlich der gesammte geistige Inhalt und der Seelenzustand, welcher zur That treiben soll. Diese Verwahrung wird aber nöthig der oben (§. 15.) characterisirten Bildung gegenüber, welche nur gar zu sehr geneigt ist, den ausgeprägten Begriff zu nehmen, mit ihm zu operiren, von ihm aus zu raisonniren, und in dieser Thätigkeit sich groß zu dünken, und beim Nachweise einer Unbestimmtheit aus einem solchen Begriffe her zu meinen, viel zur Aufhellung der Sache beigetragen zu haben. Berichtigungen sind hier nur auf dem realen Boden des Bürgerlebens zu suchen, und Ergänzungen von dorther allein zu gewinnen. Wir hoffen, keine wesentlichen Factoren des Bürgerlebens übersehen, und so denn auch (s. §. 1. rc.) das Wesentliche der höhern Bürgerschule aufgefunden zu haben.

Wiefern nun hier entschieden sich eigenthümliche geistige Richtungen ergeben haben, deren Anbauungsmöglichkeit auch innerhalb einer Schule nicht vorweg abgeleugnet werden kann, so ist dadurch nun auch die Behauptung gerechtfertigt, daß die höhere Bürgerschule — nach altem Sprachgebrauche — eine allgemein bildende oder nach unsrer Bezeichnung eine wahre Berufsschule sei. Sie ist über den Bereich der Geschäftsschulen gehoben, denn nicht vom Geschäfte aus sondern vom Berufsleben aus, nicht nach geforderten Fertigkeiten und Kenntnissen sondern nach geistigen und sittlichen Befähigungen ist gesucht worden, welche freilich oft mit Kenntnissen und Fertigkeiten verwechselt werden. Ob diese Schule nun aber das oben geforderte Spezifische habe, um als eine getrennte Anstalt sich einen Platz neben den beiden bestehenden Berufsschulen anmaßen zu dürfen, das scheint freilich nicht eben zweifelhaft für den, der die geforderten geistigen Momente recht erwägt; da man aber diese Anstalten leider immer mit den Gymnasien parallelisirt hat, mit denen sie nun hienach wirklich nicht mehr parallel laufen, und da die Gymnasien wohl immer noch vermeinen, sie könnten leichtlich diese Anstalten auch ersetzen, so wird schon noch eine besondere Untersuchung darüber angestellt werden müssen. Doch müssen vorher noch erst einige wichtigere Sachen abgemacht werden, um uns der Richtigkeit der Aufgabe vollkommen zu vergewissern.

§. 17. Ist oben ein so großes Gewicht gelegt auf die diese Schulen begründenden Stände, so scheint die Construction dieser Schulen einzig und allein aus deren Anforderungen her geschehen zu müssen, womit denn über die ganze vorige Untersuchung als einer ganz nichtigen der Stab gebrochen ist. Es müssen doch wohl diese Stände selbst am besten wissen und zwar aus Erfahrung an sich selber, welche Bildung sie bisher an sich vermißten, welche sie als eine förderliche erkannten und welche als eine wünschenswerthe. Sie haben also vor allen Dingen mitzureden, ja sie allein haben, wenn die höhere Bürgerschule nach Obigem ganz rein hier gefaßt sein soll, mitzureden und kein Andrer. Dies ist vollkommen richtig und, wie wir zeigen werden, auch vollkommen zur Geltung gebracht. Man verstehe nur das Mitreden richtig. Hat mehr ein Gefühl als die bewußte Erkenntniß von der Selbstständigkeit des Bürgerstandes, mehr der geahnte als deutlich erkannte Unterschied zwischen dem Erwerbs- und Geistesleben zur Gründung von höhern Bürgerschulen gedrängt; wirkte Eitelkeit nicht minder als Bedürfniß nach practischer Bildung, und oppositionelle Richtung gegen Schulen, welche die Beamten vorbildeten, nicht minder als Wunsch nach reinen technischen Geschäftsschulen zur Hergebung der Mittel mit; kurz waren die Motive weder überall klare noch überall reine, waren die Zwecke, die man sich dachte, mehr allgemeine und inhaltslose als individuelle, waren die Hoffnungen, die man daran knüpfte weder überall edel noch höherer Art, so liegt darin schon die Aussicht auf die verschiedenartigsten Stimmen und Ansprüche und Wünsche. Weil man durch dies wirre Geschrei nicht durchfinden konnte und auch nie durchfinden wird, so wurde darum so freudig die Staatsorganisation begrüßt. Weil man nach jenen verschiedenartigsten Anforderungen nicht herausfinden konnte, was man wollte, so griff man lieber nach der Vorschrift über das, was man sollte, und der Bürgerstand hat es sich nach Obigem gefallen lassen in dem ganz richtigen Tacte, daß er es in seiner Mitte nicht zu einer Einheit der Ansicht bringen könne. Doch gesetzt auch, es gäbe ein so feines Ohr, aus den verschiedenartigsten sich durchkreuzenden und disharmonirenden Stimmen die eigentliche Melodie und auch den Text heraus zu hören, so wird man auch doch noch immer einiges Bedenken haben, ob man auch trotz dem herausgehörten Worte das eigentlich Gemeinte gefaßt habe. Zunächst denke man, daß Jedermann heute daran gewöhnt ist, in den Schulen nur Behandlung von Lehrgegenständen zu suchen. Das haben die Schulen verschuldet und auch sonst wer noch. Wenn also diese Leute nun wirklich einen practischen Sinn, einen Geschmack, einen Gemeinsinn 2c. für ihre Kinder wohl als die wesentlichen Momente im künftigen Berufsleben sich denken mochten, so konnten und können sie dies ja nach dem heutigen Zuschnitte der Schulen gar nicht anders als mit Lehrgegenständen bezeichnen; sie nannten es Rechnen und Zeichnen und Physik und Technologie und Briefschreiben und Quittungen-Schreiben und wer weiß wie sonst noch. Sie konnten zur Schule nicht anders als in der beschränkten Schulsprache reden, meinten aber möglicherweise damit etwas ganz Anderes und viel Allgemeineres. Kommt nun gar noch hinzu, daß die meisten hier mitredenden Leute die beschränkte Schulsprache nicht verstehen, und unter Physik und Chemie und Technologie rc. sich ganz etwas Falsches vorstellen, so kann also auf das Gehörthaben dieser namhaften Forderungen noch gar nicht gebaut werden. Man hat möglicherweise etwas ganz Falsches, dem Sinne der Anforderer zuwider laufendes, gethan, wenn man die Forderung eben dem Worte nach nimmt. Es geht ins zu Kleinliche, die hier gemachten Erfahrungen als Beleg zu geben. Nur Einiges sei beigebracht. Der Kampf gegen Latein und Alterthum ist factisch nichts anders als ein Abweisen der durch das Gymnasium gegebnen und angebahnten geistigen Richtung. Die Forderung von Naturwissenschaften mit Allem, was darum liegt, ist keine andere als die der Betheiligung des Geistes am Realen. Doch wir kommen darauf noch einmal zurück. Dies Anhören und Mitredenlassen hat zu Nichts geführt und konnte hienach auch zu Nichts führen. Das Volk redet eine andere, ganz verständliche und laute, Alles übertönende Sprache, und diese ist sein Thun, sein Schaffen, sein Wollen. Das Volk in seiner schaffenden, produzirenden, großen Werkstatt des Geschäfts-, Gemeinde-, Staatslebens beobachten und behorchen, das heißt auf seine Sprache hören und seiner Stimme Geltung verschaffen wollen. Des Volkes Denken ist sein Thun, sein Wort ist das hingestellte Product, sein Philosophiren ist Werks-Entwürfe machen, seine Technologie heißt practischer Sinn, seine Aesthetik heißt Geschmack, seine Anthropologie ist ein menschlich mitfühlendes Herz. Diese Sprache haben wir das Volk nun eben in dem vorigen Abschnitte reden lassen, d. h. die Sprache, welche es allein richtig und deutlich zu sprechen versteht, und haben wir sie richtig verstanden und richtig zu hören gewußt, so haben wir auch die rechte höhere Bürgerschule gefunden.

Um aber hier nicht den Schein der Abweisung zu geben und so uns die Rechtfertigung der gestellten Schulaufgabe erleichtert zu haben, so müssen schon vereinzelte Stimmen, welche den Haupt-Typus der Forderungen aussprechen, gehört werden. Wir werden sie schon nach Geschäftsarten gruppiren müssen. Zunächst sind fast alle diese Stimmen einig in der Zurückweisung des Alterthums als des Mittelpunctes der Schulbildung, nicht so im Abweisen des Lateins; alle sind einig in der Forderung des Deutschen, des tüchtigen Rechnens und Schreibens. Nun fordern einzelne Stände neuere Sprachen und zwar entweder Französisch oder Englisch oder beide oder gar so viele als nur möglich, und daneben neuere Geschichte und Geographie; andere Naturkunde, besonders Physik und Chemie und Technologie, seltener Naturbeschreibung; andere Zeichnen, Mathematik; es lassen sich die meisten gefallen Kenntniß der deutschen Literatur, Gesang. Man sieht hieraus, wie die Schulen auf die Stimmen gehört und alle Gegenstände dargebracht haben, um alle zu befriedigen, und sieht nun die Kinder verträglich sich auch an dem betheiligen lassen, was in den Forderungen der Eltern nicht liegt. Diese Verträglichkeit und dies Hinnehmen des Dargebotenen ist zunächst schon ein Beleg, daß es den Fordernden meist auf etwas Anderes wohl angekommen ist, als auf diese Schulgegenstände. Der Kaufmann, um es thatsächlich zu belegen, nimmt den Lehrling aus allen Klassen, wenn er auch nicht viel Französisch weiß und Englisch noch gar nicht angefangen hat, er nimmt ihn auf Probe, und ermittelt seine Anstellungsfähigkeit, sein practisches Geschick bei Ausführung von Aufträgen, seine Zuverläßigkeit auf dem ihm angewiesenen Posten, seine Willigkeit im Gehorchen und Annehmen des zu Erlernenden, und nach Befund dieser Prüfung nimmt er ihn an oder entläßt er ihn. So alle Geschäftsleute, wenn nicht durch den Staat schon, wie für den Apothekerlehrling, ein gewisses Maaß von Kenntnissen vorgeschrieben ist. Es fällt in der That den Maurer- und Zimmermeistern :c. nicht ein, daß der Sohn, zu gleichem Gewerbe bestimmt, schon in der Schule Baurisse zeichnen und Bauanschläge machen soll u. s. w. Es liegt also den hier scheinbar ganz bestimmten Forderungen entschieden ein andrer, allgemeinerer und höherer Sinn zu Grunde. Wenn man nun aber gar dem Bürgerstande vorgeworfen hat, er habe sich nur Nützlichkeits-Schulen gegründet, und die Schulen huldigten mit ihren Gegenständen dem Nützlichkeitsprinzipe, so hat das Mißverstehen allein die Schuld. Befähigung für den Beruf hat das Volk gewollt und will es heute noch, und wenn man sie ihm meinte mit Lehrobjecten geben zu können, und es mit diesem Schulwissen abspeisen zu müssen vermeinte, zumal es selber ja ein solches gefordert habe, so hat man dem Volke unrecht gethan, es mißgedeutet. Sein gefordertes Deutsch ging lediglich aus dem Gefühle der Ungewandtheit in der Rede und Debatte den studirten Leuten gegenüber hervor; es meint dieser Ungewandtheit durch viele deutsche Stunden abhelfen und durch deutsche Aufsätze, Reden und Declamationsübungen vorbeugen zu können. Die Forderung der neuern Sprachen will nichts anders sagen als das Suchen einer einsichtigen Betheiligung am Staatsleben, welches jetzt ein vom Alterthume so verschiedenes ist. So deute man nur vorurtheilsfrei und umsichtig weiter, man wird dann keine andere spezifische Aufgabe für die höhere Bürgerschule gewinnen, als die vorhin angegebne. Das Bürgerthum will so weit kommen, daß es selbstständig im Wollen und Wirken und auch Urtheilen gleichwichtig dem geistig gebildeten Stande gegenüberstehe. —

§. 18. Ein Feld, von woher nun noch die Aufgabe der höhern Bürgerschule eine Ergänzung oder Modification finden könnte, bleibt noch übrig, und das ist die den Schulen überwiesene Kinderwelt, deren bis jetzt im Besondern noch nicht gedacht ist, die aber offenbar in der Schule die Hauptrolle spielt. Die Kinder kommen ja nicht wie unbeschriebne Blätter in die Schule, auf welche nun die Schule jeden beliebigen Text schreiben könnte. Abgesehen von der Individualität tragen sie ja das ihnen im elterlichen Hause und der Umgebung aufgedrückte Gepräge an sich, und das Bild, welches die Schule ausdrücken möchte, wird immer gefärbt werden von den Farben des häuslichen Lebens. Wer kennt nicht den Unterschied der Elementarklassen in der Armenschule, der Dorfschule, der Vorschule eines Gymnasiums rc. Hat das bürgerliche Leben bestimmte Typen, so werden sich diese auch an ihren Kindern wiederfinden müssen, und will die Schule die Factoren für diese Stände in diesen Kindern anbauen, so darf sie diese Schrift nicht übersehen. Heut kommt noch hinzu, daß man die hohe Stellung, welche hier der Schule angewiesen ist, gar nicht innerlich einräumen wird, zumal dieselbe, eine solche Stellung einzunehmen, bis jetzt noch nicht unternommen hat. Die Rücksicht auf diese Kinderwelt wird um so dringlicher, je mehr man in den Schulen nichts weiter sucht als K i n d e r u n t e r r i c h t, und je höher und rechtlicher die Stellung des Kindes dem Lehrer gegenüber durch den Staatsschutz geworden ist, d. h. je mehr man auch von dieser Seite her den Schulen die erziehende Kraft geschmälert hat, und je williger sich die Schulen diese erziehende Aufgabe haben nehmen, und sich nur noch auf den Standpunct der Nothwehr und der für die L e h r zwecke nöthigen Zucht haben zurückweisen lassen. Also diese Puerilia sind hier nicht zu umgehen.

Es fehlen zunächst — und wenn die höhere Bürgerschule eine

in unserm Sinne auf ihre reine Aufgabe zurückgeführte sein wird, werden sie künftig fast ganz fehlen — die Söhne der Beamten, denen bei ihren kärglichen Mitteln, bei ihrer Unbekanntschaft mit dem gewerblichen Leben ja fast nichts anders wie auch nichts bequemeres übrig bleibt, als auch ihre Söhne durch das Gymnasium die Vorbereitung für irgend ein Amt suchen zu lassen. Damit fehlen die stillen, aus der Anschauung der väterlichen Beschäftigung an geistiges Beschäftigtsein gewöhnten, die stille Thätigkeit am Schreibtische als männliches Thun anerkennenden, und so durch den bloßen Nachahmungstrieb auf die stille, geistanstrengende Beschäftigung des Schullebens vorbereiteten und einer solchen sich hingebenden, darin vom Vater wie durch Beispiel und Anerkennung so auch durch ermahnenden und helfenden Antrieb unterstützten und geförderten Knaben. Deren hat das Gymnasium in der großen Mehrzahl. Es fehlen ihr mit diesen die Söhne derjenigen Väter, die selber eine größere Schullaufbahn durchgingen, in diesem Durchgange Schwierigkeiten und zweckmäßige Hülfen kennen lernten, und in der Vollendung dieser Bahn das einzige Glück ihres Kindes für die Zukunft begründet wissen. Es wird und muß sogar der Fall eintreten, daß alle die stillen, befähigten, am geistigen Treiben Freude und Befriedigung findenden Knaben, wenn sich diese Richtung durch die Erfahrung einiger Schuljahre bestätigt hat, die höhere Bürgerschule verlassen und zum Gymnasium übergehen werden, um die Schule zu wählen, welche ihren innern und äußern Beruf in Einklang zu setzen allein bis jetzt berechtigt ist. Es werden und müssen ihr fehlen alle die Söhne derjenigen hohen bürgerlichen Stände — wir denken an reiche Gutsbesitzer, höhere Militairs, Standesherren ꝛc. — welche ihren Söhnen, bevor sie in das practische Leben übergehen, die höchst mögliche Bildung wollen geben lassen, die ja, da den höhern Bürgerschulen die Universiſät verschlossen ist, nothwendig den Weg durch das Gymnasium wählen müssen, wenn ihnen auch sonst die Bildungsbahn der höhern Bürgerschule mehr zusagen und für ihren practischen Beruf förderlicher sein sollte. Damit fehlen nun die Knaben, deren feine Sitte und feiner Ton durch die ganze Umgebung von Jugend auf ohne künstliche Dressur angelebt worden ist, die im Anständigen einen sittlichen Maaßstab, im Schicklichen einen Zuchtmeister fürs Betragen und im Geschmack am Feinern einen Wegweiser zum Edlern als vortreffliche Stützen der Schulbildung mitbringen würden. Wie angenehm sind solche vereinzelte Erscheinungen! Die in den höhern Bürgerschulen sich findenden Knaben werden sich in zwei Gruppen trennen lassen — in größern Städten — in die Söhne reicher Besitzer oder ärmerer Handwerker. Die ersteren sind in der Wiege und auf dem Arme der Wärterin schon mit den mannigfaltigsten und buntesten Eindrücken innerlich beunruhigt, mit zerstreuendem Spielwerk und Genüssen übersättigt, jeder wahren ermüdenden Anstrengung entwöhnt, so der Freude an ernster Anstrengung und des Genusses einer Erholung unkundig. Die Achtsamkeit liebender Eltern auf die Entwicklung des Geistes machte die Kinder auf Alles aufmerksam, ließ sie nach Allem sehen, störte sie aus jeder geistigen Ruhe zur Verarbeitung des Aufgenommenen durch das ewige: siehe da! riß den Geist aus jeder Innerlichkeit und Vertiefung, machte geweckte Kinder, die in ihrem Wachen nichts zu beginnen wissen und mit sehenden Augen nichts sehen und mit hörenden Ohren nichts hören, die da haschen und nichts ergreifen, die immer bemerken und nichts wahrnehmen, die auf Alles achten und nichts beachten, und so zu einer geistigen Habsucht gelangt sind, welche keine Schule und kein Mensch mehr zu befriedigen im Stande ist. O der geweckten Knaben! Die Achtsamkeit der liebenden Eltern bewahrte die Kindlein durch Wärter vor jedem Fehltritte, wies ihnen Stege und Wege und zeigte ihnen den Tritt, oder setzte sie in den Wagen und ließ sie gehen und treten und auch führen und fahren, wohin das Kind nicht wollte und mochte, und so wurden diese wohlerzogenen Kindchen willenlose zu jeder Entschließung unfähige, zum Unternehmen unkräftige und doch bei der entwickelten Genußsucht unbändige Wesen. Den fein sich ausdrückenden, Verbindliches und eigentlich damit Nichts sagenden, im feinen Rock auftretenden und in zierlichen Wendungen sich bewegenden Mann hörten sie einen gebildeten nennen, das Wachen über die Reinheit des Gewandes und zierliches Benehmen und so genannten Anstand lockte die Seele gleichsam nach Außen und ließ sie sich auf der Oberfläche abspiegeln und für sie sich beschäftigen, denn der Fleck am Rocke und die unzierliche Manier machte ja der Mutter so viel Kummer. Der so verzierte Knabe denkt nur an seine Locken, seine schöne Halskrause, seine Handschuhe, und die Rückkehr der Seele nach Innen ist öfters zeitlebens abgeschnitten. Der außer dem Hause, wenigstens außer dem Bereiche der Familie beschäftigte Vater erscheint dem Kinde nur beim Genusse, an dem das Kind dann Theil nimmt; es weiß das Kind denselben bald auf dem Markte, bald in der Börse, bald im Comtoir, bald auf Reisen, und so gewahrt es, da es die Einheit nicht überschauen kann, an seines Vaters Thätigkeit nur Wechsel und Genuß; ja der Vater ergötzt das Kind, um seine Freude an der des Kindes zu haben, durch den Wechsel der Genüsse, straft nur mit der Entziehung des Genusses, lohnt mit Gewährung, feuert an mit Verheißung des Genusses. So ist der begehrliche Knabe fertig, der mit Nichts zu befriedigen ist, dem das Schönste und Beste so eben gut genug ist, ja der zuletzt es als Zeichen der Armuth ansieht, sich an eine Freude recht hinzugeben und nicht sagen zu können: er habe der Art schon Besseres genossen. Lust soll dem Knaben Alles machen, mit Lust und aus Lust soll er arbeiten, mit Lust und aus Lust gehorchen, mit Lust lernen. O! der unseligen Lustsucht, mit ihr ist jeder Thätigkeit der sittliche Boden genommen. Blickt der Knabe nun gar in dies eigentliche Leben hinein, so bekommt er nie den Ernst des Vaters zu sehen, weil er ihn nie im Geschäfte sieht, aber versteht es schon, daß das Geld Achtung giebt und Ansehen, daß der Ankauf von Gemälden Geschmack für Kunst, eine schöne Bibliothek Kenntniß der Literatur, großer Beitrag zur Armenkasse Gemeinsinn, Besuch des Theaters Kunstliebe, und Aufwand machen Bildung heißt. Es ist wenigstens oft so. Es fehlt somit diesen Knaben im elterlichen Hause mit und ohne Schuld, mit und ohne Wissen und Ahnen der Eltern der wahre Haltungs- und Anknüpfungspunct für die Schulen. Sie haben nirgend eine rein geistige ja nirgend einmal eine recht ernste männliche Beschäftigung gesehen, und so fehlt ihnen, wenn sonst nichts, jedes Ideal, was als Leuchte ihnen für ihr Leben vorschwebte. Vielmehr umschweben ihre Sinne lauter neblige Gestalten, die ihnen nur im Bade oder an der Toilette erschienen und dann vor ihnen sorgfältig ihre Männlichkeit verhüllten. Die Eltern aller dieser Kinder ohne Ausnahme betrachten die höhere Schulbildung nur für einen Schmuck und auch für nichts weiter, den sie nicht selten durch theure Bezahlung von Privat- und Hülfslehrern erkaufen zu können vermeinen, und den sie, wenn er nicht bezahlbar ist, dann schließlich auch entbehren zu können vermeinen, wenn nur nicht des Nachbars Sohn den eignen irgendwo damit überstrahlt.

Wesentlich anders steht es mit den Kindern der ärmern Handwerker, den treuen Arbeitern, die in tüchtiger Thätigkeit ihren wahren Beruf finden, die aber in der Sorge um Brod und in dem Mangel an eigner Schulbildung sich nicht weiter um das Schulleben des Kindes kümmern und nichts weiter für die Schule thun können, als das hohe Schulgeld zu bezahlen. Sie müssen sich ganz auf die Schule und deren Einwirkung verlassen, ermuntern ihre Knaben zum Fleiße und zu einer Thätigkeit, von der sie selber keine rechte Anschauung haben, erwarten von der Schule Wirkungen, die sie nicht haben kann, preisen das als ein Vorzügliches, wovon sie keine Vorstellung haben, und kommen so zu ihren Kindern nicht selten in eine eigenthümliche schiefe Stellung, die öfters nur gewaltsam zurecht gerückt wird. Hier sehen die Kinder mindestens einen tüchtigen männlichen Ernst vor sich; aber sie können ihn nicht immer auch auf die eigne Thätigkeit ganz geistiger Art, wie sie die Schule verlangt, übertragen. Es fühlt sich der Knabe zwischen Haus und Schule in eigenthümlich widersprechenden Atmosphären, und kann nicht verstehen, wenn die Schule auch von Thaten und Werken redet. Dieser eigenthümliche Zustand giebt die Quelle vieler Erscheinungen auf dem Jugendleben der Schüler in der höhern Bürgerschule, und er darf gewiß nicht bei ihrer innern Organisation übersehen werden.

Zu Allem diesem kommt noch hinzu, daß die Schule heute den Schüler gerade so viel beschäftigt, daß ihn der Vater nirgend einmal bei seinem Geschäfte verwenden darf, ohne den Knaben in seinen Arbeiten zu stören und so sein Pflichtgefühl zu verletzen, daß sie ihn aber auch wieder nicht so vollständig in Anspruch nimmt und nicht so vielseitig beschäftigt, um dies fehlende Moment, was die kleine Mitbeschäftigung im Berufsleben des Vaters bieten würde, zu ersetzen.

§. 19. Mit dieser etwas breitern Darlegung hat zunächst der Nachweis gegeben werden sollen, daß die Meinung eine entschieden irrthümliche ist, nach welcher alle die mehr ethischen Wirkungen der Schule dem Hause und seiner Umgebung zu überlassen und so ein wesentlicher Theil der Aufgabe der höhern Bürgerschule diesem anheim zu geben sein dürfte. Wenngleich hier auch nicht geläugnet werden soll, daß unsre Darstellung der häuslichen Zustände die äußersten Pole nur trifft, und so eine große Reihe von Vermittlungszuständen dazwischenliegt, so wird und soll man doch aus ihr entnehmen, wie bei unserm ganzen Geschäfts- und öffentlichen Leben, bei unserm ganzen Gewerbsbetriebe und Gemeindeleben die Söhne solcher Eltern nicht diejenige Vorbereitung für einen practischen Lebensberuf gewinnen können, die wir als Zielpunct der höhern Bürgerschule haben hinstellen müssen. Man darf sogar mit Recht bezweifeln, selbst wenn die Eltern diese geschilderten Zustände nicht abläugnen sollten, ob man der heutigen Schule eine solche, das häusliche Leben ergänzende und dasselbe gleichsam corrigirende, Kraft einräumen und auch nur zumuthen werde; ja es darf wohl unbezweifelt zugestanden werden, daß die Schule die ihr gestellte Aufgabe nie und nimmer lösen wird, so lange ihr nicht vom elterlichen Hause diese Berechtigung innerlich zugestanden und ihr so das väterliche Ansehen zur Seite gegeben wird. Denn eine Schule und ein Lehrer hat heute überall nur noch so viel Auctorität über ein Kind, als ihm der Vater einzuräumen für gut findet oder geschickt ist. Darum wird es nun aber eben die dringlichste Forderung für die Schule, sich dieser hohen sittlichen Aufgabe zu widmen, ihre Löslichkeit, gegen die kein Vater auch nur das Geringste einzuwenden haben wird, mit allen nur denkbaren Mitteln darzulegen und ihre Lösung auf jedem Wege anzubahnen und so erst den Zweifel der Eltern und des Publicums zu zerstreuen und dann mit der väterlichen zustimmenden Auctorität das Ziel nach und nach zu erreichen. Das wäre also, um es kurz zu sagen, das neue hinzutretende Moment für die höhere Bürgerschule, daß sie entschieden einen großen Theil der Erziehung mit übernehmen, den Sinn für ernste Anstrengung wecken, die Willenskraft stärken, die Genußsucht bekämpfen, den Sinn für edle Freuden und für den edlern und veredelnden Genuß beleben, die Freude an ernster ermüdender Arbeit anbauen und die Lustsucht auslöschen und edlere Motive fürs Thun erregen muß. Wenn wir der Pietät und der Hingabe an eine höhere Idee hier ausdrücklich nicht erwähnen, so mag man daraus entnehmen, wie wir nur Möglichkeiten wollen dürfen. *) Doch es sollte ja auch die Richtigkeit der von uns gefundenen Aufgabe dargethan werden, und darum nur noch als Beleg für die Richtigkeit eine kurze Bemerkung aus der Erfahrung.

Wenn der Gymnasiallehrer um schlechtes Schreiben zweimal arbeiten läßt, heißt er Pedant, in der höhern Bürgerschule findet man das Uebersehen solcher äußerlich unschönen Arbeiten als einen Mangel an Sorgfalt Seitens des Lehrers; schöne Arbeitsbücher in der höhern Bürgerschule zu erzielen ist eine Kleinigkeit, im Gymnasium hat es viel mehr Schwierigkeiten; wenigstens fünf Sechstel

*) Anm. Die dringliche Nothwendigkeit dieser Aufnahme der erziehenden Seite für die Schulen ist von mir dargestellt in dem Werke: „Das Gymnasium und die höhere Bürgerschule. Andeutungen von C. G. Scheibert. 1tes und 2tes Heft. Berlin, Reimer 1836." auf welches 2te Heft namentlich hier verwiesen werden muß.

der Schüler lernen Musik oder haben Zeichenunterricht. Die Burschikosität kennt die höhere Bürgerschule nicht, Gehorsam ist selbst bei den übeln Elementen leichter als man vermuthen sollte errungen, und gegen ungeschicktes Benehmen findet man wohl Unterstützung bei den Eltern, und Klagen über Mangel an Accuratesse finden Gehör. Anschaffung von Apparaten Seitens der Schüler zum eignen Gebrauch bei Experimenten oder sonst wozu, erregt keinen Anstoß, auch da nicht, wo über Bücherkaufen sehr geseufzt wird. An allerhand Unternehmungen mit den Knaben Seitens der Schule werden dieselben gerne überliefert, wenn irgend welches äußerliche Thun dabei vorkommt, das Sitzen bei den Büchern dagegen wird immer als eine besondere Schulplage gerügt oder doch empfunden. Diese erfahrungsmäßigen Andeutungen enthalten mindestens Fingerzeige, daß wir die Aufgabe der höhern Bürgerschule wohl richtig gefaßt haben dürften, und daß es nur darauf ankommen wird, dieselbe nicht durch Worte sondern durch die That als ausführbar den bürgerlichen Ständen darzulegen.

§. 20. So wäre denn nun die Untersuchung bis auf den Punct gediehen, wo das Spezifische der höhern Bürgerschule eben als ein Spezifisches dargelegt werden soll, und welches sie eigentlich erst berechtigt, als eine besondere S c h u l a r t unter den Berufsschulen zu gelten. Die Darstellung kann hiebei nicht den Seitenblick auf die Gymnasien umgehen, denn die bisher immer geführte und beanspruchte Parallele fordert ja diese Untersuchung, sonst wäre sie fürwahr entbehrlich. Auch möchte leicht jeder, wer sich an Worten halten will, die meisten in §. 16. gestellten Forderungen als allgemeine so deuten können, daß sie als von jeder Schule erfüllt oder doch des Erreichens werth angesehen werden dürften. Trennen wir der leichtern Uebersicht wegen wie in §. 16., so weit es thunlich ist, das Intellectuelle vom Ethischen. Zunächst ist ersichtlich, daß die gestärkte Erkenntnißkraft als solche oder der wissenschaftliche Sinn, oder die Befähigung zum Betreiben der Wissenschaften unter keiner der Anforderungen als Zweck, sondern, wie leicht zu übersehen, nur etwa als nothwendiges Mittel für noch weiter liegende Zwecke enthalten ist. Die §. 16. sub 2. aufgestellten Forderungen: die geistige Befähigung, die realen Zustände aufzufassen und zur geistigen Vorstellung und zum Begriffe zu erheben, und die Forderung einer abgeschloßnen Bildung fallen in so fern zusammen, als die erstere stets einen Anfang der geistigen Uebungen im Realen, ein Anknüpfen und ein Fortschreiten am Realen, ein Begriffbilden, Urtheilen, Schließen übers Reale aus demselben heraus fordert, und so nothwendig ein vom Realen erfülltes concretes Wissen, ein Wissen über einen Inhalt aus dem Inhalte heraus und so die abgeschloßne Bildung giebt. Denn diese bestand (§. 15.) eben darin, daß der Geist in jeder angewandten Denkform den concreten Inhalt der dabei verwendeten geistigen Vorstellungen anzuschauen und gegenwärtig zu haben geübt sein soll, zu welcher Fertigkeit nothwendig der erste Bildungsweg führen muß. Setzen wir nun ein für allemal hinzu, daß auch die Sprache, das Gesprochene, der dargestellte Gedanke rc. in unserm Sinne ein Reales ist, so wird die Einerleiheit der beiden Forderungen um so mehr einleuchten. Um ganz deutlich zu werden, sind schon Beispiele nothwendig. Eine Naturgeschichte lehrt man vernünftiger Weise heute nur noch so: Man giebt dem Knaben das Gewächs in die Hand und läßt dies nun beschreiben — darum fängt man nicht eher an, als bis er in der Sprache, nicht in der botanischen, sich einigermaßen auszudrücken gelernt hat — oder vielmehr läßt daran Gesehenes benennen, und leitet nur den Blick, wohin er zu sehen hat, giebt dann die technischen Wörter zu Hülfe, führt dann zu einer geordneten Beschreibung nach den von der Pflanze dargelegten Gliederungen nach Wurzel, Stamm, Blättern rc. So gewinnt man Wörter, an welche sich ein bestimmter, geschauter, realer Inhalt knüpft. Die vorgeführten neuen Pflanzen werden mit Beziehung auf die schon früher betrachteten eben so vorgenommen, und dadurch die Vorstellung der frühern wach erhalten. Die gemehrte Anzahl solcher in der Seele vorhandenen Vorstellungen nöthigt und drängt zum Vergleichen, zum Unterscheiden, zum Gruppiren. So bildet sich die inhaltsvolle Anschauung von natürlichen Pflanzenfamilien und Gattungen, und aus ihnen dann auf ganz gleiche Weise durch die Menge der in der Seele vorhandenen Anschauungen des Realen Klasse und System, d. h ein rein geistiges Product, also eine Begriffssphäre, unter welche sich nun das Reale fügt und erst für den Geist eine Vorstellung und ein Begriff wird, und zwar ist sie aus dem und an dem Realen gewonnen und ist mit den realen Anschauungen erfüllt, hat also einen Inhalt. Man könnte doch auch umgekehrt so verfahren — und ist das nicht oft geschehen? — daß nach Einübung der so genannten Pflanzen-Terminologie, die man nach gezeichneten Wandtafeln einüben kann, das System nach Klasse und Ordnungen den Schülern in die Hand gegeben und nun die Pflanzen hienach untersucht würden, um so den ersten leeren Begriffen einen Inhalt zu geben. Der letzte Weg ist der kürzere, bequemere und führt schneller zu dem Ziele Botanikwisser für ein Examen zu gewinnen, aber er widerspricht dem Wesen, Ziel und Zweck der ganzen höhern Bürgerschule. Sie, die höhere Bürgerschule, braucht keine Botanikwisser, welche mit dem geistigen Gartenmesser eines Systems schon alle Pflanzen kunstgerecht zugeschnitten erhalten, noch ehe sie dieselben in ihrem natürlichen Wuchse sahen, und die sich dann beim Besehen nur wundern, daß caltha palustris auch noch andre Merkmale hat als die im Buche und Systeme angeführten; oder die wirklich die Pflanze nicht mehr ansehen, sondern nur nach den im Systeme angegebnen Merkmalen suchen, um sie, wie Polizisten die Landstreicher, in die Heimath zu weisen. An solchen Botanikwissern hat die höhere Bürgerschule ihren Bildungszweck gänzlich verloren, denn der soll sein die Befähigung, sich aus dem Realen her die geistige Vorstellung zu gewinnen, nicht aber — worin der Todstchlag des innersten Wesens der höhern Bürgerschule liegt — das Reale blos unter dem Lichte eines vorgegebnen geistigen Begriffes zu betrachten. Damit ist nun an einem bestimmten concreten Beispiele ein Begriff des spezifischen Bildungsweges der höhern Bürgerschule gegeben, den wir nun der Kürze halber einen naturhistorischen nennen wollen *). Aller und jeder Unterricht nun in der höhern Bürgerschule, der diese Bildungsrichtung anbauen soll, muß eine naturhistorische Methode

*) Mager, auf den wir hier ausdrücklich verweisen in seinem Werke: „Die genetische Methode des schulmäßigen Unterrichtes in fremden Sprachen und Literaturen rc. von Dr. Mager, 3te Bearbeitung. Zürich 1846.“ hat diese Methode die genetische genannt und hat uns der Mühe überhoben, dieselbe in ihrer Vernünftigkeit und Naturgemäßheit zu rechtfertigen und sie in ihrer mannigfaltigsten Anwendbarkeit ausführlich darzulegen. Möge es nicht als Eitelkeit ausgelegt werden, wenn wir hier mit dem eigenthümlichen Namen uns eine unabhängige Autorschaft retten zu wollen uns den Schein geben. Wir mußten der, aus dem Wesen der höhern Bürgerschule construirten und dieses Wesen characterisirenden Methode schon einmal ihren Spezialnamen lassen, weil es uns gar nicht auf ihre allgemeine, für alle Schularten gültige Zweckgemäßheit oder gar auf ihre aus der Natur der Lehrgegenstände her zu führende Rechtfertigung ankommt. Nicht aus den Lehrgegenständen her sondern aus dem Wesen der höhern Bürgerschule fließt die spezifische Methode. Ob wir viel oder wenig mit ihr lehren, auch das ist für unsern Zweck zunächst gleichgültig, denn wir haben einen Bürger zu bilden und nicht Männer der Wissenschaft. Ob und welche Differenz zwischen der genetischen des Herrn Mager und der hier genannten naturhistorischen Statt habe, das kann erst da erkannt werden, wo von der Methode im Besondern die Rede ist.

verfolgen. Wir rechnen dahin nicht blos die im Mager (s. d. Anm.) schon gründlich und im Speziellen dargelegte Behandlung der Sprachen, [empfehlen sie auch nicht darum, weil sie etwa kürzer zu irgend welchem Ziele führt, sondern eben darum weil sie als solche das Wesen und Ziel selbst ist,] sondern den gesammten Sprachunterricht mit allen seinen Ausläufen nach Literaturgeschichte, Poetik, Rhetorik ꝛc. Aus der Menge der realen Anschauungen, deren jede einzelne zur lebendigen Vorstellung durch nähere Betrachtung zu erheben ist, sollen die Begriffe von Gedichtgattungen und Arten, sollen Kennzeichen von logisch richtigen Dispositionen, verschiedenen Stylarten, von Dicht- und Literatur-Perioden, Dicht- und Kunst-Schulen ꝛc. gewonnen werden. Märchen, Sagen, Mythen soll der Schüler in Menge in seiner Anschauung haben und aus diesen Anschauungen die Vorstellung und den Begriff, das Wesenhafte und Unterscheidende gewinnen. Nicht aber sollen erst die Erklärungen, Definitionen und begrifflichen Bestimmungen gegeben, und hernach der Schüler angeleitet werden, das Reale unter diese geistigen Hauben zu bringen, denn bei solchem Verfahren ist dann das Reale nur da, um wie ein syntactisches Sprachbeispiel zum Belege des Gedankens zu dienen, an welchem dann auch nichts weiter vom Schüler gesehen wird, als was die Regel bemerkt haben will. Wir rechnen nicht minder dahin den ganzen sich auf das Nationale beziehenden Unterricht, mag er nun in Sprache oder Kunst oder Alterthümern oder Geschichte oder worin sonst noch Gestalt gewinnen. Kurz man soll über Deutschland aus ihm heraus, über deutsche Literatur aus ihr heraus, über Staats-Institutionen aus der genausten Kenntnißnahme heraus erst Gedanken gewinnen lassen, und was man in der höhern Bürgerschule und den ihr zugewiesenen Schülerkräften nicht zur Anschauung bringen kann, in was man sie sich nicht kann hinein leben lassen, über das soll man sie auch nicht reden lassen. Sie verderben sich nur ihre gesunde Bürgersprache und lernen faseln. Es ist damit auch nicht gemeint und der geforderte Bildungsgang ist nicht damit erfüllt, wenn man, wie es jeder vernünftige Unterricht von selbst thut, ein und einige wirkliche Beispiele und reale Objecte und Erscheinungen vornimmt, aus diesen eine Regel oder ein Gesetz entwickeln läßt und dann mit dieser Regel andere Beispiele und mit dem Gesetze andere Erscheinungen als Belege oder Erläuterungen oder Prüfsteine behandelt, sondern das Herausarbeiten eines Gedankens aus dem realen Objecte das ist Methode, Ziel, Zweck, das giebt die Denkkraft des Bürgers für Haus und Staat, oder ist sie vielmehr selber. Was und wie viel herausgearbeitet ist, das ist das Gleichgültigste von der Welt, denn darnach fragen nur Examinatoren; aber wie sicher, wie geübt, wie umsichtig, wie Alles erwägend, wie auch die kleinsten Umstände berücksichtigend, wie vorsichtig das Resultat, die geistige Vorstellung und der Begriff gewonnen ist, das giebt die Bildungshöhe an, die sich freilich nicht abprüfen läßt. Da von der Methode späterhin noch im Besondern die Rede sein muß, so genüge also hier nur die eine Bemerkung. Es hat der gesammte Unterricht nur vornehmlich solche Gegenstände zu wählen, die für den Schüler diese naturhistorische Behandlung entweder zulassen oder die sich am besten dazu eignen, und hat an den aus andern Gründen nothwendigen Lehrobjecten besonders die Seiten aufzusuchen, an welchen diese historische Unterrichtsform zur Geltung kommen kann. Damit wird man nicht weit kommen, so werden hier die Didactiker schon zweifelnd ausrufen. Gewiß nicht in dem heutigen Lehrsinne, aber solches Gehen ist das Ankommen, solches Fortschreiten ist das am Zielesein für die höhere Bürgerschule, der Gang ist der Zweck *).

Die abgeschloßne und Befriedigung gewährende Bildung fällt freilich einerseits mit dem eben Dargestellten zusammen; aber sie fordert noch für die höhere Bürgerschule ein ganz Eigenthümliches und steckt ihr eine feste Grenze. Dies besteht in Kurzem darin, daß keine formale Kraft (s. oben §. 15.) und kein formales Wissen angestrebt werden soll ohne zu dem Zweck, sich damit ein Reales, in dem von uns gegebnen weitesten Sinne gedacht, aufzuschließen und anzueignen, d. h. zu keinem andern Zwecke und in keinem weitern Umfange als der noch innerhalb der Schule zu durchdringende und zu gewinnende Inhalt in den etwa vorkommenden Unterrichtszweigen fordert. Um deutlich zu werden, seien Beispiele gegeben. Conjunctionen denn und weil mag der Sprachunterricht unterscheiden lassen, wenn so feine Gedankenbeziehungen aufgenommen werden und erkannt werden sollen, das Wesen der Modi da und dann, wenn der Schüler die Modalitäten aufzufassen versteht; aber auch nur an diesen und für diese; sündlich und gottlos werde geschieden, wo die Verwechselung ein wesentliches Moment für die Erkenntniß wird. Andrer-

*) Die Gefahren, welche im Verlassen dieses Ganges liegen, sind von mir dargestellt in Mager's „Päd. Revue, Juniheft 1847." auf welche Abhandlung schon einmal hier hingewiesen werden muß, da sie über Manches einen weitern Blick wirft und so Manches hier gesagte aufhellt.

seits suche sich die fremde Sprache, wenn sie gelehrt werden muß, einen Inhalt, um dessentwillen sie gelernt wird, und sie werde, wenn sie erlernt ist, um dieses Inhaltes willen getrieben. Denn nicht blos Instrumente und Fähigkeiten sollen die Schüler gewinnen, sondern sie sollen die Instrumente gebrauchen und sich bereits einen Inhalt damit gewonnen haben (s. §. 15.). Um deutlicher zu reden: Anders wird der Jurist, anders der Theologe, anders der Aesthetiker, anders der Philologe Cicero's Rede in Verrem lesen; anders betreibt der Philosoph, anders der Mathematiker, anders der Techniker die Physik. Alle treiben dasselbe und üben alle die geistige Kraft und bringen alle aus der Ciceronianischen Rede für ihren Geist einen Gewinn und für ihr Wissen einen Inhalt heraus; aber der eine ein Gesetz und die Pfiffigkeit bei der Anwendung, der andere eine unchristliche Moral, der andere ein Merkmal für eine schön gegliederte Rede und der letzte einige neue Sprachformen oder Wortbedeutungen. Wenn nun eine solche Rede in der höhern Bürgerschule gelesen werden sollte, so wäre der zu gewinnende Inhalt das Factum der Anklage, das hier sich kundgebende Rechtverhältniß des römischen Bürgers und Beamten, die Rechtsanschauung des Redners rc. rc. Die Sprachkenntniß soll eben ein Formales sein und ist es, um sich damit ein in dieser Form niedergelegtes Reale wie mit einem Schlüssel aufzuschließen und die höhere Bürgerschule darf und soll nicht blos mit den Schlüsseln klappern, sondern sie soll wirthschaften, d. h. die Speisekammer aufschließen und aus ihr Nahrung nehmen. Sie soll und darf sich nicht damit trösten, daß das hernach von Seiten des Beschlüsselten schon von selbst geschehen werde, solcher Trost ist ein Traum, der nie in Erfüllung geht und nach dem ganzen Zuschnitt des bürgerlichen Lebens nicht in Erfüllung gehen kann. Ein schematisiren-Lehren, wo nicht der in der Seele vorräthige Inhalt zum Ordnen durch ein Schema drängt, ein Uebersichten-Beibringen, die weiter keine Untersicht haben als die in der Uebersicht gesteckten Merkpfähle, ein systematisiren-Ueben, wo der Geist nicht von Innen her durch den überwältigenden Stoff, oder durch die nach und nach emporkeimende Frage nach dem innern Zusammenhange der Erscheinungen oder gar nach dem letzten Grunde, getrieben wird: das ist in der höhern Bürgerschule ein Gaukelspiel, womit man den künftigen Bürger aus seinem realen Besitze in die luftigen Regionen der Speculanten lockt, wo er das Bischen Sinne bald zusetzt. Kann die höhere Bürgerschule nicht die formal bildenden Gegenstände übersehen, muß sie diese Kraft eben darum anbauen, um ein Reales geistig durchdringen d. h. zum geistigen Besitze erheben zu können, so kann und darf sie diese Richtung und Kraft nur so weit anbauen, als sie noch eben ein ihren Zwecken nothwendiges Reales hat. Aber dies Gewinnen des Besitzes, dies Durchdringen das ist wieder wie Methode so Zweck der Schule. Doch wir können unsern Gedanken nicht bestimmter aussprechen als wenn wir sagen: was Gymnasium und die Universität mit ihren so genannten Brodstudien zusammen abmachen, das hat die höhere Bürgerschule natürlich im kleinern Kreise allein und in sich vollständig abzumachen. Sie ist Gymnasium und Universität zugleich und hat deren Bildungssphäre nur zusammengedrängt und in einem dem jugendlichern Alter erreichbaren und betretbaren Gebiete. Darum eben geht die höhere Bürgerschule nicht dem Gymsium parallel.

Leichter nachweisbar ist das Spezifische der höhern Bürgerschule in dem Momente des Nationalen. Dies soll wie im Gymnasium das klassische Alterthum den Mittelpunct des geistigen Lebens in der höhern Bürgerschule bilden. Darunter verstehen wir aber nicht blos das dichtende oder kriegende, nicht blos das ästhetische oder politische Deutschland der heutigen Zeit oder wie es beliebt zu werden pflegt, das seit Luther, sondern das redende und verkehrende und werkende und bauende und malende und betende und träumende und Städte begründende und häuslich lebende, und dann nicht das heutige sondern auch das ehemalige, roh sprechende, derb handelde, kühn wollende, geknickte und sich wieder aufrichtende, zerfallende und uneinige und doch immer starke, kurz das nach allen Seiten hin sich entwickelnde: also das ganze Deutschland soll es sein. Wenns die Schule, wie es heute geschieht, nur beim Scheitel der heutigen Zeit fassen will, so wird man ihm noch die wenigen Haare ausraufen, und dann wird man ihm müssen Haartouren von französischen Friseuren verschreiben. Nicht ein Wissen über das Nationale sondern ein geistiges Bewegen im Nationalen, nicht eine Theilnahme und Empfindung fürs Nationale sondern ein gemüthlicher, herziger, vertrauter Umgang mit ihm ist Ziel und Zweck. Das ist mit einigen Volksliedern und Volksmelodieen nicht erreicht, aber auch nicht damit, wenn man aus dem ganzen frühern Leben nur den poetischen Saft aussaugen will, und Alles verschmäht, was nicht in diesem Safte auflöslich ist.

§. 21. Haben wir nun im Vorigen das Eigenthümliche der Methode und die bestimmte Grenze für die höhere Bürgerschule dargelegt, so wird das Spezifische derselben noch mehr in dem Ethischen hervortreten. Gehen wir zu dem Zwecke die einzelnen Puncte durch. 1) Religiösität soll mit kirchlichem Sinne verbunden sein, und vergleicht man dazu das in §. 13, 7. §. 14, 2. §. 15, 1. Gesagte, so kann das nicht mit Reden über die Kirche und mit Wissen über die Religion und ihre Institute sondern allein durch ein Leben in der Kirche gewonnen werden. Die leere Gedankenbetheiligung, welche alle diese Dinge nun eben nur als Vorstellungen für die Reflection der Verstandeskraft ansieht und behandelt, muß aus der höhern Bürgerschule ausgeschlossen werden, es muß der Bürger aus dem eignen kirchlichen Leben, aus seinem eignen religiösen und kirchlichen Bewußtsein heraus reden, d. h. er muß in der Kirche leben, und wenn die Schule das vorbereiten soll, so muß sie auch vorbereitendes Kirchenleben haben. Das wird und kann nicht damit abgemacht sein, daß man etwa die Knaben fleißig zum Kirchenbesuche ermahnt und sie auch einmal hinführt zum Altar, sondern allein durch eine Schulkirche, in der eben der Knabe als Knabe schon ein vollgültiges Mitglied der Gemeinde ist und sich der Wirkung der gemeinsamen Andacht bewußt wird und so die Kraft der religiösen gemeinsamen Feier und der Gemeinschaft an sich factisch empfindet. 2) Die Tüchtigkeit und Treue im Kleinen ist ein anderes so sehr wesentliches Moment im Schulleben einer höhern Bürgerschule, daß darum an ihr viele Lehrer nicht für sie taugen, und darum die Schule einen wesentlichen Theil ihrer Aufgabe nicht löst, weil eben jene Lehrer entweder kein Auge und keinen Sinn hiefür haben, oder, wie sie selber nur aus der Wissenschaft nach der Wissenschaft und aus dem Wissen nach dem Wissen geführt sind, nun auch die Jugend so führen und sie so um den Bürgerstand wegführen zu müssen vermeinen. Ob Gymnasium und Universität nicht über das Kleinliche hinweg zu führen und mehr den Sinn für das Große und Weite zu öffnen haben? Die Tüchtigkeit ist hier nämlich nicht die in den Gymnasien gemeinte geistige, welche mit einer gewissen geistigen Rüstigkeit an wissenschaftliche Aufgaben und Probleme heran geht, und nicht eher ruht und rastet, als bis sie dieselben geistig bezwungen hat, sondern es ist, wenn auch diese nicht ausgeschlossen sein soll und kann, wirklich die practische Tüchtigkeit, welche sich in der Handschrift nicht minder wie in Ausführung irgend eines Austrages, in accurater auch äußerer Durchführung einer schriftlichen Aufgabe, im prompten Lernen, im rechtzeitigen Abgeben der Arbeiten, im genauen Beobachten der Schulordnung 2c. bekundet. 3) Des Nationalsinnes ist schon oben gedacht. Der Begriff einer Nationalität, die Kraft des nationalen Bewußtseins kann an einem fremden Volke erkannt werden, und man kann seine weltbestimmende Gewalt aus der Geschichte erfahren, und dann viel Schönes und Wahres und Warmes darüber sagen; aber dies sagende Subject, welches über die Nationalität ein Wissen hat, kann dabei alles selbsteignen National-Intresses baar und ledig sein. Wird aber die Erkenntniß so gegeben, daß dies erkennende Subject sich in der Nationalität selber schaut, und so mit dem Eindringen durch Erkenntnißkraft zugleich sich selber in dieselbe versenkt, so ist dies der in den höhern Bürgerschulen geforderte Nationalsinn. 4) Der Gemeinsinn kann und soll nicht gepredigt, sondern kann nur angelebt werden. Soll er aber als ein Ergebniß des Schullebens hervortreten und zwar als ein wesentliches (s. §. 13, 3.) und hauptsächlichstes, so folgt daraus von selbst eine ganz andere Schulgestaltung, als heute vorhanden ist. Nicht Klubb- und Klassensinn sondern Gemeinsinn, nicht Corps- und Verbindungs- sondern Gemeingeist soll erzielt werden. Wer kann behaupten, daß dieser auch nur im Entferntesten in unsern heutigen höhern Bürgerschulen gewonnen werden könne? Dazu wechseln die Schüler viel zu oft, werden nicht einmal durch ein höheres gemeinsames Intresse an der Wissenschaft vereint, werfen alle über Kurz oder Lang den Schulplunder gänzlich weg und zerstreuen sich in den verschiedenartigsten Berufskreisen und kennen sich dann im Leben kaum wieder. Es kann Gemeinsinn erkannt werden, denn es stellt die Geschichte so schöne und erhabene Beispiele von Gemeinsinn und seiner Kraft auf, und man kann durch die Kenntnißnahme derselben die hohe Bedeutung desselben dem Herzen so recht nahe legen; aber dies erkennende und vielleicht auch erwärmte Subject kann dabei und wird immer dabei als ein neben her gehendes erscheinen. Nur wenn der Mensch in eine Gemeinsamkeit hineingezogen wird, für die er arbeiten muß und will, ohne Lohn zu erwarten, für die er Opfer bringt, ohne Bürgerehre zu beanspruchen, der er sich fügt, ohne über Knechtigung zu seufzen, in der er die widerstrebenden und hemmenden Elemente mit Freundlichkeit und Ernst, mit Langmuth und Beharrlichkeit um des Ganzen willen trägt oder bekämpft; in der er begreift und erfährt, wie schwer es sei, viele Willen und Neigungen zu einigen, wie Eigensinn und Eigenwilligkeit und Selbstsucht 2c. den schönsten Absichten störend und vernichtend entgegentreten; in der er aber auch in diesem Bemühen und Nachgeben die Freude am Gelingen und in dieser den Lohn für Anstrengungen, und in der Befriedigung Aller die Erstarkung zu neuer Kraftanstrengung gewinnt: nur in solcher realen Betheiligung an einer factischen Gemeinschaft kann der Mensch für einen Gemeinsinn in der höhern Bürgerschule gereift werden, und wenn dieser gleichsam die höhere Idee des wahren bürgerlichen Lebens ist, so ist dieser Aufgabe die größte Aufmerksamkeit zuzuwenden. 5) Der practische Sinn, zusammen gehalten mit dem Intellectuellen: Fähigkeit einen gegebnen Gedanken richtig aufzufassen und ihn auf reale Zustände anzuwenden, bedingt nothwendig eine Praxis und reale Zustände, welche nach einem gegebnen Gedanken gestaltet werden sollen. Es ist klar, daß diese Sache nicht abgethan ist mit den so genannten practischen Gegenständen, in denen der Lehrer der Practiker ist und die Schüler wie immer nur Zuschauer und Hörer des Wortes sind, in denen eine fingirte und darum verdummende Praxis den practischen Sinn vollkommen auslöscht und die Augen voll Schulsand streut. Noch weniger ist es gethan mit dem vornehmen Besehen und sich zeigen Lassen und dann gehörigem Erklären der Fabriken, Fabrikbetriebe und Maschinen 2c. und eben so wenig mit dem Stümpschen Technologie, womit der Lehrer seine Chemie und Physik wohl erleuchten dürfte, um sie in ihrer Wichtigkeit den Schüler-Augen zu zeigen. Niemand bekommt schnelle Füße, der einen Schnellläufer sieht, und Niemand wird ein Schütze, der beim Scheibenschießen nur zuschaut; ja er erhält nicht einmal einen Antrieb, es zu werden, wenn er nur Erbsen aus Schlüsselbüchsen schießen — das ist vergleichlich der technische, auf Praxis hinzielende Unterricht — und dabei fast immer vorbei schießen sieht. Soll practischer Sinn angebaut werden, und ist dieser für das Geschäftsleben, den Mittelpunct des Berufslebens, ein Haupt-Factor (§. 12, 1, 4.), so muß es in der Schule eine Praxis geben; nicht eben allein die des Geistes, und allenfalls des Schreibens und Redens, sondern eine Praxis, die mehr und anderes als Buchstaben und Vorstellungen, anderes als Begriffe und deutsche Aufsätze und Exerzitien macht. Wer nie in seinem Thun sich an einer starren und spröden Wirklichkeit versucht hat, nie mit ihr in Conflict gerieth, nie die Hemmnisse, die unvorhergesehenen Hindernisse, die vielen Zufälligkeiten an und in ihr, nie das reiche Feld der Combinationen, ihre Gefügigkeit zu den mannigfaltigsten Zusammenstellungen, durch eine Beschäftigung mit ihr kennen gelernt hat, der kann auch keinen practischen Sinn bekommen. Daß die zweite vorhin berührte Forderung nun eine Schulorganisation voraussetze und bedinge, in welcher der Schüler Gedanken in ein Schulleben einzubilden habe, das braucht wohl kaum gesagt zu werden. Ein solches Schulleben ist freilich bis jetzt noch nicht da: das weiß auch Jeder, der weiß, daß die Schule die Knaben nur zwischen den Schulbänken schult und sich doch einbildet, sie habe dieselben für ein Leben vorbereitet, was weder philosophiren, noch Abhandlungen schreiben, noch Theorieen aushecken, noch Systeme prüfen, sondern was wirken und schaffen will. 6) Die Ausbildung des Geschmacks, der nach §. 12, 2. §. 14, 6. §. 15, 3. eine so wichtige Stelle eingeräumt ist, kann auch auf doppeltem Wege erreichbar gedacht werden. Entweder man erfüllt die Seele mit lauter schönen und reinen Vorstellungen und gewinnt so ein ästhetisches Urtheil aus der Menge der Anschauungen über das Schöne (vgl. §. 14, 6.). Das bildet Kunstschmecker, Kunstkenner und im erhöhten Sinne, wenn noch andere Bildungsrichtungen hinzutreten, Kunstrichter. Sie haben eine Empfindung am Schönen und ein Wissen darüber, können sich im Anschauen dafür erwärmen und vortrefflich darüber mit Worten auslassen. Diese Geschmacksbildung kann, man erwäge alle die im zweiten Abschnitte geführten Betrachtungen, unmöglich das Wesentliche in der höhern Bürgerschule sein, vielmehr ist diese ihr ganz gleichgültig. In der höhern Bürgerschule muß das Schöne — wie das Sittliche — angeübt sein, es muß der Schüler sich durch factisches Thun, durch Nachahmen und Nachbilden, durch eigne Entwürfe und Ausführungen, durch Handlungen und Uebungen am Schönen und an Hervorbringung desselben betheiligt haben. Er muß sich nicht blos über eine saubere Zeichnung, einen schönen Gesang ꝛc. freuen, sondern muß das Streben in sich gewonnen, durch Uebungen die möglichst hohe Befähigung dazu erlangt, durch innere Betheiligung und Freude daran den höchst möglichen Antrieb zur selbst eignen Gestaltung und Förderung des Schönen in Thaten, Tönen, Formen, Worten ꝛc. erhalten haben. Nicht Spiel und Ergötzlichkeit, nicht Vergnügen allein und Lust, nicht Luxusartikel und bloßer Schmuck soll ihm die Kunst sein, sondern eine Schöne, um die er mühevolle Jahre dient, um die er im kleinlichsten und sorgsamsten Gehorsam auf ihre Befehle ernsthaft wirbt, damit sie sich ihm als Lebensgefährtinn zugeselle, sein Haus schmücke, und sein Thun veredle und verschöne. 7) Die Kräftigung des Willens endlich (§. 15, 6.), wie sie oben verlangt wird, hat es entschieden mit demjenigen Wollen zu thun, welches eben in dem Conflicte mit der Wirklichkeit sich als Thatkraft und zwar als eine sittliche bewahren soll. Wenn es leicht den Schein hat, als wäre das eine Forderung an allerlei Menschen jedes Standes und jedes Berufes, und wenn somit hier ein Spezifisches für die höhere Bürgerschule aufgeführt wäre, was keins wäre und es nicht sein könnte, so möge man sich lediglich daran halten, daß dem Menschen im bürgerlichen Leben fast keine andere Stützen der Sittlichkeit zur Seite stehen für sein Berufsleben, als sein guter Wille oder die Noth oder Ehr- und Gewinnsucht. Dem niedern Arbeiter wird ein Aufseher, dem Beamten eine Instruction gegeben und meist noch ein Aufseher und Controlleur. Der niedere Arbeiter hat meist ein Werk für einen und einige Tage, und kann und wird sich für jedes neue Tagewerk mit frischen Vorsätzen anfrischen, die für das kurze Tagewerk allenfalls ausreichen; der Beamte wird meist an eine bestimmte Geschäftsschnur gebunden, an der er ohne Weiteres mit fortgezogen wird. Die meisten Leute unserer Stände aber haben weder ein so kurzes, noch auch abwechselndes und so anfrischendes, — wohl zerstreuendes — nicht in der eigentlichen Beschäftigungsart an sich schon fesselndes, sondern nach dieser Seite hin oft einförmiges und ermüdendes Werk fortzuspinnen, und nur der von ihnen selbst gesponnene Faden ihres Berufslebens, den sie nach Belieben auch loslassen können, hält sie im Gange. Darum ist gestärkte Thatkraft nöthig; diese wird wiederum nur im Thun errungen und zwar im Thun, welches nicht blos geistiger Natur ist, sondern welches einen Kampf mit dem Realen zu bestehen hat. So bestände denn, um es kurz auszudrücken, das Spezifische einer höhern Bürgerschule darin, daß sie neben der eigenthümlichen Unterrichtsform und dem eigenthümlichen Unterrichtsstoffe (§. 20.) auch noch ein Schulleben haben muß, auf welchem möglichst getreu die im bürgerlichen Leben geltenden Factoren zur Uebung und Geltung kommen können. Dies Schulleben ist dann selber ein Theil des Realen, aus dem sich der Geist Gedanken zu erarbeiten hat (§. 21.), es selber wird das Reale, in welches der Gedanke hinein gearbeitet wird.

Die Schulen sind nur dann wirksame Factoren des Lebens gewesen, wenn sie ein Bildungs-Ideal vor sich hatten und ernstlich verfolgten, das beweist Raumer's Geschichte der Pädagogik mit welthistorischen Gründen. Die Gymnasien haben das ihre, haben es Jahrhunderte lang verfolgt, und haben sich damit zu der Höhe aufgeschwungen, die eine Schule in ihrer Richtung und zu ihrem Zwecke nur erreichen kann; die höhern Bürgerschulen suchen noch das Bildungs-Ideal, es ist im Vorstehenden ernstlich gesucht; sollte es nur annähernd das richtige sein, so wird es ja auch ergriffen oder doch ihm nachgestrebt werden, und Platz und Bedeutung der höhern Bürgerschule ist dann ohne Kampf errungen; ihre Wirkung auf Volks- und Nationalleben wird nicht ausbleiben. —

§. 22. Es kann und darf nicht die Frage umgangen werden, ob nicht die Gymnasien eine gleiche intellectuelle wie practische Ausbildung auch zu geben hätten. Die gemachten Vorschläge für Reorganisationen derselben — man beliebt sie zeitgemäße zu nennen — sind zwar nur von der Betrachtung der Lehrgegenstände ausgegangen und deuten nur auf die Veränderungen in dieser Beziehung hin, treffen also auch das Wesen der höhern Bürgerschule noch gar nicht, könnten aber leicht dahin aufgefaßt werden, daß es den Gymnasien ein Leichtes sein werde oder gar ein Wünschenswerthes, das auch zu bieten, was hier gefordert ist. Die allgemeinen Wahrheiten, daß doch auch die in den Gymnasien ausgebildeten Leute Bürger sein und daß sie auch arbeiten und nicht blos denken sollen, diese wird Niemand leugnen können; aber es wird sich ergeben, daß die hier den Gymnasien zur Vorbildung zugewiesenen Berufs- oder Geschäftszweige eine andere Vorbereitung fordern müssen, als die den höhern Bürgerschulen überwiesenen Stände. Wenn wir nun einmal haben dem Prinzipe gemäß Stände scheiden müssen, oder wenn Stände aus den Gymnasien haben scheiden und sich eine eigne Vorbildungsschule gründen wollen, so darf man, ohne Jemanden zu verletzen, auch den nach Eintritt dieser factischen Scheidung wirklichen Bestand der Dinge der weitern Betrachtung zu Grunde legen. In den Gymnasien würden, wenn die höhern Bürgerschulen überall angelegt wären, und sich schon Geltung verschafft hätten, sich eigentlich nur alle diejenigen noch befinden, welche entweder Facultätsstudien durchzumachen haben, oder welche durch irgend welche bestimmte Forderung des Staates an ein bestimmtes Wissen seiner Beamten in dieselben hineingewiesen wären, oder endlich solche, welche ohne irgend eine Rücksicht auf einen künftigen practischen Beruf erst die höchst mögliche, durch Schulen zu gebende Bildung sich aneignen wollen. Da alle, welche nothwendig nach dem heutigen Zuschnitte unsers Staatslebens Facultäts-Studien machen müssen, nur mit Ausschluß der Mediziner in den Staatsdienst, und sei es auch nur auf einige

Zeit, treten, so machen also künftige Beamte den eigentlichen Stamm in den Gymnasien aus. Betrachten wir nun in Kurzem deren practischen Beruf, um das Unterscheidende aufzustellen. Die Arbeit des Staatsbeamten, die einzelne, geschieht nie um Brod, nie um Gewinn, sein Sold wird ihm auch dann, wenn er in seiner Thätigkeit nur den gesetzlichen Anforderungen genügt, und der wird dann noch nicht erhöht, wenn sein Fleiß und seine Anstrengung sich mehrt. So arbeitet er nie für sich, bearbeitet aber auch nie seine eigne Angelegenheit, nie für sein eignes Intresse. Das giebt ihm natürlich eine viel idealere, reinere, für den Egoismus gefahrlosere Stellung, als sie der höhere Bürgerstand hat. Soll der Beamte nun aber auch ohne jenen Hebel des Verdienens noch treu in seinem Berufe und nicht blos knechtischer Diener des Gesetzes sein, so muß auch seine Bildung gleichsam idealer Art sein. Bedarf er weniger derjenigen Bildung, die ihn aus dem Egoismus heraus hebt, so bedarf er um so mehr derjenigen, welche ihn in dieser idealern Stellung und Thätigkeit eine Befriedigung zu finden befähigt. Der Staatsbeamte hat es im Großen und Ganzen nie mit der Production irgend eines realen Productes zu thun. Seine Production in einer höhern Stellung ist der Gedanke. Entweder hat er die vorhandenen Lebensbeziehungen des Staates im Großen oder im Einzelnen zu erhalten, oder er hat neue Lebensgestaltungen, welche das bürgerliche Leben hervorrief, in den Staatsgedanken und in die vorhandenen Glieder des Staatsorganismus einzureihen. Er hat Gesetz und Recht zu wahren, doch nicht nach individueller Stimmung und eignem Rechtsbewußtsein, sondern nach der staatlich gültigen Rechtsnorm; er hat Religion und Sittlichkeit zu predigen nach dem göttlichen Worte, und die Sacramente zu verwalten nach dem Ritus, der ihm anvertraut ist. So ist durchweg die Stellung eine mehr regulirende als produzirende, fordert überall mehr Befähigung in der Gedankenwelt als Fähigkeit in der Behandlung des Realen, mehr Kenntniß des zu Recht Bestehenden als eigentliche Triebkraft, das Bestehende durch neue Schöpfungen zu erweitern, wirkt mehr durch Worte als durch Werke. Der Staatsbeamte hat meist einen isolirten Wirkungskreis, in welchem ihm auch nicht selten genau die Grenzen seiner Thätigkeit vorgeschrieben sind, selbst das Was und Wie ist nicht oft ihm freigegeben. Die gemeinsame Thätigkeit in den so genannten Kollegien ist nur eine scheinbare Gemeinsamkeit. Da kommt es nicht auf ein Nachgeben, Rücksichtnehmen, Ineinanderleben, gemeinsames Unternehmen, kurz nicht auf Gemeinsinn an, sondern auf Erkenntniß und dann eine rücksichtslose Darlegung derselben; auf Einsicht in einen vorliegenden Fall, an dem sich das Kollegium meist nicht anders als mit dem Gedanken betheiligen kann. Die Lehrerkollegien an den einzelnen Schulen machen hievon allein eine Ausnahme und bedingen einen Gemeinsinn, der persönliche Nachgiebigkeit rc. verlangt. Das Intresse an den höchsten Gütern des Lebens wird dem Beamten durch seine Anstellung und die Wahrung derselben durch seine Beschäftigungsart zugewiesen. Er ist Mitarbeiter am Staatswohl durch seine Verpflichtung und für ihn fallen drei Momente des Lebens, Beschäftigung, Beruf, und soziale Stellung in einen und denselben Punct zusammen, welche für den Bürger wesentlich verschieden sind. Den Rechts-Institutionen alle geistige Kraft zu widmen, dem Gesetze zu seiner Geltung verhelfen, das ist äußerer und durch Studien auch innerster Beruf des Juristen geworden; dem kirchlichen Leben mit allen seinen Institutionen alle Kraft und auch die des Gemüthes zu widmen, das wird wie äußerer so innerer Beruf des Geistlichen. Das, was den Bürger von den höchsten Intressen des Staatslebens abzieht, d. h. sein Geschäftskreis, das gerade zieht den Staatsbeamten hinein; und was dieser leicht dadurch an Eifer zu viel hat, das hat jener nicht selten zu wenig. Schon oben ist erwähnt, wie dem Beamten so vieles zur Seite steht, um ihn in seinem Geschäftsleben zu stützen, als da sind ein Vorgesetzter oder gar deren viele, ein Aufseher und eine Amts-Instruction und Revisionen und meist ein ganz einförmiger Geschäftsgang. Sein ganzes Leben erscheint gegen das eines Gewerbetreibenden wie ein Stilleben. Selten ist seine Einwirkung auf einzelne Persönlichkeiten gerichtet, wie auch selten einzelne bestimmte Verhältnisse regulirend. Wo er ordnend und verordnend auftritt, hat er ein Allgemeines vor sich, wonach er ordnet, und wo er befiehlt, reicht sein Befehl als ein allgemeiner in weitere Kreise rc. Es ist nach diesen Betrachtungen nicht schwer, die im 2ten Abschnitte aus dem Leben der höhern Bürgerstände gezogenen Forderungen für die Bildungsform derselben umzudeuten in diejenigen, welche etwa für die künftigen Beamten als die wesentlichen erscheinen möchten. Es würde nur ein Spielen mit Worten sein, wenn man auch für diese einen practischen Sinn, einen Gemeinsinn, ein Werken in dem und aus dem Realen rc. beanspruchen wollte.

§. 23. Wie nun das Geschäftsleben die Beamten zum Staate ganz anders stellt als den Bürger im hier besprochenen Sinne, so ist es auch nicht minder mit der geistigen Kraft, die man bei ihm beanspruchen muß. Es ist schon öfter gesagt (§. 15.), daß in der Bildungsbahn der Gymnasien eine Universität vorausgesetzt werde, welche der durch das Gymnasium vornehmlich geübten formalen Kraft erst das Reale, was mit ihr durchdrungen werden soll, darbietet. Auf der Universität wird ein vorliegender realer Inhalt das Object für den Geist, den dieser durchdenken soll. Diese realen Objecte als Religion, Kirche, Kirchenlehre, Gesetz, Geschichte, Staatshaushalt rc. rc. sind Dinge, welche so wenig als Producte der Physis wie auch als reine Producte des denkenden Geistes sondern vielmehr als die des glaubenden, betenden, begehrenden und wollenden, erwerbenden und besitzenden Menschen factisch hingestellt sind. Sie sind nicht Producte einer Zeit und eines Geschlechtes und eines Volkes, sondern sind gleichsam ein geistiger Leib der gesammten Menschheit, den jedes Zeitalter nährt, und jedes Volk und jede Zeit auf individuelle Weise kleidet. Dieses solches reale Product nun geistig zu durchdringen, d. h. es von dem Inhalte der Kategorieen der Logik aus zu erfassen, das ist Aufgabe der Wissenschaft, welche nun eben von den hier beregten Ständen betrieben werden soll. Es soll sich jeder der Vernünftigkeit dieser realen Producte vollkommen bewußt werden, um als künftiger Leiter oder Diener des Staates jedes neue Product des gebärenden Volkslebens sogleich als ein Vernünftiges oder ein Unvernünftiges aufzunehmen oder zu verwerfen. Soll solch ein Reales das Object des Denkens sein, dann muß der Jünger, der daran gehen will, geübt sein zum wissenschaftlichen Erkennen, er muß eine Kraft gewonnen haben, die wir oben die formale nannten, mit der er gleichsam jenen Inhalt durchdenkt, so begreift und ihn dadurch eben zum Inhalte für den Geist machen kann. Den Jünger bis zu dieser Möglichkeit eines rein wissenschaftlichen Erkennens zu bringen, das ist die Aufgabe des Gymnasiums *). Wie viel höher steht diese Befähigung, sich von der Vorstellung aus zum Begriffe zu erheben, als die, von der Anschauung zur Vorstellung, und das ist im Wesentlichen der Unterschied der Bildung, den wir in der höhern Bürgerschule und im Gymnasium setzen müssen. Der durchs Gymnasium hindurch gegangene Schüler ist und soll nun befähigt sein, systematisch die

*) Um der Schulsprache überhoben zu sein, aber auch um einen tüchtigen Gewährsmann zu haben für das, was hier nur so kurz von der Gymnasialmethode gesagt werden kann, verweisen wir hier auf das Werk von Deinhardt: „Der Gymnasialunterricht. Hamburg bei Perthes. 1837.“

Gedanken zu ordnen und zu construiren ꝛc. darum ist und muß sein mit zu bringendes Willens-Motiv ein wissenschaftliches Intresse, seine angeübte Sittlichkeit muß eine angeübte Logik, sein zu erstrebendes Ziel ja sein Geschmack die wissenschaftliche Reinheit sein. Ob er sich am Realen schon betheilige oder nicht, es ist gleichgültig und eine Nichtbetheiligung und ein Stehenbleiben in der rein geistigen Sphäre am wünschenswerthesten; ob er schon aus den Dingen heraus rede, das ist gleichgültig, wenn er nur jetzt befähigt ist, über dieselben sich Gedanken zu machen und diese geordnet und schön darzulegen. Kurz, sollen die höhern Beamten — man mißdeute aber nicht muthwillig — gleichsam der Kopf des Staates und die Denker in demselben, und das Volk das Herz und der handelnde Wille sein, dann müssen jene auch vornehmlich zum Denken wie diese zum Handeln vorgeübt sein; jene müssen sich zum Allgemeinen erheben und von diesem aus das Besondere beleuchten, diese müssen im Besondern stehen bleiben und es als ein Merkmal für das Allgemeine hinstellen. Die Befähigung nun, vom allgemeinern Begriffe aus das Besondere zu verstehen, die logische Befähigung gleichsam, d. h. diese formale Kraft hat das Gymnasium anzubauen. Doch dies muß hier ausreichen, die große Verschiedenheit der beiden Bildungsrichtungen in den beiden immer verglichenen und eigentlich gar nicht vergleichbaren Anstalten darzulegen. Die höhere Bürgerschule schließt ab, das Gymnasium eröffnet weite Thore; sie führt zum Besondern und dieses zum Allgemeinen; sie will Handeln, jenes Denken ꝛc. ꝛc.

So folgt denn hieraus von selbst, daß Gymnasium und höhere Bürgerschule getrennt werden müssen. Das Gymnasium giebt sich selber auf, wenn es die höhere Bürgerschule in sich aufnimmt, und verliert seinen schönen und hohen Beruf; die höhere Bürgerschule, welche ihren Stolz und Ruhm darin sucht, eine den Gymnasien gleiche gymnasiale, so genannte allgemeine, geistige Bildung zu erzielen, brüstet sich im gründlichen und gefährlichen Irrthume, und begeht an den höhern bürgerlichen Ständen einen Verrath. Welch ein geistiges Proletariat diese angestrebte Gymnasial-Bildung, die sich nicht in der Universitätsbildung vollendete, erzeugt hat, ist in der oben angeführten Abhandlung weitläuftig dargethan, und es ist nicht schwer nachzuweisen, wie der ganze ungesunde Zustand der Presse vornehmlich seinen Grund in der halb vollendeten, zum Denken angeregten und nicht zum Durchdenken schon befähigten, zum Denken angereizten und das reale Object nicht in seiner Gültigkeit anerkennenden Bildung hat. Es würde hier zu weit führen, und muß einmal einer gelegenern Zeit überlassen bleiben, den Nachweis zu geben, wie diese unvollendete Bildung des Gymnasiums die vielen Denker über Alles hervorgerufen hat, die kein anderes sittliches Intresse an dem Realen, worüber sie reden, haben, als nur das, daß es ihnen eine schöne Gelegenheit bietet, ihr vermeintliches Licht darüber anzuzünden. Aus der rein logischen und nach ihm hin steuernden Gymnasialbildung, die sich nicht in der Universität vollendet hat und sich so am Realen erfüllte, erzeugen sich viele wahrhaft beklagenswerthe geistige Zustände, die das Gedankenspiel und schöne scharfe Reden über das sachliche Intresse setzen und statt des Handelns viel Reden auch für ein Handeln, ja oft für ein rechtes Handeln halten. —

Zweiter Theil.

Schulunterricht.

I. Abschnitt.

Ermittlung der Lehrgegenstände.

§. 24. Es hat sich im ersten Theile herausgestellt, daß eine höhere Bürgerschule zwei wesentliche Seiten hat, einen Schulunterricht und ein Schulleben (§. 20. und §. 21.), und zwar letzteres in einem andern und eigenthümlichern Sinne, als man wohl bisher darunter verstanden hat. Darum wurde auch ein dritter Theil, welcher dieses Schulleben darstellen soll, nothwendig, und um so nothwendiger, je mehr in ihm eben die Eigenthümlichkeit der höhern Bürgerschule wurzelt. Dieser zweite Theil war aber auch nicht zu umgehen, da sich herausgestellt hat, daß die höhere Bürgerschule weder für ein Geschäftsleben noch für eine wissenschaftliche Befähigung vorzubereiten hat, daß man also weder aus jenem noch aus diesem Zwecke her ihre Lehrgegenstände ableiten kann und darf. Wenn nun bisher aber die höhere Bürgerschule, wie es den Schein hat, diese beiden Bestimmungsgründe für die Wahl des Lehrstoffes hat gelten lassen und das mit vorwiegender Berücksichtigung bald des einen und bald des andern, so muß sogar vorläufig das in den höhern Bürgerschulen bis jetzt behandelte Unterrichtsmaterial in Frage gestellt und die Untersuchung darüber ganz von Vorne begonnen werden. Es wäre doch möglich, daß aus den im ersten Theile entwickelten Prinzipien sich ein ganz anderer Unterrichtskreis als der bisherige mit Nothwendigkeit ergäbe, und so wie eine neue Lebensform für dieselben sich auch eine von der bisherigen ganz verschiedene Unterrichtswelt aufschlösse. Wird damit die Untersuchung auf ein ganz leeres Feld gestellt, so würde sie bei dem unendlichen und unerschöpflichen Reichthum der Bildungs- wie Unterrichtsmittel eine ganz unmöglich zu lösende Aufgabe haben, wenn nicht einmal die bisherige Praxis einen Fingerzeig und Leitfaden darböte. Ohne daher die Freiheit der Untersuchung im geringsten beschränken und die für die höhere Bürgerschule entwickelten Prinzipien im Geringsten in ihrer bestimmenden Kraft schwächen zu wollen, werden schon folgende Gedanken uns auf diesem Gange der Ableitung begleiten müssen: 1) Das auf dem Wege der Erfahrung Dargebotene verdient die nächste Berücksichtigung und darf nur dann erst bei Seite geschoben werden, wenn sich bei ihm ein Widerspruch mit den Grundprinzipien der höhern Bürgerschule zu erkennen giebt, oder wenn es als ein Ueberflüssiges der Erreichung des letzten und höchsten Zieles mehr hemmend als fördernd in den Weg tritt. 2) Die bereits in den Schulen behandelten, also methodisch mehr oder minder für die Unterrichtszwecke schon verarbeiteten Unterrichtsgegenstände verdienen, wenn sonst keine andern und höhern Entscheidungsgründe vorliegen, einen Vorzug vor den noch entweder gar nicht oder noch nicht gehörig verarbeiteten. Sollte sich aber dabei ergeben, daß alle bisher in den höhern Bürgerschulen vorgefundenen Lehrgegenstände entweder an sich nicht oder auch in der heutigen Unterrichtsform nicht den Zwecken der höhern Bürgerschule entsprächen, und vielleicht gar ganz neue Unterrichtszweige auftreten müßten, so darf dem Einwande, daß man solchen Unterricht nicht zu geben wisse, daß der Stoff noch nicht verarbeitet sei, daß dafür keine Lehrer wären und wie alle diese Einwendungen über Unausführbarkeit heißen mögen, hier gar kein Recht eingeräumt werden. Ist die höhere Bürgerschule ein neues Institut und ist sie wesentlich vom Gymnasium verschieden, so kann sie im Voraus darauf gefaßt sein, daß sie sich selber eben so gut, wie es das Gymnasium auch gethan hat, eine Reihe von Unterrichtszweigen wird anbauen müssen; ja es wäre zu verwundern, wenn es anders wäre. Sich selber an- und aufbauen und nicht blos fremde Eier ausbrüten und so statt der erwarteten Landvögel nur Schwimmvögel aus ihrem Neste kommen zu sehen, das gehört zu ihrer Jünglingsaufgabe. Welche Veranstaltungen wesentlich sein dürften, um ihr diese Lösung möglich zu machen, das wird der vierte Theil darstellen. Endlich muß hier noch für den ganzen Gang der Untersuchung nochmals daran erinnert werden, daß nicht die Befähigung für die Wissenschaft und wissenschaftliche Beschäftigung das Ziel der höhern Bürgerschule ist, somit kein Entscheidungsgrund für die Wahl der Unterrichtsgegenstände von daher entlehnt werden darf, daß die rein geistige Beschäftigung gar nicht von dem künftigen Bürger gefordert wird, sie also auch nicht als letzter Zweck über die Lehrmittel entscheiden kann, daß vielmehr die Stärkung der Willenskraft ein wesentlicher ja vielleicht wesentlichster Theil der Aufgabe bleibt, und somit für diese Uebung nicht blos Zeit und Kraft der Schüler aufbewahrt sondern auch der zweckmäßigste Gegenstand zu solchen Uebungen und die dahin führende Behandlung desselben auch auf Kosten der wissenschaftlichen Erkenntniß gewählt werden muß. Der Unterrichtsgegenstand, welcher den Schüler zugleich am meisten mit dem Realen beschäftigt, ihn am meisten nöthigt, aus dem Realen heraus zu denken, sich am Realen zu betheiligen, kurz der vorzugsweise die naturhistorische Methode zuläßt, ihn am ersten zu einer freien selbstthätigen Beschäftigung befähigt und ihn auf einem Gebiete zum sichern, Freude erweckenden, Befriedigung gewährenden Thun bringt, verdient vor allen andern den Vorrang. Doch es sollen hier nicht nochmals die entwickelten Prinzipien aufgeführt werden, sondern es mußte nur nochmals ausdrücklich daran erinnert werden, daß die Ableitungs-Momente für die Ermittlung der Lehrgegenstände andere als wissenschaftliche, daß sie aus den Lehrgegenständen oder aus dem künftigen Geschäftsleben her genommene sein müssen, damit wir im Gange der Untersuchung nicht immer genöthigt wären, im Besondern wieder dieselben aufzuführen und so der Darstellung eine unnöthige Breite zu geben. Endlich bedarf es wohl kaum der Erwähnung, daß die höhere Bürgerschule nicht sich der formalen Bildung ihrer Zöglinge entschlagen kann, wenn sie sie zum geistigen Durchdringen eines vorliegenden Realen befähigen soll, denn ohne gestählte und geübte Erkenntnißkraft kann auch nicht erkannt werden. Vielmehr wird die Wahrheit, daß die höhere Bürgerschule in sich selber die Gymnasial- und die Universitätsbildung vollenden muß (§. 15.), auf eine Wahl derjenigen Gegenstände hindrängen, durch welche der Zweck der formalen Bildung am sichersten und schnellsten für den Kreis der höhern Bürgerschule erreicht wird. Solcher Wahl wird um so weniger im Wege stehen, je weniger nach Allem bisherigen irgend welcher Unterrichtsgegenstand — mit Ausschluß der Religion und des Nationalen — sich irgend wie als unabweisbar in den Vordergrund gestellt und so irgend welche mögliche Beschränkung in dieser Wahl vorgedeutet hat.

§. 25. Als der erste Unterrichtsgegenstand tritt der Religionsunterricht auf. Er muß als Lehrgegenstand in der höhern Bürgerschule den Inhalt der Bibel, das Verständniß der Bibel, die Kenntniß der kirchlichen Institutionen und ihrer Bedeutung also auch ihrer Entstehung und historischen Entwicklung, die Kenntniß des Glaubensbekenntnisses und dem gegenüber eine Kunde von den gegenüber stehenden Kirchenpartheien umfassen; er wird dagegen weder ein Gewicht auf den ganzen Faden in der Kirchengeschichte oder einen systematischen Ueberblick über Glaubens- und Sittenlehre noch gar auf irgend welche theologische wissenschaftliche Auffassung der Religionslehre zu legen haben. Nicht das wissenschaftliche Intresse sondern das rein practische, was nach Innen wie nach Außen wirksam werden soll, das hat allein zu entscheiden; was an Vollständigkeit der Erkenntniß verlangt wird, um ein reines Intresse des denkenden Geistes zu befriedigen, bleibt füglich ausgeschlossen, denn es hat mit der höhern Bürgerschule und ihrem Wesen nichts zu thun. Die jedesmalige geistige Denkfähigkeit der Schüler mag und darf allein die unerläßlichen Forderungen an ein systemartiges Darstellen thun; doch der Unterricht darf nur dieser Forderung so weit nachgeben, als es unerläßlich zur Befriedigung des so gebildeten Geistes ist, nie aber die etwanige Neigung dahin noch irgend wie nähren und fördern, sondern eher zurückhalten.

§. 26. Als der zweite nothwendige Lehrgegenstand trat das Nationale auf. Ein Volk offenbart sich vornehmlich nach drei Seiten, geistig in der Literatur, handelnd in seiner staatlichen Geschichte und endlich künstlerisch und gewerblich. Der rein geistige Standpunct der Schulen hat fast immer nur die erste Richtung des Volkes festgehalten und aus der Literatur desselben dann nur wieder das Klassische und aus diesem wieder nur das auf dem allgemein menschlichen oder gar nur ästhetischen Gebiete produzirte in ihren Bereich gezogen. Von diesem Standpuncte her wird auch heute noch in den neusten Tagen gegen Altdeutsch und Mittelhochdeutsch ꝛc. gefochten, und wenn auch von den höhern Bürgerschulen von daher die Waffen hiegegen blinken, so verräth das eben ihren falschen Standpunct. Das Volk ist ja nicht blos ein dichtendes und singendes; es ist ja auch ein denkendes und scherzendes; es ist nicht blos eine wohl geschnittene Gartenhecke sondern ein Baumgarten und ein Wald, in welchem auch Knorren treibende Bäume sich finden; es ist ja nicht sogleich ein klassisches gewesen, sondern ein gewordenes, und daß seine klassischen Producte gerade diese und keine andere Färbung haben, das liegt ja in seiner historischen Entwicklung, es wird nur erkannt aus dem Nichtklassischen was vor, neben und hinter jenem liegt. Auch im Olympe gab es einen hinkenden Vulkan, und so gehört auch das unklassische Product noch zur Offenbarung und somit auch zur Erkenntnißvermittlung des Volkes. Unsre künftigen Bürger haben es überhaupt nicht mit den klassisch gebildeten Leuten des Volkes zu thun, sondern mit — und wenn sie diese mit ästhetischen Handschuhen anfassen wollen, so verbrennen sie sich die Finger und die weiche fleischige Hand schrumpft dann nicht selten zu einer knochendürren ein und verwundet, wo sie hingreift. Mit andern Worten, eine geistige Bildung, welche nur das Klassische und Aesthetische aus dem Geistesleben der Nation kennen und anerkennen will, welche nur dieses ihrer Betrachtung werth hält, ist antinational. Wer nur die höchsten und vollendetsten Blüthen des geistigen Culturlebens des Volkes eines Blickes würdigen will, der hat sein Auge schon vom Volke weggewandt und schaut vom hohen Throne verachtend über seine Bestrebungen hinweg, der weiß vom Volksleben gerade so viel, wie der Kenner des Olympus vom griechischen Volksleben weiß. Wer nur immer das gediegene Gold zu sehen bekommt und nie die Erzstuffe, in der es mit andern metallischen Verbindungen vorkommt, der bleibe vom Bergbaue fern; er findet nie Gold und wird das Hinabsteigen in den Schacht für Zeitverlust erklären; wer die Scheidekunst nicht lernt, aus hartem Gestein das Erz zu gewinnen, sondern wer nur das gediegene haben will, der mag vom Bergbaue ferne bleiben, und sich für Geld goldne Schüsseln aus dem Nationalvermögen besorgen lassen. Diese Bemerkung mag einerseits erklären, woher in dem klassisch gebildeten Deutschland die vielen antinationalen oder doch für die Intressen des eigentlichen Nationallebens und der Nationalentwicklung abgeschwächten Leute kommen, andrerseits soll sie der Frage nach dem Unterrichtsstoffe begegnen. Für die höhere Bürgerschule mindestens braucht er, ja soll und darf er nicht einmal der so genannte rein klassische sein; die Geschmackbildung soll ihr Recht ohne das bekommen, aber nicht auf Kosten des Nationalsinnes, und die oft mit einer gewissen Prätension gegebne Bemerkung, daß für die Jugendbildung das Beste schon gut genug sei, wird am andern Orte seine Würdigung finden. Hier darüber nur so viel, daß das Beste für den Greis und Mann, für den hochgebildeten und gereiften Geist noch nicht das Gute für das zu ernährende Kind ist, und daß die auf einem klassisch ästhetischen Präsentirteller servirenden Schulen gerade so weit von der Schulstube einer höhern Bürgerschule entfernt sind als der, welcher Hannibals Leben und Thaten begeistert und schön erzählt, vom Kriegsschauplatze und vom kühnen Heldenmuthe entfernt ist. Wenn unser ganzes Volksleben erst sich nach alter oder neuer Aesthetik richten und sein ganzes Dichten und Denken erst nach den Mustern der so gerühmten klassischen Literatur vor sich gehen wird, d. h. wenn wir jede eigenthümliche Productionskraft in ihm für unmöglich halten müssen, dann mögen auch die höhern Bürgerschulen ihre Zöglinge mit lauter solchen klassischen Bissen nähren. Genug hievon. Dies Eingehen nun in die erste Richtung des Nationallebens, also in die Literatur des Volkes, setzt eine vollkommenste und bewußte Erkenntniß des Offenbarungs-Medium, der Sprache, voraus, und zwar eine so geläufige Kenntniß des Schlüssels, daß die Form, in welcher der Gedanke sich offenbarte, keine Schwierigkeit mehr darbietet. Will der Nachkomme sich den Nationalgedanken durch diesen Schlüssel erschließen, dann genügt nicht ein Sprachgefühl, ein Sprachtact, eine Sprach- und Sprechfertigkeit oder ein Sprachgeschmack, wie ihn die Antigrammatisten vertheidigen, sondern es gehört dazu eine gründliche grammatische Kenntniß, die sich dessen, was sie nun aus dem Literaturschatze gegraben hat, auch als eines richtigen vergewissern kann. So wird also bedingt eine grammatische Erkenntniß der Muttersprache. Da nun aber dieses deutsche Volk nicht blos ein geistiges Leben erst seit Luther oder gar erst seit Klopstock hat, und die deutsche Zunge nicht erst in dem Schlesischen oder gar Göttinger Dichterbunde gelöst ist, kurz da Sprache und Literatur eine Geschichte haben und dieser geistige Leib der Nation nicht blos ein in die neuste Denkweise hineinreichender Schopf ist, so kann man nicht von einem nationalen Unterrichte reden, wenn nicht Sprache wie Literatur auch in ihrer historischen Entwicklung aufgefaßt werden. Es giebt eben darum kein Deutschland, weil es nur von heute sein will. Ohne solche historische Erkenntniß der Sprache wird die ganze heutige Sprache als ein großer Vocabelschatz erscheinen, und viele der bedeutendern Schriftsteller handhaben sie auch so. Die prägnantesten Ausdrücke bleiben unverstanden, die eigenthümlichsten und darum eben das Nationale erschließenden Wendungen bleiben unaufgeschlossen, das Tiefste bleibt oft als ein Bedeutungsloses unerkannt, ja die wunderlichsten Bedeutungen werden diesen Vocabeln untergelegt und scharfsinnige Deductionen suchen zufällig verwandte Klänge unter einen Hut zu bringen, die in ihrem ursprünglichen Sinn wirklich ganz verschiedenes bezeichnen.

Doch da die Untersuchung auf diesen Punct noch oft zurückkommen muß, so möge hier nur noch bemerkt werden, daß der Sprachunterricht, welcher die Belebung des Nationalsinnes und des Nationalintresses fördern soll, sich des Niederdeutschen nicht entschlagen kann und darf, denn auch die platt redenden Menschenkinder sind Glieder des Volkes und ob des andern Dialectes nicht geringere, vielmehr sind sie die Stämme, aus denen sich die hochredenden Hochstämme nach und nach erneuen müssen, um nicht zu abgenutzten Spanischen Granden zu werden; sie sind für das gesammte Nationalleben recht bedeutsame Glieder. Die nur klassische Toiletten in den Schulen machen wollen, müssen dies und werden dies als einen Greuel im Heiligthum ansehen. Der Zweck des Unterrichtes soll aber auch das Nationale als ein Eigenthümliches erkennen lassen; die Sprache soll als eine eigenthümliche erkannt sein. Dies ist nur möglich durch Vergleich, und darum muß mindestens eine fremde Sprache grammatisch erlernt werden. Soll die deutsche Literatur als eine deutsche verstanden werden, dann ist Kenntniß einer fremden Literatur eben auch unerläßlich. Dies versteht sich so sehr von selbst, daß es keiner weitern Begründung bedarf. Wie breit nun auch hier der Begriff der Literatur gefaßt sein mag, so wird er doch alle Werke ausschließen müssen, welche irgend ein Gebiet des Geistes auf rein wissenschaftlichem Wege darstellen, und in die Fachwissenschaften gehören, weil die rein wissenschaftliche Form sie des Nationalen entkleidet hat. Aber der deutsche Geist — und das gehört ihm eigenthümlich an — nimmt leicht das Fremde auf und verschwistert es bald mit seinen ursprünglichen Vorstellungen, wodurch eine ganze Reihe von fremdartigen, in der Sprache und dem Sprachbewußtsein ursprünglich gar nicht mit gegebnen, Vorstellungen und Begriffen in den sonst auf dem Gebiete der Nationalliteratur sich bewegenden Producten heimisch geworden sind. Es würde demnach der größte und fast bedeutsamste Theil der eigentlich klassischen Literatur ganz unzugänglich bleiben, wenn nicht ein Unterricht über griechische und römische Mythologie und Kunst hinzutritt. Diese klassische Literatur hat so viele abstracte Vorstellungen als Verstand, Vernunft, Gefühl, Gemüth ꝛc. aufgenommen, daß ohne Erläuterung derselben ein Verständniß der schönsten poetischen wie prosaischen Sachen nicht möglich ist. Daher werden diese auch heute vom unserm gebildeten Volke, wie wir es hier vor uns haben, nicht gelesen, weßhalb noch ein Unterricht über empirische Psychologie oder sagen wir in derselben hinzukommen muß. Wenn der Deutsche nun einmal in seinen Dichtungen philosophirt und in seinem Philosophiren nicht selten auch dichtet, so gehört das zum Deutschen und soll vom gebildeten Deutschen gewußt werden.

Die zweite Seite der Aeußerung des Nationalen war die Staatsgeschichte, zu ihr gehört zunächst als Hülfswissenschaft die Geographie, und zu ihrem eigenen Verständniß Einiges aus der allgemeinen Weltgeschichte. Wenn sie aber zu dem Mittel werden soll, in das Nationalleben einzudringen und dasselbe als ein bewußtes zu erkennen, so gehört dazu nicht blos eine so genannte politische, welche als ein dünner Extract für die lange und breite Weltgeschichte oft nur eben die welthistorischen Thaten und Entwicklungsstuffen giebt, sondern eine Volksgeschichte, welche Städtewesen, Rechtsverfassung, Handel, häusliches und kirchliches Leben, Sitten- und Culturgeschichte in sich schließt. Eine Einführung in alle diese Zustände kann aber wahrhaft nur dadurch geschehen, daß sich die Schüler geistig in die Zeit hineinleben, und das ist wieder nur möglich, wenn dieselbe selbstredend und nicht erst durch den Mund des Lehrers zur Jugend sprechen kann, d. h. wenn der Schüler die nationalen Werke der verschiedenen Zeiten selber geistig durcharbeitet, und sich so eine möglichst unvermittelte Anschauung schafft. Eine einzige Schrift von Luther in seiner Sprache und Darstellungsform gelesen characterisirt ihn mehr und führt ihn dem Schüler näher, als lange Vorträge und dicke Bücher über Luther, denen der Hörer und Leser nur immer nachsprechen, deren Urtheil er aber nicht prüfen kann; ein einziges poetisches Product oder auch unpoetisches, klassisches oder unklassisches, aus der Zeit der Hohenstaufen, in der Sprache der Zeit gelesen, bietet dem Geiste eine viel individuellere Anschauung und so eine viel größere Gewähr für die Richtigkeit seiner Vorstellungen, als alle gelehrten oder geistreichen Abhandlungen und Vorträge darüber. Nur mit Hülfe der Kenntniß der Sprache in den bedeutsamsten Zeiten kann der Schüler in das Nationalleben eindringen, nur mit dieser ausgerüstet kann er sich aus dem Nationalleben als einem Realen selbstständig einen Gedanken herausarbeiten (§. 20.); aber auch nur durch ein solches Arbeiten in diesem Realen gewinnt er ein Intresse an dem nationalen Leben, und giebt seinem Wissen über das Nationale eine Befriedigung und Freudigkeit zum Weiterarbeiten. Nur das wird ja erst ein Vaterland, für welches wir gearbeitet, gekämpft, geblutet haben; nur das ist heimathliche Scholle, auf welche unsre Schweißtropfen fielen. So hat auch nur dasjenige Wissen erst für Geistesnahrung eine Bedeutung, in welchem der Geist irgend wie begonnen hat, sich selber eine Vorstellung und einen Gedanken zu erarbeiten, und eine durch seine Kraft und durch seinen Fleiß gereifte Frucht zu pflücken. So ist denn auch hier wieder eine historische Kenntniß der Muttersprache eine unerläßliche Forderung geworden, die nur aufgegeben werden kann, wenn man das Nationale in den höhern Bürgerschulen aufgiebt. Aber wie die Muttersprache nicht ohne gründliches Mitlernen einer fremden Sprache, so kann auch die Nationalgeschichte nicht als eine eigenthümliche ohne eine gründliche Kenntniß irgend einer fremden Nation gewußt werden, denn das Leben ist nur im Vergleich mit dem fremden ein eigenthümliches, es ist ja für das nicht reflectirende Subject ein Leben an sich. So wird also eine Spezialgeschichte irgend eines fremden Volkes nothwendig vorgetragen, oder wieder noch besser von dem Schüler erarbeitet werden müssen. Soll dies letztere möglich gedacht werden, so muß es die Geschichte des Volkes sein, dessen Sprache und Literatur man (§. 26.) zum Vergleiche lernen mußte.

Die dritte Seite der nationalen Entwicklung war Kunst und gewerbliche Production. Sollen Kunst und gewerbliche Producte als ein Zeugniß der Nationalentwicklung gelehrt werden, so gehört dazu vor Allem eine Anschauung dieser Dinge, also ein Kunstmuseum über deutsche Kunst und ein Antiquitäten-Cabinet. Kann man keine Originale haben, so muß man sich — und es kommt ja aufs Material nicht sondern auf die Form an — mit Abbildungen und Gypsabgüssen begnügen. Wie wenig ein Gymnasium, welches wirklich in den Geist, die Anschauungs- und Denkweise des Alterthums einführen will, solcherlei Hülfsmittel entbehren kann, so kann es noch viel weniger eine höhere Bürgerschule auf ihrem Unterrichtsfelde. Weniger Schwierigkeiten bietet, oder andrerseits wieder auch mehrere, die Anschauung von der Musik, denn man kann alte und neue Volkslieder, so weit deren Melodieen noch bekannt sind oder ermittelt werden können, durch das Singenlassen wieder vorführen. Mancher wird diese Forderungen an die höhere Bürgerschule leicht spaßhaft finden, wenngleich die Nothwendigkeit derselben nicht bestritten werden kann; aber diesen gegenüber kann man es doch auch eben so kläglich finden, daß unsre so genannten und recht in den Kreis der höhern Bürgerschule gehörigen Gebildeten des Volkes durch ganz Deutschland reisen können, ohne auch nur Etwas anderes als die besten Beaf-Steaks in den Gasthöfen vermerkt zu haben, es möchte denn einmal eine Mode aufgetaucht sein, die dies und das zu sehen nöthigt.

§. 27. Die Geschmacksbildung ist ein drittes und wesentliches Moment in der höhern Bürgerschule. In ihr verläßt die Schule den beschränkten nationalen Boden, wie im Religionsunterrichte, und tritt mehr hinaus auf den allgemein menschlichen. Sie würde sich hier mit dem Gymnasium begegnen, wenn sie nicht diese Bildung steigern müßte bis zum Willensmotiv. Die Unterrichtsmittel sind das Gebiet der ästhetischen Literatur und die Kunst. Die Schüler — das wäre das Ideal — sollen nicht über das Schöne ein Urtheil haben, sondern innerlich schön werden, darum müssen sie nicht über diese Sachen sondern in denselben Unterricht empfangen; aber nicht blos ein einseitiger Unterricht für irgend welchen Sinn sondern ein den thätigen Willen bestimmender Unterricht muß es sein. Daher gehört die Geschmacksbildung auch einem Theile nach zum Schulleben, und daher hier nur das, was dem Schulunterrichte zuzuweisen ist. Der Unterricht in der Literaturgeschichte d. h. hier der so genannten schönen Literatur wird sich entschieden auch auf das literarische Gebiet fremder Völker erstrecken müssen, wenn er nicht ein einseitiger werden soll. Wahrhaft fruchtbar ist er aber nur, wenn derselbe mit Kenntniß der fremden Sprache und im Lesen der Originale betrieben werden kann. Es bedarf das keiner weitern Begründung. Es folgt hieraus, daß die höhere Bürgerschule um der Geschmacksbildung willen so viele fremde Sprachen zu lehren hätte, als es bedeutsame Literaturen gäbe. Je mehr Sprachen bis zu der Vollendung gelernt wären, daß der Schüler sich damit ein Literatur-Product aufschließen könnte bis zum wirklichen Genusse — wozu nicht wenig gehört — desto vollendeter und erfolgreicher wäre der Unterricht. Für den hier genannten Zweck ist dann natürlich das Schönste und Beste auszuwählen, auch dem Schüler eben als solches vorzuführen, und die vollendetsten Stücke, bis zu deren Auffassung die Kraft der Schüler reicht, geben einen Maaßstab für die Geschmacksbildung. Wie man nun wiederum eine solche bewußte Erkenntniß des Schönen und Klassischen ohne den Gegensatz des Unklassischen erzielen könne, ist nicht wohl begreiflich. Mag es hier gelten, daß das Schönste noch immer gut genug sei; doch muß eben auch gewußt werden, daß das vorgelegte Literatur-Product zu dem Besten der Art gehört, und seine Schönheit muß erkannt sein.

Die Kunst ist ein zweites von Jedermann anerkanntes und

thatsächlich bewährtes Unterrichtsmittel für die Geschmacksbildung, welche daher auch in den Schulen als Unterrichtsgegenstand Eingang gefunden hat. Obwohl Niemand zweifelt, daß zur Geschmacksbildung die Künste das wesentlichste Mittel neben der schönen Literatur sind, und die Kenntniß jener ohne diese nur gar zu leicht sich in einem Vergnügen an tiefen Gedanken oder an so genannten geistreichen Auffassungen verliert, so muß dennoch, weil es gänzlich übersehen zu werden scheint, die auch noch anderweitige Bedeutung der Kunst für die höhern Bürgerschulen noch erst besonders in ihrer Wichtigkeit hervorgehoben werden. Zunächst reden wir von der Nachbildung, über welche hinaus die Schule sich nicht eben wird erheben können. 1) Sie nöthigt ein Gehörtes oder Gesehenes scharf aufzufassen, also ein vorliegendes Reales geistig sich vorzustellen und dann diese Vorstellung wieder realiter hinzustellen. So wird Schärfe der Auffassung geübt wie nicht leicht durch einen andern Gegenstand und zwar nicht an einem Gedanken sondern an einem Realen, welches eben ein Wesentliches in der höhern Bürgerschule ist. 2) Kein Unterrichtsgegenstand übt mehr Beharrlichkeit, Treue, Ausdauer, Sorgfalt im Kleinen, Sauberkeit als dieser; er redet immer durch sich selber zum Schüler, und bedarf es nur für den Schüler, der für solche Sprache aus Bequemlichkeit taub ist, noch des besondern mahnenden Wortes des Lehrers. 3) Jede Nachbildung ist als solche ein vollendetes Werk des Schülers und ein Zeugniß seiner Kraft und Geschicklichkeit, und gewährt ihm darum eine Freudigkeit an seinem Werke, welche zum weitern Thun so förderlich ist und zugleich als ein wesentliches Erstrebniß in der höhern Bürgerschule gelten muß. Mit diesem seinem Thun tritt der Schüler schon sogar wirksam für Andere hin, und das giebt demselben eine höhere Bedeutung als jede andre Thätigkeit auf dem geistigen Gebiete, welche immer auch dann noch, wenn auch nur Nachbildung verlangt wird, stümperhaft gegen das Muster erscheinen muß, während er im künstlerischen Nachbilden vollkommen die ihm vorgelegten Musterblätter oft erreichen und vielleicht sogar übertreffen kann. Diese für die höhere Bürgerschule so nothwendige Freude am Werke und am Thun wird noch wesentlich dadurch erhöht, daß jede solche Nachbildung ein in sich Abgeschloßnes und Ganzes — mag es in noch so beschränkter Sphäre sein — darstellt, welches nur in wenigen Unterrichtsgegenständen an wenigen Stellen noch wieder sich darbietet. 4) Nirgend kommt der Schüler eher zu einem freien, durch den Lehrer nicht mehr getragenen und getriebenen, Thun als in diesen

Nachbildungen. Es fühlt das der Schüler in dem jugendlichen Alter als ein ihn vollkommen befriedigendes Thun, wenn er beim Nachbilden auch nur stehen bleibt, und weil es ihn noch ganz befriedigt, so fühlt er sich in demselben in einer freien Thätigkeit, und das vollbrachte Werk nennt er das seine. Freies und selbstständiges Thun anzustreben ist aber in der höhern Bürgerschule ein wesentliches Erforderniß. Wenn nun noch die Unterrichtsleitung besonders dahin steuert, wie es eben sein muß, daß der Schüler z. B. im Gesange vom Blatte singt und im Zeichnen möglichst bald einen ihm vorgelegten Gegenstand selbstständig, sei es durch Perspective oder Projection oder auch durch freies Handzeichnen, entwirft, so ist in dieser Kunstübung eine freie Thätigkeit gewonnen, die so sehr im Sinne der höhern Bürgerschule ist, daß man nicht recht sieht, wie diese Schule ohne dies Mittel diesen wichtigen Zweck erreichen kann. Nur in der freien That stärkt sich der Wille. Doch wozu bedarf es noch der vielen Worte, da der factische Beweis vorliegt, daß die Gewerbeschulen ihre allgemeine höhere geistige Ausbildung fast allein durch ein künstlerisches Nachbilden im Zeichnen und Modelliren rc. erreichen, und zwar darum auch wirklich erreichen, weil die Kunst ein Reales durch die Form, also im engsten Anschluß an das Reale, vergeistigt oder zu einem Objecte für den Geist umgeschaffen hat, und so ein Wesentliches in der ächten Bürgerbildung ausmacht. Freilich brauchen nicht viele Leute zeichnen und musiciren zu können, aber die durch Nachzeichnen und Musiklernen gewonnene Bildung kann kein Bürger mehr entbehren. Die Kunst, das kommt nun noch hinzu, ist einer der großen Factoren der Volks- und Menschenbildung; für sie kein Intresse haben, heißt sich für das Bildungsmittel unzugänglich und so nach dieser Seite bildungsunfähig, sich für die höhern ja höchsten Lebensgenüsse unreif, und so der edelsten Freuden verlustig erklären. Ohne dieses Intresse kann aber keine Bildung eines höhern Bürgerstandes gedacht werden, denn dies ist auch ein Intresse für die höchsten Güter des menschlichen Lebens, die ihre materielle Pflege nur in dieser Theilnahme des begüterten gebildeten Bürgerstandes finden. Da ferner die Kunst schon einmal nach Brod gehen muß, so wird sogar der reine Geschmack der Bürger auch nur der reinen Kunst Brod geben und so auch noch im höhern Sinne der Entwicklung derselben förderlich sein. Dieses Intresse, diese innere Theilnahme an den Kunstwerken wird aber nur gewonnen durch eine thätliche Betheiligung an ihr und nicht durch Lobpreisen derselben, und so wenig Jemand Achtung vor den Wissenschaften haben kann, der nie einen Anfang im wissenschaftlichen Betreiben irgend welches Gegenstandes gemacht hat, so wenig wird auch Jemand das hier gemeinte Intresse an der Kunst haben, der nicht mindestens selbst versuchend die Schwierigkeiten erkannt hat, welche der Künstler zu überwinden hat. Nur durch solche Vorbildung gewinnt man die Befähigung, auch noch aus dem minder vollendeten Kunstwerke einen Genuß und Gewinn zu ziehen, was ein nicht zu übersehendes wesentliches Moment ist, da es der vollendeten Kunstwerke, welche freilich jeden unverdorbenen Menschen ansprechen, doch natürlich nur sehr wenige giebt und zwar noch viel weniger als man meint. Wären die vielen Kunstrichter heutiger Tage mit nur einiger, auf diesem Wege gewonnenen, Bildung ausgerüstet, so würden sie mehr sehen und weniger tadeln und mit ihrem Kritisiren nicht auch andern ehrlichen und offenen Augen den Blick trüben; sie würden durch die Kunst wirklich weiter gebildet und in ihrem Urtheilen gemilderter werden, statt daß sie heute an ihr nur schärfer urtheilen lernen, wozu die Kunst nicht da ist. Könnte nun die Schule ihre besten Zöglinge gar dahin bringen, daß sie an der Beschäftigung mit der Kunst ein Intresse gewonnen hätten, welches mit dem Austritte aus der Schule nicht sogleich erlösche, so wäre damit ein edelstes und schönstes Mittel zur Ausfüllung müßiger Stunden, zur Abwehr verführerischer und nicht selten niedriger Genüsse, zum Anbau der edelsten und reinsten Freuden und so die Möglichkeit einer reinigenden und veredelnden Beschäftigung für die geschäftsfreien Stunden, deren es in diesen Kreisen so viele giebt, angebaut.

Als Lehrgegenstände ergeben sich also aus diesen Betrachtungen: Schreiben als die erste Uebung im Nachbilden wird und muß in der höhern Bürgerschule eine Kunstübung sein, welche zuerst das Auge und den Sinn für Regelmäßigkeit, treue Nachbildung eines treu aufgenommenen Bildes, Sauberkeit, Accuratesse rc. weckt und die Hand zu solchen Nachbildungen befähigt. Mag das Schreiben in andern Schulen als ein reines Communicationsmittel gelten, in den höhern Bürgerschulen ist es eine Kunstübung, welche den Geschmack muß bilden helfen. Diese Uebung setzt das Zeichnen nun in einem höhern und erweiterten Sinne fort, welches sich nach obiger Andeutung trennt in freies Handzeichnen sowohl nach Vorlegeblättern als nach der Natur, und in Linearzeichnen, welches Perspective und Projection umfaßt. Alle einen sich im architectonischen Zeichnen. Tuschen und Malen, in welchen Farben und Tönen es auch sein möge, ist für die Aufgabe der höhern Bürgerschule ein ganz gleichgültiger Gegenstand. Kann die Schule zu einer höhern Stufe vorschreiten, so bietet sich ihr das Modelliren dar, und könnte sie es hierin auch nur zu einem irgend erträglichen Fortschritte bringen, so hätte sie in der Erreichung ihres Zieles einen sehr großen Schritt gethan. Dies ist aus dem Obigen für sich so klar, daß es einer weitern Begründung nicht mehr bedarf, denn diese Kunstbeschäftigung im Modelliren ist eine so vollendete Betheiligung am Realen, ein solches Wirken im Realen und mit dem Realen, und bedingt wieder eine solche sichere und genaue Auffassung des Realen bis ins Kleinste hinein, giebt hinterher eine solche Freude an dem Werke und ein so sprechendes Zeugniß für die sittliche Anstrengung im genauen Vollführen, daß schwerlich auch nur irgend welcher andere Unterrichtsgegenstand eine solche Bedeutung in der höhern Bürgerschule sich schaffen kann. Im Modelliren erreicht die höhere Bürgerschule einen Schritt zu ihrem Bildungsziele wie in keinem andern, nicht um des künftigen Geschäfts willen, sondern um der künstlerischen Productivität willen, die sich im Gewerbleben, welcher Art es auch sein möge, als Lebensfactor geltend machen soll. Doch man rufe sich das früher Gesagte nur ins Gedächtniß zurück, und halte die ganze Tendenz der Bürgerschule sich vor, so wird es keiner Worte weiter zum Nachweise der Nothwendigkeit dieses Unterrichtsgegenstandes bedürfen. Er giebt einen nicht unwesentlichen Theil fürs Schulleben. Bedarf es auch noch eines äußeren Beleges aus der Erfahrung her, so ist es der, daß viele Eltern ihre Kinder im Zeichnen privatim unterrichten lassen, ohne im Entferntesten nur an die Anwendung dieser Kunst in dem künftigen Geschäftsleben zu denken, und daß viele Knaben gerne zeichnen, und von da ab sehr gerne, wo sie sich zum Selbstausführen befähigt fühlen und wo ihnen die erste Zeichnung gelingt und die saubre Ausführung sie für Ausdauer und Anstrengung lohnt.

Die zweite Kunstübung ist die Musik. Da es gewichtige Stimmen giebt, welche keinen Grund für diese Kunstübung in einer höhern Bürgerschule auffinden können, so muß hier schon auf eine weitere Darlegung eingegangen werden. Was vorhin von der Bedeutung der Kunst im Allgemeinen für die Bildung der künftigen höhern bürgerlichen Stände gesagt ist, das gilt ja auch von der Musik, daher hier nur noch das ihr Eigenthümliche. Wer nie sein Ohr und seine Stimmorgane übte — man vergleiche das §. 31. Gesagte — der kann niemals seine Gedanken schön vortragen und darum nie denselben den Eingang verschaffen, den sie sonst haben würden. Nicht aber schreiben sollen die künftigen Bürger im Dienste des Gemeinsamen sondern sprechen, sie müssen ihre Gedanken im lebendigen Worte verlebendigen, das ist der heutige Fortschritt für sie, den die Zeit gemacht hat. Wer nicht sein Ohr geübt hat für Auffassung auch der feinern Ton-Nüanzirungen in einem rednerischen Vortrage, der kann nie die Gesinnung des Redners und so nie das Gewicht seiner Ueberzeugung würdigen, und bleibt somit oft unzugänglich. Ja man möchte sagen, zum Ohre dringt das bittende wie liebende Wort, durch das Ohr zittert die Stimmung des Herzens in das Herz des Mitmenschen, durch das Ohr wird der Schmerz wie die Freude vernommen, und das stumpfe Ohr geht achtungslos an den feinern Tönen des menschlichen Herzens vorüber; es vernimmt nur Schmerzenslaute und nicht mehr das Seufzen, beachtet nur Freudengeschrei und nicht mehr das stille Flüstern und Wispern der Freude. Das geübte Ohr lauscht dem Murmeln des Baches und dem Rieseln der Quelle und dem Plätschern der kleinen Wellen, die die sanften Ufer seines Lebensgartens küssen. Kurz der musikalische Mensch steht anders zur Menschheit anders zur Natur wie jeder Andre. Wie das durch Zeichnen geübte Auge aus dem Antlitze des Menschen lieset, ohne erst hören zu müssen, und aus der Natur und einer schönen Gegend sich Gedanken und Empfindungen erschaut, die das kalte Wort aus kleinen Buchstaben nur bruchstückweise wieder geben kann, so hört sich das geübte Ohr auch aus dem Seufzen der Menschen und aus der schallvollen lebendigen und todten Natur Seelenstimmungen, welche kein Denken, kein Wissen und kein Können schaffen kann. Solcher Erquickung wie Befähigung bedarf der Bürger, welcher im Lebensgeschäfte nicht von der Idee der Wissenschaft getragen wird, und der die höhere Lebensaufgabe am Menschen erfüllen und sie sich in dem Realen stellen soll; solche Erhebung des Gemüthes über das Niederbeugende und Bezwingende der Wirklichkeit muß er in ihr selbst als eine Befriedigung seiner höhern Natur finden, wenn er überhaupt zu einem befriedigenden Dasein gelangen will, wenn sein Geistesleben nicht mit dem seines Berufes in Widerspruch stehen soll. Musik ist ferner diejenige Kunst, welche dem Menschen überall entgegenklingt, deren Genuß sich zu schaffen er am öftesten Gelegenheit hat, welche als die heiterste Kunst auch alle Geselligkeitsformen durchdringen und durchklingen kann, ja zu der jede heitere Stimmung weckt, ruft, drängt, um gleichsam die Seelenlust wie auszuhauchen so auch zu verklären: die unverstandene Liebe spricht in Tönen, die erkannte im Gesange sich aus. Muß eine höhere Bürgerschule die ihr überwiesenen Stände für ein edles Genießen der geselligen Freuden (s. §. 19.) bilden, so giebt es keinen andern der Musik auch nur im entferntesten vergleichbaren Gegenstand, und wenn die Schulen jemals ihre tiefere Aufgabe erfaßt hätten, wie sie Luther schon auffäßte, sie würden der Musik eine ganz andre Stelle eingeräumt und eine viel größere Ausdehnung gestattet haben auf dem Lehrgebiete. Die Griechen wußten wohl, wie und womit ein fein gebildetes Volk zu erziehen sei, und müssen unsre höhere Bürgerschulen den höhern bürgerlichen Ständen das sein, was *) den Griechen ihre Schulen waren, so haben sie auch bei den Griechen zu lernen, was in sie als Lehr- und Unterrichtsmittel gehört. Die Musik gewährt außerdem, auch schon im kleinsten Kreise mit den kleinsten Mitteln und den schwächsten Kräften ausgeführt, einen so reinen und vollgültigen Genuß, daß wenn die höhern Bürgerschulen ihre Schuldigkeit auf diesem Gebiete thun werden, sich leicht unser ganzes geselliges Leben in andere edlere Formen kleiden wird. Man wird dann nicht blos über Musik reden, sondern man wird musiciren; nicht blos kunstrichten sondern kunstüben, nicht blos am Gedanken über Musik sondern an der Musik sich erfreuen. Wer es für einen Traum hält, der lasse sich in Thüringen und in Böhmen von der Musik aufwecken. Nicht blos die bezahlten Conzerte, die oft Ehren halber und damit man mitreden könne, besucht werden, sondern die selbst gespielten und gesungenen Sachen werden einen Maaßstab für Kunstsinn und Bildung darlegen. Die Musik und namentlich der Gesang ist ja auch ein Ausdruck der Nationalität und zwar ein sehr lauter und zugleich aus dem tiefsten Innern sprechender. Ohne Uebung dieser Kunst, in welcher der Ausübende sich unmittelbar und innigst wie in den Ausdruck so in die Empfindungswelt der Nationaläußerung versenkt, wird eine Seite der Nationalität gänzlich unaufgeschlossen bleiben. Die Volkslieder der eignen Nation müssen die Wiegenlieder der innersten Stimmungen sein, und sie werden nicht selten dem Herzen die rechte Stimmung geben. Dazu reicht das Singen von Gassenhauern und Bänkelliedern nicht aus. Der Gesang und die Musik sind ferner die Mittel, die Menschen an einander zu schließen, sie in einem Gedanken in einer Empfindung zu einen. Diese Kunst verwischt unter den mit-

*) S. Mager's „Deutsche Bürgerschule".

agirenden jedes Stand- und Rangverhältniß und treibt alle zur Vereinigung, ja drängt die Menschen aneinander. Sie ist Ruf zur Gemeinsamkeit, sie weckt, nährt, belebt den Sinn dafür und giebt ihm die freudige Spannung, welche als ein inneres beglückendes Seelenleben von jedem Einzelnen in solcher Gemeinschaft empfunden wird. Die Musik ist ein schönes himmelfarbenes Band, was die verschiedenartigsten Glieder der bürgerlichen Gesellschaft an einander fesselt. Sie giebt gemeinsames Streben ohne Geldintressen, freie Unterordnung und nothwendige Ueberordnung ohne Zwang und Gesetz, Aufgehen im Gemeinsamen ohne Klage über Nichtbeachtung, Hingabe an das Gemeinsame ohne die Empfindung der Unbedeutenheit, ein sich Verlieren im Gemeinsamen und doch in diesem Verlorensein das Gefühl der Kraft. Ohne Musik als Träger und als ein schönes Band der Gemeinsamkeit zu haben, kann und wird die höhere Bürgerschule nie Gemeinsinn pflegen können, denn nirgend wo muß sich der Einzelne mehr an das Ganze hingeben als in ihr, nirgend ist eine Unachtsamkeit, Ungenauigkeit, Ungefügigkeit, Eigenwilligkeit widernatürlicher; nirgend hört der Mensch so den Mißklang, den etwanige Eigenwilligkeit hervorbringt, als hier. Was in ihrem Zusammenwirken der Einzelne versieht, stört das Ganze, und er selber hört die Störung und den Mißlaut und die Disharmonie; wer im Zusammenspielen sich nicht an die jedesmalige gemeinsame Stimmung aller Mitwirkenden hingiebt, den weckt das Hören seines eignen Spiels durch den hervorgerufenen Contrast aus seiner isolirten Stimmung und Stellung zum Ganzen. Wer endlich jemals die Freude gesehen, welche Knaben am Zusammen-Singen und -Spielen haben, wer einmal in das andächtige Auge der pausirenden Tactzähler, in das emsig notenlesende des Anfängers, in das offene des Stimmführenden, in das freudige Antlitz aller Mitwirkenden geschaut, die glücklich ein lange und mühsam geübtes Tonstück zu Ende brachten, ohne dabei stecken zu bleiben, der wird, wenn er noch Etwas anderes als Buchstaben und Wörter zu lesen versteht, eingestehen, daß nirgend wo ein heitereres und mehr erheiterndes Thun zu finden ist und daß der Herr, der dem Menschen die Musik verlieh, ein freundlicher Herr war.

Es mußte hier schon einmal dem folgenden Theile, welcher das Schulleben erst darstellen soll, vorgegriffen werden, um hier die Musik als nothwendigen Lehrgegenstand der höhern Bürgerschule zu rechtfertigen, und zwar neben dem Gesange noch die Instrumentalmusik. Daß der heute so beliebte Klavierunterricht nicht gemeint sein kann, das versteht sich nach Obigem von selbst, denn dieses sich selbst genug seiende Instrument isolirt, vereinsamt den Menschen ins Haus und gehört für die Hausfrau; es hat die Geltung auch nur durch den Umstand finden können, daß sich jeder selber genug sein will. Man darf dreist behaupten, daß das Ueberwuchern dieses Instrumentes dem eigenthümlichen musikalischen Leben unter den Gebildeten des Volkes ein Ende gemacht hat, daß es den musikalischen Sinn wenig fördert, und da es nur mit Rouladen einen Effect hervorbringen kann, sogar schädlich auf Ueberreizung des Ohres und so zurück auf die Composition gewirkt hat. Diesem isolirenden Musiktreiben hat die höhere Bürgerschule entgegen zu wirken und die anderweitigen Instrumente, die nur im Zusammenspiel eine Wirkung hervorbringen, zur Anerkenntniß kommen zu lassen, und so wieder ein erhöhtes musikalisches Zusammenleben einzuleiten und möglich zu machen. Die höhere Bürgerschule hat die Factoren des Bürgerlebens anzubauen. Die Einwendungen gegen Unmöglichkeit der Ausführung haben oben schon ihre Erledigung gefunden; nur die, daß zur Kunstübung Talent gehöre, bedarf noch einer besondern Berücksichtigung. Wie eine Schule die Kunst nur üben kann und will, dazu gehört nicht Talent, sondern nur ein bildungsfähiges Auge und bildungsfähiges Ohr, und — darf hier einmal von Erfahrungen gesprochen werden — unter 900 Schülern fanden sich in einer Schule, in der nur Gesang allein das Ohr bildende Mittel war, nur 3 Schüler mit einem unbildsamen Gehöre, bei denen nicht einmal der Versuch gemacht werden konnte, ob nicht ernstere Anstrengung auch hier die scheinbar natürlichen Hindernisse überwunden haben sollte. So lange freilich die Schulen vom Gesangsunterrichte dispensiren, so lange wird es auch unter den Schülern viele geben, welche nicht singen und musiciren lernen können. Der in den höhern Bürgerschulen unbedingt geforderte Fortschritt in der Mathematik hat den Erfahrungssatz der Gymnasien, daß zur Mathematik eine besondere geistige Richtung gehöre, vollkommen widerlegt, und Niemand, welcher die Augen aufmacht, denkt heute noch daran. So wird es auch mit der Kunstübung in der höhern Bürgerschule stehen, wenn dieselbe nur erst zur rechten Geltung gekommen ist. Endlich noch zur Widerlegung mancher Bedenken die Erfahrung, daß die meisten Knaben der gebildeten Bürger Musikunterricht empfangen, und da sie im Hause unterrichtet werden müssen, so kann es leicht begreiflich nur auf dem Instrumente des Hauses geschehen.

§. 28. Keiner der bisher berührten Lehrgegenstände hat das Reale in seiner Reinheit oder man könnte sagen in seiner Ungeistigkeit vorgelegt, als nur die Zeichenkunst auf der Höhe, von welcher der Schüler durch Perspective, Projection, oder Naturzeichnen die Formen derselben auffaßt und in der Ebene wieder darlegt. Die anderweitigen Lehrgegenstände bringen den Stoff als einen geistig geprägten durch das Wort dem Schüler entgegen. Unter den bekannten Lehrgegenständen ist es nun allein die Naturwissenschaft, welche dem Schüler das noch auf keine Weise vergeistigte Object vorlegt oder doch vorlegen kann, und dann an den Geist den Anspruch und die Forderung stellt, dieses reale Object gleichsam zu vergeistigen und es aus dem Sinnengebiet heraus und in das Geistesgebiet hinauf zu ziehen, d. h. ein Reales geistig zu durchdringen. Je weniger nun irgend ein Lehrgegenstand dasselbe bieten kann, und je mehr die höhere Bürgerschule diese Bildungsbahn vor jeder andern anbauen muß, desto wichtiger wird dieser Unterrichtszweig. Weder practische Anwendbarkeit der etwa gewonnenen Kenntnisse fürs Geschäft, noch auch der sentimentale Gedanke von einer Erweckung der Liebe für die Natur — das ist Sache der Kunst — sind hier irgend ein Bestimmungsgrund, sondern lediglich der Umstand, daß in diesem Unterrichte ein unvergeistigtes Reale vom Schüler selber vergeistigt werden soll. Damit ist natürlich auch sogleich festgestellt, in welchem Sinne dieser Lehrgegenstand behandelt werden muß. Die Natur tritt zunächst als eine ruhende auf, die ihre Formen als Characteristiken des spezifischen Seins dem menschlichen Auge entgegenhält und es zum Beobachten lockt. Naturbeschreibung ist daher der erste Theil dieser Thätigkeit, welche die dargebotene Form zu einer in dem Worte und mit dem Worte wieder zu weckenden geistigen Vorstellung erhebt. Die Mannigfaltigkeit, Gleichheit und Verschiedenheit der Formen drängt zum Systeme, welches die geistige Umschlingung der Formen der Natur oder die eigentliche Erhebung der Natur zum denkenden Geiste ist. Die zweite Seite, welche die Natur darbietet, ist die Veränderung an ihr, welche entweder im organischen Lebensprozesse ihren Grund hat und so zur Biologie und Physiologie führt, oder die mit den Dingen vorgeht durch eine außer ihnen liegende, oder die in den Dingen vorgeht bei einer gegenseitigen Einwirkung durch eine ihnen selbst inwohnende Kraft. Es versteht sich, daß der Grund dieser Erscheinungen eben nur die vom Geiste gesetzte Ursache ist und Kraft genannt wird. Physik und Chemie sind diese beiden Zweige der Naturwissenschaft. Beide suchen die Natur zu begreifen, indem sie die durch den Geist gesetzten Kräfte als das Gesetz der Naturveränderungen aufweisen und so das Constructionsgesetz des Geistes und die Constructionen der Natur identifiziren. Dies Vereinheitlichen der Geistes- und der Natur-Construction ist das geistige Durchdringen, das Begreifen der Natur. In der mechanischen Physik werden solche Ereignisse, seien sie nun Naturerscheinungen ohne Hinzuthun oder Veranlassung des Menschen, oder künstliche, durch irgend welche Veranstaltungen in einem Experimente hervorgerufene, zum Begreifen vorgelegt, welche als von lauter allgemeinen und auf alle Körper auf gleiche Weise wirksamen Ursachen ausgegangen angesehen werden. Das Nachconstruiren dieser Erscheinungen aus den gesetzten Kräften geschieht durch die Mathematik, welche somit hier als die Sprache der Natur auftritt, zugleich die Naturveränderungen unter die Schlußformen des Verstandes setzt und somit gleichsam die Logik der Natur wird. In der chemischen Naturlehre sind diejenigen Veränderungen Gegenstand der geistigen Construction, welche als von den individuellen, in den einzelnen Körper-Species liegenden, Kräften gewirkt angesehen werden. Sie drängt den Geist in das innere Leben der Natur und wird zu einer Psychologie der Natur. Die Betreibung der Chemie setzt daher eine geübte Beobachtungsgabe und Auffassungskraft minder sichtbarer und innerlicher Veränderungen voraus. Sie entbehrt nun aber, wie bis jetzt auch noch die Psychologie, derjenigen bestimmten geistigen Constructionsgesetze, nach denen die Naturerscheinungen als nothwendige erkannt werden, und nur erst die anorganische Chemie ist bis zu einer solchen Entwicklung gekommen, daß der Geist den nothwendigen Erfolg eines eingeleiteten Prozesses vorher bestimmen kann. Dem gemäß würde auch nur dieser Theil der Chemie in den Unterricht gehören. Vielleicht könnte man sagen, daß man ja an dem einen Gegenstande, der mechanischen Naturlehre, vollkommen genug haben werde, und so die Chemie wegfallen könne. Darauf ist zunächst zu erwidern, daß eine höhere Bürgerschule dieses Betheiligen am Realen, das Herausdenken aus dem Realen, dies Begreifen des Realen rc. als eine ganz wesentliche Aufgabe ansehen muß, ja als eine so wesentliche, daß sie jeden Lehrgegenstand, welcher nur irgend eine Gelegenheit dazu bietet, mit Freuden ergreifen und in ihr Unterrichtsgebiet hineinziehen muß, ja daß dieses ihr innerstes Wesen sie drängt, ihrer ganzen Unterrichtsmethode, so weit es möglich ist, dieses Gepräge aufzudrücken (§. 20.). Da die Gewinnung der chemischen Gesetze und die Art der geistigen Construction aus ihnen her eine ganz andere ist als die im Gebiete der mechanischen Naturlehre, so bietet die Chemie ein unvertretnes Feld der geistigen Uebung dar und darf daher nicht fehlen. Wenn sie aber zu einer bloßen Beobachtung und Beschreibung der Erscheinungen herabsinkt — und in manchen Gebieten der organischen Chemie ist sie noch nicht weiter trotz aller Hypothesen und trotz der Menge der beobachteten Erscheinungen — dann entsteht allerdings die Frage, ob die in der Naturbeschreibung und in der Physik für vorgehende Veränderungen geübte Beobachtungskraft noch wesentlich gekräftigt werden würde durch Beobachtung der Vorgänge in den chemischen Wirkungen, zumal die Beobachtung solcher vereinzelten Wirkungen beim Unterrichte in der Physik angestellt werden kann, die nicht einmal gänzlich vermeidbar ist. Was der Chemie wie der Physik eine so wichtige Stelle einräumt ist nichts anders, als daß sie den Geist befähigen, die Naturerscheinungen geistig zu construiren. Das Beobachten kann auch an andern Erscheinungen, an Gewerbe- und Kunstproducten, und Lebensprozessen rc. geübt werden, es kann die beschreibende Naturlehre, wenn sie sich nicht zum geistigen Constructionsgesetze erhebt und zu erheben vermag, durch viele andere Lehrzweige auch ersetzt werden, wobei wir nur an Beschreibung von Gemälden oder Maschinen erinnern wollen. Ob aber irgend welche andere Erscheinungen, außer den in der Physik und Chemie dargebotenen, so weit geistig durchdrungen sind, daß sie dem Constructionsgesetze des Geistes sich beugen, das ist bis jetzt nicht zu bejahen, und darum können Physik und Chemie, und müssen sie als Hauptlehrgegenstände in der höhern Bürgerschule angesehen werden; aber sie haben auch nur in dieser Beziehung diese ihre Wichtigkeit. Alle und jede Erscheinung, wie schön sie sein mag, wie brillant, wie verwendbar fürs Leben rc. wenn sie nicht als ein Construct des Geistes kann angesehen und erfaßt werden, sondern welche wie ein Meteor am naturwissenschaftlichen Himmel nur die gaffende Jugend ergötzt, gehört nicht mehr in den Schulunterricht. Weil nun aber diese Gegenstände unvertretbar sind und eine so wichtige Stelle einnehmen, so muß auch die Constructionskraft des Geistes oder das Sprachmittel dieser Wissenschaften, die Mathematik, eine eben so wichtige Stellung gewinnen. Nicht die wissenschaftliche Seite derselben, um durch sie den Schüler für höhere wissenschaftliche Bestrebungen anzuleiten, giebt ihr die hohe Bedeutung, sondern der Umstand, daß sie die geistige Sprache ist, welche die wirkliche Natur spricht. Daraus folgt für sie, daß sie in ihrer ganzen Reinheit, in einem nur auf dem Denkprozesse ruhenden Entwicklungsgange, mit aller geistigen Schärfe, frei von jeder Vermischung mit irgend welchen Beobachtungen gelehrt werden muß. Denn Physik und Mathematik haben beide ihre Aufgabe nicht erfüllt, wenn sie nicht das Naturgesetz und das geistige Constructionsgesetz erst in ihrer Reinheit und gleichsam Unabhängigkeit aufgefaßt haben, um dann eben die Identität beider nachzuweisen. So haben wir denn in der höhern Bürgerschule hier gewonnen als Lehrgegenstände Naturgeschichte, Physik und Mathematik, Chemie und angewandte Mathematik zunächst als die Wissenschaft, welche nun eben die Einerleiheit der Natur und des Geistes in ihren Constructionen darlegt und die als Hypothesen gesetzten Ursachen der in der Natur vorgehenden Veränderungen zu Naturgesetzen erhebt, und so eben die Natur begreift. Die Hülfswissenschaft für die Mathematik ist der Rechenunterricht, der sie neben der Lehre von den Raumanschauungen auf den niedern Bildungsstufen der Schule vertritt. Das Ausrechnen irgend eines Exempels ist nur ein Decliniren und Conjugiren der Rechnungssprache, die Rechensprache selbst ist die im Wortausdruck gegebene Lösung des vorgelegten Exempels, und diese besteht darin, daß die im menschlichen Verkehre und in der Natur sich unter mannigfaltigen Vorstellungen darbietenden Verhältnisse in die Verknüpfungssprache der Rechenoperationen umgeprägt werden, wobei dann eben ein Reales gefaßt wird unter die geistigen Vorstellungsformen. Da diese geistige Auffassung realer Verhältnisse und deren Umprägung und dann weitere rein geistige Behandlung schon im frühern Knabenalter geschehen kann, so ist um dessentwillen der Rechenunterricht so wichtig in der höhern Bürgerschule, nicht aber darum, weil der künftige Kaufmann etwa in seinem Geschäfte viel rechnen muß. Damit ist aber auch wiederum hingedeutet auf Ziel und Zweck und Umfang. Nur die dem Schüler sachlich klaren, entweder von ihm selber angeschauten oder von ihm leicht durchschaubaren Lebens- und Sachverhältnisse gehören in den Rechenunterricht, und nur diese Rücksicht darf für ihn allein obwalten, oder man möchte denn die höhern Bürgerschulen als Geschäftsschulen ansehen wollen.

Dem Rechenunterricht parallel — wie wundersam das auch erscheinen möge — setzen wir die deutschen Aufsätze und Vorträge, sobald sie als eigne freie Darstellungen gefordert werden. Sie sollen ein Reales geistig aufzufassen, so das Reale zum Geiste zu erheben und es mit dem Geiste zu durchdringen nöthigen, sei es in Beschreibungen, Schilderungen oder in geordneten Betrachtungen oder Begründungen der begrifflich gefaßten Lebenserfahrungen. Wenn das Rechnen einfache, unter Maaß und Zahl faßbare Verhältnisse als sein reales Object hat, wenn die physikalische Mathematik die lebendige Naturkraft mit ihren Wirkungen auf die unlebendige Natur als Rechnungsgröße setzt, so soll im deutschen Aufsatze das viel complizirtere, nicht nach Maaß und Zahl zu bestimmende, vielmehr von geistigen Potenzen durchdrungene und bestimmte Lebensverhältniß begrifflich erfaßt und so aus dem Gebiete der reinen Anschauung zur Vorstellung und zum Begriffe erhoben werden. Auffallend kann nur erscheinen, die deutschen Aufsätze als einen eignen Unterrichtsgegenstand hier aufgeführt zu sehen, da sie sonst doch nur neben dem so genannten deutschen Unterrichte hergehen, wohl als übbar nicht aber als lehrbar, wohl als Zeugnißgeber der Bildung nicht aber als Bildner angesehen werden. Die Rechtfertigung dieses Unterrichtsgegenstandes, den man wohl nur darum an die deutschen Stunden — auch in den höhern Bürgerschulen — angeknüpft hat, weil man ihn meistens nur als ein Ueben in der Form und ein Ueben in der Entwicklung von Gedanken also im gymnasialen Sinne auffaßte, muß natürlich bis zum Abschnitte über die Methode verbleiben, doch darf hier schon zunächst darauf aufmerksam gemacht werden, daß die höhere Bürgerschule wohl viele und manche Lehrgegenstände haben möchte, die nicht lehrbar sind, sondern für welche sie nur Uebungen veranlassen kann; daß ferner die Zusammenstellung mit Rechnen und Mathematik und die Andeutung des Zweckes, dadurch ein reales Object geistig zu durchdringen, einen sichern Fingerzeig giebt, wie der hier beregte Unterrichtsgegenstand noch wesentlich andre Momente in sich hat als die deutschen Aufsätze über dieses und jenes Verstandene und Unverstandene, und daß er keinesweges der Gedankenspinnerei des unreifen Geistes einen Vorschub leisten, sondern diese vielmehr durch die Nöthigung zum Eingehen auf reale Zustände aufs entschiedenste bekämpfen soll. Es soll aber mit diesem Unterrichtsgegenstande eben so wenig ein altkluges Beurtheilen realer Zustände eingeleitet werden, sondern diesem auf das kräftigste eben dadurch entgegengewirkt werden, daß die treuste Aufnahme und Wiederdarstellung des Realen die Hauptsache bleibt und dadurch der Realität ihre wahre Geltung wird gegenüber der dialectischen und formalen Bildung. Wir haben keinen bessern Namen für diesen Gegenstand finden können als Erfahrungsunterricht, womit mindestens sein innerstes Wesen zum Unterschiede der sonst so genannten deutschen Aufsätze angedeutet sein wird, aber auch zugleich jedem Gedanken an Geschäftsbriefe und Geschäftsaufsätze und dergleichen Dinge begegnet wird. — Wie fruchtbar dieser Unterricht für die vorliegende Seite der höhern Bürgerschule gemacht werden könne, wie er gleichsam die erweiterte Stuffe des naturhistorischen und naturwissenschaftlichen Unterrichtes sei, wie er aber auch gewisse Bedingungen für das Schulleben setze, ohne die er nicht zur Vollendung kommen könne, und wie die höhere Bürgerschule ohne einen solchen Unterrichtszweig einen wesentlichen Theil ihrer Aufgabe nicht zu erfüllen vermöge: das Alles kann erst dann entschieden beantwortet werden, wenn er seinem ganzen Umfange nach vorliegt.

§. 29. Die vierte Seite der Aufgabe liegt in der Befähigung, einen Gedanken auf reale Verhältnisse richtig anzuwenden, ihn gleichsam in die Wirklichkeit hinein zu arbeiten. Dazu gehört ohne Zweifel ein anderes Schulleben als das bisher geführte rein geistige, es erfordert das eine Wirklichkeit auf dem Schulgebiete selber, eine Betheiligung am Realen. Diese Aufgabe kann also ihre Mittel hauptsächlich nur in dem ganz neu anzubauenden Schulleben finden, und könnte daher hier füglich übergangen werden, wenn nicht zu einem solchen Zwecke der Unterricht müßte die geistigen Mittel herbeischaffen. Da dieselben aber erst später hauptsächlich zur Sprache kommen können, so genügen hier Andeutungen, die zur Uebersicht des gesammten Unterrichtsfeldes aber auch nöthig sind. Es sind dahin zu rechnen die practische Mathematik, die aber nicht auf dem Papiere und nach Büchern sondern in der Wirklichkeit vom Schüler ausgeübt wird; ferner die Chemie, sofern sie dem Schüler Gelegenheit giebt, einen eignen Gedankengang selbstständig durch eine Reihe von Experimenten zu verfolgen; dann die Physik, falls sie so vom Schüler betrieben wird, daß er selbst untersuchend und versuchend einen Gedanken durch ein Experiment prüfen oder beweisen will. Daß diese Lehrgegenstände, wohin in gewissem Sinne auch noch das Zeichnen und namentlich das Modelliren gerechnet werden kann, zur Lösung dieser Aufgabe nicht ausreichen, das versteht sich von selbst; jedoch sind sie auch darum um so wichtiger. Ausdrücklich muß aber hiebei jeder Gedanke an irgend welche Geschäftsbefähigung zurückgewiesen werden. Es gilt nur diesen practischen Sinn zu beleben, und dazu muß eine Praxis vorhanden sein. Die papierne und gedachte Praxis macht erst recht unpractisch und muß als ein vortreffliches geistiges Abstumpfungsmittel für die Praxis angesehen werden.

Da die übrigen (§. 16.) Anforderungen an die Schule, wie Befähigung zum selbstständigen Urtheil nur einen Wegweiser für die Methode, die abgeschloßne Bildung einen Fingerzeig für die Abgrenzung der Lehrgegenstände, und Gemeinsinn, practischer Sinn, Treue im Kleinen, angeübte Sittlichkeit, erstarktes Wollen nur die Andeutungen für die Gestaltung des Schullebens bieten, nicht aber durch irgend welche besondere Lehrgegenstände erfüllt werden können, so möge hier eine Zusammenstellung aller bisher aufgefundener Unterrichtsgegenstände gegeben sein. Es sind: Religion, Nationalgeschichte und die Spezialgeschichte eines andern Volkes, Geographie, Muttersprache, eine fremde Sprache, Nationalliteratur und die eines fremden Volkes, Schreiben, Zeichnen, Modelliren, Musik, National-Cultur, und die klassische Literatur so vieler Völker als irgend erreichbar; Rechnen, Mathematik, angewandte und practische Mathematik, Naturgeschichte, Physik, Chemie und Erfahrungsunterricht. Man übersieht aus dieser Menge leichtlich, daß eine Sichtung vorzunehmen ist, und daß nicht minder die Abgrenzung der einzelnen Gegenstände sich als nothwendig aufdringt. —

II. Abschnitt.

Abwägung und Begrenzung der Lehrgegenstände.

§. 30. Wenn für eine Schule der Lehrstoff bestimmt werden soll, so sind folgende vier Umstände zu berücksichtigen: der Zweck der Schule, die Schulzeit, die dem reinen Lehrgebiete überwiesene Kraft der Jugend und die Fruchtbarkeit der Lehrgegenstände. Ohne Berücksichtigung dieser bestimmenden Verhältnisse wird man sich vielleicht ein schönes Gebiet der Möglichkeit zusammenstellen, aber dabei nur eine Schule auf dem Papiere haben, welche nie verwirklicht werden kann. Der Meinung aber, daß auch hiebei noch das Publicum mit zu reden habe, muß entschieden widersprochen werden, denn dieses kann nicht die Wirkung des Lehrstoffes wie der Methode beurtheilen. Solches Mitsprechen im Lehrgebiete kann ihm nur im Bereiche der Geschäftsschulen zugestanden werden. Wo das Publicum und wie weit es eine wichtige und überwiegende Stimme hat und haben kann, das ist im ersten Theile dargelegt, wo auch diese Stimme zu ihrem vollen Rechte gelangt ist. Es ist aber in Beziehung auf die vier bestimmenden Umstände noch zu bemerken, daß der Zweck der Schule, wenn er erreichbar sein soll, auch einen Einfluß auf die Schulzeit haben muß, daß aber bis heute noch diese letztere eine sehr unbestimmte ist. Die bei weitem größere Zahl der Schüler tritt mit dem 16ten Jahre aus der Schule schon ins Leben, und das zum Theil aus Lernüberdruß, zum Theil gezwungen durch die drei- und vierjährige Lehrzeit im künftigen Geschäfte, alle aber darum, weil sie aus dem bürgerlichen Leben keinen Grund finden zum weitern Schulbesuche, ja weil sogar die künftigen Prinzipale eine so hoch gesteigerte Bildung, wie sie die heutigen höhern Bürgerschulen anstreben, scheuen. Nur Luxus, welcher zu manchen äußern Gütern auch das einer erweiterten Schulbildung hinzufügen will, oder das Talent, welches in kurzer Zeit die Schule durchmacht und so ein unbeabsichtigtes Ziel erreicht, und bisweilen Unentschlossenheit des Knaben über den künftigen Geschäftsberuf hält einige Schüler bis zur Grenze der heutigen höhern Bürgerschulen. Die für den Beamtenstand bestimmten und so gefesselten Schüler müssen ja von der Zählung ausgeschlossen werden. Nur einige zur Landwirthschaft übergehende Schüler suchen wirklich die Schule ganz durchzumachen. Es muß also alles Ernstes die Frage gestellt werden, ob nun die Schule nach der größern Menge oder nach den wenigen bleibenden Schülern bemessen werden soll. Ohne Zweifel muß aber die letztere Frage bejaht werden, denn wohin sollen sich diejenigen wenden, welche in der That eine erweiterte Bildung suchen und nicht von Hause aus in ein Gymnasium eingetreten sind? Die Hoffnung, daß es bei den künftigen Geschlechtern schon um die höhere Bürgerschule besser als heute stehen werde, kann nach den vorliegenden Erfahrungen nicht getheilt werden; es möchte denn eine Aufklärung des Publicums über Ziel und Zweck und eine angemessenere Organisation als die heutige auf einen ausgedehntern Schulbesuch wirken, worüber jedoch hier nicht mit Bestimmtheit entschieden werden kann. In Beziehung auf die dem Lerngebiete überwiesene Kraft ist zu bemerken, daß dieselbe durch das in den Schulen anzubauende Schulleben (§. 21.) bedeutend geschmälert werden wird. Aus diesen Betrachtungen, zusammen gehalten mit der Tendenz der höhern Bürgerschule, ergeben sich für die Abwägung der Lehrgegenstände und deren Begrenzung folgende Bestimmungen:

1) Man wähle diejenigen Lehrgegenstände und aus denselben —

unbekümmert um Vollständigkeit oder Ueberblicke — diejenigen Theile aus, welche am sichersten zu dem der Schule vorliegenden Ziele führen; 2) diejenigen, welche mit dem möglichst geringen Material fürs Gedächtniß die geistige Kraft zu üben Gelegenheit bieten; 3) diejenigen, welche noch innerhalb der Schule so weit und in dem Sinne betrieben werden können, daß sie noch während der Schuljahre als ein Formales dazu verwandt werden können, ein Reales geistig zu durchdringen, also zu einer abgeschloßnen Bildung führen, und nicht erst eine inhaltliche Erfüllung von der Zukunft erwarten; 4) diejenigen sind vor andern zu bevorzugen, welche am ersten zu einer freien, selbstständigen, vom Lehrer unabhängigen Beschäftigung und so zur Bethätigung wie Uebung eines freien Wollens, und damit zur Verwendung auf dem Felde des Schullebens und so zum Anbau und zur Uebung eines practischen Sinnes führen. Andere minder wichtige Entscheidungsgründe für die Wahl wie für Begrenzung des Stoffes werden sich im Laufe der Betrachtung ergeben.

§. 31. Die erste Untersuchung wird das Sprachgebiet umfassen müssen, weil einerseits nur eine und andrerseits so viele fremde Sprachen als möglich gefordert oder doch wünschenswerth werden; aber auch nicht minder darum, weil über diesen Lehrgegenstand der meiste Zwiespalt herrscht. Da jeder technische Zweck vollkommen Nebensache ist, vielmehr das Lernen der fremden Sprache nur als Mittel zu einem höhern Ziele — der Nationalbildung und der Geschmacksbildung — anzusehen ist (§. 26.), so kann die Untersuchung auch nicht anders zur Entscheidung kommen, als wenn sie den Sprachunterricht als eine Förderung dieses letzten und höchsten Zieles betrachtet. Ohne nun die schon im Vorigen (§. 30.) aufgezählten Entscheidungsgründe hier nochmals aufzuführen, werden aus dem Zwecke, den der Unterricht in fremden Sprachen hat, sich noch besondere Grundzüge für die Wahl ergeben. Es verdient die Sprache den Vorzug, welche 1) die schönsten und vollendetsten Literatur-Producte aufzuweisen hat und die der ausgeprägtesten Nationalität angehört; 2) welche den Schüler am sichersten befähigt und am meisten übt, sich vom Worte und von der Wortverbindung aus den Gedanken eines Andern aufzuschließen und so ihn als ein Reales durch die Form gleichsam für seinen eignen Geist zu gewinnen; 3) welche den Geist am meisten übt, auf Sprachformen und Sprachwendungen zu achten; 4) welche die Möglichkeit bei der beschränkten Schulzeit gewährt, zu den feinern und feinsten Schattirungen in dem Ausdrucke vorzudringen, um eben dadurch für die

Auffassung der feinern Wendungen in der Muttersprache befähigt zu werden; 5) welche es möglich werden läßt, durch Betreiben der Sprache zugleich die Literatur eines fremden Volkes zum Vergleiche mit der nationalen zur Anschauung zu bringen; 6) welche die Möglichkeit gewährt, sich durch das Lernen und Betreiben der Sprache Alles dasjenige aus dem nationalen Leben des fremden Volkes zu gewinnen, dessen Erkenntniß nothwendig wird für eine bewußte Erkenntniß der Nationalität. Um aber die beregte Untersuchung zu irgend welchem Ergebniß führen zu können, muß sorgfältig geschieden werden, was dem Sprachunterrichte als solchem angehört, wobei die Sprache das reale Object ist, welches erkannt werden soll, und was durch die Sprache als eine bereits gelernte und somit schon angewandte gewonnen werden möchte. Die Vermengung dieser beiden wesentlich geschiedenen Theile im Sprachunterrichte hat den Sprachstunden in den Schulen zu mancherlei Andichtungen verholfen, und Behauptungen über die Bedeutung und den Erfolg und die Frucht dieses Unterrichtsmittels hervorgerufen, über die man beim Anhören einer Sprachstunde erstaunen muß. Ein Grundirrthum dieser Art muß hier entschieden bekämpft werden, welcher sich auch bei den vorsichtigern und schärfer sondernden didactischen Schriftstellern noch öfters findet. Er besteht in der öfters freilich nur stillschweigend gemachten Voraussetzung, als ob ein Schüler mit dem gelernten fremden Worte auch die fremde Vorstellung, welche nun eben mit diesem Worte verbunden werden soll, oder gar das reale, der Vorstellung zu Grunde liegende, Object in der geistigen Anschauung habe, also als ob mit dem beginnenden Lernen der fremden Sprache der Geist auch schon mit neuen oder besonders geprägten Vorstellungen bereichert würde. An dem fremden Worte sieht das Kind die Buchstaben, hört an ihm die Laute, prägt sich beides mit Auge und Ohr ein, merkt sich das entsprechende deutsche Wort und hat nun ein fremdes W o r t gelernt. Eine Bereicherung des Geistes an neuen Vorstellungen ist nur durch die erlernte Sprache möglich und besteht darin, daß durch die Einzelvorstellungen, welche durch das Einzelwort zum Bewußtsein gebracht werden, eine Combination im Geiste veranlaßt wird, welche Combination dann eben die neue oder umgebildete Vorstellung ist. Wesentlich anders steht es mit dem Lernen der Muttersprache, wobei im Kinde in der That immer das Wort und die Anschauung des realen Objects zugleich gegenwärtig ist, und diese ursprüngliche Identifizirung zugleich beim Hören neuer Wörter den kindlichen Geist instinctartig nöthigt, dem

Worte eine Vorstellung unterzulegen, während das fremde Wort sein Substrat gleichsam in den Lauten hat. Daher kann eine Bereicherung des Geistes an Vorstellungen nur durch die Muttersprache oder durch die auf gleiche Weise wie diese erlernte oder durch die schon gelernte fremde Sprache gedacht werden. Beobachtende Didactiker haben den fremden Sprachunterricht, der hienach schon in seinen ersten Anfängen nur formal bildend wirkt, durch Bilderunterricht unterstützen wollen, um so den Geist, sich mit dem Worte la table das Object selbst vorzustellen, zu veranlassen und zu nöthigen. Doch der abgebildete Gegenstand heißt dem Kinde der Tisch, und das Wort der Tisch heißt ihm im Französischen la table. So wenig der Anfang eben so wenig wirkt der Fortgang des Sprachunterrichts auf Bereicherung des Geistes, denn der Sprachunterricht als solcher hat es nur mit der Form zu thun, in welcher der Gedanke und die Vorstellung oder deren Verknüpfung auftritt, oder die Sprache wird wieder wie eine gelernte gebraucht. Schwerlich rechnet man doch zum Sprachunterrichte heute die Untersuchung darüber, ob Cicero's Paradoxa begründet oder nicht begründet, ob seine Vorstellung von Freundschaft nicht den höchsten Egoismus enthalte, oder ob Ségur's Geschichte die Thatsachen überall richtig dargestellt habe rc. Die Thätigkeit des Sprachunterrichtes ist und bleibt nur die, aus der Form her den in der Sprache niedergelegten Gedanken zu enthüllen und ihn in der Muttersprache sich auszusprechen; und zwar geschieht das nicht, um nun eben einen solchen Gedanken als Schatz gegraben zu haben zur Betrachtung und Aufbewahrung, sondern um die Form der Darstellung erkannt oder gewonnen oder als Schlüssel benutzt und so den Gebrauch geübt zu haben. Nicht auf gelesene Gedanken sondern auf gelesene Ausdrucksformen geht der Sprachunterricht zurück, sein Inhalt ist und bleibt die Erkenntniß der Form, und sein Können das Handhaben der Form. Daher auch der Gedanke, als befähige man durch Sprachenlernen den Menschen zum freien Sprechen noch anderweitig als durch die erworbne Herrschaft über die Form, ein leerer Traum ist; wodurch auch die so gangbare Vorstellung, als böten die durch den Gebrauch und von Bonnen gelernten Sprachen dem Geiste auch nur irgend welches Bildungsmoment dar, ihre vollkommene Widerlegung findet. Gedanken zum freien Sprechen zu erwerben und frei sprechen können unterscheidet sich gerade so wie Geld erwerben und anständig Geld verwalten können. Jenes erfordert ganz andere Uebungen und Unterrichtsmittel als das Sprachenlernen, und diese Uebungen sind bisher in unsern Schulen so wenig als eigenthümliche anerkannt, daß man sie dem Leben überlassen zu müssen vermeint hat. Weil das Ergebniß des heutigen Unterrichtes nur lauter Verwalter fremder Gedankengüter aufweist und es als eine abgesonderte Seltenheit angesehen werden muß, wenn ein Schüler nach einem eignen Gedankenerwerbe ringt, so hat man beliebt, das sich Gedankenmachen über schon gemachte Gedanken auch eine geistige Bildung mit einem geistigen Besitze zu nennen, während diese Fähigkeit eben auch keine andere als eine rein formale ist, welche denn freilich durch den Sprachunterricht und vornehmlich durch diesen gewonnen wird. Von selbst und ohne Erinnerung versteht es sich, daß die Sonderung dessen, was der Sprachunterricht und der Unterricht durch die Sprache bietet, also die Sonderung dessen, worin die Sprache Zweck und worin sie blos Mittel ist, auch auf den Unterricht in der Muttersprache die vollkommenste Anwendung findet.

Nach diesen Erörterungen werden auch zwei wesentlich verschiedene Stufen des Sprachunterrichtes hervortreten müssen. Die erste hat die Sprache und Sprachform im weitesten Sinne des Wortes zum realen Objecte und erfaßt diese wie ein rein naturhistorisches Product von seiner äußern Gestaltung her; die zweite dagegen hat zwar auch noch diese Form als ihren wesentlichen Mittelpunct, aber bedingt durch das Zusammenhalten von Form und Inhalt eben diesen Inhalt als gegeben oder gewonnen. Wir möchten wohl die erste Stufe den reinen und die zweite den gemischten Sprachunterricht der Kürze halber benennen.

§. 32. Der reine Sprachunterricht übt zunächst das Auge und das Ohr und giebt den Sprachorganen eine um so größere Beweglichkeit und Nachbildungsfähigkeit gehörter Laute und Lautbestimmungen, je fremdartiger die Klänge und Lautverbindungen sind. Dies wesentlich musikalische oder doch akustische Moment muß nebenbei gesagt (s. §. 27.) in der höhern Bürgerschule sehr hoch angeschlagen werden, und kann bei vielseitigerm und sorgfältigerm Bildungsgange im Verein mit andern derartigen Uebungen als Vorlesen, Declamation rc. eine Seite des Musikunterrichtes vertreten. Wie das Ohr so wird auch das Auge beim Lesen solcher fremden Wörter geübt. Beim Hören und Lesen der Muttersprache genügt dem Ohre bald der allgemeine Schall — daher die Wortverstümmlungen, Abkürzungen rc. in der Volkssprache — und die oberflächliche Ansicht des Wortes und Rathen aus diesem oberflächlichen Wahrnehmen tritt an die Stelle des scharfen Sehens und

Hörens. Diese Uebungen erstrecken sich durch das ganze Gebiet der Formlehre und Wortformation. Je reicher also eine Sprache an Formen ist und je eigenthümlicher dieselben sind, desto vortrefflicher ist sie für den Unterricht, denn sie giebt dadurch eine Befähigung im Beobachten des Kleinen und Feinen, welche für jeden Unterrichtsgegenstand unentbehrlich ist. Diese Uebung setzt sich fort, wenn der Unterricht beim Satze anlangt. Dieser hat vom rein grammatischen Standpuncte aus betrachtet, bestimmte Gesetze, nach denen er die Abhängigkeit der in ihm dargelegten Einzelvorstellungen verbindet, und diese Abhängigkeit ist zunächst durch die Form ausgedrückt. Die Formen sind die Zeiger am Zifferblatte des Satzes, mit denen der Geist sein Fortschreiten von Vorstellung zu Vorstellung äußerlich ausdrückt und so ein inneres gesetzmäßiges Getriebe ahnen läßt. Aus der Form her soll nun diese Abhängigkeit erkannt und so der Satz aufgeschlossen werden. Eine kleine Veränderung in den Formen giebt einen wesentlich anderen Sinn, und diese kleinen Veränderungen nicht zu übersehen und zu überhören und von da aus sich der verschiedenen Abhängigkeit der Vorstellungen zu vergewissern, das ist die vortreffliche und durch Nichts zu ersetzende Uebung für Auge und Ohr. Je reicher nun die Sprache an Formen ist, und je bestimmter sie in denselben die Abhängigkeit ausgeprägt hat, je sicherer diese ihre Satzzeiger sind, ein desto vortrefflicheres Unterrichtsmittel ist sie. Zugleich aber tritt an dieser Stelle nun eine zweite und geistigere Uebung ein, nemlich das Wahrnehmen des logischen Verhältnisses der Einzelvorstellungen, welches eben durch die Formen ausgedrückt ist. Es wird der construirende Schüler in diejenige Thätigkeit des Geistes gebracht, welche die Bildung des Satzes bewerkstelligt, und je sichrer die Sprachformen den Constructionsgang andeuten, desto besser die Sprache für den Unterricht. Das Uebersetzen aus der fremden in die Muttersprache ist nun, so lange in beiden dasselbe Abhängigkeitsgesetz herrscht, eine Uebung in der geistigen Werkstatt, wo die Formen für einen gegebnen Gedanken geprägt werden, und darum freilich eine formale, aber dennoch eine so wichtige, daß nicht leicht eine andere ihr zu vergleichen sein dürfte, denn durch sie allein lernt der Schüler, sich im Satze die sonst nur mehr gefühlte und vielleicht geahnte aber nicht erkannte Abhängigkeit der Einzelvorstellungen zum deutlichen Bewußtsein zu bringen. Hier wird wieder der Formenreichthum der fremden Sprache für die Wahl entscheiden. Wenn aber der Unterricht zu Sätzen fortschreitet, in denen die Muttersprache anders als die fremde construirt, so tritt damit die Uebung ein, welche für die Erreichung der Sprachgewandtheit die fruchtbarste ist, und wirklich auch zur Sprachgewandtheit führt. Eine ganz einfache Umwandlung von adjuvo te und adjuvaris in: ich helfe dir und dir wird geholfen, bedingt schon ein ganz sicheres und deutliches Auffassen des Abhängigkeits-Verhältnisses in der einen und der andern Sprache, übt in der Handhabung der verschiedenen Sprachformen und Ausdrucksweisen eines und desselben Gedankens, und giebt somit eine Fertigkeit, natürlich wenn sie in den verschiedenartigsten Weisen vorkommt, in der Handhabung der Redeweisen. Solches Construiren und Umformen der Sätze kann freilich auch in der Muttersprache vorgenommen werden; aber zunächst geht die erste Hauptübung, den Satz zu bilden, verloren, weil der Satz schon gegeben sein muß, der umgeformt werden soll, also als ein fertiger immer schon dem Schüler vorliegt, während beim Uebersetzen aus der fremden Sprache diese erste Satzbildung hinzutritt; dann ist dem Schüler die Nothwendigkeit solchen Construirens oder gar Satzumformens ganz und gar nicht nachzuweisen oder nur begreiflich zu machen, weßhalb er es dann unwillig, ungern, ohne innere Betheiligung und mechanisch und darum für die eigentliche geistige Uebung fruchtlos macht. Liegt eine recht fremdartige Sprache zum Erlernen vor, so bedingt diese Aufgabe die hier gedachten Geistesthätigkeiten ganz von selbst, und kann ohne dieselben der Schüler auch nicht einen Schritt vorwärts thun. Am fruchtbarsten werden diese für die Muttersprache durch das Uebersetzen in die fremde, denn dann muß der Schüler vorher mit ihr die nöthigen Umformungen vornehmen, er kann ohne solche die richtige Form der fremden Sprache sich nur ertappen. Die nächst höhere oder erweitertere Stufe des Sprachunterrichtes ist der zusammengesetzte Satz, welcher Gegenstand der Betrachtung wird und auch der Uebung. Conjunctionen und Modus sind nun die neuen Sprachformen, an denen das Abhängigkeits-Verhältniß der Einzelgedanken, welche in den einzelnen Sätzen niedergelegt sind, erkannt wird, wobei natürlich viel großartigere Umwandlungen als in denen des einfachen Satzes vorkommen, und somit auch großartigere Uebungen und Erfolge für die Handhabung der Muttersprache erzielt werden können und sich mit Nothwendigkeit aufdrängen. Mit diesen Uebungen läßt der Unterricht den jugendlichen Geist einen Blick in diejenigen Gesetze thun, und diese in den Verknüpfungsformen ahnend schauen, nach welchen der Geist Grund und Folge, Möglichkeit, Wirklichkeit, Nothwendigkeit 2c. 2c. auffaßt und wiedergiebt, und bringt dem Schüler die Kategorieen zum Bewußtsein, welche jedes andere wissenschaftliche Treiben und Erkennen organisiren. Für die Sprachbildung wie auch historische Anschauung dieser Kategorieen wird demnach die von der Muttersprache verschiedenartigste fremde Sprache den fruchtreichsten Unterricht bieten.

§. 33. In dem gemischten Sprachunterrichte gilt es nun die Sprachform mit dem Inhalte zu vergleichen. Er tritt ein, wenn an den Schüler die Forderung gestellt wird, das Gepräge der einen Sprache in das der andern umzuwandeln, oder sich frei in der andern mit seinen Gedanken zu bewegen. Als hauptsächliche Seiten dieses Unterrichtsfeldes treten auf: 1) die Vorstellung mit dem richtigen Wort in der fremden Sprache, 2) die Gedankenverbindung in der richtigen Construction, 3) die Metaphern und Bilder in den entsprechenden Metaphern und Bildern der fremden Sprache wieder zu geben. Jede dieser Unterrichtsseiten bedingt eigenthümliche geistige Uebungen und macht gewisse Voraussetzungen. Soll z. B. für das Wort ratio der richtige deutsche Ausdruck gesetzt werden, so muß aus der Wort- und Gedankenverbindung deutlich erkannt sein, welche Vorstellung mit diesem Worte in dieser bestimmten Verbindung geweckt werden soll; aber es muß auch die Begriffs-Sphäre des Wortes ratio dem Uebersetzenden klar und deutlich sein, damit ihn nicht die Verbindung bestimme, das Wort ratio Dinge aussagen zu lassen, die es nicht aussagen kann. Diese Begriffs-Sphäre des Wortes, welche in Lexicis zum Nothbehelf durch allerlei Bedeutungen umschrieben wird, und von denen dann der Schüler eine passende — es dauert schon lange, ehe er nur nach einer passenden zu suchen sich innerlich gedrungen fühlt — auswählt, muß vom Schüler durch viele Lectüre, d. h. durch Anwendung der Sprache als einer gelernten, durch Erklärungen, welche vorkommenden Falles in dem Schüler die jedesmal richtige Vorstellung wecken, durch Etymologie, welche der Grundbedeutung des Wortes und zugleich seiner Geschichte nachspürt, und endlich durch möglichst genaue Anschauung der mit dem Worte bezeichneten Sach- oder Gedankenverhältnisse gewonnen werden. So muß für viele technische Wörter und prägnante Bezeichnungen das Leben, die Sitte, die Geschichte, der Cultus, das Recht, die Verfassung, ethische Ansicht 2c. dem Schüler klar geworden sein, um die Begriffs-Sphäre eines bestimmten Wortes wirklich bestimmt vor sich zu haben. Ein zweites Beispiel möge eine andere geistige Thätigkeit, welche hier eintritt, verdeutlichen. Soll der einfache Satz: Hoffnung trügt, richtig übersetzt werden in die lateinische Sprache, so muß erwogen werden, ob die Vorstellung in dem Worte Hoffnung die eines reinen Subjects ist, welches seine Thätigkeit im Trügen hat, oder ob in der Thätigkeit des Hoffens das Trügende liegt. Ist diese Voruntersuchung, die nicht immer und nur selten durch rein sprachliche Kenntnisse zu Ende gebracht werden kann, gemacht, dann tritt die Frage ein, wie die fremde Sprache einen solchen Begriff wiedergeben muß. Man sieht so eine doppelte Untersuchung, welche eine scharfe Unterscheidung der einzelnen verwandten Vorstellungen und der dieselben bezeichnenden Wörter bedingt. Diese Untersuchung, welche Synonymik, logisches Verhältniß, Definitionen ꝛc. der einzelnen Vorstellungen in sich faßt, ohne doch diese geistigen Thätigkeiten und Uebungen als gesonderte zu bedingen, führt zu scharfer Begriffsbestimmung, somit zu deutlichen Vorstellungen von dem, was in jedem besondern Falle mit dem Worte gesagt sein soll, und giebt so nach und nach eben die Befähigung, einen vorliegenden gegebnen Gedanken bestimmt aufzufassen, wie auch die eignen Gedanken bestimmt zu prägen. Alle diese tief greifenden Uebungen werden durch die einfache Forderung, ein Exerzitium zu machen, veranlaßt, als nothwendig erkannt, und das Resultat aller dieser Thätigkeiten liegt in dem angefertigten Exerzitium ganz einfach und erkennbar vor. Wollte man solche Uebungen in und an der Muttersprache vornehmen, so wird nur der schon an eine derartige geistige Thätigkeit gewöhnte Schüler daran eine Freude und Befriedigung finden, und willig daran gehen, nicht aber der jugendliche Geist, der erst nach und nach angeleitet werden soll, sich die Befähigung zur sichern Auffassung eines vorgelegten Gedankens zu erwerben. Was ihm beim Anfertigen eines Exerzitiums als eine nothwendige Thätigkeit einleuchtet, die Begriffe zu sondern und gegenseitig abzuwägen und genau in jedem Falle zu umgrenzen und sie in ihrem innersten Wesen sich klar vorzustellen mit Abstreifung der etwanigen zufälligen Nebenziehungen, das erscheint ihm in der Muttersprache als eine fruchtlose, dem Geiste nichts eintragende, willkührlich hingestellte und so ihn nur plagende Schulforderung. Viel großartiger noch werden die Uebungen an der zweiten Seite des gemischten Sprachunterrichtes. Nicht mehr blos das richtige Wort sondern auch die richtige Gedankenverbindung soll gewählt werden in der fremden Sprache, Perioden sollen umgebaut, ein anderes Satzverhältniß construirt und somit eine anderweitige Gedankenbeziehung gedacht werden. Wenn dies nicht eine, nach einigen grammatischen Regeln der syntaxis ornata gethane, ganz nichts sagende Forderung beim Unterrichte in den fremden Sprachen ist, dann setzt sie eine reiche Lectüre, ein Eingegangensein in die Gedankenkreise des betreffenden fremden Volkes, ein öftermaliges und wiederholtes Wandeln in demselben und eine jedesmalige scharfe Auffassung der gegebnen Gedanken und ihrer logischen Beziehung rc. voraus. Wenn, dies Alles zu geben, nicht mehr Sache des reinen Sprachunterrichtes ist, so kann es auch wiederum durch keinen andern Unterricht als durch die erlernte fremde Sprache gegeben werden. Die Frucht für diejenige intellectuelle Befähigung, welche auch die höhere Bürgerschule nicht entbehren kann, ist zu einleuchtend und auch zu oft nachgewiesen, als daß es noch eines Wortes darüber bedarf. Die dritte Seite endlich war nun noch die, die Vorstellungen, wie sie die Muttersprache vorlegt, in diejenigen der fremden Sprache umzuprägen, so daß der Fremde aus dem Munde des Deutschen seine eigne Muttersprache zu vernehmen meinen soll; daß also durch Bild, Metapher, Vergleich, Redewendung rc. ein vollkommenes Eingegangensein in die Vorstellungswelt des fremden Volkes beurkundet wird. Diese letzte und höchste Forderung wird die höchste Phrasenjagd und das geisttödtendste Lernen von Latinismen und Gallizismen rc., wenn sie nicht die Frucht der genausten Nationalkenntniß des fremden Volkes ist. Bis in die ursprüngliche Anschauungsweise desselben muß sich der hineingedacht und hineingelebt haben, der ächt in der fremden Sprache reden und schreiben will. Volks- und Sittengeschichte, Religion und Cultus jeglicher Art, Kunst- und Gewerbeleben, Rechts- und Naturanschauungen rc. müssen hiezu erkannt sein, mit einem Worte es muß die Nationalität des fremden Volkes dem aufgeschlossen und zu bewußter Erkenntniß vorliegen, der in diesem Sinne eine fremde Sprache will gebrauchen können. Auf dieser Höhe des Unterrichts aber wird dieser gemischte Sprachunterricht das einzige Mittel, sich eine bewußte Erkenntniß einer Nationalität zu erwerben, und dadurch wird er das einzige Mittel, die eigene Nationalität eben als eine eigene zu erkennen. Jeder Schritt zu diesem Gipfel des Unterrichtes in der fremden Sprache ist ein Schritt in die Tiefe der eignen Nationalität, jeder klare Blick in dieser Höhe ist ein Blick in die Tiefen des eignen nationalen Seins. Kann diese Höhe nicht vollkommen erreicht werden, so muß sie annähernd erstrebt werden, und kann sie auch das nicht, dann kann auch nicht von einer National-Erkenntniß die Rede sein, sondern diese wird dann ein Gerede bleiben. Hier ist die Grenze dieses Unterrichtsgegenstandes. —

§. 34. Diese ganze Darlegung dessen, was man durch Betreiben der fremden Sprache für die Bildung gewinne, setzt aber einen grammatischen Unterricht von einem wissenschaftlich gebildeten Manne voraus, zu welchem nicht der Umgang allein sondern ein Studium des fremden Geisteslebens befähigt hat. Nur wer selber den Weg gewandelt ist, den die Jugend geführt werden soll, kann Führer auf demseben sein. Je mehr man nun aber von Seiten des Publicums für die höhere Bürgerschule technische Lehrer gesucht und empfohlen hat zur Erlernung der neuern Sprachen, um so weniger darf hier das Bildungsmoment ununtersucht bleiben, was durch die mehr practische Erlernung der Sprache gewonnen werden wird. Unbezweifelt geht diese Empfehlung nur von dem Wunsche aus, den Schüler sobald als möglich in den Besitz der Sprache zu bringen und namentlich ihm zum vornehmlich mündlichen Gebrauche zu verhelfen. Kraft und Zeit zu ersparen thut nirgend mehr als in den Schulen noth, und so wäre dies Mittel schon in Erwägung zu ziehen; doch dies Kraftersparen läßt eben auch Nichts erreichen an Bildung. Alle §. 32. und §. 33. gedachten Uebungen und Geistesarbeiten fallen weg bei diesem Unterrichte durch den Gebrauch für den Gebrauch, und damit eben alle und jede Frucht für den höhern Zweck der höhern Bürgerschule. Dieses Sprachelernen durch Bonnen und Maitres, durch Umgang und viel Plappern ruft vielleicht die Thätigkeit hervor für's Hören nnd Nachbilden, wie sie beim Lernen der Muttersprache für das hörende und Laute nachbildende Kind Statt hatte, schärft also möglicher Weise das Ohr und übt die Sprachorgane und macht sie biegsamer, schafft für die Vorstellungen verschiedene Benennungen, Brod und du pain, giebt für eine Gedankenverknüpfung verschiedene, durch nichts vermittelte sondern rein angelernte, Wendungen; damit ist aber auch der ganze Umfang der Bildung ausgesprochen, den solches Sprachenlernen gewährt. Man meine nun aber auch ja nicht, daß eine so ex usu gelernte Sprache hernach grammatisch erleuchtet, und so aus ihr — da das anatomische Material dann vorläge — um so schneller und vielleicht eine noch wohl gar reifere Frucht für höhere Zwecke gewonnen werden könnte. Der Geist verhält sich dann zu ihr ähnlich wie zur Muttersprache, womit denn auch nach frühern Andeutungen (§. 32. und 33.) die Widerlegung dieser Meinung ausgesprochen ist. Die geistige Befähigung, wenn man Erfahrungsbelege will gelten lassen, der so genannten literarisch Gebildeten, ihre scharfen Begriffsbestimmungen, ihr schärferes Auffassen, ihr sicheres Verstehen eines vorgelegten Gedankens, ihr klares Darlegen der eignen Gedankenwelt, ihre Bestimmtheit im Ausdrucke selbst für die gewöhnlichsten Lebensverhältnisse, durch welche sie sich überall gleich vor Andern kenntlich machen, ihre Fähigkeit, auf den Gedankengang und in die Vorstellungswelt eines Andern einzugehen, das Alles wurzelt in ihrer empfangenen grammatisch philologischen Schulbildung, die sie vom Lernen der fremden Sprache auf dem grammatischen Wege mitbrachten. Leute, gebildete, viel gereiste und viel erfahrene Männer haben oft vielerlei Sprachen gelernt; aber der Besitz der vielen Sprachen hat sie weder an Vorstellungen bereichert, noch auch ihre Eindringlichkeit des Geistes, oder Begriffsschärfe oder auch nur Sprachgewandtheit in der Muttersprache gemehrt. Sie hören und lesen das fremde Wort mit derselben Oberflächlichkeit, womit sie das Mutterwort vernehmen, und begnügen sich in beiden Fällen mit einem ohngefähren Verstehen des Gehörten und Gelesenen. Schiene es nicht, als sollte hier aus Vorliebe für eine Ansicht zu viel behauptet werden, so möchte die Erfahrung sogar in diesem Lernen von vielerlei Sprachen für den Gebrauch eine Verflachung des Geistes aufweisen. Wenn daneben solche vielsprachigen Menschen gewandt erscheinen, und umsichtig und umgänglich, leicht zugänglich und leicht auf andere Gedankengebiete eingehend ꝛc., so verdanken sie das nicht dem Lernen der Sprachen sondern den bildenden Kräften, welche jedes Reisen enthält und darbietet. Damit soll nicht geleugnet werden, als ob nicht der Besitz von vielerlei Sprachkenntnissen ein schöner und wünschenswerther Schatz wäre, durch den man sich im Umgange mit Fremden viele und mancherlei Geistesgüter erhandeln kann; auch soll nicht bestritten werden, daß für manche Geschäftskreise der den höhern Bürgerschulen überwiesenen Stände eine rein practische Kenntniß der fremden Sprachen eine wünschenswerthe Mitgabe ist; aber zunächst ist dieser Verkehr mit Fremden nur wenigen beschieden und wieviel zur fruchtbaren Benutzung desselben an Sprachkenntnissen erforderlich ist, das soll und kann auch der grammatische Unterrichtsgung bieten. Dann aber halte man immer nur recht fest, daß die höhern Bürgerschulen keine Geschäftsschulen sind, und daß die Anwendung der fremden Sprachen auch selbst in den Kreisen, für welche sie beansprucht zu werden pflegt, nur in geringem Umfange oder in so bestimmt eng gezogenen und speziellen Beziehungen Statt hat, daß die Schule gar nicht darauf im Besondern eingehen kann. Dies bestätigt die ganz entschiedene Erfahrung, daß z. B. der Kaufmannsstand für seine Lehrlinge gar nicht eine solche Vorbildung in den fremden Sprachen verlangt, wie sie heute schon die höhern Bürgerschulen gewähren. Doch zurück zu unserer Aufgabe. Ganz anders steht es mit diesem so genannten practischen Unterrichte in der fremden Sprache, wenn bereits vom Schüler eine andere auf dem grammatischen Wege erlernt ist und zwar so erlernt, daß er sie gleichsam nur lernte, um tiefer in seine eigne Muttersprache einzudringen, sie also mit dieser stets in Beziehung setzte, und fortdauernd vergleichend zu Werke ging. Wer so die Frucht des Sprachunterrichtes gepflückt hat, der wird jede neue Sprache, auf welchem Wege er sie nun auch bekommen möge, nun mit demselben Auge entgegennehmen, sie auch immer mit seiner Muttersprache oder gar der schon gelernten Sprache unwillkührlich vergleichen, und so aus freiem innern Antriebe eine Reihe von geistigen Thätigkeiten vollführen, welche er beim Erlernen der ersten Sprache gezwungen und unter steter Hülfeleistung des Lehrers vornahm. Man könnte sagen, je sprachlich gebildeter ein Geist an eine neue Sprache herantritt, je intensiver, gründlicher und Geist übender der vorangegangene Sprachunterricht war, desto gleichgültiger ist die Methode für die neue Sprache, desto erwünschter die, welche am schnellsten zum Ziele führt, desto übender die, welche der eignen Thätigkeit den größten Sporn und Spielraum bietet. Freilich setzt dies voraus, daß auch wirklich schon eine grammatische Erkenntniß einer fremden Sprache bis zu einem nicht ganz unbedeutenden Ziele gewonnen sei.

Somit wäre hier mindestens schon ein Scheideweg gefunden in Betreff der einen und der vielen fremden Sprachen, welche für die höhere Bürgerschule in Anspruch genommen wurden (§. 26. und §. 27.). Die eine, grammatisch zu erlernende — die bestimmte Methode bleibt einer spätern Betrachtung vorbehalten — soll ihre höchste Aufgabe darin lösen, den Geist für scharfe Begriffsbestimmungen und scharfe Auffassungen zu befähigen, so seine Erkenntnißkraft stählen, ihn in die Erkenntniß der Muttersprache einführen, ihn in der sichern und gewandten Handhabung derselben üben und für ein bewußtes Schauen des Nationalen reifen. Die vielen andern Sprachen sollen, auf dem möglichst kürzesten Wege erlernt, ihm zur Beschäftigung mit der classischen Literatur der fremden Völker auf dem ästhetischen Gebiete verhelfen, und in dieser Befähigung ihre letzte Aufgabe und höchstes Ziel finden. Zugleich aber ist angedeutet, wie diesen verschiedenen Anforderungen in der Anordnung des Unterrichtsganges genügt werden muß.

§. 35. Der Unterricht in der Muttersprache ist in neuern Zeiten so oft und so vielseitig besprochen, daß hier ein näheres Eingehen auf denselben leicht überflüssig scheinen könnte, wenn nicht eben das Widersprechende der Stimmführer lautes Zeugniß dafür ablegte, daß man gerade auch hier oft den Unterricht in der Sprache und über sie mit dem verwechselt hätte, was man durch sie als Mittel lehre. Mußte schon bei den fremden Sprachen der reine und gemischte Unterricht geschieden werden, um nicht zu Andichtungen zu gelangen, so ist es hier noch mehr nöthig. Um nicht die auf dem Felde der Didactik bereits geführten Untersuchungen hier nochmals durchzumachen, mögen hier ganz allgemeine Andeutungen genügen. Die Muttersprache grammatisch lehren wollen, wie wenn sie eine fremde wäre, ist als unthunlich und widersinnig zurückgewiesen; sie zu rein logischen Uebungen zu gebrauchen, heißt den Unterricht auf ein fremdartiges, dem Sprachunterrichte nicht zugehöriges Feld versetzen; an ihr die Uebungen zur Erreichung der Sprachgewandtheit, schärfere Begriffsbestimmungen und Definitionen zu machen, führt eine Unterrichtsweise in die Schule, an welcher die Schüler keine Freude haben, die für sie zu schwer ist und darum wenig Frucht bringt, und eine geistige Ermüdung statt Erfrischung gewährt, sie von der Sprache als solcher mehr ab als in sie hinein führt; durch einen grammatischen Unterricht in der Muttersprache den Schüler befähigen wollen zu einem genauern und intensivern Lesen, zu einem schärfern und bestimmtern Auffassen des Gelesenen, zu einem präziseren Wiedergeben des Aufgenommenen und selbst Gedachten, das beruht auf einem theoretischen Irrthume, welcher die anderweitig her genommene, und auf diesem Gebiete sich fruchtbar beweisende Kraft auch hier gewinnen und üben zu können vermeint. Wenn ein Schüler einen Satz nicht versteht, so liegt der Grund davon viel seltener darin, daß er die in dem Satze ausgeprägte Abhängigkeit der Einzelvorstellungen nicht erkennt, als viel öfter darin, daß ihm im Satze die Einzelvorstellungen oder in der Periode der Einzelgedanke nicht klar und anschaulich und seinem Inhalte nach gegenwärtig ist, und noch öfter darin, daß der Geist nicht gewöhnt oder nicht angeleitet und gekräftigt ist, sich eben immer den Inhalt des Gehörten und Gelesenen vorzustellen, welche Gewöhnung und Kräftigung aber nicht durch einen grammatischen Unterricht in der Muttersprache sondern durch den in einer fremden erreicht wird. Der Fälle, in denen allerdings das grammatische Aufschließen eines Satzes zum Verständniß hilft, sind so wenige, und die für die Lectüre der Kinder gewählten Stücke schränken noch diese Fälle so sehr ein, daß diese unmöglich den mühsamen Gang durch eine Grammatik rechtfertigen und in den Augen der Schüler nothwendig erscheinen lassen. Das Construiren eines deutschen Satzes, das Umwandeln desselben in irgend welche andere Form, das Ueben der Declinationen und Conjugationen &c. &c. das befriedigt das Kind nur so lange, als es irgend noch an einem ersten besten Können eine Freude findet, und das dauert erfahrungsmäßig nicht gar lange. Wenn nun oben (§. 26.) aber ausdrücklich eine grammatische Erkenntniß der Muttersprache verlangt wurde, so steht das hier Gesagte nicht damit im Widerspruch; nur soll nicht diese das Mittel sein, an dem man Grammatik lernt, sondern der Gegenstand, an dem man seine grammatische Kenntniß und Einsicht prüft und bewährt. Die fremde Sprache ist das Lernmittel, die Muttersprache ist das reale Object, an welchem sich die Einsicht geltend machen soll. Soll aber der Unterricht in der Muttersprache eine wesentliche Stelle unter den Bildungsmitteln einnehmen, dann muß derselbe anders als in diesen vorhin gedachten Beziehungen gehandhabt werden. Die Muttersprache muß als eine gewußte und damit als ein Mittel gehandhabt werden. Das gerade, was der Unterricht in der fremden Spache als den Ausgangspunct hat, das wird hier der Anfangspunct. Die Gewöhnung und Uebung, mit dem Worte die richtige Vorstellung, und im Satze wie in der Periode die Form mit dem Inhalte als übereinstimmend und beides in der Seele gegenwärtig zu haben, das ist hier Aufgabe des Unterrichtes. Nicht die Umwandlung von Form in Form, wohl aber die inhaltliche Unterscheidung der verschiedenen Ausdrucksformen, und die Erfüllung der anderweitig her mit gebrachten oder beim Unterrichte in fremden Sprachen eingeübten Formen mit dem entsprechenden Inhalte, und der Vergleich der sprachrichtig gegebnen Gedankenbeziehungen mit den in der Wirklichkeit vorhandenen Beziehungen des Gedachten, das ist hier Aufgabe. Das Concrete und die der Vorstellung oder den Begriffen zu Grunde liegenden realen Substrate und deren Beziehungen machen den Regulator des Sprachunterrichtes. Die Erörterungen über Form und Inhalt bieten den grammatischen Stoff; ihre Congruenz schauen und erkennen lassen, gewährt die grammatischen Exerzitien, wobei es natürlich nicht ohne wirklich rein grammatische Erörterungen abgehen kann, für welche dann die fremden Sprachen die Begriffe dargeboten haben müssen. Gelernt wird daher hier nur durch Anwenden der Sprache auf gegebne reale Verhältnisse, oder durch Aufsuchen der in der Sprache niedergelegten Verhältnisse. Einen Schüler in seiner Muttersprache üben und ihn zu einem freien und einem sichern und präzisen Gebrauche derselben anleiten, kann daher nicht anders geschehen als dadurch, daß man demselben viel Reales zur Auffassung und Darstellung bietet, und andrerseits, daß man das Dargestellte bis auf die Grundanschauungen verfolgt. — Wenn man wiederum diese als nothwendig gefühlte Unterrichtsweise den fremden Sprachen zugewiesen hat, und die Veranschaulichungsmethode in einem halb klaren Bewußtsein über ihr Ziel ein Gleiches anstrebt, so hat man das Rechte an einer falschen Stelle gewollt. — So führt denn der Unterricht in der Muttersprache auf das Gebiet des Erfahrungsunterrichtes (§. 28.). Je reichere Erfahrungen dem Schüler für seine Darstellungen geboten werden können, je bessere Gelegenheit ihm zur genauen Anschauung und zum Verstehen aller Verhältnisse geboten wird, je mehr er gesichert wird, keine der wesentlichen Beziehungen der geschauten und erfahrenen Zustände übersehen zu können, je näher ihm diese Erfahrungen innerlich und äußerlich gelegt werden, je größer für ihn und dringlicher die Nothwendigkeit des Beachtens dieser Erfahrungen wird, je mannigfaltigere Felder die Schule anbauen, je mehr sie selber über Richtigkeit und Unrichtigkeit der Beobachtung urtheilen und entscheiden kann, zu desto fruchtbarern und erfolgreichern Uebungen in der Muttersprache kann sie gelangen, zu einem desto freiern Gebrauche wird sie führen. Aber desto sichrer wird es ihr dann auch gelingen, aus einem vorgelegten Literaturproducte auf den concreten Inhalt mit den Schülern zurück zu gehen, und so den Gesichtskreis derselben auch dahin nach und nach zu erweitern, wohin die Anschauung nicht mehr reicht, d. h. sie wird auf diesem Wege und nur auf diesem allein dahin gelangen, daß der Schüler sich dereinst aus seiner Nationalliteratur noch Etwas mehr schöpfen könne als den rein ästhetischen Genuß. So und nicht anders kann eine höhere Bürgerschule ihre Zöglinge zu der erfahrungsmäßigen Ueberzeugung bringen, daß die Sprache jeder Zeit wie ein Ausdruck so das Product der jedesmaligen Bildungshöhe des Volkes sei. Wenn das andere Schulen auf andern Wegen auch erlangen, so gehört das nicht hieher. Aus dieser Ueberzeugung her, die mindestens jeder wissenschaftlich Gebildete theilt, giebt es dann auch noch eine Seite des Sprachunterrichtes in der

Muttersprache zu erfüllen, nemlich die Einführung in das Nationale, so weit es sich sprachlich geoffenbart hat. Weil man sich aber in den Schulen gar sehr des Herkommens rühmt, und alle Sprachen nur wie todte lehrt, und auch das practische Lernen der neuern so genannten lebenden Sprachen noch nichts anders ist, als das Lernen einer todten, so kann man nicht oder will nicht begreifen, wie das Lebendige nur in seinem Zeitwechsel als ein Lebendiges erkannt wird. Der ruhende, abgeschloßne, vollkommen begrenzte Kristall ist ein todter Gegenstand, so auch die in ihrer Abgeschlossenheit erlernte Sprache. In der höhern Bürgerschule (§. 26.) muß die Muttersprache um des Nationalen willen wieder zu einer lebendigen durch ihre historische Erkenntniß werden. Jene haben, was das heutige Sprachbewußtsein noch aufweist, heißt eben einen todten Vocabelschatz vor sich haben. Lebendig ist die Sprache dem, der eine neue geistige Vorstellung im Geiste der Sprache bezeichnen kann. Dazu muß er aber wissen, was die Wörter ursprünglich bedeutet haben, denn sonst kann er ohne Mißgriffe und lächerliches Deutscheln nicht den, vielleicht heute eingeengten, Gebrauch eines Wortes für seine Vorstellung sich auch nun erweitern lassen; er muß wissen, was wesentliche und unwesentliche, und ursprüngliche und nur zufällig hinzugetretne Bedeutung des Wortes ist; muß des Wortes Leben wissen, wenn er es als ein lebendiges gebrauchen will. Ohne diese Kenntniß kann Niemand vom freien Gebrauche seiner Muttersprache reden. Kann Niemand ein lateinisches Exerzitium auch nur das kleinste lateinisch machen, ohne die Grundbedeutung der einzelnen Wörter zu kennen — und doch will man auch nur das zur Zeit Cicero's im Sprachbewußtsein Vorhandene kennen lehren —; ist dieses Zugeständniß ein so allgemeines, daß man im kleinsten Lexicon dem Schüler die ursprüngliche Bedeutung des Wortes mitgiebt und sie ihn auch mitlernen läßt: so begreift man in der That nicht recht, wie man von einem Unterricht für einen freien und dem Sprachgeiste angemessenen Gebrauch der Muttersprache, die eben eine lebendige ist, reden kann, ohne an die Grundbedeutungen auch nur zu denken. Wenn es sich freilich nur um Wiedergeben der alltäglichen, von der Zeit gebornen und durchgekneteten und ausgetretnen Gedanken handelt — worin freilich das meiste Reden und Schreiben besteht — wenn die altklassische Verrenkung der Glieder unsrer Mutter eine Zierde ist, und die Brocken von Lateinisch und Griechisch und Englisch nicht als kläglicher Nothbehelf mangelnder Sprachbildung sondern als ein Modeputz hoher moderner Kultur angesehen werden; wenn das allmählige Absterben unserer Sprachformen als der Lebensprozeß in der Sprachentwicklung angesehen wird, und die Sprachtrümmer in einer logisch dialectischen Grammatik wie stattliche Physiognomien eines Sprachbewußtseins gelten sollen; wenn das Aufsuchen der recht bezeichnenden die Grundanschauung darlegenden Worte eines Dichters als Dichtererklärungen gelten und solcher Fund zu einem „oh quam bene" begeistert; wenn Armuth für Reichthum und Tod als Leben gilt: dann freilich bedarf es der Wacherhaltung des Sprachbewußtseins durch einen historischen Sprachunterricht nicht. Es kann dieser nach dem Vorigen unmöglich noch so verstanden werden, als sollte durch altdeutsche Grammatik und Lectüre und Schrifterklärung ein Unterricht eingeführt werden, welcher wie der in fremden Sprachen zu Umwandlungen und Exerzitien ꝛc. führte und entweder nur die mit jenen Sprachen erreichte Uebung an der deutschen wiederholte oder sie gar überflüssig machte. Es soll der Schüler vielmehr eine in den fremden Sprachen gewonnene grammatische Bildung an diesen Unterricht mitbringen und nach möglichst rascher Aneignung der Formen in die Begriffswelt der alten Sprache hinein steigen und so in die Gedankenwelt der Vorzeit eintreten. Decliniren und Conjugiren lernt der Schüler hauptsächlich nur darum, um sich den Schlüssel zum Verständniß zu schaffen, mehr aber noch zu dem Zwecke, um zu wissen, woher die vereinzelten Wortformationen des heute noch üblichen Sprachgebrauches stammen; Vocabeln lernt er, um die Wortstämme in ihrer ursprünglichen Bedeutung zu gewinnen, um so wieder das im heutigen Sprachgebrauche losgerissene, vereinzelt stehende Wort an seinen Stamm knüpfen zu können, und so ihm aus diesem her gleichsam neuen Lebenssaft einzuhauchen, und andrerseits um so die Trümmer zu einen, welche die Zeit unkenntlich gemacht und zerstreut hat. Er liest die geistigen Producte der Vorzeit — wir haben hier nur den rein sprachlichen Gesichtspunct, da der andere schon oben §. 26 erörtert ist. — um durch eigene Anschauung den Fluß der Sprache zu erkennen, wie sie bald die Begriffssphäre eines Wortes verengt, bald erweitert, bald sinnliche und metaphorische Bedeutung trennt und auf die eine Seite beschränkt, bald eine Nebenbeziehung zur Hauptsache macht ꝛc. Dies Erfassen des lebendigen Stromes der Sprache nöthigt den Geist zur größten Schärfe bei dem Lesen, zwingt ihn zur Wahrnehmung ganz kleiner Schattirungen, übt ihn in der Unterscheidung der wesentlichen Bedeutung und der Nebenbeziehungen, zeigt ihm das Vergeistigen der sinnlichen Anschauungen, lockt den Geist zu Thätigkeiten, welche nur in der höchsten Stufe des Unterrichtes in der fremden Sprache erzielt werden können, schärft Beobachtungs- und Scheidungsgabe und, was vor allem die Hauptsache ist, senkt ihn so in die innerste Werkstatt des nationalen Geistes. Wer so dem Entwicklungsgange der Sprache auf dem hier angegebnen Felde — man nennt es zu enge das etymologische — nach allen hier angedeuteten Beziehungen folgt, der geht dem Entwicklungsgange der geistigen National-Cultur nach, und durchlebt ihn gleichsam mit. Jeder andere Weg führt um die Nationalität herum und giebt nur eine Anschauung von Außen her und läßt nur die Außenseite wahrnehmen. Uebersetzungen sind ja nur klägliche Aushülfemittel, um den historischen oder anderweitigen Inhalt eines Literatur-Productes zu gewinnen, denn der noch schielende, zweideutige, viel umfassende oder enge Ausdruck hat heute nun einen bestimmten, ausgeprägten Sinn; das Plastische des Wortes ist heute nicht mehr an ihm das Wesentliche; Nebenbeziehungen hangen heute an ihm, welche jene Zeit noch gar nicht kannte, und darum, weil das heutige Wort beinahe das bezeichnet, was ehemals in ihm lag, so bekommt man durch Uebersetzungen auch beinahe eine Vorstellung der ehemaligen Zeit in ihrer Rede- und Denkweise. Sprachproben und Pröbchen, um damit eine literarhistorische oder grammatische Wahrheit zu belegen, oder gar, um die in der Literaturgeschichte vorkommenden Namen doch nicht als ganz leere Buchstaben den Schüler auswendig lernen zu lassen, sie erscheinen wie Thurmspitzchen am weiten, fernen Horizonte, auf welche die Führer aufmerksam zu machen pflegen, und mit diesen ihren Hinweisungen auf die vielen im Dämmerlichte kaum sichtbaren, und weil sonst unbekannten so auch unintressanten, Ortschaften nur den reinen Genuß stören. Wie man sich gerne eines solchen Führers entledigt und dies „sehen Sie da" so weit wie möglich wegwünscht, so geht es auch dem Führer der Jugend, wenn er ihr solche Spitzchen am äußersten Horizonte der Literatur und des Geisteslebens aufweist, und sie nicht erst mit dem Orte bekannt macht und so ein Intresse für dies Erblicken aus der Ferne einflößt. Nur der Breslauer freut sich, von der Schneekoppe seinen Zobtenberg sehen zu können.

So hätte sich denn ergeben, daß auf die Muttersprache die grammatische Erkenntniß angewendet, nicht aber in und an ihr gelernt und geübt werden solle; daß sie als eine so gewußte Sprache ein Mittel sein soll, sich einen Inhalt geistig anzueignen, daß ihre

Uebung im Darstellen von Erfahrungen liegt, und daß die Endaufgabe für den Sprachunterricht in dem erweiterten Sinne der Etymologie zu suchen ist, welche ein Ergebniß der historischen Kenntniß der Muttersprache und der Kenntnißnahme der Original-Darstellungen sein muß. Hiemit ist die höchste Spitze der, so zu sagen, philologischen Bildung in der höhern Bürgerschule erstiegen, von welcher Höhe dann in den Nationalgeist gleichsam hineingeschaut wird. —

§. 36. Diese breite Untersuchung war nöthig, um nun die Frage: an welcher Sprache die Grammatik zu lernen sei, zur Entscheidung zu bringen. Nach dem Vorigen (§. 35.) tritt die Muttersprache ganz aus dem Streite heraus, da sie ihr ganz eigenthümliches Feld einnimmt, auf dem sie weder vertreten werden, noch selber für andre Sprachen eintreten kann. Es bleiben also nur noch auf dem Kampfplatze die alten und neuern Sprachen, und darf sich die Untersuchung nicht ganz von dem thätsächlich Dargebotenen entfernen, so handelt es sich nur noch um Lateinisch und Französisch (oder Englisch). Vergegenwärtigt man sich hier die in §. 31. aufgestellten sechs Entscheidungsgründe für die Wahl, so sieht man auf den ersten Blick, daß die drei ersten ganz entschieden für Latein, und die drei letzten leichtlich für eine neuere Sprache (Französisch vorläufig) sprechen. Nur erwäge man noch, daß es den höhern Bürgerschulen nach ihrem heutigen Zuschnitte wohl nicht gelingen dürfte, den Zögling in die römische Literatur und Nationalität einzuführen, um von daher die Befähigung zur Erfassung der eignen Literatur zu entnehmen. Die Früchte, welche von dem reinen Sprachunterrichte zu pflücken sind (§. 32.), bietet das Lateinische viel vollendeter dar als das Französische. Die Formenarmuth namentlich in den Declinationen, durch welche das Abhängigkeitsgesetz der Einzelvorstellungen erkannt wird, der fast ganz logisch construirte Satz und die nur in einzelnen Wortstellungen willkührliche und doch ganz feststehende Wortfolge bietet der geistigen Thätigkeit des Schülers fast nichts als nur ein akustisches Moment fürs Ohr und eine Gedächtnißübung. Daher bald beim Uebersetzen ein Errathen aus oberflächlicher Aufnahme der einzelnen Wortbedeutungen, und dann bald eine gewisse Routine in diesem Oberflächlichen zu Tage kommt, wobei dann der gar nicht zu übersehende Uebelstand eintritt, daß man nicht immer und fast nur selten aus den Sprachformen her dem Uebersetzer seinen Irrthum und seine Oberflächlichkeit nachweisen kann, sondern erst auf den Sinn des Gedankens zurückgehen muß. Es hat daher der Schüler auf der ersten Stufe des Unterrichtes gar nicht die Entscheidungsmittel für sein falsches oder richtiges Thun so in Händen wie im Lateinischen; er kann daher auch gar nicht so bald in jenem so selbstständig und eigenthümlich beschäftigt werden. Nur in wenigen Stellen nöthigt der einfache Satz den Schüler zu Umformungen, er kann aus dem Französischen Wort für Wort richtig übersetzen und dennoch vom Sinne des Uebersetzten nichts verstehen. Kurz die im reinen Sprachunterrichte formale Uebung ist im Französischen sehr geringe. Wie viel leichter schreiten daher hier auch die Schüler fort im Vergleiche mit dem Fortschritte im Lateinischen; aber wie viel giebt es zu beachten, zu erwägen, zu wissen, um einen kleinsten Satz ins Lateinische zu übersetzen, und wie viel Uebungen lassen sich in ein kleines Exerzitium zusammendrängen, für welche die Elemente des Französischen gar keine aber auch gar keine Gelegenheit bieten. Die Gleichheit des Nominativ und Accusativ — um es nur an Wenigem zu belegen — die willkührlichen Geschlechtsbestimmungen der Wörter, welche mit den Wörtern gedächtnißmäßig gelernt werden müssen, die Trennung der Personenbezeichnung im Verbum 2c. 2c. das nimmt eine Reihe der fruchtbarsten und intensivsten Uebungen aus dem ersten Unterrichte hinweg. Alle die reichen Uebungen, welche die Syntax des einfachen Satzes oder die so genannte Casuslehre im Lateinischen bietet, sind im Französischen so gut wie gar nicht vorhanden, die nothwendigen sprachlichen Umwandlungen für den Gebrauch der Conjugatio periphrastica und der Partizipien 2c. kann die französische Sprache nicht veranlassen. Darum kann man wirklich den grammatischen Unterricht im Deutschen, wenn man die Constructionslehre in ihm übt, fruchtbarer machen für den Geist als den im Französischen. Die ersten Uebungen in französischen Exerzitien sind fast nur orthographische und auf die Befestigung der Formlehre berechnete, weil die Orthographie auseinander tritt für's Ohr und Auge, somit viel Schwierigkeiten aber nicht bildende Uebungen darbietet. Will man über diese Anfänge hinaus auch nur den kleinsten Schritt thun, so erfordert der Gebrauch des Artikels, des Eigenschaftswortes, des Partizip, des Adverb eine so große geistige Kraft und Schärfe zur Unterscheidung der verschiedenen Fälle, welche noch dazu sehr oft in einander hinüber treten und nur durch einen feinen Sprachtact auseinander zu halten sind, daß man zu dem Eingeständniß kommen muß: wie der Unterricht im Anfange zu leicht ist, um recht bildend zu wirken, so ist er auf der nächst gelegenen Stufe zu schwer für diesen Zweck. Dem

Schüler erscheint die Sprache mit diesen ihren vielen, so festen, für ihn ganz unbegründeten, und auch nicht zu begründenden Eigenheiten und Einzelbestimmungen als eine ganz eigensinnige Person, mit der es schwer fertig zu werden sei, und da er durch die Schule zum Umgange mit ihr genöthigt wird, so sucht er sie sich nicht eher recht nahe kommen zu lassen, als bis er durch den längern Umgang zu dem Tacte gekommen ist. Die Verheißung einer bessern Methode, welche als Widerlegung etwa gebraucht werden möchte, gilt nichts, denn die meisten methodischen Bestrebungen haben sich vornehmlich das Augenmerk gesetzt, den Schüler auf dem möglichst kürzesten und bequemsten Wege in den Besitz der Sprache zu setzen, statt an den Lehrgegenständen die Seiten aufzusuchen, durch welche der Geist am meisten geübt werden kann. Wie es beim Turnen nicht darauf ankommt, daß der Turner auf das Rek, sondern wie er hinauf kommt, so ist es auch beim Lernen der Sprachen der Fall. Nur die durch dies Lernen dem Geiste gewordene Elastizität und Muskelkraft kommt in den Schulen in Anschlag; wer in der fremden Sprache Etwas anderes als Zweck sucht, der lerne sie da, wo sie am leichtesten zu lernen ist, in Frankreich von Franzosen das Französische. Wenn aber eine Sprache zur tiefern Erkenntniß auch ihrer ersten Parthieen schon geübte Kräfte voraussetzt, so kann sie nicht auch zugleich das Mittel sein, an dem man sich übt, denn Uebung giebt nur wirklich diejenige Thätigkeit, welche als eine selbstständige und der Kraft angemeßne zugleich auch die Sicherheit des richtigen Thuns giebt und jedes Umhertappen und Fühlen und Rathen abschneidet. Dieser letztere Umstand namentlich wird dem Anfänger in der französischen Syntax, wenn nicht seine geistige Kraft für sprachliche Auffassungen sonst woher schon geübt ist, gänzlich fehlen, und es möchte wohl schwer die Methode aufzufinden sein, welche die an Grundanschauungen nicht eben reiche, von einem geistig gewandten und fein unterscheidenden Volke gesprochene, für die feinsten und zierlichsten Sprach- und Gedankenwendungen polirte ꝛc. Sprache für den deutschen schwerfälligen und langsamen, immer nach der Fülle blickenden, mehr träumenden als denkenden Knabengeist zu einem angemeßnen Tummelplatz zu gestalten. Endlich muß hier noch eines entschiedenen Erfahrungssatzes gedacht werden. Das französische Wort hat durch den festgestellten Sprachgebrauch eine so bestimmte Sphäre gewonnen, und ist so bestimmt ausgeprägt, daß für die Anfänger die Lexika meist mit einer Wortbedeutung ausreichen, und die eigentliche Grundbedeutung des Wortes dem

Schüler fast gar nicht zu Gesichte kommt, eine Wahl für den einzelnen Fall nicht veranlaßt wird, und so eine der wesentlichsten Uebungen beim Sprachunterrichte verloren geht. Diesem Mangel durch Verbesserung der Lexica abhelfen wollen, würde oft Irrthümliches lehren, da die Grundbedeutung des Wortes oft im französischen Sprachgebrauche ganz verloren gegangen ist. Diesen Mangel im Unterrichte fühlen nur zu oft die französischen Lehrer, wenn ihre Schüler ihnen noch auf den höchsten Stufen des Unterrichtes die aller verkehrtesten Wörter hinschreiben aus ihrem deutsch-französischen Lexicon; in diesem Mangel hat die beobachtete Erscheinung ihren Grund, daß der Deutsche durch den besten schulmäßigen Unterricht nie zu einer Leichtigkeit und Mannigfaltigkeit in der französischen Darstellung gelangt. Wenn aber die französische Sprache eben ob dieser Ausgeprägtheit in einzelnen Fällen dieser genauern Unterscheidung der Wortbedeutung nicht entbehren kann, und weil der Fälle wenigere sind, der Schüler um so wachsamer und vorsichtiger gemacht sein muß: so wird auch hier wieder für das Französische eine geistige Befähigung in Anspruch genommen, welche es selber schwer nur geben kann, die also anders woher schon gewonnen sein muß.

So wäre denn das Ergebniß gewonnen, daß im Gebiete des reinen Sprachunterrichtes die lateinische Sprache nicht durch die französische ersetzt werden könne, sondern daß vielmehr ein fruchtbarer Unterricht im Französischen schon einen lateinischen voraus fordere.

Anders steht die Sache, wenn man die drei letzten in §. 31. angegebnen Bestimmungsgründe für die Wahl und den in §. 33. angedeuteten gemischten Sprachunterricht in Erwägung zieht. Sollen die an beiden Stellen gesetzten Zwecke am Lateinischen erfüllt werden, so muß dieser Unterricht in einer sehr großen Ausdehnung auftreten, und wird kaum ohne Kenntniß des Griechischen und gewiß nicht ohne möglichst genaues und tiefstes wie umfangreichstes Eingehen ins Alterthum und dessen Anschauungs- und Denkweise zu irgend einem erträglichen Ergebnisse führen. Je weiter nun die Anschauungsweise des Alterthums von der der Neuzeit entfernt liegt, je mehr dadurch eben der Geist zur Construction einer ganz fremden Welt genöthigt wird, desto intensiver und Geist bildender wird auch dadurch der Unterricht. Das kann nur Vorurtheil leugnen. Je eigenthümlicher die Begriffssphären des lateinischen Wortes und die Gedankenverknüpfungen in den Perioden, desto schärfer muß der

Geist auffassen und desto tiefer eindringen, desto sorgfältiger und genauer scheiden, desto vorsichtiger die Vorstellungen in der einen und der andern Sprache abwägen. Wenn ebenso die christlichen Völker sich in ihrem Denkkreise so vielfach begegnen, wenn viele Vorstellungen durch das Herüber- und Hinüberfließen der Bildung zusammenstimmen ja sich ganz decken, wenn in der französischen Sprache noch mehr wie in der deutschen die bezeichnende Bedeutung der Casus-Endung verloren gegangen und durch Präpositionen ersetzt wird, wenn dort wie hier statt des Casus ein Satz und statt der Casus-Endung ein Verknüpfungswort eingetreten ist; wenn die eine Literatur keine von der andern wesentlich verschiedene Auffassung sittlicher und psychischer Zustände darbietet: so ist damit ganz entschieden die Bildungskraft der neuern Sprache im Vergleiche mit der lateinischen als eine viel geringere nachgewiesen. Doch kann denn auch die höhere Bürgerschule wirklich diesen mühevollen Weg wandeln? Wird sie auch nur zu irgend welchem nennbaren Ziele gelangen? Wird sie nicht eben auch wie das Gymnasium die intellectuelle Bildung an die Spitze ihrer Aufgabe stellen müssen? Hat diese aber eine so hohe Bedeutung für sie, daß dieselbe auf Kosten anderer Bildungsrichtungen so bevorzugt werden dürfte? Erreichen die Gymnasien, die doch auch tüchtige Lehrkräfte haben, auch die neuern Methoden kennen, auch ihre Schüler ernstlich beschäftigen, und nicht selten unter viel günstigern Umständen als die höhere Bürgerschule arbeiten (§. 18.), erreichen diese kaum im Lateinischen die in §. 33. geforderte Bildungshöhe, fühlen sie den Eintritt jedes neuen Lehrgegenstandes als einen Rückschritt von dieser Höhe; können und dürfen sie Manches kaum erst angebahnte noch dem künftigen Universitätsleben ihrer Schüler überlassen, fällt für sie die Beschränkung durch die abzuschließende Bildung weg: so sieht man in der That gar nicht die Möglichkeit für die höhern Bürgerschulen, mit und in dem lateinischen Unterrichte auch nur annähernd die dem fremden Sprachunterrichte in seinem gemischten Gebiete zugewiesene Aufgabe zu lösen. Bleibt es nun aber gar nicht einmal wünschenswerth, eine so potenzirte formale Bildung dem Volke zu geben; muß sie ohne einen Inhalt als entschieden verwerflich angesehen werden (§. 15.): so wird der lateinische Unterricht zu dieser Höhe getrieben sogar ein sehr bedenklicher Lehrgegenstand. Soll der Unterricht in der fremden Sprache nun aber auch zum Hineinleben in eine fremde Literatur gebraucht, soll diese zum Vergleiche mit der nationalen Literatur verwandt, soll mit ihr sich ein Inhalt erworben werden: so muß die Sprache ein verwandtes, und dadurch vergleichbares, also ein christliches National- und Staatsleben aufschließen und eine Literatur öffnen, welche mit der deutschen eine innere Verwandtschaft hat. So darf denn nicht einmal in den höchsten Stadien des Unterrichtes das Latein als die voranstehende Sprache dastehen, ohne die höhere Aufgabe der höhern Bürgerschule zu gefährden. Wenn man an der gewählten Sprache eine freiere Beweglichkeit in einem fremden Sprachgebiete lernen und von ihr aus das Eigenthümliche in der nationalen Anschauungsweise erkennen soll, so muß sie die Möglichkeit gewähren, auch den eigensten und innersten Gedankenkreis in ihr aussprechen zu können, das heißt, es muß eine neuere Sprache gewählt werden. Dem Lateinischen kann aber Niemand die christlichen Vorstellungen, mit denen nun einmal alles Sträubens und Negirens unerachtet unser ganze Denk- Dicht- Empfindungs- und Willenskreis durchwebt ist, aufdrängen und aufzwängen, ohne entweder der Sprache oder dem Dargestellten Gewalt anzuthun. Hat endlich die französische Sprache eben so wie die deutsche und jede neuere ihre Feinheiten in den Satzverbindungen, und treten die Casus-Endungen vor den Präpositionen und Conjugationen in den Hintergrund, machen die fast verwandten Vorstellungen eine um so genauere Scheidung nothwendig, war ja die französische Sprache für Anfänger zu schwer; kann man sich in ihr aber leichter den Inhalt der Vorstellungen schaffen, weil das Staats- und Volksleben und das Denkgebiet ein viel verwandteres und näher gelegenes und leichter erkennbares und erwerbbares ist: so hieß es das Wesen der höhern Bürgerschule verkennen, wenn man nicht die neuere Sprache in ihr zu Grunde legte. Nur in ihr kann sich die Schule, weil viele andere Schwierigkeiten wegfallen, zu der Höhe erheben, welche als der Schlußstein der Sprachbildung (§. 33.) hingestellt ist. Noch kommt für die höhere Bürgerschule oder ihre wesentliche Aufgabe hinzu, daß in Frankreich — mehr freilich noch in England — sehr viele germanische Elemente verborgen liegen, und viele ächt germanische Lebens- und Staatsformen zur wirklichen Entwicklung gekommen sind, die von hier aus dem Deutschen in dem Lichte des fremden Geistes entgegenleuchten. Kann ferner die zum Vergleiche mit der deutschen gewählte Geschichte (§. 26.) nur die eines neuern Volkes und muß sie vielleicht die Frankreichs sein, so muß die gewählte Sprache die französische sein, wenn irgend wie die Schule zu einer abgeschloßnen Bildung gelangen will. Soll ferner jedes formale Bildungsmittel noch innerhalb der

Schule verwandt werden, um sich einen Inhalt damit zu erschließen, und soll das noch im Laufe der Schuljahre geschehen, so ist es ein Spielen mit Worten, wenn man den Inhalt des Alterthums an Religion und Cultus und Kriegführung und Staatshaushalt ꝛc. auch als einen Inhalt bezeichnen will, der dem künftigen Bürger als ein geistiger Besitz für sein individuelles Berufsleben noch ein Gut wäre.

Demgemäß fällt nun die Entscheidung dahin aus, daß in den untern Stufen des Unterrichtes entschieden das Lateinische so weit und in solchem Umfange gelehrt werden muß, daß ihm die Bildungsmomente abgewonnen werden, welche in der Formlehre, im einfachen Satze, der Casuslehre und den vom Deutschen abweichenden und auffallenden Verbindungsweisen einfacher Sätze liegen. Was über dieser Grenze hinausliegt, ist in der höhern Bürgerschule als ein Unerreichbares ja wohl nicht einmal Empfehlenswerthes wegzulassen und somit ist der Unterricht hiemit zu beenden. Statt des Lateins tritt dann in den obern Stufen die neuere Sprache als der Hauptgegenstand ein, um an ihr die grammatische Bildung bis zur möglichsten Höhe oder Feinheit des Sprachgebrauches zu betreiben. Aufsätze schreiben und sprechen können in dieser Sprache, ist ein ganz gleichgültiger Umstand. Einsicht in Sprach- und somit Denkgesetze, Fähigkeit zur Erhebung der literarischen Schätze, und Befähigung zur Uebertragung einer ächt deutschen Darstellung in eine ächt französische — ob mit größerer oder geringerer Fertigkeit ist auch noch gleichgültig — das ist Endziel des sprachlichen Unterrichtes.

Diese hier aus dem Wesen der höhern Bürgerschule und ihrer Bildungsgrenze gewonnene Entscheidung läßt es durchaus als einen ganz zufälligen obwohl gar nicht gleichgültigen Umstand erkennen, daß der Uebergang zum Gymnasium auf der Stufe, auf welcher die höhere Bürgerschule das Latein endet, vermittelt und so keine unabänderliche Vorherbestimmung des Berufes durch die Wahl der Schule für das Kind getroffen ist (§. 7. am Schlusse). Gleichgültiger ist aber schon die hiedurch befriedigte Forderung derer, welche für die künftigen Büreaubeamten, Apotheker, Chirurgen, Gärtner doch mindestens einiges Latein nothwendig erachten, oder die für das Verstehen der vielen fremden Ausdrücke in der deutschen Schriftwelt Sorge tragen, oder welche in einigen Vorkenntnissen im Lateinischen eine große Erleichterung für das Lernen des Französischen sehen. Das Bedenken, wie hier ein Gegenstand gleichsam zum künftigen Vergessen gelernt werde, und die Klage um die verlorne schöne Zeit fällt ganz weg für den, der nur recht genau beachtet, weshalb das Latein nicht zurückgewiesen werden konnte. Nicht die Sprache sondern die durch ihre Erlernung zu gewinnende Kraft war Zweck. Es wird ohnehin vieles in Schulen zum Vergessen gelernt, vieles wird innerhalb der Schule wieder vergessen. Latein ist in der höhern Bürgerschule nicht der einzige Gegenstand dieser Art. Wer die Goldbarren hat, braucht nicht und wird nicht die Emballage, in der er sie empfing, aufbewahren und dieselbe als Zeichen seines Reichthums oder gar als Lockmittel für die Käufer vor das Schaufenster stellen. —

Ob nun Französisch oder Englisch zu wählen sei, das wird durch die zu wählende Geschichte bestimmt werden müssen. Man wird sich gewiß in den westlichen Theilen Deutschlands für die französische entscheiden müssen, während die nördlichen vielleicht auch die englische und damit auch die englische Sprache wählen könnten. Da indeß diese Sprache noch weniger für die Grammatik bietet als die französische, noch weniger für didactische Zwecke angebaut ist, so wird man vorläufig wohl noch erst beim Französischen stehen bleiben müssen, zumal durch die Aufnahme des Mittelhochdeutschen (§. 35.) die Erlernung des Englischen um ein Wesentliches noch erleichtert ist.

Die englische Sprache ist nach den geführten Untersuchungen auf dem möglichst kürzesten Wege zur Einführung in die englische Literatur zu lehren, nicht zum Schreiben auch nicht zum Sprechen, sondern zum Lesen der englischen Werke. Ziel ist das, was durch dies Lesen an Inhalt gewonnen ist, nicht Sprachkenntniß.

Bliebe der höhern Bürgerschule noch Zeit und Kraft für eine zweite neuere Literatur, so wäre wohl die italiänische Sprache noch zu betreiben, doch erledigt sich diese Forderung im Spätern von selbst. —

§. 37. Die Geschichte als Unterrichtsgegenstand in den höhern Bürgerschulen hat lediglich den Zweck, den Geist und das Gemüth in das Nationalleben zu versenken (§. 27.). Ihr soll dazu Sprachkenntniß und Literatur und Geschichte eines fremden Volkes hülfreich zur Seite gehen. Sie muß darum alle Seiten des Volkslebens und alle verfolgten Richtungen desselben, soweit sie die Schüler begreifen können, zur Anschauung bringen. Ihr Zweck ist und kann nicht die Anschauung von einer Entwicklung des Menschengeschlechtes sein, ja kaum die Erkenntniß der Entwicklung des eignen Volkes, sondern nur die möglichst lebendigste Anschauung des Individuellen in demselben. Sie kann daher alle und jede Rücksicht auf Vollständigkeit in Beziehung auf den historischen Gang der Begebenheiten bei Seite setzen, und hat dagegen die Vollständigkeit in Beziehung auf die verschiedenen Richtungen des Nationallebens an die Spitze zu stellen. Eine Periode, Ein Jahrhundert, Ein bestimmter kürzerer oder längerer Zeitabschnitt nach allen Beziehungen betrachtet, das Leben Eines Mannes, Einer Stadt kann wichtiger sein als der so lange Faden der Geschichte, an welchem der Schüler die, ihm eben nur dem Namen nach bekannten, Thaten aufreiht. So wird denn hier eine Vollständigkeit nicht nach der Länge sondern nach der Breite zu erzielen sein, und je jünger die Schüler, je unentwickelter die Kräfte, desto vielseitiger müssen die Anschauungen sein. Was man historische Bildung etwa heute nennen mag, das wird wohl nicht erreicht, denn sie ist von der höhern Bürgerschule auch nicht gefordert; aber ein historisches Interesse, oder sagen wir lieber ein Interesse an der Geschichte wird gewonnen werden, wenn man nicht Alles blos lernen läßt, um es wieder abfragen zu können, auch nicht Alles nur vorträgt, um es lernen zu lassen. Durch die vielen, genauen, ins Einzelne gehenden und so reichen und mannigfaltigen Anschauungen wird und soll der Schüler sich nach und nach geistig in eine Vergangenheit hineinleben, und diese Befähigung zur Auffassung historischer Zustände und die, von ihr nicht viel verschiedene, zum Verstehen großer Zeitbestrebungen wie großer Männer wird die Frucht solcher Geschichte sein. Gelernt wird, wie viel mitwirkende Ursachen eine einzige große und gestaltende That bedingt, und dadurch wird allein die Sicherheit und Selbstständigkeit im Urtheilen nach und nach herangebildet. Schädlich und damit verwerflich für die höhere Bürgerschule wird derjenige historische Unterricht, welcher entweder statt der Geschichte geradezu Gedanken über die Geschichte vorträgt, oder der es sich zur Aufgabe setzt, die Thatsachen so zu ordnen, so vor- oder zurücktreten zu lassen, daß der bestimmte Gedanke des Lehrers dadurch von selber in die Augen springen muß. Lieber werde gar keine Geschichte gelehrt, als diese tendenzvolle, welche die Wirklichkeit nach irgend welchem geistigen Entwicklungsgesetz modelt. Sie bringt den jungen Geist ganz um die historische Bildung und die Frucht derselben. Ein einziges, auch nur halb wahres und beschränktes, aber selbstständiges, dem Schüler durch eignes Eindringen in die Zustände entgegengetretenes Urtheil über irgend welches historische Moment hat einen unendlich größern Werth, als eine ganze, mit Thatsachen aus der Weltgeschichte belegte, Gedankenreihe, welche durch den Unterricht als eine fertige überliefert und gar eingeprägt wurde. Die zerdachten Wirklichkeiten gehören nun einmal nicht in die höhere Bürgerschule, sondern, so weit es irgend möglich ist, die reine, nackte Wirklichkeit, damit auch dieser Unterricht nach Möglichkeit ein naturhistorischer werde. Man fürchtet hier wohl, daß den Schülern der höhern Bürgerschule somit die schönsten Früchte der neusten historischen Studien vorenthalten würden; man sage lieber, daß dies der einzige Weg ist, ein Intresse an diesen historischen Ergebnissen zu wecken. Wer die Früchte der Geschichte auf einem wohl-servirten Tische bekommt, hat Intresse an den Früchten und nicht unmittelbar an dem Baume, der sie trug und auf dem sie reiften. Nur der Gärtner, der den Baum pflanzte und seiner wartete, hat erst an dessen Früchten das rechte Wohlgefallen. Da nun aber die Schüler der höhern Bürgerschule wohl schwerlich späterhin zu Gärtnern bestellt werden im Garten der Geschichte, so lasse man sie es in der Jugend sein, laß sie graben und pflügen und begießen, dann wird die Frucht, welche ihnen die wissenschaftlich gebildeten Gärtner auf den Tisch bringen, noch einen höhern Reiz als den des Gaumenkitzels für sie haben. Nur auf diesem Wege erhalten sie in diesem Gebiete eine inhaltreiche (§. 15, 5. §. 20.) Bildung, ohne diesen eine leere, welche sie zu absprechenden und urtheilsunfähigen Nachbetern macht; nur bei solcher Arbeit auf dem wirklichen Boden des Nationallebens erhält jedes Steinchen und Pflänzchen einen Werth, wird das scheinbar Kleine der Beachtung würdig. Nur so wird ein Bildungsstoff gegeben, welcher für die, je weiter und weiter durch Erfahrung oder sonstiges Ueben entwickelte, Geisteskraft den schönsten Stoff zum Nachdenken bietet, der durch die Jugendbekanntschaft einen stets frischen Reiz behält, welcher Reiz durch Begegnen auf Reisen in der Nähe wie in der Ferne, durch Gespräche mit Fremden und durch Lesen von historischen Werken immer wieder erneut wird.

Alle diese Betrachtungen umschließen auch das Gebiet der Nationalliteratur. Geschmack an ihr sollen die Schüler haben und Intresse für sie gewinnen; sie in dieselbe einführen, kann nicht geschehen dadurch, daß man Literaturbrocken den Schülern vorführt, sondern in den großen Sprechsaal der Literatur muß der Schüler eintreten, dann hierhin sehen und dorthin, hier hören und dort genauer betrachten, hier genießen und dort sich ergötzen, hier vergleichen und dort trennen und scheiden. Er muß arbeiten in dieser

Literatur wie in einer vorliegenden Wirklichkeit, der er etwas abringen soll; er muß sie ansehen als den geweihten Hügel des Vaterlandes, unter welchem die Schätze vergraben liegen, welche für ihn zu heben sind. Also auch dann nicht, wenn man Knaben und Jünglingen von 17 Jahren schon eine Literaturgeschichte vortragen könnte, auch dann nicht gehört eine solche in die höhere Bürgerschule, denn der Bürger soll nicht über die Literatur sowohl ein Urtheil haben als vielmehr in ihr leben und in ihr gerne weilen, und sich zu Hause in ihr fühlen und heimathlich. Wie nun aber der Bewohner irgend welcher Gegend nicht durch landschaftliche Gemälde oder Vorträge über schöne Gegenden oder sonstigen Unterricht über Naturschönheiten einen Blick bekommt für die Schönheiten der Umgebungen seines Wohnortes, wie vielmehr nur ein längeres Weilen an demselben Orte, das wiederholte Besuchen der Umgebungen in den verschiedensten Stimmungen ihn nach und nach befähigt, die Anmuth aufzufinden und sie sich selbst zum Bewußtsein zu bringen und so eine Freude an seiner Heimath und höhern Genuß in ihr zu finden, n. b. wenn anderweitig Herz und Geist gebildet und empfänglich gemacht ist: so ist es auch mit dem geistigen Leben in dem Haine unserer Literatur. Es bedarf nicht des Brüstens mit Kenntnissen, sondern des Genießens und deren Befähigung, darum bedarf es keiner Literaturgeschichte sondern des geistigen Weilens in der Literatur.

Noch entschiedener tritt diese Beschränkung für die Geschichte und Literatur eines fremden Volkes ein. Die Vollständigkeit hat hier für die höhere Bürgerschule gar keinen Sinn. Beides sind, wenn man sie getrennt denken will, Gegenstände, an denen der Schüler lernen soll, sich ein Urtheil zu bilden. Dies Urtheil soll ihn zum Vergleiche mit dem Nationalen und so zu einem Urtheile über dieses verhelfen. Daher ist gerade das Eigenthümliche und Characterisirende vor Allem auszuwählen, aber wieder auch nach allen Seiten des Nationallebens des fremden Volkes, und wenn es möglich ist, nach so vielen Seiten hin, als man die eigne Nationalität zur Erkenntniß erheben will. Da nun aber die Sprache eine Schwierigkeit und so ein Hemmniß zum selbstständigen, vielseitigen Betrachten darbietet, da aber dennoch eben die Betrachtungen auf diesem fremden Gebiete zum Selbsturtheilen auf dem Nationolboden befähigen sollen, so muß der Lehrer hier schon den Schüler an die Hand nehmen, ihn führen, ihm Fingerzeige geben, das ferner Liegende ihm näher rücken, ihm eine günstige Stellung zur Betrachtung anweisen, die Beobachtung leiten und zum Ergebniß bringen helfen. Hier wird der Unterricht sich genöthigt sehen, Thatsachen und Erscheinungen so zu ordnen oder von einer solchen Seite betrachten zu lassen, daß daraus ein Urtheil entgegentritt, damit der Schüler so betrachten und urtheilen lerne, d. h. formal gleichsam zum Urtheilen befähigt werde. Je mehr freilich aus der selbsteignen Anschauung oder doch Verlebendigung der Wirklichkeit gewonnen werden kann, desto besser und der höhern Bürgerschule entsprechender wird der Unterricht. Dürften nicht Mißverständnisse eintreten, so könnte man sagen: die fremde Nationalität soll die Grammatik für die eigne sein; sie soll die formale Bildung gewähren, mit der man die eigne Nationalität als ein Reales geistig durchdringt. Wenn man also zu einer systematischen Kenntniß vorschreiten kann, wenn man eine historische Uebersicht für nothwendig erachtet, und wenn man den Begriff eines fortdauernden Entwicklungsprozesses zur Vervollständigung der Bildung geben zu müssen vermeint, so muß dies und darf dies nur an dem Fremden vorgenommen werden; aber auch nur dann darf es geschehen, wenn man sicher sein kann, daß diese Befähigung des Geistes sich an dem wirklichen Leben des Nationalen einen Inhalt erarbeitet, um die leere Form gleichsam zu erfüllen.

§. 38. Die Geographie, welche oben nur als die Hülfswissenschaft für Geschichte erscheint, ist in neuerer Zeit zu einer so großen Anerkennung in den Schulen gelangt, und die methodischen Bestrebungen für sie haben sie zu einem solchen Bildungsmittel erhoben, daß unmöglich hier die Untersuchung übergangen werden kann, welche Geltung sie für die höhere Bürgerschule haben dürfte. Ohnehin wird sie als ein wesentlicher Unterrichtsgegenstand in diesen Schulen angesehen. Um sie würdigen zu können, muß man auch an ihr einen reinen und einen gemischten Theil unterscheiden. Unter dem reinen kann man nur die Beschreibung der ruhenden Erdoberfläche verstehen. Darin kann noch wieder die so genannte Topographie und die so genannte politische Geographie gesondert werden, indem die erstere die Form der Oberfläche, wie sie ohne Zuthun der Menschen ist, diese dagegen die Oberfläche der Erde als einen Wohnsitz von Menschen auffaßt, welche dieselbe verändert, für ihre Zwecke bearbeitet, abgegrenzt, bebaut rc. haben. Der gemischte Theil umfaßt, um es mit einem Worte zu bezeichnen, die Veränderungen, welche mit der Oberfläche vorgegangen sind, und wird Geognosie und Geologie, wenn sie die Wirkung derjenigen

Naturkräfte ins Auge faßt, welche der Oberfläche ein bleibendes Gepräge aufdrückten; sie wird physikalische Geographie, wenn sie die Kräfte auffaßt, welche die Vegetation also gleichsam die Productivität der Erde bedingen; sie wird historische Geographie, wenn sie diejenigen Veränderungen der Oberfläche der Erde in den Kreis der Betrachtung zieht, welche durch das Menschenleben auf ihr bedingt worden. Die mathematische Geographie setzt die Erde in Verbindung mit den übrigen Körpern des Sonnensystems und hat mit der Geographie eben nicht mehr viel zu schaffen; näher steht ihr noch die in neuern Zeiten mit vielem Scharfsinn und mit nicht geringem Erfolge gegebne Darstellung des Einflusses, den die Beschaffenheit des Bodens und des Klima auf die Menschen gehabt hat und haben muß, man könnte sie eine geographische Geschichte nennen im Gegensatz zur historischen Geographie. Diese wesentlichsten Seiten dieser Wissenschaft mußten schon einmal gesondert werden, um auch hier den mancherlei Andichtungen begegnen zu können. Man übersieht hiebei schon, daß mancherlei geistige Uebungen, welche von der Geographie gerühmt werden, andern wissenschaftlichen Zweigen zugehören, wie sie ja auch die Kenntniß derselben schon voraussetzen.

Zunächst bietet die Topographie die Uebung, ein bestimmtes angeschautes Bild sich fest einzuprägen, und so die Anschauungskraft zu stärken. Das Lernen vieler fremden Wörter zum Zwecke der Benennungen der eingeprägten Bilder ist ein wesentliches Vorbereitungsmittel für das Erlernen der fremden Sprachen; das Einprägen bestimmter geographischer Bilder ist eine Vorübung für jede Art von Anschauung mit dem Auge und darum eine Unterstützung für Naturgeschichte wie Raumlehre; der Fortschritt von der Wandcharte zum Handatlas übt die Vorstellung von Aehnlichkeit. Eine eigne in der Verbindung des Gedächtnisses und der Anschauung liegende Uebung wird dadurch dargeboten, daß das reiche onomatische Material hier auf die mannigfaltigste Weise immer nach gewissen Zwecken geordnet und auf die verschiedenste Weise in Verbindung gesetzt werden kann, und daß die Zwecke der Verbindung und der Ordnung, falls das Bild klar in der Anschauung oder Vorstellung gegenwärtig ist, dem Schüler vollkommen einsichtlich und so die an ihn gestellten Forderungen für ihn vollkommen löslich sind, und darum ihn auch mit der eigenthümlichen Freude des eignen Thuns erfüllen. Da nun aber in gewissen Zweigen schon die Veranschaulichungsmittel zu solcher Vollendung gekommen sind, daß die Kinder dieselben schon verstehen und deuten können, so gewährt in diesen Gebieten nun auch die Geographie noch die für die höhere Bürgerschule so wichtige Uebung des Chartenlesens, d. h. ein wirklich Angeschautes zur Vorstellung zu erheben und diese Vorstellung als eine bewußte auszusprechen. Damit tritt die Geographie in die Reihe der Gegenstände, welche (§. 28.) das Reale zum Gegenstande der Betrachtung machen. Dieser Umstand allein giebt ihr eine so große Bedeutung für die höhere Bürgerschule, und darum hat diese Schule alle Veranschaulichungsmittel in dieser Wissenschaft mit Freuden zu begrüßen als einen Anbau ihrer wichtigsten Bildungszweige; aber ihre Bedeutung geht auch nur so weit, als der Schüler selber aus der unmittelbaren Anschauung her sich Vorstellung und Wort und Satz und Begriff bildet. Gelingt es den Landcharten, für die Schüler auch noch andere als die rein räumlichen Verhältnisse zur Anschauung zu bringen, so giebt das eine um so reichere Charten-Lectüre, d. h. der Unterricht wird um so bildender und bedeutsamer für die höhere Bürgerschule. Wie mit der Topographie so steht es auch mit der politischen oder staatlichen Geographie. Was nicht in ihr veranschaulicht werden kann, das kann auch nicht bildend werden. Wenn ein Knabe von vielen Fabriken hört, deren Einzelname ihm wohl gar unbekannt, deren Aufgabe ihm gänzlich fremd und unverständlich, deren Erwerb ihm ganz gleichgültig ist, so denkt er sich entschieden dabei gar nichts, und spricht die Namen und Zahlen als ganz inhaltslose Schälle nach. Soll in der Geographie die Betriebsamkeit der Menschen zur Sprache gebracht werden, dann darf das nur auf einem, für den jedesmaligen Standpunct des Schülers verständlichen, Felde geschehen. So haben Unterscheidungen der Staaten nach Regierungsformen und Religionen nur erst nach einem vorausgegangenen Unterricht in der Geschichte einen Inhalt und eine Bedeutung. Wenn aber Sitten und Gebräuche, mögen es gesellige oder staatliche oder kirchliche sein, einen Platz in der Geographie finden sollen, wie sie ihn in derselben auch wohl haben müssen, so liegt darin ein ganz anderes geistiges Bildungsmittel und eine neue Seite der Geographie. Man belebt hiemit die Phantasie und nöthigt sie, das durch das Wort Gegebne sich klar und deutlich vorzustellen, und so gleichsam die Vorstellung im Realen auszuprägen, was um so leichter geschieht und um so früher geschehen kann, je mehr die Darstellung selbst eben nur die Wirklichkeit giebt und geben will. Solche Darstellungen haben einen um so größern Werth, und bieten einen um so schönern Bildungsstoff, je mehr sie zur Geographie gehören, d. h. je mehr diese Schilderungen und Beschreibungen auch ohne ausdrückliche Bemerkung des Lehrers — und der Lehrer soll diese Bemerkung ausdrücklich nicht machen, sondern sie dem Schüler überlassen — den Zusammenhang zwischen Boden, Klima und Vegetation aufschließen, je mehr also die eigentliche Geographie zur Unterstützung für das Nachconstruiren bietet. Alle diese Schilderungen und Beschreibungen müssen aber dem Schüler zunächst als Selbstzweck dargelegt werden, und der Unterricht hat nur darüber zu wachen, daß der Geist sich die Dinge richtig vorstellt. Dieses anschauende Nachconstruiren eines Gehörten und nur durch Begriffe Empfangenen ist so sehr dem wesentlichen Zwecke der höhern Bürgerschule entsprechend, daß auf diesem Gebiete der Geographie noch bei weitem nicht genug geschehen ist von Seiten der Schulen. Wenn nun durch diese Unterrichtsseite eine Menge von Anschauungen im Geiste niedergelegt sind, dann bieten sie die dritte Stufe für die Bildung, nemlich ein Reales dar, was der Geist nun zu durchdringen hat mit den Kategorieen der Nothwendigkeit, Abhängigkeit rc. Diese Verlebendigungen eines fremden Lebens sind das Reale für die oben genannte geographische Geschichte. Die Ergebnisse dieses Zweiges müssen ein Ergebniß der Schülerthätigkeit sein, die Gedanken über Zusammenhang zwischen Natur, Umgebung und menschlicher Thätigkeit, die Rückwirkung der Communicationswege auf Verkehr und Handel und Wandel rc. müssen Schülergedanken sein, welche sie dem Realen abgewannen. So wird die Geographie ein *wesentlicher* Bildungsgegenstand. Uebernimmt der Unterricht aber mehr als die Veranlassung des Nachdenkens, Vergleichens, Combinirens; spricht der Unterricht den Gedanken vorweg aus, und braucht die Wirklichkeit nur zum Belege: so ist das ein Uebel, denn der Schüler kann ja unmöglich überschauen, ob ihm nicht der Lehrer viele wichtige Lebensbeziehungen verschweigt, und die ganze Wirklichkeit kommt zu dem Geistesleben des Schülers in eine widernatürliche Stellung: sie wird blos Beispiel anstatt die Sache selber zu sein, sie wird Beleg des Gedankens statt Inhalt desselben zu sein; und das ist eine dem Wesen der höhern Bürgerschule widersprechende Behandlung der Wirklichkeit. Alles anderweitige so genannte geographische, statistische, gewerbkundliche rc. Material, was nicht so geistig verarbeitet und so zu einem Begriffe durch den Schüler selbst gebracht werden kann, ist ein ganz verwerfliches, denn es beschwert nur den Geist wie das Gedächtniß, und nimmt unnütz Zeit und Kraft in Anspruch. Ob der Handelsstand oder das Militair oder die Zeitungsleser mehr Detailkenntniß verlangen mögen, ist der höhern Bürgerschule ganz gleichgültig; ja ob der Schüler nur Vieles behalte, auch das ist gleichgültig. Der erarbeitete Gedanke bleibt und die gewonnene Kraft auch.

Die übrigen gemischten Zweige der Geographie außer den hier angedeuteten bieten weder einen eigenthümlichen Bildungsweg dar, der sie irgend wie für die höhere Bürgerschule wichtig machen könnte, noch können sie in irgend einem solchen Umfange gelehrt werden, daß darin eine eigenthümliche Bildung oder Uebung des Geistes verfolgt werden kann, welche eben nicht auch schon in den reinen Wissenschaften gewonnen wird. Ein nützliches Wissen zu geben gehört allenfalls in die Volks- und Geschäftsschulen, nicht aber in die höhern Bürgerschulen. Alle die schönen und sinnigen Schlüsse in der Geognosie und Geologie, aus der Fauna und Flora, werden für den Schüler inhaltslose Sätze, die ihn im hohlen Wissen Befriedigung und Genüge finden lassen, die ihn zum Mitreden aber nicht zum Mitdenken und Miturtheilen befähigen, sondern beunfähigen. Diese wissenschaftlichen Wahrheiten, welche aus der Anschauung ganz vereinzelter Erscheinungen, wie sie auch die beste Schule auf diesen Gebieten nur zu geben vermag, als allgemein wahre angenommen werden, führen den Geist zu einer Art wissenschaftlichen Aberglaubens, der das, was in der Form eines Schlusses sich kund giebt, für wahr nimmt, ohne auch nur im Geringsten die Prüfungsfähigkeit zu besitzen, ja ohne nur zu ahnen, wieviel zur Feststellung einer einzigen solchen, dem realen Sein abgewonnenen, Wahrheit gehöre. Solche Bildung muß aber vornehmlich in der höhern Bürgerschule vermieden werden. Man lasse sich hier nicht durch das Schüler-Intresse und noch weniger durch das eigne täuschen. Das Staunen nützt nichts zur Bildung, und die wiedergespiegelte Theilnahme des Lehrers wärmt nicht; Leuchten und Wärmen dauert nur so lange, als der Lehrer vor dem Spiegel steht, und der Spiegel ist dunkel und kalt, wenn der Lehrer hinweg getreten ist. Die Geographie, welche auf physikalische und chemische Kenntnisse sich stützt, hat gewiß viel Bildendes und trifft so recht den Kern der höhern Bürgerschule, indem sie die anders woher gewonnene wissenschaftliche Wahrheit in den Naturprozessen als bewahrheitet und die Wirkungen der geistig nur vorausgesetzten Kräfte als die von der Natur selbst dargelegten erkennen lassen will; doch wenn sie nicht mit der Physik und Chemie verbunden und in dieselbe aufgenommen werden kann, so würde sie nur da erst Unterrichtsgegenstand werden können, wo die höhere Bürgerschule wahrscheinlich ihren Cursus endet. So bleibt denn nun noch die mathematische Geographie übrig, die aber besser ihren Platz in der angewandten Mathematik findet. —

§. 39. Wie die Geographie so trat auch die Mathematik lediglich als Hülfswissenschaft auf, und half als die eigenthümliche geistige Sprache der gesetzmäßig wirkenden Natur die eine der Hauptaufgaben der höhern Bürgerschule lösen (§. 28.). Wiefern sie nun die Identität des Geistes und der Natur nachweisen soll, so folgt für sie eine rein wissenschaftliche Behandlung in aller Strenge. Da sie aber auch zugleich der einzige Gegenstand ist, an welchem eine Anschauung von dem Ernste und der Reinheit einer Wissenschaft gewonnen werden soll, und da der gebildete Bürger eine Achtung vor der Wissenschaft und ein Intresse für die Institute gewinnen muß, welche dieselbe pflegen sollen, so hat die Mathematik in der höhern Bürgerschule eine hohe Aufgabe zu lösen. Daraus folgt, daß sie zunächst vornehmlich alle diejenigen Seiten zu ergreifen hat, welche eine nothwendige systematische Folgerung aus einem Begriffe zulassen, und alle zufälligen Ergebnisse, alle willkührlich gestellten und löslichen Aufgaben, wie intressant sie auch sein mögen, auszuschließen hat*); daß sie ferner ein vollständiges System der Mathematik zu geben hat, in welchem sich der Geist frei zu bewegen befähigt worden ist. Der Begriff der Vollständigkeit ist von selbst verständlich nur der in einem durch Zeit und Kraft der Schüler bestimmten Kreise. Je vollständiger dieser Kreis nun erfüllt wird, je sichrer die geistige Bewegung in demselben, desto vollendeter ist der Unterricht. Es wird dadurch vieles aus ihm geschieden werden, was man für wesentlich zu erachten pflegt, sei es um der intressanten Resultate oder um der practischen Anwendbarkeit willen; aber eben so wird auch die Methode, welche dem Denkprozesse oder der dialectischen Bewegung durch Veranschaulichen will zu Hülfe kommen und so den Fortschritt erleichtern helfen, entschieden zurückgewiesen werden müssen, weil sie den beabsichtigten Zweck stört. Die möglichst geringe Anzahl von Grundsätzen oder grundsätzlichen Erklärungen und Postulaten, und die vollendetste systematische Anordnung, welche den Fortschritt von Theil zu Theil in sich selber

*) S. Langbein, Verlauf und Ziel des mathematischen Unterrichts in der höhern Bürgerschule in Mager's Revüe, Februar-Heft. 1846.

bedingt und die aggregatartige Aneinanderreihung der einzelnen Zweige aufhebt, ist ein wesentliches Erforderniß. Ob der Weg mühselig oder langweilig, das ist gleichgültig, die Freude soll im geistigen Fortschreiten gesucht werden. Wenn irgend wo die geringere geistige Kraft der Zöglinge einen Nachlaß der wissenschaftlichen Genauigkeit erheischt, dann muß dies aufgedeckt und nicht durch Scheinschlüsse verhüllt werden. Es ist damit nicht zu verwechseln der wichtige Unterricht in den Raumanschauungen. Er hat einen ganz andern und zwar dem ähnlichen Zweck, welchen in gewissem Sinne die Topographie und wie wir später sehen werden die Botanik hat. Dieser hat aber auch nicht allein den Sinn, den Schüler mit dem Namen für Raumgebilde bekannt zu machen, sondern es sollen wirklich aus der Anschauung Ergebnisse für die Vorstellungswelt gewonnen werden. Dies Erheben der wirklichen Anschauung zu einer Vorstellung, ja zum Begriffe, ist so sehr wiederum ein Wesentliches in der höhern Bürgerschule (§. 13, 5.), daß dieser Unterrichtszweig eine ganz besondere Pflege in ihr beanspruchen darf. Könnte die ganze Mathematik in ihren Hauptwahrheiten mindestens durch diesen Anschauungsunterricht gewonnen werden, dann wäre sie eine bedeutende Förderung der geistigen Richtung, welche ein Reales geistig auffassen soll; aber sie würde dann auch für den rein wissenschaftlichen Theil dem trübseligen Gedanken vorgebeugt haben, als käme es in ihm mehr auf die Ergebnisse an als auf den Weg, wie sie durch einen dialectischen Prozeß gewonnen wären, d. h. die Mathematik als Wissenschaft würde nicht den Kampf mit dem Materialismus der Jugend haben, die das Ziel weit über den Marsch zu ihm setzt. Weil die Schüler die Ergebnisse dann bereits kennten, so würden sie eben darum das Wandern des Geistes als die Hauptsache ansehen, und darum leichter zu der erstrebten wissenschaftlichen Befähigung gelangen.

Wenn nun aber die Natur diese Sprache des Geistes reden soll, und so das Reale nicht blos zum Geiste erhoben, sondern von ihm durchdrungen werden soll, so fordert dies von der Mathematik die Geläufigkeit in der mathematischen Sprache und auch, so zu sagen, in den technischen Ausdrücken, d. h. in demjenigen Gebiete, welches die reichste Anwendung in der Physik oder angewandten Mathematik findet. Demgemäß muß der Unterricht vornehmlich diejenigen Lehrsätze beweisen, und die Aufgaben lösen, welche die so angewandte Mathematik als bekannt und gelöst voraussetzt. Diese gleichsam vereinzelt stehenden Sätze und Aufgaben bedingen die

Grenze des mathematischen Unterrichtes (s. § 15.), um zu einem abgeschloßnen Wissen in ihr zu gelangen. Diese Forderung ist eine von der rein wissenschaftlichen ganz verschiedene, denn sie will geistige Ergebnisse haben, welche sie als Regulatoren der Erscheinungen gebrauchen will, um diese selber zu vergeistigen. Durch diese Forderung wird natürlich eine Erweiterung der Mathematik in Gebiete hinein bedingt, welche man heut zu Tage vom Schulheerde ferne gehalten hat, weil man nur die eine systematische Seite d. h. eine Gymnasialbildung im Auge hatte. Wenn der rein systematische Theil alle künstlichen und sinnreichen Aufgaben wegließ; ja wenn sie die Anstrengung für Lösung solcher vereinzelten, nur den Scharfsinn beurkundenden, und nur dem Talente löslichen Aufgaben als nutzlos verschmäht; wenn in der höhern Bürgerschule überhaupt das so eifrige Streben nach einer Fähigkeit in Lösung solcher Aufgaben als nirgend wo begründet angesehen werden muß, indem die rein formale Bildung in ihr ein unwesentliches Moment ist, ja sogar ein schädliches werden kann, so lange es nicht auf die Erwerbung eines Inhaltes oder zur Durchdringung einer Wirklichkeit verwandt werden kann; wenn somit eine nicht unbedeutende Verengerung des Lehrgebietes dadurch gegeben ist, indem selbst eine Reihe von Lehrsätzen ganz überflüssig werden: so tritt nun eben aus demselben Grunde, der solche, an den reinen mathematischen Aufgaben gesteigerte, formale Bildung verwirft, die Forderung nach solchen mathematischen Zweigen und den wissenschaftlichen Ergebnissen in denselben auf, welche eben die Schlüssel für die Naturerscheinungen enthalten, und diese als dem rein geistigen Gesetz unterworfen darstellen und somit dieselben begreifen lassen. Zwar soll und darf auch in den hier noch verlangten Gebieten einer Functionenlehre, Differenzial- und Integralrechnung, einer analytischen Geometrie und sphärischen Trigonometrie ꝛc. nichts an der wissenschaftlichen Strenge nachgelassen werden, weil ja eben eine rein geistige Construction der Natur-Construction gegenüber stehen soll; aber von irgend welcher Vollständigkeit oder irgend welchem nothwendigen innern Zusammenhange der vorgetragenen Lehren kann und darf füglich abgesehen werden, wenn der systematische Theil der Mathematik seine Aufgabe gelöst hat. Hiemit ist denn auch ausgesprochen, daß die höhere Bürgerschule in ihrem höchsten Unterrichtsstadium keinen reinen, für sich bestehenden mathematischen Unterricht mehr haben kann, so wenig wie sie da noch einen rein grammatischen aufweisen darf. Das verbietet die geforderte abgeschloßne Bildung.

Die Mathematik ist und kann nur eine angewandte sein auf der letzten Unterrichtsstufe, und eine je reichere Anwendung sie finden kann, desto vollendeter erfüllt sie ihre Aufgabe im Sinne der höhern Bürgerschule. Je freier und geschickter diese Anwendung ein Schüler vollbringt, desto höher ist er für seinen künftigen Beruf nach dieser Seite hin gebildet. Soll aber diese Freiheit und Geschicklichkeit in der Handhabung der Mathematik gewonnen werden, so müssen im Laufe des Unterrichtes vornehmlich die Seiten hervortreten, wo auch im Kleinen schon eine Verwendung der Mathematik zur Durchdringung und Aufschließung realer Verhältnisse eintreten kann, oder es muß für die Form irgend ein Inhalt gesucht werden, der sich der Denkform unterwirft. Das Erstere hat sie in dem ganzen Gebiete der Gleichungen, das Letztere hat sie im Kleinen schon in der Nachconstruction algebraischer Ausdrücke, vornehmlich aber in der analytischen Geometrie, in welcher die Raum-Construction sich dem Gesetze des Calcüls unterwirft.

Es braucht nach allem Gesagten nun wohl kaum noch der Bemerkung, daß dieser Verwendung der Mathematik nicht schon damit Genüge geschehen ist, wenn eine Zahlenaufgabe berechnet oder irgend ein Gesetz, welches in den Meßinstrumenten seine Anwendung gefunden, oder sonst ein physikalischer Satz nachconstruirt wird. Solcherlei Aufgaben sind noch schlechter wie die rein mathematischen, weil sie sich den Schein geben, als schlössen sie eine Naturwahrheit auf, während sie doch nichts als eine mathematische Uebung bieten, wobei nur Kraft statt Linie, und Zeit und Geschwindigkeit statt Länge rc. rc. gesagt ist. Die heutigen so genannten physikalischen Aufgaben sind nichts weiter als eine Erweiterung der Rechenaufgaben im Gebiete der Physik, und können hier, wenn man noch nicht Mannigfaltigkeit genug zu haben vermeint, vielleicht der Uebung im Calcül oder in der geometrischen Construction gute Dienste leisten; aber sie sind von der hier gemachten Forderung genau so weit verschieden, wie die Nachconstruction eines algebraischen Ausdrucks von einer analytischen Geometrie entfernt ist. Die Mathematik soll hier nicht berechnen, sondern sie soll mit ihrer Sprache Naturgesetze aussprechen. Die catoptrischen und dioptrischen und akustischen und statischen und mechanischen rc. Gesetze sollen Ergebnisse der mathematischen Betrachtungen sein; die Mathematik soll ungesehene Erscheinungen aufdecken, und das dem Auge und den Meßinstrumenten Unerreichbare enthüllen; sie soll das sonst unbekannte Innere der Natur dem Menschen aussprechen und aufschließen.

Die Einwendungen von Unmöglichkeit und Unausführbarkeit, wenn sie gültig wären, würden das Zeugniß geben, daß eine höhere Bürgerschule ihre wesentliche Aufgabe in der Mathematik mindestens nicht erfüllen könne. Wenn sie aber in Mathematik und Naturwissenschaften nicht das Ziel einer abgeschloßnen Bildung erreichen kann, dann möchte es in andern Gebieten noch schwieriger sein. Jedoch ein einziges so durch die rein geistige Construction gewonnenes physikalisches Gesetz, eine einzige so aufgeschloßne Erscheinung ist in ihr mehr werth, als die vielen sinnreichen mathematischen Aufgaben. Wenn man erst die Nothwendigkeit und Unerläßlichkeit dieses Zieles erkannt haben wird, wenn man die Mathematik nur erst nach dem Zwecke einer höhern Bürgerschule und nicht nach dem einer Gymnasialbildung wird bearbeitet haben, wenn man sich nur erst überzeugt haben wird, daß es keine mathematischen Lehrbücher geben kann, welche für die höhere Bürgerschule so gut wie für die Gymnasien brauchbar sein sollen, wenn man nur erst einsehen wird, daß in Betreff der Jugendbildung die Wissenschaften um der Jugend willen und nicht in den höhern Bürgerschulen die Jugend um der Wissenschaft willen behandelt wird, wenn man die neusten Leistungen eines Möbius und Graßmann *) nur erst gehörig würdigen und für Schulen nutzbar und verwendbar machen wird — und das ist Sache der Schulmänner, welche eine neue eigenthümliche Bildungsbahn für die Jugend ebnen wollen — dann werden alle Bedenken und Einwendungen schwinden, dann wird man muthig und rüstig Hand ans Werk legen, sich neue Wege bahnen und so sich die Bildungsmittel bearbeiten, wie sie die neue Schule bedarf. Dann wird man nicht mehr die Mathematik lehren wollen, wie man sie selber auf dem Gymnasium lernte, sondern sich andere physikalische Lehrbücher schaffen, als die von andern Bildungsanstalten geborgten. Ob viel oder ob wenig erreicht wird, ob eine ganze Dynamik oder nur ein Gesetz in ihr ꝛc. so gewonnen ist, das ist zunächst ganz gleichgültig. Kann aber der Art nichts erreicht werden, kann die Physik nichts weiter für die Mathematik bieten als Data zu einigen weitläuftigen Rechnungen, so begnüge man sich mit dem geringsten Maaße mathematischen Erkennens, um an ihm das Wesen einer Wissenschaft zu verdeutlichen, und nutze die auf Fertigkeit in Lösung

*) Möbius, Mechanik des Himmels und barycentrischer Calcül. Graßmann, Wissenschaft der extensiven Größe. I. Theil. Lineare Ausdehnungslehre. Leipzig, 1844.

von Aufgaben oder auf Erwerbung irgend welches Wissensschatzes in der Mathematik vergeudete Zeit zu Etwas besserem. Man baue nicht eine formale Bildung, eine geistige Befähigung an, welche nie und nirgend vom künftigen Bürger verwandt wird. Oder meint man denn, daß ein mathematisches Wissen, welches Kenntnisse bietet, ohne daß der wissenschaftliche Sinn sich noch schärft, auch noch zur Bildung des Geistes etwas beitrage? Die durch die mathematische Bildung gegebne Befähigung des Geistes, sich immer neue Felder in der Wissenschaft zu erobern, und die Freude an jeder solchen Eroberung ist das rein wissenschaftliche Intresse, was dem künftigen Bürger überhaupt nichts und auf diesem inhaltslosen Gebiete gar nichts nützt. Ob die Schüler aber zu der hier geforderten Mathematik reif genug sind? Bearbeite den Stoff nach den Kräften, ist die einfache Antwort aber auch die große wichtige Aufgabe für die Lehrer an höhern Bürgerschulen. Auch die Gymnasien haben ihre vortrefflichen Bildungsmittel sich nur erst durch hundertjähriges Arbeiten der befähigtsten Männer gewonnen; die höhern Bürgerschulen dürfen von ihnen nicht borgen wollen, denn was sich für Einen schickt, daß paßt nicht für Alle.

Die practische Mathematik wird später, wo vom Schulleben die Rede ist, ihre Würdigung finden, woselbst auch die mathematischen Aufgaben in der höhern Bürgerschule ihre Stelle erhalten werden.

§. 40. Das Rechnen gilt in den höhern Bürgerschulen als ein so wesentlicher Gegenstand, daß es hier füglich übergangen werden könnte. Auch ist der Stoff im Großen durch die Forderungen des Bürgerstandes so genau bezeichnet, daß nicht füglich fehlgegriffen werden kann. Doch da die Forderung des rein practischen Bedürfnisses keine Entscheidung geben kann, und das Herkommen kein Gewicht haben darf, so muß auch an diesen Unterrichtsgegenstand die Frage nach seinem bildenden Momente gethan werden, um daraus dann erst zu bestimmen, wieweit er den Zwecken der höhern Bürgerschule diene. Ohne bis zur Thätigkeit des Zahlbildens zurück zu gehen, muß man die ersten Rechenübungen als rein formal bildende Uebungen ansehen, sei es in der Anleitung, mit dem Auge leicht eine gewisse Menge gleicher Dinge zu überschauen und so das Zahlwort dafür auszusprechen, oder in der Zahlenreihe — d. h. in der Reihe der Zahlwörter — sich leicht zurechte zu finden, und vorwärts wie rückwärts in dieser Reihe nach beliebigen Intervallen fortzuschreiten, oder sich gedächtnißfertig nach und nach die kleinen

Summen und Reste aus kleinen Zahlgrößen zu schaffen, oder die Producte in Einheitszahlen, oder die Einheitszahlen in Producte zu verwandeln ꝛc. Diese Zahlensprache, welche hiemit gelernt wird, ist eine so gangbare Volkverkehrssprache, daß ihrer Niemand mehr entbehren kann, weil alle Größenvorstellungen immer nur noch durch die Zahlen gegeben werden. Diese Formlehre der so genannten 4 Spezies hat demnach das Bildende, was jeder derartige Unterricht auch hat, nur mit dem großen Vortheile, daß der Schüler beim Rechnen eine That vollbringt, welche er als die seine erkennt, und die keiner besser machen kann, wenn er richtig gerechnet hat. Doch hievon an einem andern Orte. Nach dieser Formlehre beginnt die Satzbildung, und diese besteht darin, daß der Schüler ein sachliches Verhältniß zwischen den Größen durch Zahlen sich ausdrückt, oder auch schon ausgedrückt erhält, und nun die in der Wirklichkeit bestehende Verknüpfung der Größen durch die Sprache der Zahlenverknüpfung ausspricht. So wird mit jedem richtig angesetzten Exempel ein Satz gebildet, der ein Reales mit einer Form der Zahlenverknüpfung durchdrungen hat. Diese Betheiligung wie geistige Bezwingung des Realen macht das Rechnen zu einem so wichtigen Gegenstande in der höhern Bürgerschule, und in diesem Puncte allein liegt überhaupt sein Bildendes. Damit ist aber auch die Richtung für das gesammte Rechnen auf der Schule angewiesen. Man suche die Sprache auf dem möglichst schnellen Wege zu gewinnen und lege den Hauptnachdruck darauf, dem Schüler solche realen Verhältnisse, die er überschauen und durchschauen kann, vorzulegen, damit er dann — wie im lateinischen Exerzitium — seine geistige That bei der Durchdringung und Erfassung eines solchen Verhältnisses durch den Ansatz des Exempels ausspreche. Dies Ueberlegen und dies Eindringen in das Sachverhältniß, das ist durchaus die Hauptsache. Diese Sachverhältnisse aufzusuchen, mit mannigfaltigen kleinen Abänderungen, wodurch das Exempel oft ein ganz anderes wird, auszurüsten, diese Erfindungen möglichst aus dem wirklichen Leben zu entnehmen, und so nach und nach durch solche Aufgaben dem Schüler das Auge für solche Lebensverhältnisse zu öffnen, dieser Anbau des practischen Urtheils auf diesem Gebiete, das ist die Aufgabe für die Rechenlehrer in den höhern Bürgerschulen. Man übersieht hieraus ferner leicht, daß durch diese Stellung des Gegenstandes auch zugleich seine Grenze nach zweien Seiten hin gesteckt ist. Man darf erstens nicht auf Verhältnisse eingehen, welche dem Schüler nicht zugänglich sind oder nicht auf eine leichte Weise aufgeschlossen werden können; und zweitens, man muß mit dem so genannten practischen Rechnen da aufhören, wo die Mathematik mit einer noch vollkommnern und erweiterteren Sprache eintreten kann. Geschäftsschulen mögen um anderer Zwecke willen das Rechnen in anderm Umfange lehren, die höhere Bürgerschule würde Zeit und Kraft unnütz verschwenden, ihre eigentliche Aufgabe aus dem Auge verlieren, und die Schüler nicht selten verwirren. Denn wenn sie zwei Rechensprachen lehrt, ohne so weit vorzudringen, von wo aus die Einerleiheit der Betrachtung des Rechenlehrers und des Mathematikers überschaut werden kann, so mag das wohl wie ein streng grammatischer Unterricht in zwei und drei Sprachen die formale Bildung erweitern, aber zur einheitlichen, abgeschloßnen Bildung führt es gewiß nicht. Wenn der Unterricht an die Mathematik übergehen soll, so heißt das nicht blos, es soll ihn der Mathematiker übernehmen, sondern Gleichungen, Aufgaben aus der rechnenden Geometrie, Trigonometrie, mathematischen Geographie, Physik und der gesammten practischen Mathematik geben das Uebungsfeld her für denselben. Hier lasse man viel, recht viel rechnen, denn hier hat sich die Schule reale Verhältnisse aufgeschlossen, die sie nun mit der Zahlensprache befaßt und begreift, d. h. die Schule hat sich gleichsam ein Schul-Reales nach und nach angebaut, dessen Verhältnisse dem Schüler vollkommen verständlich und die doch auch verwickelt genug sind, um vollauf seine Kraft in Anspruch zu nehmen. Man halte sich nur immer dabei vor, daß dieses Aufgabenlösen in Zahlenbeispielen weder Mathematik noch Physik sondern lediglich ein Rechnen ist, und daß dieses Rechnen ein nicht unwesentliches Theilchen aus der Schulpraxis ist (§. 21.). Dieses practische Rechnen möge zu den complizirtesten, vom Schüler noch selbstständig zu erfassenden, Verhältnissen in den gedachten Gebieten aufsteigen, es wird darum eben ein practisches bleiben, weil es auf die geistigen Erlebnisse und Erkenntnisse des Schülers angewandt wird, weil es auf dem Gebiete des Lebensbodens der Schule bleibt, also nicht eine ausgedachte, fingirte, oft nur unklar erkannte und schwer verdeutlichte Geschäftspraxis zum Gegenstande hat. Solche erdichtete Praxis, wie sie der Rechenunterricht so oft vor sich hat, eine solche halb wahre und nur halb verstandene, die verdummt, denn sie verwirrt mit optischen Täuschungen das Auge für klares Anschauen der spätern Lebensverhältnisse. Im Schulleben muß die Schulpraxis wurzeln, dann wird der wahre practische Sinn angebaut werden, sonst nicht.

§. 41. Die Naturwissenschaften (§. 28.) waren einer der wichtigsten Lehrgegenstände der höhern Bürgerschule darum, weil sie den Menschen unmittelbar an die Wirklichkeit stellen, und ihn nöthigen, sich aus der Wirklichkeit die Vorstellung und den Begriff zu bilden. Nur am Anschauungsunterrichte in der Mathematik und in einem Theile des Rechenunterrichtes haben sich Nebenlinien für diese Bildungsrichtung der Schule auffinden lassen, welche aber gegen die breite Fläche der Naturwissenschaften auch nur eben als Linien angesehen und so kaum mit ihr noch verglichen werden können. Damit ist aber auch die Seite hervorgehoben, welche diesen Unterricht allein zu einem wesentlichen macht. Ein Reales soll er dem Schüler bieten, was ihm noch nicht begrifflich vermittelt ist; dies Reale soll vom Geiste zu Vorstellungen und zum Begriffe erhoben werden. Wenn die Naturwissenschaften nun aber allein um dieses Zweckes willen in der höhern Bürgerschule einen Raum finden, und hierin von keinem andern Gegenstande vertreten werden können, so ist damit auch die Grenze des Unterrichtes angegeben, und auch der Stoff. Der Gegenstand der Beobachtung muß also jedem Schüler zur Beobachtung nahe sein, und das läßt sich nur erreichen in der Botanik, selten in der Mineralogie, einigermaßen in der Zoologie. Es fragt sich nun, ob alle drei Disciplinen behandelt werden sollen. Die Antwort würde entschieden ja lauten, wenn nicht Zeitbeschränkung anders geböte. Die Botanik allein ist so weit vorgebildet, daß die Schule zweckmäßig von ihr Gebrauch machen kann für eine geistige Bildung, darüber ist unter Schulmännern kein Zweifel. Es kann mindestens jedem Schüler die Pflanze zur Beobachtung in die Hand gegeben werden. Die Mannigfaltigkeit der Pflanzenformen und doch wieder auch die so nahe liegenden Uebergänge der einen Form in die andere, die leichte Zugänglichkeit zu allen und auch den innern Theilen der Pflanze bieten einen so reichen Stoff zur Uebung im Beobachten wie im Beschreiben, daß man einen andern Gegenstand auf diesem Gebiete der Thätigkeit kaum daneben vermißt. Indem aber auch durch die vielen beobachteten Individuen, durch die von der Natur her sich aufdrängenden vielen Anschauungen, durch die vielen beobachteten Aehnlichkeiten sich leicht das geistige Bedürfniß nach Ordnung und Uebersicht einstellt, so treibt dies innerste Bedürfniß des Geistes den beobachtenden Knaben zum Begreifenwollen unter höhere Begriffe, d. h. zum Suchen der Gattung, der Familie, der Ordnung, der Klasse, des Systems. Auf diese Weise wird Botanik ein so wichtiger ja in einer Beziehung der wichtigste Unterricht für eine höhere Bürgerschule. Ganz anders steht es mit der Zoologie. Die Insectenwelt, könnte sie jedem Schüler in einem gesonderten Exemplare vorgelegt werden, würde freilich einen nicht minder reichen Beobachtungsstoff darbieten; doch diese Insecten von Schülern suchen und tödten lassen in dem Alter, wo dieser Unterricht allein so recht fruchtbar ist, möchte wohl auch den nicht Sentimentalen billig Anstoß erregen; sie aber in Glasschächtelchen als todte Gegenstände dem Schüler beinahe zeigen und sie ihm dann wieder zum Verwahren abnehmen, das giebt neugieriges Begucken aber kein Beobachten. Die Formenbeschreibungen in der höhern Thierwelt möchten sich wohl nur noch durchs Zeichnen nicht aber durch das bloße Wort bewerkstelligen lassen, und wiederum können Kinder in dem Alter noch nicht so viel zeichnen. Noch kommt dazu, daß die Thierwelt eben eine lebendige ist, und daß die reine Formbeschreibung, und namentlich gar nur die Auffassung der Umrisse an diesen Thieren, doch gar sehr wie ein Schulgericht aussieht, was man sich aus der lebendigen Natur für die Schule bereitet hat. Wenn die Organe der Thiere nicht einen Fingerzeig geben können für das Leben der Thiere, d. h. aber auch, wenn man nicht zugleich das Leben derselben vor sich haben kann, so ist der Unterricht doch nur ein halber. Soll dies Leben derselben nun aber erst dem Schüler erzählt werden, dann sehen wir wieder die eine Hälfte dieses Unterrichtes aus dem hier geforderten Bildungsgebiete entrückt, es steht dann der Geist nicht vor einer selbst geschauten Wirklichkeit, sondern er vergleicht dann nur eine angeschaute Form der Organe mit einer geistig überlieferten Wirklichkeit, und der Schluß von dem Einen auf das Andere ist meist, ja fast immer ein dem Lehrer nachgebeteter, und solches Bilden ist ein schädliches Thun in unsern Schulen. Zoologie hat nur eine Bedeutung durch Biologie und Organenlehre, und wiefern sie dann mit der physischen Anthropologie zusammenfallen muß in den Schulen, das ist hier nicht zu erörtern, aber auszusprechen. Kann es dabei nicht ohne Anatomie abgehen, so darf der Unterricht nicht eher eintreten, als bis ein gewisser wissenschaftlicher Ernst schon den Jüngling beseelt, also in der höhern Bürgerschule nur auf der höchsten Stufe, und bis er zum Auffassen eines Organismus und organischen Lebens geistig befähigt ist. Damit ist aber wieder gesagt, daß dann dieser Unterricht nicht etwa mehr da ist, um den Geist daran zu bilden, sondern um den anderweitig gereiften Geist hier an einem Realen zu beschäftigen. Darf nach der den höhern Bürgerschulen zugemeßnen Zeit schon die Ueberzeugung leicht gewonnen sein, daß sich der Unterricht nicht viel über Nomenclatur erheben wird, und daß schwerlich der Schüler mit eigner Einsicht sich den Organismus aufschließen, vielmehr immer nur dem Lehrer nachschließen wird, so wird damit auch schon der Gegenstand in das Gebiet derjenigen Fächer hineingesetzt, welche mehr Material als Erkenntniß, mehr Kenntnisse als Wissen, mehr Nachbeterei als selbsteigne Einsicht geben. Mögen die Zoologen und Entomologen nur ja nicht hier aus ihrer eignen an sich selber gemachten und auch nicht aus der an ihren Schülern gemachten Erfahrung uns widerlegen wollen. Nicht aus den naturhistorischen Cabinetten haben die Männer ihre Freude an der lebendigen Natur gewonnen, sondern aus dem Beobachten des Naturlebens. Wenn sie daher mit stillem Vergnügen die Schlupfwespe betrachten, so sehen sie zwar auch nur mit den Augen die Glieder, aber an diesen Gliedern schauen sie das ganze, von ihnen beobachtete, Leben des Insectes, wovon der Schüler nichts schaut. Wie Rösel in seinen Insectenbelustigungen, so könnte sich ein Schüler, wenn er Anleitung, Gelegenheit, Raum und Zeit hat, zweckmäßig und fruchtbar mit der lebendigen Thierwelt beschäftigen, und dieses wäre die einzige Art von Zoologie, welche in den Schulen die Bildung geben würde, die von der Naturwissenschaft erwartet wird. Hiemit ist denn wohl auch gesagt, daß solcher Unterricht sich nicht füglich mit 40 ja 50 Schülern in einer Klasse ausführen läßt. Die Mineralogie bietet nun aber für die Beschreibung zu wenig, die äußern sondernden Kennzeichen der Mineralien, so weit sie mit dem Auge aufgefaßt werden können, sind zu unbestimmt, und selbst die Terminologie ist nicht genug dafür ausgebildet. Will man und muß man aber vornehmlich die Kristalle hineinziehen, so sieht man die Unmöglichkeit des elementaren Unterrichtes sogleich ein. Wie die gesammte Mineralogie nicht ohne chemische Kenntnisse, so kann die Kristallographie nicht ohne mathematische betrieben werden. Dann bietet sie aber auch nicht mehr die Seite dar, auf welcher das Reale zur geistigen Vorstellung erhoben, sondern, die wo ein Reales mit dem Formalen durchdrungen und Inhalt gebend wird. Darum aber gehört sie nun auch in den Unterrichtskreis der höhern Bürgerschule, aber nicht als eigene selbstständige Wissenschaft sondern als ein Reales, was dem Formalen, dem Begrifflichen, der Chemie wie der Mathematik ein Object zum Inhalte bietet.

Die Physik ist ein zweiter Zweig der Naturwissenschaft, in

welchem der Schüler dem Realen gegenüber gestellt werden soll, um es zur Vorstellung zu erheben. Das Experiment neben den in der Natur vorgehenden Erscheinungen bietet die Wirklichkeit dar zur Beobachtung und das aus diesen Erscheinungen abgeleitete Gesetz ist der aus der Wirklichkeit gewonnene Begriff. Die Beobachtung muß am ruhenden Sein der naturhistorischen Gegenstände geübt sein, wenn der Geist den Wechsel, die Veränderung am Sein, den Vorgang im Experimente soll scharf und richtig auffassen können. So wird die Experimental-Physik eine gleichsam erweiterte Naturbeschreibung, und ihr Begriff ist das Naturgesetz. Dieses Gesetz darf nicht ein gegebnes sein, was nun hernach durch eine Reihe von Experimenten bewiesen wird, sondern es muß ein den Vorgängen im Experimente wie in der Natur abbeobachtetes sein. Nicht mit den Ergebnissen der Physik, wie sie die Wissenschaft herausgestellt hat, soll der Schüler bekannt gemacht werden, wobei dann das Experiment entweder nur zur Verdeutlichung oder zum Belege dient, sondern der Geist soll sich das Gesetz durch das Beobachten der Vorgänge selbst gewinnen. Nicht soll es ihm auch durch eine berühmte katechetische Lehrart abgepreßt werden, nicht auch soll es aus einer einzigen Erscheinung her geschlossen werden, wodurch der Geist zu der großen Lüge, das Besondere dem Allgemeinen gleich zu setzen und im Besondern auch schon ein Allgemeines zu haben, verführt wird; vielmehr soll das Gesetz durchaus ein Ergebniß der Beobachtung der Erscheinungen sein. Nur so hat die Physik ihre große Bedeutung in der höhern Bürgerschule; anders gehört sie in die Geschäfts- und Industrie-Schulen. Wenn sie anders in der höhern Bürgerschule gelehrt wird, so verliert sie ihre Aufgabe, wird ein Willensmaterial, dessen Stoff hübsch verwendbar ist, aber wirkt nichts für die wahre geistige Bildung des künftigen Bürgers. Da wird es freilich, so sagt man wohl, nicht viel werden, und man wird nicht weit kommen. Der erste, kleine Schritt des Kindes ist ein unendlich großer Weg gegen alle die Spazirgänge, welche das Kind auf dem Arme der Wärterin machte. Sollen denn aber die Ergebnisse der Wissenschaft nicht den Schulen zu Gute kommen, und alle die schönen Gesetze, sollen sie den Schülern ein unentdecktes Land bleiben? Schaffe Brücken und Communicationswege durch glücklich gewählte und gut zusammengestellte Experimente, und die Schüler werden von einer selbst gemachten Reise nach einem ihnen fremden Lande mehr Gewinn haben und mehr Reiselust bekommen, als von allen Reisen auf der Landcharte des physikalischen Wissensgebietes. Kann aber die Physik nicht in dem angegebnen Sinne gelehrt werden, dann kann sie auch nie ein wesentlicher Gegenstand in der höhern Bürgerschule sein, und es muß ein anderer Unterrichtszweig von den Pädagogen entdeckt werden, der den Geist unmittelbar dem Realen gegenüberstellt und ihn sich aus diesem Realen her den Begriff zu gewinnen nöthigt. Doch diese Schwierigkeiten führt nun eben ein neuer Schul-Organismus mit sich. Sie müssen überwunden werden, das ist die neue Forderung des höhern Bürgerstandes an die Didactiker, welche in diesem neuen Bildungswege bilden wollen. Es ist übel genug, daß hier nicht schon längst mehr geschehen ist. Hieraus folgt nun ganz von selbst, daß alle diejenigen Experimente, welche noch nicht einmal die Wissenschaft genügend erklären kann, als ein unwürdiges und den Lehrer entwürdigendes Spielwerk wegfallen müssen; daß alle künstlichen Experimente, in denen man die Natur gleichsam nur Grimassen und Witze machen läßt, um den Scharfsinn des Schülers daran zu üben, als unwürdige und entwürdigende Dinge von dem ernsten Heerde wegbleiben müssen; daß alle Experimente, welche durch irgend welche künstliche Construction der Instrumente das Naturgesetz mehr verhüllen als enthüllen, und nur Aufmerksamkeit und Nachdenken auf das Instrument und nicht auf die Naturkraft lenken, als leere Spielereien der Mechanik keinen Platz finden dürfen. Nicht minder folgt, daß Beschreibung der physikalischen Instrumente, welche ja zum Naturgeschichtlichen gehört, Knalleffecte, die den Lehrer lächerlich machen, unnöthige Abänderungen, welche zu Spielereien mit den Instrumenten führen, nur die Wirkung des Unterrichtes stören. Alle diese Dinge haben nach Erfahrung die Wirkung, daß unter Verwunderung und Bewunderung und Amüsement und Lachen zuletzt die ganze Natur weggelacht ist, und der Lehrer da kein Intresse mehr bei den Schülern für Physik findet, wo dasselbe erst recht beginnen sollte. Andrerseits leuchtet aus dem Bildungsmomente, was der Experimental-Physik zukommt, nicht minder ein, wie alles und jedes Technologische in der höhern Bürgerschule gar keinen Platz an dieser Stelle finden kann. Es verdummt solche gedachte Praxis, denn sie giebt durchaus schiefe und falsche Vorstellungen von der Sache, und läßt aus Unverstandenem Schlüsse ziehn, die bei aller formalen Wahrheit dennoch ein ganz gründlicher Irrthum sind. Wenn nun aber gar ein Lehrer so sehr Technologe ist, daß er seinen Schülern sogar in den Lehrstunden allerhand Handwerksgriffe vormacht, so zeigt das ein Verkennen der Bedeutung des physikalischen Unterrichtes. Doch möge der Lehrer die Würdigung dieses Könnens an einer spätern Stelle erwarten, wo vom Schulleben die Rede sein wird. Die heut zu Tage so genannte mathematische Physik hat oben schon beim Rechnen und bei der Mathematik ihre Stelle gefunden. Somit hat nun, um es kurz zu sagen, die Physik folgende Aufgabe: sie lehre den Schüler, sich aus den Ereignissen in der Natur oder aus den isolirenden Ereignissen im Experimente ein Naturgesetz heraus beobachten, und lasse es eine Construction seines eignen beobachtenden Geistes sein. Sie vermittle dann nur noch die Data und Bezeichnungen, vermöge deren nun das Gesetz der constructiven oder der rechnenden Mathematik sich unterordnet, und überlasse es nun dieser geistigen Sprache, daraus neue Verhältnisse sich zu construiren oder zu berechnen, oder auch: sie mache sich fähig, den Inhalt für die mathematische Denkform herzugeben. Es folgt also auch hier wieder, daß es auf der höchsten Stufe der höhern Bürgerschule keine reine Experimental-Physik mehr geben kann.

Sollte hier diese Einengung der Experimental-Physik einen Widerspruch darzuthun scheinen mit der ihr eingeräumten hohen Bedeutung, so denke man nur immer daran, daß die Beobachtungsfähigkeit von Ereignissen, wenn sie einmal erreicht ist, wohl noch durch fortdauerndes Experimentiren in Uebung erhalten, aber eben nicht mehr wesentlich erweitert werden kann, denn der Physiker wird nicht durch fortgesetztes Beobachten gebildeter sondern nur geübter; nicht seine geistige Befähigung sondern seine practische Sicherheit, nicht seine Wissenschaftlichkeit sondern sein Wissen nimmt zu. Wenn der Schüler geübt worden ist, bei seinen Schlüssen von den Wirkungen auf die Ursachen zu schließen, und auf die Mitwirkung aller Nebenumstände zu achten; wenn er die Erscheinung, um zum richtigen Begriffe zu gelangen, in die einzelnen Momente zu zerlegen angehalten und dazu geistig befähigt worden ist; wenn er gleichsam die Erscheinung zu disponiren gelernt hat: so kann die dann noch fortgesetzte Uebung wohl größere Geläufigkeit und Sicherheit geben, aber keinesweges seine geistige Bildung wesentlich erhöhen. Noch kommt hinzu, daß eine eigenthümliche Gefahr in dem, über einen bestimmten Punct hinaus gehenden, Unterricht in der Experimental-Physik liegt. Wenn nemlich ein Schüler mühsam durch den mathematischen Unterricht dahin gebracht ist, der rein geistig vollbrachten That, wie sie sich im Ergebniß einer längern oder kürzern Schlußreihe darstellt, eine Wahrheit und somit Nothwendigkeit zuzugestehen, und wenn er diesen Denk-Prozeß nun auf die so weit begründeten Elemente der physikalischen Gesetze anwendet: so will er entweder gar nicht mehr die Prüfung durch das Experiment, sie erscheint ihm überflüssig, unnöthig, und seiner Erkenntnißkraft unwürdig — daher das Verschmähen der Experimental-Physik Seitens der tüchtig mathematisch durchgebildeten Schüler — oder er sieht aus diesem Nachexperimentiren ein Zweifeln an der Wahrheit des Erschloßnen, und dann hebt diese Physik den Schritt, den die Mathematik mit so vieler Mühe that, vollständig wieder auf. Es hat der Schüler nicht das Intresse des Physikers und soll es in den höhern Bürgerschulen nicht haben. Doch der wesentlichste Grund einer solchen Stellung der Physik und Mathematik liegt in der Nothwendigkeit einer abgeschloßnen Bildung, welche nicht den Geist sich in vereinzelten und ins Unendliche gehenden Strahlen verlaufen lassen darf.

Die Chemie als der letzte und höchste Zweig der Naturwissenschaften zieht den Geist von dem Aeußern in das Innere der Natur (§. 28.) und enthüllt gleichsam die erstorbne Psyche der todten Körperwelt. Sie verhält sich zur Physik etwa wie die Zoologie zur Botanik. Der Beobachter steht hier vor einem Lebensprozesse, den er willkührlich einleiten, fördern, hemmen kann, indem er die den Körpern selbst inwohnenden Kräfte in einen gegenseitigen Kampf setzt. Nicht die Form bietet dem Auge den Anhaltepunct, nicht auch die äußerlich sichtbare Bewegung, sondern der innere Vorgang im Experimente soll erfaßt und geistig construirt werden. In der Chemie tritt der Geist an die stillen, oft unbemerkbar und dennoch unhemmbar wirksamen Kräfte der Natur, und belauscht geistig das stille Schaffen, Verändern, Gestalten derselben. Dies Versenken in das innere Leben der Natur, dies Stehenbleiben bei den oft unsichtbaren innern Vorgängen, dies Ahnen, Schauen und Erkennen einer Psyche, deren erkannte Lebenskraft allein den Schlüssel für unendlich viele Erscheinungen bietet, ohne deren Kenntnißnahme der menschliche Geist vergebens an das Reale gestellt wird, indem er nur von Außen her die äußere Erscheinung beobachten kann, ohne deren Begriff kein geistiges Durchdringen der physischen und realen Welt möglich ist, ohne deren Erkenntniß kein Begreifen weder der todten noch der lebendigen Natur denkbar ist: diese an der Chemie gewonnene Kraft und Einsicht vollendet also erst im eigentlichen Sinne den Bildungsweg einer höhern Bürgerschule nach der hier betrachteten Seite hin. Durch die Chemie und nur durch sie kann erst das Reale geistig durchdrungen werden, mit ihr gewinnt man mehr als ein von der Form der Erscheinung her construirtes Gesetz einer hypothetischen Naturkraft. Sie begreift die Natur in ihrem innersten Wesen. Somit könnte man sagen: alle andern Zweige der Naturwissenschaften bieten nur Vorübungen des Geistes für dieses Begreifenkönnen des Realen, die Chemie vollendet das angestrebte Ziel. Ohne Erinnerung verstehen sich die über Technologie bei der Physik gegebnen Warnungen von selbst. Auch die Chemie darf nicht in die Grenzen hinaus gehen, welche die Wissenschaft noch nicht erobert und dem geistigen Gesetze unterthan gemacht hat, sie muß in dem geistig wohl organisirten Staate bleiben, um nicht gleichsam aus den Schülern Vagabonden zu bilden; sie auch muß aus der Beobachtung her sich aufbauen und nicht das Experiment als Beweismittel eines vorgegebnen Gedankens gebrauchen 2c. 2c. In ihr findet die Mineralogie ihre natürliche Stelle, aber die organische Chemie als ein ungeordnetes Land bietet nur erst wenige Provinzen zum Bereisen dar.

§. 42. Die Religion als Unterrichtsgegenstand, die wir nicht ohne Absicht zuletzt hier aufführen, ist Anfang und Ende der höhern Bürgerschule. Das geht aus dem Prinzipe der höhern Bürgerschule und nicht aus irgend welcher andern vorgefaßten Meinung hervor. Das Formale ist hier die geoffenbarte Religion, womit das Reale, der Mensch, begriffen werden soll. Dieses Formale liegt in der heiligen Schrift zunächst stofflich vor, und muß durch Veranlassung des Unterrichtes aus diesem Stoffe zu einer geistigen Vorstellung erhoben werden. Den ersten, dem Wesen der höhern Bürgerschule angemeßnen, Schritt der Bildung bietet das in den Thaten der frommen Männer dargestellte verkörperte Sittengesetz, die in ihren Handlungen sich äußerlich darlegende innere Gesinnung, der aus der Uebereinstimmung ihres Handelns und Redens erkennbare innere Friede oder bei Nichtübereinstimmung der innere Unfriede und die Unseligkeit, und die aus dem gesammten Thun wie Leiden, Denken wie Empfinden sich kundgebende Gottseligkeit. Dieses Leben, Thun, Denken, Empfinden der heiligen Männer, wie sie die Urkunden der Offenbarung darstellen mit allen ihren menschlichen Schwächen, Gebrechen und Verirrungen, bietet das reale Object zur Betrachtung dar, welches nun zu einer Vorstellung erhoben werden soll. Die gewonnene geistige Vorstellung ist nun eben das Formale, womit zunächst der Einzelmensch als Invidiuum zum Geiste des Kindes erhoben wird. Christi Leben, Lehren, Wirken und Leiden ist dann zum Schlusse gleichsam der personifizirte Begriff der einzelnen religiösen Individuen, in welchem jede einzelne Pflanze ihre Stelle findet, worin aber auch jeder einzelnen Pflanze die Stellung angewiesen werden muß, wenn sie zu einer geistigen Vorstellung soll erhoben d. h. für den Geist selbst ein bildender Inhalt geworden sein. Aus diesem Realen her nun soll und muß die höhere Bürgerschule ihrem innersten Wesen nach sich die religiöse Vorstellung und in dem wirklichen Christus den religiösen Begriff, d. h. zunächst den Begriff eines religiösen Lebens gewinnen (s. §. 41.). Nicht also ein gegebner, vorweg geistig gesetzter und überlieferter Begriff soll und darf in der höhern Bürgerschule vorangestellt und mit ihm das Leben der biblischen Personen verglichen oder gar darnach beurtheilt werden, sondern er soll und muß ein wirklich vom Schüler durch Anschauen des vorliegenden realen Seins gewonnener sein.

In Christo ist nun aber die Fülle der Gottheit leibhaftig, und so bietet er selber nun mit seinem Leben, Lehren und Wirken ein reales Object für die Anschauung, um sich aus ihm zum Begriffe der Gottheit selber zu erheben. Die gewonnene Vorstellung von Gott als dem vorsehenden, dem lenkenden, dem liebenden, dem gerechten, dem heiligen und dabei doch gnädigen, dem eifernden und doch langmüthigen, dem strafenden und dabei doch barmherzigen ꝛc. ist das dem realen Leben Christi und seiner Lehre abzugewinnende Formale, womit dann wieder ein andres reales Object, nemlich der erkennende Mensch selbst, durchdrungen werden soll. Dieses Sein Christi ist nun aber außer seinem eignen Leben und seinem eignen Worte auch noch niedergelegt in dem Leben und Streben der Apostel, in den Lehren derselben und in dem Christenthume, welches in der Kirche Gestalt gewonnen hat, und somit müssen auch noch oder dürfen auch noch diese Erscheinungsformen in der höhern Bürgerschule zur Betrachtung kommen, um zum möglichst reinen oder auch vollkommnen Begriffe der auf die Menschheit einwirkenden Gottheit zu gelangen. Also wiederum nicht ein durch irgend welchen Denkprozeß erzeugter aber auch nicht durch irgend welches Herkommen überlieferter Begriff von Christo und Gotte, sondern der verkündete, durch Propheten verheißne, von Israel erwartete, die Verheißung erfüllende, in That und Wort, in Gehorsam und Liebe offenbar gewordene, von den Aposteln verstandene, in der Kirche wirkende Christus, ist das reale Object des Unterrichtes, um zu dem so geoffenbarten Gotte sich zu erheben. Dieser aus solchem

Realen gewonnene Begriff von Gott in seiner Beziehung zur Welt soll dann ein andres reales Object, den Menschen selbst, den wollenden, begehrenden, handelnden, den schwachen, ohnmächtigen und sündigen durchdringen. Es soll sich diese Erkenntniß mit einem Inhalte, die Anschauung und der Glaube mit einem Begehren, die Sündenerkenntniß mit einer Zuversicht auf Erlösung erfüllen. Die Erkenntniß der göttlichen Liebe soll im Menschen zu einer Liebe gegen Gott, die Erkenntniß der Barmherzigkeit Gottes zum Gottvertrauen, die der Erbarmung zur Hingebung an Gott, die Erkenntniß der unverdienten Gnade zur Ergreifung der Erlösung führen. So schließt der Religionsunterricht in sich selber den Kreis des Bildungsganges in der höhern Bürgerschule ab, und darum ist er als reiner Lehrgegenstand betrachtet der vollkommenste, den eine höhere Bürgerschule unter den vorhandenen Gegenständen aufweisen kann. In keinem derselben vollendet sich so der Kreis: vom Realen zur Form und von und mit der Form wieder ein Durchdringen des Realen, wie in dem Religionsunterrichte; in keinem ist das Reale selbst von so großem Reichthume und doch auch wieder so großer Einfachheit; in keinem ist der Begriff ein so weiter und umfassender und doch auch wieder in seiner Verwendung so durchdringender und gestaltender; in keinem ist das zu durchdringende reale Object ein so wichtiges und würdiges, und doch auch so nahe liegendes, denn es ist ja das erkennende Subject selbst.

Demgemäß hat der Religionsunterricht in der höhern Bürgerschule nur zwei Zweige, nemlich Bibelkenntniß und Kenntniß der Kirche. Die Bibelkenntniß umfaßt aber nur 1) das Leben und Handeln der biblischen Personen und Christi, 2) das Leben, Leiden, Lehren Christi, und das Leben und Lehren der Apostel. Die Kenntniß der Kirche, so weit sie eine historisch gewordene ist, gehört in den historischen Unterricht, und das um so mehr, als das Germanenthum sich um die Kirche herum gelegt hat, wie um seinen innern Kern, und eine deutsche Geschichte im Sinne einer höhern Bürgerschule gar nicht gelehrt werden kann, ohne daß die Kirchengeschichte immer mitgenommen, oder vielmehr für gewisse Zeiten als der Mittelpunct der Darstellung behandelt wird. In der deutschen Geschichte wird dann auch nothwendig die allmälige äußere Gestaltung zur Sprache kommen müssen. Für den Religionsunterricht gehört demgemäß nur diejenige Kenntniß der Kirche, nach welcher sie als eine nothwendige aus dem Christenthume und seinem Wesen her bedingte Fortsetzung des Wirkens Christi erscheint. Wiefern nun aber die eine allgemeine christliche Kirche noch nicht verwirklicht ist, statt deren vielmehr vereinzelte Kirchenpartheien als einzelne Säulen des noch erst zu vollendenden Baues dastehen, so muß diese Kirchenkenntniß sich nothwendig auch auf diese vereinzelten Anfänge erstrecken. Wiederum wird aber diese Berücksichtigung der verschiedenen Zweige der Kirche im Sinne der höhern Bürgerschule nicht weiter gehen können als bis zur Kenntnißnahme der wesentlichen Unterscheidungslehren, und die Berechtigung zu solchen Unterscheidungen wird nicht im scheidenden Verstande sondern in der Bibel und deren Auffassung gesucht und nachgewiesen werden müssen; also nur die biblisch begründeten — möge die Auslegung derselben auch eine irrige sein — Unterscheidungslehren, nicht aber die durch Verstandes-Consequenz gefolgerten, auf philosophischen Ansichten der verschiedenen Zeiten ruhenden und aus vorgefaßten Zeitmeinungen hervorgegangenen oder durch den Streit der Partheien gleichsam abgepreßten Einzelnheiten der Glaubensbekenntnisse machen den Inhalt dieses Unterrichtes aus. So wird die in der höhern Bürgerschule zu gewinnende Kenntniß der Kirchenpartheien, so weit dieselbe in den Religionsunterricht gehört, nichts weiter als ein biblischer Unterricht, der an den betreffenden Bibelstellen die verschiedenen Auffassungen und die Verkörperung dieser Auffassungen in den betreffenden Kirchenpartheien nachweist.

Sonach scheidet aus dem Religionsunterrichte in der höhern Bürgerschule alle und jede systematische oder philosophische Erkenntniß der Dogmatik oder Moral, weil beide die wissenschaftlichen Begreifungen des Religions-Inhaltes sind, um welche es sich in diesen Schulen nicht handelt. Denn solche Begreifung des Inhaltes setzt entweder schon einen für Systematik gebildeten Geist voraus, und der wird nicht gewünscht, oder es soll gar an dem Gegenstande selbst diese wissenschaftliche Befähigung gewonnen werden, und das ist für die höhere Bürgerschule überhaupt und in Betreff des Religionsunterrichtes vornehmlich zu verschmähen. In der höhern Bürgerschule hat dieser Gegenstand, wenn er eben Anfang und Ende sein soll, nicht seinen Unterrichtsverlauf in der wissenschaftlichen Erkenntniß sondern in dem Durchdringen des realen Objectes, d. h. des erkennenden Menschen selber. Das Zusammenhalten der aus der Bibel gewonnenen Erkenntniß mit dem wirklichen Sein des Menschen, dieses stete Unterordnen des wirklichen Lebens unter den göttlichen Begriff, also dieses practisch Machen des religiösen Begriffs, das ist hier die alleinige Aufgabe, und alles was darüber hinaus liegt, muß als ein Schade, als ein großer Schade angesehen werden. Ob der Schüler eine Uebersicht habe oder ob nicht, das ist vollkommen gleichgültig, wenn er nur Einsicht gewonnen hat in den Geist der biblischen Offenbarung, denn nicht nach seinem eignen hochgerühmten allgemeinen Menschenverstande soll er sich seinen Christus, seine Religion und seine Moral machen — und das ist denn doch die leicht erweisliche Frucht einer systematischen oder übersichtlichen Erkenntniß in dem hier zu denkenden Alter und für die hier gesetzte geistige Bildung, auf welche kein Universitätsunterricht mehr folgt, welcher den knabenhaften System-Dünkel wieder ausdrängt — sondern sich selber soll er in dem gegebnen Christus erfassen, sich mit dem göttlichen geoffenbarten Begriffe durchdringen. Hier ist die göttliche Offenbarung das geistige Constructionsgesetz, dem sich der Geist als ein Reales in Beziehung auf Erkennen und Wollen rc. unterordnet, nicht aber überordnet mit irgend welcher andern wissenschaftlichen oder Erkenntnißform.

Daß mit Religionserkenntniß die Aufgabe der höhern Bürgerschule nicht gelöst ist, ist schon oben bemerkt, vielmehr muß im Schulleben noch ein wesentlicher Theil dieses Unterrichkes angebaut werden, denn Religion soll und darf nicht bloß ein Intresse für die Erkenntnißkraft werden; ja die höhere Bürgerschule hat fast ausdrücklich dagegen zu steuern, daß sie nicht auch noch ein Bildungsmittel des Gedächtnisses und des Verstandes und so ein Unterrichtsmittel werde, was dann lieber nicht in derselben wäre und viel besser durch jedes andere ersetzt werden müßte.

§. 43. Ueberblickt man nun die hier nach und nach betrachteten Lehrgegenstände, so ergeben sich als brauchbar für die Zwecke der höhern Bürgerschule: 1) Latein bis zur Kenntniß der Formlehre, der Construction und des einfachen erweiterten Satzes. 2) Französisch (Englisch) bis zur Kenntniß der sprachlichen Feinheiten, und bis zur Fähigkeit, ein deutsches Product in dieser Sprache wieder zu geben, und zugleich bis zu der Fertigkeit, sich mit dieser Sprache durch die Lectüre einen Inhalt aus dem fremden Nationalleben zu gewinnen. 3) Englisch (Französisch) bis zur Befähigung, sich ein Literaturproduct auf dem ästhetischen Gebiete der Dichtkunst damit zugänglich zu machen. 4) [Italiänisch bis zu derselben Höhe.] 5) Die Muttersprache bis zu derjenigen grammatischen und historischen Erkenntniß derselben, daß durch sie der Zugang zu den Producten des Nationalgeistes aller Zeiten und so der Blick in die National-Cultur und National-Entwicklung geöffnet ist. 6) Geschichte mit der Beschränkung auf die eines fremden Volkes und die von Deutschland, doch letztere in Erweiterungen nach allen möglichen Seiten des Staats- und Volkslebens, und beide so viel als möglich schon als Ergebniß des eignen Lesens der Schüler. 7) Geographie als reiner für sich bestehender Unterrichtszweig hauptsächlich nur Topographie und so viel als die Veranschaulichungsmittel der Globen und Atlanten bieten mit Vorbereitungen auf die so genannte geographische Geschichte. 8) Mathematik zunächst eine Anschauungs-Formlehre, dann ein systematischer Theil, dann ein angewandter auf Geographie, Physik, Kristallonomie ꝛc. dann als Schluß die mathematische Physik. 9) Rechnen bis zu dem Puncte, wo besser die Mathematik dafür eintritt, in Aufgaben, welche neben der Fertigkeit das practische Urtheil üben, und dann in Aufgaben, zu denen Mathematik, Physik ꝛc. die Größen und Verhältnisse bieten, wo dann aber auch das Rechnen schon der Mathematik anheim fällt. 10) Botanik bis zur Kenntniß des Systems. 11) Physik hauptsächlich experimentale, mit Hinblick auf die physikalische Geographie und bis zu der Einsicht der Gesetze, daß dieselben für mathematische Aufgaben den Stoff liefern können, endend in der mathematischen Physik. 12) Chemie mit Anwendungen oder nur Blicken in die Mineralogie wie in das organische Leben und, mit Zuhülfenahme der Physik, in die physikalische Geographie. 13) Religion, Bibelkunde mit Kenntnißnahme der hauptsächlichsten Kirchenpartheien, so weit ihre Unterscheidungslehren auf biblischem Grunde ruhen. Aus frühern Betrachtungen treten nun noch hinzu: 14) Schreiben. 15) Zeichnen. 16) Singen (Musik).

Die durch das Schulleben geforderten Unterrichtsgegenstände können erst später aufgeführt werden; aber es muß auf sie hier entschieden hingewiesen werden, damit man die durch die Zeit der Schule gebotenen Beschränkungen für diese eigentlichen Lehrzweige begreife. Soll nemlich ein Schulleben und muß es in der höhern Bürgerschule Statt haben, soll und muß in ihr ein practischer Sinn angebaut werden, dann muß auch in ihr ein Raum für eine solche Praxis bleiben, und dieser Raum muß dem Unterrichte auf dem rein intellectuellen Gebiete abgewonnen werden. Vergegenwärtigt man sich aber die in diesem ganzen Abschnitte geführten Betrachtungen, so haben sie nicht blos die Brauchbarkeit sondern die Nothwendigkeit der Lehrgegenstände in dem angedeuteten Umfange dargethan. Nur die dritte neuere Sprache möchte wegbleiben können, und darum bleibe sie weg. Die übrige Aushülfe kann nur darin bestehen, daß man sich nirgend verbreitert mit dem Stoffe, sondern nur das eben vornimmt, was die Haupttendenz der höhern Bürgerschule am meisten fördert, und das unbekümmert ums Wissen oder Nützlichkeit fürs Leben. —

III. Abschnitt.

Vertheilung der Lehrgegenstände.

§. 44. Die äußern Bedingnisse für die Vertheilung der Lehrgegenstände haben nicht weniger Gewicht als die innern. Sie mögen daher hier zunächst nochmals kurz zusammengestellt werden. Die höhere Bürgerschule beginnt da, wo das Gymnasium beginnt, und empfängt ihre Schüler mit derselben elementaren Vorbildung und in demselben Alter wie das Gymnasium, etwa vom 8ten bis 10ten Jahre. Die vollendete höhere Bürgerschule endet mit demselben Alter und derselben (?) Bildungshöhe wie das Gymnasium, mit dem Alter von 18 bis 20 Jahren, sie wird demgemäß auf eben so viele Lehrstufen oder Klassen zählen müssen. Diese Bildungshöhe erreichen nur wenige Schüler, und darum wird sie mehre Abstufungen machen müssen, und auf verschiedenen Stufen einen gewissen Abschluß zu suchen haben, um nicht die meisten Schüler mit Eingängen und unvollendeten Anfängen ins Leben zu entlassen. Die höhere Bürgerschule darf nicht mit Stolz auf die Abiturienten schauen, welche in so geringer Zahl die Schule durchmachen, wenn sie nicht mit Beruhigung über eine zweckmäßige Bildung auf die vielen schauen kann, die dieses höchste Ziel nicht erreichten. Die höhere Bürgerschule wirkt nicht und wird nie mit ihrer in Einzelnen so gesteigerten Bildungshöhe wirken. Was von ihr aus an Bildung ins Volk kommt, das trägt die Masse mehr hinein als der Einzelne, ja die Hauptwirkung für allgemeine Bildung des Bürgerstandes wird und muß in dieser Schule mehr durch die Bildung der Masse als des Einzelnen geschehen. Viele Schüler, wie das die Erfahrungen bestätigen, entbehren der äußern und öfter noch der innern Antriebe zum Lernen und zur so genannten Schulbeschäftigung, daher sich die Schule so einrichten muß mit ihrem Lernstoffe, daß sie möglichst wenig den häuslichen Fleiß und nur in so weit in Anspruch zu nehmen braucht, als diese Aufgaben sittliche Uebungen des Wollens oder practische der Genauigkeit, Gewissenhaftigkeit und Treue, oder zwingende Uebungen für die Thätigkeit in den Stunden enthalten sollen. Für alle Schüler, welche bis jetzt von uns hier als der höhern Bürgerschule anheim fallend angesehen werden, wiefern vorläufig die Aemter suchenden ausgeschlossen wurden, fällt aber jeder Schulzwang weg, der sie bis zu irgend einer bestimmten Alters- oder Bildungsstufe in der Schule festhielte, woraus die Nothwendigkeit folgen würde, den Unterricht so zu gestalten, daß er den Eltern so recht gefiele und diese die Kinder um so länger in der Schule zu erhalten suchten. Doch da nach der Erfahrung die Eltern heut zu Tage wenig sich um das Schultreiben kümmern, das Bleiben und Nichtbleiben der Schüler erfahrungsmäßig mehr von der Lust und Unlust der Kinder als von dem Beschlusse der Eltern abhängt, so folgt daraus, daß gerade in der höhern Bürgerschule für die Vertheilung des Unterrichtes die Sorge an die Spitze gestellt werden muß, daß derselbe den Altersstufen und den Kräften angemessen ist und diese in eine befriedigende Thätigkeit setzt. Dieser freilich für andere Schulen nicht minder wichtige Grundsatz hat hier aber noch die besondere Deutung, daß um der Lernfreudigkeit willen schon eigne Veranstaltungen getroffen werden müssen und daß im Mitberücksichtigen der übrigen äußern Bestimmungsgründe für die Vertheilung des Lehrstoffes dieser Grund als einer der wesentlichen auftreten muß, um der höhern Bürgerschule zu einer gedeihlichen Wirksamkeit zu verhelfen. Die höhere Bürgerschule hat heute noch die Preisaufgabe, ihre Schüler so lange als möglich an die Schule zu fesseln. Es muß, es darf der Staat nicht mit Zwangsmaaßregeln das Volk zur Bildung drängen, denn die aufgedrungene Bildung macht eben auch nur Knechte. Die Stände haben eine Schule und einen Bildungsheerd hingestellt; den Priestern an demselben liegt es ob, den Cultus so zu gestalten, daß das Herz und Gemüth der theilnehmenden Jugend gefesselt und damit eben dann auch geläutert wird. Den höhern Bürgerschulen liegt es ob, die Jugend in die Bildungsstätte zu ziehen und dann zu erziehen, nicht dem Staate, sie in dieselben hineinzutreiben und darin zu fesseln. Der Bürgerstand ist und bleibe frei, die Schule mache ihn recht frei, indem sie ihm die rechte Bildung entgegenbringt. Aber in diesem scheinbar Aeußern liegen auch die innern Bedingnisse für die Vertheilung. In dem für die höhere Bürgerschule bedingten Alter der Jugend unterscheidet der Pädagoge und Didactiker leicht 3 natürliche Abstufungen, die des Kindesalters bis zum 12ten und 13ten Jahre, die des Knabenalters bis zum 14ten und 16ten Jahre, die des Jünglingsalters bis zum 18ten und 20ten Jahre. In dem Kindesalter herrscht Hingabe und Receptionsfähigkeit vor; Nachmachen ist hier schon That und Aufnahme des Dargebotenen giebt Befriedigung; die Reproduction aus dem Gedächtnisse gewährt dem Kinde Freude, und gedächtnißmäßiges Lernen ist ihm genügende geistige Beschäftigung. Daneben steht auf der andern Seite die Freude am Beobachten des Einzelnen und Individuellen, die Erfassung des Concreten, das Widerstreben gegen Abstraction. Die geistige Thätigkeit ist ein Vergleichen und Sondern der Anschauungen, ein Einprägen der Anschauungen und Erheben derselben zu Vorstellungen; sein inneres Gemüthsleben ist Glauben und Vertrauen, Bestimmtwerden durch den augenblicklichen Impuls, Hingeben an den Augenblick. Kurz es ist sein geistiges Leben nach allen Beziehungen hin eine Verschlingung des Innern mit der Außenwelt, die Einheit der Vorstellung mit der Anschauung, des Wollens mit dem Triebe dazu, des Sittlichen mit der Befriedigung des Wunsches ꝛc. Der höhere leitende Grundsatz in ihm ist der Wille der Eltern, Lehrer und anderer Respectspersonen, die sittliche Uebung findet es im unbedingten Gehorsam ohne Frage nach der Berechtigung des Befehlenden, die Sünde besteht im Unterlassen des Gebotenen. Das **Knabenalter** drängt das Kind aus dieser Stellung heraus, daher die Unbändigkeit, Haltungslosigkeit, das Streben nach Ungebundenheit und doch Mangel an Selbsthaltung, das Streben wider das Verbot als ein Kitzel der Selbstständigkeit, das Beginnen des sich Rechtfertigens, des so genannten Raisonnirens, als ein Anfang eines Selbsturtheilens, ein Widerreden gegen Geschwister und Mutter als der erste Versuch eines Selbstbestimmens. Daneben ein Suchen von selbstständigem Spielen und daraus das Spielverderben, wie auch eine Art von unsinnigen und mindestens unüberlegten Unternehmungen, und ein Isoliren; aber auch ein Versuchen in selbstständigen Nachahmungen, oder Anfertigen von allerhand kleinen Sachen nach eigenen Gedanken. Muth, Keckheit, Verachten der Form und Lieben des Formlosen werden die Triebfedern und Leitfäden des Handelns, das Bezwingen mit der eignen Kraft ist sein höchster Triumph, die Hingebung an einen höhern Willen wird Losgelassenheit, die kindliche Hingebung wird als Weichlichkeit verworfen, und ein rücksichtsloses Hinwegsetzen über die Empfindung gestaltet sich oft zur Rohheit ꝛc. ja das ganze geistige Leben drängt sich gewaltsam nach Außen, will gleichsam selber ein Aeußeres werden, mit welchem es sich bis dahin als verwachsen fühlte, und von dessen Herrschaft es nicht anders loskommen zu können vermeint, als daß es sich selber als ein Aeußeres hinstellt. So ist der ganze Zustand des Knaben ein Ringen des Geistes gegenüber den Fesseln der Wirklichkeit, die ihn bis dahin im Wollen, Begehren, Handeln, Empfinden, Denken, Schauen ꝛc. befangen und gefangen hielten. Wenn die geistigen und sittlichen Gefahren, welche in dem eben dargestellten Zustande des Knabenalters liegen, glücklich vorübergegangen und ohne Schaden für Geist und Herz überwunden sind, so ist dann der Hauptzug im Jünglingsalter das sich selber Finden. Der Jüngling hat die Wirklichkeit außer ihm nicht überwunden, sondern er hat sich selbst ihr gegenübergestellt als ein eben so berechtigtes Sein, und findet sich nun selber so als Object. So wird der geistige Zustand vollkommen subjectiv, und die eigne innere Welt — das Ideal — ist das Absolute gleichsam, nach welchem die äußere Welt beurtheilt, geliebt, gehaßt wird. Damit ist ganz gleich das Streben nach eignem Urtheil oder die Anmaßung desselben, das Begründen des Urtheils, wenn auch mit Scheingründen, das Rechtfertigen der Handlungsweise, wenn auch mit den subjectivsten und nichtssagendsten Gründen aus so genannten Grundsätzen. Wie im Empfinden und Denken eine Selbstständigkeit als eine bewußte und erkannte, und eine Urtheilsfähigkeit als eine wohlbegründete in Anspruch genommen wird, so wird nicht minder im Handeln eine Freiheit und Selbstbestimmung als eine wohl berechtigte gefordert. Diese Verwechselung des Subjectiven mit dem Objectiven, dies Setzen des Ichs an die Stelle des Objects ist gerade der umgekehrte Zustand des kindlichen Seins, daher ein Brüsten mit Verachtung des sonst wohl lieben und werthen Gegenstandes, und das Verschmähen der Kinderwelt, das verächtliche Reden über das Kindische, das Suchen eigenthümlicher Vergnügen außer dem elterlichen Hause, das Verschmähen der häuslichen Freuden. Dieses steigert sich zum Geltendmachen der eignen Persönlichkeit, zur Eitelkeit auf Leib und Geist, zur Beherrschung des Ichs durch die Form oder in der Abartung zur Ziererei oder Renomisterei ꝛc. In diesen dargestellten Zuständen sind die Winke für die Zucht, die Unterrichtsmethode wie auch für den zu wählenden Unterrichtsstoff gegeben.

Eine Bildung durch Unterricht wird dadurch erreicht, daß man die in jedem Lebensalter eigenthümlich ausgeprägte Richtung des Geistes auf eine dieser Richtung gemäße Weise beschäftigt, um einerseits die Kraft durch Uebung zu erhöhen, aber auch andrerseits dem Geiste zu einem Material oder in einer spätern Bildungsstufe zu einer Herrschaft über dasselbe zu verhelfen, damit wieder auf der höhern Stufe eine naturgemäße Beschäftigung des Geistes eintreten könne. Das giebt für die Vertheilung des Unterrichtsstoffes auf die drei Entwicklungsstufen folgende Fingerzeige. Auf der ersten werde das Kind möglichst im Concreten beschäftigt, Anschauungen seien das Erkennungsmittel, Glauben die Begründung, und das Gedächtniß schaffe ein Material auch an Formen herbei. Auf der zweiten werde nach der einen Seite ein Können angebahnt mit den aus der Anschauung her gewonnenen Gesetzen, und es werde der Geist durch die Verwendung dieses Strebens nach einem Können mit neuem Materiale und zur Befriedigung dieses Strebens mit neuen Formgesetzen bereichert; aber nach der andern Seite hin werde eine Befreiung aus dem Concreten erzielt, und die Erhebung zum Begriffe angestrebt. Auf der dritten Stufe muß der Zögling dahin gekommen sein, daß er einerseits nicht blos eine natürliche Richtung sondern auch die Befähigung erhalten, die Mittel gewonnen und die geistige Kraft so weit geübt hat, sich zu einem selbsteignen Urtheile durch ein selbsteignes Thun — und sei es im kleinsten Kreise — zu erheben oder zu vertiefen, um zu lernen oder zu erfahren, wie schwer es sei, sich über irgend eine Sache ein gesichertes Urtheil zu bilden. Andrerseits muß er durch sein Können so weit gereift sein, daß er dem Stofflichen sein eignes geistiges Gepräge aufdrücken und sich so zum Herrn des Stoffes machen kann, damit er durch diesen Kampf mit der Wirklichkeit aus dem Traume und der Idealwelt und seinem eignen Ich auf den Lebensboden der Wirklichkeit gestellt werde, die eigne Beschränktheit und Ohnmacht erfahre; damit er nicht in dem und bei dem eignen Ich, wohin ihn zunächst die Natur drängt, beharre und so in sich eine nur vergeistigte Monarchie anbaue, welche dann später im Besitze des Materialen als ein verfeinerter, nur mit geistigen Formen umkleideter und in feinerer Livree einherschreitender Egoismus auftritt; damit er endlich durch dieses eigne, selbstständige Thun unter Anleitung der Schule geübt und befähigt werde, auch ohne diese Beihülfe seine eigene Bildung in seinem eignen Wirkungskreise und für denselben zu verfolgen.

§. 45. Es kann und darf wohl ein Zweifel über die Richtigkeit der für die Vertheilung der Lehrgegenstände aufgestellten Grundsätze entstehen, da man bis jetzt wohl mehr hiebei den Gang aufsuchte, den die zu lehrenden Wissenschaften forderten oder doch zu fordern schienen. Wenn dagegen hier mehr von dem psychologischen Zustande ausgegangen ist, so kann mit Recht gefragt werden, ob denn bei der vollen Gültigkeit dieses Anfangspunctes nicht unser ganzes heutiges Schulsystem über den Haufen geworfen würde, da ja die Schüler in demselben nicht nach dem Alter und nach der von dem Alter bedingten innern Entwicklung, sondern nach den erworbenen Kenntnissen und nach ihren Fortschritten in den Wissenschaften abgetheilt und vertheilt werden. Zunächst werde bemerkt, daß Mancher im 17ten Jahre noch Knabe und im 15ten Jahre noch Kind ist, und daß die geistige Beschränktheit, welche den Schüler in den Klassen länger aufhält, auch zugleich eine Verzögerung der innern psychischen Entwicklung im Gefolge hat, und somit die gefürchtete Gefahr nicht gar zu groß ist; aber es werde auch nicht der große Uebelstand selbst für die sittliche Entwicklung der Jugend übersehen, der sich aus dem heutigen Klassensystem in den Schulen ergiebt, nach welchem nicht der menschliche Geist nach seiner allgemeinen Befähigung sondern nach seinem Wissen in den Schulgegenständen classifizirt, und so zu Beschäftigungen, denen seine innerste Richtung widerstrebt, und so zu einem gleichsam naturwidrigen Leben genöthigt wird. Mögen Anstalten, denen Wissenschaftlichkeit letzter und höchster Zweck ist, nicht anders können; mögen sie die Naturgemäßheit des Unterrichts aus der Natur der Wissenschaften her ableiten, welche sie anzubahnen haben: die höhere Bürgerschule hat ihr leitendes Prinzip lediglich in dem geistigen Zustande ihrer Schüler, und darf und muß an der Wissenschaftlichkeit und an den Erfolgen auf dem Lehrgebiete unter allen Umständen Opfer bringen für die höhere Aufgabe, in der sie ihre Vollendung zu suchen hat. In ihr ist ja nicht Wissen der Zweck. In ihr muß des positiven Wissens so wenig geboten werden, daß auch der minder Befähigte, der ungünstig Gestellte, der in seiner häuslichen Umgebung Gehemmte &c. &c. von Stufe zu Stufe seinem Alter möglichst gemäß in der Schule fortrücken und dann sich auf der höhern Stufe das von den Gegenständen abgewinnen könne, was er zu gewinnen befähigt sein dürfte; damit jeder so weit es möglich die Schule durchmachen könne, weil er dadurch erst zu einer abgeschloßnen und befriedigenden Bildung gelangen kann; damit die Schule wirklich mehr auf den sittlichen Zustand einwirken könne, der sich viel mehr nach dem Lebensalter und nach den Jugenderfahrungen als nach dem Lernen und Wissen in Schulgegenständen richtet; damit ein practischer Sinn angebaut werden könne, der ja mehr auf Erfahrungen als auf Wissen, mehr auf ein Können als auf Erkenntniß, mehr auf Kraft als auf wissenschaftliche Befähigung, mehr auf die innerste Seelenrichtung als auf die Schulrichtung zurück zu gehen hat. Diese Andeutungen müssen hier zur Rechtfertigung genügen, eine tiefere Begründung liegt ja eben in der ganzen Tendenz der höhern Bürgerschule, die hier nicht noch einmal dargelegt werden kann. Eine höhere Bürgerschule soll und darf es nicht blos mit den Köpfen zu thun haben.

§. 46. Die vorausgesetzten Vorkenntnisse bei der Aufnahme in die höhere Bürgerschule sind: 1) Fertiges Lesen deutscher und lateinischer Schrift, und Fähigkeit, eine Erzählung mündlich wieder zu geben. 2) Fertiges Rechnen in den 4 Spezies mit unbenannten Zahlen. 3) Kenntniß der Haupterzählungen des Alten Testament's, und Fähigkeit, dieselben mündlich zu erzählen. 4) Kenntniß der Welttheile, Meere, Meerbusen, Halbinseln, Inseln und ihrer gegenseitigen Lage zu einander. 5) Kenntniß der deutschen regelmäßigen Declination und Conjugation und auch der Hülfszeitwörter. 6) Eine angemeßne Schreibfertigkeit mit der Bekanntschaft der einfachen orthographischen Regeln. Eine dreiklassige, nicht überfüllte, mit tüchtigen Lehrkräften ausgerüstete Elementarschule kann dies gesetzte Ziel vollkommen mit solchen Kindern erreichen, welche der höhern Bürgerschule überwiesen werden. Um nun so kurz wie möglich sein zu können, und um den Lesern auch gleich den äußern Maaßstab zur Abmessung der Lehrgegenstände in die Hand zu geben, sei an die Spitze dieser Vertheilung der Lectionsplan gestellt für die untere Bildungsstufe mit ihren drei Schulklassen, in deren jeder ein einjähriger Cursus gedacht wird. Zunächst also der Lehrplan für Sexta.

	Sexta.		Quinta.		Quarta.	
	Winter. Stunden.	Sommer. Stunden.	Winter. Stunden.	Sommer. Stunden.	Winter. Stunden.	Sommer. Stunden.
Religion . . .	2	2	2	2	2	2
Deutsch	5	5	4	4	4	4
Latein	8	9	6	7	6	7
Französisch . .	—	—	4	4	4	4
Naturgeschichte	—	3	—	3	—	3
Geographie . .	4	—	4	—	4	—
Rechnen	4	4	3	3	4	4
Mathematik . .	2	2	2	2	4	4
Schreiben . . .	4	4	3	3	2	2
Zeichnen	—	—	2	2	2	2
Singen	2	2	2	2	2	2
Musik	2	2	2	2	2	2
Turnen	1	4	1	4	1	4

Wenn es nun nach Obigem (§. 44.) für die höhere Bürgerschule eine wesentliche Forderung wurde, den Unterrichtsstoff gehörig diätetisch zu vertheilen, so wird es auch am zweckmäßigsten, nach Klassen und nicht nach den Lehrgegenständen die Betrachtung abzutheilen. Der Lehrstoff für Sexta ist nun:

a) Religion: Biblische Erzählungen des Alten Testament's in größtmöglichster Ausführlichkeit und mit genauster Darstellung der Einzelnheiten, wie weit sie in der Bibel niedergelegt sind; Lernen der darauf beziehlichen Bibelstellen und Kirchenlieder, etwa alle Monate ein Lied und zu jeder Stunde etwa durchschnittlich ein Bibelvers. b) Deutsch: Volks-Märchen, deutsche Mythen, deutsche Sagen, Fabeln, leichte Erzählungen, Mittheilungen aus dem Thierleben, Lernen von kleinen Gedichten, Lesen, Wiedererzählen; am Lesen der Erfahrungsunterricht, wovon unten bei der Methode, Kenntniß der wichtigsten Wortarten, Satztheile, Analyse des einfachen Satzes bis zur Construction desselben, orthographische Regeln, welche im Schreibunterrichte geübt werden. Schriftliches Wiedererzählen eines mündlich vor- und schon von den Schülern nacherzählten Stoffes, oder auch Beschreibungen einfacher, dem Schüler von allen Seiten zugänglicher Gegenstände; mündliches Beschreiben selbst gemachter Beobachtungen. c) Latein: Regelmäßige Formlehre, unregelmäßige Verba, Pronomina, Comparation zugleich für das Deutsche und Lateinische die wichtigsten Unregelmäßigkeiten der dritten Declination, und die wichtigsten Geschlechtsregeln; Vocabel-Kenntniß; Anfang im Uebersetzen ins Deutsche wie ins Lateinische, namentlich Satzumformungen des einfachen nackten Satzes; Erzählungen aus der römischen und griechischen Sagen- und Heroenzeit und von den hervortretenden Helden der historischen Zeit, welche Erzählungen sich an die Andeutungen im Lesebuch anschließen und für welche dieses die Namen und die sonstigen für's Gedächtniß nothwendigen Haltpuncte bietet. d) Naturgeschichte: Botanik, Beobachten und Beschreiben der Pflanzen und so Gewinnung der Terminologie nebst der Fähigkeit, eine geordnete Betrachtung einer Pflanze vornehmen zu können; Hinwirkung darauf, daß im Geiste das angeschaute Bild bleibe und von ihm wieder innerlich vergegenwärtigt werden könne; Hinlenken auf das Unterscheiden der unwesentlichen und wesentlichen, zufälligen und beständigen Merkmale. e) Geographie: Beobachtung und Beschreibung der Landcharte und Einprägen der gewonnenen Bilder zugleich mit dem Namen derselben; Hinlenken auf Einprägung des Bildes und sicheres Festhalten desselben in der Vorstellung; das Einprägen der Busen, Flüsse mit den wichtigsten Nebenflüssen, Inseln, Gebirge, Berge, Tiefländer, Hochländer, Staatennamen und Hauptstädte und wichtigsten Handels- und Verkehrsstädte; Erzählungen aus den Entdeckungsreisen der alten und der neuern Zeit, Naturschilderungen der Zonen und characteristische Züge aus dem Leben der Gebirgs- oder Strand- rc. Bewohner, Steppenländer, kurz Darstellungen von solchen Verhältnissen, in denen das Leben und die Sitte der Menschen bedingt wird durch die Natur, ohne etwa auch nur im Entferntesten die Absicht von solchen Schilderungen und Darstellungen auszusprechen. Die vom Lehrer erkannte Wechselwirkung muß vom Schüler geschaut werden an der Wirklichkeit, welche der Lehrer daher anschaulich darzustellen hat. f) Rechnen: Verfolg der vier Spezies in den benannten Zahlen, ohne darum mit Aengstlichkeit einem Bruche aus dem Wege zu gehen, zunächst in Verhältnissen, welche dem Kinde bekannt sind, und dann sich ausdehnend auf solche, welche der Schüler nach einer Worterklärung leicht fassen kann; die Regel-de-Tri in wörtlicher Lösung; Zerlegung der Zahlen in Factoren; Rechnen mit großen Zahlen auf der Tafel, um eine nöthige Fertigkeit zu erzielen, im Kopfe mit kleinen Zahlen, um hauptsächlich das practische Urtheil anzubauen, und die einfachen Verhältnisse, welche in Worten ausgedrückt sind, in die Rechensprache zu übersetzen. g) Mathematik umfaßt nur Raumanschaungen, zunächst Kenntniß der Gestalten, dann Combinationen der Linien zu Durchschnittspuncten, Strecken, Strahlen, Figuren. Man erhebt sich aus der Anschauung zu eigenthümlichen Sätzen, deren Richtigkeit dadurch bewiesen wird, daß man genau das Angeschaute beschreibt. Was nun hiebei an Sätzen gewonnen wird, und welche, das ist ganz gleichgültig, wenn sie nur Ergebnisse der sichern Anschauungen sind. Ob man zu Constructionen in der Phantasie schon vorschreiten könne, das muß vom geistigen Standpuncte der Klasse und auch einzelner Schüler abhangen. h) Schreiben: Schöne Formen werden erzielt und hauptsächlich nach Regelmäßigkeit der Schrift gestrebt. Vorschriften haben das orthographische Material aufzunehmen, und Dictat-Schreibe-Stunden (s. Methode) haben neben dem Schönschreiben auch das Rechtschreiben zum Ziele. Zugleich ist wie in den Vorschriften so auch bei diesen Dictaten auf eine schickliche Anordnung und schöne Vertheilung des Raumes zu sehen; denn zum Schönschreiben gehört noch mehr als schöne Buchstaben. i) Singen: Notenkenntniß, Tactübung, Singen von Choralen und leichten Volksliedern, nur einstimmig, doch mit dem Streben nach einem accentuirten Vortrage. k) Turnen. (s. Methode.)

§. 47. Der Lehrplan für Quinta. a) Religion: Biblische Erzählungen des Neuen Testament's so ausführlich wie möglich, dazu die Gleichnisse und Parabeln; Lernen der in diesen Erzählungen niedergelegten und durch sie erläuterten Bibelstellen; Catechismus 1tes und 3tes Hauptstück; Lernen von Kirchenliedern, etwa auch alle Monate eines. b) Deutsch: Kenntniß aller Wortarten, der Satztheile, des Adjectiv- und Adverbial- und Substantiv- rc. Satzes; Construction des deutschen Satzes und die Analyse des einfachen erweiterten Satzes; Satzumwandlungen, so oft sich nur irgend eine Gelegenheit dazu bietet; Gebrauch der Präpositionen und einiger eigenthümlichen Constructionen bei den Verben; Lesen; Gedichte lernen; historische Erzählungen, Darstellungen aus dem Volksleben, Vaterländisches, Provinzielles; deutsche Sagen, Balladen-Stoffe; Erfahrungsunterricht am Lesen; schriftliches Nacherzählen mit Erweiterungen nach den Winken des Lehrers; Beschreibungen von äußern, beobachteten, Vorgängen. c) Latein: Befestigung der Formlehre und Erweiterung derselben, Geschlechtsregeln, Umwandlungen in Partizipia, Gerundium, in die conjug. periphr.; der Adjectivsätze in Partizipia; Uebersetzungen ins Lateinische in den Fällen, wo Latein und Deutsch keine verschiedenen Casus setzt (für den Ablativ und Genitiv giebt man eine ganz einfache Regel),

Auflösen des Acc. c. Inf., der Abl. absol. und so viele der leichten Umformungen, als nur irgend aufgefunden werden können, doch jedesmal mit der ausdrücklichen Nöthigung, erst den deutschen Satz lateinisch-deutsch zu gestalten; Uebersetzen eines Buches mit einem Stoffe aus der römischen und griechischen Geschichte, woran die Erzählungen geknüpft werden als Erweiterungen dieses Stoffes. Die zur Einübung der Regeln und der Umformungen gegebnen Beispiele werden immer und nur aus dem gelesenen oder durch Erzählung erweiterten historischen Stoffe genommen, und so der Vocabelschatz wie die Geschichte selber eingeprägt. d) Französisch: Formenlehre in möglichst geschwindem Schritte bis zu dem Ziele, wo der Schüler mit Hülfe des Lexicon eine eigne That durch Präparation und Uebersetzen beginnen kann; vielfaches Conjugiren wie Lesen muß der Zunge Geläufigkeit geben und dem Auge eine Schärfe. Das Lesebuch enthält Nachrichten über merkwürdige historische Facta der neuern Zeit, Erzählungen von historischen Personen der neuern Geschichte, Characterzüge solcher berühmten Männer durch Anecdoten, Erzählungen ꝛc. ꝛc. Zur Erholung für die Schüler erzählt der Lehrer erweiternd noch hie und da einen Zug hinzu; orthographische Uebungen in Exerzitien an dem und aus dem gelesenen Stoffe. e) Naturgeschichte: Botanik, Fortsetzung der Pflanzenbeschreibung, der Unterscheidung, Kenntnißnahme feinerer Theile, Aufsuchen gemeinsamer Merkmale; Erhebung zur Gattung, zur Familie. f) Geographie: Uebergang von der Wandcharte zum Handatlas; Beschreiben des Gesehenen, Einprägen des Bildes, Erweiterung der Topographie innerhalb Europa's so weit, als die Kinder das Bild fest zu halten fähig sind, daher Eingehen auf kleinere Flüsse, Nebenflüsse, Ländereintheilungen, auf Städte, und von den außereuropäischen Ländern diejenigen, welche mit Europa im Allgemeinen oder mit einem bestimmten Reiche in einem besondern Verkehre stehen; daran geknüpft Darstellungen aus den Entdeckungsreisen, Schilderungen von Volksleben und Volkssitten in verschiedenen Ländern, sofern sie characteristisch sind; bei einzelnen Städten und Ländern auch die Biographieen einzelner berühmter Männer aus der neuern Geschichte, oder einzelner Kriege und Schlachten, welche eine historische Bedeutung haben. Das geographische Lehrbuch enthält für's Gedächtniß die Merkpuncte zu diesen Erweiterungen des Unterrichts. g) Rechnen: Die vier Spezies in Brüchen ausgehend von der Anschauung und fortschreitend zur arithmetischen Betrachtung des Bruches als einer unausgeführten Division; Regel-de-Tri in wörtlicher Lösung und Zahlenlösung; die Bedeutung des Bruches in den mannigfaltigsten, im Kopfe zu lösenden Aufgaben zur Uebung des practischen Urtheils; Fassung eines jeden Verhältnisses — so weit es durch Zahlen darstellbar ist — durch den Bruch als Zeiger des Verhältnisses, um so die Einsicht und Uebung zu gewinnen, das eine Glied eines Verhältnisses stets als die Einheit anzusehen; nur im Tafelrechnen größere Zahlen zur Uebung in der Rechenfertigkeit. h) Mathematik: Raumconstructionen; die Ergebnisse der practisch ausgeführten Constructionen werden in Sätzen ausgesprochen, und der Beweis der Sätze liegt in der richtigen Erfassung und Darstellung der in der Construction vollführten That. Dieser Unterricht soll sich so zu dem in der vorigen Klasse und genau so verhalten wie die Experimental-Physik zur Naturbeschreibung, wie Betrachtung des Lebendigen und Bewegten zu der des Ruhenden. Bewegung ist das Constructions-Moment und die genaue Fassung der Bewegung giebt die auszusprechende Wahrheit. Was und wie viel gewonnen wird, ist gleich; aber der Schüler soll sehen, beobachten und die Veränderung festhalten und dann im Begriffe sich das Ergebniß vorstellen lernen. An einigen geeigneten, d. h. an leichten Fällen mag versucht werden, ob die Schüler oder einige derselben schon befähigt sind, den aus einer Construction abgeleiteten Satz durch einen Syllogismus aus einem frühern Satze abzuleiten. i) Schreiben: Schöne Formen, Regelmäßigkeit, schickliche Anordnung, in dem Dictat-Schreiben orthographische Uebungen. k) Zeichnen: Anfang im freien Handzeichnen und im Linearzeichnen; Sehenlernen; Uebung der Hand und des Auges; schöne Anordnung; Sauberkeit in der Ausführung. l) Singen: Tonarten, Choräle, Volkslieder; Anfang im zweistimmigen oder dreistimmigen Gesange leichter Stücke; Accentuirung im Vortrage.

§. 48. Der Lehrplan für Quarta. a) Religion: Catechismus, 1ter, 2ter Artikel; Lernen von Beweisstellen, Psalmen, Kirchenliedern, messianischen Stellen. b) Deutsch: Der zusammengesetzte Satz, die Periode, Interpunction, die Conjuncttionen; Satzumwandlungen innerhalb des ächt deutschen Sprachgebrauches, so oft sich die Veranlassung nur irgend wie darbietet; Lesen, daran der Erfahrungsunterricht, Gedichte lernen; Schilderungen, Erzählungen, welche leicht begreifliche innere Zustände darstellen, oder auch Gedichte solchen Inhaltes — doch mit vorsichtiger Auswahl — leichte lyrische Sachen; Betrachtungen über leicht faßliche äußere Zustände, welche den Schülern bekannt oder zugänglich sind, Sprichwörter, Parabeln, Gleichnisse 2c. 2c.; mündliches Darlegen des Inhaltes eines erzählenden Gedichtes, des Fadens einer gehörten und gelesenen Erzählung; schriftliches Darlegen vom Inhalte des Gelesenen, oder Darstellen eines bekannten Stoffes nach vorgeschriebener Form, oder Aufsuchen von concreten Beispielen für einen erkannten Gedanken, oder Entwicklung eines Gedankens aus vorgelegten concreten Beispielen, und endlich Versuche im schriftlichen beurtheilenden Darstellen von Ergebnissen und Erfahrungen. c) Latein: Die Casuslehre namentlich in allen denjenigen Gebieten des einfachen Satzes, in denen die lateinische Construction vom Deutschen abweicht, mit der feststehenden Forderung, immer erst den Satz lateinisch-deutsch zu formen. Gelesen wird ein Leitfaden der römischen Geschichte, und erweitert wird derselbe durch Erzählungen, welche hier zugleich einen zusammenhängenden Faden in dieser Geschichte verfolgen, wozu das Lesebuch den Anhaltepunct bietet; Exercitia und anderweitige grammatische Uebungen helfen den Stoff einprägen. d) Französisch: Vollendung der Formenlehre und Erzielung der größtmöglichen Fertigkeit, Sicherheit und Gewandtheit nebst orthographischer Richtigkeit. Gelesen wird ein historisches Buch, oder Auszüge aus historischen Werken in einer für diese Schüler faßlichen Darstellung, so daß Monographieen aus der neuern Geschichte den Inhalt bilden; Erzählungen erweitern und ergänzen den Stoff und die Exercitia üben denselben ein. e) Naturgeschichte: Erhebung zur Ordnung, Klasse und zum System; Pflanzenbestimmung nach einem Systeme; das Handbuch ist eine Flora der Heimath, damit der Schüler gewiß sei, die Pflanze zu finden, er aber auch nicht ein zu voluminöses Werk zu behandeln habe; es enthält aber nicht blos immer die Diagnose' sondern so viel, daß der Schüler bei der Bestimmung der Pflanze auf ihre wesentlichsten Theile zurückzugehen genöthigt ist; die früher eingeübte Terminologie muß die in diesem Buche gebrauchte sein, so daß dies Buch in den Kopf der Schüler gekommen ist, ohne in ihren Händen gewesen zu sein. f) Geographie: Staatengeographie von Europa und speziell die von Deutschland, so genau, als der Schüler das Bild ohne Verwirrung festzuhalten befähigt ist; dann die Länder, mit denen Deutschland in engerer gewerblicher oder handelnder Beziehung steht, damit dann auch Verkehrstraßen; die Länder, mit denen es in der Geschichte sich oft berührt und gekämpft hat; daran nun geknüpft Erzählungen aus der deutschen Geschichte, oder aus der Geschichte einzelner Staaten, in so fern Deuschland davon im Wesentlichen berührt ist; Erzählung derjenigen Veranlassungen und historischen Ereignisse, welche diesen oder jenen Länder-Complex dieses oder jenes deutschen Staates nach seinem heutigen Umfange herbeigeführt haben. Wie also in der vorigen Klasse Individuen auftraten auf der Landcharte, so hier individuelle historische Ereignisse; Localsagen und Localsitten, besonders wenn sie characterisirend sind, beleben das Bild auch für die Phantasie. g) Rechnen: Fertigkeit in den Rechnungen des gewöhnlichen bürgerlichen Lebens für alle dem Knaben nur irgend erschließbaren Verhältnisse; Kopf- und Tafelrechnen nicht mehr gesondert; größte Uebung in der Uebersetzung der Wort- in die Rechensprache; Uebung im practischen Urtheile durch Vor- und Nachbetrachtung des behandelten Exempels. h) Mathematik, 1tes Semester: Arithmetik die 3 Zählstufen und die sich daraus entwickelnden 7 verschiedenen Rechnungsarten; scharfe Begriffsbestimmungen und Beweise in streng wissenschaftlicher Form; Behandlung der allgemeinen Größenzeichen nach den bewiesenen Sätzen und somit Umformung der algebraischen Ausdrücke, damit auch ein Anfang in der Lösung derjenigen Gattungen von Gleichungen, welche die unbekannte Größe nur in einem Gliede, aber dabei in einer ganz beliebigen und vielfältigen Verbindung enthalten als eine Umformung zu einem bestimmten Zwecke; strenger Beweis aller bis dahin im practischen Rechnen angewandten Rechnungs-Operationen. 2tes Semester: Die Planimetrie in streng wissenschaftlichem Fortschritte vom Begriffe der Linie aus durch Winkel und Congruenz der Figuren, d. h vollkommne Bestimmung der Größen; die Anwendung dieser Sätze auf geometrische Aufgaben, namentlich zur Construction von Dreiecken mit Hülfe der Sätze aus dem Kreise, welche sich aus der Gleichheit der Radien und der damit combinirten Congruenz der Dreiecke gewinnen lassen; strenge Beweise aller der in diesem Gebiete durch Raumanschauungen und Raum-Constructionen (s. IV. und V.) gewonnenen Sätze. Die Aufgaben sind mit der Beschränkung auf Lineal und Zirkel zu lösen und zu construiren. i) Schreiben: Sicherheit und Geläufigkeit der Handschrift durch Dictatschreiben nach dem Tacte, den Stoff bieten die französische und deutsche Orthographie dar. k) Zeichnen, 1tes Semester: Perspective, 2tes: freies Handzeichnen, Vorübungen in Theilen des menschlichen Körpers, und in baulichen Verzierungen. l) Singen: Chorsingen, Choräle einstimmig, Volkslieder ein- und zweistimmig, andere Lieder dreistimmig.

Diejenigen Stimmen, welche etwa schon mutirt haben, werden in einem andern 4stimmigen Chore beschäftigt.

Es ist nun im Lehrplane auch noch der Musik gedacht, deren Bedeutung oben (§. 27.) dargelegt wurde, ohne auf die nähere Erörterung einzugehen. Man kann sich die Sache so möglich denken, daß die Schule einen oder einige Musiklehrer hätte, welche die Anfänger in den von ihnen gewählten Instrumenten und zwar etwa in Abtheilungen von je 8 bis 12 unterrichteten, und die mehr vorgeschrittenen Schüler zu nach und nach immer größern Vereinen zusammenstellten und sie dann in diesen weiter führten. Als Anfangs-Instrumente denke man sich Geige, Flöte; für ältere Knaben Bratsche, Cello, für noch ältere auch wohl Clarinett, Horn, Fagott und Baß. Warum nicht? Wenn nur die Schulen Ernst machen wollen, ernstlich die Sache anfassen, selber Instrumente zunächst halten, die ersten unangenehmen Uebungen im Schulgebäude zulassen. Die Eltern werden ihnen hier die Kinder eben so gerne überlassen als für den geistigen und anderweitigen Unterricht. Das Anfangsalter möge das 10te Jahr sein. Die Theilnahme wird gegen ein billiges Honorar jedem zunächst freigestellt; die erste Aufführung der ersten kleinen Ouvertüre von Seiten der Schüler ist auch die Eröffnung für eine ausgedehnte Theilnahme, das darf aus Erfahrungen im Kleinen mit Sicherheit behauptet werden. Man könnte die Sache auch noch anders eingeleitet denken. Man überläßt den Eltern und ihren Privatlehrern den Musikunterricht und vereinigt die Schüler, welche einen Anfang gemacht haben, und läßt sie sich in Gemeinschaft üben, benutzt demnach das von den Eltern anderweitig her Dargebotene für die höhern Zwecke der Schule. Doch leider spielt alles nur Klavir und nur Klavir, und man kann diese Spieler, die sich immer meist mit ihrem eignen Instrumente genug sind, nicht in solcher Zahl vereinen, um ein Zusammenspielen zu erzielen, worauf es doch eben wesentlich ankommt. —

§. 49. Wenngleich diese Stoffvertheilung ihre Rechtfertigung in den (§. 44.) vorangestellten Grundzügen finden muß, so möchte doch Manches auffallende noch einer besondern Beleuchtung bedürfen. Es ist oben nachgewiesen (§. 41.), daß nur Botanik gut gelehrt werden kann, und in dem Wesen der höhern Bürgerschule und dem durch diesen Unterrichtszweig zu erreichenden Zweck ist dargelegt, daß sie nur im Sommer gelehrt werden kann; daraus erklärt sich der Wechsel zwischen Geographie und Botanik in den beiden verschiedenen Semestern. Denselben Wechsel gewahrt man wohl in der 4ten Klasse in der Scheidung des arithmetischen und geometrischen Zweiges der Mathematik. Diesen Wechsel oder diese Unterbrechung eines Lehrgegenstandes erachte man als einen Gewinn. Ein Schüler geht nur dann mit Frische und mit voller Anspannung und somit auch nur mit der fördersamen Thätigkeit an einen Unterrichtsgegenstand, wenn er ihn entweder als ganz neu vor sich hat, oder wenn er fühlt, daß er ihn vergessen habe. So lange derselbe noch gleichsam eine Dämmerung innerlich verspürt, so lange fühlt er sich nie gedrungen, den Gegenstand wieder mit dem gehörigen geistigen Lichte zu erleuchten. Die langen dünnen Fäden, welche die einzelnen Unterrichtsgegenstände durch die Schulen ziehen, verschlingen sich dem jugendlichen Geiste zu einem Spinngewebe, an welchem er nur einmal bei besonderer Veranlassung noch auch die einzelnen Fädchen betrachtet. An ihnen spinnt sich auch der Geist so langsam fort und ein, und überläßt dem Lehrer die Verflechtung. Das dauernde Repetiren eines und desselben, aber immer halb vergessenen, Gegenstandes wirkt zuletzt gar nichts mehr zur Befestigung oder genauern und eindringlichern Erkenntniß, es sind an ihm gleichsam alle Kanten abgegriffen, an denen der Geist ihn fassen und halten könnte. Alte Bekannte dagegen, die wir in längerer Zeit nicht gesehen haben, begrüßen wir mit einer größern Innigkeit, als wir etwa sonst jemals im Umgange mit ihnen empfunden haben, und schauen in den Tagen des Wiedersehens Herzenszüge an ihnen, von denen wir beim täglichen Verkehre zu unserm Verwundern gar nichts gewahr geworden waren. Wer täglich die Sonne auf- oder untergehen sieht, der sieht an ihr nur den Zeiger der Zeit, und so geht es den Schülern gerade auch mit den Unterrichtsstunden, welche ihnen immer Jahr aus Jahr ein dasselbe bringen. Das ist ja das Eigenthümliche und Mystische des Geisteslebens, daß es die in den Geist niedergelegten Vorstellungen in einem uns unbewußtem Verkehre mit jeder neuen Vorstellung erhält, und in einer geheimen, noch unbelauschten Werkstatt aus allen den einzelnen Backsteinen ein Bauwerk zusammenzimmert, in welchem wir oft zufällig und zu unserm eignen Erstaunen alte, längst vergessene, nie wieder betrachtete Steine eingemauert finden und zwar öfters als rechte Eck- und Ziersteine. Solcher geistigen Thätigkeit muß Raum gegeben werden, das bedingt die geistige Diätetik. Endlich wisse man, daß man nur dasjenige wirklich sicher behält, was man vor dem dritten Lernen erst mindestens zweimal gründlich vergessen hat. Diesen Betrachtungen gemäß, welche sich in den beiden gedachten Gegenständen auf entschiedene Erfahrungen stützen, würde man unbedingt sehr wohl thun, wenn man überhaupt diesen Wechsel der Lehrobjecte in den verschiedenen Semestern eintreten, und vielleicht ganze Klassen hindurch den einen oder den andern Gegenstand fallen ließe, um ihn in dem folgenden Semester oder in der folgenden Klasse mit erweiterter Stundenzahl aufzunehmen. Nur die Furcht vor dem Verdachte der Neuerungssucht oder der Absonderlichkeiten, und der Mangel an Erfahrungen für mehre Gegenstände, und die Gefahr des Mißlingens, welche die Schüler hart trifft, an denen der Versuch gemacht wird, hat die Vertheilung des Unterrichtes mehr nach dem bisherigen Gebrauche treffen lassen. Ohne dieses würden wir lehren lassen zum Beispiel in der Quarta in einem Semester Latein und kein Französisch, im andern umgekehrt; eben solcher Wechsel könnte eintreten im Schreiben und Zeichnen. So in andern Klassen anders. Wenn erst die höhern Bürgerschulen und Schulen überhaupt nicht mehr Berechtigungs-Erwerbs-Anstalten sein werden, wohin es doch einmal kommen wird, dann werden tiefer blickende Didactiker aus den dünnen Fäden der Schulgegenstände lieber ein kurzes aber starkes Seil zusammenspinnen lassen, was dann freilich nicht so weit reichen aber auch kräftiger festhalten und dem Lebensschifflein eine sicherere Ankerung geben wird. Welche Schule frei genug steht, um solches Wagestück unternehmen zu dürfen, die wird ihre Schüler von vielen unendlich langweiligen, einschläfernden, immer sie nur halb beschäftigenden, darum abstumpfenden, nie die ganze Theilnahme fordernden und darum abspannenden und verdummenden Stunden bewahren; sie wird der Lüge in der Theilnahme an einem Gegenstande abhelfen, für die der Geist keine Theilnahme mehr hat und auch nicht mehr braucht; wird den Lehrer befreien von allen den didactischen Kunststückchen — man nennt sie bisweilen auch Methode — womit er die Schülergeister hascht oder weckt, wenn der Gegenstand durch ein fortdauerndes Befassen und immer wieder Befassen schon glatt und gar wohl unsauber geworden ist; sie wird ihre Schüler schützen vor dem Zeit und Geist tödtenden Repetiren, welches weder tiefer einprägt noch größere Einsicht gewährt, noch irgend welche Bildung giebt. Auffallend erscheint vielleicht die Behandlung der Geschichte und die Historiker fürchten leichtlich einen Schaden. Wir bemerken hier nur dazu, daß diese Behandlung derselben für dieses Alter die allein angemeßne ist (§. 44.), daß es nur auf Vorbildung für die Geschichte und nicht auf eine Bildung durch die Geschichte ankommt, daß das gelegentlich auf Reisen Erfahrene sich uns viel tiefer einprägt und um so fester je vereinzelter das Begegniß auf der Reise eintrat; daß die gelernten Zahlen in diesem Alter lauter ganz unverstandene Schälle sind, daß der geschichtliche Faden für dieses Alter eine vollkommen unsichtbare Schnur ist, daß dieses Alter das Vor- und Hintereinander der historischen Facta nur nach seinem Geschichtsbuche schätzt und nach der Zeit, wie es sie hinter einander gehört oder gelernt hat. Die Anschauung der Zeit ist für das Kind und auch noch für den Knaben eine sehr schwierige Sache, man achte nur auf die Verwechselung der Jahreszahlen und die wunderlichen und widersinnigen und ganz gedankenlosen Verbindungen derselben mit den Thatsachen. Die Jahreszahlen bilden für dieses Alter eine Geistesmarter, welche sich die Historiker nur aus Liebe zu ihrer Wissenschaft verzeihen können. Im Uebrigen halte man sich überzeugt, daß auf dem hier angedeuteten Wege viel mehr Geschichtskenntnisse gewonnen werden, als durch den besten Leitfaden, und daß mehr Liebe für die Geschichte gewonnen wird, selbst wenn die Schüler gar wenig davon auswendig behalten, als sich in den brillantesten Examinibus darlegt.

Vielleicht nimmt man auch noch Anstoß an der Beschränkung des Lesestoffes in den fremden Sprachen auf einen historischen Inhalt. Darauf die Antwort: nur das Sprechen einer fremden Sprache bedingt Kenntniß der Benennung der alltäglichen Gegenstände, und daher die ermüdenden, trivialen, unwürdigen Beispiele in Grammatiken und Lesebüchern; der Schüler soll sich mit seinen Kenntnissen einen fremden Inhalt aufschließen und diesen Inhalt als einen wesentlichen gewinnen. Auffallend ist vielleicht auch noch das Auftreten der Mathematik in wissenschaftlicher Form. Möge man sie als den Uebergang zum Knabenalter ansehen.

§. 50. Die mittlere Unterrichtsstufe zerfällt in 2 Klassen: Tertia mit einem einjährigen, Secunda mit einem zweijährigen Cursus. Stellen wir wieder zunächst den Lectionsplan vorauf:

	Tertia.		Secunda.			
	Winter. Stunden.	Sommer. Stunden.	Winter. Stunden.	Sommer. Stunden.	Winter. Stunden.	Sommer. Stunden.
Religion	2	2	2	2	2	2
Deutsche Sprache Literatur-Geschichte	8	8	7	7	7	7
Französische Sprache Literatur-Geschichte	4	4	6	4	6	4
Englische Sprache	4	4	2	4	2	4
Physik	4	3	3	1	3	1
Naturgeschichte . . .	—	1	—	—	—	—
Chemie	—	—	—	2	—	2
Mathematik	6	6	6	6	6	6
Rechnen	2	2	—	—	—	—
Zeichnen	2	2	2	2	2	2
Singen, Musik, . . Turnen	6	6	6	6	6	6

Der Lehrplan von Tertia. a) **Religion**: Lesung der Schriften des Johannes mit Zuziehung der Parallelstellen der andern Evangelien, und Gewinnung einer Uebersicht des Lebens und Wirkens Jesu; dabei Auffrischung und Verarbeitung des zerstreut Gelernten. b) **Deutsch**: Formlehre des Mittelhochdeutschen, Lesen leichter hieher gehöriger Stücke; Lesen deutscher Gedichte der Neuzeit nach Gedichtgattungen, wozu natürlich die leichtern Arten ausgewählt werden; Analysiren der Gedichte nach Form und Inhalt, Vortragen derselben; deutsche Geschichte nach den Hauptperioden, welche eine eigene Gestaltung in Deutschland, eine verschiedene Ländereintheilung begründet haben, und somit eine historische Geographie von Deutschland, dabei zugleich die Merkwürdigkeiten an Bauten, Städten, Sitten, Gebräuchen, an Abergläubischem rc. rc. Localsagen und Local-Mythen rc. Characteristische Darstellungen einzelner Männer, Zeiten, Gegenden und somit eine gleichsam räumliche Sammlung und Auffrischung des einzeln zerstreut Mitgetheilten. Mündliche Besprechungen über äußere Erfahrungen behufs der Entwicklung von Wahrheiten und Gedanken; Darstellungen aus dem Gebiete des Erlebten und Erfahrenen; aber auch des Gedankenganges gelesener Stücke; Vergleichung solcher Stücke nach Inhalt und Form. c) **Französisch**: Syntactisches, mannigfaltigere Lectüre aus Chrestomathieen in Gebieten der Geschichte und der Literatur, vorzüglich aber Darstellungen über französische und deutsche Geschichte aus den Zeiten des Mittelalters. Möglichst muß solcher Stoff gewählt werden, der entweder in der Geschichte oder in der Literatur zur Verwendung und Verarbeitung kommt. Die Exerzitien bewegen sich dann in demselben Stoffe worin die Lectüre. d) Englisch: Möglichst schnelle Gewinnung der Formlehre und dann Uebersetzen historischer Sachen, welche in das Gebiet der deutschen oder französischen Geschichte hineinreichen, kurz wieder auch das Lesen solches Stoffes, der wieder hier schon oder auf der folgenden Stufe zur Verwendung kommt. e) Physik: Hinweisung auf Naturerscheinungen, Hinweisung auf die in einer solchen Erscheinung zu vermuthenden Naturkräfte; Nachweis der Nothwendigkeit einer Trennung der einzelnen Momente in der Erscheinung, also der Nothwendigkeit des Experimentes; Beobachten, Beschreiben der Vorgänge in demselben; Aufsuchenlassen der gleichen einfachen und zusammengesetzten Vorgänge in den mannigfaltigst anzustellenden Versuchen; Aufsuchenlassen der im Leben vorkommenden gleichen Erscheinungen; Aufsuchenlassen der Ursachen; Aussprechenlassen des Naturgesetzes und Prüfung seiner Wahrheit durch neue, von den Schülern selbst erdachte Experimente — wenn sie auch nicht ausführbar sein sollten, das macht nichts aus, wenn nur der Schüler zur Einsicht der Unausführbarkeit kommt — Ziehen von Folgerungen aus dem so gewonnenen Gesetze für wirkliche, dem Schüler bekannte und leicht zugängliche, Lebensverhältnisse; Erklärung derselben aus dem Naturgesetze. Alles sei möglichst die geistige That der Schüler, das ist das Wesentliche hiebei. f) Ueber die eine naturhistorische Stunde an einem andern Orte. g) Mathematik, 1tes Semester: Planimetrie beendet durch die Sätze von der Aehnlichkeit, vom Inhalte, vom Kreise und zum Schlusse der pythagoreische Lehrsatz; Aufgabenlösen durch Construction innerhalb dieses Gebietes. 2tes Semester: Lehre von den positiven und negativen Zahlen, den Proportionen und Gleichungen in der Behandlung wie in Quarta; die möglichst vielfältigen Uebungen in analytischen Umformungen und größtmögliche Sicherheit in denselben. h) Rechnen: Diejenigen Rechnungsarten des bürgerlichen Lebens, welche zusammengesetzte Proportionen fordern (s. Tertia). i) Zeichnen: Fortsetzung der Perspective; Linearzeichnen und dabei Construction der Säulenordnungen nach dem Vortrage des Lehrers; freies Handzeichnen nach Gyps, Verzierungen und Theile des menschlichen Körpers. k) Singen: vierstimmige Chöre, Motetten, Lieder.

§. 51. Lehrplan von Secunda. a) Religion: Der dritte Artikel; Lesen der Apostelgeschichte, Leben der Apostel, Characteristik der biblischen Personen, Sammlung und Verarbeitung des bis dahin vereinzelt aufgenommenen Materials; Lesen eines Briefes, und daran wiederholt die Glaubenslehre und so wieder eine Sammlung und Verarbeitung der einzeln gelernten Sprüche; Lesen der kleinen Briefe und daran wiederholt die Sittenlehre. b) Deutsch: Lesen mittelhochdeutscher (altdeutscher?) Sachen; Etymologie mit Hinzuziehung des Englischen; Lesen der schwierigern Gedichtgattungen und leichtern Dramen; Analysiren derselben nach Gedankengang; Aufsuchen des tiefern innern Gedankens in einem Bilde, oder in dem Gedichte; Lesen der einzelnen Dichter und daran die Repetition der Gedichtgattungen; deutsche Geschichte in zusammenhängendem Faden und in der geforderten Breite in Hinsicht auf Literatur, Kunst, Industrie, Handel ꝛc.; mündliche Besprechung über innere Erlebnisse und über die innern Motive, welche den von den Schülern gemachten Erfahrungen oder beobachteten Zuständen zu Grunde liegen; schriftliche schildernde Darstellung von Erlebnissen und Erfahrungen mit Zurückgehen auf die Ursachen und Erfolge, eben so die Darstellung des Gedankenganges größerer gelesener Gedichte oder der leichtern Dramen und deren Tendenzen oder auch des Inhaltes einer gelesenen Betrachtung. c) Französisch: Syntactisches; Lesen von Schilderungen, Betrachtungen, und einer zusammenhängenden französischen Geschichte; Lesen einzelner leichter Gedichtgattungen und leichter Dramen. Die Exerzitien werden Nach- und Umbildungen des Gelesenen, Auszüge aus Betrachtungen, Inhaltsdarlegung größerer gelesener Stücke, und dann ein Anfang im Uebersetzen leichterer, ächt deutsch stylisirter, Stücke. d) Englisch: Syntactisches, doch hauptsächlich nur bei der Lectüre und zum Behufe derselben; Lesen von leichtern prosaischen Sachen aus dem Gebiete der Schilderungen, Betrachtungen (?), und der Darstellungen innerer Zustände. e) Physik: Vollendung der Experimental-Physik in dem Sinne, wie es für Tertia angegeben, bis zu der Erweiterung, daß 1) der Schüler klar erkenne, wie ein so gefundenes Gesetz entweder die Elemente zu einer geometrischen Construction oder zur algebraischen Berechnung biete, und daß er 2) vornehmlich geübt wird, sich klar zu machen, wie die aus einem Naturgesetze gezogene Folgerung sich durch ein Experiment wieder darstellen lasse und wie das Experiment anzuordnen sei und welche Instrumente man dazu brauche ꝛc. und daß er 3) sich selber klar mache, ob eine solche Folgerung sich in ihrer Einzelheit werde darstellen lassen oder nicht. f) Chemie: Vorbereitung dadurch, daß hier der Geist auf die innern Vorgänge in einem chemischen Prozesse hingelenkt wird; dabei Begriff von Säure und Base und Orydationsstufen; Kenntniß der einfachen Stoffe nach ihren Gruppen in verwandtschaftlicher Beziehung. Es werden vornehmlich die Experimente gewählt, welche die Physik als solche berühren oder von ihr berührt werden mußten, z. B. Wirkungen der Wärme in chemischer Beziehung, eben so des Lichtes, der voltaischen Säule, der Electrizität überhaupt ꝛc. ꝛc. g) Mathematik, 1tes Semester: Erweiterung der Planimetrie, Aufgaben zur Construction aus den verschiedenen Theilen derselben, dazu ebne Trigonometrie (ohne die Erweiterungen behufs der Bequemlichkeit in logarithmischen Rechnungen); Anwendung auf physikalische Aufgaben. 2tes Semester: Algebra, Gleichungen mit einer und mehren Unbekannten, Gleichungen des 2ten Grades; Aufgaben aus der rechnenden Geometrie in Anwendung des pythagoreischen Lehrsatzes, des Inhaltes der Figuren, des Seitenverhältnisses ꝛc. und Aufgaben aus der Physik. 3tes Semester: Planimetrie und Aufgaben zur Construction und aus der rechnenden Geometrie besonders im Gebiete der regelmäßigen Figuren; Stereometrie; Aufgaben aus der Physik. 4tes Semester: Algebra; Combinationslehre; binomischer Lehrsatz; Reihen (geometrische und arithmetische), Möglichkeit der Berechnung der Logarithmentafeln, Gebrauch derselben, Zinses-Zins-Rechnung, und Aufgaben aus der Physik. h) Zeichnen: 1) freies Handzeichnen nach Antiken; 2) Fortsetzung des architectonischen Zeichnens, ausgedehnt auf gothische Bauten; 3) freies Handzeichnen nach Antiken; 4) Projection. i) Singen, combinirt mit Tertia.

§. 52. Die Zusammenstellung des Deutschen mit der Geschichte kann nichts Auffallendes haben für den, der die ausgesprochne Ansicht von der Nationalbildung theilt und sich überzeugt hat, daß nicht die Wissenschaften maaßgebend sein können. Mit solcher Zutheilung soll auch nur gesagt sein, daß diese zusammengestellten Gegenstände in einer Hand sein sollen, damit der Lehrer die ganze Masse der Stunden nach einem Puncte hinlenken könne, und die Schüler eben nicht so vielerlei Beschäftigungen neben einander, sondern mehr nur hinter einander haben. Es müßte nicht minder der Unterricht im Französischen und Englischen in einer Hand sein, und zwar aus den angeführten Gründen; aber auch noch, um der mehr practisch erlernten englischen Sprache durch Beziehung auf Französisch und Mittelhochdeutsch eine Seite für Sprachbildung so nebenbei abzugewinnen. Das Beenden der Geographie und des practischen Rechnens auf diesen niedern Lehrstufen und vor dem Schlusse der Schule ist wohl hinlänglich gerechtfertigt; eben so auch das nicht weitere Verfolgen der beschreibenden Naturlehre. Man vergegenwärtige sich nur das in §. 38. §. 40. §. 41. und §. 43. Gesagte. Daselbst findet auch die scheinbar systemlose Vertheilung der Physik ihre Rechtfertigung, da sie einmal noch wirklich kein System ist, aber auch nicht als Wissenschaft ihre Bedeutung hat für die höhere Bürgerschule. Ob alle Zweige in ihr gleiche Berücksichtigung finden werden und finden können, daß muß erst die Erfahrung und die für didactische Zwecke vorzunehmende Umgestaltung der Experimental-Physik zeigen. Daß sie einen großen Raum in der Anstalt einnimmt, indem sie immer Stoff für die Mathematik bieten soll, das leuchtet wohl ein. Die Forderungen an den Lesestoff werden nicht auffallen dürfen, da die höhern Bürgerschulen sich erst zu erbauen und so sich auch ihr Baumaterial erst zusammen zu suchen haben. —

§. 53. Der Lehrplan für Prima ist der schwierigste und wird auch am unbestimmtesten ausfallen müssen, weil eben die Gestaltung des Lehrstoffes eine ganz eigenthümliche sein muß. Hier soll Alles eigne That des Schülers sein, er soll seine Kraft verwenden, es soll die Bildung abschließen, nicht aber sollen Wissenschaften abgeschlossen werden. Des Lehrens darf also hier wenig sein, und des Neuen noch weniger. Die Prima muß gleichsam die Universität bilden in dem Sinne einer höhern bürgerlichen Bildung; zu eignem Urtheile muß der Schüler kommen; zur Herrschaft über den Stoff muß er durch die bis dahin errungene Form gelangen. Wenn daher hier Gegenstände genannt werden, so kann die bestimmte Deutung und das Verständniß derselben nur aus der Tendenz der höhern Bürgerschule entnommen werden. Doch möge auch hier ein Lectionsplan gegeben werden.

	Winter. Stunden.	Sommer. Stunden.	Winter. Stunden.	Sommer. Stunden.
Religion	2	2	2	2
Literatur-Geschichte . . .	6	6	6	6
Französisch	4	2	4	2
Englisch	2	4	2	4
Chemie	4	2	4	2
Mathematische Physik . .	8	8	8	8
Zeichnen	2	2	2	2
Modelliren	—	2	—	2
Singen, Musik, Turnen	6	6	6	6

a) Religion: Lesen der Paulinischen Briefe, Gewinnung des protestantischen Lehrbegriffes; Hinweisung auf die verschiedenen Kirchenpartheien, welche sich aus der verschiedenen Auffassung bestimmter, in der Bibel niedergelegten Wahrheiten entwickelt haben; Exegese der schwierigen Stellen aus dem Geiste der Bibel durch Vergleichung der Parallelstellen; Suchen der Einheit in dem scheinbar sich Widersprechenden; Geschichte des Reiches Gottes, so weit es in der Bibel selbst historisch geworden; Zusammenhang des christlichen Dogma und der Moral. b) Deutsch: Lesen nach Literatur-Perioden — Gewinnung des Characters der Perioden — Lesen und Durchdringen schwierigerer Dramen; Lesen von Abhandlungen über Kunst und Aesthetik und Literatur; Lesen von populären Darstellungen auf dem Gebiete der Philosophie, namentlich der Psychologie; neuere Geschichte der wichtigsten Europäischen Staaten bis auf die neusten Zeiten, namentlich in Beziehung auf ihre schließliche Stellung in commerzieller, industrieller, gewerblicher Hinsicht, mit Hinweisung auf Handels- und Verkehrs-Bündnisse und Handelsstraßen ꝛc.; mündliche zusammenhängende Vorträge über gelesene und verglichene Sachen und durchgearbeitete Abhandlungen, Dramen ꝛc. ꝛc.; schriftliche Darstellung innerer Erlebnisse, der Studienergebnisse, und der durch die Lectüre selbst aufgefundenen Gedanken und Begriffe, z. B. Vergleiche von größern Dichtwerken, von einzelnen Dichtern, von Dichtperioden; Unterscheidung der Gedichtgattungen ꝛc.; c) Französisch: Sprachfeinheiten; Lesen eines historischen Werkes über neuere Geschichte, eines Drama und Lesen nach Dichtern; schriftliche Relationen aus gelesenen Werken, Abhandlungen, welche sich mit dem im Deutschen Gelesenen auf einem gleichen Gebiete bewegen; Uebersetzen ächt deutscher Stücke, welche im höhern Style geschrieben sind. d) Englisch: Wie im Französischen, doch mehr in der ästhetischen Literatur und dem dahin Gehörigen sich bewegend. e) Chemie: Anorganische Chemie, nicht demonstrirend an den Experimenten, sondern gewonnen aus denselben durch eignes Versuchen und Beobachten, möglichst geführt auch bis in die quantitative Analyse; organische Chemie nur einige wichtige Prozesse mit Hinweisung auf Pflanzen-Chemie und den Ernährungs-Prozeß; verbunden damit Mineralogie, ohne darum aber bis zu irgend einem System vorzuschreiten, dabei Gebrauch des Löthrohrs und Prüfung mit demselben. f) Mathematik und Physik: Stereometrie und sphärische Trigonometrie mit Anwendungen auf mathematische Geographie und Geodäsie; analytische Geometrie, Kegelschnitte, Astronomisches, Akustisches, Optisches; Functionenlehre, Sinus-Cosinus-binomische-π-logarithmische Reihe, Statisches, Dynamisches; Combinationslehre, Kettenbrüche, Krystallonomisches, Wahrscheinlichkeitsrechnung, diophantische Aufgaben. g) Zeichnen: Fortschritt bis zu freien Productionen wie zu ganz selbstständigen Arbeiten in der Perspective und Projection. Wahl ist den Schülern freigestellt.

§. 54. Der so ins Einzelne dargelegte Lehrplan wird hoffentlich mehr sagen als alle allgemeinen Ergehungen über Unterrichtsvertheilung. Daß derselbe nach den vorhandenen Lehrkräften Abänderungen erfahren dürfe, das versteht sich zu sehr von selbst, er sollte nur im Concreten aussprechen, was aus den aufgestellten Grundzügen folgen dürfte, und den Lesern die Arbeit wie das Verständniß erleichtern. Möge man von ihm nun rückwärts prüfen, wie weit eine so organisirte Schule auf dem reinen Lehrgebiete das ihr gestellte Ziel erreichen könne. Die Verschiedenheit von den bisherigen höhern Bürgerschulen auf dem reinen Lehrgebiete liegt in dem Weglassen alles dessen, was nicht aus ihrem Wesen als nothwendig gefolgert werden konnte, aber auch in der Aufnahme derjenigen Zweige, welche gefordert werden mußten, um zu einer abgeschloßnen Bildung zu gelangen; besonders aber darin ist die innerste Verschiedenheit zu suchen, daß weder die Wissenschaft und eine Abschließung in ihr oder eine Uebersicht von ihr, noch auch das Nützliche für's Gewerbe oder das künftige Geschäft oder für das künftige Salons-Leben, sondern lediglich die Aufgabe der höhern Bürgerschule als Berufsanstalt und der geistige Zustand der Alters- und Bildungsstufen die Entscheidung für die Vertheilung abgegeben hat. Glänzende Examina wird diese Schule machen können mit ihren reifen Quartanern, nicht aber mit ihren Primanern, sondern diese werden, wenn die Schulen erst ihre rechte Stellung werden eingenommen haben, erwerbend und mit dem Realen sich gleichsam abmühend, in einer scheinbar zerstreuten Thätigkeit auftreten, und wie die Auswanderer gleichsam roden, um für ihren Geist ein urbares Land zu bereiten. Ihre ganze geistige Thätigkeit soll eine reine geistige Praxis sein, welche mit der geistigen Axt und dem geistigen Meißel das Holz der Realität zu einem Hausverbande für den Geist fertig zimmert, wobei der Schulunterricht nichts mehr thun soll, als auf die Lagerstelle des Baumaterials hinzuweisen, und Axt und Meißel scharf zu halten.

Um nun noch im Voraus allerhand vereinzelten Zweifeln zu begegnen, mögen zum Schlusse einige allgemeine Sätze für die Schuldiätetik hier Platz haben. Jeder Gegenstand muß auf der Altersstufe gelehrt werden, auf welcher er seiner Natur nach am fruchtbarsten gemacht werden kann; geistige Uebungen, welche an einem Gegenstande gemacht sind, bedürfen an dem verwandten nicht dieselbe Berücksichtigung, denn der gute Botaniker wird auch bald ein guter Entomologe, und wer eine fremde Sprache gründlich lernte, lernt leicht dazu eine zweite; wenn der Geist zu höhern Beschäftigungen befähigt ist, so kann er nicht ohne Qual in einer niedern Thätigkeit befriedigt werden, denn das Kind, was schon selbst gehen kann, läßt die Hand der Mutter los und der Jüngling brummt sich sein eignes Urtheil dem Vater gegenüber in den Bart; je mehr der Geist zu einer und derselben Zeit mit einerlei Gedanken und Stoffen beschäftigt wird, desto mehr wird er davon erfüllt, und das Gefühl solcher Erfüllung macht denselben fähig und treibt ihn, auch in andern Wissensgebieten nach solcher innern Erfüllung zu streben, und schützt ihn so vor dem leeren, inhaltslosen und encyclopädischen Wissen und dem grundlosen Urtheilen; je reifer der Geist wird, desto mehr widert ihn eine zerstreuende Beschäftigung an, desto mehr trachtet er nach einer sammelnden und erwerbenden Thätigkeit, desto lieber betheiligt er sich an zusammenhängenderen Aufgaben, desto eifriger verfolgt er weiter und höher gesteckte Ziele, desto mehr verschmäht er kindische d. h. solche Beschäftigungen, welche auch schon ein Kind vollführen kann. —

IV. Abschnitt.

Methode des Unterrichts.

§. 55. Schon oben (§ 20.) wurde darauf hingewiesen, daß eine eigenthümliche Methode in der höhern Bürgerschule durch ihren letzten Zweck bedingt werde. In ihr ist der vom wissenschaftlichen Standpuncte für eine wissenschaftliche Ausbildung allein ausreichende Satz: die vollendetere Bearbeitung der Wissenschaft ist zugleich der Anbau der Methode, und aller wahrer Fortschritt in der Methode liegt nur in der gründlichern Durcharbeitung der Wissenschaft — dieser Satz ist in der höhern Bürgerschule nicht mehr ganz wahr, sondern hat nur Gültigkeit, aber da auch eine volle, wo es sich um wissenschaftliche Erkenntniß handelt, wie z. B. in der Mathematik, in der Grammatik und in der systematischen Erkenntniß des Pflanzengebietes. Dieser allgemeine Begriff der Methode gehört aber ersichtlich für das Gebiet jeder einzelnen Wissenschaft, und solche Methode ist also nicht mehr Sache der Schulpädagogik sondern der einzelnen Wissenschaften. Unter Lehrmethode verstehen wir daher nur die Art, wie der Geist des Lernenden durch das Lehrobject beschäftigt oder wie er an ihm betheiligt werden soll. Mit dieser Beschränkung des Begriffs ist die Berücksichtigung des Alters wie des Bildungszweckes als nothwendig gefordert.

Ohne nun hier noch einmal die in den Paragraphen 13. 14. 15. 20. erwiesenen Anforderungen für die eigenthümliche Unterrichtsmethode in der höhern Bürgerschule aufzuführen, werde hier nur kurz bemerkt, daß der Unterricht überall den Weg nehmen müsse, aus dem Realen heraus die Form zu gewinnen und die Form wieder in das Reale hinein zu arbeiten. Diese Abstufung des Unterrichtes ist nach §. 44. auch zugleich diejenige, welche den Alters- und Bildungsstufen die angemeßne ist. Die Knabenstufe ist eben die schwankende, gleichsam die gemischte, in der noch nach der Form gerungen wird, aber wo auch ein Anfang im Verwenden der Form schon gemacht werden muß. Da die von §. 46 — 54. gegebne Vertheilung des Unterrichtsstoffes diesen Gang im Allgemeinen dargelegt hat, so werden hier nur noch einzelne Winke nothwendig, welche gleichsam die technische Behandlung betreffen. Um die Darstellung bequemer zu machen, werde jeder einzelne Gegenstand nun im Besondern betrachtet, ohne die einzelnen Klassen noch zu scheiden, da die Darstellung in dem vorigen Abschnitte sagen wird, für welche Klasse diese oder jene Form des Unterrichtes in den verschiedenen Gegenständen zu wählen ist. Als Grundzüge für die gesammte Methode halte man Folgendes fest: 1) Biete so viel Reales zum geistigen Durchdringen dar, als nur immer möglich ist, und verwende jede geistige Vorstellung so bald als möglich dazu, ein Reales zu gestalten, d. h. vermeide alles Geben von Definitionen oder Erklärungen, sondern suche den Schüler in der Anschauung zu erhalten, lasse ihn selbst die Vorstellung gewinnen und leite ihn an, dieselbe zu verwenden; beschwere ihn aber auch auf keine Weise mit einem Stoffe, den der Knabe noch nicht verarbeiten kann; mache nicht einen zu weiten Unterbau, der dann keinen Oberbau mehr erhalten kann innerhalb der Schule und dann wie alle verlaßnen Halbbaue nur ein Scandal für die Menschen ist. 2) Schaffe dem Schüler auf dem möglichst kurzen, aber von ihm selber gewanderten, Wege den möglichst großen Reichthum an Mitteln, welche er noch innerhalb seiner Schulzeit zu irgend einem Schulzwecke verwenden kann. Nicht Wissen und Können ist Zweck, sondern die Bemühung ums Wissen fürs Können. 3) Nicht die zu lehrende Wissenschaft bestimme über die Auswahl des Stoffes, sondern das Anbauenwollen einer geistigen Kraft, welche sich noch innerhalb der Schule einen kernigen Inhalt erringen soll, d h. wolle nicht an jedem Gegenstande den ganzen Menschen bilden, oder wolle nicht alle Bildungsmomente, welche ein Gegenstand haben kann, an ihm aufsuchen, sondern hebe die bildendsten Seiten an ihm hervor und lasse die Nebenparthieen unberücksichtigt, und bedenke, daß das Zusammenwirken aller Gegenstände erst die Bildung vollenden soll; suche aber auch möglichst jeden Gegenstand mit jedem in Beziehung zu setzen und bringe alle dadurch zu einer einheitlichen Wirkung. 4) Dulde keine Pfuscherei und erstrebe im kleinen Kreise vollkommne Sicherheit und damit eine Zuversicht und damit Muth und Freudigkeit im Thun und damit eine Kräftigung des Willens. 5) Ordne den Gegenstand so an, daß daran eine den Kräften gemäße Anstrengung und dann eine freudige Thätigkeit im Gefühle des Selbstkönnens geknüpft und gewonnen werden kann, d. h. verdumme nicht die Schüler durch Nöthigen zum Nachsprechen, wo sie selber schon sprechen gelernt haben; durch stetes Führen, wo sie selber schon gehen können; durch Betasten und Anschauenlassen, wo schon ein Begreifen und Schließen Statt haben muß. Karre nicht erst Steine und hole erst Holz, wenn schon gemauert und gezimmert werden soll. 7) Bilde keine Proletrarier aus den Schülern, die nur einen bestimmten, vom Lehrer vorgezeichneten Weg treten, in seinen ausgetretnen Spuren wandeln, am Seile seines Systems gehalten nur um den Lehrer einen Rundlauf machen, die hinten an den Unterrichtswagen gebunden nur im Tempo der Schule fortschreiten, nur von diesem Staube sich sättigen und höchstens beim Ackerpflügen die Engerlinge sich auflesen dürfen; wahre dich vor dem Ausschütten deiner Lehrerweisheit zu dem Zwecke, daß sich die Schüler daran die Mittel zur Befriedigung ihrer geistigen Bedürfnisse abverdienen sollen nach Maaßgabe der Schultagewerke; lasse auch andere Münzen als die vom tyrannischen Lehrer geprägten, durch die Hand des Geistes gehen, am besten die selbst vom Schüler geprägten; laß nicht Mannes Weisheit über Knabenlippen gehen, und fordere nicht vom Lallenden schon tiefe Gedanken; verhilf vielmehr den Schülern zu einem eignen und wenn auch nur kleinen Besitz, mit dem sie ohne Testament des erblassenden Lehrers beliebig schalten können. 7) Mache nicht aus den Schülern Credit-Männer, die nur vom dargereichten Capitale der Lehrer zehren, und die dann, wenn diese Erwerbsquelle versiegt ist, nicht zum Erwerben befähigt sind, und nun blos nachwuchern oder verarmen; laß vielmehr die jungen Pflänzlinge in Armuth aufwachsen und lehre sie, sich mühsam ein geistiges Scherflein verdienen. Solche selbsterworbenen Capitale sind Heckpfennige, und zugleich ein Wittwenheller im Gotteskasten. 8) Lasse die Schüler überall und immer auf sicherm Boden stehen, damit sie einen festen Gang lernen und nicht wie die weit gereisten Matrosen mit wankenden Knieen auf dem festen Lebensboden auftreten. 9) Schenke zum Trunke und zur Erquickung ausgegohrnes Bier und ausgegohrnen Wein ein, damit nicht die Kohlensäure Kopf und Hirn verrücke; lasse nur reife Früchte genießen, damit die Jugend nicht am unreifen Obste die Cholera der Gegenwart bekomme und da schon krank auftrete, wo sie erst ihr Leben beginnen soll: was die heutige Zeit und die Zukunft erst reifen soll, das gehört nicht in die Schulstube, denn in ihr kann das Unreife nur faulen. Es wird ohnehin Jedem seine Zeit im bürgerlichen Leben des Unreifen genug vorsetzen. Bilde so ein starkes und auf sicherm Boden stehendes, das Gefühl der Sicherheit in sich tragendes Geschlecht, was nicht Bewegung mit Fortschritt, Aufrütteln mit Wegräumen, Anstoßen mit Erwecken und Abreißen mit Neubauen verwechselt. 10) Unterscheide sorgfältig im Unterrichte die Blumen, deren Bild eingeprägt werden soll von denjenigen, welche blos zur Ergötzung und Uebung des Geistes betrachtet werden; lege jene sorgfältig ins Herbarium, und laß sie dort nicht verkommen, von diesen laß jeden nach Belieben mitnehmen. 11) Bedenke, daß ein Schüler in der höhern Bürgerschule nicht blos ein Kopf ist, sondern auch ein Herz mit edlen und unedlen Trieben, ein Wille im Kampfe mit dem Gelüste rc. d. h. baue das Gemüthsleben an. 12) Lasse nicht die Brosamen umkommen, welche nähren sollen; aber schneide darum nicht mehr Brod auf, als zur Sättigung nothwendig, d. h. wisse auf allen Stufen, was auf allen frühern gelernt ist, und was auf jeder folgenden gebraucht wird. —

§. 56. Die Naturgeschichte beginnt mit dem Beschreiben einzelner Pflanzentheile, des Blattes, des Stengels, der Wurzel, der Blume rc. Der Schüler spricht aus, was er sieht, und der Lehrer giebt erst hernach das terminologische Wort als die Vorstellung, für welche der Schüler den Inhalt sich aus der Pflanze erlesen. Der Name der Pflanze, von welcher die einzelnen Theile so beobachtet sind, wird genannt. So erhebt sich in der 6ten Klasse der Unterricht bis zum vollständigen Beschreiben einer Pflanze, dabei wird dieselbe Pflanze immer doppelt beschrieben und zwar erst umschreibend und dann bezeichnend mit den terminis technicis. Dabei ist Nebenzweck das Einprägen des Bildes der ganzen Pflanze, Unterscheidung der nahe liegenden und leicht zu verwechselnden Formen, Ueben des Auges und des Achtens auf das Kleine und Feine. Das Festhalten der Bilder ist nur möglich durch Auffrischen und Erinnern bei gleichen Formen; das Unterscheiden ist nur möglich, wenn der Lehrer den Schülern, nachdem der Einzelname gesägt, gekerbt rc. gegeben ist, nun viele ähnliche und sich berührende Formen vorführt zur Unterscheidung, d. h. es sind botanische Analysen nun gleich im Kleinen zu machen. So erhält man hier Vorstellungen, welche einen angeschauten und nach seinen Merkmalen ausgesprochenen und so bewußten Inhalt haben. In der 5ten Klasse wird der Gattungsbegriff ganz genau eben so gewonnen, wie in der vorigen die Terminologie. Der Lehrer läßt beobachten, beschreiben, wieder erst in doppelter Beziehung, Vergleichen und Sondern in Beziehung auf einzelne Theile, und läßt das Gleiche wie das Verschiedene immer beschreibend (oder umschreibend) und dann bezeichnend (mit der Terminologie) aussprechen, sucht während des ganzen Cursus immer alle beobachteten und beschriebenen Pflanzen in der Anschauung zu erhalten, gruppirt sie mit Hinzutreten jeder neuen Pflanze nach gleichen Blättern, Blüthen, Stengeln, Wurzeln rc. rc. läßt so geistig mit den inhaltsvollen Vorstellungen allerhand Combinationen und Gruppirungen vornehmen, bis die Schüler in der That selber wahrnehmen, daß diese oder jene Pflanzen bei den verschiedensten Gruppirungen immer zusammen gestellt werden müssen, so selber die Gleichheit an ihnen als die Vereinigung unter einen Begriff erkennen, und so den Gattungsbegriff wirklich selber sich construiren. So gewinnt hier die geistige Vorstellung wieder einen Inhalt, der geschaut und ausgesprochen und erkannt ist. Ist ein solcher Begriff gewonnen, so beginnt nun wieder eine Analyse der Pflanzen im Kleinen, d. h. man legt eine Reihe von Pflanzen vor zur Untersuchung, ob sie zu der einen oder der andern oder zu keiner der bekannten Gattungen gehöre. So nöthigt man den Schüler zum Bilden neuer Gattungen. Man hüte sich aber ja, den Schülern dadurch die Arbeit leicht zu machen, daß man 1) aus einer Pflanze den Gattungsbegriff gewinnen läßt; das führt zu Willkührlichkeiten und zum ganz fehlerhaften Verallgemeinern des Besondern; 2) daß man gleich die Pflanzen zusammensucht, welche zu einer Gattung gehören; man schadet dem scharfen Auffassen, nimmt sich die übenden Aufgaben des oben gedachten Combinirens, führt zu oberflächlichem Beobachten. Aber eben so sehr nehme man sich auch davor in Acht, eine große Reihe von Pflanzen beobachten zu lassen, für welche man hernach nicht mehr den Gattungsbegriff finden kann. Es folgt daraus ganz von selbst daß nur diejenigen Gattungen hier zur Sprache kommen können, von denen die Flora der Gegend mehre Spezies aufweist. Für die übrigen Pflanzen suche man die Familien-Begriffe oder Gruppirungen anderer Art auf. Der Unterricht hat hienach recht darauf zu achten, ob alle den Schülern sich von selbst aufdringenden Pflanzen so weit gruppirt oder sagen wir kurz begriffen werden können, daß der Schüler so für jede derselben entweder den Gattungs- Familien- rc. Namen geben könne. Es muß dem Schüler so sein, als habe er gleichsam die ganze Flora so in der Vorstellung und könne er jede Pflanze subsumiren. Die Furcht vor Verwirrung liegt nur im Lehrer, der in seinem Geiste ein bestimmtes System hat. Wenn nun in dieser Klasse nur ein natürliches System angebahnt werden kann, falls der Unterricht für die Bildung das sein soll, was sich von ihm versprochen wird, so kann auch das System in der folgenden Klasse nur ein natürliches sein; darf aber dieses System nicht ein willkührlich gegebnes sondern gleichsam ein unter der leitenden Hand des Lehrers selbst aufgebautes sein, so kann auch nur an dem natürlichen dieser Zweck erreicht werden;

ja es muß das natürliche der Flora der Gegend angepaßt sein und darf höchstens noch die häufig vorkommenden Culturpflanzen berücksichtigen. In der folgenden wird die Menge der Gattungen, Familien, Gruppen rc. vermehrt, und zwar genau wie in der vorigen Klasse aus der Anschauung der Individuen; doch da der Schüler nun schon gelernt hat, daß der Gattungs- rc. Begriff ein der Natur abgelesener ist, da er schon weiß, welche Merkmale eben die der Gattung sind, so wird derselbe eben durch die gewonnene naturhistorische Bildung leicht erkennen, ob eine Pflanze zu einer neuen ihm noch nicht bekannten Gattung gehöre, wird aber auch ohne Weiteres die Gattungs-Merkmale ablesen und so gleichsam ohne den Vergleich vieler Spezies sich neue Gruppen bilden. Wie nun in der vorigen Klasse aus Combinationen, Vergleichung, Gruppirung rc. der Individuen der höhere Begriff gewonnen wurde, so soll nun durch eine gleiche Behandlung der Gruppen, Familien, Gattungen zur Ordnung, zur Klasse und so zum System gelangt werden. Nicht das Haben dieses Begriffs, sondern dieses Gewinnen desselben ist das Bildende. Dann erfolgt das so genannte Pflanzenbestimmen nach diesem Systeme, welches natürlich durch das Schulbuch erst vervollständigt dem Schüler vorliegt. Dieses Pflanzenbestimmen ist nun schließlich eine wesentliche Thätigkeit noch auf dieser Stufe; sie begreift die Natur mit einem vom Geiste der Wirklichkeit selbst abgewonnenen Begriffe, nicht mit einem willkührlich gesetzten; sie drückt der Natur gleichsam den Stempel des Geistes auf und erhebt sie durch denselben zum Geiste, während das Gepräge des Stempels das der Natur ist. Je mehr daher das Botanisiren in dieser Klasse am Schlusse des Semesters geübt, je mehr Pflanzen zur Anschauung und Beurtheilung gebracht werden können, desto bildender der Unterricht. Das Pflanzen-bestimmen-Können nach dem Systeme das ist die Hauptsache; ob der Schüler dabei schließlich viele Planzen-Namen im Kopfe habe, das ist gleichgültig für eine höhere Bürgerschule, wie sich das von selbst versteht aus ihrem ganzen Wesen. —

§. 57. Die Physik hat die Bewegung zum Objecte der Betrachtung, aus diesen Bewegungen soll auf eine Kraft als die Ursache und auf das Wesen dieser Kraft geschlossen werden. Der Unterricht beginnt also auch mit physikalischen Beschreibungen, die dann, wenn sie in ihrer ganzen Schärfe aufgefaßt sind, unter Umständen den technischen Namen der Wissenschaft bekommen, damit man sie künftig mit einem Worte bezeichnen kann, und dann in dem bezeichnenden Worte eine inhaltliche angeschaute Vorstellung habe. In manchen Fällen wird dann wie in der Botanik Beschreibung und Bezeichnung neben einander gehen können. Die so bis ins Einzelne hin aufgefaßten Erscheinungen werden dann verglichen wie Pflanzengestalten, es wird die Gleichheit in ihnen und die Verschiedenheit aufgesucht, und aus diesen her auf eine bewegende Kraft geschlossen, welche dann die geistige inhaltsvolle Vorstellung ist, mit der das ganze Gebiet der zusammengehörigen Erscheinungen befaßt wird. Das Wesen dieser Kraft hat der Schüler eben in der Einerleiheit aller der Erscheinungen. Um zum Schlusse auf eine Kraft zu kommen, wird er viele Erscheinungen beobachten müssen, d. h. er muß experimentiren und muß wie die Pflanzenformen so auch die Erscheinungsformen der Kraft in mannigfaltigen ähnlichen und verschiedenen Vorgängen vor sich haben. Es lerne der Geist hier recht erkennen, wie falsch es sei, wenn man vom Einzelnen schon immer auf ein Allgemeines schließen wolle, und werde genöthigt, nach Auffindung des Allgemeinen aus den vielen Besonderheiten sich dann die Ursachen der Besonderheiten auch klar zu machen. Auf diesem Wege wird nun eine große Menge von Naturkräften gleichsam wie Gattungsnamen gewonnen werden, wie denn die Methode ganz naturhistorisch sein muß, um zu ihnen zu gelangen. Sobald sie gewonnen sind, so beginnt auch hier das Hervorrufen neuer Erscheinungen, um sie unter die aufgefundenen Gattungsbegriffe gleichsam zu subsumiren, aber auch die Auffassung des in jeder Erscheinung sich kund gebenden Besondern darf dabei nie übersehen werden. Mit welchem Gebiete begonnen werde, das ist gleichgültig an sich; aber es liegt in der Natur der Aufgabe, gerade diejenigen Zweige vorauf zu stellen, in denen man die meisten Experimente (gleichsam Pflanzen-Individuen) den Schülern in die Hand geben kann. Es soll und muß aber auch der Schüler wirklich das Experiment selber machen und vor sich haben und selber beobachten. Er bedarf dazu eines Apparates und nicht eines Lehrbuches der Physik. Dieser Apparat setzt ihn in den Stand — und dazu gehört nicht viel — die Erscheinungen der Electrizität, des Magnetismus, des Lichtes, der Wärme, der Schwere, der Elastizität, der Cohäsion, der Friction, der Attraction, der Capillarität rc. rc. sich zur Anschauung zu bringen. Man hüte sich aber wie in der Botanik vor dem Zusammenstellen des Gleichartigen, aber auch nicht minder vor dem Hervorrufen von Erscheinungen, für welche die Wissenschaft noch nicht die Lösung gefunden hat; lasse lieber die Erscheinungen auf das mannigfaltigste combiniren, so weit es die Schüler-Apparate nur irgend gestatten, und leite die Schüler dahin, selber auf solche Combinationen zu denken. Diese Beobachtungs- wie Combinationskraft, dies Achten auf das Einzelnste im Vorgange des Experiments wie der Erscheinung, dies Wahrnehmen des Besondern, des Abweichenden, Uebereinstimmenden mit dem früher Beobachteten, dies Vergleichen des Neuen und Alten, dies Aneinanderhalten des Geschauten und Erkannten, dies offne Auge für jeden Wechsel und jede Modification, dies Aufsuchen des Gemeinsamen in dem Besonderen: ja diese Reizbarkeit des Auges und Sinnes für die Abweichung, das ist die durch das Experimentiren zu gewinnende Bildung. Das Wissen ist eine gänzliche Nebensache, denn darnach kann man und soll man Leute fragen. Wenn nun so eine große Menge von Naturkräften als Gattungs-Namen gewonnen sind — möge der physikalische Unterricht immerhin noch erst einige stempeln, um sich mit den Schülern verständigen zu können — so werden dann diese Kräfte nach ihren Wirkungen verglichen, und Adhäsion, Attraction, Capillarität ꝛc. wird in dem höhern Begriffe einer allseitigen Anziehung der Massentheilchen, und Elastizität mit allen ihren verschiedenen Nüanzirungen als eine Anziehung der Theilchen in bestimmten Richtungen aufgefaßt. Es wird so die ganze Physik zuletzt in wenigen Gesetzen begriffen erscheinen und diese wenigen Gesetze sind dann das physikalische System, wenn man so sagen darf, und dieses System ist wie das naturhistorische ein Ergebniß der eignen Beobachtung. Die aufgefundenen Naturkräfte werden nun auf der letzten Stufe des physikalischen Unterrichtes geprüft und zwar durch die Betrachtung der mannigfaltigsten natürlichen wie künstlichen Erscheinungen, es wird gleichsam botanisirt, und alle Erscheinungen werden nun nach dem Systeme von Kräften bestimmt und so geistig begriffen durch ein vom Geiste gewonnenes aber von der Natur gestempeltes Gesetz. Freilich bedarf dazu der physikalische Unterricht einer wesentlich andern Gestaltung, als er heute hat, wo er für den Experimentator oft zur körperlichen Arbeit und blos zur Schaustellung seines Experimentir-Geschickes, für die Schüler ein ganz hübsches Amüsement in den Stunden, eine Gelegenheit zum Witzeln über den viel beschäftigten, schwitzenden, armentblößten Lehrer wird, und deßhalb auch in der Stunde oft nur zu einem erstaunenden Ach! und nach dem Experimente zu einem langweilenden und schädlichen Verallgemeinern des Besondern und für die häusliche Beschäftigung zu einem ermüdenden Wiederholen des halb

Gesehenen und Abgefragten führt. Die Physik muß viel sprachreicher, experimentreicher im Kleinen, ausführbarer für die Schüler, geordneter nach den Naturkräften und nicht nach den Materien, und aufbauender werden. Statt der Schulbücher haben die Lehrer der Physik Experimentir-Mappen zu construiren und statt künstlicher Experimente aus den Zeiten der Naturbewunderung und Magie die natürliche Reihenfolge und nothwendige Mannigfaltigkeit von Experimenten im Kleinen für kleine Schulapparate zu ersinnen, damit der Unterricht nicht blos ergötzlich und lehrreich sondern bildend und befähigend für den Bürger werde. Die Physik muß vor Allem den Gesichtspunct ins Auge fassen, daß die wissenschaftlichen Wahrheiten vom Schülergeiste aus dem Realen her gewonnen werden sollen. Das ist ihr Bildungsmoment in den höhern Bürgerschulen. Eine andere Aufgabe hat die Physik in den Gymnasien, eine noch andere in den Geschäftsschulen.

Um endlich das Wesen der Naturkräfte bezeichnen zu können und sie eben als rein geistige Constructe zu fassen, wird dem Lehrer kein andres Mittel übrig bleiben als die mathematische Sprache. Darum hat die Physik noch die letzte Aufgabe, den Nachweis zu liefern, in wiefern sie berechtigt sei, eine Kraft unter das mathematische Gesetz zu stellen. Sobald diese Stufe erreicht ist, dann geht sie in die Mathematik über, und erfüllt diese mit einem Inhalte; das Experiment weicht dem Begriffe und läßt dem Geiste nur die Herrschaft über die von ihm zuvor in allen Einzelheiten und Zufälligkeiten erkannte Wirklichkeit. Auf dieser Stelle wird sich von Seiten der Lehrer gewiß ein Widerspruch erheben. Soll man dann gerade mit dem Experimente aufhören, wann der Schüler erst so recht befähigt dafür ist? Ja! Weil man da zu studiren aufhört, wo man es erst recht gelernt hat, wie es eigentlich anzufangen. Sollte nicht dieses Fragestellen an die Natur ein sehr tief Greifendes sein und nicht noch etwas mehr als den Verstand und die Beobachtungsgabe bilden? Gewiß, wenn der Schüler die Innigkeit und Sinnigkeit des Physikers daran brächte, wenn er wie der Lehrer im Kleinen das Ganze schaute, wenn er auch schon die Frage aus eignem innern Antriebe her thäte, und sie als eine allgemeine ansähe, welche über Räthsel Aufschluß geben und eine gemachte Hypothese bestätigen oder verwerfen soll. Werden die Schüler nicht viele Späße treiben beim Selbst-Experimentiren? Gewiß, wenn der Lehrer mit den Erscheinungen locken und reizen will, und das Hervorrufen einer Erscheinung als eine rechte That der physikalischen Stunde ansieht. So lange die blanken Cabinete mit ihren großartig wirkenden Instrumenten noch eine Hauptrolle in der Schule spielen, so lange werden auch die Schüler mit dem Lehrobjecte spielen. Wie soll der Schüler auf diesem Wege nur irgend eine Uebersicht gewinnen? Das leite der Lehrer; er vermeine aber auch nicht, daß das Schema im Lehrbuche irgend eine innerlich befriedigende Uebersicht gewährt; er nenne auch nicht System, was noch keines ist, und nenne nicht ein Aggregat von Sätzen eine Wissenschaft, und seufze nicht über Unvollständigkeit, wenn eine große Reihe ganz unerklärter also unbegriffener Erscheinungen nicht dem Schüler vors Gesicht kommen. Lasse der Lehrer nur alle Spielereien mit der Electrizität, in der Optik, Hydrostatik ꝛc. weg, und beschäftige er nicht die Schüler mit den physikalischen Instrumenten und deren Construction anstatt mit den durch sie veranschaulichten Wirkungen von Naturkräften; lasse er nicht die sinnreichen Instrumente und die fertige Hand der Mechaniker bewundern, sondern lasse er eifrig und mühsam aus der Mannigfaltigkeit der Erscheinungen sich die Einheit und so den Begriff aufsuchen; treibe er mit Technologie und physikalischen Kunststückchen keine unwürdigen Späßchen, sondern befähige er den Geist zum Erfassen der Erscheinungen: er ist dann dem Ziele der höhern Bürgerschule viel näher als mit dem Besehen von Werkstätten und Fabriken. Doch die Tendenz der höhern Bürgerschule hat hinlänglich die Fingerzeige geboten.

§. 58. Die Chemie hat sich für den Schulunterricht besser ausgebildet als die Physik, sie ist gleichsam bescheidener geblieben und ist weniger prunkend oder nur noch erst selten in die Gesellschaft eines großen schaulustigen Publicums eingetreten, um die Müßiggänger zu amüsiren. Auf der untersten Stufe (Secunda) tritt sie blos einleitend auf, um das Auge auf die innern Vorgänge in der Natur zu lenken. Gelegenheit bieten dazu zunächst die Uebergänge beim Aendern der Aggregatzustände, welche freilich wie die Auflösung fester Stoffe in der Flüssigkeit noch nichts Chemisches an sich haben, aber eben hinüberlenken ins Innere der Natur. Dann geht man über zum Verbrennen, Verbrennen des Kupfers in Schwefel, Zersetzen des Wassers durch die Voltaische Säule, Zersetzen anderer Salze durch sie; dann betrachtet man etwa die Auflösung von Kreide in Essig, sucht nun diese Erscheinung überall weiter auf; nimmt dann Experimente in Reagensgläsern vor, welche jeder Schüler zu Hause leicht machen kann, läßt sie beobachten, und kommt so wie in der Physik auf allerhand einzelne Gesetze als Ergebnisse der Beobachtung, als da sind Verbindung, Austausch, Verdrängen, Säurewirkung, Basenwirkung, Salz etc. etc.

In der ersten Klasse beginnt nun eigentlich erst der Cursus in der Chemie. Einige Wochen behält der Lehrer alle Schüler zusammen, sucht in der Zeit für die neu hinzugekommenen Mitglieder die Begriffe von einfachen und zusammengesetzten Stoffen, Säuren, Basen, Salzen, Suboxyden und Superoxyden, dann die electrochemische Eintheilung der einfachen Körper und deren Gruppirungen, den Begriff vom Atomgewicht, dann die Anschauung von den natürlichen Verwandtschaftskräften, den chemischen Wirkungen der Wärme, Electrizität etc. zu gewinnen. Alles dies Begriffliche wird aus der Anschauung gewonnen, zu welcher die ältern Schüler nach Anweisung des Lehrers oder nach gemeinschaftlicher Besprechung mit demselben die nöthigen Experimente machen und auch die nöthigen Erläuterungen geben. Sobald nun diese Einleitungen getroffen und die Benennungen der Apparate und einige Handgriffe mitgetheilt sind, daß die Schüler ein chemisches Lehrbuch verstehen und sich nach ihm auch einen Apparat zusammenstellen können, so wird dann die Klasse in Abtheilungen zu je zwei und je drei Schülern gebracht, denen eine Berzelius'sche Lampe, einige Abdampfschalen, Glasröhren, Kolben und Retorten etc. zur Disposition gestellt werden. In jeder Abtheilung finden sich ältere, geübtere und jüngere Schüler vereinigt. Jede solche Schülergruppe erhält nun vom Lehrer eine Reihe von Experimenten für das Semester zugetheilt, z. B. Darstellung der Säuren oder Basen, oder blos Sauerstoffsäuren oder Wasserstoffsäuren oder der metallischen oder erdigen etc. Salze etc. Jeder Schülergruppe stehen nun zunächst die nöthigen Bücher zur Disposition, um den ganzen Gang ihrer Experimente zu entwerfen, die nöthigen Stoffe und Apparate und Nebenexperimente zu ermitteln. Jede Gruppe hält dem Lehrer vor allen Schülern einen Vortrag über den gewählten Gang der Experimente und begründet die Wahl. Für die neu anfangenden Schüler bestellt entweder der Lehrer einige ältere, geübtere, welche ihnen bei der Auswahl rathend zur Seite gehen, oder er übernimmt es selbst. Bei diesem Entwurfe für die Thätigkeit kommt nun jeder practische Vortheil, Bequemlichkeit und Leichtigkeit der Ausführung, Vorrath von Stoffen und Präparaten im Laboratorium etc. zur Sprache. Bei dieser Uebersicht aller gleichzeitigen Experimente ergiebt sich, in wie fern die eine Gruppe der andern Stoffe und Präparate liefern und sie sich also gegenseitig in die Hände arbeiten können, wie darnach vielleicht, um solches Präparat benutzen zu können, der Gang der Arbeiten abgeändert werden dürfte. Ist diese Festsetzung geschehen, dann hat ein anderer Schüler als der, welcher das mündliche Referat gab, zur nächsten Stunde den ganzen Gang der Experimente der einzelnen Gruppe schriftlich darzulegen; außerdem haben alle andere eine kurze Uebersicht aller Experimente zu geben und zu ihrer eignen Orientirung als Notizen bei sich zu führen. Nach dieser Einleitung gehen die einzelnen Gruppen an ihre Arbeit, und ein drittes Mitglied derselben giebt für das zu beginnende Experiment 1) eine Zeichnung des Apparates, 2) eine mündliche Relation über die Naturkräfte, welche in Thätigkeit gesetzt werden, 3) über das Verhältniß der Stoffe nach Atomgewichten rc. Dasselbe geschieht in allen Gruppen bei jedem neuen Experimente. Ein vierter Schüler der Gruppe hat nun über das Experiment Protocoll zu führen und alle Vorkommnisse, Auffallenheiten rc. zu vermerken, und diese Protocolle werden dann am Schlusse des Experimentes oder der Stunde vorgelesen und begutachtet, und das dem Schüler Unerklärliche erörtert. Hat die Gruppe nicht alle Umstände sorgfältig beobachtet, um die reifern Mitschüler oder den Lehrer in den Stand zu setzen, das Rätsel zu lösen, so wird das Experiment wiederholt zum Zwecke einer genauern Beachtung des Umstandes. Findet der Lehrer, daß immer noch Mangel an Genauigkeit in der Abwägung, oder falsche Wahl im überschießenden Stoffe, oder Nichtberücksichtigung des Grades der Löslichkeit oder leichtern Zersetzlichkeit rc. das Räthselhafte für die Schüler hervorbrachte, so läßt er sie so lange untersuchen, bis sie die Ursache der absonderlichen Erscheinung aufgehellt haben. An allen diesen Untersuchungen über solche Auffälligkeiten nehmen alle Schüler Theil, und üben eben darin ihre Umsicht und Einsicht, dürfen aber nicht ohne Aufforderung des Lehrers das Ergebniß ihres Nachdenkens aussprechen, um nicht den Untersuchenden durch ein solches Vordenken die Freude, den Genuß und vor allem um ihnen nicht das Bildende des Selbstsuchens abzuschneiden und so das Thun fruchtlos zu machen. Deßhalb nehmen alle Schüler von dem Verlaufe aller Experimente so viel Notiz, daß jeder weiß, was jede Gruppe nun eben vorhabe, und was sie suche, was sie erziele, auf welchem Wege sie es erziele. Damit aber jeder immer ganz in dem ganzen Geschäfte gleichsam orientirt bleibe, hat er das Recht überall zuzusehen, zu fragen und die Mitglieder der Gruppe haben die Verpflichtung, jedem Frager über das Thun genauste Auskunft zu ertheilen. Des Lehrers Sorge ist, durch Nachfragen, Hinweisen, Aufmerksammachen rc. die ganze Zahl der Schüler über alle Experimente klar zu erhalten, sie immer zum Beobachten und Fragen zu veranlassen, und so die scheinbar ganz zerstreute und zerstreuende Thätigkeit zu einer vollkommenen Einheit und stetigen geistigen Sammlung ja nicht unbedeutenden geistigen Anstrengung für die Schüler zu machen.

Diese weitläuftige, auf Erfahrung gestützte Darlegung der Methode, welche sich fruchtbar nach jeder Seite hin erwiesen hat, mag hier zunächst darlegen, in wiefern behauptet werden könne, daß die Chemie so recht ein Hauptgegenstand für die höhere Bürgerschule sei. Denn sie übt so behandelt Accuratesse und Sauberkeit und practischen Sinn und Ueberlegung über vorhandene Mittel und dann wieder ein reiches Combiniren unter den Mitteln, ein Durchdringen der Natur mit dem Geiste, ein Gestaltenlassen des Realen nach irgend einem Gedankengange rc.; sie fesselt den Geist an das Wirkliche, um ihn über dasselbe zu erheben; sie läßt den Geist mit Berücksichtigung der individuellen Kräfte jedes einzelnen Körpers doch den Herrn über das Reale werden, so daß es ihm dienstbar werden muß; sie wird Praxis, ohne aus der Schule herauszutreten auf irgend welches technologisches Gebiet; sie gewinnt eine wissenschaftliche Erkenntniß ohne den leeren Schematismus; sie bildet wissenschaftlichen Sinn durch ein Thun nach wissenschaftlichen Prinzipien; ja das erzielte Product wird Zeuge der Genauigkeit, Sauberkeit, Sorgfalt, richtigen Ueberlegung rc. des Schülers. Möchte es doch der Physik auch gefallen, sich so zu einem wahren Bildungsmittel in einer höhern Bürgerschule zu gestalten und den Menschen aus der Natur her ihre Sprache lernen zu lassen, nicht ihm aber blos die Uebersetzung derselben darzureichen, wie sie in den physikalischen Lehrbüchern in schönen Erklärungen und Definitionen und Lehrsätzen gegeben sind, und schließlich ihm dann die Natur durch das Experiment gleichsam wie im Lexicon aufzuschlagen, um aus ihm die Bedeutung der übersetzten Wörter und Worte zu sehen. Doch so lange man Lehrbücher der Physik anschaffen läßt, um diese Lehrbücher durchzumachen, und mit ihnen sogar noch manche kümmerliche historische und Personal-Notiz mitzugeben, so lange ein guter Experimentator und ein brillantes physikalisches Cabinet noch in der Schule eine besondere Bedeutung hat, ja so lange man noch Etwas anderes will, als den Geist durch die Betrachtung des Realen zu bilden zur Befähigung für eine solche Betrachtung, so lange wird es beim Alten bleiben.

§. 59. Der Religionsunterricht (s. §. 42. und 46. sq.) gewinne zunächst auf der untersten Stufe historischen Stoff aus der Bibel, denn in ihm liegt ein wesentlicher Theil der religiösen Wahrheiten veranschaulicht vor. So lange das Gedächtniß noch Frische hat und der Geist mit Gedächtnißübung befriedigt wird, so lange lasse man lernen, und aufsagen und wiedererzählen. Die gelernten Bibelstellen müssen mit der aufgefaßten Handlung oder mit der Lage der Personen oder ihrer Characteristik zusammen hängen und eben auch mit dieser zugleich gewußt werden, und eben aus ihr die Erklärung finden. Ob Mythe, ob Sage, ob Märchen, ob Bild oder Symbol, ob symbolisirende Handlung, ob Dichtung zur anschaulichen Darstellung des Gedankens 2c. 2c. ob Wahrheit, ob persönliches göttliches Erscheinen oder ob nur die Gottheit personifizirt gedacht ist, das hat der Kinderunterricht nicht zu untersuchen, nicht zu scheiden, denn sein Ziel ist die Gewinnung des biblischen Stoffes, so weit derselbe in Erzählungen und Ereignissen niedergelegt ist. Dies Untersuchen macht Kinder irre, Knaben naseweis und unreife Denker gottlos. Wenn das Kindchen sterben sollte im Glauben, dann wird ihm das Schauen werden ohne unser Zuthun; wenn es sich nicht in der Schule bis zu den Unterrichtsstufen erheben kann, wo es aus sich selber her alle diese Fragen thut und dann auch die Antwort finden wird, so ist ein aus der Schule mitgenommener kindlicher Glaube ein trefflicher Helm und Schild im Lebenskampfe. Darum also nicht viel Interpretiren und Katechisiren. Die Kindesseele hat einen eignen Bienenrüssel für den Honig in der Bibel, man pflücke daher nicht die Blumen ab und dörre sie an der Sonne des menschlichen Geistes, denn es verdunstet dann der Honigsaft. Darum aber mache man auch nicht viel Redens von Schönheit und Trefflichkeit, die Kinder werden schon den Blick des Liebenden sehen und wohl unterscheiden, ob blos mit der Bibel geliebäugelt und kokettirt wird. Wenn das Kind eine Gegend nicht schön findet, so helfen alle Ausrufungszeichen nichts und aller Aufguß frömmelnder Süßelei macht die Sache dem Kinde nicht schmackhafter. Aber mit Ernst halte das Kind an, die Aufgabe in der Religionsstunde zu lernen, denn die Sache ist des Ernstes werth, und mache sie so klein und so leicht, daß das Nichtlernen Beschämung erweckt. Darum fallen alle sonst gebrauchten Zwangs- und Polizeimittel der Schule für die Religionsstunden weg, es herrsche Kirchenzucht über Fleiß und Betragen. Eingeprägt werden 1) alle diejenigen Erzählungen des Alten und Neuen Testaments, in denen irgend eine sittliche oder religiöse Wahrheit recht anschaulich und in die Augen tretend dargelegt ist; 2) diejenigen, an deren Faden sich die Geschichte des Reiches Gottes am deutlichsten zeigt; 3) diejenigen des Alten Testaments, auf welche sich oft im Neuen Testamente berufen wird, und denen Christus und die Apostel eine messianische Deutung gegeben haben. Falls dieselben sich nicht an eine Erzählung anreihen lassen, so sind sie dort zu lernen, wo auf sie hingewiesen wird; 4) diejenigen Stellen des Neuen Testaments in den historischen Schriften, auf welche die Apostel in den Briefen hinweisen, und diejenigen in den Briefen, welche der Kirche so wichtig geschienen, daß darauf Kirchenpartheien gegründet sind; 5) beim Katechismusunterricht werden bei dem ersten Hauptstücke die Sittensprüche, beim zweiten die Glaubenssprüche und bei dem dritten die erbauenden Stellen aus der Bibel gelernt, wohin nun eben auch Psalmen gehören. Hiezu kommt nun noch 6) das Lernen von Kirchenliedern, deren Bedeutung nachher.

Für diesen Lernstoff sei ausdrücklich bemerkt, daß er in den höhern Bürgerschulen nicht ohne Noth ausgedehnt werden müsse, denn Religion soll kein Gegenstand für Gedächtnißübung sein, weil dazu andere Lehrmittel sind. Sie darf bei den ohnehin großen Anforderungen an die Schülerthätigkeit nicht auch noch die Anstrengung der Kinder mehren und so zur Kinderplage werden, weil sie dadurch in ihrer Kraft auf das Gemüth gebrochen wird. Der Religionsunterricht sollte zwar allem andern vorgehen, das ist freilich wahr und bleibt auch wahr; aber das liegt nicht darin, daß er den Kindern die meisten häuslichen Aufgaben bringt. In denjenigen Schulen, welche an Bibel und Religionsunterricht Lese- Sprach- Gedächtniß- und Denkübung zu knüpfen haben, steht die Sache wesentlich anders als in der höhern Bürgerschule, in welcher alle diese Uebungen ihren Stoff anderweitig haben. Die höhere Bürgerschule darf nicht den Lernstoff häufen, denn wie es heute meist steht — man verhehle es sich doch nur nicht — so belächelt der Vater den Knaben bei der Bibel, oder nimmt von dieser Thätigkeit gar keine Notiz; er verhört ihm wohl alle Vocabeln, aber fragt nicht nach Bibelsprüchen; er hilft ihm allenfalls interest construiren und streicht ihm orthographische Fehler an, aber einen noch nicht ganz verständlichen Bibelspruch im Munde des Knaben hält er für ein Verdummungsmittel, und findet es entweder unter seiner

Würde oder über seiner Kraft, etwa dem Knaben zum Verständniß zu helfen, und murrt innerlich über die Zumuthung der Schule an sein Kind. Mit vielem Lernen und häuslichen Arbeiten für die Religionsstunden bringt die Schule das Kind — so steht es leider heute, und wird auch so lange so stehen, bis erst wieder die Schulen eine Erziehungs-Berechtigung und nicht blos eine Erziehungs-Erlaubniß haben — oft in eine Enge zwischen Schule und Haus, und in diesem wird oft mit hartem Fuße die zarte Pflanze zertreten, welche in jener kaum aufgegangen ist. Noch dazu kommt, daß heute eine eigene Art des Bibelverstehens in den höhern bürgerlichen Ständen herrscht, worin eine neue Warnung gegen die häuslichen Aufgaben in der Religion ausgesprochen ist. Denn wer soll hier vermitteln, wenn der Vater nur den Verstand und die Schule mehr das Herz treffen will, wenn die Schule nach und nach aus dem Ganzen das Einzelne begreifen, der Vater aber in dem Einzelnen das Ganze erkannt und erfaßt wissen will, und in dem Nichtverstandenhaben des Einzelnen den ganzen Religionsunterricht für einen unverständlichen, nach seinen Worten unverständigen, hält, und so die Bemühung der Schule aufhebt. Je mehr es hienach den Schulen Ernst ist um Pflege des religiösen Sinnes, desto zarter müssen sie mit den Pflänzlingen umgehen, sie möglichst unter dem Schirmdache der Schule behalten, hier sie wärmen und begießen und sie nicht gleich in dem Garten allen hindurch wehenden Winden aussetzen. Seid klug wie die Schlangen, doch ohne Falsch wie die Tauben. Die höhere Bürgerschule darf nicht und muß nicht in der Religion Examina machen wollen, sie muß erst wieder fromme Kinder zu bilden suchen.

Noch weniger darf auf dieser Stufe der Religionsunterricht zu einer Verstandesübung werden, denn einmal gehört solche Beschäftigung nur als Nebensache dieser Stufe an, und dazu hat die Schule andre Gegenstände. Der letzte Grund ist der Ausspruch der Bibel. Die katechetische Tretmühle verwandelt das Waizenkorn in Staubmehl, und mühsam muß das verstäubte und nun verunreinigte Mehl erst wieder zusammengefegt werden, um ein nahrhaftes Brod daraus zu gewinnen. Es soll der Knabe seine Religion nicht in sich finden, sondern er soll sie als eine gegebne, geoffenbarte empfangen; er soll nicht die Offenbarung nach seinen Kräften modeln, sondern soll mit denselben zum Lebensbaume aufklettern; er soll nicht den Ausspruch der Bibel nach dem, was er sonst etwa für recht und gut hält, erst prüfen, sondern sein Urtheil über Rechtes und Gutes soll nach dem Bibelworte geprüft werden; er soll nicht fragen: ob man dies und das glauben, dies oder das ausführen, so oder so werden könne, sondern die Bibel soll ihm sagen, was geglaubt, wie gehandelt, wie empfunden werden solle. Also an dem Katechismusunterrichte soll nicht der Lehrer dem Schüler etwa beibringen, wie er, der Lehrer, den Glaubensinhalt mit seiner anderweitigen Begriffswelt vermittelt habe, sondern den Glaubensinhalt soll er mittheilen, wie er in der Bibel ausgesprochen ist, und die Nöthigung zum Anerkenntniß soll in der Bibel gesucht und aus ihr aufgestellt werden. Die Katechese sei und bleibe auch hier rein historisch und dogmatisch, sie vermittle nur den Katechismus-Inhalt mit dem Bibel-Inhalte und weise nach, daß in ihm die Summa der Bibel ausgesprochen; sie zeige ihm nur am Katechismus, welche der gelernten Sprüche, Parabeln, Erzählungen eben den hauptsächlichsten Inhalt hätten. In der Bibel werde der Katechismus gesucht, in ihr finde er seine Begründung, nicht aber in dem Stümpschen Licht des Lehrers oder gar des Schülers.

Wenn nun wenig aus der Bibel gelernt und doch viel aus ihr gewußt werden soll, so scheint das einen Widerspruch zu enthalten. Doch dem ist nicht so. Unsere Schüler haben die Bibel kennen zu lernen, das ist die Aufgabe, nicht aber sollen sie dieselbe auswendig lernen. Weniges werde eingeprägt, aber auch scharf und fest zum bleibenden Eigenthume; Vieles werde gelesen, erzählt, wiederholt gelesen und wiederholt verglichen (s. §. 55, 10.), damit der Schüler wisse, was er in der Bibel habe, wie viel in ihr zu finden sei, und wozu so vieles darin stehe. Gleichartige Erzählungen, Schicksale der biblischen Personen, Einwirkungen Gottes, Aussprüche der gottbegeisterten Männer werden jedesmal zusammengehalten und bei solcher Gelegenheit dann eben wieder nachgelesen; aber nicht wird ein Wiederholen aus dem Kopfe verlangt. So lernt der Schüler in der Bibel Bescheid und lernt sie gebrauchen ohne Plage und ohne Gefahr, ja wird so geübt, selber wohl einmal eine Erzählung rc. für sich zu betrachten; so kommt er ohne theosophische Darlegungen zum Bewußtsein der Einheit der Offenbarung. Der Lehrer aber muß nicht minder — und der muß es aus dem Gedächtnisse thun — in seinen Erläuterungen immer auf früher Gelesenes hinweisen und so das Gewußte immer wieder an- und auffrischen. Dabei darf er aber nicht mit seinem eignen Wissen und mit seiner Bibelkenntniß prunken, sondern er muß sich beschränken auf das, was seine Schüler schon vorher aus der Bibel genommen haben; er muß nicht überraschen durch neues Material, sondern er muß Altes aus dem Schatze hervorlangen und dies neben ein Neues stellen zur Erläuterung, damit dies Alte ein Neues und das Neue ein Altes werde. Wie er das den Schülern Bekannte verwendet, wie er ihm mannigfaltige Seiten abgewinnt und es in seiner unerschöpflichen Fülle nicht mit einem Male sondern eben nach und nach anschauen läßt, das allein führt in den Geist der Bibel ein und lockt die Gemüther, tiefer in diesen Brunnen zu schauen. Der Lehrer soll und muß durch die Bibel erläutern. Darum werden, wenn an den Geboten die Moral entwickelt wird, biblische Personen die Beispiele liefern, an denen die Prüfung und Erhärtung vorgenommen werden; wenn die Frucht der Sittlichkeit geprüft oder dargestellt werden soll, so sind die biblischen Helden die Gewährsmänner; wenn die Kraft der Ueberzeugung, der Gottbegeisterung, des Glaubens dargestellt werden soll, so sind die frommen Männer die Zeugen, und zwar immer wieder die dem Schüler schon bekannten Personen. — Ob es noch andere Mittel giebt, den biblischen Inhalt einzuprägen, als Bilderbibeln, Schreibevorschriften, Gesangstunden 2c., das mag hier nur angedeutet werden, da die Erfahrungen noch nicht gemacht sind.

Keine Religionsstunde darf aber auf diesem reinen Lerngebiete stehen bleiben, sondern jede muß eine andächtige Erhebung mindestens auf einige Zeit erzielen, denn nur dadurch wird sie erst eine Religionsstunde. Darum sind Kirchenlieder und Psalmen zu lernen und nur allein darum, weil sie schön und kernig diese Höhe der Gemüthsstimmung in Worte fassen, und somit oft das Gemüth eben zu der Höhe erheben. In der Kirche wie in der Schule hat man zum Singen die Gesangbücher, aber nicht kann man, ohne die ganze Stimmung zu zerstören, erst einen Liedervers aufsuchen lassen, der solcher Höhe des Unterrichtes gleichsam die fromme Weihe geben soll. Der Lehrer wähle deßhalb absichtlich in solchen Augenblicken das Wort des Liedes, welches seine eigene Erhebung seinen Schülern kund geben soll; aber er wähle auch ein den Schülern bekanntes Lied, damit sie ihm nachbeten können, ja hat er einmal wirklich die ganze Klasse ergriffen, dann lasse er einen solchen Vers von der ganzen Klasse *beten*, selbst *singen*. Der Eindruck bleibt nicht aus und vergeht auch nicht so leicht wieder. So lernt der Schüler an sich, warum er Kirchenlieder lernte, und wird diese Lection sich noch oft hersagen, wenn der Lehrer auch nicht mehr dazu winkt, aber auch das rechte Aufsagen geübt hat. Aber nicht blos das Gesangbuch sondern auch die Bibel ist ein Andachtsbuch, und diesen Gebrauch der Bibel wieder einzuführen, das sollten und müssen sich die höhern Bürgerschulen so recht zur Aufgabe machen. Nicht blos zum Lernen sind die Psalmen und Prophetieen und Gebete in ihr geschrieben, sondern zur Erhebung des Gemüthes. Darum werde am Beginn jeder Religionsstunde, ehe noch irgend ein anderes Object der Betrachtung vorliegt, eine Stelle aus der Bibel gelesen; absichtslos für den folgenden Unterricht, unberücksichtigt in dem Laufe der folgenden Betrachtung, ohne Beziehung auf irgend welche Vorgänge, ohne alle und jede Erläuterung von Seiten des Lehrers. Die Bibel als Bibel werde gelesen, sie sei sich selber genug. Der Schüler soll und wird sie gebrauchen lernen. Wohl wäre es gut, wenn jede Stunde des Unterrichtes in der Schule mit dem Vorlesen einer Stelle aus der Bibel begonnen werden könnte; vielleicht brächte man sie auch auf den Comtoir- und Toilettentisch. Das Morgen- und Abendgebet kann oft eine Stelle in der Bibel vertreten oder ein Vers aus dem Gesangbuche, den die Schüler gelernt haben. Das Zusammensprechen solcher Liederverse verdient ernstlicher Erwägung, es ist wichtig, wenn es nicht zur hergebrachten Gewohnheit wird. Man vertraue nur der Kraft des göttlichen Wortes und der Wirkung des heiligen Geistes, und halte nicht blos das für religiösen Besitz, was sich im Examen abfragen läßt; ja man halte sich überzeugt, daß jedes abexaminirte Wissen auf diesem Gebiete eine weggefragte Religion ist. Für diese ascetische Seite des Religionsunterrichtes haben endlich wesentlich die Gesangstunden mit zu wirken. Von den gelernten Liedern müssen die Kinder auch die Melodieen lernen, und am Schlusse jeder Gesangstunde ist dann ein Liedervers eines gelernten Liedes zu singen.

Endlich soll das Leben der Schüler, ihr Thun und Treiben, ihr Denken und Wollen in dem Lichte der Religion verklärt und geläutert werden, denn nur wer sich selber in einem gegenwärtigen Zustande als einen religiösen Menschen erfassen und beurtheilen, ja sich im göttlichen Lichte erkennen gelernt hat, und alles sein Thun in dem Verhältnisse zur Gottheit aufzufassen angeleitet ist, nur der hat einen Grund für ein frommes Leben gelegt. Dies fordert die Beschränkung des Religionsunterrichtes auf die Kinderzustände, setzt die genauste Kenntniß der innern und äußern Zustände der Schüler, einen genauen Verkehr mit ihnen, ein stetes Beobachten derselben, eine richtige Würdigung derselben voraus, um eben jeden Schüler als eine Individualität hier zu erfassen, und jeden persönlich zu ergreifen, und ihn sich selber als einen solchen ergreifen und begreifen zu lassen. Das allgemeine Moralisiren und Richten und Verdammen reicht hier gar nicht aus und hilft zu Nichts, kann schrecken aber nicht bessern, kann stutzig machen aber nicht zur Rückkehr bewegen. Soll das aber nicht ein triviales Moralisiren, ein langweiliges Splitterrichten, ein erbitterndes Enthüllen der innersten Seelenzustände werden und dadurch zum Verschließen, Verheimlichen und zum Heucheln führen, dann ist hier vor Allem Liebe zum Kinde neben genauster Kenntniß, Vorsicht neben der strengsten Wahrhaftigkeit, Liebe zu Gott neben wahrem Mitleid für den Verirrten nöthig. Ja selbst der Lehrer darf sich dann selber nicht diesem Lichte entziehen, und muß durch Wort, Gesinnung und That zeigen, wie er selber in diesem Lichte der Religion zu wandeln sich bestrebe. Wer das nicht kann ohne Lüge und Scheinheiligkeit, der unterlasse den Religionsunterricht. Dies Alles kann aber überhaupt nur der Lehrer, und darum darf den Religionsunterricht nicht ein Geistlicher geben, der die Kinder nur diesem Lehrobjecte gegenüber sieht. —

Diese allgemeinen Grundzüge dürften wohl ausreichen für den Pädagogen und Didactiker; doch mögen zum Ueberflusse, um jede Undeutlichkeit und jedes Mißverstehen zu verhüten, noch einige Regeln gegeben werden. Der historische Stoff wird aus der Bibel oder aus einem mit biblischen Worten geschriebenen Auszuge vorgelesen; der Lehrer wiederholt denselben mit biblischen Worten ohne Zuthat, und läßt ihn dann von einem oder zwei Schülern sogleich wiederholen mit der Nöthigung, sich am Bibelworte zu halten. Die Bibelsprache muß als solche eingeprägt werden, es haftet an ihr etwas, der Schüler muß wissen, wann in ihr gesprochen wird. Dann ermittelt der Lehrer durch Fragen, ob sich die Schüler die Situationen klar vorgestellt haben, ob sie alle angedeuteten örtlichen, zeitlichen, sachlichen Nebenumstände wirklich angeschaut und sich vergegenwärtigt haben; ermittelt das Thun oder Leiden der einzelnen Personen. Dabei werden die zu behaltenden Worte und Sprüche immer wieder wörtlich angeführt. Ist durch diese und ähnliche Untersuchungen, die immer am vorliegenden Texte stehen bleiben, sich immer nur mit diesem beschäftigen, der Vorgang zum Eigenthume der Schüler geworden, dann mögen sie die Erzählung frei wiederholen mit Erweiterungen, welche aus den vorangegangenen Betrachtungen ihnen als zugehörig erscheinen, mit Andeutungen der vielleicht versteckt gegebnen Nebenumstände rc. Dann werden aus frühern Stunden und Klassen diejenigen Erzählungen beigebracht, oder nachgelesen, oder andere neue, minder wichtige, in der Bibel aufgeschlagen und gelesen und mit jener zur Wiederholnng oder auch zur Erweiterung der Bibelkenntniß verglichen, und das Unterscheidende wie Eigenthümliche jeder herausgestellt, um zugleich auf die vielfachste Weise den Geist mit der vorliegenden Thatsache zu beschäftigen. Der Unterricht bleibt naturbeschreibend.

Die Behandlung der Sittenlehre an den Geboten muß mit der Lesung des Neuen Testaments Hand in Hand gehen. Die positiven mosaischen Gebote werden gelernt, und der Anfang der lutherischen Erklärung — „wir sollen Gott fürchten und lieben, auf daß wir" — wird als das christliche Prinzip aller Sittenlehre aus dem Neuen Testamente entwickelt, und damit der wesentliche Unterschied zwischen Gesetz und Evangelium begründet. Man kann nun entweder die Gebote und die lutherische Erklärung zu Grunde legen, und dann die Bibel und biblischen Erzählungen als Belege der lutherischen Erklärung nach den oben gegebnen Andeutungen benutzen, und so die in den Erzählungen niedergelegten sittlichen Wahrheiten aus denselben von den Schülern entwickeln und von ihnen anschauen lassen; oder man kann auch die Gebote nach und nach aus den Erzählungen her gewinnen. Vielleicht kann man diese beiden Methoden umwechseln. Hiebei ist es nun wesentlich, daß eben die vorgelegte Thatsache das reale Object ist, an welchem das sittliche Moment verkörpert ist und von welchem es mit dem Geiste gleichsam losgelöst und als Vorstellung gefaßt werden soll. Dies ist die naturhistorische Seite dieses Unterrichtes. Wenn die vorige Stufe im historischen Stoffe nur beschreibend verfuhr, so steigt diese hier zur Vorstellung auf, und bildet sich gleichsam Gattungsbegriffe zunächst auf dem sittlichen Gebiete. Wie dabei nun, um zu solchen Begriffen zu gelangen, zunächst der schon bekannte historische Stoff wieder durchgemustert, neuer angefügt und betrachtet, und die Art, wie in der Bibel die That gewürdigt ist, erwogen werden muß, das versteht sich ohne Erinnerung von selbst. Wenn diese Vorstellung gewonnen ist, dann werden die anderweitig gelernten Bibelstellen, welche diese sittliche Wahrheit aussprechen, in Erinnerung gebracht und neue, namentlich recht prägnante, dazu eingeprägt.

Ganz auf gleiche Weise behandelt man auf dieser Unterrichtsstufe die Glaubenslehre. An den biblischen Personen wird der Begriff des Gottes- Messias- Christusglaubens ermittelt, und natürlich mehr in seiner Wirkung als in seiner begrifflichen Fassung behandelt. Der erste Artikel wird vornehmlich nun ins Alte Testament zurückführen, und die Stellen im Munde Christi besonders berücksichtigen, in denen er sein Verhältniß zum Vater ausspricht. Die Allmacht Gottes wird an die Schöpfungsgeschichte, seine Vorsehung an die Schicksale oder Lenkungen des jüdischen Volkes wie einzelner Personen, seine Langmuth an Lot, seine Heiligkeit an die Verstoßung aus dem Paradiese ꝛc. ꝛc. anknüpfen. Gelernte oder auch nur gelesene Psalmen werden den Unterricht aus dem Begrifflichen heben und ihn fürs Gemüth fruchtbar machen. Die im Alten Testamente stets festgehaltene unmittelbare Einwirkung Gottes giebt dem beobachtenden Knabengeiste eben überall ein reales Object, aus dem er sich den Begriff der Gottheit nach diesen menschlich gefaßten Erscheinungsmomenten gewinnen kann. Versteht es der Lehrer, auch hier schon aus dem Leben der Kinder solche Einwirkungen Gottes auf sie selber nachzuweisen, um so besser; doch hüte er sich vor Blasphemieen, er ziehe nicht hinein und herbei, was Knaben in dieser Altersstufe noch nicht als göttliche Einwirkung einsehen können, sondern als Ergebnisse von Naturerscheinungen nur erst zu betrachten fähig sind. — Für den zweiten Artikel bedarf der Lehrer eines doppelten Einganges: 1) eine Uebersicht der messianischen Stellen, welche namentlich dahin zielen muß, den Schüler erkennen zu lassen, daß das Bild in den Prophezeiungen immer nach und nach bestimmter wird, und 2) eine Erkenntniß der eignen Sündhaftigkeit und so einer Erlösungsbedürftigkeit. Wenn zu dem ersten Zwecke wieder der alttestamentliche Stoff durchgemustert, aufgefrischt, gelesen wird, so wird behufs des zweiten nun die Sittenkenntniß also somit auch der neutestamentliche Stoff durchgegangen und nun die erkannte Wahrheit auf das eigne Leben des Kindes und des Knaben als Leuchte verwandt. Diese beiden Einleitungen bilden durchaus hier die Hauptsache, denn der Glaubensinhalt des zweiten Artikels ist seinem Stoffe nach so bestimmt in der Bibel ausgesprochen, daß es eben nur des Nachweises der Stellen bedarf, in denen er bestimmt ausgesprochen ist. Ueber die Vermittlung dieses Inhaltes mit der Erkenntnißwelt des Schülers auf dieser Stufe ist vorhin schon gesprochen. Der Knabe soll sich noch erst eine Begriffswelt bilden, und dazu ist ein wesentliches Merkmal dieser Glaubensinhalt. Der Glaubensinhalt soll und muß ein Inhalt des Herzens und nicht des Kopfes sein. —

Die zweite Unterrichtsstufe ist ersichtlich nur eine Wiederholung des ersten an einem besondern Werke und an bestimmten Personen, nemlich an Christo und den Aposteln. Christi Leben, Wirken, Denken, Empfinden muß in der Tertia den Mittelpunct bilden, und darum ist der Haltpunct das Evangelium des Johannes und die Apostelgeschichte. Aus dem wiederum Gelesenen und Aufgefrischten, aus neuen hinzutretenden Stellen, die bis dahin keine geeignete Stelle zur Betrachtung fanden, soll sich der Schüler nun selbst ein Bild von Christo entwerfen, also einen persönlich gestalteten Begriff des religiösen Lebens. Dieses anschauliche Bild wird zusammengesetzt aus den zerstreuten Erzählungen von seinem Thun und Wirken, und so wird der ganze historische Stoff wieder durchgemustert; es wird gefragt: bist du der da kommen soll, oder sollen wir eines Andern warten, und damit ist die Betrachtung des Messianismus gefordert; dann wird seine Richtigkeit geprüft an den eignen Aussprüchen Christi über seine Sendung und so wird der Glaubensinhalt wieder durchgegangen; dann wird dasselbe zusammengehalten mit den eignen Aussprüchen Christi für die Ethik und so wird der moralische Inhalt wieder zu einem eigenthümlichen Zwecke durchgemustert und nun demselben erst die scharfe Schneide des Gesetzes weggenommen und wieder auch der Versteck, den man mit der Unausführbarkeit desselben so gerne spielt, aufgedeckt und an Christo widerlegt. Daß dies Alles nur mit der Bibel in der Hand, im Kopfe und im Herzen geschehen dürfe, versteht sich nach früher Gesagtem von selbst. Es wird immer wieder von der Bibel ausgegangen, aus ihr heraus das Bild gesucht. Der Unterricht muß nichts weiter thun, als das Blatt aufschlagen, wohin zu sehen ist, und allenfalls noch einmal mit dem Finger die Stelle bezeichnen, wohin das Auge zu richten. Hier gilt es nun aber, durch Wärme des Lehrers den Unterricht zu erhöhen und Christum zu einer Person des Herzens zu erheben, und gleichsam einen vertrauten Umgang mit demselben einzuleiten. Das Endziel muß sein: Christum lieb haben ist besser denn alles Wissen. — Der Unterricht in Secunda fordert dieselbe Thätigkeit wie in Tertia; er soll die Schüler erkennen lassen, wie Christus in seinen Bekennern Gestalt gewonnen habe. Dies Aufsuchen des Bildes von Christo in andern Personen setzt natürlich eine Auffrischung dieses Bildes voraus, nöthigt zum Repetiren und Nachlesen und zum noch genauern Erkennen, weil dasselbe ja mit einer andern Menschlichkeit gleichsam verwachsen ist. Es soll hier das lebendig gewordene Christenthum an den einzelnen Personen erkannt werden, und die Erkennenden sollen daran eben selber zu einem lebendigen Christenthume gelangen. Es wird daher das Bild einer Person z. B. des Petrus gewonnen aus dem zerstreuten Auftreten — immer haben das die Schüler selbst zu gewinnen — dies Bild wird zusammen gehalten und geprüft an dem Bilde Christi, sei es so, daß man das Handeln Christi in ähnlichen Lagen mit dem des Petrus vergleicht, oder daß man die Beurtheilung Christi über Petrus erwägt, oder daß man, wo beides fehlt, nun an das Bild von Christo und an seine allgemeinen, auf einen bestimmten Fall verwendbaren, Aussprüche und somit auf den Geist des Christenthums hinweist. So wird sich Christliches und Unchristliches sondern lassen, und mit dieser Sonderung wird die Selbsterkenntnißkraft geübt und der christliche Maaßstab für die Selbstprüfung gewonnen. Das Lesen des Briefes führt nun erst zur Vollendung dieser Unterrichtsstufe, weil in den Briefen gleichsam niedergelegt ist, welche begriffliche Gestalt Christus in den Jüngern gewonnen habe. Dies wird gleichsam die letzte Stufe des naturhistorischen Unterrichtes, nemlich die Gewinnung oder doch die Erkennung eines Systems. Aber nicht soll dies System vom Schüler gemacht werden, sondern als ein vorliegendes und historisch gegebnes soll es erkannt werden. Wie die Jünger oder ein Jünger sich Christum und Christenthum in seiner Beziehung zum einzelnen Menschen, zur christlichen Gemeinschaft, zur Menschheit gedacht hat, das soll vom Schüler aus den Schriften desselben aufgefunden werden. Man wird dazu einen Brief des Paulus wählen müssen, und in ihm den Begriff des Glaubens, des christlichen Glaubens, der Gnade, der Erlösung, der Versöhnung, der Heiligung aufsuchen und diesen im Paulus gegebnen Begriff zur Anschauung für die Schüler zu verdeutlichen suchen. Das Vergleichen anderer Briefe kann nicht umgangen werden, und wird sogar als ein wesentlich Nothwendiges gefordert, wenn der Schüler selber sich den Paulinischen Begriff klar machen und ihn nicht blos mit dem Wortlaute als einen ganz leeren Schall haben soll. Darum wird viel in den Briefen gelesen, und die Parallelstellen werden so viel als möglich verglichen, doch mit der Vorsicht, daß nicht schon hier viele, sich scheinbar widersprechende, neben einander gestellt werden, und der Schüler nur zu einem scharfsinnigen Scheiden und Begriffespalten geführt wird. Lieber lasse man alle diese Begriffe unvermittelt neben einander stehen, und lehre den Schüler sich bescheiden, und wahre ihn damit vor dem hochmüthigen Gedanken, als wäre die Sphäre des christlichen Begriffs schon von ihm und seinem

Geiste zu fassen. Nur vor allen Dingen hüte man sich durch Katechisiren oder sonstiges Seelenpressen eine Einsicht aus dem Schüler heraus oder in ihn hinein zu bringen, die er nicht haben kann; man lasse ihm, ja man fördere in ihm die Erkenntniß, daß er hier noch im Glauben wandele und dereinst erst in vollem Lichte schaue. Was sich der Schüler nicht selber gewinnen und erarbeiten kann, und es dennoch als Besitz aufweisen, ja in und sich tragen soll, das ist eine Schul-Livree, die er nur zu bald wegwirft — — und frei geworden — verachtet. Bedenke der Lehrer hier auf dieser Stufe vor Allem, daß unendlich viele unvermittelte Begriffe in dem Geiste des Knaben liegen, daß dieser Zustand dem Knaben ja gar nicht das geistige Mißbehagen giebt, welches der wissenschaftlich gebildete Lehrer empfinden mag, daß die meisten religiösen Vermittlungen der Begriffe nicht durch den Verstand sondern durch Wollen, Wirken, Begehren, Streben, kurz durch innere und äußere Erfahrungen an sich selber wie an Andern vor sich gehen, daß Religionserkenntnisse nicht in der Erkenntniß der systemartig verflochtenen Begriffe liegen, sondern in dem Hingeben an die christliche Idee; es bedenke endlich ja der Lehrer, daß er in einer höhern Bürgerschule ist, in welcher keiner für die Wissenschaft gereift werden soll, und noch dazu auf einer Lehrstufe, von der recht viele schon ins Leben übergehen. —

Für die dritte Lehrstufe (§. 53.) ist bereits genau angegeben, was vorzunehmen sei. Nur erst auf ihr kann und soll aus dem rein naturhistorischen Unterricht herausgetreten werden, und man darf es wagen, ja man wird dazu genöthigt sein, wenn alle andern Gegenstände des Unterrichtes bis dahin für die Bildung das von ihnen Beanspruchte geleistet haben werden.

Die Entwicklung des protestantischen Lehrbegriffs wird natürlich nur wieder rein historisch sein. Es wird das, was Luther und mit ihm andere Reformatoren als Begriffliches hingestellt haben, zur möglichst deutlichen Erkenntniß erhoben und aus dem Fundamente, der Bibel heraus nachgewiesen. Der Lehrbegriff der katholischen Kirche kann dabei nicht unerörtert bleiben, weil eben der Protest ja nur im Gegensatze ruht und in ihm erkannt werden kann. Die deutsche Geschichte hat das historische Material vollständig geliefert. Hier handelt es sich nur um Ergreifung des Begriffes. Wiederum kommt es ganz und gar nicht darauf an, nach irgend welchem philosophischen Systeme im Kleinen oder im Großen diesen Lehrbegriff fassen zu lassen, wie das sich aus dem Obigen und aus dem Wesen der höhern Bürgerschule ergiebt, sondern man bringe aus Luthers Schriften, aus den Bekenntnißschriften, selbst aus Streitschriften so viel an Material den Schülern vor, daß sie eben selber diesen Begriff anschauen, und dann vergleiche man ihn mit der Bibel, sowohl mit einzelnen Stellen als auch mit dem Geiste der Bibel, der nun für die Schüler kein leerer Dunst mehr ist, wenn auf den frühern Stufen richtig unterrichtet ist. Dabei wird eben nöthig das Zusammenhalten der Parallelstellen, deren Exegese, das Suchen deren Einheit ꝛc. Es leuchtet von selbst ein, wie nun hier alles früher Betrachtete, Gelernte, Erkannte aufs Neue zu einem bestimmten Zweck durchgemustert wird; aber auch, wie sich nun hier der Religionsunterricht im Sinne der höhern Bürgerschule dadurch vollendet, daß er den protestantischen Lehrbegriff unter den gewonnenen Bibelbegriff faßt und als einen niedern mit diesem höhern und weitern beleuchtet. Die Sammlung liegt in dem deutlichen, bewußten und bibelfesten Erkennen des protestantischen Lehrbegriffes. Man soll und darf nicht unter diesem Bibelfesten das gedächtmäßige Wissen der Bibelsprüche verstehen, denn der Pastor mag aus dem Kopfe den Zweifler widerlegen und aus dem Gedächtnisse her biblisch predigen; der Bürger gewinne den Geist der Bibel, lerne sie gebrauchen; er gewinne den Geist des Protestantismus und lerne sich in ihm geistig bewegen. Das Aufsuchen der Einheit von christlicher Moral und Dogmatik macht alle Begriffe nun schließlich zu lebendigen, welche in der Wirkung auf die Entschließung und That erst einen realen Inhalt für das handelnde Subject gewinnen. Hier greife nun der Religionslehrer in die Geschichte, und weise die Kraft des Glaubens an Christum, des Gebetes, der Andacht, der Gottergebenheit im Großen und Kleinen nach — darum eine so ins Spezielle gehende deutsche Geschichte und darum keine dünnfädige allgemeine Weltgeschichte — doch müssen die angezogenen Beispiele nicht neue, sondern bekannte und nur für den ascetischen Zweck verwandte sein. —

Wie oft auch schon gegen das sogenannte Philosophiren im Religionsunterrichte — die Gefahr liegt gar zu nahe, wird gar zu oft nicht vermieden, dringt sich dem philosophisch gebildeten Lehrer gar zu sehr auf — auf einer höhern Bürgerschule gewarnt ist; so muß doch hier auf dasselbe nochmals ausdrücklich hingewiesen und damit auch hier die Differenz vom gymnasialen Unterricht *)

*) S. Deinhardt, pag. 256.

deutlich werden. Diese rationale Seite des Religionsunterrichtes, worunter man in Schulen nur die verstandes- oder vernunftgemäße Vermittlung der religiösen, in der Bibel niedergelegten Wahrheiten mit den sonstigen vom Knaben gewußten Erfahrungen, gewonnenen Ueberzeugungen oder wissenschaftlichen Begriffen verstehen kann, diese in den obern Klassen nicht ganz zu umgehende Seite des Unterrichtes hat in einer höhern Bürgerschule unendlich viele Schwierigkeiten. Das natürliche Streben nach einer Einheit des Begriffes drängt den Jüngling entschieden nach der Frage der Vermittlung, und die Schule darf nicht feige solche Frage umgehen, wo sie sich von selber im Schüler vordrängt. Die biblischen Wunder und der Begriff des Wunders, Erlösung, Versöhnung und Gerechtigkeit und Gnade und freier Wille und Vorsehung, Erbsünde und freier Wille und allgemeine Sündhaftigkeit und Zurechnungsfähigkeit ꝛc. sind lauter Begriffe, die der Unterricht in der obern Klasse nicht mehr unvermittelt darf stehen lassen, ohne die Schüler einem Zweifel, und weil er diesen nicht lösen kann, einem Indifferentismus, und weil ihn später nichts daraus weckt, einem Spotten über Religion entgegen gehen zu lassen. Bedenkt man nun noch, daß eben das Leben, die künftige Umgebung des Schülers, die geistige Atmosphäre, in der er künftig athmet, und zum Theil sich von Jugend auf bewegt hat, mehr oder minder schon den kindlichen Glauben in ein Erkennenwollen gewandelt hat, so darf die Schule nicht ihre Zöglinge ungeharnischt entlassen gegen diese frivolen Angriffe, zumal sie unter so obwaltenden Umständen wohl nicht den Glauben bis zu der Höhe steigern möchte, daß er als ein unzerstörbarer Fels sich bewähren dürfte. Die erste Beschäftigung nach dieser Seite hin bestehe blos darin, die scheinbaren Widersprüche in der Bibel und in jenen oben genannten christlichen Vorstellungen zu heben; aber sie sei auch in der höhern Bürgerschule so ziemlich die letzte. Man hebe diejenigen allgemeinen Vernunftbegriffe hervor, welche zu dieser Ausgleichung nothwendig sind, d. h. der Glaubens-Inhalt werde auch hiebei durchaus als ein Object behandelt, welches unter den übrigen geistigen Vorstellungen einen bestimmten Platz erhalten soll, der als Realität undurchdringlich ist, an dessen Stelle also nicht irgend welche subjective Vorstellung gesetzt werden kann, ja dem eben die andern gleichsam weichen müssen. Dieses Scheiden und doch auch Lösen des scheinbaren Widerspruches — möge es nur an einem einzigen Begriffe z. B. der Gerechtigkeit und Gnade gelingen — muß aber zugleich so behandelt werden, daß der Schüler einsehen lernt und erkennen, wie die oberflächliche Betrachtung nur Widersprüche sehe, wo die tiefere eine vollkommene Einheit hat, wie die Kategorieen des reinen Verstandes, die nur die Verhältnisse unter endlichen begrenzten Vorstellungen reguliren, nicht mehr für die unendlichen, d. h. für die Idee die Gesetzgeber sind; es lerne dabei der Schüler erkennen, daß es außer den mechanischen Potenzen des Begehrens, Wollens rc. auch noch gleichsam chemische der Liebe, des Glaubens rc. gebe. Dies giebt die zweite Seite des Unterrichtes. Dabei werden die oberflächlichen Verstandes-Deductionen, wie sie eben an der Tagesordnung sind, vorgenommen, wo möglich noch vom Lehrer — das wird ihm nicht schwer werden — auf höhere Spitzen getrieben und dann in ihrer Richtigkeit dargestellt, damit eben der Schüler gerade so an der Richtigkeit solcher Deductionen zu zweifeln beginne, wie dieselben ihn in seinem Glauben wankend zu machen bestrebt sind. Dem Schüler soll und muß der Rationalismus zweifelhaft werden; er soll und muß Mißtrauen und zwar ein an bestimmten Beispielen gelerntes Mißtrauen gegen solchen religiösen Rationalismus gewinnen und aus der Schule als einen Schild gegen denselben mitnehmen; lernen und erkennen soll er, wie mit einigen Schlagwörtern von Vernunftwidrigkeit und Unbegreiflichkeit, von natürlichen Ursachen und nothwendigen Folgen rc. auf dem Gebiete des Glaubens noch nicht der Grund und Ungrund, die Wahrheit und Unwahrheit erschöpft sei. Der dem Knaben und Jünglinge so natürliche Rationalismus muß durch einen höhern bekämpft werden, damit derselbe an sich selber zweifelhaft werde. Dies ist das einzig zuläßige Mittel, die Glaubenszweifel zu heben, denn wird der Zweifel am Glauben zweifelhaft, so ist er gehoben und der Glaube bleibt bestehen. Tiefer kann die höhere Bürgerschule nicht gehen, sie hat nicht die Hoffnung für ihre Schüler, daß dieselben jemals zum höhern Begriffe gelangen.

So tritt denn der Schüler, als ein unfertiger, im Glauben unbefestigter aus der Schule. Nicht doch. Ist der Feind des Glaubens abgewehrt, so hat er ja den Glauben, wenn der Unterricht auf den frühern Stufen im angegebnen Sinne gehandhabt ist. Wo bleibt denn nun die Vermittlung des Glaubens mit der anderweitigen Begriffswelt des Jüngers? Sie besteht ganz einfach darin, dem Schüler die Ueberzeugung zu geben, daß der Glaube ein eben so berechtigter Anfangspunct der Erkenntniß sei als die Vorstellung, und dem Schüler die geistige Bescheidenheit mit zu geben, daß seine Bildungsstufe noch lange nicht ausreiche, diese höhere Einheit des Glaubens und Wissens zu erfassen. Mögen nun, das sei nun noch zum Schlusse bemerkt, die Lehrer wohl bedenken, daß ein Hinausgehen über diese Sphäre nicht ohne große Gefahr geschieht. Die Schüler können ja unmöglich selbst zu der Vermittlung von Glauben und Wissen vordringen. Sucht sie nun der Unterricht dahin zu führen, so wird er sie zunächst aus der evangelischen Kirche heraus auf einen freien Platz stellen müssen; wird er sie nun aber auch bei den schwachen Kräften der Geführten wieder alle gesund zurückführen können? Und wenn es gelänge, wenn er dessen sicher wäre: wie wird es nur bewerkstelligt? Er nimmt den jungen Geist auf die Schultern des erstarkten und trägt ihn aus der Kirche und in dieselbe, drängt ihm seine Gedanken in hochgerühmten Katechesen auf, zwängt den jungen Geist in den des Lehrers ein, fesselt ihn an den Gedankengang und die Betrachtungsweise desselben, und knechtet den ohnmächtigen in die Bande des stärkern menschlichen Geistes. Solcher Unterricht betrügt den Jüngling um seinen Glauben, giebt statt Bibelgeist nur Lehrergeist, macht den freien evangelischen Christen zum Nachbeter irgend welcher menschlichen Betrachtungsweise, sperrt ihn in ein geistiges wohlbefestigtes Gefängniß, was der Lehrer sein System zu nennen beliebt, und woraus der Geist später nicht durch ein folgendes Universitätsleben befreit wird.

§. 60. Der Unterricht in der Muttersprache, so weit er ein reiner Sprachunterricht ohne historische Sprachkenntniß ist, (§. 31. und §. 35.) wird durch die drei ersten Klassen der ersten Lehrstufe immer in Verbindung mit dem Lateinischen ertheilt und wird mit diesem seine nähere Berücksichtigung finden, wie er denn auch in der Hand des Lehrers des Lateinischen gedacht, und auch gar nicht in vereinzelten Stunden behandelt wird. Dagegen der gemischte Unterricht, welcher Inhalt und Form vergleicht (§. 33.) und diejenige Seite der Behandlung, auf welcher die Sprache als eine gewußte behandelt wird, um sich mit ihr einen Inhalt zu gewinnen, muß hier schon näher erwogen werden. In der sechsten Klasse (§. 46, b.) besteht das Unterrichten darin, daß es den Schüler nöthigt, bei jedem concreten wie abstracten Worte das Object oder die Vorstellung gegenwärtig zu haben. Zu dem Ende läßt man den Satz zerlegen nach der Menge der darin benannten Gegenstände, der darin handelnden oder als handeld gedachten oder in einem seienden oder leidenden Zustande befindlichen Personen oder der als Personen vorgestellten Gegenstände; läßt dann die Handlungen und Zustände aufzählen mit den Personen oder Gegenständen, denen sie beigelegt sind; läßt dann untersuchen, ob die Handlungen und Zustände solche sind, welche den Personen und Gegenständen immer (inhärirend) zukommen, oder die nur ihnen in der Erzählung beigelegt werden; läßt dann die Betrachtung dahin erweitern, welche andere (hier nicht genannte) Zustände und Handlungen solchen Dingen noch beigelegt werden könnten, und dies ist dann die Seite des Erfahrungsunterrichtes, wobei der Schüler seine anderweitig gewonnenen Anschauungen und Erfahrungen aussprechen und hier mit dem richtigen Ausdrucke bezeichnen lernen soll. Bei eigenthümlichen Aussagen kann der Erfahrungsunterricht auch sich noch dahin erweitern, daß man Gegenstände aufsuchen läßt, von denen sich dasselbe etwa aussagen lasse. Ist diese, immer fortzuführende, Uebung bis zu einer gewissen Fertigkeit gediehen, daß die Schüler nemlich gleichsam von selbst, ohne Auffordern des Lehrers, diese geistige Unterscheidung machen, dann nimmt man die Untersuchung auf, ob die Handlungen, in denen die Gegenstände vorgeführt sind, den dargestellten Zuständen entsprechend sind, oder ob man nicht nach diesen Zuständen eine andere Handlung erwarten müßte, oder läßt nachweisen, in wie weit in den Zuständen die folgende Handlung vorgedeutet sei, oder ob gewisse dargestellte Zustände für die nächst ausgesagte Handlung ganz und gar ohne Bedeutung sind, oder welche Modification sie der Handlung oder dem Leiden geben rc. rc. Dies kann nicht eher geschehen, als bis der Schüler im Sinne des ersten Theiles des Unterrichtes zur deutlichen Anschauung des vorgelegten Lesestoffes gelangt ist; aber ist auch eine sichere Probe, ob er nicht blos leere Schälle gelesen und sich blos mit einer ganz oberflächlichen Auffassung der Vorstellungen begnügt habe. Endlich der letzte Schritt in dieser Klasse ist der reine Erfahrungsunterricht, bei welchem man irgend ein anderes thätiges Subject in einen Satz oder in eine Reihe von Sätzen, oder in eine durch sie abgeschloßne Darstellung einer vollendeten Handlung einschieben läßt, und nun den Schüler nöthigt, nach Maaßgabe seiner Erfahrungen und Anschauungen von dem eingeschobenen Gegenstande zunächst die Handlungen und dann die Zustände umzuformen. Dies wird freilich nur eine Thätigkeit für die reiferen und befähigteren Schüler sein, während die minder befähigten schon damit vollauf zu thun haben werden, diejenigen Gegenstände aus ihren Erfahrungen aufzusuchen, welche etwa in eine gleichartige Lage kommen oder doch in ihr gedacht werden können, wobei sie dann nur noch anzugeben haben, welche Zustände und Handlungen vornehmlich auf das von ihnen genannte Ding passen möchten. Man erkennt wohl, daß eigentlich nur das Substantiv, Adjectiv und Verbum gleichsam inhaltlich erfüllt werden soll. Ueberall nun, wenn der Schüler einen Gegenstand, einen Zustand, eine Handlung, einen Vorgang als einen von ihm erfahrenen anführt, um ihn nach den vorhin geforderten Stufen des Unterrichtes in die jedesmal vorliegende Betrachtung einflechten zu lassen, dann veranlaßt ihn der Lehrer, genau noch Ort, Zeit, Umständen ꝛc. anzugeben, wo er die Erfahrung gemacht habe. Dieses absichtslose Erzählenlassen, dieses scheinbar zwecklose Erkundigen nach den Kindeserfahrungen, dieses zwanglose Nöthigen zur Rückerinnerung und klaren Auffassung der gemachten Beobachtungen, dieses Vergessenlassen und Vergessenmachen der Schulbänke und Lehrpresse öffnet allein dem Knaben den Mund und giebt ihm den Muth, sich auszusprechen, denn er hat sich gleichsam zu vertheidigen und seine Behauptung, dies und das zu wissen, gleichsam durch eine genaue Darstellung zu belegen. Der Unterricht darf aber auch gelesene Erzählungen gelten lassen, wenn das Kind sie eben so gelesen hat, daß sie gleichsam seine Erfahrungen erweitert haben. Kommen nun im Laufe der betrachteten Erzählungen neue, dem Schüler unverständliche Wörter vor, so hat der Unterricht diese in der vorkommenden Stelle zu betrachten und die aus der Stelle selbst etwa erkennbare Bedeutung mit andern Worten angeben zu lassen. Solches Wort wird dann im Laufe des Unterrichtes überall, wo es sich wieder findet, wieder in der Stelle genau als ein Fremdling betrachtet, und wird nie wieder aus dem Auge gelassen und bei jeder neuen Veranlassung werden die ehemaligen Standörter wieder aufgesucht. Die Prüfung des Fortschrittes im Unterrichte, welche hier nicht durch Definiren oder sonstiges Examiniren gegeben werden kann, geschieht durch die eigenthümliche Aufgabe, daß die Schüler von einem bestimmten, ihnen vorgelegten Lesestoff von Zeit zu Zeit oder auch in bestimmten Zeitabschnitten angeben müssen, was sie in demselben *nicht verstanden* haben, daß sie ferner selbstständig ohne Hülfsfragen des Lehrers hin und wieder die Eingangs dargestellten drei Hauptschritte des Unterrichtes vornehmen und das Ergebniß ihrer Thätigkeit mündlich in der Klasse darlegen. Die Hauptsache bei dem Unterrichte ist 1) daß die Kinder sich entwöhnen vom oberflächlichen, mit halbem Verständniß sich begnügenden Lesen, und 2) sich gewöhnen, mit jedem Worte ein bestimmtes Object oder eine bestimmte Vorstellung zu verbinden, 3) sich üben, in ihren eignen Erfahrungen klar zu werden und so sich zu befähigen, auch wirkliche Erfahrungen zu machen, und sie als Erfahrungen wieder darzulegen, oder sich derselben als Erfahrungen bewußt zu werden. Dazu kommt viertens noch die Aufgabe, die Erfahrungswelt durch das Lesen selbst zu erweitern. Das ist nur eben möglich, wenn der Leseunterricht in dem angegebnen Sinne auf eine inhaltliche Vorstellung des Gelesenen dringt, denn es soll und muß die Sinnenwahrnehmung durch die Lebendigkeit des geistigen Vorstellens ersetzt werden. Alles Lesen verflacht durchaus den Geist, wenn dasselbe nicht mit dieser hier angedeuteten Nöthigung geschieht; es kann Genuß bringen aber keine erweiterte Anschauung und Erfahrung. Da nun aber die Schulen mit einem großen Theile ja mit dem größten Theile ihres Erfahrungsunterrichtes auf die Buchstabenwelt angewiesen sind, und da die meisten Erfahrungen in der Schulstube aus der Bücherwelt eingesammelt werden müssen, so sieht man von hier aus die Nothwendigkeit der hier geforderten Unterrichtsmethode für eine höhere Bürgerschule. Diese Verlebendigung der Vorstellungen, dies Concretmachen möchte man sagen, kann allein der leeren Wortkrämerei entgegenarbeiten, ja ein solches Streben nach lebendiger, inhaltsvoller Anschaunng des Gesprochenen und Gedachten dem jugendlichen Geiste zur andern Natur zu machen, das ist der erste aber auch bedeutsamste Schritt im Sinne der höhern Bürgerschule. Möge hiebei die Fertigkeit in der Handhabung der Form zu wenigerer Sicherheit gelangen, dieses Streben des Geistes nach einem realen Inhalte für die Vorstellung ist in der höhern Bürgerschule mehr werth, denn es ist ihr letztes Ziel. Die schriftlichen Darstellungen in dieser Klasse sind oben genau bezeichnet. Die beiden Arten von Aufsätzen haben dieselbe doppelte Tendenz wie der hier eben besprochene Unterricht. Gehörtes und Gesehenes soll er richtig aufnehmen und sprachlich wieder darstellen, und so die Auffassung wie Beobachtung schärfen, und die Fähigkeit, Erfahrungen zu machen, erweitern. Diese Aufsätze werden hauptsächlich eine Prüfung sein, wie weit der Unterricht die Schüler gefördert hat.

Noch müssen wir hier schließlich einer Uebung gedenken, welche im Sinne der höhern Bürgerschule als eine wesentliche angesehen werden dürfte. Der Lehrer giebt eine Beschreibung irgend eines Gegenstandes, welchen der Schüler kennen muß oder auch aus dem Unterrichte kennen sollte, die Schüler haben zu ermitteln, welcher Gegenstand es sei, und dann den Nachweis zu liefern, daß alle ihm beigelegten Prädicate ihm angehören. Diese beschreibenden Räthsel, wenn sie sich nur erst die höhern Bürgerschulen werden gehörig gemacht haben, geben die rechte Nöthigung zum bestimmten Vorstellen des Inhaltes des Gesprochenen, zum Durchmustern der eignen innern Anschauungen und Verdeutlichen derselben, und zum Vergleichen der Form (der Sprache) und des Inhaltes (der Vorstellung oder Anschauung). Ein erster bester Versuch wird jeden Lehrer überzeugen, welche vortrefflichen geistigen Uebungen sich hieran knüpfen lassen, ja sich ganz ungesucht aus dem falschen Rathen der Schüler von selbst darbieten, und wie durch ein solches Räthselvorlegen auf dem hier geforderten Gebiete des Zusammenhaltens von Inhalt und Form an den Geist des Schülers dieselbe Menge von Fragen gestellt werden wie durch ein lateinisches Exerzitium auf der höhern Stufe des Unterrichtes. Solche Räthsel sind freilich nicht so leicht zu machen, und werden auch nur von solchen gemacht werden können, welche sich auf dieser Unterrichtsstufe vielfach beschäftigt haben und überzeugt sind, daß nicht die formale sondern diese angestrebte inhaltsvolle Bildung das letzte Ziel der höhern Bürgerschule ist.

Die Methode für die folgende Klasse (Quinta) wird hienach nun mit Wenigerm dargestellt werden können. Der Hauptzweck ist hier wie immer ganz derselbe. Nach Feststellung der Handlungen und Zustände werden nun die Situationen, in denen die Handlungen geschehen sein müssen oder als geschehen gedacht werden können, aufgesucht und festgestellt, wozu das Meiste nur zwischen den Zeilen zu suchen ist und auch gewiß gefunden wird, wenn man die Zeilen recht genau ansehen läßt. Es wird genau festgestellt, in welcher räumlichen oder auch zeitlichen Stellung die Gegenstände oder Handlungen zu einander stehen, und darnach wird nun an den Handlungen ꝛc. selbst untersucht, ob sie den dargestellten Bedingungen und Lagen angemessen und entsprechend sind, oder wie weit sie durch dieselben bedingt sind. Der Schüler wird dann genöthigt, ganz ähnliche Situationen aus seiner Erfahrungswelt für andere Gegenstände zu entwerfen und die Wirkung der Umstände auf die Handlung oder das Leiden derselben auszusprechen, oder er hat die Situationen abzuändern und darnach Zustände und Handlungen zu modifiziren, oder es werden bestimmte Modalitäten gesetzt für die Handlung, er soll darnach die Situationen verändern, durch welche solche bedingt werden dürften ꝛc. Es ist dies nicht zu verwechseln mit den Forderungen in der vorigen Klasse. Dort galt es nur Zustand und Gegenstand und Handlung, hier gilt es

Umstand, Lage (Situation) der Zeit und dem Orte nach, Gegenstand und Handlung, d. h. es gilt gleichsam der Präposition und dem Adverb, d. h. dem Modus der äußern Lage der Dinge und der Modalität der Handlung oder der Modalität des Zustandes als Ergebniß der Situation, die noch dazu oft erst zwischen den Zeilen hervorgesucht werden muß, und die oft erst ein Ergebniß aus allen in der Erzählung dargelegten Umständen ist. Wie in der vorigen Klasse, so werden nun auch hier die Schüler veranlaßt, aus ihren gemachten Beobachtungen oder eignen Erfahrungen her Zustände zu beschreiben, in denen auch eine Handlung durch die äußern Umstände eine ganz bestimmte Modification erhielt, wobei dann eben die genaue und genauste Darstellung der Situation, in welcher die Handlung vorgegangen, eine wesentliche Forderung ist; oder sie erhalten den Auftrag, solche Beobachtungen wirklich zu machen und dann beizubringen. Wir müssen hier schon einmal, um deutlich zu werden, sehr ins Spezielle gehen. Warum lief der Sturz vom Reck, der doch sehr übel (?) hätte ablaufen können (?), glücklich ab? Welche Umstände verhüteten das Unglück? Glücklich oder unglücklich abgelaufene Stöße, Begegnungen, Spiele und Kämpfe bieten gleiche Fragen dar. Ferner welche Umstände können dieselbe Last zu einer leichten oder zu einer schweren für den Tragenden, oder einen Gang ermüdender, eine Verletzung schmerzhafter ꝛc. werden lassen; oder welcher Umstand nöthigt die Vögel zum steten Wenden des Kopfes, was bei den vierfüßigen Thieren nicht so der Fall ist; welche Umstände machen Pferde scheu; welche Anzeichen geben die scheuen oder bissigen Pferde ꝛc. ꝛc.; unter welchen Umständen ist man zur Arbeit williger, bei der Arbeit freudiger, beim Spiele heiterer; welche Umstände führen leicht zu Zänkereien, zu Entzweiungen, zu Freundschaften oder doch zu freundschaftlichen Annäherungen; welche Umstände mehren oder hemmen das Grauen des Kindes; wann wird Hitze und Kälte empfindlicher, wann merkt man beides kaum; bei welchen Gelegenheiten ist man dienstfertig oder schenklustig, zu Opfern bereitwillig, versöhnlich ꝛc. ꝛc. Diese Fingerzeige reichen gewiß aus, das Wesen des Erfahrungsunterrichtes darzulegen, wie er etwa in dieser Klasse zu handhaben sein dürfte. Man könnte seine Sphäre vielleicht damit bezeichnen, daß man lauter Themata stellte und bespräche, welche die aus den Umständen, in denen sich ein Kind befunden haben kann, erfolgenden Handlungen und auch Denk- und Empfindungsweisen darlegt, und zwar nicht blos durch katechetische Unterredungen mit den Kindern, sondern durch Erzählungen der Umstände von Seiten der Kinder. Das Ungehörige, was eben nicht auf den zu besprechenden Fall paßt, giebt Gelegenheit zu allerhand Erörterungen, welche den Verstand nicht minder als ein genaues Vorstellen des Behandelten schärfen. Schwierigere Themata werden zur Besprechung vorher aufgegeben.

Die schriftlichen Darstellungen in dieser Klasse bewegen sich in dem eben gegebnen Umfange, nur stellen sie schwierigere oder umfassendere Aufgaben. Nur das Nacherzählen mit Erweiterungen, welches gefordert ist, könnte mißverstanden werden. Es umfaßt das aber die selbstständige Arbeit der vorigen Klasse; z. B. die Erzählung sagt: „ein alter Wolf kam zum Hirten": gerade dies Wort alt ist besonders bezeichnend für die ganze Fabel; der Schüler sucht dies bezeichnende auf und flicht es mit einigen Zwischensätzen oder Adjectivsätzen in die Wiedererzählung ein. Solche Erweiterungen sind nun eben nichts weiter als die Darlegung der Vorstellungs-Sphäre, die gerade an der betreffenden Stelle mit dem Worte gedacht wird. Freilich setzt das Lesebücher in den Händen der Schüler voraus, in denen eben mit einzelnen Worten so vieles bezeichnet wird, und doch auch wieder so etwas nur, was ein Kind in diesem Alter verstehen und auffassen kann.

Wie der Räthselunterricht der vorigen Klasse sich hier gestalten müsse, das kann sich jeder leicht sagen; er hat statt dort Dinge hier Umstände und Zustände und dadurch bedingte Handlungen zu beschreiben. Man denke sich etwa, als würde ein Gemälde beschrieben, in welchem der Moment einer Handlung dargestellt ist.

Wie in der vorigen Klasse Präposition und Adverbium Inhalt suchten, so sollen (§. 48.) nun in der vierten Klasse die Conjunctionen und Modi realiter beim Leseunterrichte und im Erfahrungsunterrichte angeschaut werden. Die hypothetischen- Conditional- rc. Sätze, Conjunctiv, Optativ, Imperativ rc. sollen hier nicht der Form nach sondern nach dem eigenthümlichen oder dargestellten Verhältniß der Personen, Sachen, Anschauungen, Vorstellungen, Begriffe betrachtet werden. Grund und Folge, Ursache und Wirkung; Möglichkeit und Wahrscheinlichkeit rc. rc. soll in dem Dargestellten nachgewiesen und aus dem sachlichen Verhalten der Zustände oder der Gedanken erkannt werden oder doch in ihrem wirklichen Verhalten zu einander nachgewiesen werden. Der Schüler soll sich nicht begnügen, dies und das als den Grund für ein Andres der Form nach erkannt zu haben, sondern er soll aus dem Anschauen der

Verhältnisse sich sagen können, ob und wiefern und unter welchen Umständen es nur der Grund sein könne. Daneben soll die Beziehung von äußern Umständen auf innere Zustände schon hier zur Sprache kommen, wie denn schon diese Abhängigkeitsverhältnisse der Möglichkeit, Wahrscheinlichkeit, Grund und Folge reine Gedankenbeziehungen sind, nach welchen die realen Erscheinungen dargestellt sind. Gleichnisse und Parabeln und Sprichwörter bieten die Anhaltepuncte, und leichte lyrische Gedichte machen den Schluß gleichsam als die Verinnerlichung des Aeußern oder auch eine Veräußerlichung des Innern. Der Erfahrungsunterricht muß hier wie in den vorigen Klassen dem Leseunterrichte zur Seite gehen. Die Schüler haben aus dem Kreise ihrer Erfahrungen, Anschauungen, Beobachtungen und nun auch schon ihrer Lectüre oder sonstigen Unterrichtsgegenstände Verhältnisse beizubringen, welche den in der Klasse beigebrachten vergleichbar sind. Einige solche Fragen werden vielleicht besser die Sache ins Licht setzen, als viele allgemeine Reden. Was hätte geschehen müssen, um dieses oder jenes Uebel zu verhüten, ohne doch die Sache selbst aufzugeben? Wie kann der Schüler zu freier Zeit gelangen ohne Pflichtversäumniß? Warum schmeckt die mütterliche Küche besser und warum macht man doch so gerne Besuche? Wenn in diesem oder jenem Ereigniß oder Erzählung dieser oder jener Umstand nicht eingetreten oder ein anderer eingetreten wäre, was wäre dann der mögliche Verlauf gewesen? Konnten die in dem Dargestellten vorgelegten Beweggründe und Umstände die Handlung vollkommen bestimmen, oder konnte sie anders und wie möglicher Weise ausgeführt werden? welche verschwiegenen Umstände und Gründe haben also noch obgewaltet, die Handlung gerade so und nicht anders zu gestalten? Rechtfertigen diese oder jene dargelegten Gründe oder Ursachen das Verfahren des Handelnden, oder hat er deren welche verschwiegen und welche waren es wohl? Wo und bei welcher Gelegenheit hat Jemand so recht nach einem bestimmten Vorsatze gehandelt? Hat er ihn gehalten? Welche Hülfsmittel für seinen Willen brauchte er dazu? Was brachte ihn davon ab? Welche Ursachen brachten auf der Ausfahrt, bei dem Spiele eine solche Fröhlichkeit, Lauigkeit, einen Mißmuth ꝛc. hervor? Warum zanken sich Geschwister oft (worüber?) und stehen sich doch immer gegen einen dritten Fremden bei? Warum gehen kleinere und jüngere Schüler gerne mit den größern um, woher haben diese ihr Ansehen? Warum schließen sich diese nur selten an jüngere Schüler? Woher ist der Schüler so leicht mit der Lüge bei der

Hand dem Lehrer gegenüber? Dazu Erzählungen aus eignen Erfahrungen, wo sich ein Sprichwort bewahrheitet hat — giebt vielen und mannigfaltigen Stoff zur Darlegung der eignen Erfahrungen. So können auch Fabeln, dann einzelne allgemeine Aussprüche im Lesetexte benutzt werden. Schließlich gehören auch noch hieher folgende Betrachtungen: was macht die Katze und was den Hund zum Lieblingsthier einiger Menschen? Was begründet ihre Lust an den Vögeln, die Mißachtung der Insecten, die Scheu vor den Molchen? Warum machen sich Knaben so gerne mit Pferden zu schaffen? Warum haben sie gerne einen Hund um sich? Wie überwinden sie das Grauen in der Einsamkeit? Doch wohl schon übergenug, um die Idee darzulegen. Das Gebiet der schriftlichen Darstellungen spricht wohl für sich. Es sind die Themata wohl leichter gefunden, wenn man nur recht festhält, daß es gilt, den Schüler zum Auffassen der Wirklichkeit zu nöthigen und so sein Auge fürs Beobachten zu üben; aber hier zugleich auch den Verstand für Erwägung des Zusammenhanges der Erscheinungen zu schärfen. —

Der beobachtende Leser wird wohl gewahr geworden sein, daß in der 6ten Klasse der Erfahrungsunterricht gleichsam naturbeschreibend, in der 5ten physikalischer und in der 4ten chemischer Art gehalten wird. —

In der folgenden Lehrstufe, d. h. in den Klassen Tertia und Secunda (§. 50. und §. 51.) giebt der Lesestoff selbst hinlänglich die Fingerzeige für diejenige Beschäftigung, welche dem Knabenalter (§. 43.) die bildendste und angenehmste ist. Ist er bis dahin in der Wirklichkeit festgehalten, so soll er sich nun nach und nach über sie erheben, sich ihr gleichsam geistig entwinden, und über sie mit der geistigen Form herrschen. Diese Form soll nicht — und haben die vorigen Klassen ihre Aufgabe recht gelöst — wird auch nicht eine vom Geiste gesetzte Form sein, sondern eine der Betrachtung der Wirklichkeit abgewonnene. An den Gedichten wird Logik practisch gelernt in Beziehung auf die Disposition, da ja jedes Gedicht jedesmal einen in sich abgeschloßnen Gedanken darstellt, der dann nach den verschiedenen Seiten ohne langweiliges Schematisiren auseinander gelegt ist. Der Gedanke und der Gang der Darstellung, seine Begründung und die Anordnung dieser Begründung ist vom Schüler aufzusuchen. Das ist unter dem Analysiren eines Gedichtes zu verstehen. Es ist vor Allem dabei durch den Unterricht darüber zu wachen, daß sich der Schüler das Bild erst ganz klar in seiner ganzen Fülle vergegenwärtige also zur lebendigen Anschauung bringe — eine in der höhern Bürgerschule unerläßliche Forderung — und daß dann der Schüler das etwa dadurch dargestellte geistige Moment aufsuche mit dem deutlichen Bewußtsein, welche Seite des Bildes noch diese Beziehung zulasse und welche nicht. Bei dieser Gelegenheit wird die Beobachtung und Erfahrung der Schüler die rechte Stelle finden; sie sollen und müssen sich Situationen vergegenwärtigen, wie sie das Bild fordert, und diese Situationen bestimmt in Worte fassen und die geistigen Einwirkungen wie auch die analogen geistigen Zustände aus ihren wörtlich mitgetheilten Erfahrungen aufsuchen. Ohne dieses Hinzutreten des Erfahrungsunterrichtes, ohne dieses Hinweisen des Unterrichtes darauf, wie nur erst für einen Menschen dieses Bild zur Wahrheit werde und für den Leser einen Inhalt bekomme, führt dieser so zweckmäßige Unterricht durchaus zum ästhetischen leeren Schönreden. Die nöthigen Themata bieten von selbst in Ueberfülle die zu Grunde gelegten Gedichte dar. Besprochen werden: Seelenstimmungen in den verschiedenen Jahres- Tageszeiten, in verschiedenen Umgebungen und bei verschiedenen Veranlassungen; Einwirkungen bestimmter Umstände auf Seelenstimmungen. Andrerseits wieder Parallelen zwischen Eiche, Fichte und Buche, Morgen- und Abenddämmerung, Eisen und Gold, Biene und Fliege, Erde und Luft, Feuer und Wasser, Herr und Diener, Bruder und Schwester, Kinder- und Knabenspiele, Hand und Fuß, Auge und Ohr, Strom- und Landstraße, Wagen und Schiff, verschiedene Geschäftsarten und Einfluß derselben auf Lebensart und Gestaltung des Hauswesens; Characteristik der verschiedenen Sinne, deren Bedeutung für innere Entwicklung und äußeres Leben; Reichthum des Lebens begründet in dem Wechsel der Jahreszeiten; Vergleich von Naturansichten und Gegenden. Ohne Erinnerung versteht es sich wohl von selbst, daß die mündlichen Besprechungen die Fragen enger stellen müssen als die schriftlichen Aufgaben. Das Intresse wird der Lehrer für ein solches Zurückgehen in die Erfahrungswelt am meisten durch die Stellung der Fragen wie auch durch Anordnung des Unterrichtes erwecken, indem er den Thematen immer eine gewisse lockende Spitze giebt, oder die Fragen auf recht characteristische Züge richtet, und indem er in den Lehrstufen bald Dialog, bald Disputation, bald zusammenhängenden Vortrag, bald Beschreibung, bald Schilderung 2c. fordert. Dies ist wesentlich.

In der ersten Klasse endlich (§. 53.) umfaßt der Erfahrungsunterricht etwa folgende Gebiete: Vergleich der verschiedenen Stände, Volkssitten; Volksfeste; Characteristik der Festlichkeiten verschiedener Stände; Gemeinsinn und seine Aeußerungen, Bethätigungen, Wirkungen; Gewerbeleben; Einfluß der leichten Verkehrsverbindungen; Land und Stadt in ihrem Gegensatze und gegenseitigen Ergänzen; in ihrem Einfluß auf Denk- und Empfindungsweise und Lebensansichten; Bedeutung des Geldes, Einfluß des Reichthums; innere und äußere Bildung; feine Sitte, feines Gefühl, feine Bildung; Einfluß der verschiedenen Seelenstimmungen auf Beschäftigung, Genuß, Vergnügen, Urtheil; Einfluß gewisser Polizei- oder Gesetzesvorschriften auf Gestaltungen des Lebens, des Verkehres ꝛc.; Einwirkungen der verschiedenen Künste auf Bildung, Lebensgestaltung, Verkehr ꝛc.; Einfluß der höhern oder reichern, gebildetern ꝛc. Stände auf die niedern oder ärmern, ungebildetern ꝛc.; Einfluß des Familienlebens und des Vereinslebens; Einfluß der natürlichen Bodenbeschaffenheit, der Verkehrsstraßen ꝛc. auf die besondere Lebensgestaltung der Heimath; der Einfluß und die Verzweigung eines größern oder kleinern Geschäftsbetriebes; der Einfluß der wissenschaftlichen oder künstlerischen Bildung (Geschmacksbildung) auf bestimmte Lebensverhältnisse, Geschäfte und Geschäftsbetriebe; Nachweis des Volksgeschmackes aus seinen Sitten, Festen, gestaltenden Productionen; Nachweis der Volksbildung in sittlicher wie intellectueller ꝛc. Hinsicht, aus den so genannten allgemeinen Redensarten im Munde des Volkes; eben daher der Nachweis über die Stimmung des Volkes im Verhältniß zu den Beamten, Reichen ꝛc. Alles übrige sagt der Lehrplan vollständig.

Schließlich nun noch eine Rückerinnerung an Früheres. Die ganze Methode des Unterrichtes hat festzuhalten, daß der Schüler die Sprache als eine gewußte handhaben und mit ihrer Hülfe sich selber die in der Literatur niedergelegten Gedanken aufschließen und in ihr seine eignen Gedanken wieder darlegen soll. Könnte der Lehrer in diesen Stunden ganz verstummen und einen lebendigen Austausch der Gedanken und Erfahrungen der Schüler erzielen, dann wäre der Unterricht vollendet. Der Schüler soll nach den Schätzen graben, nicht aber der Lehrer, der durch seine Fragen sie ihm auf die Oberfläche schafft und so alle Thätigkeit der Schüler aufhebt. Der Lehrer soll nur wie die Wünschelruthe die Stelle zeigen, wo der Schatz liegt, und wer ihn dann nicht findet, dem nutzt er auch nichts und der ist dessen nicht werth. Endlich tröste sich der Lehrer im Voraus über folgende Puncte: Das so Gewonnene läßt sich auf keinem Examen abfragen, läßt sich zu keiner zwingenden Arbeit für den Schüler gestalten, läßt sich in keinen innern Zusammenhang bringen; die hier angestellte Thätigkeit ist eine vom bisherigen Schulstundenleben so verschiedene, giebt den Schein eines bequemen geistigen Verkehrens mit den Schülern, und eines gleichsam geistigen Umherspazirens, führt oft vom Hundertsten ins Tausendste und löst geistige und leibliche Bande der ernsten Schulzucht, führt leicht zu allerhand muthwilligen Betrachtungen, dummdreisten, vorwitzigen rc. Bemerkungen u. dgl. Doch aber darf die Schule sich Glück wünschen, wenn sie für eine so freie geistige That die Schüler gewinnt; sie darf versichert sein, einen großen Schritt zu ihrem Ziele gethan zu haben, wenn sie bei dieser geistigen Arbeit die Schulstube kann vergessen machen und den Blick ins Leben richten. So und nur so wird der Lehrer einen gesunden Stoff zu einem geistigen und gemüthlichen Verkehre mit seinen Schülern auch für andere Verhältnisse finden, der denn doch wirklich mehr wirkt auf Bildung als eingeprägte und nachgebetete Schulgedanken; nur mit solchem Erfahrungsunterrichte wird der Blick ein practischer, nur durch ihn wird der Schüler zum freien Sprechen geleitet, denn pectus est quod disertos facit. Die oben angedeutete Verarbeitung des historischen und anderweitigen Lesestoffs, die viel öfter mündliche als schriftliche Bearbeitung und Durchdenkung und Vergleichung desselben lehre in der Geschichte und Literatur die Lehrmeisterinn für Erfahrungen erkennen, und hebe sie zu der Bedeutung, welche ihre vorzüglichere in der höhern Bürgerschule ist. Aus solchen Besprechungen des Lehrers mit den Schülern werden diese inne werden, wie einseitig Urtheile sind, wenn man nur bei seinen eignen selbstgemachten Erfahrungen stehen bleiben wollte. Läßt sich dabei in den obern Klassen und namentlich in Prima die Sache so leiten, daß sich möglichst oft Besprechung über eigne Erfahrungen und Beobachtungen und über literargeschichtliche Dinge und über historische Angelegenheiten auf einen Punct lenken lassen, ja daß man sogar die Lectüre in den beiden andern fremden Sprachen mit herbei ziehen kann, so ist dann dieser Unterricht der Sammelpunct alles Schullebens nach dieser Seite hin und ist zur höchsten Vollendung gekommen. Ihn dahin zu bringen, ist eine Preisaufgabe für die höhere Bürgerschule. Mag die Betrachtung nun die eignen Erfahrungen oder die durch Geschichte und Literatur gegebnen umfassen, immer bleibe der Unterricht naturwissenschaftlich, d. h. er gehe immer von den Thatsachen, Erscheinungen aus, und suche aus ihnen die bewegende Kraft oder die innere chemische Potenz; nie gebe er den Gedanken und lasse er darunter die Thatsachen subsumiren, sondern aus der Mannigfaltigkeit der Erscheinungen, Ereignisse ꝛc. werde die Einheit, die geistige Vorstellung, der Begriff gesucht. Die Themata haben die Tendenz für das Erfahrungsgebiet ausgesprochen; darnach wird der denkende Didactiker sich leicht auch nach der andern Seite hin die Sache gestalten können.

§. 61. Der Leseunterricht in den höhern Bürgerschulen oder vielmehr die Behandlung der Lesebücher von Seiten der Schule in den Schulstunden ist ein neuer, sonst nicht so hervorgetretener, und beliebter Gegenstand geworden, wie das die vielen Schulbücher und ihre vielen Auflagen erweisen. Die vom theoretischen Standpuncte aus so vielfach dargelegten Empfehlungen eines solchen Leseunterrichtes haben auf dem practischen Gebiete eines Klassenunterrichtes wohl manche Schwächung erfahren. Es verdient derselbe um so mehr eine ernstliche Erwägung an dieser Stelle und an diesem Orte, als man vielleicht nur zu sehr theoretisirt, und nicht immer einen Unterricht in einer Klasse im Auge behalten hat. Ohne ins Breite zu gehen, müssen wir uns hier vom Standpuncte der Erfahrung aus durchaus gegen die Einführung irgend welcher Schullesebücher aussprechen. Damit soll nicht gesagt sein, daß darum auch ein Lesen in der Schulstunde ausgeschlossen sein soll, wie ja im vorigen Paragraphen oft genug darauf hingewiesen ist. Allenfalls wäre ein Lesebuch in den beiden untern Klassen zuläßig. Die Erfahrungen sind folgende: 1) Die Schüler haben selten ein Intresse beim Unterrichte, wenn nicht allerhand andere, grammatische oder logische Untersuchungen oder die verschiedenen Zweige des Erfahrungsunterrichtes damit verbunden werden; 2) Die Lehrer fühlen sich nicht minder auch durch das beste Buch dieser Art bald gelangweilt, wenn sie nicht eben mannigfaltige Nebenübungen daran vornehmen können; 3) Die Schüler wählen gar gerne, wenn es ihnen irgend frei steht, für ihre Erzählungen in der Klasse oder für die Declamation andere Sachen als die im Lesebuche gebotenen; 4) Nur die Nebenübungen bieten dem Lehrer Gelegenheit zu ernstlichen Schulaufgaben und so zu einer rechten Befruchtung des Lesebuches für die geistige Bildung. Die Ursachen dieser Erscheinung sind folgende: Der Stoff in den Lesebüchern ist selten der Art, daß er als solcher eingeprägt zu werden verdiente, oder wenn das der Fall ist, so steht er so bruchstückweise und aus allem anderweitigen Zusammenhange losgerissen, oder ist nur auf Ergötzlichkeit, Belebung der Phantasie ꝛc. berechnet; da die Schüler alle ja lesen können und auch müßige Stunden haben, so lesen sie das Buch in den Parthieen, welche ihnen gefallen, bald durch, und mögen dann nicht noch einmal in der Klasse mit dem Stoffe beschäftigt werden, und überschlagen die ihnen nicht gefallenden Theile als langweilige und haben dies eigne Urtheil dann auch beim Unterrichte in der Klasse schon vorweg; sie sind nach dem heutigen Lesemodus nicht gewöhnt, ein deutsches Buch gleichsam zu studiren und bei jedem unverstandenen Worte inne zu halten, und so lesen sie das halb Verstandene oberflächlich und meinen den Inhalt ganz zu haben und halten so den erläuternden Klassenunterricht für überflüßig; sie lesen das Nichtverständliche — welches in solchen Büchern fast nur Betrachtungen sind — gar nicht, und halten die Sache gleich für zu hoch, und mit diesem Vorwegurtheilen verweigern sie dem Lehrer die Hand, an der er sie zum Stoffe oder zum Verständniß hinauf ziehen könnte. Zu allem diesem kommt noch, daß man zwar den grammatischen Unterricht an jeden Stoff anknüpfen kann, daß aber der Erfahrungsunterricht in unserm Sinne und ferner die für die 5te und 4te und 3te Klasse geforderte Unterrichtsform einen eigenthümlichen Stoff und besonders eine eigenthümliche Bearbeitung desselben fordert. Die Darstellungen in diesen Lesebüchern haben mehr oder minder die ästhetische Bildung des Schülers im Auge, und diese läßt sich nicht anunterrichten. Die in den Lesebüchern durch diesen vorherrschenden Zweck bedingte Mannigfaltigkeit bringt noch einen neuen Uebelstand mit sich, nemlich den der Zerstreuung, oder doch der Sichtbarmachung des zwecklosen Treibens und Bewegens nach verschiedenen Seiten hin. Endlich hat das Vorlesen einer Sache, die jeder im Lesebuche vor sich hat, wenn es noch einen andern Werth als den der künstlerischen Darstellung durch den Vorlesenden haben soll, für Knaben kaum noch einen Sinn, denn am schönen Vorlesen einen Gefallen zu finden und zwar einen solchen, daß der Inhalt des Gelesenen nicht mehr das Intresse zu unterstützen brauche, das setzt schon eine bedeutende Bildungshöhe auf dem ästhetischen Gebiete voraus, die doch aber ersichtlich erst angebaut werden soll. Nicht minder spielt der Lehrer bei dem Vorlesen solcher ästhetischen, ergötzlichen, allen wiederum bekannten, weder einzuprägenden noch der Erklärung bedürftigen Sachen und Sächelchen eine sehr klägliche Rolle. Soll er blos über den guten Accent beim Vorlesen wachen, den schlechten Leser in jedem Augenblicke unterbrechen, so muß sich die Klasse langweilen;

soll er sich zu allgemeinen Leseregeln erheben, um von ihnen her das Einzelne zu beurtheilen, so ist das ganz verwerflich. Demgemäß könnten nur Lesebücher der Art gebraucht werden, welche 1) gehörigen Stoff oder Veranlassung für die in den drei ersten Klassen geforderten Inhaltserfüllungen der Vorstellungen böten, d. h. solchen Stoff, der es nothwendig erforderte, daß jede Vorstellung bis zur Anschauung klar sei und der dann schließlich dieser Anstrengung auch werth sei; 2) welche für den Erfahrungsunterricht die möglichst vielseitigen Anknüpfungspuncte darböten; 3) welche einer Zerstreuung gleicher Weise wie der Ermüdung durch den Stoff vorbeugten und die den Altersstufen gemäßen selbstständigen Aufgaben aus oder an diesem Stoffe möglich machten. Somit wird ein Theil des Lesestoffes von der Art sein, daß er förmlich mit den Schülern — so zu sagen — durchstudirt werden muß. Die Knaben müssen an diesem lernen, daß sie nicht alles deutsch Geschriebene verstehen, aber auch daß Nachdenken und Erwägen der einzelnen Worte zum Verständniß führt. Diese Befähigung ja Gewöhnung an ein gründliches, und studirendes Lesen der Bücher muß die höhere Bürgerschule um so mehr anbahnen, als leider die ästhetische französische Literatur, welche doch gar nicht zu umgehen ist, nur gar zu leicht zur Oberflächlichkeit verführt, der Wegfall des Lateinischen in den obern Klassen diese Gefahr vermehrt, und die Verwandtschaft in den neuern Zeitgedanken, welche in den Werken niedergelegt sind, das Verstehen wirklich gar sehr erleichtert, und so ein überhinniges Lesen hervorruft, und damit auch den Geist selbst abstumpft. Die Gefahr der Verflachung in den höhern Bürgerschulen durch die neuere ästhetische Literatur ist entschieden vorhanden, wenn eben nur diese wie bisher im Auge behalten wird. Dieser Verflachung gegenüber haben die Latein-Prediger mit ihrer Empfehlung ganz vollkommen Recht. Das Knuppern und Beißen an einem lateinischen Satze giebt scharfe Zähne, Beharrlichkeit beim Untersuchen jedes Einzelnen, scharfes Auge, ruhige und besonnene Erwägung und Freude an einem so recht gründlichen Erwägen des Einzelnen. Diese Thätigkeit muß durchaus in der höhern Bürgerschule durch eine andere vertreten werden, wenn nicht diese sittliche Frucht verloren gehen soll, und sie kann an einem zweckmäßig gewählten Lesestoff, sie muß an ihm gewonnen werden, sie wird mit ihm erreicht werden, wenn man nur das Gebiet der Schulliteratur erst über die Schöngeisterei hinaus erweitert haben wird. Geschieht das nicht, schafft man sich nicht schon auf den unteren Stufen des Unterrichtes Lesebücher, welche ein nachdenkendes Lesen ja ein Studium erfordern, bei denen die Hülfe des Lehrers eben so Noth thut, wie beim lateinischen Satze, für welche es eben so gut Präparationen und Repetitionen von Seiten des Schülers geben muß: so wird aller Literaturunterricht, alles Gerede über deutsche Literatur und alles Schönthun mit unserer ächt deutschen Bildung nichts helfen. Die künftigen Bürger werden dann nach wie vor die rein ästhetische oder die pikant politische Literatur lesen, und alle wahren Goldbarren des deutschen Geistes und seiner Schöpfungskraft bleiben ihnen verschlossen, weil sie nicht den Kasten zu erbrechen verstehen, in welchem sie verpackt sind. Solche Lesebücher sind noch nicht da, ja solche Darstellungen finden sich nicht viele. Die höhere Bürgerschule in unserm Sinne ist auch noch nicht da; wenn jedoch dieselbe von ächten und begeistigten Schulmännern verstanden und als richtig erkannt ist, so wird es nicht an Productionen fehlen. Ohne solches Lesen in solchen Büchern denke man doch nur nicht daran, in der Schule eine geistige Befähigung zu geben, (§. 14, 4.) in einen vorliegenden Gedankengang einzudringen und ihn sich anzueignen, oder die Nationalliteratur als einen bildungsreichen Schatz zu gebrauchen. Das, was Kristall bildet, liegt nicht auf der Oberfläche desselben, sondern tief im Innern des Atoms.

Noch mehr tritt aber dies Bedürfniß einer solchen ernsten, anstrengenden, das Nachdenken erfordernden Lectüre in den obern Klassen ein. Für sie liefert vielleicht schon Herder, Schiller, Göthe, Engel, Garve, Fichte, Schleiermacher, Alexander von Humboldt ꝛc. Stoff, doch bedarf er entschieden noch erst einer Anordnung und Sichtung für die Schulen *) und für die verschiedenen Klassen. Wir rechnen hieher Abhandlungen über Ethisches, Aesthetisches und Kunst und Literatur und Psychologisches und Volksleben ꝛc. An dieses Studium solcher Abhandlungen muß der Schüler geradezu gewöhnt werden, er muß dafür nachlesen und nachschlagen und Bekanntes auffrischen, Vergessenes sich erinnern, nicht Gewußtes lernen, Neues vom Lehrer als Zugabe erfah-

*) Mager hat einen sehr schönen Versuch gemacht in seinem Lesebuche für die Encyclopädie. Möchte es ihm gefallen, noch um eine Stufe herab zu steigen, er würde mit einer solchen Sammlung von philosophischen oder betrachtenden Aufsätzen einer höhern Bürgerschule in unserm Sinne den größten Dienst leisten. Seine Literaturkenntniß macht ihm die Aufgabe leicht, und seine Fähigkeit, Gedanken Andrer zu erfassen, und sein glücklicher Tact in der Auswahl läßt sie gewiß glücklich lösen.

ren. Diese Lectüre giebt den Mittelpunct für den mündlichen Erfahrungsunterricht, an sie lehnen sich mehr oder minder die schriftlichen Aufsätze, in ihr wird nebenbei die schon populär gewordene wissenschaftliche Sprache und der in unserer ernstern Literatur eingeführte Gebrauch der Fremdwörter und so manches Andere seine Stelle finden. Je ernstere Thätigkeit diese Lectüre fordern wird, desto mehr werden die Schüler in den obern Klassen aus dem Lesen der Dichter und ihrer Dramen sich herauslesen, ja werden nur durch jene allein befähigt werden, auch wirklich schon in größere Dichtwerke und Dramen einzudringen und sich mehr als den bloßen Faden der Geschichte und die Ergötzlichkeit einzelner Scenen herauszulesen.

Sollen denn nun alle die vielen schönen Lesebücher umsonst geschrieben sein, die doch so vortrefflichen Stoff enthalten, in denen so manches Saamenkorn für edle Gesinnung, religiöses Gefühl, Vaterlandsliebe rc. niedergelegt ist? Das nicht; nur soll nicht die Schulstunde mit einer Schülerthätigkeit hingebracht werden, welche der Schüler für sich allein thun kann, die er als eine freie und unbeabsichtigte mit größerem Intresse vollführt. So wenig sich der Lehrer dabei hinsetzt, wenn sich die Schüler im Cornelius Nepos präpariren, so wenig soll er dabei sitzen, wenn die Schüler verständliche Lesestücke durchlesen. Die Schüler werden nun ohne diesen äußern Antrieb nicht lesen? Darauf die Antwort: sie würden sich auch ohne äußern Antrieb nicht im Cornel präpariren, und doch setzt sich nicht der Lehrer dazu hin. Der Erfahrungsunterricht mit seinen mannigfaltigen Thematen nach den verschiedensten Seiten des Erfahrungs- und Geisteslebens, der Geschichtsunterricht, der Unterricht in der Religion, der geographische, der naturhistorische, der literarische rc. soll solche Lectüre erzwingen, fordern, benutzen und fruchtbar machen, damit nicht die Blätter der Lesebücher als lose Blätter umherfliegen und mit Füßen getreten werden. Darnach sind die Bücher einzurichten. —

Der Leseunterricht zum Behufe der Geschmacksbildung wird an einer andern Stelle seine Berücksichtigung finden.

§. 62. Der reine Sprachunterricht ist schon an so manchen Stellen so vielfach besprochen, daß nur noch einige Winke nöthig sind, welche eigenthümlichen Modificationen das Wesen der höhern Bürgerschule fordern möchte. Er bleibt in den drei untern Klassen ganz naturbeschreibend, und übt nebenher die Fertigkeit in der Behandlung der Form. Die Formlehre betrachtet die Endungen der Wörter und prägt sie ein, sie hat so viel Bildendes und bietet für das Alter, in welcher die erste fremde Sprache begonnen wird, so viel Beschäftigung, und das Wissen derselben gewährt solche Befriedigung, daß der Unterricht nur vor Ueberladung wie vor Verwirrung und Verwechselung zu wahren hat. Die Nominativen und Accusativen und die 3ten Personen Singularis und Pluralis des Präsens und Perfects im Indicativ des Activ sind zunächst vollkommen ausreichende Formen. Ob man dieselben abgepflückt in einer Schulstube der Grammatik oder in der freien, durch die zu große Mannigfaltigkeit zerstreuenden Natur eines vollständigen Satzes vorführen und zugleich in dem natürlichen Zusammenhange mit den übrigen dahin gehörigen Pflanzen betrachten wolle, das könnte zweifelhaft erscheinen, wenn nicht die Isolirung der Erscheinungen zu einem sichern Auffassen nothwendig wäre. Ob man die ganze Gattung gleich zusammenstelle oder ob man die gedachten Spezies erst mit ihren Variationen in den verschiedenen Declinationen und Conjugationen schon um der sicherern Einprägung willen unters Auge der Schüler bringen wolle, auch das würde sich gleich bleiben, wenn man nicht Verwirruug und Ermüdung verhüten müßte. Durch ein naturhistorisches Museum — hier eine Formenlehre der Grammatik — kann nur der Kenner ohne Ermüdung und Abspannung gehen, dem nur noch diese oder jene Sachen etwa unbekannt sind, jeder Andere wird wirre unter dem Anschauen der mannigfaltigen sich nahe berührenden und doch verschiedenen Formen. Wenn diese Bilder eingeprägt sind, dann geht man mit den Kindern hinaus in den Satz und botanisirt gleichsam mit ihnen, wie man eben mit Kindern botanisirt, d. h. man läßt sie nicht alles das aufsuchen und in die Kapsel stecken, was sie noch nicht kennen, sondern lehrt sie, das Bekannte in der Natur und fremder Umgebung wieder zu erkennen. Nach diesem nimmt man die Formen des Imperfects, des Futurum, des Plusquamperfects hinzu; dann dazu die Ablativen und die passiven Formen der gedachten Zeiten. Nachbilden der Form und Wiedererkennen derselben in fremder Umgebung sind wichtigere Uebungen als man zu glauben scheint und nur der Lehrer, der nicht in dem Geiste seiner Kinder lebt, findet diese Beschäftigung ermüdend. Der deutsche Unterricht hat mittlerweile das Wesen des einfachen Satzes aufgeschlossen. Die Abhängigkeit des Adjectiv vom Substantiv, des Prädicats vom Subject, des Objectes vom Verbum sind aufgewiesen, und nun werden jene gewonnenen Mittel gebraucht, um einen lateinischen Satz ins Deutsche und umgekehrt zu übersetzen, und dann einen Satz aus dem Activum ins Passivum umzuformen. Dann folgt die erste Person Präsentis und die Uebung, aus den bekannten Formen dieselbe zu gewinnen. Von da ab kann nun schon eine selbstständige Beschäftigung des Schülers an einem historischen Lesestoffe eintreten, indem ein Lexicon ihm die deutsche Bedeutung liefert für das lateinische Wort. Es treten nun die ersten Personen und die Pronomina hinzu, dann die Partizipien und Infinitiven, nachdem natürlich an der deutschen Sprache im Satze das Erkennungszeichen dieser Formen entwickelt ist. So baut sich allmälig die Formlehre auf ohne Conjunctiv und Imperativ, welche füglich für die folgende Klasse verschoben bleiben können, und dann erst tritt die ganze Zusammenstellung der grammatischen Endungen in den Vordergrund der Uebungen, welche darin besteht, daß sich der Schüler eine Uebersicht schaffe, eine Sicherheit in der Bildung wie Erkennung, und eine Fertigkeit in der Scheidung der nahe liegenden und ähnlichen Formen. Dies geschieht dann wirklich in dem naturhistorischen Museum einer zusammen gestellten Formlehre. Der Lesestoff und die daran vorzunehmenden Uebungen geben die gemischten Beispiele, oder gleichsam immer wieder die freie Natur. Mittlerweile ist die Syntax am Deutschen vorgeschritten zum Genitiv und Dativ (Ablativ), und der lateinische Lesestoff giebt dann Gelegenheit, die gleich aussehenden Formen durch die Stellung im Satze zu unterscheiden. Kann man es seinen Schülern zumuthen und bis zu einem solchen Lesestoff vorschreiten, so mögen auch Conjunctiv, Imperativ, Comparativ 2c. noch aufgenommen werden. Man erwäge aber auch Folgendes: Sicherheit in einem kleinen Theile, Fertigkeit im Geforderten sind wesentliche Forderungen in der höhern Bürgerschule, und geben Freudigkeit im Thun; dann eine ordentliche Repetition der Formlehre in der folgenden Klasse ist nur möglich, wenn ein Neues hinzutritt; jedes Neue wird leicht in ein altes, geläufiges Schema eingefugt und leicht dann behalten. Nur halte man als Prinzip fest: 1) Erkennung der Form als eine rein äußerliche Erscheinung am Worte; 2) Wiedererkennen der Form in fremdartigen störenden Umgebungen; 3) Bildung der Form; 4) Bedeutung der Form im Satze; 5) Benutzung der Formkenntniß, sich einen Satz und den Inhalt des Satzes aufzuschließen; 6) Verwendung der Form zu Umwandlungen; 7) Orientirung unter den Formen und sichere Unterbringung unter das grammatische Schema. Das Deutsche bietet die Gelegenheit zur Erkenntniß, ihm werden die Regeln abbeobachtet, am Lateinischen werden sie eingeübt und befestigt, und für Durchdringung der Verhältnisse der im Satze niedergelegten Einzelvorstellungen werden sie verwendet, und zur freiern Beweglichkeit in der Muttersprache benutzt. Die fremde Sprache giebt die Ueberzeugung von der Nothwendigkeit solcher Erkenntniß und solchen Thuns und giebt Gelegenheit dazu, die deutsche Sprache bietet die Möglichkeit solcher Erkenntniß und nutzt jene Uebungen. Das Wesen der hier beschriebenen Methode besteht darin: Der Schüler soll selbst sehen am Fremden, selbst erkennen am Deutschen, und sobald er irgend zum Selbstthun gelangen kann, soll er zugelassen werden. Nicht allein, um den Reiz etwa an der Arbeit zu erhöhen, muß dies Führen zum Thun so hoch gestellt werden, sondern um das Ausführenkönnen und das Thun mit dem Erkennenkönnen mindestens auf eine gleiche Stufe zu erheben. Es ist ein ganz Wesentliches in der höhern Bürgerschule, daß der Schüler eben am Lateinischen, wenn es nicht eine so breite Grundlage wie im Gymnasium macht, so recht bald zu einem ganz selbstständigen Thun durch Hülfe seines Lexicons und weniger Formenkenntnisse gelangen kann, und zwar zu einem ganz befriedigenden für die Kinderwelt. Darum ist der Gegenstand ein so unvergleichlicher. Noch muß gegen die wenig einträgliche Methode gewarnt werden, welche die ganze Formlehre auch nur im Satze betrachten und mit demselbigen befestigen will. Naturgeschichte kann man im Anfange nicht gleich in der Natur treiben, sondern man muß einen ungestörten Winkel zum Betrachten und Einprägen haben: dann erst, wenn Typen gewonnen sind, wird im Freien botanisirt, und dann nimmt man einen botanischen Garten oder auch ein Herbarium zu Hülfe. Man läuft sich in der Natur oft nach ein paar Pflanzen müde, oder nennt eine künstlich arrangirte Flora im Gewächshause auch Natur. —

Wie hier für die 6te Klasse so gilt auch für die 5te und 4te dasselbe Prinzip: Beobachten, die Beobachtung zur festen Vorstellung erheben, sie wieder im Lesestoff aufsuchen und erkennen lassen, sie durch besondere eigenthümliche — mündliche wie schriftliche — Uebungen einprägen lassen und sie damit schon zum eignen Thun verwenden. Sprachregeln zu finden, gleichsam Familien- oder Gattungsbegriffe zu bilden, das ist eine wesentliche Beschäftigung in dieser Klasse. Jedes neue, auch das kleinste, Sprachgesetz werde der Sprache abbeobachtet, und nicht aus einem Beispiele eine Regel gemacht, sondern die Regel sei das Ergebniß von der Vergleichung vieler Beispiele; die feste Ueberzeugung werde durch solches Unterrichten gegeben, daß jede Sprachregel eben eine Regel sei, die man aus der Sprache gewonnen habe. Auf Ausnahmen, wenn man die Regel gefunden zu haben glaubt, achten zu lassen und so das Auge für Beobachtung und den Geist für Vergleichen der Spracherscheinungen zu schärfen, das Beobachtete immer fest in der Erinnerung zu behalten, und so die Thätigkeit zu einer möglichst selbstständigen zu machen, das ist die Theorie hier. Die Praxis giebt die Einschränkungen von selbst; nur die Einschränkung durch die Bemerkung, daß man auf diesem Wege nicht viel gewinnen werde, hat keinen Werth. Der Gewinn soll sein, sich eine Regel aus der Anschauung her zu bilden; ob man nun viele oder wenige gewinnt, das ist gleich: Knaben sind alsbald mit einer Regel fertig, indem sie jeden besondern Fall sogleich als ein Allgemeines anerkennen, und gegen solche Verallgemeinerung des Besondern soll sie die Bildung in der höhern Bürgerschule schützen. Die gewonnenen Regeln sollen nun aber auch wieder gebraucht werden als die Schlüssel zur Construction des Satzes. Die Wichtigkeit der Construction des einfachen Satzes ist §. 32. dargelegt, sie ist die geordnete Darlegung des Begriffes eines vollständigen erweiterten Satzes im Sinne der Naturgeschichte, wenn diese eine Pflanze geordnet beschreibt nach einer natürlichen Zusammengehörigkeit der einzelnen Organe und Theile. Die Namen Accusativ und Adjectiv ꝛc. sind die Benennungen und Terminologieen, und die Namen Prädicat, Object ꝛc. sind die Namen der Organe. Der Sprachunterricht hat durchaus eine Nomenclatur für die verschiedenen einfachen Sätze aufzustellen, und diese bilden dann den Gattungsbegriff, der dann an jedem einzelnen erst genau beobachteten und beschriebenen (construirten) Satze auszusprechen ist. Wenn der Unterricht diese Sonderung übersieht, und nicht eben unterscheiden läßt, was doch verschieden ist, so verschmäht er einen sehr schönen, diesem Alter angemeßnen Uebungsstoff, nimmt sich viele Aufgaben, welche ein selbstständiges und damit freudiges Thun der Kinder möglich machen, welche genaue Betrachtungen der Satzverhältnisse bedingen und so tiefer in denselben einführen ꝛc., ja ohne solche Sonderung — was leicht als unnütze Spielerei erscheinen mag — wird dies Sätze-Construiren dem Schüler bald langweilig, weil er keinen andern Zweck sieht, als des Lehrers Wunsch zu befriedigen. Solche Classifications-Namen, auch die allerungeschicktesten, bieten eine viel umfassende Frage dar, deren Antwort eine große Reihe von Einzelfragen bedingt, welche der Schüler schon selber gethan haben muß, um zur Antwort zu gelangen. Durch Betrachtung der einzelnen Sätze und deren Vergleichung soll man hier zu diesen Gattungs-Namen kommen. Vollständigkeit ist nicht nöthig.

In der vierten Klasse tritt nun einmal die Uebung ein, welche die vom deutschen Sprachgebrauche besonders abweichenden Constructionen innerhalb des einfachen Satzes bedingt. Die vorige Stufe wird und muß viele solche einzelnen Regeln, die noch an einzelnen Wörtern kleben, schon zur Kenntniß der Schüler gebracht haben; sie haben schon gelernt: munere fungitur, sequuntur ducem, parcunt hostibus, capitis damnatus est &c. Der Lesestoff hat es sicherlich dargeboten. Diese Einzelheiten werden nun als Regeln ausgesprochen, welche zwar auch in jedem einzelnen besondern Falle aus der Natur abgelesen, aber nun auch eben gleich verallgemeinert werden, um als ein Begriff da zu stehen, unter den nun subsumirt wird. Um die Regel zu bilden, und um eben zu vermeiden, daß man nicht aus einem isolirten Falle ein Gesetz bilde, werden alle den Schülern bekannten Sprachbeispiele für diesen Zweck zur Anschauung wieder in Erinnerung gebracht — der Lehrer muß wissen, was die Schüler in der vorigen Klasse gelernt und gelesen und am Gelesenen beobachtet haben. — Dies Gewinnen der Regeln ist Hauptsache und das Anwenden derselben auf gegebne vorgelegte, oder im Lesestoffe sich darbietende Beispiele ist der Vortheil für die Gewandtheit in der Muttersprache, weßhalb unter den hier zu übenden Regeln vornehmlich diejenigen gewählt werden, welche die größten Umformungen des deutschen Satzes bedingen, unbekümmert darum, ob sie noch in den einfachen oder zusammengesetzten Satz gehören, und noch unbekümmerter darum, ob man viele oder wenige Regeln so verarbeitet habe. Wie sich aus den einzelnen eigenthümlichen Constructionen einzelner Wörter die Casusregeln herausbilden sollen, so muß das Wesen des zusammengesetzten Satzes aus jenen Satzforderungen in der vorigen Klasse gewonnen werden. Die Subsumirung nun der einzelnen Sätze unter dieses höhere, alle einzelnen Gattungen und Ordnungen von Sätzen umfassende Schema, ist das Pflanzenbestimmen. Man übersehe es ja nicht in seiner Wichtigkeit, es öffnet das Auge, und drängt den Geist in die Betrachtung des Abhängigkeitsverhältnisses der Vorstellungen; nöthigt den Schüler mit einer Frage zu einer großen Reihe von geistigen Thätigkeiten, die zu einem sichern Ziele führen; wirkt also wie ein lateinisches Exerzitium, nur in einer andern hier noch tiefern Weise.

Hiemit ist nun der grammatische Cursus geschlossen; was noch hinzukommt, das wird am Französischen gelehrt, und bis zu welchen Feinheiten diese Sprache vordringen kann, bis zu solchen feinen grammatischen Unterscheidungen, welche hier natürlich auch meist logische werden, wie das oben dargelegt ist, dringt der gesammte Sprachunterricht vor. Diese Sprache geht bis zu dem Puncte, wie weit die lateinische geführt, keinesweges auch so naturhistorisch zu Werke, sondern sucht Formlehre und Orthographie und Gesetz der Wortfolge und besondere Wortstellungen auf dem möglichst kürzesten Wege zu gewinnen und zu befestigen. Wer sich bis zum botanischen Systeme erhoben hat, der sucht auf dem möglichst kürzesten Wege die Terminologie für die Zoologie und nimmt dann eine Zoologie in die Hand, um danach die Wesen zu bestimmen durch Beobachten der Thiere und so das System selbst zu gewinnen. Wer Sprachbeobachtungen machen kann, der kann eben Sprachbeobachtungen machen. Die Sache steht aber anders in den höhern Stufen des Unterrichtes, wo das Latein fehlt. Es sei bemerkt, daß alle von hier ab gegebnen und geforderten Sprachbemerkungen solche sein müssen, welche wesentlich sind zur Erkennung des Sinnes des Gelesenen oder zur richtigen Uebertragung des deutschen Stoffes. Die grammatischen Regeln müssen nicht gegeben werden, als wolle man französisch sprechen und schreiben lehren, sondern als *wolle man nur zwei Sprachen verglichen haben in ihrer Eigenthümlichkeit*. Durch dieses Gesetz, welches in der Tendenz der höhern Bürgerschule begründet liegt, und in welchem das Lernen der fremden Sprache seine Berechtigung findet, ist eine große Reihe von Regeln verwiesen, dem Streben nach irgend welchem vollständigen grammatischen System — n. b. was man heute noch so nennt — der Weg abgeschnitten, die scheinbar ungeordnete Betrachtung der Einzelfälle, wie sie sich bei der Lectüre oder beim Uebertragen in die fremde Sprache bieten, in diesem höhern Gesichtspuncte des Sprachvergleichens geeint, das Aufhören eines besondern grammatischen Unterrichtes gerechtfertigt; zugleich ist aber auch ein neues Stadium für die naturhistorische Methode eröffnet, denn man soll sich eben aus den Einzelfällen zur allgemeinen Regel erheben. Anstatt des großen grammatischen Regelwerks erfasse der Unterricht auf der Mittel- und Oberstufe der höhern Bürgerschule diejenige Seite der Sprache, wo sie Seelenstimmungen, Affecte, feinere Nüanzirungen des Gedankens, also gleichsam die Bewegung und den chemischen Prozeß in dem Geistesleben darstellt; er zeige, wie in den Metaphern und Bildern der fremde Geist die Natur und die äußern

Verhältnisse auf eine andere Weise vergeistigt habe, als der deutsche, und lasse in der Sprache die verschiedenen Grundanschauungen der verschiedenen Nationalitäten erkennen. Der Lehrer wandere so mit den Schülern in der Sprache, lasse beobachten, weile an wichtigen und Aussicht-reichen Stellen, wisse die Aussicht in dem Geiste festzuhalten, vergleiche das früher Gesehene mit der neuen Aussicht und nehme dann einmal einen Tag wahr, wo die einzelnen zerstreuten Beobachtungen in ein Gesammtbild zusammengefaßt werden. Das Bild erscheine aber dann nicht blos als die eigne That des Schülers, sondern es sei wirklich sein Werk. Nicht der Lehrer mache viele Explicationen, sondern der Schüler mache sie und suche sie sich zu machen. Damit er aber in diesem Thun nun auch froh werde, darum erlasse man ihm dann auch so mancherlei schulmeisterliche Pedantereien, die man heute einen gründlichen Unterricht zu nennen beliebt, und die bei Examinibus vortreffliche Resultate aufweisen. Man gebe dem Schüler die nöthigen Hülfsmittel an Lexicon und Grammatik, fordere aber nicht, daß er die Grammatik soll auswendig wissen; aber fordere, daß er beide gebrauchen lerne, und lasse ihn dann die geistige Thätigkeit vornehmen, welche den Kräften angemessen ist, nicht aber auch noch solche, welche noch ein Kind beschäftigt. Mögen die Didactiker doch nicht zu sehr hierüber erschrecken, als solle einer gewissen Pfuscherei Thür und Thor geöffnet werden. Es soll nur gesagt sein, daß in der Uebersetzung des Satzes „die Feinde haben dort gehaust", mit: les ennemis ont été logés ici für den Primaner ein größerer Fehler liegen soll, als in: les ennemis ont faits des grandes ravages.

Den zweiten Zweig des grammatischen Unterrichtes (die Etymologie) hatte die Muttersprache zu übernehmen. Die Formen des Mittel- und Althochdeutschen werden so schnell als möglich im möglichst geringen Umfange gewonnen, um recht bald zum Uebersetzen und Lesen zu gelangen. Diese Formen werden dann genauer betrachtet und erwogen in Beziehung auf die noch jetzt vorhandenen Sprachformen, welchen Vergleich jedoch nicht der Lehrer sondern der Schüler vornehmen soll, um zu erkennen, zu welchem Ganzen die noch zerstreuten Trümmer vereinzelt stehender Sprachformen der heutigen Sprache gehören. Der Schüler soll selbst sehen und selbst erkennen, wie die heutige Orthographie ein rein conventioneller Gebrauch sei. Eben so wenig soll die Etymologie einen eignen Unterrichtszweig ausmachen, dessen Resultate man hernach abfragen könnte, sondern die Schüler sollen diese etymologischen Beobachtungen machen, und durch den Reiz der Ergebnisse für eine solche Beschäftigung mit dem Innersten der Muttersprache mit ihren Grundanschauungen gewonnen werden. Wo sich Gelegenheit bietet, wie oft sie der Schüler selber bringt, da und so oft soll sie benutzt werden. Im Englischen nicht weniger wie beim Lesen neuerer Gedichte rc. rc. Doch da über diesen Punct schon oben (§. 35.) so vieles gesagt ist, so erscheint ein noch weiteres Gehen ins Einzelne überflüßig. Nur immer wieder der Grundsatz: Das Ergebniß sei eine Frucht der Beobachtung, Vergleichung und That des Schülers; was diese selber nicht gewonnen haben, das predigt ihnen der Lehrer ganz umsonst ein, und was er ihnen etwa angepredigt hat, das verlieren sie auf der Straße, wenn sie ihrem Geschäfte nachgehen.

Schließlich wäre nun noch wohl Einiges nothwendig über den Lesestoff in den fremden Sprachen, doch für den lateinischen Unterricht ist er angedeutet und auch im Französischen für die unteren Klassen. In den obern Klassen sind zwei Rücksichten zu unterscheiden: 1) ein klassischer Stoff, der das Literarhistorische ausschließt; 2) ein sachlicher Stoff, welcher durch Kenntniß der fremden Sprache aus den französischen Werken gewonnen werden soll, wozu auch Betrachtungen nicht minder wie Geschichte gehören. Eine dritte Rücksicht kann noch genommen werden für die Gelegenheit, Sprachregeln zu gewinnen. Im Alt- und Mittelhochdeutschen hat man sich nicht an das Aesthetische zu binden, sondern mehr an das, was am tiefsten in das Nationale blicken läßt. Vor Allem bewahre man die Schüler vor dem Lesen zum reinen Genusse, und gebe ihnen Werke, die sie studiren müssen um des schwierigen Inhaltes willen, und bewahre sie so vor der Oberflächlichkeit.

§. 63. Die Methode des geschichtlichen und literarhistorischen Unterrichtes als eines gesondert gedachten in den obern beiden Klassen hat keine andere Aufgabe, als das zerstreut und gelegentlich Mitgetheilte zu sammeln und zu ordnen. Den Stoff haben alle ethischen Gegenstände geliefert, und die Menge des so in den Sprachstunden, in der Geographie, bei der Lectüre aufgehäuften Materiales soll den Schüler selber zum Wunsche nach Uebersicht und Ordnung gedrängt haben. Darum soll und muß der Lehrer wissen, was Alles schon mitgetheilt sei auf den frühern Stufen, und die Lehrer in den frühern Klassen, in denen dieser zusammenhängende Unterricht nicht vorkommt, sollen wissen, was zur künftigen Verarbeitung benutzt werden könne. Diese sollen also nicht das Erste und Beste, was ihnen in den Sinn kommt, auftischen, und jener soll nicht in seiner Uebersicht und Ordnung des Stoffes den vorhandenen negiren und gleichsam von Vorne an aufbauen; jene sollen den Lesestoff nicht für den augenblicklichen Genuß auswählen, um sich so das Unterrichten durch das Ergötzen der Schüler zu erleichtern, und dieser soll wissen, was die Schüler in allen Sprachen auf dem gedachten Gebiete gelesen und durchdacht haben, um es nicht ungenutzt liegen zu lassen. Demgemäß sind die Schüler dann die Arbeiter, sie sammeln wieder auf und bringen das Zerstreute zur Stelle; der Lehrer weist nur hin, wo es versteckt und vielleicht auch vergessen liegt; die Schüler selber ordnen und begreifen den Stoff, nachdem er wieder vorgelegt ist, der Lehrer giebt nur die Form an, in der es aufgebaut werden soll. Nur die ganz fehlenden Glieder, welche auf den unteren Stufen als zu schwierige nicht zur Anschauung kommen konnten, werden noch eingereiht. Alle untern Klassen geben demnach gleichsam die Anschauung von lauter historischen und literarhistorischen Spezies, und erheben sich in den Darstellungen der einzelnen historischen Abschnitte gleichsam nur zu den Gattungen. Solcher Anschauungen sind durchaus viele nothwendig, wenn der historische Unterricht einen wahren Inhalt gewinnen soll; man braucht zur Auffassung solcher historischen Spezies eine größere Zeit und einen gereiftern Geist als zur Einprägung einer Pflanze, denn die Anschauung des realen Objectes fehlt und muß lediglich durch die Phantasie ersetzt werden, die menschliche That und ihr Character hat unendlich mehr Merkmale als die Pflanze, der einzelne handelnde Mensch ist mit viel Mehrem verwachsen als die an den Boden gefesselte und aus ihm und der Luft genährte Pflanze, und die historischen Ereignisse begegnen dem Schüler nicht auf dem Spazirgange wie die Pflanzen. Noch schwieriger ist natürlich die Literaturgeschichte, denn sie soll ja die geistige Bewegung der Menschheit auffassen. Nur solche Männer haben sich dem Geschichtsstudium hingegeben und haben die Geschichte mit Nutzen und Frucht betrieben, welche in der Jugend viele solche Spezies-Anschauungen sich zu verschaffen Gelegenheit hatten. Völkerleben anzuschauen, dazu gehört eine reife Kraft, die nur erst in den obern Klassen vorhanden ist, und darum darf der Unterricht als Geschichte im Zusammenhange nicht eher eintreten. Das Geistesleben einer Nation aber aufzufassen, d. h. Literaturgeschichte als solche zu begreifen, dazu gehört neben einem großen Reichthum von Anschauungen ein im Geistesleben gereifter ja in ihm erstarkter Geist, den die Schüler in keiner Schule haben, den kaum der Student am Ende seiner

Universitätsjahre haben dürfte. Darum kann eine Literaturgeschichte im Zusammenhange gar nicht in einer Schule Platz haben. Wie aber der Unterricht in dem Einzelnen schließlich als eine Erfahrung benutzt werden soll, das ist oben (§. 60.) schon ausgesprochen, denn nur das geistige Durchdringen des Realen macht dasselbe zu einem Bildenden für den Geist; aber dazu muß denn auch wirklich erst ein Reales im Geiste gegenwärtig und von ihm angeschaut sein. Der Schüler muß so viel historischen und literarhistorischen Stoff eingesammelt haben, daß er sich aus ihm einen — wenn auch engen — historischen Gedanken gewinnen kann, und der Erfahrungsunterricht (§. 60.) muß ihn zur Auffindung eines solchen Gedankens nöthigen. Darum die Beschränkung auf kleine Kreise der Geschichte, denn je kleiner und enger der Kreis, desto reicheres Material, desto mehr die Möglichkeit zur geistigen Durchdringung des Materials und damit die Möglichkeit, die Aufgabe der höhern Bürgerschule zu lösen. Es versteht sich wohl von selbst, daß alle die zu besprechenden Themata, wenn man so sagen will, den Fingerzeig geben, welcher Stoff im Besondern mitzutheilen, welche Bücher zu lesen, welche Parthie recht breit aus einander zu legen, welche Persönlichkeiten, Facta und Umstände zur klarsten Anschauung zu erheben, welche Jahreszahlen besonders einzuprägen, welche Institutionen recht deutlich zu machen seien. Es folgt aus dem Wesen der höhern Bürgerschule unabweisbar, daß die Darstellung des geschichtlichen Materiales durchaus objectiv gehalten werden müsse, und daß erst die letzte, subjective Auffassung in dem Erfahrungsunterrichte der ersten Klasse eintreten dürfe und daß sie hier eben eine geistige, freie That des Schülers sein müsse, um ihn zu einem selbstständigen Urtheilen zu befähigen. Eben so wird jedes Literaturproduct vom Schüler als ein reales Object, als eine Wirklichkeit, betrachtet, dessen Sein und Wesen er anschauen, zur Vorstellung erheben soll. Aus dem Vergleichen, Scheiden, Classifiziren rc. derselben gelangt er zu einem naturhistorischen Begriffe. Viel höher werden sich Schulen wohl nicht erheben können, wenn sie nicht den Schüler mit leeren inhaltslosen Gedanken und Phrasen speisen wollen. Der Furcht vor materiellem Wissen begegnet nun wohl der Erfahrungsunterricht, der in der obern Klasse viele Themata aus der Weltgeschichte und der Literatur wählt. Man begreift nun hier auch wohl, warum alle diese Gegenstände nur in Eines Lehrers Hand sein können. Die Furcht davor, daß doch gar viel Einzelnes und Zerstreutes möchte geboten und durch die Zeit verstiebt werden, möge mit dem Gedanken beschwichtigt werden, daß dies lediglich von der Einheit des Lehrer-Collegiums in Beziehung auf das Stoffliche abhängt. Die Einwendung, daß ja doch jedes Historische, möge es gelesen oder gehört werden, nothwendig die subjective Färbung des Schriftstellers oder Erzählers an sich tragen muß, und demgemäß die rein objective Darstellung ein Unding ist, wird dadurch leicht beseitigt werden können, daß eben deßhalb der historische Stoff im verschiedensten Alter, von den verschiedensten Personen, bei den verschiedensten Gelegenheiten, aus den verschiedensten Auffassungsweisen her vorgetragen werden soll, damit der Schüler eben lerne, daß die Auffassungen subjective waren, und so zu der objectiven selbst gelange, um von da aus dann zum selbstständigen Urtheilen vorzudringen. Im Gymnasium mag es nothwendig sein, daß die Schüler *eine* durchgebildete Ansicht über Geschichte und Literatur mit durchmachen, um an ihr als einer Spezies zu erleben, was eine *wissenschaftliche* Erfassung dieses Objectes sagen wolle. Es hat der Schüler die Universitätsjahre vor sich, in denen er wie einst sein Lehrer sich nun seine eigne selbstständige Ansicht bilden, und so sich der Auffassung des Lehrers entwinden und wieder frei werden soll. In der höhern Bürgerschule führt dieser Unterricht in wissenschaftlicher Form zu einer geistigen Knechtigung, aus welcher der Geist sich später nie wieder entwinden kann. Das historische System, so könnte man eine solche individuelle Fassung der Geschichte nennen, schlägt zunächst die Facta selbst in Banden und präsentirt dann die Perlenschnur der Facta so, wie sie sich für das System am besten ausnehmen; dann wird der Schüler gleichsam an die Löcher eines Guckkastens gestellt, durch welche er die auf einen dünnen Faden gezogenen welthistorischen Facta vorüber schweben oder auf eine Walze aufwinden sieht. Wie das System nun die historischen Bilder gemalt, so hat es auch die Gläser geschliffen, durch welche der Schüler schaut. Diese oft gefärbten Gläser locken das Kind mit glänzenden Ansichten, verderben den Knaben mit dem blendenden Lichte und machen den Jüngling zum blinden urtheilslosen Nachbeter. Solch ein wissenschaftlicher, systematischer Unterricht darf in der höhern Bürgerschule unter keinerlei Umständen Platz greifen, denn er macht die Schüler unfrei und knechtisch. Er dringt Ansichten mit einer geistigen Kraft auf, gegen welche sich aufzulehnen die Schüler nie in ihrem Leben die Kraft gewinnen. Solcher Geschichtsunterricht ist in der höhern Bürgerschule ein nie zu lösender

Geistesbann, mag er nun vom religiösen oder pietistischen oder liberalen oder royalistischen Standpuncte kommen. In der höhern Bürgerschule müssen die Facta und nicht der Historiker, in ihr müssen die Völker und nicht die Geschichtslehrer Weisheit predigen. Wer diese Mosen und Propheten nicht hört, der folgt entweder abergläubisch dem, der sich rühmt oder gebärdet, als habe er erst die Thatsachen erweckt und gleichsam erfunden, oder er hört überhaupt nichts. Wie die Bibel so redet die Geschichte zu allen Menschen eine allen Menschen verständliche Sprache und darum übersetze sie der Lehrer nicht erst in Pietismus oder Liberalismus, er hebt dadurch die Ursprache auf. Die Geschichte ist das große physikalische Ereigniß, hervorgebracht durch die menschliche Natur. Dies Ereigniß studire und beobachte der Schüler bis ins Einzelnste, fange die Betrachtung mit den experimentell getrennten Erscheinungen an, und suche sich endlich selber das Gesetz. Wie er so in der politischen Geschichte die Methode der Physik, so hat er in der Literaturgeschichte die der Chemie. Nicht das Schulbuch und auch nicht der Lehrer soll ihm das geistige Gesetz, den Gedanken geben, sondern der Schüler soll ihn sich erwerben und so erwerbsfähig werden. Alle ihm vom Lehrer mitgetheilten Gedanken auf allen Gebieten sind lauter Schulden, welche für den künftigen Bürger schwer abzuzahlen sind, der ja dem geistigen Erwerbskreise entzogen wird. Solche Schulden drücken den Geist nieder und lassen ihn nie recht aufkommen und lähmen jede Unternehmung, zu welcher sich noch Gelegenheit bieten möchte. Welche unreifen Sachen werden dann aber zum Vorschein kommen? Gerade solche, wie sie der Frühling der Jugend nur bringen kann, die dann der Sommer desselben ohne weiteres Zuthun reifen wird. Wer reife Früchte an den noch blühenden Baum hängt, der setzt sie der Fäulniß aus, und will er die frischen Saftgänge des Frühlingsbaumes in diese angehängten Früchte leiten, so wird der Baum noch obenein verdorren. Es wird nun nach der hier verlangten Methode ein großes historisches Material gefordert. Denn soll nicht der Weltlüge, welche aus einem Zipfel von der Wirklichkeit immer schon ihren ganzen Rock construiren will, recht Vorschub geleistet werden, so wird sehr viel historischer Stoff vorliegen müssen, und so wird die Beschwerung des Gedächtnisses, welche zu vermeiden ist in der höhern Bürgerschule, hier einen Widerspruch einlegen. Doch zur Beseitigung dieses Bedenkens genügen wohl folgende Bemerkungen. Das Gebiet der Geschichte sei und bleibe eng; es tummle sich der Unterricht nur recht auf dem kleinen Plane aus, die Stärkung ist größer und die Kräftigung nachhaltiger als bei den ermüdenden langen Turnfahrten, auf welchen nur die Beine in Thätigkeit gesetzt wurden. Man verlange aber auch nicht, daß ein Knabengeist alle Facta, kleinen Umstände, Ereignisse rc. jederzeit im Gedächtniß haben soll, um zu irgend einer historischen Betrachtung zu schreiten. Solche Unbarmherzigkeit gegen den menschlichen und jugendlichen Geist üben nur die Examina. Für jeden besondern Zweck der Betrachtung, sei es eine Vergleichung von Männern, von Kriegen, Ereignissen, Umwälzungen, oder betreffe es Rechtfertigungen, Anklagen, Aufsuchen von Ursachen, Beurtheilungen von Aussprüchen historischer Männer über die Geschichte, Würdigung einzelner Handlungen auf den Verlauf der Thaten oder der Thaten und Kriege auf den weitern Verlauf der Volksentwicklung rc. rc. oder seien es Vergleiche zwischen einzelnen Gedichten desselben oder verschiedener Dichter, oder Gedichtgattungen, oder seien es Ermittlungen der Gedanken oder Seelenstimmungen oder dargestellten Charactere, oder seien es die Characteristiken verschiedener Dichter und Perioden rc.: für jeden besondern Zweck werde das Material erst wieder vergegenwärtigt. Dies Anfrischen des Materiales giebt die endliche Einprägung, nicht aber die Repetition nach einem und demselben historischen Faden. Nur eine so verarbeitete Geschichte nützt der Bildung, nicht aber das für Examina gelernte und in ihnen aufgewiesene Material. Wie diese Vergegenwärtigung in den einzelnen Fällen herbeizuführen sein möchte ohne ein langweilendes und geisttödtendes Repetiren, das wird sich weiter unten noch ergeben.

§. 64. Die Methode des mathematischen Unterrichtes ist für die untere, mittlere und letzte Klasse eine ganz verschiedene. In der untersten Klasse hält sie durchaus fest an der Anschauung, sucht möglichst klare und deutliche Vorstellungen dadurch zu erzielen, daß der Schüler die Eigenschaften des Angeschauten aussprechen muß. Um deutlich zu werden, denke man etwa an die verschiedenen Durchschnittspuncte, Strecken, Strahlen, Winkel, Figuren, welche durch die mannigfaltig gruppirten parallelen und nicht parallelen oder durch einen Punct gehenden Linien rc. entstehen. Dann nehme man die Kanten, Ecken, Seitenflächen von Ebnen, die sich durchschneiden, und führe dies aus der Anschauung her auf ganz bestimmte, leicht faßliche Gesetze, doch so, daß sich die Schüler diese Gesetze durchaus unwillkührlich ohne nur den äußern Antrieb des Lehrers bilden. Zur Verdeutlichung des hier Gemeinten vergleiche man die Raumlehre von J. G. Graßmann. Es findet aus der Anschauung der Schüler, daß n ungleich laufende Linien $\frac{n.n-1}{1.2}$ Durchschnittspuncte, 4. $\frac{n.n-1}{1.2}$ Strahlen, $\frac{n.(n-1)(n-2)}{1.2}$ Strecken (d. h. eine ein begrenztes Stück einer Linie) u. s. w. geben. Wie diese Linien so geben die Durchschnitte der Ebne gleichfalls bestimmte anschaulich dargestellte Gesetze über Menge der Kanten, Ecken, begrenzten Flächen ꝛc. Eine vorzügliche Uebung der Anschauung gewährt die Betrachtung, daß man die Ebnen von drei Axen, auf denen die Ebnen senkrecht stehen, tragen läßt, und dann diese Ebnen sich gleichweit vom Anfangspuncte der Coordinaten entfernen und dann die Lage der Kanten sich klar vorstellen und diese innere Anschauung sich in Worten aussprechen läßt. Man gewinnt, wenn man die Haupt- und Zwischen- und Außenrichtungen zu Hülfe nimmt, und diese wieder als Träger auftreten läßt, eine vollständige Construction der regelmäßigen Kristallgestalten *) als ein rein geistiges Construct, und die Bestimmung der Lage der Kanten z. B. der Leucitgestalt, des Rhombendodekaeders, des Tetraeders, des Octaeders, zu den Flächen und Kanten des Würfels giebt eine ganz ausgezeichnete Uebung der Phantasie oder der Vorstellungskraft von räumlichen Constructen. In der 5ten Klasse wird ein Constructionsgesetz, geradlinige Fortbewegung und Schwankung, zu Grunde gelegt — gleichsam eine physikalische Operation, während die vorige Klasse nur naturbeschreibend verfuhr. Aus diesem Constructionsgesetze werden möglichst viele Wahrheiten abgeleitet, als: Gleichheit von den Winkeln und ihr Verhältniß zu einem und zu zweien rechten und mehren rechten Winkeln, von den Winkeln in den Figuren, im Kreise ꝛc. Von da erhebt man sich zu Constructionen bestimmter Figuren mit dem Grundsatze, daß das auf gleiche Weise Construirte auch gleich sei, und daß das nur durch eine Operation Ausführbare vollkommen bestimmt sei. Mit diesen durch unmittelbare Anschauung des Ergebnisses wirklich ausgeführten Constructionen gelangt man zu Aufgaben, welche nach Vorschrift ausgeführt werden, um dann von dem Resultate die Ergebnisse abzulesen. Um deutlich zu werden. Alle Schüler zeichnen einen Winkel von einer vorgezeichneten Größe aufs Papier, machen alle den

*) Siehe J. G. Graßmann. Zur physischen Kristallonomie und geometrischen Combinationslehre.. Stettin bei Morin, 1829.

einen Schenkel 2 Maaß, den andern 5 Maaß lang, und verbinden nun die Endpuncte. Wie viel Strecken bleiben für jeden zu ziehen? Ist diese letzte bestimmt? Was gehörte dazu, um sie zu bestimmen? Wodurch kann eine Strecke bestimmt werden? Welche beiden Winkel sind noch entstanden? Welches Größenverhältniß haben sie zu einander? ꝛc. ꝛc. Oder: Man schwenke einen Perpendikel auf der Mitte einer Strecke nach der einen oder nach der andern Seite, und gelange von der Betrachtung, wie ein Punct dieses Perpendikels sich in seiner Lage zu den Endpuncten der Strecke verhält, zum gleichschenkligen Deiecke und allen seinen Eigenschaften. Von da schreitet man vor zu Constructionen für einen bestimmten Zweck, z. B. einen Perpendikel zu fällen, zu errichten u. s. w. Nicht minder wird hier die ganze Bruchrechnung an eingetheilten Strecken zur Anschauung gebracht und damit die Proportionslehre und Aehnlichkeit her Figuren. Diese Andeutungen müssen hier genügen.

In den folgenden drei Klassen ist nun aber der streng wissenschaftliche Unterricht in der Mathematik aufzunehmen und fortzuführen, und dabei sind vornehmlich diejenigen Theile auszuwählen, welche den strengsten systematischen Fortschritt gestatten, und diejenigen Parthieen sind besonders auszubeuten, in denen sich ein bestimmter Begriff am meisten aus einander legen läßt (s. Langbein). Sowohl der Fortschritt im Systeme als der von Satz zu Satz, als der von Schluß zu Schluß muß ein Werk des Schülergeistes sein, und darum muß im Großen die combinatorische Anordnung zu Grunde gelegt werden, denn nur diese kann derjenige selber treffen, welcher Ergebnisse und Ziel des Fortschreitens noch nicht übersehen kann. Was für die Lösung von Aufgaben nöthig ist, das wird eigens für sich abgehandelt und als ein Ergebniß der Wissenschaft für die Anwendung auf besondere Fälle gehandhabt, nicht aber in den Unterricht des Systems als ein nothwendiges Glied verflochten und damit der Ueberblick verwirrt und der eigne selbstständige Fortschritt gehemmt. Was man sonst noch als schöne Ergebnisse, merkwürdige Resultate zur Erkenntniß bringen will, das werde in Aufgaben gekleidet, welche die Schüler selber zu lösen haben. Wie die Ausbildung der Wissenschaft in diesem Augenblicke steht, hat die Lehre von den stetigen Größen etwa folgenden Weg zu nehmen. 1) Es wird betrachtet: die Eigenschaften einer, dann zweier, dann dreier Linien, damit gelangt man zum Dreieck, zu seiner Bestimmung an Größe und Gestalt, an Gestalt, an Größe. Der Kreis als der Weg eines Punctes in einem sich ganz umschwenkenden

Strahle ist bei der Winkelbetrachtung nicht abzuweisen, wird daher mit dem Satze, daß er nur einen Radius habe, an rechter Stelle mitgenommen, und damit das Mittel zu geometrischen Constructionen von vielen lehrreichen Aufgaben und so das Mittel zur Selbstbeschäftigung gewonnen. Die Verwendung auf gleichschenklige, rechtwinklige rc. Dreiecke giebt das Mittel zur Selbstthätigkeit, deren Ergebnisse, so fern sie wichtig sind, fixirt werden, denn der Schüler soll nicht blos Dinge erarbeiten, um sie unter den Schultisch zu werfen. Dann folgen vier Linien und so das Viereck, dann mehre Linien und so das Vieleck, so erhebt man sich zum Polygon, zum Kreise als einen regelmäßigen Polygon von unendlich viel Seiten. Dann combinirt man den Kreis mit der Linie wie mit den einzelnen Figuren. Die Formeln für Inhaltsberechnung und der pythagoreische Lehrsatz und die Sätze über Proportionalitäten gewisser Strecken werden als Brücken zur Arithmetik und Algebra schließlich aufgefaßt. 2) Die Stereometrie nimmt nun ganz denselben Gang wie die Planimetrie, sucht ganz gleichlautende nur für den Körperraum und durch ihn modifizirte Sätze auf, ja strebt nach möglichst gleichartigem Gange in den Beweisen; weßhalb die Planimetrie auch schon hierauf Rücksicht genommen haben muß, und Sätze aufzustellen hat, welche in der Stereometrie nicht, wenn auch in der Planimetrie, umgangen werden können. Es sei dabei nur an symmetrische Gleichheit und an Inhaltsbestimmung der Körper erinnert. Ob man nun immer gleich von der Ebne in den Raum übergehen müsse, oder erst die Constructionen in einer Ebne alle abmachen, also erst eine vollständige Planimetrie lehren solle, das läßt sich hier nicht entscheiden, und kann nur durch Feststellung der Erfahrungsfrüchte für die geistige Bildung entschieden werden. 3) Die Arithmetik beginnt mit der reinen Zahl, sucht durch die drei Zählstufen die drei wesentlich verschiedenen Zahlen und damit die Rechnungsoperationen für die synthetischen und analytischen Verknüpfungen auf, und hat somit ihr ganzes Feld äußerlich durch wenige Begriffe construirt. Dies Feld füllt sie nun aus durch Combinationen und sucht immer aus dem ursprünglichen Begriffe das Gesetz der neuen Verknüpfung in der Combination zu gewinnen. Die unlöslichen Aufgaben $3-7$ und $\frac{3}{7}$ und $\sqrt[3]{7}$ bieten die neuen Elemente für die Betrachtung, und der Schüler durchwandelt ganz selbstständig mit diesen neuen Begriffen, welche für diese Zahlformen aufgestellt werden, das Gebiet der Größenverknüpfungen und findet so Aufgaben und Lehrsätze und Beweise selber, indem er nur den neuen Begriff auf die jedesmalige Verknüpfung anwendet. Die analytischen Rechnungen führen zu den Gleichungen, und diese finden sich als reine Formumwandlungen nach bestimmten Zwecken vollständig gelehrt und auch geübt. Durch stete Anwendung des Begriffes und Umformung für den Zweck, daß eine Größe durch die übrigen ausgedrückt werden soll, gewinnt sich der Unterricht das mechanische Auflösungsgesetz für die Gleichungen als die Brücke, auf welcher die Algebra ihren Weg zu den stetigen oder auch qualitativ verschiedenen Größen findet. Eben so löst man dann $\frac{3}{7} = \frac{6}{14}$ in eine Proportion auf und hat damit eine zweite Brücke, findet in ihren negativen Größen eine qualitative Verschiedenheit (des Gegensatzes) und hat so die dritte Brücke gewonnen. 4) In der Trigonometrie findet nun diese reine Formenlehre die eine, in der algebraischen Geometrie die zweite, und in den Gleichungen die dritte inhaltliche Erfüllung. Eine besondere Sorgfalt ist der Betrachtung zu widmen, wie in der algebraischen Form die geometrische Größe und deren Construction gegeben sein könne, und wie in den trigonometrischen Functionen wiederum nur eine abgekürzte, auf Verhältnisse beschränkte, neue Ausdrucksform eines algebraischen Quotienten gesetzt sei, wie also dem Calcül und seinen Formumwandlungen eine Berechtigung für eine Ermittlung räumlicher Größen zugestanden werden könne. Diese Uebereinstimmung in den Constructionsgesetzen des Calcüls mit denen in der räumlichen Größenlehre ist vornehmlich zu bearbeiten, denn das schließt dann die Wissenschaft schon auf dieser Stufe in gewissem Sinne ab. Es kommt ganz und gar nicht auf weithin greifende Fortschritte an, sondern auf vollständige Einsicht in diese Vertretung und Durchdringung der beiden bisher getrennt vorgetragenen Zweige. Für die Rechnungen der Gleichungen hat der practische Rechenunterricht die Arbeit übernommen. Wird diese Einheit nicht aufs weitläuftigste und sorgfältigste und gründlichste nachgewiesen, dann wird die Berechnung und Construction physikalischer Aufgaben und die weitere Behandlung der Physik eine unverstandene Spielerei. Sobald nun aber diese Vermittlungsstufe durchgemacht ist, wenn also die trigonometrische Function vollkommen klar dadurch geworden ist, so wird nun die Trigonometrie — in der beim Lehrplan angegebnen Beschränkung — in eine Reihe von Aufgaben verwandelt, welche sich nach Anleitung der Planimetrie der Schüler nun selber stellen kann. Die Betrachtung des Ganges der Werthe der trigonometrischen Functionen führt auf die Betrachtung eines Coordinatensystems und der Abhängigkeit einer Größe von einer andern, (wobei die eine constant bleibt, wie im Sinus und Cosinus ꝛc.) oder von zweien andern (wie in der Tangente); damit ist der Weg zur analytischen Geometrie gebahnt, aber auch zur Functionalgleichung, in der die Unbekannten sich in Variable und die Coeffizienten sich in Constante verwandeln. Die Determination in den algebraisch-geometrischen Aufgaben führt in der Prima unmittelbar in die analytische Geometrie selbst hinein und leitet zu der Betrachtung über, die Gleichung $y = ax + b$ als eine durch a und b vollkommen bestimmte Linie anzusehen. Wiefern nun a die Tangente eines Winkels vorstellt, und b dieselbe Tangente mit einem Coeffizienten, so hat man nun in der analytischen Geometrie die vollkommene Durchdringung der Algebra, Trigonometrie und Geometrie. Der Nachweis, mit welchem Rechte man mit solchen Formen rechnen dürfe, der macht die Hauptsache, der ist der neue Begriff, welcher noch hinzutritt. Alles andere muß sich in Aufgaben auflösen. Aus einer gesetzten Gleichung die geometrischen Constructe abzulesen, das wird die neue geistige Uebung, welche der starren Form der Gleichung einen stetig fließenden Inhalt der Raumgröße giebt. Die Auffindung aller geometrischen Oerter in der Planimetrie gehört hieher, und macht so recht das eigentliche Feld aus. Die Kegelschnitte werden eben so nur als geometrische Oerter eines Punctes betrachtet. — Diese Darlegung reicht wohl aus, um die Art der Behandlung der Mathematik im Sinne der höhern Bürgerschule deutlich zu machen. Hauptsache ist auf der ersten Stufe, aus der Anschauung ein Gesetz und so ein Formales zu gewinnen; in der 3ten und 2ten Klasse gilt es zunächst, der mathematischen Sprache Herr zu werden, und die concrete Anschauung einer reinen Wissenschaft zu bekommen, und zum Schlusse gilt es, die Formen in eine Einheit der Betrachtung zu verschmelzen, und endlich sie mit einem concreten Inhalte zu erfüllen. Eine genauere Angabe der Methode erfordert die Darlegung der Wissenschaft selbst, denn die Wissenschaft und ihre Methode ist hier identisch. Wie die übrigen Einzelheiten in der ersten Klasse zu behandeln sind, das muß erst durch eine Umarbeitung der Physik und der Mathematik für die Idee der höhern Bürgerschule dargelegt werden; man muß erst diese Sachen nicht mehr als Wissenschaften lehren wollen, sondern sie müssen die Gewalt des Geistes über die Natur und die Identität der Constructionen, und sei es auch nur im allerkleinsten Kreise, nachweisen. Ob dazu eine Differenzial- und Integral-Rechnung im heutigen Sinne nöthig und unerläßlich bleibt, oder ob die neuern Fortschritte auf dem Gebiete der Mathematik noch andere Wege entdecken werden, das bleibe dahin gestellt. Findet die Mathematik keine ebeneren Steige, dann muß die höhere Bürgerschule schon so lange die etwas rauheren durchwandern, bis sie sich selber zurechte gefunden und die Steige gelichtet hat. Erlassen kann ihr diese Aufgabe nicht werden, wenn sie nicht selber auch einen Theil ihrer wesentlichen Aufgabe ungelöst lassen will; denn sie darf keine Formenbildung erstrebt haben ohne inhaltliche Erfüllung, aber auch kein Material gesammelt haben ohne geistige Herrschaft darüber. Zeit für diese Aufgabe gewinnt die Schule durch Erlassen aller künstlichen und rein mathematischen Aufgaben, und Kraft gewinnt sie dadurch, daß sie das Bildendste der Mathematik wahrnimmt, unbekümmert um irgend welche practische Anwendung. —

§. 65. Die Geschmacksbildung (§. 27.), so weit sie dem eigentlichen Unterrichte anheim fällt, wird an den mannigfaltigsten Gegenständen und nur durch deren Zusammenwirkung gewonnen. Man kann daher nur allgemeine Regeln dafür aufstellen, deren Verarbeitung auf die einzelnen Fächer dem Leser überlassen bleiben muß. Das Kind werde bei der Anschauung des Schönen festgehalten, der Knabe suche das Schöne und Unschöne zu sondern, der Jüngling lerne das Schöne erkennen; dem Kinde werde das Schöne auch schön vorgetragen, der Knabe erkenne an dem Schönen auch die schöne Form, der Jüngling erkenne die Form schon als Schönheit. Was den Schönheitssinn bilden soll, das werde in seiner Ganzheit dem Kinde vorgeführt, der Knabe suche daran die Theile auf, der Jüngling erkenne die Schönheit in den Verhältnissen und in der Harmonie der Theile. Das Kind nahe dem Schönen mit Scheu, der Knabe mit Züchtigkeit, der Jüngling mit Liebe. Was den Geschmack bilden soll, muß nicht in der Schulstunde zersetzt werden, darf nicht zur Analyse gebraucht werden, um den Verstand damit zu bilden, muß nicht erst durch die schüler- und stümperhafte Auffassung des Schülers verunziert werden. Die Anwendungen dieser Negationen sind leicht. Lieder, an welchen die Knaben die Noten und das Treffen lernen sollen, können nicht noch nachher die rechte Wirkung machen, denn sie sind während der Einübung, die ja so manchen Mißlaut erst vertilgen mußte, für diesen Zweck unbrauchbar geworden; Gedichte, deren Vortragsweise der Lehrer in der Klasse einüben will, verlieren durch diese Einübung ihre Wirkung ganz; Zeichnungen des Schülers, welche mit ihrem zerriebnen Papiere die vielen entstellenden Nachbildungen verrathen, machen keinen wohlgefälligen Eindruck mehr; das Streben nach schönen Uebersetzungen schöner Literatur-Producte fremder Sprachen, wenn es mehr die Arbeit des Lehrers als des Schülers ist, wirkt auf die Liebe zum Schönen und Edeln gar nichts. Literatur-Producte, welche noch durch weite und breite Erklärungen erst dem Schüler zugänglich gemacht werden müssen, haben nicht mehr die Wirkung eines Kunstwerkes. Ein Kunstwerk, was als solches wirken soll, muß unmittelbar verständlich sein, muß unmittelbar ansprechen, muß genossen werden. Daraus folgt für die Methode: übe an Schwierigem und bilde durch Schwierigkeiten, und reiche dann zum Genießen das Schöne, dem betreffenden Alter ummittelbar Verständliche. Lehre Striche zeichnen vereinzelt, welche zur Darstellung einer schönen Zeichnung verlangt werden, und dann erst lege die ganze Zeichnung vor; lehre Noten singen und Intervalle treffen und dann erst lasse das schöne Lied singen, wofür diese Vorübungen gemacht sind; erkläre erst gewisse Bilder, Metaphern ꝛc. und dann erst lege das Gedicht vor, für welches dieses Verständniß nothwendig ist; übe erst vereinzelte Vortragsformen der Frage, der Verwunderung, der Leidenschaft, der Ergebung ꝛc. ꝛc. und dann erst lasse ein solches Stück vortragen. Oder kurz: man mache alle Proben und Vorübungen und Zubereitungen hinter dem Vorhange, und behandle die Klasse als das Publicum, welches durch den Vortrag des Schönen fürs Schöne gebildet werden und dasselbe genießen soll, und mache die Klasse fähig fürs Verstehen und den einen Vortragenden zum Vortrage. Man fürchte nicht, daß ja nun vielleicht die tiefere Idee eines solchen Productes, eines Gedichtes unaufgeschlossen bleibe, daß das Kind nicht die Freude habe, hinter der Form den tiefern Gedanken aufgefunden zu haben. Mit dieser Freude steht es so, wie mit der Entdeckung, daß die Mutter der Weihnachtsschenker sei. Man fordere noch weniger, daß alle Schüler ein und dasselbe Gedicht lernen sollen, wie wenig alle eine und dieselbe Zeichnung ausführen, und ziehe nicht die Schülergeister und Schülerherzen auf einen und denselben dünnen Faden. Dann aber gehe ein solches Product nicht etwa einmal über die Bühne, sondern es werde eben öfter vorgeführt; ein schönes Lied werde öfter eben zum Vergnügen, nach einer Anstrengung als Lohn gesungen; ein schönes Gedicht werde zur Belohnung für die Thätigkeit öfter als einmal vorgetragen, die schönen Zeichnungen werden öfter zum Anschauen ausgehängt, damit der Schüler es verlerne, sich blos am Neuen zu erfreuen, damit er begreife, der Genuß am Schönen liege nicht in dem Wechsel der Anschauungen, und damit er inne werde, daß erst die genaue Bekanntschaft mit dem Stoffe eine ungestörte Betrachtung, somit eine Hingebung und somit einen Genuß des Schönen schaffe. Nur durch öfteres Anschauen wird das Schöne mehr als Sinnenreiz durch seine Form; nur in der oft und vielseitig, in den verschiedensten Stimmungen betrachteten Heimath kennt man alle Schönheiten und genießt sie; nur das in der Seele durch öftere Anschauung Verlebendigte hat eine durchdringende und läuternde Macht. Daraus folgt, daß man in jeder Klasse gewisse Lieder, Gedichte oder andere schöne Literatur-Producte, auch sinnige Erzählungen, dramatische Scenen ꝛc. heimisch machen muß, welche immer von Zeit zu Zeit zum Vortrage kommen können, und welche eine Schüler-Generation immer von der andern lernt, so daß es eben nur des Einstudirens einiger neuer Sachen in jedem Semester bedarf. Dabei halte man alle Schulprüderie fern, welche nur das Ehrbare, und allenfalls Sentimentale noch für das ernste Publicum der Schuljugend für würdig hält; aber lasse auch keine Kraft verschwenden für vorübergehende Ergötzlichkeiten. Den besten Prüfstein für die Wahl hat die Schule in den Schülern; sie bitten sich das aus, was ihnen gefällt, und zu dieser Ehre kommt selbst bei Kindern nur das ächt Klassische. Es drängt sich nun freilich die Frage auf, woher denn die Anleitung im Einzelnen kommen soll, wenn sie nicht an dem Schönen selbst gewonnen werden soll? Die Antwort ist: Jeder Lehrer wache in jedem Augenblick, bei jeder Gelegenheit, in jeder Lage über diese Bildung. Es lese der Schüler und spreche derselbe immer deutlich, mit reinen Vocalen, bestimmten Consonanten, richtigem Accente, edlem Worte; es schreibe der Schüler immer sauber, klar, auf reinlichem Papiere, mit scharfen Zügen und regelmäßigen Formen; jede Arbeit sei sorgfältig im Kleinen und bis ins Kleine, jedes Gelernte sei in seiner ganzen Genauigkeit gewußt und zur rechten Zeit, damit nirgend Halbheit und Unpromptheit und Unregelmäßigkeit sich einschleiche; es werde die Haltung des Schülers in Ton, Geberden, Stellung überwacht, und jedes unschöne oder doch unedle, rohe, gemeine werde verwiesen und selbst im Scherze wie im Spiele werde nicht das Rohe und Gemeine ungerügt gelassen; es erhalte sich die Schule das Schulhaus, die Zimmer, Tische und Bänke sauber und reinlich mindestens; es lerne auf dem Turnplatze und bei sonstigen Spielen der Schüler nach und nach einen höhern Genuß im Schönen und nicht blos in der Lust finden. Das kann alles nur geschehen, wenn alle Lehrer der Anstalt das hohe Gewicht der Geschmacksbildung für eine höhere Bürgerschule anerkennen, und diese nicht minder anbauen wollen als Erkenntniß, dieselbe nicht minder besitzen als die Wissenschaft. Sie werden dann das Edle und Reine an sich selber zur Anschauung hinstellen ohne Ziererei, werden das Edle und Schöne kenntlich machen ohne ästhetisches Gewäsche, werden das Sinnige und Sittige hegen und pflegen ohne Ungerechtigkeit und Partheilichkeit, werden durch ihr eignes wahres Gefallen an dem Schönen den Schüler unwillkührlich zum Genießen desselben hinlenken. Aber auch ohne diese so geordnete, auf diesem Grunde ruhende Gewöhnung der Schüler hilft alle ästhetische Lectüre und alle Kunstübung zu gar nichts, mindestens nichts in der höhern Bürgerschule, wo ja der Geschmack sich zum Willensmotive gestalten soll. Ohne Uebung und Gewöhnung kann dieses Ziel in ihr nicht erreicht werden, da nicht die Erkenntniß zu einer Höhe und Tiefe gelangt, von welcher aus sie Geist und Empfindung und Wollen durchleuchtet, durchwärmt und treibt. —

Da das Schulleben auf diese Seite des Unterrichtes noch einmal zurückkommen muß, so mögen diese allgemeinen Andeutungen hier genügen; nur mögen noch einige Warnungen und Fingerzeige Platz finden. Wie die Wahl zu treffen sei, das muß aus der in §. 44. gegebnen Characteristik der Altersstufen bestimmt werden. — Der Spruch „das Schönste ist uns für die Schüler noch immer gut genug" hat nur Wahrheit, wenn der Lehrer weiß, daß sich nicht Eines für Alle schickt, und daß man das Lesenlernen in und an der Bibel verwiesen hat und das Vaterunser aus den Fibeln weggeblieben ist, und daß man mit dem Schönen nicht den Geist des Schülers plagen darf, um es nicht in eine Sybille für denselben umzuwandeln. — Kind, Knabe, Jüngling nennen andere Formen schön als der Mann, dieser dränge also jenen nichts auf und führe sie zur Lüge, sondern werde mit ihnen Kind, Knabe, Jüngling. — Die einfachste, gewürzloseste Speise, so lange sie irgend wie noch munden will, ist die beste; aber es setze sich auch der Lehrer mit an den Tisch, und habe nicht für sich eine pikantere Speise und locke damit die Jugend, oder gebe etwa gar ihnen zum Nachtisch davon. Knaben, die in Conditoreien ihre Genüsse schon finden, verschmähen die Turnfahrt um der magern Kost willen, und Mädchen, welche unorthographische Liebesbriefe schreiben, lernen keine Orthographie mehr. Lasse man sich nie durch Freude und das

Jubeln der Kinder täuschen, auch sie genießen im Stillen mehr, als man meint.

§. 66. Die hier betrachteten Gegenstände sind diejenigen, welche den eigentlichen Mittelpunct in der höhern Bürgerschule ausmachten. Die Darlegung der aus dem Wesen dieser Schulen fließenden Methode reicht vollkommen hin, auch für die noch fehlenden Unterrichtsgegenstände das Eigenthümliche aufzufinden. Es muß aus Allem sichtbar geworden sein, daß auch eine allgemeine geistige Befähigung erzielt werden soll, nur nach einer andern Seite als im Gymnasium; daß es hier noch weniger auf das Wissen irgend welches wissenschaftlichen Materiales ankommt als in den Gymnasien; es muß der Gedanke klar geworden sein, wie die höhere Bürgerschule im kleinen Kreise das freie Arbeiten der Studirenden nur auf einem leichtern und zugänglichern Felde auch schließlich in der ersten Klasse durchmachen soll; es muß aus der dargelegten Methode einleuchten, was unter der inhaltreichen Bildung zu verstehen ist, und daß sie nicht mit der gedächtnißvollen und darum materiellen zu verwechseln ist; wie auch klar geworden sein muß, was das heiße: ein Reales geistig zu durchdringen. Wenn die Leser nicht genug vorgelegt finden, um sich den Gang des Unterrichtes daraus nach allen Beziehungen klar darzulegen, so möge der Raum und der Zweck dieser Schrift, aber auch zugleich die Unmöglichkeit solcher Vorlage für *einen* Mann Entschuldigung gewähren. Vieles kann ja nur erst als eine Aufgabe hingestellt werden, und dahin ist zu rechnen die Physik, der Schluß in der Mathematik, das Nationale in seinem ganzen Umfange, der Leseunterricht, der Erfahrungsunterricht, die Auswahl der Lectüre in fremden Sprachen, und die einheitliche Verarbeitung alles Gelesenen und Erfahrenen. Vielleicht erregt die große Menge der Anforderungen Bedenken, zumal ja noch neue Gegenstände hinzugetreten sind. Die Bemerkungen §. 55. 10. und 12. mögen nur recht in ihrer allgemeinsten Bedeutung, und das am Schlusse von §. 63. Gesagte in der weitern Ausdehnung auf andere Unterrichtszweige gefaßt werden. Der Schüler habe überall gelernt, *Hülfsmittel gebrauchen*, *nicht aber soll ihm sein Gedächtniß die Hülfsmittel überflüssig machen*. Wie viel in den obern Klassen bei dem fleißigen Gebrauche der Hülfsmittel behalten wird, das ist ein Gewinn, den der Lehrling als einen selbsterworbenen mitnimmt. Der Eine gewinnt mehr wie der Andere, wie das so im Leben sein soll und sein muß, der Eine wird jedes Gewonnene zu Rathe halten und reich werden und der Andre wird viel erwerben und auch viel wieder verthun oder verkommen lassen, wie das so der Lauf der Welt ist, in welcher nicht Einer wie der Andre sein soll; der Eine wird klüglich sein Gedächtniß mit zur Arbeit anspannen, um leichter fortzukommen, der Andre wird sich das Anspannen desselben ersparen und darum eine um so größere Last ziehen müssen, wie auch im Leben Kluge und Thörichte neben einander geben sollen. Nicht blos der im Gedächtniß vorhandene Stoff soll verarbeitet werden, denn das wird ein zu kleines Ackerland zur Bestellung, was man so im Schnupftuche überall bei sich führen kann; vielmehr in dem liegenden Grund und Boden soll die Furche gezogen und in sie die Saat gestreut werden. Die Abiturienten der höhern Bürgerschule brauchen nicht eine geistige lose und bewegliche Waare, um die Jahrmärkte und Messen der Examina damit zu beziehen, sie brauchen für den geistigen Besitz liegende Gründe, um zu ihnen als einer Heimath zurückzukehren, wenn der weltliche Geschäftsverkehr sie zerstreut und sie gleichsam umhertreibt; die künftigen Bürger sollen nicht meinen, die geistige Bildung in einigen Wissensstückchen in der Tasche zu haben, sondern sollen sie suchen gelernt haben in der Literatur und in der Wirklichkeit, sollen nach ihr fragen gelernt haben in Büchern und bei gebildetern Menschen. Wenn man dies Alles recht auf allen Stufen des Unterrichtes in allen Gegenständen erwägt, und nicht im Conservatismus der hergebrachten Methode, nur mit dem Schüler auf dem Gedächtnißgebiete zu verkehren, zu sehr beharrt, dann wird man Zeit und Kraft für alles Geforderte reichlich gewinnen.

Dritter Theil.

Das Schulleben.

I. Abschnitt.

Das Schulleben am Unterrichte sich entwickelnd.

§. 67. Die Nothwendigkeit eines eigenthümlichen Schullebens, die Zielpuncte desselben für die Bürgerbildung, die Angelpuncte, um die es sich zu bewegen hat, sind oben (§. 21.) vollständig gegeben; es bedarf daher nur der Darlegung desselben. Ehe jedoch auch diese unternommen werden kann, müssen die Schranken erst aufgesucht werden, innerhalb deren es sich bewegen, es müssen die Felder ermittelt werden, auf welchen es bleiben muß. Das Schulleben soll und darf das Familienleben nicht ersetzen wollen, vielmehr sollte es das Herz dafür erwärmen. Die Klosterschulen, oder die geschlossenen Anstalten, haben bei allen Vorzügen doch nicht die Innigkeit des Hauses durch religiösen oder wissenschaftlichen Ernst oder durch die Freuden von Knabenspielen oder durch Nachahmung eines Familienlebens ersetzen können. Die oft versuchte Nachahmung des öffentlichen und Volks-Lebens hat nur so lange etwa bei Jung und Alt Anklang gefunden, als der Schöpfer desselben es mit seiner Begeisterung durchhauchte. In den höhern Bürgerschulen nun etwa gar das bürgerliche Geschäftsleben äffen zu wollen, hieße sich an Bürgerthum und Schule versündigen. Dieser Gedanke ist ohnehin an vielen Stellen schon bei der Darlegung der Methode als ungehörig zurückgewiesen. Die Schule muß Schule bleiben, und ihr practisches Uebungsfeld muß in ihrem Mittelpuncte, dem Unterrichte, wurzeln. Die Schüler in ihr müssen lebendig werden, und das Staatenbild eines Bienenkorbes darstellen;

sie müssen sich als zusammengehörige, zur Erstrebung eines gemeinsamen Zieles berufene, zur Erreichung desselben vereinte, zur gegenseitigen Förderung und Hülfeleistung verpflichtete 2c. ansehen lernen. Die Schule wird also ein solches Leben anbauen, in welchem der Eine dem Andern nothwendig wird, wobei die That des Einen nur durch die Mitwirkung des Andern zum Ziele gelangen, welches nur in dem gemeinsamen Thun verwirklicht werden kann. Jeder Schüler erhalte in diesem Organismus einen ihm eigenthümlichen Platz, werde in ihm nach Maaßgabe seiner geistigen und leiblichen Befähigung für das Gesammte nutzbar, werde so aus der Isolirung herausgezogen, lerne an andern Kräften als denen des Verstandes sich auch noch aufbauen 2c. Endlich halte die Schule in diesem ihrem Organismus vor Allem fest, daß das Leben Mannigfaltigkeit bietet, nicht in ihm Jeder auch Jedes sein, Jedes leisten, Jedes erstreben soll. Wie der Lebensmarkt eine bunte Thätigkeit darbietet, an der jeder nach Kräften, Neigung; Geschick 2c. Theil nimmt, wie in der Familie das schwächliche Kind neben dem trotzköpfigen Knaben, die sinnige Tochter neben dem stürmenden Jüngling geduldet, gefördert, geliebt wird: so sei es im Schulleben. Wie das Staats- und Gemeinde- und Familienleben allen edeln Richtungen, jedem redlichen Wollen, jedem ernsten Streben Anerkennung und Förderung gewährt, ohne daß man eine Auflösung oder Lockerung der innern Bänder fürchtet, so löse auch die Schule die äußern Bande des ägyptischen Kastengeistes, und lasse durch ihr freieres Leben die Erkenntniß gewinnen, daß das Ich sich fördert, wenn es dem Du behülflich ist zum schönen und edlen Ziele. Doch allmälig reife das Kind auf dem Schooße der Mutter zum eignen Gehen, trete an ihrer Hand und von ihr geführt auf die Straße; der Knabe wisse sich beobachtet und geleitet von dem Auge und Arme des Vaters, damit er als gereifter Jüngling mehr selbstständig auftrete, aber den Rath des Vaters als ein Kind des Hauses benutze. Dies sind die Grundzüge des zu construirenden Schullebens. Niemand wird und kann eine andere als skizzirte Darstellung hier erwarten, zumal die Wirklichkeit kein Bild zur Nachbildung und Portraitirung bietet. Welcher menschliche Geist möchte ohnehin fähig sein, sich einen Gedanken in allen concreten Beziehungen so zu vergegenwärtigen, daß derselbe wie eine Wirklichkeit angeschaut und vom Leser erkannt werde. Nur große Umrisse nebst einigen scharfen characterisirenden Strichen können hier gegeben werden, da solches Schulleben in unserm Sinne noch ein reines

Gedankending ist, welches erst durch die Schulmänner an den höhern Bürgerschulen zu einer Wahrheit werden soll. Darum werden wir auch schon genöthigt sein, dasselbe in engster Verbindung mit den Schulklassen zu beschreiben, und dabei im Hintergrunde die (§. 44.) gegebne Characteristik der Altersstufen als Bestimmungsgründe behalten, welche den Lesern in den Fällen, wo sie den Nachweis der Zweckmäßigkeit dieser oder jener Einrichtung vermissen sollten, auch vorschweben möge. Das Schulleben als das der Kinder wird sich beim Unterrichte an den Unterrichtsgegenständen entwickeln, in einer weitern Entwicklung sich an denselben entfalten und endlich als ein selbstständiges auftreten.

§. 68. Die nächste Gemeinde, in welche der Schüler nach seiner geistigen Entwicklung gewiesen ist, macht seine Klasse aus, in der er sitzt (das Klassensystem wird demnach vorausgesetzt). In dieser Gemeinschaft muß er bleiben und ihm steht nicht die Wahl zu, auch nach Belieben aus ihr zu scheiden; in ihr muß also auch sich sein Schulleben bilden. Sie soll nicht blos dazu da sein, um durch Concurrenz sein Ehrgefühl zu stacheln und durch das gestachelte Ehrgefühl den Eifer zu beleben, sondern alle Mitglieder der Klasse müssen als Arbeiter an einem Werke angesehen werden, bei welchem sie sich gegenseitig unterstützen, und fördern. Zur Weckung dieses Bewußtseins dienen nun folgende Mittel. Der Lehrer sehe jede Störung des Unterrichtes, jede Theilnahmlosigkeit, welche ein Wiederholen nöthig macht, jede Trägheit beim Unterrichte oder in der Arbeit, welche einen Aufenthalt in der Klasse herbeiführt oder auch nur dem Lehrer die frohe Laune und Heiterkeit verdirbt, als einen Schaden für die übrigen Mitschüler an, und wecke bei jeder Gelegenheit dieses Bewußtsein in dem fehlenden Schüler. Freilich muß das Vergehen erst in seinem Verhältniß zu dem Subjecte gerügt und gestraft und von dem Subjecte als ein Vergehen erkannt sein; aber dann muß auch in allen geeigneten Fällen der kürzere Hinweis und am rechten Orte auch einmal der gründliche Nachweis geführt werden, daß viele von den Schulvergehungen, welche die Kinder nur in Beziehung auf sich und wohl gar auch die Eltern nur als ihr Kind betreffende ansehen, welche wirklich oft dem Einzelnen vollkommen erlassen und nachgesehen werden könnten, als Störungen und Hemmungen des gemeinsamen Lebens durchaus verwiesen und gerügt und bestraft werden müssen. Die tiefere Bedeutung solcher Handhabung der Disciplin bedarf für die erziehenden Didactiker keine weitere Enthüllung; nur eins sei noch dabei bemerkt. So wird dem Kinde manches Verbot und Gebot in der Schule erst verständlich, löst ihm den Widerspruch zwischen der Zucht seiner Eltern und der Lehrer in der Klasse, hebt ihm den Gedanken an Willkührlichkeit und Launenhaftigkeit der Schulzucht, versöhnt es mit der harten Hand, die ihm das Spielwerk in der Schule entwindet, was ihm die Mutter Tages zuvor noch geschenkt, läßt es begreifen, daß es während des Unterrichtens nicht fragen darf, was ihm die Eltern gerne zugestehen rc. rc. Man verwechsele dies nur ja nicht mit der beliebten Beschämungsmethode, welche die eben so faulen und schlechten Mitschüler als Sittenrichter über den Fehlenden aufruft und so mit Lügen die Lügner erzieht; auch nicht mit dem Anbauen von Klassenehre, welche mit drolligen Tiraden über eine Sextaner-Ehre den Kindern ein Unverstandenes sagt oder sich auf ein Nichts als eine moralische Stütze beruft und darum die Moralität nicht stützt. Diese Zuchtform soll reine, baare Wahrheit sein. Alle Schüler der Klasse sollen es erkennen, daß solche Schülervergehen auf dem Gebiete der Thätigkeit eine Hemmung für alle werden; sie sollen und müssen alle inne werden, daß die Entrüstung des Lehrers über einen Schüler sich ganz natürlich wie eine düstre Wolke über die Klasse lagere, seine Langmuth verkürze, seine Freundlichkeit umschatte, sein mildes Urtheilen verschärfe, seine Hingebung hemme rc. Die Knaben sollen so verdorbene Stunden als Uebel fühlen, welche ihnen durch den nachläßigen Mitschüler bereitet sind und so alle eben als Theilnehmer an einer Gemeinschaft davon unangenehm berührt werden. Dies Gefühl der Schüler wird aber entschieden auch eine Lüge, wenn der Lehrer nicht wirklich in dem Hemmniß, was der Einzelne bringt, zugleich eine Störung des Ganzen erkennt und empfindet, oder wenn er diese sittliche Entrüstung mit ihrem Ueberfließen auf die Stimmung zur Klasse als einen neuen Schulstock benutzen will. Wer als Lehrer nicht sich als autor und dux dieser kleinen Gemeinde fühlt, der spiele nicht mit diesem ernsten Dinge; es verstehen die Knaben leicht besser zu spielen als er und der Verlust kann nicht wieder ersetzt werden. Aber nicht blos Fehler der gedachten Art geben zu dieser Anregung des Gemeinsinnes Stoff, sondern auch die Bekämpfung des vorlauten und vordrängenden und zudringlichen Wesens, die Rüge über Vorsagen und Lüge im Conflicte zweier Schüler, über das Verleihen von Arbeiten rc. rc. Aber nicht blos an der Negation des Gemeinsinnes soll derselbe geübt werden, sondern er muß auch überall, wo er sich zeigt, als eine Ehrenhaftigkeit anerkannt werden. Eine gute und dem Unterricht förderliche Antwort, eine fleißige Präparation, ein fließendes Uebersetzen, ein fehlerfreies Aussagen der Lection ꝛc. werde nicht minder als eine Förderung der Gemeinde angesehen, denn diese Umstände sparen Zeit für weiteres Thun, fördern die Theilnahme der Mitschüler, locken den Nachahmungseifer, erleichtern das Einprägen für die schwächern Mitglieder, geben dem Lehrer eine frohe und heitere Stimmung. Um das Ganze rascher zu fördern, um den Schwachen nicht zu verwirren, um Alle nicht mit einem brockweisen Hersagen zu ermüden, um sich in eine bessere Stimmung zu versetzen und so den trüben Tag wieder heiterer zu machen, um sich mit dem Ganzen wieder durch die schöne That des Einzelnen auszusöhnen, wie er durch die ungenügende des Einzelnen mißgestimmt wurde, dazu werden die bessern, fleißigern, promptern Schüler in geeigneten Fällen gefragt. Die Mitschüler sollen diese schöne That der Bessern als eine für sie gethane erkennen, und auch empfinden. Nur wieder ja nicht eine Verwechselung mit der Nährung der Eitelkeit; wer sie nährt, hebt factisch den Gemeinsinn auf, der angebaut werden soll. Wem die feine Linie hier zu ziehen nicht möglich ist, wer nicht selber eine wahre innere Freude an einem solchen Gesammtleben der Klasse beim Unterrichten hat, der spiele dieses zarte Instrument der Schulzucht ja nicht; es wird unter seinen Händen nur verstimmt. Er begnüge sich mit dem Eintrichtern der Lection und lasse sich dann einen tüchtigen Lehrer nennen. Wenn man aber im rechten Sinne seine Schüler leitet, oder sagen wir lieber, wenn die Schule im rechten Sinne Zucht hält, dann darf der Lehrer ohne Furcht vor Erweckung des Ehrtriebes schon beim Aufgeben der Arbeiten, namentlich bei Präparationen in fremden Sprachen oder auch beim deutschen Leseunterricht, oder bei mathematischen und physikalischen Aufgaben ꝛc. auf solche Stellen hinweisen, welche Schwierigkeiten böten, deren Lösung er nur den bessern, thätigern, vorgeschrittenern Mitgliedern anvertrauen könne. Wer sich nun zum Lösenwollen meldet, und wen der Lehrer für befähigt dazu hält, der wird namhaft gemacht und damit auch dazu verpflichtet, die Schwierigkeit wirklich zu lösen. Sollte es dann dem Einen oder dem Andern doch nicht gelingen wollen, so hat der sich Rath und Hülfe beim Lehrer vorher einzuholen. Wer die Sache ungelöst ließ, wird wie einer angesehen, der seine Pflicht nicht gethan hat, und als solcher bestraft, denn er hat für eine Gemeinschaft eine Verpflichtung übernommen, welcher er nachkommen muß, deren Erfüllung seine Mitschüler entschieden von ihm erwarten. Nebenbei gewahrt man hierin schon ein Mittel, verschiedenartige Schüler neben einander zu beschäftigen und auch die vorgeschrittenen und fähigen noch neben den schwachen in Thätigkeit und Spannung zu erhalten. Wie nun die Aufgaben, so bieten alle Fragen in der Klasse, welche nicht blos das Wiedergeben aus dem Gedächtnisse her verlangen oder blos behufs der gedächtnißmäßigen Einprägung gethan werden, ganz dieselbe Gelegenheit für das Bewußtsein der Gemeinsamkeit. Jede solche Frage, und deren sollen und müssen recht viele in den Lehrstunden gethan werden, in je höhern Klassen desto mehre und in den obersten Klassen sollten nur noch solche Fragen vorkommen: jede solche Frage stellt der Klasse ein Problem hin, zu deren Lösung ihr die gehörige Zeit fürs Nachdenken gelassen wird, sie ist abgemessen nach den Kräften der Gesammtheit und nach der durch die Uebung gewonnenen Befähigung für ein stilles Nachdenken. Durch ein verabredetes Zeichen wird der Lehrer von jedem Schüler benachrichtigt, wer mit dem Nachdenken zum Ziele gekommen sei, und ein stillschweigendes in der Praxis sich gestaltetes Uebereinkommen läßt den Lehrer jedesmal den fragen, dem er die Lösung zutraut, oder läßt die Antwort eines schwächern durch die des fähigern Schülers berichtigen. Die richtige Antwort — man dulde nur eine und höchstens zwei falsche und fordere dann zum nochmaligen Nachdenken auf, und gebe allenfalls einen hülfreichen Wink nach dem zu beobachtenden Puncte hin, oder biete ein Mittelglied dar rc. — wird dann eben das Gemeingut der Klasse für den weitern Fortschritt, welches der oder jener Schüler für sie erworben. Bei schwierigen Fragen möge der Lehrer diejenigen namhaft machen, denen er die Lösung anvertraue ohne eine Hülfe von seiner Seite, und auch das Ergebniß des Nachdenkens dieser Einzelnen als Stufe für das weitere Fortschreiten Aller behandeln. Diese Fragform, welche ja nicht mit der katechetischen gewöhnlicher Art verwechselt werden möge, hält die Klasse wirklich in einer gemeinsamen, zusammengehörigen, ruhigen, nachdenkenden Thätigkeit. Sie ist freilich schwerer, als sie aussieht, fordert genauste Kenntniß der Schülerkräfte, scharfstes Eindringen in den Stoff, sorgfältigste Zerlegung des Gedankenganges in lauter kleine Themata, genaustes Erwägen der dem Schüler nöthigen gedächtnißmäßigen Hülfsmittel, Sorge für Vorbeschaffung dieser Hülfsmittel rc.; aber sie ist auch diejenige, welche dem oberflächlichen Antworten der Schüler, dem sich mitschleppen Lassen, dem gedankenlosen Theilnehmen steuert, welche das Nachdenken lehrt und übt, die Sammlung des Geistes auf einen Punct erzielt, die fruchtbare Anbauung des gesammten Erfahrungsunterrichtes einleitet ꝛc. Vornehmlich aber wirkt sie auch noch dahin, daß sich die Schüler einer Klasse in einer gemeinsamen und sich fördernden Thätigkeit erkennen und wissen, daß ihre Isolirung durch den Unterricht aufhört und sie nicht in der Klasse gehalten werden, als wäre eines jeden Geist in der Zelle eines amerikanischen Gefängnisses. Es kann indeß diese Unterrichtsform hier nicht weiter erörtert werden, aber man darf an sie noch folgendes anschließen. Man schreibt gewisse, oft wieder anzuwendende, von einem Schüler selbst aufgefundene Wahrheiten, Erklärungen, mathematische Sätze, Constructionen ꝛc. diesem Schüler als eigenthümlich zugehörige zu, hält sie als das Verdienst seines Nachdenkens klassengeschichtlich fest und führt so gleichsam eine Geschichte der Entdeckungen in der Klasse mit dem Namen der Entdecker, so lange diese in der Klasse sind. Man ehrt dann hier das Verdienst für das Gemeinsame durch Bewahrung des Namens und lehrt so nach und nach, Verdienste ums Gemeinsame zu ehren und leitet und übt, sich darum zu bemühen. Solche Klassenhistörchen sind in der Kinder- und Knabenstube eben so viel werth, wie die öffentlichen oder doch dankbaren Anerkennungen für solches Thun in der Welt der Großen; sie nähren wohl die Dankbarkeit, nicht aber die Eitelkeit, wenn nicht schon die That selber ein Werk solcher Ehrbegierde war. Hält man dies in der Schule für eine Spielerei, so weiß man nicht Kinder- und Mannesleben zu scheiden, weiß nicht, daß das Kinderleben nur dann zu keiner Lüge wird, wenn es ein Leben der Kinder bleibt; hält sich ein Lehrer für ein solches Schulleben für zu vornehm, der bleibe auch aus der Schulstube weg. Doch die meisten werden an der Schwierigkeit ermüden, und dann den Fuchs mit den Trauben spielen. Wem es aber so geht, wer seine alte beliebte Fragemethode mit den Blitzfragen und Schlagantworten, diese Erregungs- und Erweckungs-Methode nicht umwandeln kann in die nachdenkliche, wer nicht in jede Frage noch immer wieder eine neue Spitze fürs Nachdenken hineinlegen kann, und wer diese Spitze für alle Schüler und alle Klassen gleich schleifen will, der kann nicht den Erfahrungsunterricht in einer höhern Bürgerschule leiten, wird aber auch nie durch die Unterrichtsform das Bewußtsein einer gemeinsamen Thätigkeit unter den Kindern wecken. Doch wie man so eine Klassengeschichte für das Gute in ihr bildet, so bilden sich von selbst daneben Klassenhistörchen über einfältige, unüberlegte ꝛc. Antworten, und da solche den naseweisen und eitelen Schülern nicht selten entwischen, so hält man nicht minder eine Zeit lang mit einem gutmüthigen Humore auch diese Sächelchen als Anecdötchen im Schwange. Dies wird der Lebenspfeffer, der das Leben würzt und gegen so manche Magenübel der Schüler gut ist, und bildet die Stadthistörchen und die chronique scandaleuse einer Klasse. Mit dem rechten Humore will es behandelt sein und nicht als eine Geißel geschwungen, sonst zieht der Betroffene ab aus der Gemeinde (innerlich) und siedelt sich anderswo an. Gelingt es dem Lehrer oder den Lehrern, daß ihre Schüler an der Historie wie an den Histörchen beim Unterrichte Gefallen finden, dann hat er ein Gemeindeleben am Unterrichte entzündet, mindestens eingeleitet. Das geistige Leben der Schüler muß den ernsten wie erheiternden Unterhaltungsstoff der Schüler bieten, ohne das bleibt die Schule ihnen eine Anstalt, in der man seine Neigungen, auch die unschuldigsten, nicht darf merken lassen, und welche fast nur Bekämpfung fordert und Anstrengung. So ein Unterrichten oder vielmehr solches Leiten des Unterrichts**lebens** fordert Humor, Liebe, Begeisterung für die Sache, Wärme für die tiefere Aufgabe der höhern Bürgerschule.

Wenn dann Alles so hübsch eingefädelt ist in der Schule, wenn alle Lehrer so recht mit dem Kindesgeiste **leben**, dann darf auch schon ein Schritt weiter gegangen und die Klasse auch nach Außen hin organisirt werden. Es werden die kleinen Klassenverrichtungen zu lauter Aemtern gemacht, für welches jeder seine Befähigung erst darlegen muß. Der beste Schreiber erhält die Führung des Tagebuches und der beste Rechner zieht die fehlenden Stunden aus; der die saubersten Bücher aufweist, wird Aufseher über Tisch und Bänke, der ordentliche wird Aufseher über die Mitschüler in den Zwischenminuten, der erste Platz auf jeder Bank berechtigt zum Geschäfte des Austheilens, Einsammelns und Verwahrens der Unterrichtsutensilien ꝛc. ꝛc. Das Einsammeln der Pflanzen, wenn es nichts weiter bezweckt, als für den Unterricht die nöthige Menge der Exemplare zu haben, wird ein Ehrenamt für die anderweitig Beamteten, so das Reinigen des Schwammes, das Abwischen der Schultafel ꝛc. ꝛc. In diesem Sinne werden alle sich wiederholenden Geschäfte vertheilt, und auch wohl im Laufe des Semesters damit gewechselt. Wer sein Amt nicht recht versieht, verliert es, und das ist dann Strafe genug. Der Kinderlehrer und Kinderleiter weiß das schon einzurichten und zu handhaben, nicht als eine todte Form, sondern als eine lebendige, die Treue und Gewissenhaftigkeit und practischen Sinn und Gemeinsinn erzeugt und nährt. Daß sich in jeder nächst höhern Klasse dies Klassenleben nach der geistigen und sittlichen Entwicklung anders gestalten müsse, das versteht sich von selbst. Was das Kind noch als ein Ehrenamt ansieht, das muß der reifere schon als eine Nothwendigkeit für das Ganze anerkennen und es darum bereitwillig thun, und diese lästigen Geschäfte werden nach freier Wahl überwiesen. Man halte aber auch ja nicht die Schüler schon zu frühe für reif und stempele in ihnen nicht die Lüge; man erhalte sie so lange wie möglich im Schulspiele, welches ein Bild des bürgerlichen Lebens abspiegeln soll; man nähre diesen kindlichen Sinn mit diesen Schulformen und zerstöre nicht zu frühe den Glauben an den Weihnachtsschenker. Dem Erwachsenern und Reifern werde die übertragene oder selbst übernommene Verpflichtung eine wichtigere Sache, und die Versäumniß derselben ein schwereres Vergehen. Das sei der Hauptfortschritt. Wie sie besorgt werden giebt ein eigenthümliches Thermometer für die Wärme des Schülers in seiner Theilnahme an dem Leben der Schule und noch für Manches andre. So tritt jede Klasse auch in dieser ihrer äußern Organisation als ein reiferer und vollendeterer Organismus auf. Doch wird dies Alles nur im Zusammenwirken aller hier gedachter Mittel gelingen.

§. 69. Bis so weit bleibt die Leitung des Schullebens ganz in der Hand des Lehrers und mag bis auf die angedeutete Methode im Einzelnen von einzelnen Lehrern schon wohl oft geübt sein, und war darum wohl nur ohne weitere Frucht, weil sie eine vereinzelte blieb, oder in ihr gar nicht das Tiefere und Bedeutsamere erkannt also auch nicht gehörig benutzt wurde. Sie hat ihre Wirkung nur in der Einheit aller Lehrer über die Idee der höhern Bürgerschule und in der Liebe zur Verwirklichung derselben, denn nur sie wird in diesen Dingen ein eben so großes Gewicht finden, wie in dem Wissen einer lateinischen Vocabel, und wird die Thätigkeit bei der Leitung oder Einleitung eines solchen Schullebens eben so hoch anschlagen als das Einprägen einer grammatischen Form. Der Ernst der Lehrer für die Sache wird und kann ihr erst die rechte Bedeutung geben. Wenn diese Bedeutung gewonnen ist, dann wird auch ein weiterer Schritt möglich. Die vorgeschrittenen Schüler helfen den schwächern bei den schwierigern Arbeiten, z. B. sie üben mit ihnen Vocabeln, Aussprache, grammatische Formen, geographische Namen und Bilder der Charte ein; lassen sie im Französischen wie später im Englischen lesen und verhelfen ihnen dabei zu einer richtigen Aussprache; helfen ihnen bei den ersten Präparationen aus dem Lexicon, geben ihnen bei jeder ersten neuen und ungewohnten Arbeit die nöthigen Fingerzeige und Anleitung für die Form und Anordnung rc. Wem ein solcher Ehrenauftrag zu Theil werden soll, das möge sowohl von Wahl der Schüler als auch von der leitenden Bestimmung des Lehrers abhangen. Um aber eine solche thätige Hülfeleistung einzuleiten, wird zuerst ein solches Thun selbst in der eigentlichen Schulstunde vorgenommen. Ein fähiger Schüler, oder solcher, welcher die Sache schon einmal gehabt hat, wird neben den Anfänger gesetzt, und hilft neben eignem Thun seinem schwachen Nachbarn. So z. B. bei Anordnung von Rechenaufgaben, beim Aufsuchen von Namen auf einer Landcharte, welche nach der wörtlichen Beschreibung des Lehrers gefunden werden sollen, beim Anfertigen der ersten Analysen, beim Nachzeichnen von angegebnen geometrischen Constructionen, beim Zerlegen der Pflanzentheile behufs der Beobachtung, beim Untersuchen der feinen Pflanzentheile. Eine Gelegenheit und Veranlassung zu solcher gegenseitigen Dienstleistung findet sich leicht auf allen Stufen, bei fast allen Lehrgegenständen, wenn Schüler aus verschiedenen Semestern in einer Klasse zusammen sitzen; sie bieten sich dem, der die Idee klar hat, ganz ungesucht von selbst dar. Man sehe aber auch dies nicht blos als ein klägliches Mittel an, sich Hülfslehrer zu schaffen, und somit ein rascheres Fortschreiten in der Klasse, eine gleichzeitige Beschäftigung der ungleich Befähigten und Vorbereiteten, einen Eifer auch in den Halbwissern, eine festere Einprägung des Stoffes bei den Ermüdeten rc. zu erzielen: es hat das diese Frucht wirklich, und kann dieselbe so nebenbei auch mitgeerndtet werden; sondern man fasse es selber und lasse es von den Schülern durchaus erfassen als eine freundliche, freiwillige Aushülfe mit Kenntnißmitteln, als eine Bemühung für die Schwächern, als eine Förderung der gemeinsamen Thätigkeit. Wenn es der Lehrer und die Schule so faßt, dann wird sie auch sich die Hülfslehrer, diese Wohlthäter, gleichsam zuziehen, wird ihnen Rathschläge, Winke, selbst Anleitung geben, wie sie leichter ihr Ziel erreichen. Wenn es der Lehrer recht versteht, so entwickelt sich in dieser Armenpflege eine Liebe. Der Knabe, welcher seinen Mitschülern auf diese Weise half, hört gespannt zu, wenn der ihm anvertraute Zögling gefragt wird, er freut sich herzlich, wenn dem die

Antwort zur Zufriedenheit des Lehrers gelingt, er entschuldigt wohl die verfehlte mit der Versicherung, daß es der Zögling nicht habe an Fleiß fehlen lassen, oder fühlt mit dem Lehrer die Entrüstung über den Nachläßigen und spricht sich auch wohl in Klagen aus. Wers unter den Lehrern recht versteht, hat schon manchen losen Knaben wieder durch eine solche Thätigkeit für Andre an die Schule und Mitschüler gefesselt; ja manchen ältern schlechteren Knaben hat man gut werden sehen, weil er einem jüngern Bruder in derselben Klasse gerne forthelfen wollte, sich mit demselben Mühe gab und so selber wieder zu einer Thätigkeit erstarkte. Es ist um die Bemühung für Andre eine ganz eigne Sache, sie schmeckt so nach Christenthum und trägt darum auch eine solche Frucht. Diese Aushülfe kann und darf sich aber auch auf die Fälle erstrecken, daß ein Schüler einer obern Klasse von einem Lehrer eines betreffenden Unterrichtsgegenstandes aufgefordert wird, den Knaben niederer Klassen Privatstunden auf einem ganz bestimmten Gebiete nach Anleitung des Lehrers zu geben, wofür er freilich in solchen Fällen eine Entschädigung erhält. Wird dieser Privatunterricht recht gut von den Lehrern behandelt, beaufsichtigt, so liegt darin für Geber und Empfänger noch mehr als Geldverdienen und Nothbehelf.

Minder wichtig, aber doch auch nicht zu verschmähen, ist das Leihen von Lesebüchern und Bilderbüchern, oder sonstigen nützlichen und verständlichen Werken. Mag das auch den Unterschied von Reichen und Armen scheinbar ans Licht ziehen: unter dem Alles gleichmachenden Lichte der Schule verschwimmt dieser Unterschied in dem Begriffe von Gefälligkeit und Freundlichkeit und Dienstfertigkeit des Einen gegen den Andern. Denn das Verleihen ist doch der Wille des Knaben, wenn auch das Buch nur ein Geschenk seines Vaters sein kann. Dahin rechne man auch den Dienst, den der Eine dem Andern mit seiner Geschicklichkeit leistet, z. B. schöne Titel auf die Bücher schreiben, oder eine sinnige Zeichnung auf das Titelblatt des Zeichenbuches zu liefern, oder Pflanzen einzulegen. Das sind Handreichungen, welche sich Geschwister leisten, wenn das Familienleben nur einigermaßen gesund ist. Man lasse sie unter den Schülern zu, wo sie unschädlich sind und nicht die Anstrengung oder den Bildungsgang des Einzelnen stören. An Gelegenheit wie an Neigung dazu fehlt es nicht mehr, wenn im Sinne der vorigen Paragraphen Zucht und Unterricht gehandhabt wird. Aber auch der Lehrer kann hier vieles thun durch seine Theilnahme an allen Schülern der Klasse. Seine Frage nach dem fehlenden

Schüler sei nicht immer eine polizeiliche, seine Erkundigung nach dem abwesenden nicht immer die verdächtigende. Mit der Theilnahme des Lehrers an allen Zuständen der Zöglinge wächst auch die Theilnahme derselben unter einander, denn das Herz der Eltern, nicht das Blut, knüpft die engen Familienbande. Warum sollen nicht die Mitschüler einmal auf einige Augenblicke an den schwer erkrankten Genossen denken? Es bildet so eine Theilnahme das Herz mehr als schöne Gedichte. Da unter Kindern der Lehrer nun eben der Mittelpunkt sein muß, so sollte man nicht aus den Schulen alle Theilnahme der Kinder an den Zuständen des Lehrers ausgeschlossen haben. Es müßte wie im elterlichen Hause die Geburtstage der Eltern so auch Klassenfeste geben, doch davon sind wir heute zu weit entfernt.

Doch die Hauptsache müssen die Unterrichtsgegenstände selber bilden. An der Spitze Aller steht hier zunächst der Gesang und die Musik. Sie beide sind so recht die Künste für die Gemeinsamkeit, sie sind der äußere Klang der Geselligkeit. Schon das Kind merkt bald, daß es für sich allein wenig auf diesem Gebiete leistet, aber das Zusammenklingen aller Stimmen eine andere Wirkung auf Sänger und Zuhörer hervorbringt. Im mehrstimmigen Gesange und Spiele ist Einer auf den Andern mit Nothwendigkeit hingewiesen, muß jeder sich dem gemeinsamen Tacte und Tempo und Accente fügen, kann keiner allein seiner Neigung und seinem Impulse folgen, aber auch keiner allein das Tonstück zur Anschauung bringen. Der Gesanglehrer unterlasse es nicht, darauf aufmerksam zu machen und diesen Gedanken zum Bewußtsein zu erheben. —

§. 70. Den wahren Character eines gemeinsamen Lebens wird die Schule jedoch durch ihr Lehren erhalten, wenn sie eine andere als die heutige Methode wählt. Wir wollen sie mit einem Worte hier die freie Lehrmethode nennen, und diese nun an denjenigen Gegenständen aufweisen, in welchen sie am leichtesten zu erreichen ist. Es ist schon an vielen Stellen darauf hingewiesen, wie das Gleichmachen der Schüler ein unnatürliches Thun sei, wir haben oft schon darauf gedrungen, daß das Material des Wissens einzuschränken, nicht ganz dem Gedächtniß aufzubürden sei, wenn daraus irgend ein höherer Gedanke gewonnen werden soll, daß nur das Material fixirt werden muß, was zum weitern Fortschritte unerläßlich ist u. s. w. Hier werde noch die Bemerkung hinzugefügt, daß ein Schulleben auch Erholungs- Ergötzungs-Stunden haben muß, und daß das Leben in einer höhern Bürgerschule vor

Allem zu der freien Thätigkeit Raum, Gelegenheit und Anreizung bieten muß. Da Vorkenntnisse und Altersstufen eine wesentliche Verschiedenheit hervorbringen müssen in der freien Thätigkeit, so beginnen wir unsre Darlegung mit den drei untersten Klassen der Schule, in denen natürlich der wenigste Spielraum für die freie Methode sein kann, weil man Kinder und schwache Kräfte vor sich hat. Betrachten wir zunächst nun den lateinischen Unterricht. Er ist verbunden worden mit der Geschichte der Griechen und Römer. Diese kann in den gedachten Klassen nur im Darstellen von einzelnen Männern, Kriegen, Ereignissen bestehen, bis sie endlich in der vierten Klasse sich zu einem zusammenhängenden Faden gestaltet. Das Lesebuch im Lateinischen enthält in seinen Beispielen die historischen Namen, Zahlen und andern Daten fürs Gedächtniß. Der erweiterte Stoff wird erzählt. Diese Erzählungen, welche sich eben an das Lesebuch anschließen, nimmt der Lehrer aus Büchern, und diese Bücher denke man in genügenden Exemplaren in den Händen der Schüler. Alle leichtern Partieen werden nun von den freiwillig sich dazu meldenden Schülern aus jenen Büchern gelesen und dann an der betreffenden Stelle in der Klasse den Mitschülern vorgetragen und jede etwa zweimal hintereinander von zwei Schülern. Nachher ermittelt der Lehrer durch Fragen, wieviel davon behalten sei. So ist denn eine That gethan für Andre, zur Förderung Aller und des gesammten Unterrichts, und sie ist doch auch eine freie. Wer erzählen wolle, meldet sich vorher beim Lehrer, und was er erzählen, und wann es geschehen solle, das bestimmt der Lehrer auch. Wer nun aber eine solche Erzählung übernommen hat, der ist dann auch während seines Aufenthaltes in der Klasse verpflichtet, dieselbe zu jeder Zeit zu wissen, und sie wieder mittheilen zu können, wenn sie gebraucht wird, und über das Einzelne in ihr zu jeder Zeit Auskunft zu ertheilen. Einige übernehmen es, die vollständigen Geschlechtsregeln, die man in der höhern Bürgerschule nicht braucht, mit allen bekannten Ausnahmen auswendig zu wissen, um in jedem besondern Falle dann als das lebendige Lexicon oder als die aufgeschlagene Grammatik zu dienen; Andere übernehmen alle beim Lesen vorgekommenen Beispiele von derselben Art, aus denen hernach die Regel gewonnen wird, zu sammeln und zu ordnen, und für den Fall, wo es nun eben an das Gewinnen der Regel gehen soll, bereit zu halten. Sie schreiben dieselben zu dem Zwecke dann alle an die Schultafel, oder bitten einen guten Schreiber darum. Andere sammeln und ordnen alle die beim Lesen vorgekommenen Wörter, welche zu einem Stamme gehören, und halten sie bereit, wenn ein Stückchen Onomatologie gewonnen werden soll; andere sammeln die Stellen, in denen ein Wort in verschiedenen Bedeutungen vorkam; Andere liefern das Uebersetzte in einem guten deutschen Style; Andere sammeln die Sentenzen oder allgemeinen Aussprüche, welche in der Lectüre sich fanden, und suchen sie (in Quarta) mit christlichen Aussprüchen zu vergleichen; Andere übernehmen es (in Quarta) Beispiele zu einer entwickelten Regel im Deutschen zu bilden, die nöthigen Vocabeln dazu zur Hand zu haben, und geben dann diese Beispiele ihren Mitschülern auf; sind aber gehalten, die Vocabeln wie den Inhalt aus Gelesenem oder Gehörtem zu wählen. Sie legen natürlich erst dem Lehrer die Beispiele vor der Stunde vor, und dieser bezeichnet die brauchbaren. Noch Andere übernehmen es nach Anleitung eine Art Wandcharte vom alten Italien und Griechenland zu liefern und jedesmal, wenn eines Ortes Erwähnung geschieht, denselben nachzutragen und den neuern Namen dabei zu notiren. Wie das Französische auch schon in diesen beiden Klassen (5te und 4te), wo es noch neben dem Lateinischen hergeht, ähnliche Gelegenheit zu solcher freien Thätigkeit bieten könne, wird man leicht aus den mitgetheilten Winken abnehmen.

Wie das Lateinische so bietet eben auch die Geographie nach der ihr zugetheilten Aufgabe ein solches Uebungsfeld der freien Thätigkeit. Die an sie zu knüpfenden Erzählungen werden von den dazu bestimmten Schülern vorgetragen, denen man zu Hause die nöthigen Bücher und Winke und Anleitung giebt. Andere erhalten die gemeinschaftliche Aufgabe, von allen den einzelnen Ländern, welche berücksichtigt sind, eine Wandcharte zu liefern, und in sie genau das Alles hinein zu tragen, was der Vortrag in der Klasse umfaßt hat; Andere liefern nach demselben Maaßstabe etwa ein Flußnetz oder Gebirgsnetz; wieder Andere ordnen und sammeln die Städte nach den Einwohnerzahlen, oder nach der Bedeutung für Handel, Gewerbe, Kunst, Wissenschaft, und bieten so für gewisse Betrachtungen gleichsam das statistische Material. Bei diesen Vorträgen in der Geographie, wiefern sie nicht historischen sondern beschreibenden Inhaltes sind, wird man schon dem Vortragenden zur Unterstützung seiner Anschauungskraft mit Abbildungen zu Hülfe kommen müssen, welches dann auch wieder den sichern Erfolg hat, daß die Schüler selber sich nach solchen Abbildungen umsehen, sie nach der Klasse für die Mitschüler zum Besehen mitbringen, um dadurch vielleicht auch zu einem Vortrage zu gelangen, und daß so einerseits durch dies Zusammenwirken aller Kräfte auf eine leichte Weise eine große Menge von Veranschaulichungsmitteln unter die Augen der Schüler kommen, andrerseits aber auch die Schüler solche Mittel verstehen und benutzen lernen. Endlich aber gehört noch zur Geographie ein Theil des Erfahrungsunterrichtes. Bei Oertern und Gegenden, welche ein Schüler der Klasse etwa bereist haben kann, wird stille gehalten, um den Bericht desselben zu vernehmen. Möge das Kind kindische Beobachtungen zu Tage bringen: es legt sie ja auch nur auf den Tisch, an welchem Kinder sitzen. Man verhüte nur das sich Verlieren in die Schicksale und Erlebnisse, man bleibt sonst in der Familie stecken. Fließt etwas doch der Art ein, so schadet das der Würde der Klasse nichts und bringt einen Familienton in die Schule, der nicht ganz zu verachten ist. Wenn gewisse geographische Begriffe von Berg und Thal und Hochland und Tiefland, Längs- und Querthälern &c. erörtert werden sollen, so benutze man die in der Klasse vorhandenen Anschauungen der Schüler, lasse sich die Knaben möglichst deutlich über dieselben aussprechen, veranlasse die Freiwilligen, sich die characteristischen Partieen der Umgegend darauf nochmals anzusehen und dann in der Klasse Bericht über das Gesehene abzustatten. Fabriken und Geschäftsbetriebe, falls sie in der Geographie zur Sprache kommen, bieten eine ähnliche Veranlassung, welche nicht übersehen werden darf. Bei den Berichten tröste man sich mit der allbekannten Erfahrung, daß Kinder die Kinder leichter verstehen als Männer, und daß der Bericht aus dem Munde der Unmündigen für Unmündige bei allem Lückenhaften oft anschaulicher ist als der des wohlredenden Mannes.

Der Gebrauch der Lesebücher, sofern sie nur Sachen zur Geschmacksbildung &c. enthalten und nicht schwierigere Sachen zu einer statarischen Lectüre bieten, gehört nun recht eigentlich für den freien Unterricht. Der Eine hat sich zu Hause eine kleine Erzählung, eine Fabel, ein Gedicht, mehre Andere haben eine größere Erzählung — vielleicht mit Vertheilung der erwähnten und auftretenden Personen, um den Uebergang zur Lesung vom Dialog und Drama zu gewinnen — oder auch Dialogen zusammen sich eingelesen, um sie den Mitschülern vorzulesen. Die Vorübungen zu solchem Vorlesen sind zu Hause gemacht und der Lehrer hat erst förmlich ein Probelesen veranstaltet, ehe er den Vortrag vor der Klasse zuließ. Wie das Lesen so wird auch der freie Vortrag von Erzählungen, Zügen aus dem Thierleben, Gedichten und in der Quarta vielleicht auch schon der Vortrag von Dialogen und dramatischen Scenen behandelt. Den so thätigen Schülern hat der Lehrer in der Vorbereitung für solches Auftreten vor der Klasse die Regeln des Vortrages gesagt und im Besondern eingeübt, und diese lehren dieselben ihre Mitschüler dadurch, daß sie sie anschaulich an einem Beispiele hinstellen. So haben die Vortragenden ihre Aufgabe anzusehen und nicht anders, so müssen die Zuhörer die Sache auch betrachten. Nach jedem Vortrage eines neuen Stückes ergeht an die Zuhörer die Frage, wer geneigt sei, sich auch dasselbe so einzuüben, daß er damit vor der Klasse auftreten könne. Die sich Meldenden werden nun zunächst den Schülern überwiesen, welche der Lehrer zum Vortrage befähigt hatte, so daß der Lehrer nur noch eine Probe abhalten läßt, bevor sie auftreten dürfen. Die so eingeübten Sachen müssen der Uebung auch werth sein, müssen klassisch sein, daß auch Kinder und Knaben sie gerne und gerne öfter hören, müssen als ein Schulgut in spätern Klassen wieder zur Betrachtnng kommen. Die Wahl dieser Sachen muß also von der gesammten Schule ausgehen, und namentlich muß der deutsche Unterricht in den obern Klassen entscheiden, welches Material aus der ästhetischen Literatur im Gedächtniß oder doch in der Anschauung der Schüler lebendig sein muß, um aus diesem einen höhern Begriff zu entwickeln. Das öftere Vortragen derselben Sachen, welches nicht immer von verschiedenen Schülern sondern meist von denselben geschehen muß, bringt nach und nach einen großen literarischen Stoff in die Klassen, und wenn eine zweckmäßige Vertheilung Statt hat, so wird eine lebendige Anschauung von verschiedenen Gedichtgebieten, selbst von Dichtern gewonnen, welche die Grundlage des spätern Unterrichtes gewährt. Es werde auch das Vortragen solcher Sachen keinesweges auf die deutschen Stunden beschränkt, vielmehr lasse auch der Geograph und der Sprachlehrer bei Gelegenheit der geschichtlichen Zuthaten, falls die Schüler eine Fabel, ein Märchen, ein historisches Gedicht, eine Parabel, eine Ballade, eine Sage ꝛc. wissen, welche mit dem Erzählten zusammenhängt, den auftreten vor der Klasse, der zum Vortrage durch den Lehrer des Deutschen für befähigt erklärt worden ist, und schaffe sich so hin und wieder in die Stunde einen ästhetischen Genuß. Wenn dabei auch für Sprache, Geographie und Geschichte ein paar Minuten verloren gehen, es wird ein größerer Gewinn fürs Ganze gewonnen; und sollte es nicht mehr sein, so treten damit doch die Lehrgegegenstände aus ihrer Isolirtheit in Etwas heraus.

Wie hier der Lese- und Vortrags-Unterricht so kann auch der Gesang, ja er muß so behandelt werden. Sobald sich einige gute Stimmen zeigen, so ist es dann Sache des Lehrers, diesen einige Lieder bis zum möglichst vollendeten Vortrage einzuüben, und sie dann in der Klasse vorsingen zu lassen. Der Zweck wie die Wirkung ist einleuchtend. Wollen Andere nun auch gerne das Liedchen und Lied einmal in der Klasse vortragen, so haben sie sich an die eingesungenen Mitschüler zu wenden, und der Lehrer hält erst eine Probe, bevor das Vorsingen in der Klasse gestattet wird. Solche Lieder werden bei Gelegenheit öftermalen gesungen von denen, die sie eingeübt haben, und so bringt man nach und nach einen Melodieenschatz in die Klasse, und lehrt auch die schwächern Sänger; denn um auf dem Tongebiete fortzuschreiten, muß man auch Musik hören. Der Lehrer im Deutschen mag sich denn auch einmal ein gut vorgetragenes Gedicht von dem guten und eingeübten Sänger vorsingen lassen. Es hat das seine gute Wirkung; wenn andere Unterrichtsstunden Gelegenheit und Veranlassung bieten, oder wenn die Klasse ermüdet und ermattet, dann lasse man ihr einmal vorsingen, das frischt wie ein guter Trunk auf, und kann die ganze Klasse schon ein Lied gut singen, so singe sie es einmal zwischen dem Abhören und Einüben der Formlehre. Das bringt Humor in die Schule, wenn es nicht pedantisch nach Uhr und Stoff zugemessen, sondern als freier fröhlicher Erguß des Lebens in der Klasse erscheint. —

Am meisten wirkt aber zur Erweckung eines Schullebens der recht geleitete Erfahrungsunterricht, weil darin der Schüler nicht blos als eine Orgelpfeife erscheint, durch welche die Grammatik und das Schulbuch geblasen wird. Wenn in den andern sprachlichen Gegenständen, namentlich auf dem Gebiete der Formlehre und überall da, wo dem Gedächtnisse etwas eingeübt werden soll, der Schülername gleichsam die Klavirtaste ist, welche der Lehrer anschlägt, um einen Ton von der Taste angeben zu lassen, so tritt im Erfahrungsunterrichte der lebendige Schüler auf mit seinem ganzen Dasein, und bringt seine Anschauungen, Gedanken, Bestrebungen, Neigungen, Wünsche und Begierden, Urtheile und Empfindungen vor seine Mitschüler, und die jungen Blüthen schließen sich vor einander gleichsam auf. Das bringt Theilnahme an Erlebnissen des Genossen, und enthüllt unwillkührlich den Reichthum der jugendlichen Gemüther und schließt an einander, indem jeder bald das Beste bringt, und im Geben dieses Besten seine Freude findet. —

Endlich bietet der botanische Unterricht in Tertia und namentlich in der letzten Hälfte des Semesters, nachdem alle Schüler schon im Bestimmen der Pflanzen die nöthige Anleitung gewonnen haben, eine sehr schöne Gelegenheit für dies Schulleben. Die eifrigsten und so auch am weitsten vorgeschrittenen Schüler werden von dem Lehrer zunächst zu botanischen Excursionen mitgenommen, und von ihm im Bestimmen der Pflanzen tüchtig eingeübt. Sie bringen die weiter her geholten, von ihnen bereits bestimmten Pflanzen mit zur Klasse, falls sie so viel Exemplare aufbringen können, daß jeder Mitschüler deren eines empfangen kann, und leiten dann in der Klasse den Unterricht dergestalt, daß sie, wenn einer ein falsches Merkmal gelten läßt, die nöthigen Warnungen und Erinnerungen und Fingerzeige geben. Wer von den Botanikern bei den Excursionen die Pflanze zuerst und am genausten bestimmte, der hat zur Leitung der Untersuchung in der Klasse den Vorrang für die betreffende Pflanze, und fügt dann, wenn in der Klasse die Untersuchung vollendet ist, in einem zusammenhängenden Vortrage hinzu den Standort, den Boden, die Characteristik der Gegend, die Verwendung der Pflanze rc. Können nicht so viel Exemplare beigebracht werden, so wird die Klasse in so viel Theile getheilt, als man jeden Theil mit Exemplaren einer und derselben Art versehen kann, und jeder Theil untersucht eine andere Pflanze. Die Untersuchung selbst geschieht natürlich ganz still und schweigsam, bis jeder oder die größere Zahl zum Resultate gekommen ist. Die Dozenten geben während der stillen Untersuchung einzelne Winke, die sie entweder beim selbsteignen Bestimmen auf der Excursion machten, oder auf die sie der Lehrer hinwies, und die etwa in Warnungen bestehen folgender Art: man solle ja recht auf Blatt- Blüthenstand, Frucht, Blattform, Stempel, oder andere feine, schwer zu sehende oder auch leicht verwechselte Formen achten und was dergleichen mehr ist. Diesen Dozenten hat der Lehrer Anleitung gegeben, zu einem guten Herbarium zu gelangen. Sie werden dann die Führer andrer Mitschüler auf eignen Excursionen, welche die Schüler für sich oder auf Anordnung des Lehrers vornehmen. Im letztern Falle haben dann die ihnen überwiesenen Schüler in der Klasse dem Lehrer Rechenschaft über das auf der Excursion Gelernte zu geben, indem er in untersuchenden Fragen ermittelt, ob die von ihnen bestimmten Pflanzen gründlich untersucht sind. Die Dozenten geben aber auch vor der Klasse Zeugniß über die Emsigen und Nachläßigen. Alle, welche so nach und nach für den Unterricht gewonnen werden, nimmt der Lehrer dann selbst mit auf seine Excursionen und setzt sie mit den erstgedachten in gleiche Rechte. Es müßte wunderbar zugehen, wenn nicht unter den Schülern so nach und nach sich eine freie, ungetriebene Beschäftigung mit der Natur einleitete. Bald werden Einige den Andern voreilen, und diese werden dann vom Lehrer weiter geführt durch Kupferwerke und Bücher, durch welche sie auch Pflanzen der nicht heimathlichen Flora erkennen und so ihren Blick erweitern. Dafür haben sie denn auch einmal das Recht, einen Vortrag über eine intressante ausländische Pflanze in der Art zu halten, daß sie dieselbe vollständig beschreiben, diese Beschreibung mit den nach einem größern Maaßstabe abgebildeten Pflanzentheilen verdeutlichen, sie dann im Systeme bestimmen, und endlich den Anbau, etwa eines Ziergewächses oder einer Handelspflanze, und die Benutzung und Verarbeitung und Verwendung angeben. Die Zeichnungen und Illuminationen mögen sie sich auch von gut zeichnenden Mitschülern machen lassen, das ist dann ganz im Sinne des Schullebens. Das weitere Verfahren wird die Praxis an die Hand geben. Die Verwendung des Gesanges auf den Excursionen bietet sich von selbst dar, und so noch auf den Gängen manche Gelegenheit zu Wiederholung von Erzählungen, Gedichten ꝛc.

§. 71. Viel reicher gestaltet sich nun aber dies Schulleben am Unterrichte in der mittlern Stufe der Schule (Tertia und Secunda). Während Declamation, Gesang, Erfahrungsunterricht vollendeter wird, namentlich die Declamation schon entschieden sich zu dialogischen oder auch kleinern dramatischen Vorlesungen und selbst auch Vorträgen erhebt und der Gesang zu einem mehrstimmigen wird, zu welchem sich dann einige Schüler derselben Klasse vereinigt haben müssen; während so der Sinn für die schöne Form gebildet und durch die Veranstaltungen auf der frühern Stufe das Bewußtsein eines Zusammengehörens mindestens geweckt ist: so sind auch unterdeß die Kräfte des Geistes gewachsen und die Menge der Mittel hat sich gemehrt, der Wille für ein Thun zum Besten Andrer ist gestärkt, und die Erfahrung hat sich erweitert und ist reicher geworden. Die Geschichte mit ihrem Erfahrungsstoffe bietet nun zunächst ein schönes Mittel. Soll eine Zeit, ein Krieg, eine Person characterisirt werden, so soll das nach dem Prinzipe der höhern

Bürgerschule aus den Thatsachen heraus geschehen. Diese Thatsachen stehen für den Lehrer auch in Büchern und können für Schüler auch in denselben niedergelegt werden und zwar so, daß sie der Schüler versteht. Dies wird nun vorausgesetzt für den ganzen historischen, geographischen ꝛc. Stoff in dem weiten Sinne, nach welchem in der höhern Bürgerschule die National-Geschichte und National-Cultur behandelt werden muß. Dieser Stoff wird an die Schüler zum Durchlesen und dann zum Vortragen in der Klasse vertheilt, so daß jeder Vortragende einen wesentlichen Zug zur Anschauung darbringt. Der Lehrer vertheilt die Arbeit nach den Kräften und nach dem Zwecke des Unterrichtes. Wenn dann so der Stoff gesammelt ist, dann beginnt die geistige Verarbeitung desselben zu einem Urtheile, welches dann durch geschickte Fragen, deren jede ein Thema im engern oder weitern Sinne enthält, von Seiten des Lehrers veranlaßt und geleitet wird. Dabei haben die Vortragenden auf alle möglichen Veranschaulichungsmittel durch Landcharten, Abbildungen ꝛc. zu denken und sich dabei der Mitwirkung der guten Zeichner zu bedienen. Wissen sie dabei ein Gedicht, eine Ballade, eine Mythe, Sage ꝛc. einzuflechten, so ist es um so schöner; oder will ein gut declamirender Genosse dies thun, so ist das im Sinne des Schullebens. Sollten sich nun schon Schüler in der Klasse finden, welche in Antiquitäten-Cabineten auf ihren Reisen dieses oder jenes an Rüstungen, Waffen, Geräthschaften, Gebäuden, Denkmälern ꝛc. gesehen, so flechten diese ihre Erfahrungen ein oder tragen sie nach. Es entsteht nebenher durch Zusammenarbeiten der Schüler ein historischer Atlas von Deutschland und denjenigen angränzenden Ländern, auf welche die Umgestaltung Deutschlands Einfluß gehabt, denn der Vortragende bedient sich allemal nur der Charte, welche nach der heutigen Ländereintheilung gemacht ist. Dieser Atlas wird von Allen nach einem gleichen Maaßstabe gearbeitet in Form der Wandcharten, erhält so viele Blätter, als die verschiedenen Eintheilungen von Deutschland bedingen, geht so sehr ins Spezielle, als nur irgend der Raum zuläßt, und wird wirklich beim Unterrichte in der Klasse gebraucht. Das Papier und das schließliche Aufkleben besorgt die Schulkasse. Das ist nicht unwesentlich für die zu Grunde liegende Idee. Die guten Zeichner erhalten den Auftrag, durch Federzeichnungen auf Blättern, die hernach gleichfalls aufgeklebt werden, das Eigenthümliche in den verschiedenen Jahrhunderten an Trachten, Waffen, Bauten, Mobiliaren ꝛc. zusammen zu stellen, damit so ein vergleichbares Bild der verschiedenen Zeiten entsteht. Jede neue Schülergeneration beginnt, wie sich das von selbst versteht, diese Arbeit aufs Neue, denn das Anfertigen und nicht das Werk ist die Hauptsache. Wenn nun nach gewissen Abschnitten eine Repetition Statt haben soll, so begnüge man sich nicht mit dem Abfragen des historischen Skelettes, welches jeder wissen soll und muß, um nicht in Verwirrung zu gerathen, sondern lasse möglichst den ganzen Stoff nun nach den bereits aus ihm gewonnenen Gesichtspuncten (s. vorhin) nochmals vorführen, d. h. man mache nun einige größere und umfangreichere Themata, als sie beim mündlichen Verarbeiten des Stoffes gestellt werden konnten, und übergebe die Themata an einzelne Schüler, welche nun sich die Thatsachen bis in die Einzelheiten wieder einprägen, sie nach diesen Gesichtspuncten ordnen und auswählen und dann vortragen. Man rechne z. B. hieher Parallelen von Kriegen, von Personen, von Zeiten; Einfluß der Personen, Wirkungen von Ereignissen auf die Zeit; Einfluß fremder Völker auf das eigne in verschiedenen Zeiten, Aufnahme des Fremden in Verfassung, Sitte, Cultur; der bewegende Gedanke der Zeit und der Nachweis seiner Wirkung und seines Einflusses auf die Lebensgestaltung des Einzelnen wie des Volkes; Ständeverhältnisse durch verschiedene Zeiten, und Kämpfe um dies Verhältniß; polizeiliches Leben und Handhabung des Gesetzes, die Gesetzgebung und Geltendmachen eines gegebnen Gesetzes; Handelsbeziehungen, Gewerbe, Kunst- Literaturleben in verschiedenen Perioden rc. rc. Freilich müssen die Herren Literaten noch erst vieles für Schulen ans Licht ziehen und für Schüler verarbeiten. So repetirt die ganze Klasse das Ganze und doch jeder nur einen bestimmten Theil, und durch seinen Vortrag prägt jeder seinen Mitschülern das etwa Vergeßne wieder ein und hat so für sie eine Arbeit übernommen, und Jeder ist so für Jeden thätig gewesen und die Förderung ist eine gegenseitige.

Wie hier die Geschichte, so wird nicht minder das literarhistorische Material behandelt. Soll eine Gedichtgattung in ihren verschiedenen Schattirungen zur Anschauung gebracht werden, so werden die einzelnen Gedichte an die einzelnen Schüler vertheilt, und diese tragen sie frei oder lesen sie vor, aber so auch, daß Vortrag und Lesen zugleich durch eine richtige Accentuation einen Commentar zum Gedichte liefert. Der Vortragende und Vorleser ist zugleich gehalten, über die Schwierigkeiten im Einzelnen oder über wichtige historische oder anderweitige zum Verständniß nothwendige Beziehungen genügende Auskunft zu ertheilen. Die Didactik für die höhern Bürgerschulen hat dafür zu sorgen, daß dem Schüler die nothwendigen Notizen zugänglich sind. So vorgetragene Gedichte werden dann allen Schülern zum Durchlesen aufgegeben und dann folgt durch Themenstellung die Entwicklung des Gedankens (s. Geschichte). Ganz auf dieselbe Weise verfährt man mit den einzelnen Dichtern; theilt nicht Allen Ein Gedicht, sondern Allen Einen Dichter und Jedem ein anderes Gedicht zu. Ist so der eine Dichter gleichsam in der Klasse heimisch, dann repräsentirt gleichsam jeder Schüler ein oder einige Gedichte desselben und die ganze Klasse ist gleichsam der lebendig gewordene Dichter, der dann bei den folgenden Untersuchungen aufgerufen und zum Sprechen gebracht wird. Es erfordert freilich eine geschickte Hand, aber wer sie hat, der macht auch das Schulleben zu einer gemeinsamen, fördernden Thätigkeit, hebt viele langweilige Stunden Weges, erspart sich und den Schülern viel Zeit und Kraft. Es haben dann alle an dem einen allgemeinen Gedanken gearbeitet, oder alle haben mindestens Material zum Baue herbeigetragen. Es erfordert nicht minder genaue Kenntniß der Schülerkräfte, um jedes Gedicht auf das rechte Blatt zu schreiben; aber auch nur halb gelungen ist diese Behandlung der Literatur schon ein großer Gewinn für die Aufgabe der höhern Bürgerschule. An und in ihr entwickelt sich dann die rechte Art eines Wechselgespräches, in welchem ein Jeder aus dem Schatze seines genauern Wissens einen Beitrag zur Ermittlung der Wahrheit liefert, und wobei so aus dem, von verschiedenen Kennern dargebrachten, Materiale durch gemeinsames Nachdenken und berichtigendes Besprechen der Gedanke gewonnen wird. An Themen, welche das hier Gemeinte verdeutlichen, nur einige: Welche allgemeine Gedanken sind in dem oder jenem Gedichte über Gottheit, Natur, das Verhältniß des Menschen zu beiden, des Menschen zum Menschen, über Freundschaft, Liebe, Religion ꝛc. ausgesprochen? Wie unterscheiden sich die Auffassungen dieser und ähnlicher Verhältnisse in verschiedenen Gedichten oder bei verschiedenen Dichtern? Welche Grundanschauungen liegen den Metaphern und Bildern dieses oder jenes Dichters zu Grunde? Vergleichung des Tones, der Form, der Anlage, der Wirkung ꝛc. verschiedener gleichartiger Gedichte ꝛc. ꝛc. So gewinnt man denn auch nebenbei das Resultat, daß die Schüler aus der Literatur noch etwas Anderes sich gewinnen, als sich Ausrufungszeichen daraus zu lesen, daß sie zu einem Gegenstande für Unterhaltung erhoben wird, und so in dem Umgangsverkehre einen Platz gewinnt, und endlich wirklich die Bedeutung für die spätere Weiterbildung des Geistes erhält, die sie in den höhern bürgerlichen Ständen haben sollte. Kommen die Schüler bei den, vom Lehrer für die Klassen gestellten, Themen zu Debatten, so ist es um so vortrefflicher ihm gelungen, und jeden so unter den Schülern vor seinen Augen geführten Streit kann er als ein geistiges, von ihm entzündetes Lebenszeichen der von ihm geleiteten Geister ansehen und begrüßen. Kommen diese Controversen nicht zum Vorscheine, dann hat der Lehrer und vielleicht die ganze Schule die jugendlichen Geister geknechtet, und ihr ganzer Unterricht hat ein geistiges Proletariat geschaffen. Man verwechsele dies nicht mit Disputirübungen auf Commando: sie sind abgeschmackt, führen zu Abgeschmacktheiten und produziren eine abgeschmackte Bildung. Aus Intresse am Stoffe, an dem eignen gewonnenen Gedanken und an der Wahrheit soll der Widerstreit hervorgehen, und nicht auf lügenhaftem Gedankenspiele soll er wurzeln. Wenn dann irgend welcher allgemeine Begriff über eine Gedichtgattung oder ein Urtheil über einen Dichter ꝛc. gewonnen ist, dann wird das Material, aus dem der Begriff gewonnen wurde, wie in der Geschichte, nach den Merkmalen des Begriffes nochmals geordnet und ganz in dieser Ordnung zur Anschauung gebracht und dabei wieder möglichst jeder Schüler auf eine eigenthümliche Weise betheiligt, so daß jeder wieder eine Arbeit für die übrigen unternimmt und alle zusammen eine Arbeit vollenden. Erfahrung wird weiter lehren.

Am Französischen, welches mindestens in der Secunda so weit gekommen sein wird, daß die Schüler ein leichteres historisches Werk für sich lesen können, wird zunächst auf eine ähnliche Weise wie in den vorigen Klassen am Lateinischen eine dem Gemeinsamen dienende Thätigkeit eingeleitet; aber es kommt zu ihm noch das Gewinnen eines Stoffes hinzu, sei es nun die Darstellung einer bestimmten Person aus der französischen Geschichte, oder eines Abschnittes aus der Geschichte des Volkes ꝛc. Diese Arbeit kann unter Schülern nur eine gemeinsame werden, wenn sie zu irgend welchem Ergebnisse führen soll. Zu dem Ende wird ein solches Werk unter die Schüler dergestalt vertheilt, daß einige — stärkere und schwächere immer zusammen gruppirt — einen bestimmten Abschnitt für sich durchlesen und nun in der Klasse eine zusammenhängende, auszügliche Darlegung des Inhaltes des ganzen Werkes mündlich geben. Dabei erhalten einige wieder die Aufgabe, die nöthigen Charten zu entwerfen, andere liefern eine Geschichtstabelle, wenn sich das Werk über eine größere Geschichtsperiode ausdehnt. So bekommt jeder den Inhalt des ganzen Werkes, und hat aus den von ihm gelesenen Theilen eine Anschauung von der Darstellung und Auffassung, und kann sich bei den auszüglichen Berichten leichtlich im Großen die Behandlung der Sache vom Verfasser hinzudenken. Geht der Schriftsteller an manchen Stellen oder überhaupt sehr ins Einzelne, dann hat jeder Vortragende für seinen Theil die nöthigen Veranschaulichungen für seine Mitschüler herbei zu schaffen. Ist die Wahl des Buches recht angemessen gewesen, so werden die einzelnen Schüler ohne Auftrag von selber weiter lesen. Daß man zu solchen Arbeiten nicht Romane oder andre ergötzliche Sachen wählen dürfe, deren Stoff nicht verdient, eingeprägt zu werden, das versteht sich von selbst. Eine zweite Seite solcher gemeinsamen förderlichen Thätigkeit ist die, daß man von allen Schülern von den statarisch zu lesenden Schriftstellern eine Präparation so weit verlangt, daß der Schüler mindestens über die Vocabeln und den Sinn Auskunft geben kann; dann aber den einzelnen Schülern oder Schülergruppen einzelne Capitel oder Abschnitte zum gründlichen Durcharbeiten in grammatischer Beziehung überweist. Man macht zunächst im Eingange des Semesters den einzelnen Gruppen die schwierigen Stellen in dem ihnen überwiesenen Pensum bemerklich, giebt ihnen in der Tertia auch wohl noch die Paragraphen in der Grammatik an, wo sie Auskunft über die Schwierigkeit finden möchten; fordert dann aber auch von ihnen eine so genaue Auskunft über den betreffenden Fall, daß ihre Darlegung ein Unterricht für die Mitschüler wird; ja man stellt ihnen die Aufgabe, diese Untersuchung zum Nutz und Frommen ihrer Genossen zu lösen, als den eigentlichen Preis hin, indem sie leicht einsehen, daß auf diesem Wege ein rascheres Fortschreiten Aller möglich wird. Durch das öftere Wiederkehren derselben Regel, welche dann jedesmal von Jemandem vorgetragen wird, der sie vollkommen klar hat, auf dessen Vortrag darüber dann alle zum Lernen hingewiesen sind, dem alle ungläubiger und darum nachdenklicher als dem Lehrer folgen, den auch wohl der Eine und der Andre durch scharfsinnige oder auch neckende Fragen in Verlegenheit setzt, ihn so im Spiele zu schärferem Ausdrucke, zu künftigem gründlicherm Präpariren nöthigt: durch ein solches Behandeln der grammatischen Regeln werden sie zu Erlebnissen in der Klasse, gehen nicht in dem ewig gleichmäßigen Worttacte des Lehrers ungehört am Ohre vorüber, erhalten nicht selten Spitzen, mit denen sie sich im Geiste fest wurzeln. Es bedarf wohl kaum der Erwähnung, daß nun auch wieder sammelnde Aufgaben zu Repetitionen gestellt und wiederum verschiedenen Kräften und zwar zu förmlich zusammenhängenden geordneten Vorträgen übergeben werden, in denen dann alle einzelnen Regeln nach bestimmten Gesichtspuncten geordnet, erwogen und mit den Belegen aus dem gesammten gelesenen oder in der Grammatik dargereichten Stoffe zur Anschauung gebracht werden. Die Handhabung dieser Unterrichtsform ist schwierig, sehr schwierig, fordert ein weises Vertheilen, neben einem guten Humor einen tüchtigen Ernst, und vor Allem eine Liebe zur freien gemeinsamen Entwicklung der Jugend, die in der erweckten Liebe zu einer ernsten Thätigkeit der Jugend für eine höhere Bürgerschule mehr Gewinn sieht, als in dem Gewonnenhaben eines ausgedehnten Wissens. Der Lehrer muß aber auch hinter den Coulissen denen Schülern Rede und Antwort geben, welche nicht die Aufgabe haben lösen oder über sie so weit klar werden können, um ihren Genossen eine nöthige Auskunft in der Klasse zu geben. Damit die zum Erklären berufenen Schüler vorher Gelegenheit haben, sich selber die Sache gehörig deutlich zu machen, wird ihnen einer oder auch zwei schwächere Schüler zugesellt, denen sie vor der betreffenden Unterrichtsstunde die Sache erst erläutern und nöthigen Falles auch durch Beispiele verdeutlichen. Man übersehe diese Zuthat zu dieser Unterrichtsform ja nicht, ihre Bedeutung für die ganze Tendenz leuchtet wohl ein. So wird wirklich ein Eindringen von der einen Seite und ein Behalten und Verstehen auch von Seiten der unreifern Schüler und ein gemeinsames, Alle förderndes Thun erreicht. Die mit Lust und Liebe betriebenen Versuche in dieser Lehrart werden das Weitere finden lassen.

Wie weit fürs Englische diese Unterrichtsform schon Anwendung finden könne, das muß der Fortschritt der Schüler bestimmen. Jeglichen Falles wird es nur erst am Schlusse der Secunda geschehen können, da nicht eher eine solche Vocabelkenntniß gedacht werden kann, mit der die Schüler ans Lesen zusammenhängender Werke gehen könnten, und da auch wiederum nicht die grammatische Erkenntniß von solcher hervorstechenden Wichtigkeit ist. Aufgaben in diesem Unterrichte möchten wohl eher folgender Art sich stellen lassen, auf dem onomatischen Gebiete die Wörter zu sammeln und zu classifiziren, welche mit dem Französischen und mit dem Alt- und Mittelhochdeutschen zusammenhangen, und auszumitteln, welche verschieden nüanzirte Bedeutung die Wörter in den verschiedenen Sprachen haben. Eben dahin wären einige Formbildungen zu rechnen, welche mit denen im Französischen und Deutschen zu vergleichen wären; dahin auch Sprachwendungen auf dem syntactischen Gebiete. Von Zeit zu Zeit würden dann die Ergebnisse dieser Arbeiten von Seiten der Schüler in der Klasse zur Belehrung der Genossen vorgetragen. Ob hier schon Vergleiche von einzelnen Gedichten in den verschiedenen Literaturen, oder auch Vergleiche von allgemeinen Lebensanschauungen schon vorkommen können, das möchte schier zweifelhaft sein, doch werden sich immerhin einige fähige Schüler schon finden, welche einer solchen Aufgabe gewachsen sind.

Wie die deutsche Geschichte und Literatur so wird nun vornehmlich das Alt- und Mittelhochdeutsche eine ausgezeichnete Gelegenheit zur gemeinsamen Thätigkeit bieten. Schon sobald die Formenlehre obenhin nur gelernt ist, kann ein selbstständiges Vergleichen mit der heutigen Sprachform eintreten. Das Sammeln der Ueberbleibsel ehemaliger Formen, das Aufsuchen verstümmelter Endungen und Wortbildungen, das Auffinden der versteckten und zu Endungen oder Anhängseln gewordenen eigenthümlichen Worte, das Wiedersuchen der Stämme, das Verfolgen der aus einander getretenen Zweige, das Vergleichen der ehemaligen und jetzigen Bedeutungen der Wörter, grammatischer Constructionen, das Auffinden des Zusammenhanges der ehemaligen Grundbedeutungen und der abgeleiteten, das Sammeln aller zu einem Stamme gehörigen Wörter und das Auffinden des innern Fadens, an dem sie noch alle zusammen hangen, die ganze Etymologie rc.: dies sind lauter einzelne, an einzelne Schülergruppen zu vertheilende und zum Vortrage zu bringende Aufgaben. Daß auch ins Französische und noch mehr ins Englische dabei hinein geblickt werden muß, das versteht sich von selbst; aber auch der Blick soll der des Schülers sein, denn nur dann gehört ihm auch der Fund. Vor Allem muß der Unterricht das Auge auf das Niederdeutsche hinlenken und durch die schon früher angedeuteten Aufgaben zum Aufmerken, Beachten, Untersuchen, Vergleichen, Sammeln rc. veranlassen und die Ergebnisse durch den Vortrag der Arbeiter zum Gemeingute Aller machen. Eben so muß, sobald der Schüler die ersten onomatischen und lexikalischen Schwierigkeiten durch ein statarisches Lesen überwunden hat, zum Zusammenlesen eines größern Werkes vorgeschritten werden, dessen Stoff dann in der Klasse eben so wie im Französischen mitgetheilt wird, wodurch eben eine reiche und inhaltreiche Anschauung des Denk- und Dicht- und Anschauungskreises des ursprünglichen Germanenthums gewonnen wird. Daß es sich gar nicht um das rein Poetische handeln kann und darf, das ist schon oben hinlänglich dargethan. Der ernste Anfang mit der Bildung für das ächt Nationale wird die übrigen Schritte von selbst thun lassen. — Größere Themata zu Nutz und Frommen Aller sind die inhaltlichen Darstellungen über Anschauungs- Dicht- und Denkweise der verschiedenen Dichter und Zeiten, Beiträge zur Mythe, Sage, Geschichte, welche bei dem Lesen gewonnen worden, poetische und prosaische Uebersetzungen einzelner Stücke, welche auch vertheilt, zuletzt zu einer Uebersetzung eines Ganzen führen rc.

Die Mathematik hat in ihren Aufgaben ein schönes Feld für diese Methode, zumal ja das Meiste in Aufgaben gewonnen werden soll. Das Verfahren dabei ist folgendes: Sobald diejenigen Lehrsätze und Fundamentalaufgaben in der Geometrie gewonnen sind, durch welche sich nun entweder neue Lehrsätze leicht gewinnen, oder Aufgaben lösen lassen, so verwandelt man alle Sätze aus den besonderen Arten von Dreiecken, den Parallelogrammen, den regelmäßigen Figuren, den Sehnen im Kreise in Bezug auf ihre Lage zum Mittelpunct in Aufgaben, denn sie können bei zweckmäßiger Aufeinanderfolge schon nach den Lehrsätzen der Congruenz und nach Mittheilung einiger Hülfssätze in lauter leichtere und schwierigere Aufgaben für die Schüler eingekleidet werden. Mittelst dieser gewonnenen Sätze werden wieder leichte Aufgaben als Folgerungen daraus gestellt. Eben so ist es mit der Lehre von der Aehnlichkeit der Figuren. Eine zweite übende Reihe von Aufgaben bieten die Bestimmungen der Dreiecke, wenn als bestimmende Stücke die Höhen, Höhenabschnitte, Summen, Unterschiede von Dreiecksstücken, Halbirungslinie des Winkels oder der Grundseite rc., zu Hülfe genommen werden, welche dann in der Lehre von der Aehnlichkeit sich noch dahin erweitern, daß man auch noch das Verhältniß zweier solcher Stücke als bestimmende Größe giebt. Die ganze ebne Trigonometrie läßt sich nach den ersten gegebnen Definitionen, und wenn man die Schüler recht in ihrer Anwendung auf rechtwinklige Dreiecke geübt hat und die nöthige Fertigkeit im algebraischen Calcül voraussetzen darf, fast ganz und gar in lauter Aufgaben zerfällen, welche die Schüler selber lösen können. Welche Aufgaben die Algebra zu bieten habe, ist oben schon dargelegt. Die der Geometrie so ganz parallel gehenden Sätze und Beweise der Stereometrie lassen sich den Schülern, wenn sie erst eine sichere

Anschauung von der Lage dreier Ebnen im Raume haben, vollkommen übertragen. Doch die Mathematiker wissen es ja alle, wie man die Schüler auf diesem Gebiete in jedem Augenblicke selbstthätig beschäftigen kann. Die Schwierigkeit liegt nur in dem wichtigen Umstande, daß nur die Aufgabe für den Schüler Interesse hat, deren Lösung er entweder selbst gefunden oder doch zu finden sich ernstlich bemüht hat, daß ferner jeder Lehrsatz, der zum Fortschritte im Systeme nothwendig und unerläßlich ist, nicht eine Weile negirt werden kann. Beide Schwierigkeiten werden aber dadurch umgangen, daß man zunächst in dem systematischen Fortschreiten, wie das Schüler und Anfänger auch nicht anders können, lauter kleine Schritte nach allen möglichen Seiten hin thun läßt, und so lauter vereinzelte Wahrheiten gewinnt. Nehmen wir Beispiels halber gleich den Anfang in der Planimetrie. Nachdem der Satz bewiesen ist, daß ein Dreieck durch zwei Seiten und den eingeschloßnen Winkel bestimmt ist, so können mit alleiniger Anwendung dieses Satzes eine sehr große Reihe von anderweitigen Lehrsätzen aus den gleichschenkligen Dreiecken, wenn in ihnen die Höhe gezogen ist, so in andern nicht minder, eben so aus den Parallelogrammen ꝛc. bewiesen werden. Diese vereinzelten, in Aufgaben gekleideten Sätze werden den Schülergruppen überwiesen, indem entweder bei der Wahl einer recht bequemen Bezeichnung alle dictirt werden, oder sie werden in kurzer Bezeichnung vom Lehrer auf ein Blättchen geschrieben, und den einzelnen Gruppen so in die Hände gegeben. Jede derselben kommt dann in der folgenden Stunde zur Lösung und zum Vortrage. Aus den vereinzelten Aufgaben oder Lehrsätzen, deren so eine große Menge zur Anschauung kommt, werden dann allgemeine Gesetze gebildet, welche alle einzelnen Fälle unter sich begreifen. Z. B. Alle Sätze über Winkel an Parallellinien sind nur die vom Scheitel- und Nebenwinkel. Zwei Seiten eines Dreiecks und der eingeschloßne Winkel bestimmen die dritte Seite und die ihr anliegenden Winkel und umgekehrt; oder die Strecke im gleichschenkligen Dreiecke, welche durch die Spitze geht und den Winkel in der Spitze halbirt, hat noch zwei Eigenschaften, und durch jede zwei dieser Eigenschaften ist sie vollkommen bestimmt; ein Dreieck ist mit einer Ausnahme durch jede drei unabhängige Stücke bestimmt, für ein spitz- und stumpfwinkliges Dreieck fällt die Ausnahme weg; wenn die Länge zweier Seiten gegeben ist, so ist die dritte eines Dreiecks abhängig vom gegenüberliegenden Winkel (doch nicht in Proportion) und umgekehrt; die Größe der Sehne bestimmt sich mit der Entfernung vom Mittelpunct gegenseitig; die Sätze der Aehnlichkeit sind die der Congruenz. Die ins System aufzunehmenden allgemeinen und besondern Sätze werden dann fixirt, und dann tritt die Arbeit auf, diese nur mit Hülfe der im Systeme aufgenommenen Sätze zu beweisen. Eine andere Uebung besteht darin, daß man einen näher oder fernliegenden Satz z. B. Winkel, deren Schenkel nach gleichen Seiten hin parallel laufen, sind gleich, als vorauf bewiesen setzt, und nun die ganze Lehre von den Winkeln aus diesem her beweist, oder man läßt eine Reihe von umgekehrten Sätzen indirect beweisen, oder man läßt gewisse oft gebrauchte Hülfssätze umgehen ꝛc. ꝛc. Um auch die Arbeiten, welche die einzelnen Schüler an einzelnen Aufgaben vorgenommen haben, für Alle fruchtbar zu machen, sucht man zunächst Aufgaben aus demselben Gebiete auf das Mannigfaltigste zu variiren und giebt diese Variationen dann alle zugleich auf; z. B. Dreiecksaufgaben, in denen die Summe oder der Unterschied der Seiten, Winkel, Höhe und Höhenabschnitte, Schwerlinie, Halbirungslinie des Winkels ꝛc. vorkommen; oder Aufgaben über Construction von Strecken zwischen Parallellinien und im Kreise, oder Berührungsaufgaben, oder Aufgaben mit Kreisen, welche durch gewisse Puncte gehen sollen ꝛc. Die Hauptaufgaben, welche am weitesten aus einander liegen, und in denen das Eigenthümliche der Lösungs-Methode am klarsten heraustritt, werden vollständig von den betreffenden Schülern vorgetragen, die abweichenden Lösungen kurz angeführt, die besten herausgestellt, und dann haben die Schüler, welche verwandte Aufgaben zu lösen hatten, kurz anzugeben, welche Abänderung des Ganges der Analysis, Construction und des Beweises für ihre Aufgabe nothwendig wird. Diese Thätigkeit ist bildend und setzt die genauste Aufmerksamkeit auf den Vortrag voraus, denn es soll die gehörte Lösung mit einer selbstgefundenen, und zwar für eine etwas veränderte Aufgabe, verglichen und die Verschiedenheit ausgesprochen werden. Wie für die einzelnen Lehrsätze die allgemeinen gesucht wurden, so lassen sich auch die Aufgaben selbst gruppiren und dieses Gruppiren nach der Aehnlichkeit der Hülfslinien oder der gebrauchten Lehrsätze oder nach der Eigenthümlichkeit der Construction oder nach den Hülfssätzen in der Construction oder nach irgend einem andern Gesichtspuncte giebt eine neue fruchtbare Arbeit, welche jeden Arbeiter nöthigt, das wieder durchzunehmen, was er von seinen Mitschülern gelernt hat. Darum werden dann auch alle durchgegangenen und gelösten Aufgaben mit dem Namen derer, die sie gelöst haben, immer namhaft gemacht, damit sich jeder von dem, der sie gelöst hat, Auskunft holen kann, falls er die Lösung später vergessen hat und nicht so geschwind wieder darauf fallen kann. Die Repetitionen ganzer Abschnitte, welche Zusammenhang und Ergebnisse nur wieder auffrischen sollen, werden wie in den andern Gegenständen an Schülergruppen vertheilt; doch wenn dieselben geschehen sind, dann wird von allen verlangt, daß sie nun Bescheid zu geben wissen über alle Theile. Alle hier gegebnen Beispiele sind ausdrücklich aus den ersten Elementen der Planimetrie gewählt, um die Möglichkeit dieser Unterrichtsform schon für den Eingang in diese Wissenschaft darzulegen. Je weiter hinaus, desto mehr Elemente stehen dem Lehrer zu Gebote, desto verschiedenartiger kann von einem Puncte bis zum andern fortgeschritten, desto reichere Combinationen können gemacht werden. In Secunda wird man durch kleine Aufgaben den Unterricht Schritt für Schritt immer bis zu gewissen Stufen fortführen, von wo aus er sich dann in einer großen Mannigfaltigkeit von Aufgaben ergießt auf weit hin reichende Gebiete. Den Schluß in dieser Klasse macht die Construction des mathematischen Systems innerhalb des durchgenommenen Gebietes, für welches die einzelnen Abschnitte und Haltpuncte geboten werden, und für welches der combinatorische Entwicklungsgang oder auch ein andrer einmal zur Uebung zu Grunde gelegt wird, und ein solches System wird dann eine Schülerarbeit, in welchem jede Schülergruppe ein Stockwerk angebaut hat. Alle Aufgaben aber, welche alle Schüler lösen sollen und müssen, die behandle man in der Klasse, und theile sie in so kleine Schritte, gebe für sie solche Winke, lasse dazu so viel Gedächtnißmaterial erst wieder auffrischen, daß jeder auch den der Klasse zugemutheten Schritt gehen kann. Wer die Mathematik recht als ein Bildungsmittel durchforscht hat, und die Thätigkeit in ihr höher als ihre Ergebnisse achtet, der wird auch schon ohne weitere Winke wissen, wie sich die hier beregte Idee verwirklichen läßt.

Die Physik hat in ihrer bisherigen Gestaltung meist nur mathematische Aufgaben für die freie Beschäftigung der Schüler geboten, die dann natürlich nur dem zu Gute kommen, der sie löste, und ihn mehr in der Mathematik als in der Physik förderten, weßhalb sie denn auch dahin gewiesen werden mußten, wohin sie gehören. Es wurde dann bei der allgemeinen Methode schon der Weg angedeutet, wie dieser Unterrichtsgegenstand ein wahrhaft bildender im Sinne der höhern Bürgerschule werden könne, und an diesen Weg schließt sich nun auch die freie Methode an, ja existirt ohne jenen gar nicht. Die Schüler haben demgemäß einen kleinen Apparat statt eines physikalischen Lehrbuches in Händen, und der Lehrer hat eine große Mannigfaltigkeit von Erscheinungen ersonnen, welche mit demselben zur Veranschaulichung eines Naturgesetzes hervorgerufen werden können. Er theilt sich die Klasse in Gruppen, und läßt nun von den verschiedenen Gruppen zu Hause verschiedene Experimente machen, beobachten und beschreiben, und diese Beschreibung tragen sie der Klasse vor und zeigen am Apparate die Erscheinung, zu welchem Zwecke ein Schülerapparat auf dem Experimentirtische steht. Der Schüler ist sich dabei bewüßt, für Andre der Dozent zu sein. Der Lehrer ordnet die Menge der Anschauungen in Gruppen, und bildet dann Fragen über das Uebereinstimmende und Verschiedene in den Erscheinungen und gewinnt so die ersten geistigen Vorstellungen oder gleichsam die Merkmale des Begriffes, den er will suchen lassen. Diese so gestellten Fragen sind wieder an die einzelnen Gruppen vertheilt, deren Beantwortung wieder nur gewonnen werden kann, wenn der Schüler beim Vortrage seiner Genossen aufmerksam war. So erhebt sich nach und nach der Unterricht zum Naturgesetze ganz individueller Art. Dann wenn es an die Prüfung desselben geht, wird den einzelnen Gruppen wieder ein Feld der Untersuchung, der Beobachtung der Natur oder ihrer Umgebungen angewiesen, über das sie dann Auskunft zu ertheilen haben, in wie weit nemlich sie jenes Gesetz bestätigt oder nicht bestätigt gefunden haben. Ein anderes Fragegebiet ist: wie sich im Großen eine solche Kraft wohl möchte verwenden lassen? Wo sie verwandt sei? Wie der Apparat construirt werden müsse? Welche Schwierigkeiten die Verwendung habe in den Materialien, welche zur Anfertigung des Apparates gebraucht werden müßten? Wie ein Apparat construirt werden müßte, der die Erscheinung des Gesetzes in seiner möglichsten Reinheit darstellen ließe? Mit diesen letztern Fragen, deren Menge und Mannigfaltigkeit leicht vermehrt werden kann, deren jede in die Sache tiefer einführt, und deren jede namentlich den Blick aus der Schulstube in die Wirklichkeit und in die Natur lenkt, hat sich der Unterricht nach und nach zur Construction der Apparate erhoben, wie sie das physikalische Cabinet etwa aufweist. Bei diesem Stadium angekommen werden diejenigen Schüler, welche die besten Vorträge geliefert, die sorgfältigsten Beobachtungen gemacht und die besten Antworten über die ihnen gestellten Fragen gegeben haben, vom Lehrer in das physikalische Cabinet geführt, und ihnen die Einrichtung eines Apparates oder eines Modelles ꝛc. nach den von ihnen gegebnen Antworten vorgeführt. Dabei werden sie nun angeleitet, eine Reihe von Experimenten mit diesen Apparaten zu machen und dann dem Lehrer einen zusammenhängenden Vortrag darüber zu halten. Diese Schüler werden nun die Experimentatoren in der Klasse, sie geben die Erläuterungen und Beschreibungen, und der Lehrer hilft durch Zwischenfragen der Deutlichkeit auf oder beugt dem Mißverstehen von Seiten der Zuhörer vor. Die künstliche oder versteckte und verdeckte Einrichtung des Apparates wird dabei ausdrücklich verschwiegen, und die Zuhörer haben den Vorgang nachher zu beschreiben, und nun die Construction des Apparates daraus zu ermitteln. Dabei trifft die schwächern Schüler nur die Aufgabe des Beschreibens, die mittlern das Aufsuchen der Construction des Apparates, die vorgeschrittenern der Nachweis darüber, warum gerade diese und nicht etwa eine andere vom Lehrer in großer Mannigfaltigkeit — welche ihm ja die Geschichte der Wissenschaft und seine eigene Kenntniß derselben an die Hand giebt — vorgeschlagene beliebt worden sei, und welche Vorzüge die eine Einrichtung vor der andern haben könnte. Oft sind auch die Fragen und Aufgaben sehr brauchbar: was dem Schülerapparate fehle, um ein annäherndes Instrument auch zu bieten? Welche Theile des Apparates verwendbar und welche man sich noch neu dazu machen müßte, um leicht zu einem ähnlichen Apparate zu kommen. Dies ist Schulen-Technologie, die in der Schule bleibt und an der Wissenschaft. Wenn dann schließlich die Schüler — und das wird wirklich erzielt und soll erzielt werden — Hand ans Werk legen und eigne Instrumente construiren und bauen, so gehören auch diese Arbeiten recht eigentlich wieder in die Klasse als ein Zeugniß der Thätigkeit, und des practischen Sinnes und des Geschmackes und der Einsicht ꝛc. Wenn sie dabei als Bürgersöhne die Geschicklichkeit des handwerkenden Vaters so benutzen, wie der Sohn des Lehrers die wissenschaftlichen Kenntnisse seines Vaters für seine wissenschaftlichen Studien besitzt, so ist das ganz in der Ordnung und auch wünschenswerth. So lange freilich der vortrefflich experimentirende Lehrer mit lauter eleganten, und große Wirkungen hervorbringenden Instrumenten vor seinen Schülern handthiert, wird es nie zu der rechten Technologie in den Schulen kommen; es möchte denn ein Einzelner einmal sich eine

Electrisirmaschine machen. Freilich hat diese Unterrichtsform ihre Schwierigkeiten, denn sie soll aus dem Sprachschatze der Physik, die in lauter Sätzen und Perioden heute spricht, sich eine Formenlehre, eine Declination und Conjugation und dann eine Casus- und Moduslehre bilden, und so etwas geht so geschwinde nicht. Es wirthschaftet sich aus dem Vollen besser; aber die Kinder solches Hauses lernen darum auch selten wirthschaften. Die Repetitionen in der Physik werden wie in den übrigen Gegenständen behandelt. Sie bestehen aber nicht im Aufsagen des oft Vorgesagten und Vorgesprochenen, sondern im Anordnen der Experimente nach bestimmten neuen Gesichtspuncten, wobei natürlich auch wieder neue Sätze zur Sprache kommen.

Der Unterricht in der practischen Geometrie hat nun hier sein Feld. Darunter verstehen wir hier Feldmeßkunst in dem Gebiete der Schule gleichsam. Nicht die Kniffe, Pfiffe und Handgriffe sollen die Schüler hier lernen, um etwa dem practischen Lebensberuf auf diesem Beschäftigungsgebiete einen Vorschub zu leisten, sondern man will eine Aufgabe haben, an der die Schüler gemeinsam arbeiten, und bei welcher einer dem andern hülfreiche Hand leistet. Der Unterricht muß die Schüler die Instrumente sich ausdenken lassen, und hat ihnen nur die mathematischen Sätze nahe zu bringen, auf welche sie sich stützen; es werden die Schüler Modelle anzugeben haben in Pappe oder Zeichnungen, um ein Zeugniß von der Deutlichkeit ihrer Constructionen zu geben, und werden das Verfahren zu beschreiben haben, wie sie sich die Ausführung etwa denken. Dabei zeigt sich dann, wie leicht ein Schüler mit einem Gedanken fertig ist — andere Leute auch noch — und wie groß die Entfernung bis zur Ausführung in der Wirklichkeit selbst in dem Falle noch ist, wenn ihm die Instrumente in die Hand gegeben werden. Dies Vorberathen wird beim Unterrichte vorgenommen, und es wird nicht fehlen, daß jeder die beste Methode erfunden zu haben vermeinen wird, während vielleicht alle unbequem und unausführbar sind. Nach diesen, unter den Schülern geführten, vom Lehrer geleiteten aber von ihm nicht entschiedenen Debatten, wird den Schülern im Freien das Instrument, was sie geistig so gut zu handhaben wußten, in die Hand gegeben, um damit nun nach ihren ausgedachten Methoden die Hand ans Werk zu legen. Sie finden dann, wie viel Dinge sie übersehen haben, wie viel Rücksichten noch erst zu nehmen waren, welche Schwierigkeiten ihnen das Instrument, der Boden, das Auge ꝛc.

in den Weg legt, und werden vorsichtig und zweifelhaft in dem Denken über die zu behandelnde Wirklichkeit. Viele Aufgaben der practischen Geometrie z. B. Absteckung einer geraden Linie über Berg und Thal, durch einen Wald, Nivellirungen, Abmessung einer geraden Linie als Base, Ablegung von Winkeln, Suchen und Bestimmen einer Horizontalen, Behandlung der Wasserwage, Stellung der Boussole über dem Endpuncte der Base ꝛc., sind lauter practische Fragen an die Schüler, welche sich auf den Schulbänken leicht beantworten lassen, in der Wirklichkeit aber für den, dem es Niemand vorsagt — und in den Schulen soll nichts vorgesagt werden, weil dabei die Schüler nichts lernen — große oft unüberwindliche Schwierigkeiten darbieten. Jede besondere Aufgabe in der practischen Geometrie, wohin wir auch entschieden Messungen in der Physik rechnen, bietet ein solches reiches Feld für Ueberlegung und Ausführung dar. Bei jeder solchen Ausführung werden sich die Schüler berathen, das practische Talent wird leichtlich auf allerhand Mittel sinnen und Hülfen erfinden, der reine Verstandesmensch wird zweifeln und mit theoretischen Zweifeln die practischen Erfindungen mit der Kritik controlliren; die passiven Köpfe werden zuhören und dadurch lernen, und die trägen Geister werden die Handlanger spielen. Um diese Thätigkeit aber einzuleiten, dazu fordert der Lehrer durchaus 1) eine gründliche Beschreibung der von den verschiedenen Schülern oder Schülergruppen gefundenen und angewandten Methoden, 2) eine genaue Abwägung der Methoden gegen einander, und 3) die Entscheidung darüber, welche als die zweckmäßigere Methode anzuerkennen sei. Diese letztere müssen alle Schüler einstimmig gefunden haben, wodurch sie gezwungen werden, sich genau auf die Finger zu sehen, genau zu prüfen und aus angeborner Liebhaberei für den Gedanken eigner Erfindung mit einander zu disputiren. Erst dann, wenn die ganze geistige Kraft der Schüler und der practische Sinn sich erschöpft hat, erst dann mag der Lehrer einmal am Schlusse zur Erwirkung der nöthigen Bescheidenheit auch hinzuthun, wie viel schönere und bequemere Wege der Ausführuug die Praxis gefunden habe. Ganz von selbst bildet sich eine Schülergruppirung zu solchen practischen Arbeiten, und alle diese einzelnen Gruppen nehmen zunächst immer dieselbe Arbeit vor, und begnügen sich nicht eher, als bis sie alle ihre Arbeiten in Uebereinstimmung in Betreff der Resultate gebracht haben. Das giebt neue Controlle, Kritiken, Gründlichkeit, Genauigkeit, Sorgfalt in der Ausführung ꝛc., kurz das giebt Praxis in der Schule auf dem Schulgebiete im Sinne einer höhern Bürgerschule. Die Schule hat zu dem Ende eine recht gute große Boussole und mehre kleine, die nöthigen Meßketten, Visirstäbe, Nivellirinstrumente, Sextanten, Meßtische, einen Theodoliten mit dem Käterschen Kreise, ein recht gutes Barometer rc. Sie hat für physikalische Messungen feine Meßstäbe mit Mikrometerschrauben und Vernier's, einige Waagen und eine recht gute mit den nöthigen und bekannten Vorrichtungen rc. Der Lehrer soll nicht vormessen und vorwägen, die Schüler sollen's thun, und wenn es nicht geschickt geht, so geht es ungeschickt. Dabei, so sagen die Techniker, wird wenig für die Praxis herauskommen; doch halte man sich fest versichert, daß das Vormachen der Lehrer und ihr Vorsagen nie auch nur die geringste Entwickelung des practischen Sinnes angebaut hat. Dies Vormachen überläßt die Schule den technischen Lehrherrn bei dem Lernen des Geschäftes. Ob ein einziges Ausdehnungsverhältniß oder spezifisches Gewicht oder eine einzige Höhe so genau bestimmt wird, das ist vollkommen gleichgültig; aber entbehren kann und darf die höhere Bürgerschule diesen Anbau eines practischen Sinnes nicht. Jedermann weiß, wie viel Rechnungen nöthig werden, und wie eine bequeme Anlegung solcher Rechnungen die Arbeit erleichtert; auch das sollen und werden die Schüler hiebei erfahren und als Gewinn davon tragen. Der Lehrer darf aber durchaus nichts mehr hinzuthun als Andeutungen. Nur so lange noch ein Volk mit der Wirklichkeit ringt, schreitet es vor, wenn dagegen jeder die Behandlung derselben nach fertigen und angelernten Handgriffen vornimmt, dann hört der Fortschritt auf. Darum dies geforderte Ringen mit ihr das Bildungsmoment ist, welches neben dem practischen Sinne die so nöthige Bescheidenheit giebt, welche aus Erfahrung dann gelernt hat, wie viel spröder die Wirklichkeit als der bewegliche Gedanke ist. Darum aber auch so viel an practischer Mathematik, als irgend für die Schüler zweckmäßig zu machen ist. Sobald die Praxis eine bestimmte Form gewonnen hat, so daß man auch darin ein Examen machen könnte, so hat sie dann schon längst ihr Bildendes verloren.

§. 72. Schon oft ist angedeutet, daß in der Prima einer vollkommenen höhern Bürgerschule sich der ganze Unterricht in die freiere Form einkleiden müsse. Es wird möglich sein, wenn eben durch alle Klassen nach der von uns angedeuteten Methode verfahren ist, und die Schüler in diesem Sinne gereift worden sind.

Die nun schon hinlänglich an verschiedenen Gegenständen dargelegte Methode wird mindestens die Möglichkeit der Ausführung gezeigt haben. Es wird darum auch die weitere Darlegung kürzer sein können, zumal Alles, was gesagt ist in Beziehung auf Gesang, Declamation, grammatischen Unterricht (wenn er hier ja noch vorkommen sollte), historischen Unterricht in der Muttersprache, practische Geometrie, welche hier namentlich sich in das Gebiet der Geodäsie, Höhenmessungen und kleinen astronomischen Messungen wie Berechnungen ꝛc. ausdehnen wird, hier auch seine Anwendung findet. Es bleibt also nur noch das für diese Klasse Eigenthümliche zu erwähnen.

Um mit dem Gegenstande zu beginnen, an welchem aufs Neue der practische Sinn anzubauen ist, erwähnen wir nochmals hier der Chemie, brauchen aber nur auf die in §. 58 weitläuftig dargestellte Behandlungsart hinzuweisen, denn diese war eben die hier bezeichnete und vollendete freie Methode zur Anbauung eines practischen Sinnes an der Wissenschaft. Die Behandlung der Geschichte setzt in den Händen der Schüler eine chronologische Geschichtstabelle und einen Abriß der Geschichte voraus, in welchem der Zusammenhang der welthistorischen Begebenheiten in einer ganz einfachen Sprache dargestellt ist. Dies Knochengerüste der Tabelle und die Sehnen des Leitfadens überziehen die Schüler mit Fleisch und der Lehrer schafft durch seine Betrachtungen mit den Schülern die Saftgänge und das Blut hinein. Diese erhalten Monographieen, seien es die einzelner wichtiger Zeitabschnitte, Kriege, Persönlichkeiten ꝛc. und halten dann daraus in der Klasse nach Anordnung des Lehrers Vorträge. Die Anordnuug ist natürlich so zu treffen, daß eine gewisse Gruppe von Vorträgen bei aller Verschiedenheit dennoch im Großen und Ganzen sich immer um einen und denselben Punct in der Geschichte dreht, wobei dann der eine Vortrag entweder das Material des vorhergehenden wieder auffrischt, oder es erweitert oder individualisirt oder unter einem höhern Gesichtspuncte betrachtet. Z. B. der Eine giebt die Geographie in ethnographischer, politischer, culturhistorischer und physikalischer ꝛc. Beziehung der Länder, in welchen die nordischen Kriege geführt sind, an welcher Arbeit auch mehre betheiligt werden können; Andere vergleichen den damaligen Zustand dieser Länder mit dem heutigen in allen veränderlichen Beziehungen; Andere stellen Ursachen und Veranlassungen zu diesen allmäligen Umgestaltungen und Grenzregulirungeñ an; Andere erzählen partieenweise den einfachen Verlauf der Kriege, den Friedensschluß und seine Folgen, seine Gültigkeit für die heutigen Verhältnisse oder die Veranlassungen zu den Abänderungen; Andere geben historische Einleitungen für die Geschichte dieser Kriege; Andere nehmen das Leben der bedeutendern Persönlichkeiten, Carl XII., Peter, August II. Dies eine Beispiel genügt wohl zur Veranschaulichung des Gedankens. Wenn so das Material gesammelt ist, (der Lehrer läßt immer einen Vortrag sogleich von einem der Zuhörer wiederholen, um lautes Sprechen und das Bewußtsein eines Thuns für Andre und sorgfältiges Anhören auf der andern Seite und das Bewußtsein des Lernensollens zu erhalten,) dann repetirt der Lehrer nicht weiter, sondern läßt die Schüler nun allgemeine Gesichtspuncte aufsuchen über Ursachen und Wirkung des Einzelnen, und läßt diese finden in den wirklichen vom Schüler gehörten Zuständen, Zeit- und Länderbeschaffenheiten, Characteren der auftretenden Personen u. s. w. Dadurch erhält das Material erst einen lebendigen Hauch und wird ein Bildendes für den Geist. So lernt der Schüler Geschichte treiben. Der Unterricht im Französischen und Englischen muß nun in dieser Klasse entschieden schon so weit vorgerückt sein, daß die Lectüre von erzählenden und selbst schildernden historischen Werken eben keine bedeutenden Schwierigkeiten mehr verursacht, und damit ist dann die weitere Möglichkeit gegeben, die Kenntniß der Sprachen als ein Mittel zur Erwerbung von Material zu vewenden. Die Lectüre auf dem historischen Gebiete geht nun in die Hand des Historikers über, und die Schüler erhalten englische wie französische Monographieen in dem oben angedeuteten Sinne neben den deutschen. Die Lehrer der gedachten Sprachen haben hier Winke an die Hand zu geben, wo ein solcher zweckmäßiger Stoff zu finden sei. Die Verarbeitung dieses Stoffes gehört dem Historiker. In seine Hand gehört nun auch das aus der historischen Geographie (s. §. 38), was ein Schüler in diesem Alter selbstständig fassen kann. An Monographieen fehlt es hier nicht, wenn man nur erst das Material aus größern Werken ausscheiden wird. Die Alpen bieten ein anderes Volksleben als die Marschländer, die wasserreichen Gegenden ein anderes als die Binnenländer. Solcher Monographieen in lebendigen Schilderungen, die aber auch möglichst objectiv darstellen, müssen so viele als möglich zur Verarbeitung und Relation in der Klasse ausgetheilt, und dann natürlich wie der historische Stoff verarbeitet werden. Die Ergebnisse über den Zusammenhang zwischen Boden, Cultur, Sitte,

Geschichte des Volkes, müssen Ergebnisse des Nachdenkens der Schüler über den vorliegenden Stoff nicht Nachbetereien aus dem gelesenen Buche sein. Von selbst wird dabei sich alles frühere Gelernte auffrischen und so zur Verarbeitung kommen. Auf diesem Gebiete ist in der neusten Zeit so viel gethan, daß die Schulen nur zuzugreifen nöthig haben, um des Brauchbaren genug zu halten. Ob die Vorträge so wie in der Geschichte einen bestimmten Mittelpunct gewinnen, oder ob man nach der obigen Andeutung sie bei den einzelnen in der Geschichte vorzüglich berücksichtigten Ländern einstreuen wolle, das bleibt sich gleich; nur dahin ist zu sehen, daß jeder mindestens eine solche Monographie zur Durcharbeitung überkomme und einmal sonach einen Lehrvortrag in diesem Sinne halte. So lernt der Schüler Geographie treiben auch für die Zeit, wo kein Lehrer ihn mehr nöthigt.

Wie die Geschichte, so löst sich auch der literar-historische Unterricht in einen vollkommen freien auf. Was sich der Schüler nur irgend selbstständig durch eignes Lesen und Nachdenken erwerben kann, und was er Andern mitzutheilen irgend befähigt ist, das muß auch seiner Thätigkeit zugewiesen werden, das darf ihm nicht vom Lehrer vorgekäut werden, damit darf aber auch nicht die nun schon kostbare Zeit der Schulstunde hingebracht werden. Es erarbeitet sich die Klasse durch das Arbeiten einzelner Schüler in einzelnen Dichtern, Dichtgattungen, Dichtperioden eine Art Uebersicht über das literarische Gebiet. Die Arbeiten lassen sich vertheilen in die Zeit Luther's, Opitz's, Klopstock's, Lessing's, Herder's, Göthe's, Schiller's rc. Mit den Hauptdichtern wird dann erst, wie oben schon (§. 71) angegeben ist, möglichst die ganze Klasse beschäftigt, indem jedem irgend eine eigenthümliche Parthie seiner Dichtungen oder eine Parthie aus einem größern Werke desselben zur Berichterstattung übergeben wird, z. B. Lessing's Leben, Lessing's Werke in den verschiedenen Perioden, Lessing als Fabel- Lieder- Lustspiel- Schauspieldichter, als Kritiker, Aesthetiker und Kunstschriftsteller; jede dieser Aufgaben kann noch wieder zerlegt werden in untergeordnete z. B. seine Gedanken über Natur und Poesie, über Leben und Dramatik, über die verschiedenen Gattungen und Grenzen der Kunstgebiete. Daneben werden nun eingeflochten seine Freunde Weiße, Nicolai, Mendelssohn, dann die von ihm unabhängigen bedeutendern Zeitgenossen Möser, Winkelmann, Gellert, dann die Gegner oder von ihm Bekämpften Gotsched, Pope, dann auch solche, deren dichterische Mißgriffe er scharf rügt, ohne sie zu nennen, wie die Anhänger der Gotscheď'schen Schule, als Elias Schlegel, v. Cronegk. Andere gereiftere Kräfte vergleichen dabei Gellert's, Gleim's, Lichtwer's, Lessing's Fabeln, Weiße's, Schlegels, v. Cronegk's, Gellert's Schauspiele und suchen so das Eigenthümliche jedes Dichters zu gewinnen; schließlich tritt hinzu das Urtheil seiner Zeitgenossen über ihn. Ein zweiter und dritter Dichter wird in ähnlichem Sinne behandelt und von den verschiedenen Schülern nach verschiedenen Seiten hin durchgearbeitet, und das Ergebniß jeder solcher Arbeit wird durch den Vortrag zum Gemeingute der Klasse gemacht. Damit ist dann auch schon wieder ein neues Feld von Fragen und Untersuchungen in der Gegenüberstellung der beiden Männer, ihrer Dichtungsarten auf demselben Felde, ihrer eigenthümlichen Auffassungen, Anschauungsweisen, ihrer Abhängigkeit von der Zeit wie ihres Einflusses auf dieselbe 2c. 2c. dargeboten. Die spezielle Durchführung an diesem einen Beispiele reicht wohl hin für den denkenden Lehrer, wie der ganze Unterricht nun weiter in lauter solche Einzelfragen an die Einzelschüler zu vertheilen ist, und dennoch einen innern Einigungspunkt behält. Nur werden einige äußere Winke nicht unwillkommen sein. Das äußere Leben eines Dichters und seine Schicksale werden vorausgeschickt (von Schülern im Vortrage), sie bieten einem in unserm Sinne geschulten Primaner ohne weitere Andeutungen schon Fingerzeige zum Verständnisse mancher Aeußerungen wie ganzer Dichtungen; die Aufgaben werden erst alle bestimmt gefaßt und ihrem Wesen nach klar gemacht, und dann erst an die einzelnen vertheilt, um jeden für alle Fragen zu intressiren, jedem beim Verfolgen seiner eignen auch nebenbei die übrigen Fragen nahe zu legen und ihn zu einer beiläufigen Lösung und Beantwortung zu veranlassen, und ihm so an der Auflösung seines Genossen ein noch höheres Intresse zu schaffen; aber nicht minder auch darum, damit sich die Schüler gegenseitig bei ihrem Lesen und Studiren in die Hand arbeiten können. Dieser methodische Wink findet natürlich auch in andern Gebieten eine Anwendung. Je näher sich die Aufgaben berühren, desto öfter werden die Schüler auch verschiedene Ansichten über die Berührungspuncte darlegen, und an diese lehnt sich vornehmlich der Lehrer und sucht durch weise Leitung der Debatte die wahre Ansicht aus der genauern Betrachtung des vorliegenden und alles gegenwärtigen Stoffes herauszuarbeiten. Wenn der Lehrer an einer Aufgabe zwei Schüler sich betheiligen läßt, oder wenn er recht viele intressante, sich nahe berührende Themata stellt, so erhält er hier nun wieder das rechte Feld zu Disputationen, welche rein aus dem Intresse an dem Gedanken und an der Wahrheit desselben quellen, und nicht blos eine Farce sind, vor der sich die Schulen schämen sollten. Die Sammlung früher gelernter, erklärter, gelesener Gedichte, die zerstreuten Kenntnisse über Dichter und ihre Werke werden hiebei ohne langweilige Repetitionen gesammelt. Ob viele, ob wenige Dichter oder Dichtperioden von einer und derselben Schülergeneration so durchgearbeitet werden können, das bleibt sich in der höhern Bürgerschule ganz gleich; denn es wird nur auf diesem Wege gewonnen, die ästhetische Literatur zu einem künftigen Bildungsmittel des künftigen Bürgers zu machen, denn dieser hat die Befähigung gewonnen, sich aus derselben mehr als Exclamationen zu gewinnen; er hat selber graben gelernt, und braucht nicht erst auf die Wünschelruthe der gelehrten Schwarzkünstler zu warten. Wenn der literar-historische Unterricht auf den vorigen Lehrstufen in unserm Sinne gehandhabt ist, so wird auch eben Niemand zweifeln, daß die Schüler zu solchem Unterrichte fähig wären.

Es ist früher (s. §. 61.) dem Leseunterrichte eine eigenthümliche Stelle in der höhern Bürgerschule angewiesen worden. Sein Zweck an sich ist dort dargelegt; doch den letzten erfüllt er für die freie Methode des Unterrichtes in der Prima. Es ist schon öfter auf den argen Mißgriff der ästhetischen Schul-Tactik auf dem Gebiete der Sprachen und der Literaturen hingewiesen, und es bedarf demnach einer Befähigung des künftigen Bürgers auch für die tiefer gehenden Werke der Literatur, um sie eben für das Erwerben der tiefern Gedanken der Dichter zu befähigen. Wenn von Klasse zu Klasse der rechte Stoff und der regelrechte Fortschritt nach den Kräften gewählt ist, dann wird in Prima folgende Beschäftigung möglich sein. Was haben Gotsched, Gellert, Baumgarten, Lessing, Klopstock, Herder, Jacobi, Schlegel, Winkelmann, Ramler, Nicolai, Sulzer, Humboldt, Jean Paul, Schiller, Göthe, Bouterwek, Kugler über Kunst oder Aesthetik im Allgemeinen oder über das Verhältniß der Künste zu einander, oder über einzelne Kunstgattungen oder gar einzelne Kunstwerke zerstreut in einzelnen gelegentlichen Aeußerungen oder gar versteckt in Gedichten oder in eigenen Abhandlungen gesagt. Diese sammelnden Themen, welche eben wieder verschiedene Arbeiter übernehmen und zum Vortrage bringen, bahnen mit ihrem so dargelegten Materiale (welches eben die Ansichten der Männer sind) nun den Weg zu neuen Fragen über die Einerleiheit oder Verschiedenheit der Ansichten der gedachten Männer. Dies gewährt einen sehr reichen Stoff zum Nachdenken und Veranlassung zu gründlichem Lesen. Darüber erheben sich Fragen über das Wesen der einzelnen Kunstgattungen, über die ihnen zu Gebote stehenden Mittel, über ihre Wirkungs-Sphäre wie Darstellungsgebiete, also die zu wählenden Objecte, das Zusammenwirken der verschiedenen Künste rc. Wenn jedoch die Schüler nicht durch Declamation und Gesang und Musik und Zeichnen und Modelliren und anderweitige Kunstanschauungen reif für irgend eine selbstständige Beantwortung dieser letztern Fragen geworden sind, so bleibe man durchaus damit aus der Schule, sie möchten sonst über die Kunst schreiben und reden lernen, wie sie über die Bedeutung des Papstthums schreiben und reden. Neben den Schriftstellern auf dem Gebiete der Kunst können auch die populär philosophischen — es sei der Ausdruck erlaubt — behandelt werden, namentlich in Beziehung auf die Erfahrungs-Seelenlehre. Nicolai, Engel, Jacobi, Steffens, Zimmermann, Mendelssohn, Abbt, Garve, Herder, Platner, Fichte, Schleiermacher und Andere bieten den Stoff für diese Studien dar. Das Wesen der Gefühle in ihren Abstufungen, wie sie nun eben einmal die Sprache bezeichnet, der Affecte, Leidenschaften, des Wollens, Begehrens, der Triebe, Neigungen rc. rc. Daneben auch die Begriffe der practischen Moral-Philosophie werden aus jenen Werken aufgesucht, die verschiedenen Aeußerungen der Schriftsteller verglichen, die Anschauung dieser Zustände in Gedichten, Erzählungen, Dramen oder einzelnen Scenen der Dramen, in denen solche Zustände oder sittliche Momente dargestellt sind, von den Schülern aufgesucht, und endlich werden die eigenen Lebenserfahrungen und Beobachtungen an Andern in die Untersuchung eingeflochten.

Die Arbeit auf dem Gebiete der Aesthetik wie Psychologie oder Moral bleibt aber nicht beim Deutschen stehen, sondern für dieses Feld müssen die beiden fremden Literaturen mit in Thätigkeit gesetzt werden. Wenn es sich, um nur in Beispielen zu reden, vom Drama handelt, so müssen französische wie englische Dramen bereits gelesen und diese einzeln für sich detaillirt sein; wenn es der Lyrik gilt, so dürfen Beispiele, von den Schülern im Originale gelesene, nicht in der Anschauung fehlen, und der Lehrer des Deutschen hat sich mit den betreffenden Lehrern dieser fremden Sprachen aufs Genauste darüber zu einigen, was er verlange und was sie ihm bieten können und wie viel er den Schülern zumuthen dürfe.

Mag das nun viel oder wenig werden, was aus diesen fremden Gebieten herbei gezogen werden kann, auch das Wenige muß mit verarbeitet werden unter den höhern geistigen Gesichtspuncten; denn nur als ein Merkmal eines erweiterten Begriffs hat dasselbe einen Werth; es darf auf dieser Unterrichtsstufe nichts isolirt bleiben; es muß der Schüler hier lernen, daß über der gesammten Wirklichkeit und allen seinen gewonnenen Anschauungen ein höheres geistiges Gesetz schwebt; daß aber dieser Begriff für den nur Inhalt hat, der sich eine Fülle der Anschauungen erwarb, und ohne diese eine ganz leere und nichtige Form für ein loses Geistesspiel ist. Das nähere Verfolgen dieser unablässigen Forderung zur Vollendung einer höhern Bürgerschule, dies Auswählen des Stoffes in der Art, daß in den fremden Sprachen einzelne Parthieen der Thematen, welche der Lehrer im Deutschen stellen wolle, auch durchgearbeitet sind und in dem engern Kreise der Anschauung auf diesem und in diesem fremden Geistesleben schon erledigt sind, kurz das Verweben alles sprachlichen Unterrichtes und das Hinlenken der gesammten Thätigkeit in den ethischen Unterrichtsmitteln auf einen Punct, das muß Männern anheim gegeben werden, welche auf dem Gebiete dieser Literaturen recht bewandert sind, und die Lösung dieser letzten Aufgabe der höhern Bürgerschule muß erst vom Zusammenwirken Vieler und von den einzelnen anzustellenden Versuchen erwartet werden. Jetzt liegt dieses Ziel noch in nebliger Ferne. So viel möge man aber hieraus entnehmen, daß der Unterricht im Französischen und Englischen ganz denselben Weg nehmen soll, wie er für den literarhistorischen Unterricht im Deutschen angedeutet ist. Die Schwierigkeit der Sprache, die Eigenthümlichkeit der Literaturen, die Unmöglichkeit, zu so reichen und mannigfaltigen Anschauungen zu gelangen, dürfen nicht abhalten, ein ganz gleiches Ziel und einen ähnlichen, die Schüler im gemeinschaftlichen Thun fördernden Beschäftigungskreis zu erzielen. Beide Sprachen müssen hier durchaus als Mittel zur Gewinnung eines Stoffes behandelt werden, dadurch erhält sich der Unterricht allein in der Würde, lockt nicht mehr durch das ledige Amüsement über die leichtfertigen Schriftwerke, reizt dann nicht mehr durch die Lectüre geistreicher Declamationen und frappanter Combinationen, verdirbt nicht den gesunden nüchternen Geschmack durch den Parfüm der heutigen Zeitideen, sondern läßt einmal kernhafte Sachen lesen und in diese auch bis auf den Kern eindringen, und ihn sich auch wirklich gewinnen. Der durch die Lectüre gewonnene Inhalt wird das Object der eigentlichen geistigen Beschäftigung, und um mehr Inhalt zu gewinnen, darum wird die Arbeit sorgfältig an die Schüler vertheilt und zwar auch so ausgetheilt, daß schließlich eine gemeinsame Betrachtung des so erworbenen Stoffes möglich und damit ein größeres geistiges Capital, ein höherer Begriff gewonnen wird.

Die ganze Stellung des mathematischen Unterrichtes in der Prima und die ihm zugetheilte Aufgabe ist eine solche, welche die freie Unterrichtsform fast von selbst fordert. Die Mathematik ist nicht mehr Selbstzweck, sondern Mittel für einen höhern Zweck, was in ihr noch gelehrt wird, geschieht nur, um sie zu einem möglichst brauchbaren Mittel zu erheben. Zunächst werden nun von den einzelnen Schülern oder Schülergruppen alle zerstreut gelösten Aufgaben in dem Gebiete der Physik nach den verschiedenen Disciplinen dieser letztern Wissenschaft gesammelt, vermehrt, weiter verfolgt, und immer die Ergebnisse gegenseitig mitgetheilt, bis in aller Händen nach und nach eine analytische Optik, Akustik, Statik, Mechanik ist, so weit die bisherigen mathematischen Hülfsmittel reichten. Alle diese physikalischen Disciplinen werden aber zugleich vorgenommen, so weit es nämlich die Sammlung und Ordnung früher gelöster Aufgaben gilt, und dann die Erweiterungen in den verschiedenen Zweigen werden auch in der Art fortgeführt, daß die Aufgaben z. B. in der Optik heute der Eine und morgen der Andere erhält, und so jeder Schüler in jedem Zweige arbeitet, und die Arbeit seiner Vorgänger nur fortsetzt, da er ja deren Ergebnisse durch die Vorträge empfangen hat. Unterdeß erweitert sich die Trigonometrie durch reine Aufgaben an einzelne Schüler, so daß alle zur logarithmischen Rechnung bequemen Formeln gewonnen werden, denn es reicht für den Zweck der höhern Bürgerschule vollkommen aus, wenn die Schüler einmal selbstständig, mit deutlicher Einsicht in den Gang der Entwicklung, ein Resultat gewonnen haben, und es dann mit Freiheit gebrauchen lernen; dagegen ist die Forderung an die Schüler in der Prima, daß sie für alle mathematischen Wahrheiten auch den Gang, auf dem sie gewonnen wurden, behalten und gar stets gegenwärtig haben sollen, eine dem Wesen der Bildung widersprechende, weil dieses Wissen rein formaler Natur ist. Im Uebrigen sei man nebenbei versichert, daß die Schüler in der That, wenn sie immer selber die fortschreitenden und nicht die durch den Unterricht des Lehrers fortgeschleppten waren, viel mehr behalten von dem Wege der Untersuchung, als man etwa glauben mag. Da nun aber zugleich der Unterricht noch viele neue mathematische Begriffe aufnehmen muß, so werden ohnehin die Schüler geübt genug in dieser Wissenschaft. Sobald aber irgend ein solcher neue Begriff wie z. B. der der analytischen Geometrie vom Lehrer gegeben ist, und die Schüler in der Anwendung desselben nur einigermaßen geübt sind, so wird auch dieser Unterricht in lauter Aufgaben zerlegt, damit Jeder den Gang des Fortschreitens darin lerne. Sobald die Gleichung der geraden Linie klar ist, was freilich seine Schwierigkeiten hat, und das Auffinden des Durchschnittspunctes zweier Linien und die Gleichung einer auf einer andern Linie senkrechten und der Ausdruck für die Länge einer Strecke gefunden ist, so eröffnet sich nun ein bedeutendes Feld schon für Aufgaben als da sind: durch einen bestimmten Punct einen Perpendikel auf eine bestimmte Linie zu fällen und seine Länge zu bestimmen und so zu beweisen, daß der Perpendikel die kürzeste Strecke sei; die drei Höhen eines Dreiecks schneiden sich in demselben Puncte, so die drei Schwerlinien, so die Halbirungslinien der Winkel; in ein Dreieck ein Quadrat, eine Raute unter gegebnem Winkel, ein Rechteck mit gegebnem Seitenverhältniß, ein Parallelogramm einzuschreiben; den Radius eines ein- eines umgeschriebenen Kreises zu bestimmen. Wenn ein Schüler eine solche Aufgabe selbstständig gelöst und die Lösung der übrigen mit angehört und verfolgt also auch verstanden hat, dann hat er auch hinlängliche Uebung erlangt. Man geht dann über zur Gleichung des Kreises, und wenn diese discutirt ist, so hat man alsbald wieder ein großes Uebungsfeld vor sich. Man läßt die Gleichung des Kreises für verschiedene Anfangspuncte der Coordinaten bestimmen und von jedem betreffenden Schüler discutiren, läßt dann aus der allgemeinsten Gleichung des Kreises die einfachern für die verschiedenen Anfangspuncte ableiten. Dann läßt man alle die bekannten Oerter, welche vielleicht in der Planimetrie zur Sprache kamen, jetzt durch die analytische Geometrie auffinden, oder man verspart sich diese Lehre von den geometrischen Oertern geradezu bis hieher und löst dann mit diesen hier gewonnenen Resultaten noch einige planimetrische Aufgaben. Wenn wiederum jeder Schüler eine solche Aufgabe vollständig gelöst und die seiner Genossen verstanden hat, so reicht dies vollkommen aus. Wie man den Kreis behandelt hat, so geht man nun zu den übrigen Kurven des zweiten Grades über, und nimmt alle viere zugleich vor, läßt die Gleichungen finden, sucht die Gleichungen von verschiedenen Anfangspuncten, sucht Oerter, welche auf diese Kurven führen, sucht dann die Gleichungen der Secanten,

Tangenten, Normale rc. rc. läßt aber wieder so arbeiten, daß jeder Schüler von Zeit zu Zeit in allen Kurven eine Aufgabe erhält, zu welchem Zwecke er dann das von seinem Mitschüler Gelernte wieder genau ansehen muß, und dessen hülfreichen Beistand in Anspruch nehmen wird. Sobald der Unterricht so weit vorgeschritten ist, daß eben Aufgaben aus der Naturwissenschaft daran geknüpft oder mit ihm gelöst werden können, so ist er auf der gesuchten Höhe und das weitere Verfahren macht sich dann von selbst. — Dies muß hier ausreichen zur Veranschaulichung, wie sich der strenge mathematische Unterricht eben in einen freien verwandeln lasse, denn an dem Beispiele, welches hier die analytische Geometrie geliefert hat, kann man leicht sich klar machen, wie es auf den übrigen Gebieten annähernd gehalten werden müsse. Nur einige Winke noch. Da verschiedene Sachen immer neben einander behandelt werden, so schreiben die Schüler auf halben Bogen das Zusammengehörige und führen so mehre Hefte fort; der Vortragende hat immer, wenn es der Lehrer nicht beim Vortrage als schon überflüssig zurückweist, aus dem frühern das im Kurzen aufzunehmen, was zur Lösung dieser betreffenden Aufgabe nothwendig ist, und muß auf alle Fragen seiner Zuhörer gefaßt sein. Bei schwierigen Aufgaben wendet sich der Schüler vorher an den Lehrer und sie besprechen beide den Gang der Darstellung, wobei der Lehrer auch das einflechten läßt, was er noch zur Verdeutlichung für die Anfänger nöthig erachtet. Nach gehaltenem Vortrage werden die nicht verstandenen Stellen von den Zuhörern bemerklich gemacht, und kann der Schüler nicht die Unklarheit heben, dann tritt der Lehrer hinzu.

In der Prima und auch wohl zum Theil schon in der Secunda kann selbst der Zeichenunterricht, welcher sonst isolirt und abschließt, zum Gegenstand eines gemeinsamen Thuns erhoben werden; freilich nicht eines solchen Thuns, wobei die Arbeit des Einen den Fortschritt eines Andern fördert. Es sind aber recht wohl folgende allgemeine Arbeiten denkbar: z. B. alle Schüler arbeiten nach einem Maaßstabe die sämmtlichen Verzierungen an einem bestimmten antiken Gebäude oder einem gothischen Dome, oder arbeiten, freilich nach verschiedenen schicklichen Maaßstäben, alle einzelnen innern und äußern Theile eines griechischen Tempels, einer gothischen Kirche; oder projiziren gemeinschaftlich nach einem gleichen Maaßstabe eine große Maschine nach allen ihren Theilen; oder modelliren ebenso alle Theile irgend eines Ganzen, z. B. wieder sämmtliche Verzierungen an einem Gebäude und dergleichen, oder es vereinigen sich die besten Zeichner zur Darstellung einer Bildergallerie, welche entweder eine Reihe von Göttern, mythischen Personen, Heroen oder auch historischen Personen enthält. Das gemeinsame Thun für ein Ziel ist wie das Wandern in der Gemeinschaft, die stärkern Wandrer helfen den schwächern mit fort und tragen ihnen hin und wieder den Bündel, der die ermüdeten zu sehr beschwert, und beide gewinnen.

§. 73. Ueberschaut man diese ganze Darlegung, so wird klar sein, daß auf diesem Wege ein Gemeinsinn innerhalb der einzelnen Klassen erreicht wird, daß aber die Enden des umschlingenden Bandes noch in der Hand des Lehrers liegen und daß der geistige Lebenshauch in derselben noch mehr oder minder der des Lehrers ist. Das kann auch noch nicht anders sein, da ja nicht die Klassenvereinigung eine freie sondern eine geschloßne und aufgedrungene ist. Demgemäß kann auch die That des Einzelnen, wenngleich sie immer eine für die Gemeinschaft ist, noch nicht als eine freie angesehen, sondern muß als eine geforderte und auch erzwungene angesehen werden, da der Schüler ja für Innehaltung seiner Pflicht verantwortlich ist. Damit ist nun eben gesagt, daß mit dieser Unterrichtsform allein und noch bei Weitem nicht die Aufgabe gelöst, sondern eben nur erst auf dem Hausheerde der Schule eingeleitet ist. Aber neben dieser Einleitung bietet sie folgende ganz wesentliche Momente dar. Die Schüler einer Klasse werden nach ihren Kräften und Befähigungen beschäftigt und gewinnen eben dadurch eine erweiterte und ihren Kräften angemessene Kenntniß und Erkenntniß; die schwachen Schüler haben die Aufgabe der Rezeption, durch welche sie vollauf beschäftigt werden; das abstumpfende und abspannende Repetiren erhält einen andern Character und behält den Reiz einer neuen und erfrischenden Thätigkeit; das viele polizeiliche Abhören, welches die Schüler wie ein hochnothpeinliches Halsgericht ängstet und ihnen die Kehlen zuschnürt, verwandelt sich in einen freien Vortrag; die Vortragenden haben einen höhern Zweck als den der Orgelpfeife, welche der Lehrer zum Tönen bringt, und die Zuhörer haben ein Intresse an dem Anhören der fremden Töne, was nicht der Fall ist und nicht sein kann, wenn nach der gewöhnlichen Lehrmethode alle Schüler und auch der Lehrer vorher wissen, was der Gefragte oder Sprechende sagen wird. Für wen soll dieser laut sprechen? Warum sollen jene zuhören? Sein Lautsprechen ist ein Stoßseufzer, den ihm die Lehrer abpressen, und das Aufpassen der Zuhörer ist eine Lüge. Lernen und Sprechen und Einüben eines Vortrages und Lösen einer Aufgabe und deren Vortrag, das erhält nun Alles einen andern Zweck, als der willkührlichen Forderung der Schule Genüge zu thun, und der Gewinn der ganzen Methode ist neben Arbeitskraft noch die Erwerbskraft und Erwerbungsfähigkeit und Wirthschaftlichkeit. Die Polizeistube des Unterrichtes, wo jeder ein Verhör zu bestehen hat, verwandelt sich in die Bürgerstube, wo jeder seine Erfahrungen, Gedanken, Ergebnisse seiner Thätigkeit mittheilt. Das seufzende Sprechen der Verhör- und Repetir- und Katechisir-Methode verwandelt sich in ein Aussprechen dessen, wofür sich der Sprecher intressirt hat. Doch genug für denkende Didactiker, welche die große Schullüge in Betreff der Aufmerksamkeit und eine vollkommene Unthätigkeit der katechisirten Schüler, und die oft schlecht verhehlte Langeweile der Repetitionen kennen und die oft schlecht versteckte Niederdrückung der Geister bei dem ewigen Wiederkäuen derselben trocknen Schulbissen beobachtet haben und nicht mehr in schönen Examinibus eine Entschädigung für den vielfachen geistigen Todschlag finden. Endlich übersehe man nicht, daß für höhere Bürgerschulen diese Unterrichtsform mit Nothwendigkeit aus ihrer Tendenz folgte, daß sie eine Breite der realen Anschauungen giebt, ohne jeden Schüler alle Winkel selbst durchwandeln zu lassen, daß sie durch das Zusammenschaffen des reichen Materiales einen soliden Bau aufführen kann, ohne daß jeder einzelne Arbeiter jeden einzelnen Stein gestrichen, gebrannt und angekarrt hat, daß sie die Befähigung eines weitern selbstständigen Beschäftigens mit der Geschichte, Geographie, Literatur, im weitern Sinne vielleicht auch mit der Natur gewährt, daß sie nach allen Seiten hin in das Reale einführt und in dasselbe eindringen und aus ihm sich den Gedanken gewinnen läßt; daß sie den practischen Sinn selbst in Beziehung auf Gedankenbehandlung und Gedankenanordnung anbaut, daß sie zu einem selbstständigen Urtheilen führt. Wenn dieselbe heute noch nicht durchzuführen ist in allen Gegenständen, so ist es Aufgabe der Lehrer an der höhern Bürgerschule, die Möglichkeit der Durchführung durch wissenschaftliche Arbeiten anzubahnen.

II. Abschnitt.

Das Schulleben am Unterrichte sich entfaltend in der Vereinzelung.

§. 74. Wenn in dem vorigen Abschnitte die Thätigkeit mehr oder minder eine aufgetragene und geforderte war, so gilt es nun, einen Heerd des Schullebens zu construiren, auf dem der freie Entschluß seine Opfer darbringt und auch seine Erndten hält. Erweckung einer solchen freien, nicht abgezwungenen Thätigkeit mit einem Gemeinsinn als Abwehrer der Selbstsucht, war ja das große Ziel der höhern Bürgerschule (§. 21.). Das setzt nun wieder auch den Anbau der freien Thatkraft voraus, welche eine That und auch wohl eine mühevolle ohne Befehl und Antrieb von Außen übernimmt und vollführt. Es giebt der Art in den Schulen schon mancherlei, doch möge hier auch das Bekannte neben dem Neuen einen Platz finden, damit aus dem Alten her das Neue leicht verstanden werde. Das Lernen und schöne Hersagen von Gedichten, gut eingeübte und schön vorgetragene Erzählungen, das Vorsingen eingeübter Lieder, welche nicht in der Schulstunde gelehrt wurden (das Vorspielen von Musikstücken, welche nicht die Schule zur Einübung auftrug), das schöne Abschreiben und schickliche Verzieren der Lectionspläne der einzelnen Klassen, des Nationale's für den Lehrer — sind lauter solche Kinderdienste, welche mehr wirken als man glaubt. Wir rechnen nun in den untern Klassen noch hinzu, welches auch selbst für manche Stunden bis in die Prima hineinreichen mag: das Führen eines Protocolles über die Lehrstunde von Seiten einiger Schüler, etwa jedesmal drei, welche sich dann hernach über die Fassung desselben berathen und es dann in der folgenden Stunde an die Klassenmappe aufs sauberste geschrieben abliefern. In geeigneten Fällen wird es auch vorgelesen; immer aber erst dem Lehrer vorher eingereicht. Vornehmlich werden diese Protocolle geführt in den Stunden, in welchen der Erfahrungsunterricht, oder das Durcharbeiten eines Materiales vorkommt, und in den meisten Religionsstunden. Eben so werden alle selbstständigen freien Vorträge der Schüler, welche außer der Darlegung des Stoffes auch noch die Begründung eines Gedankens enthalten und so die geistige That bekunden, an die Klassenmappe abgeliefert zum Nachlesen und Nacharbeiten für die Mitschüler, doch bleibt dies Abliefern in eines Jeden Belieben gestellt. Dasselbe gilt von allen Zeichnungen zur Erläuterung der Vorträge. Andere schreiben die an die einzelnen Schüler vertheilten Aufgaben mit dem Namen derer nieder, welche sie gelöst und vorgetragen haben; Andere führen ein gleiches Register über die nicht gelösten Aufgaben und die Namen derer, welche damit beauftragt waren. Eine jede Klasse hat eine eigne Klassenbibliothek, welche theils durch geschenkte Bücher, theils durch Geldgeschenke der Begüterten, theils durch kleine Beiträge derer, welche lesen, beschafft wird. Die Einziehung dieser Beiträge aller derer, welche sich zum Lesezirkel vereinigen, (das Geld nimmt der Lehrer in Verwahrung) das Leiten dieses Lesezirkels, die Sorge für richtiges Wechseln, genaues Abliefern der durchgegangenen Bücher, das Wachen über Reinhaltung derselben, das Eintheilen der Klasse in mehre solche Zirkel, falls der Mitlesenden zuviele werden, das Führen der Rechnungen in ganz geordneter und herkömmlicher Weise, die Legung der Rechnung vor dem Lehrer, die Verhandlung mit dem Buchbinder und der Buchhandlung ꝛc. ꝛc. alle diese Geschäfte werden als freie Thätigkeiten die schönsten practischen Uebungen und lehren Rechnungen und Quittungen und Geschäftsbriefe ꝛc. schreiben an einer in der Schule vorhandenen Praxis. Auf gleiche Weise sollte in einer höhern Bürgerschule nicht Tinten- und Kreide- und Schwammgeld ꝛc. aus der Kämmerei bezahlt werden, sondern man sollte für alle diese Dinge Klassenkassen in den Händen des Ordinarius errichten und den Schülern hiermit Gelegenheit geben, diese betreffenden Geschäfte zu besorgen, Rechnungen und Quittungen zu schreiben und über haushälterisches Wirthschaften mit diesen Dingen zu wachen. Eine solche Praxis ist bei weitem nicht so lächerlich als das Dictiren von Geschäftsbriefen, oder Rechnen nach Courszetteln, oder Reden vom Seifensieden, von Runkelrüben-Zucker-Fabrication, Branntweinbrennen oder von Hochöfen und Frischen ꝛc. ꝛc., mindestens verdummt sie nicht und hat einen Zweck. Ja klänge es nicht gar zu abstruse den rein geistigen Augen und Ohren unserer heutigen Pädagogen, wir würden die sämmtlichen Schulutensilien von Seiten der einzelnen Schulklassen in Stand halten lassen; dadurch bekämen die Schüler ein Eigenthum zu verwalten, während sie jetzt nur als unwillige Wächter für ein Gemeingut einer ihnen fremden und ferne liegenden Welt bestellt werden, und darum auch das Amt nur immer ohne Intresse verwalten. Wer seinen Kindern ein Beetchen im Garten überweisen konnte, der weiß, was wir hiemit sagen wollen. Doch der Gedanke ist den Aesthetikern mit ihrer Intelligenz viel zu bürgerlich und banausisch und so mag er nicht weiter verfolgt werden. Die Bibliothek, auf welche wir noch öfter zurückkommen werden, soll andern Schülern Gelegenheit geben zu Auszügen aus den Büchern, einer Inhaltsangabe, Anzeichnen derjenigen Stellen, welche sich zum Vorlesen eignen möchten, Zusammenstellen des Stoffes, der sich in den verschiedenen Büchern auf einem gleichen Gebiete befindet, Vergleichen der verschiedenen Bücher, Ausziehen des Lehrreichen, des Ergötzlichen ꝛc. Alle diese Arbeiten der freien Thätigkeit werden sauber abgeschrieben (diese Bemerkung gilt als eine ganz wesentliche ein für allemal) an die Klassenmappe eingeliefert. Wer ein Buch schenken will, der hat nur dann die Erlaubniß dazu, wenn er diese eben gedachte Arbeit der Inhaltsangabe, und des Ausziehens des Lehrreichen und Ergötzlichen mit beigiebt. Berichte mit orthographischen Fehlern werden unbedingt zurückgewiesen. Außer diesen besondern Klassenbibliotheken giebt es noch eine allgemeine Schülerbibliothek, von deren Verwaltung und Behandlung erst später die Rede sein wird. In den Klassenbibliotheken finden sich nun auch in Quinta schon kleine Sächelchen im Französischen und noch mehr in Quarta und so höher hinauf auch im Englischen. Einige Schüler fertigen zu ihrem Vergnügen und zu Nutz der Schwachen Interlinear-Uebersetzungen einzelner Stellen an, die sie natürlich sammt dem Texte niedergeschrieben einliefern; Andere drücken die Aussprache mit deutschen Lettern Wort für Wort aus, und schreiben es wie es zu sprechen ist; Andere stellen einmal die Leseregeln zusammen, und ordnen sie; Andere geben von einzelnen Stücken eine vollständige grammatische Analyse; Andere fertigen recht gute deutsche Uebersetzungen an; Andere liefern recht gute und vollständige Präparationen und kleine Lexika zu den einzelnen Stückchen, welche Arbeiten alle von den schwächern Schülern bei ihrem eignen, nicht von der Schule mehr aufgegebnen, Arbeiten benutzt werden können und dürfen, und welche einen Theil in der Klassenbibliothek ausmachen und unter derselben Controlle wie diese stehen. In den höhern Klassen beschränkt sich diese Art Thätigkeit nur noch auf Erläuterungen über schwierige Stellen, schwieriger Constructionen ꝛc. und die ersten Leser fertigen von den schwierigen Stellen einen Index an, geben Erklärungen, Uebersetzungen, grammatische, historische ꝛc. Nachweisungen und Erörterungen, liefern diese natürlich erst an den Lehrer ab und dann an die Klassenmappe zur Erleichterung für die folgenden Leser. Jeder folgende Leser sucht neue

Schwierigkeiten auf, und die frühern Leser und Commentatoren sind verpflichtet, über seine Fragen ihm Auskunft zu ertheilen. Dies wird die Controlle des gründlichen Lesens. Können sie nicht Auskunft geben, so wird von dem Entdecker solcher neuen Schwierigkeit der gedachte Commentar erweitert. Ist das Buch dann so weit commentirt, daß auch die schwächern Mitglieder der Klasse es lesen können, dann wird der Commentar zurückgezogen, und die Arbeit an dem Buche beginnt aufs Neue. — Eine andere Seite der freien Beschäftigung bietet der Rechenunterricht dar. Ein oder einige Schüler machen sich anheischig, eine gewisse Reihe von Uebungsbeispielen genau durchzurechnen und an den Lehrer die Resultate abzuliefern; Andere suchen ihnen Fehler nachzuweisen; oder Andere liefern die Auflösungen von hingeworfenen Spaß-Exempeln und bringen so eine ganze Sammlung dieser Art mit sinnreichen Auflösungen zu Stande, die dann immer wieder, wenn die Schülergeneration gewechselt ist, vorgenommen werden; Andere liefern die Reihe von Primzahlen innerhalb gewisser Grenzen der Zahlenreihe; Andere liefern ebenso die einfachen Factoren einer Reihe von Zahlen; Andere suchen für eine Aufgabe die möglichst mannigfaltigen Auflösungen und liefern sie ein; Andere stellen sich die Aufgabe, allerhand Rechnungsvortheile bei den verschiedenen Rechnungsoperationen zu ermitteln und darzustellen ꝛc. Der Arbeiten für die Geographie ist schon beim freien Unterrichte gedacht, die man leicht erweitern kann in Charten einzelner Länder, Flußgebiete, Gebirgspartheien ꝛc. Gute Schreiber liefern auch wohl einmal neben guten Zeichnern einige Vorlegeblätter für die Anfänger, und die eifrigen Botaniker bereiten ein Herbarium für die Klasse in höchstmöglicher Vollendung vor, wozu ihnen natürlich dann das Papier geliefert wird sowohl zum Trocknen als zum Einlegen; ziehen selber Pflanzen auf in Töpfen und halten daran die schon oben gedachten Vorträge in der Botanik, u. s. w.

§. 75. Wenn mit solchen und ähnlichen Arbeiten und mit der ganzen freien Unterrichtsform der Sinn für eine freie Thätigkeit belebt ist, dann wird sich nach und nach wie von selbst ein erweitertes Schulleben entfalten. Es dürfen die Lehrer nur ein Herz für die Sache haben und für den eigenthümlichen Bildungsweg der künftigen Bürger. Dahin rechnen wir nun zunächst freie Schülervereine, welche in den untern Klassen unter den Händen und unter möglichst freier Leitung der Lehrer bleiben, in den obern Klassen aber zum Theil schon ganz selbstständig werden. Wir scheiden hier Lesevereine, Studienvereine, Kunstvereine, Beschäftigungsvereine. Für dieselben entwerfen die Schüler förmlich und berathen Statuten und Einrichtungen und Strafbestimmungen und Geschäftsordnung und wählen sich Vorstände, denen sie gehorchen wollen. Der Lehrer nimmt an den Berathungen nur noch Theil und läßt sie selbst von den Schülern leiten, weist höchstens einmal auf einzelne Puncte hin, welche von den Schülern ganz übersehen sind, warnt vor den drakonischen Gesetzen, zu welchen die Kinder nur eine zu große Hinneigung haben. Dies Berathen, Streiten, Ueberlegen, Disputiren ist ein wesentliches Stück der Beschäftigung, es kommt dabei eine deutliche Vorstellung der wirklichen Verhältnisse, der Kräfte, der Räumlichkeiten, der Zeiteintheilung, der Ausdauer ꝛc. zur Sprache, welches eben eine Beschäftigung im Sinne der höhern Bürgerschule ist. Daher werden diese Statuten immer von Zeit zu Zeit wieder berathen, ergänzt. Man wird uns nicht in den Verdacht ziehen, als wollten wir solche leeren Phrasenmacher auf den Tribünen bilden, dem soll eben vorgebeugt werden dadurch, daß der Knabe und Jüngling hier durchaus nur Verhältnisse zu reguliren hat, welche er ganz übersehen kann, die er wirklich versteht; er soll eben das vorliegende Wirkliche nach einem bestimmten Zwecke und nach gegebnen Bedingungen reguliren, und sich vor der Einbildung bewahren als könne man schon nach dem eingebildeten Schema und Schemen des so genannten gesunden Menschenverstandes ohne weitere Kenntnißnahme beurtheilen und reguliren. Die unmittelbare Verwendung seiner constituirenden Gedanken oder Gesetze soll ihn mit ihrer Mangelhaftigkeit in Beziehung auf einzelne Fälle überzeugen, wie schwer es sei, ohne Erfahrung in einzelnen Dingen ein Regulativ zu geben und zu berathen. Noch rechne man auch das psychologische Moment hinzu, daß die Vorbereitungen und Zurüstungen und Vorarbeiten für ein Spiel ein wesentlcher Theil des Spieles und oft der größte Genuß an demselben sind. Welcher Lehrer für solches Kindergewäsche zu vornehm ist, der bleibe aus der Kinderstube, und sammle sich Lehrerlorbeern am eingetrichterten amo. Die verschiedenen Vereine mögen dann einmal alle ihre unabhängig entworfenen Statuten und Gesetze prüfen und die Abweichungen gegenseitig vertheidigen aus den gewonnenen Erfahrungen, das giebt ein Feld für Disputationen in einer höhern Bürgerschule, welches auf dem Gebiete der selbst erlebten Erfahrungen bleibt, wie es hier sein muß. Diesen Disputationen wohnen die Lehrer bei, welche den einzelnen Vereinen vorstehen und beim Berathen der Statuten waren. Außerdem wird in allen Vereinen eine Kasse errichtet, um kleine allgemeine Bedürfnisse zu bestreiten, deren Inhalt der Lehrer an sich nimmt, über deren Verwendung die Schüler beschließen und worüber sie Rechnung führen, aber auch im ordentlichen Geschäftsgange einer Behörde und in gehöriger Kassenform. In allen wird über jede Versammlung vom monatlich zu wählenden Secretair ein Protocoll in bester Form geführt über alle Vorkommnisse, und so ein Actenstück oder eine Chronik des Vereins angelegt. Die berathenen Statuten werden abschriftlich dem Director der Anstalt mitgetheilt nebst einem Mitgliederverzeichniß und den gewählten Beamten, und nach seiner Genehmigung erst darf der Verein als constituirt angesehen werden; eben so wird ihm von jeder Sitzung ein kurzer Auszug aus dem Protocoll abschriftlich mitgetheilt. Es ist das wesentlich, wie jeder Schulmann leicht übersieht. Diese Papiere werden in einem eignen Archive für Schülerthätigkeit niedergelegt; wir wollen es im Gegensatze zur Klassenmappe die Schulmappe nennen. Unorthographische und schlecht geschriebene Sachen werden zurückgewiesen, die Ueberreichung geschieht in bestimmten Stunden von den Schülern. Die thätigen Mitglieder solcher Vereine werden vom Ehrenrathe des Vereins allmonatlich noch besonders dem Director namhaft gemacht in einer besondern Versammlung aller der Mitglieder des Ehrenrathes. In diesen spricht der Director dann allgemeine Andeutungen über Beschäftigungsart der einzelnen Vereine, über bessere Verwendung der Zeit und Kräfte nach Vorberathung mit dem leitenden Lehrer aus; giebt allerhand Fingerzeige; feuert durch Ermuthigen an; giebt Rath und Anleitung zur Hinwegräumung von Hemmnissen und Schwierigkeiten u. s. w. So erfahren die einzelnen Vereine von einander und sehen, wie sie ihre Arbeiten sich einander nützlich machen können, oder sich auch einmal in die Hände arbeiten oder zu einem gemeinsamen Unternehmen vereinigen können, und befeuern sich gegenseitig und erweitern das Gebiet der Thätigkeit. Die Praxis lehrt weiter.

§. 76. Die Lesevereine als die leichtesten gehen durch alle Klassen und sind auch leicht begründet. In der Sexta begnügen sie sich mit gutem Vorlesen einfacher Erzählungen aus dem Leben berühmter Männer, oder von sinnigen prosaischen Dichtungen, auch Märchen ꝛc. Daneben laufen Erklärungen von Bildern in characterisirenden Bilderbüchern, welche von den Schülern selbst in freier Darstellung gegeben werden, was natürlich auf dieser Stufe und der folgenden nur möglich ist, wenn der Lehrer dem Vortragenden vorher die nöthige Anleitung gegeben hat. Einen unübertrefflichen Stoff bieten hier nun die Bilderbibeln älterer und neuerer Ausgaben, in denen die Compositionen der berühmtesten Maler fast aller Zeiten gesammelt sind, und zu deren Erklärung den Kindern die Bibel und die ihnen schon bekannten Geschichten derselben zur Hand sind. Gut sind auch die neuern Lithographieen von historischen Gemälden, welche sich nicht selten in recht guten Abbildungen zu Kinderbüchern finden; auch Scenen aus der alten Geschichte, die den Kindern aus dem Unterrichte bekannt sind, oder zu denen der Erklärer dann die Geschichte erst erzählt. Dies Feld ist indeß unerschöpflich und es bedarf hier nur der Hinweisung für den Leser. In den obern Klassen tritt dann sogar schon ein Kunstintresse hinzu, und es kann an solchen wohlgeleiteten Bildererklärungen nach und nach die ganze griechische und römische Mythologie — die Bilder zum Conversations-Lexicon bieten schon einen sehr schönen Beitrag — und sogar die Geschichte der Kunst nebst noch vielem Andern geboten werden, was sich ganz von selbst daran schließt. Die vortreffliche Uebung für den Vortragenden, das schöne Mittel für wirkliche Anschauung des Vorgetragenen und für Geschmacks- und Kunstsinn, und für Erwerbung vieler schöner Kenntnisse für den Bürger in den höhern Ständen leuchtet jedem entgegen. Ob man auch Thierscenen aufnehmen wolle, an die sich Erzählungen aus dem Leben der Thierwelt anschließen, oder die Erläuterungen von rein wissenschaftlichen Dingen, z. B. des innern Baues der Pflanzen und dergleichen, scheint schon zweifelhaft, da der Lehrer wohl oft dabei das Beste thun müßte, was doch nicht der Zweck ist. Mit diesen Lesevereinen verbinden sich auch Vorträge von Gedichten und freien (vom Schüler gelesenen) Erzählungen, Anecdoten ꝛc. Declamationen, Vortrag von Dialogen, auch einmal Aufführung kleinerer Schauspiele, deren es eine ganze Menge giebt. Doch zurück zu den eigentlichen Lesevereinen. In den höhern Klassen wird auf Reisebeschreibungen hingewiesen, auf Lebensbeschreibungen berühmter Männer, auf schwierigere historische Monographieen z. B. Schillers dreißigjährigen Krieg, Abfall der Niederlande ꝛc. wobei jeder Vorleser für die Erklärung der in seiner Partie vorkommenden Fremdwörter, und für die nöthigen geographischen und historischen Notizen zu sorgen hat. Die Hauptstelle nehmen immer Werke ein, bei denen ein Zusammenlesen förderlich ist. Dahin sind deßhalb zu rechnen Dramen, Schau- und Lustspiele älterer

Zeit und neuerer, einheimischer und auch (in guten Uebersetzungen) fremder Literaturen. Doch dürfen diese Vorlesungen nicht allein bei der Uebung des guten, den Sinn treffenden, die Gefühle auch wohl erheuchelnden und hohles Pathos ins Leben rufenden Lesens stehen bleiben, sondern das zum Verständniß eines solchen historischen oder Tendenzdrama's Nothwendige aus der Geschichte, oder dem Leben des Dichters oder der Zeitrichtung rc. muß von verschiedenen Mitgliedern erst herbeigeschafft und vorgetragen werden. Ebenso muß über Ort und Zeit des ganzen Stückes, die Scenerie, die Verdeutlichung der theatralischen Anordnungen, die Stellung und selbst den Anzug und das wesentliche Kostüm das Nöthige im Allgemeinen wie auch im Besondern zur Erörterung gebracht werden, damit eine möglichst lebendige Veranschaulichung des ganzen Verlaufes der Handlung und so ein tieferes Eindringen erzielt wird. Wenn gute Zeichner in Umrissen die Personen und die Scenen und die Coulissen dazu entwerfen, so ist das erst recht im Sinne der höhern Bürgerschule. Der Beitrag derer, welche der öffentlichen Aufführung eines solchen Stückes etwa beigewohnt haben möchten, ist dann auch nicht zu verschmähen. Jeder hat über die ihm zum Lesen übertragene Person sich erst auszusprechen, in welchem Sinne dieselbe aufzufassen sein möchte, mag dies Aussprechen noch so dürftig sein. Ferner hat jeder sogleich nach jeder Scene die etwa dunkeln Stellen im Texte oder schwierigern Gedanken zu erläutern; oder man verspart sich diese Erläuterungen bis zu den Zwischenacten. Zugleich werden beim Beginne des Lesens folgende Aufgaben unter die Leser vertheilt: der Faden des Stücks, die Charakteristik der Haupt- und Nebenpersonen, die Bedeutung der einzelnen Scenen zur Entwicklung der Charactere oder zur Entwicklung der Handlung, die Bedeutung der Nebenpersonen für das Stück oder für die Characteristik, die tiefere Idee des Stückes, die dargestellten psychologischen Zustände, die Würdigung der allgemeinen Aussprüche, die Wahrheit der Charactere in Beziehung auf ihre Worte und Handlungen, die Wirkung des Stückes auf die Zuhörer. Alle diese Vor- und Nachaufgaben, welche von den einzelnen Schülern behandelt worden sind, werden schriftlich entworfen, mündlich vorgetragen, berathen, besprochen, beurtheilt, kritisirt, dann umgearbeitet und an die Schulmappe abgeliefert als Ausdruck einer ernsten Vereinsthätigkeit, um auch einmal schwächern Vereinen mindestens als Anhaltepuncte bei ihrem Lesen zu dienen und ihnen die Sammlung von mancherlei Materialien zu erleichtern. Eine solche Befähigung zu einem solchen selbstständigen Treiben in der Literatur muß nach unserm Plane die Schule erzielt haben, wenn sie uns nur treu gefolgt ist.

§. 77. Die Studienvereine können und werden mannigfaltiger sein, je nachdem die Lehrerkräfte nach der einen oder der andern Seite hin erregend gewirkt haben. Sie können sich nach der sprachlichen Seite hin wenden, und wie die Lesevereine fremde Literaturproducte durcharbeiten in der fremden Sprache und bis zu gutem Uebersetzen mündlich und schriftlich vorschreiten, und hier bietet die alt- und mittelhochdeutsche Literatur dann einen eben so guten Beschäftigungskreis wie die englische und französische und vielleicht einen noch bessern dar. Vortrefflich sind die Uebungen in poetischen und auch wohl gereimten Uebersetzungen, wobei dann auch die Frage nach einem zweckmäßigen Versmaaße zur Sprache kommt, die Untersuchung über den Unterschied von poetischer und prosaischer Sprache und dergleichen mehr; auch die in der Klasse angeregten sprachlichen und etymologischen Arbeiten können hier einen freien und weitern Platz gewinnen als in der Schulstube, nicht minder die Studien in der Literatur, wie sie für Prima angedeutet wurden. Kurz alle diese Studienvereine werden nach den Schülerkräften nur eine Fortsetzung der in der Klasse angeregten wissenschaftlichen Beschäftigungen sein. Daher werden namentlich in Secunda, wo die formale Bildung auf ihrem höchsten Stadium in dieser Schule angelangt sein soll, Vereine für Lösung von mathematischen Aufgaben aller Art, für Beschäftigungen mit den Sprachen in grammatischer Beziehung entstehen; dagegen werden die Primaner mehr nach Problemen der Physik und noch mehr nach der Beschäftigung mit der Literatur hinsteuern und vielleicht auch nach Geschichte, Chemie. Ein Verein aber muß entstehen in Prima, welcher sich die Durcharbeitung populär wissenschaftlicher Werke der Schülerbibliothek zum Ziele setzt, und der zu der Schülerbibliothek also somit zur ganzen Schule eine solche Stellung einnimmt, wie die einzelnen freien Arbeiter zur Klassenbibliothek. Die Mitglieder arbeiten solche Werke durch, welche man eben nicht mehr zum Vergnügen lesen kann, sondern die studirt sein wollen (s. §. 61.). Ihnen steht in der Schülerbibliothek ein gutes Conversations-Lexicon, ein physikalisches Wörterbuch, ein chemisches Wörterbuch, ein englisches, französisches und ein gutes Fremdwörterbuch, eine Synonymik, ein alt- und mittelhochdeutsches Lexicon, eine weitläuftige Geographie nebst einem guten Atlas, und einigen wichtigen historischen und geognostischen Charten, eine umfassende Geschichtstabelle nebst einem weitläuftigen historischen Werke, eine Mythologie, einige Kupferwerke über Naturgeschichte und namentlich Botanik und Mineralogie, ein technologisches Lexicon nebst Abbildungen, eine Kunstgeschichte ꝛc. ꝛc. zu Gebote, zu denen aber auch nur sie Zutritt erhalten, und die sie auf der Bibliothek selbst nur nachschlagen und nicht mit nach Hause nehmen dürfen. Mittelst dieser Hülfsmittel liefern sie nun schriftliche, sauber geschriebene Commentare zu den von ihnen durchstudirten Werken, deren einzelne Notizen sie aber erst vor dem Einschreiben mit einem betreffenden Lehrer besprechen. An jedem Werke arbeiten immer zwei bis drei, von denen jeder folgende neue Schwierigkeiten sucht, deren Erörterung er von seinem Vorgänger fordert und so seine Thätigkeit controllirt. Wenn der Schüler mit seinen Hülfsmitteln nicht mehr ausreicht, dann weist ihm der Lehrer die Aushülfe nach. Die so angefertigten Commentare nach den verschiedensten Fächern des Wissens, mit denen ein Schüler der höhern Bürgerschule zweckmäßig sich beschäftigen kann, gehen mit dem Buche unter dem Namen der Anfertiger mit zur Schülerbibliothek und machen das Studium solcher Bücher auch denen möglich, die etwa jetzt noch nicht so viel Kraft oder auch nicht so viel Zeit haben, oder die auf andern Gebieten beschäftigt sind. Es muß eine Schande für einen abgehenden Primaner sein, nicht mindestens einen solchen Commentar der Schule als Andenken seiner Thätigkeit zurück zu lassen. So nur lernen die Bürger ihre schön eingebundenen Bibliotheken und Hülfsmittel für eigne Weiterbildung benutzen, so nur lernen sie an das Studium von Werken gehen, die ganz in ihren Gesichts- und Berufskreis gehören, um die sie aber heute hinweg gehen, und deren Titel ihnen als Aushängeschild für den leeren Laden ihrer Klugredereien dient. Die Mitglieder dieses Studienvereins sind die gesetzlichen Bibliothekare der Schülerbibliothek, sie können auch Bücher aus der Lehrerbibliothek entlehnen, sie erhalten auch die leichteren ästhetischen Sachen zur Lectüre zuerst und geben ihr Urtheil ab, ob es für Schüler intressant sein möchte und ob es also anzuschaffen sei. Sie fertigen durch die schwächern Mitglieder einen Real-Katalog an, in welchem ein kurzer Nachweis des nützlichen und lehrreichen, historischen, ästhetischen, geographischen ꝛc. literarhistorischen Stoffes gegeben ist; Andere geben für schwierigere Werke in den fremden Sprachen aus den ihnen zu Gebote stehenden Hülfsmitteln diejenigen erläuternden Notizen, welche das Lesen solcher Sachen erleichtern, oder wofür die gewöhnlichen Hülfsmittel der Schüler nicht ausreichen u. s. w. Wir rechnen dahin auch die so vortrefflich geschriebenen französischen Werke in Physik, und englische über Industrie und Handel und Gewerbe, vor deren Lectüre die vielen technischen Ausdrücke zurückschrecken.

§. 78. Die Kunstvereine, zu denen allenfalls auch das oben gedachte Erklären von Bildern gerechnet werden könnte, umfassen Schreiben, Zeichnen, Modelliren, Gesang (Declamation), Musik. Die Schreibevereine würden Platz greifen in den untern Klassen und sich allerhand kalligraphische Aufgaben stellen. Die Zeichenvereine, welche schon den obern Klassen angehören, werden vornehmlich die in §. 72. am Schlusse angegebne freie Methode fortsetzen, nur mit dem Unterschiede, daß hier lauter gute oder doch eifrige und so auch gleichmäßig vorgeschrittene, mit Liebe für die Sache erfüllte Zeichner zusammentreten, daß sie sich allein die Wahl des Stoffes vornehmen und vertheilen, sich ganz frei und ungehindert helfen dürfen. Sie können, da ihnen das Beschäftigungsfeld frei gegeben ist, zusammen von einem Stand- und Augenpuncte aus eine große perspectivische Zeichnung, oder eine Projection &c. vornehmen und so in kurzer Zeit eine Reihe von Producten liefern, welche ein Ganzes darstellen und darum Freude gewähren; oder sie liefern in Skizzen Gallerieen von Bildern, welche die Baukunst, Mythologie, Heroenzeit &c. veranschaulichen, und werden durch das Vertheilen der Arbeiten eben wirklich zu Etwas gelangen, während der Einzelne nur sehr Weniges der Art allein zu Stande bringen kann. Doch dieser Zeichenverein tritt nun als ein freier hinaus in die Natur und zeichnet wirklich nach der lebendigen Natur und in derselben, und liefert so Skizzen der mannigfaltigsten Art. Die Mitglieder lernen so wie sonst auf keinem andern Wege der Schönheit der Natur nachgehen und ihr nachlauschen, und sich dadurch eben in ihr bilden. Obgleich in der Schule dem Landschaftszeichnen keine Stelle angewiesen ist, so gewinnen diese Zeichenfreunde um dieser Skizzen willen und durch das Skizziren selbst bald die hinlängliche Fertigkeit zu ganz erfreulichen Arbeiten auf diesem Gebiete. Solches Skizziren hat wirklich ein wenig mehr im Munde als Schmetterling fangen. Sind die Zeichner auch noch Sänger, so bieten Hand und Mund dem Auge und Ohre Genüsse in der Natur, die da wirklich läutern und Leben geben und wie die schönen Blumen des Schullebens gepflückt werden.

Die Gesangvereine und die parallel laufenden Musikvereine

characterisiren sich von selbst. Sie können beginnen in der untersten Klasse mit Einübung von ein- und zwei- und dreistimmigen Liedern heitern und die Geselligkeit erregenden Inhaltes. Sie erheben sich in den höhern Klassen zu vierstimmigem Gesange sowohl für den gemischten Chor als auch für Männerstimmen. Gut singen ist Losung, und an dem gut eingesungenen Liede sich erfreuen ist Zweck, und die dadurch erzielte Heiterkeit des Gemüthes ist der endliche Gewinn, und das Gefühl der Zusammengehörigkeit, das Bewußtsein, nichts selber ohne die Mitwirkung der Andern zu vermögen 2c. ist die tiefer greifende Bedeutung. In der Wahl der Lieder, d. h. des Textes, sei man unter den Erwachsenen nicht zu prüde, der Gesang und die Melodie klärt das ab und macht manches unreine Wort rein. Volks- gesellige- Liebes- Trinklieder 2c. Alles mögliche durch einander finde hier seine Stelle, denn die Schüler sind unter sich und der Lehrer ist nur unter den Schülern, nicht darüber. Die schöne Melodie, ein kunstvoller und vollendeter Vortrag läßt den gemeinen Gedanken nicht aufkommen und übertönt den sich etwa regenden gemeinen Witz. Unser Volk hat nun einmal solche Volkslieder, und die Prüderie der Schulen wird auch noch keine andern hervorrufen, und wenn es ihr gelänge, so würden sie langweilig genug sein. Welcher Schüler für dies freie Leben nicht reif und rein genug ist, der wird aus dem Vereine gewiesen. Solche Halsbinde hilft auch reinigen. Ob man Vereine zur Aufführung von kleinen Schauspielen, oder Operetten, wobei dann Gesang, Musik und Declamation zusammen wirken würden, oder zur Darstellung von Bildern, Sprichwörtern 2c. zulassen könne, das möchte zweifelhaft erscheinen, da es dem Schulleben zu ferne liegen möchte; doch werden diese Angelegenheiten an einem spätern Orte ihre Stelle finden, denn es ist nicht zu läugnen, daß zur Darstellung von Sprichwörtern oder von Märchen oder von Worträthseln und auch von Bildern, wenn es der vorstehende Lehrer recht zu leiten weiß, sehr bildend für die Jugend gemacht werden kann, indem es dabei auf sehr deutliche Anschauungen, gründliches Eingehen in den Wortsinn, eine reiche Combination der zu Gebote stehenden Mittel und auf einen practischen Sinn bei der Verwendung derselben und auf einen künstlerischen und somit auf Geschmack bei der Anordnung ankommt. Es muß dazu augenfällig manches nachgelesen werden, besonders wenn es gilt, historische Personen vorzuführen. Doch lassen wir das hier auf diesen Andeutungen beruhen, nur möge noch hinzugefügt werden, daß Versuche im Kleinen die erfreulichsten Resultate gegeben haben, und daß wir ernste Studien im Gebiete der altdeutschen Geschichte, Alterthümer und der altdeutschen Sitten haben erblühen sehen für einige solche historische Darstellungen. Das Vergnügen der Jugend an solchen mühsam zusammen gesuchten und weitläuftig berathenen Sachen ist sehr groß, und an nützlichen und bildenden Beschäftigungen dafür fehlt es nicht. Wenn die Schule diese Dinge vom Hausheerde wegziehen könnte, wo es zuletzt auf reine Spielereien und Mummereien und auch Ziercreien und Präsentiren der hübschen Kinderchen ausgeht und im Tanze endet, so möchte das auch schon ein Gewinn sein.

§. 79. Die Beschäftigungsvereine suchen das mehr practische Gebiet und bewegen sich also auf dem letzten Felde der höheren Bürgerschule. Der am frühsten entstehen kann, ist der für Botanik, für welchen seiner großen Bedeutung wegen eine eigne Stunde in Tertia eingeräumt ist. Ist in unserm Sinne die Botanik gehandhabt und hat man an ihr eine freie Thätigkeit erzielt, so wird sich in Tertia ganz von selbst ein Verein zum Botanisiren bilden, oder doch leicht unter einem Jugendlehrer bilden lassen, wir denken ihn deßhalb auch ziemlich ausgedehnt und in ihm auch noch Mitglieder aus den obern Klassen. Vorausgesetzt wird nun ein ausgedehnter Turnplatz, der überhaupt für die Schule wichtig wird. Auf diesem bleibt ein Raum zu einem botanischen Garten offen, den dieser Verein bearbeitet, auf dem er gräbt, sät und pflanzt und begießt und Bäume, Sträucher und Blumen zieht und oculirt und pfropft, mit einem Worte, auf dem er gärtnert, nach seinem Geschmacke lebendige Lauben zieht, und Beete und Steige und Rasenplätze abtheilt ꝛc. ꝛc. Aus diesem Garten her wird auch die nöthige Beschattung des Turnplatzes nach und nach gewonnen. Wie viel es hiebei zu berathen, zu beobachten, zu vermessen, bei den Vätern, welche sich auf Gärtnerei verstehen, zu erkundigen und für die Schule zu lernen ꝛc. giebt, das liegt auf der Hand. Wären die Schulen Vatershaus für die Kinder geblieben, sie hätten in den großen und engen Städten wohl längst daran gedacht, ihren Kindern ein solches Gartenbearbeiten zu schaffen. Die Liebe, der freie Entschluß, die Gemeinschaft, der Zweck läßt auch mühsame und öfters unsaubere Arbeit sich nicht verdrießen, und der Schüler wird inne, daß keine Arbeit erniedrigt oder gar schändet. In diesem botanischen Garten werden nun so viele wildwachsende Pflanzen der Gegend gezogen, als nur irgend möglich ist. Das giebt eine Veranlassung zur Beobachtung des Bodens und der Lage (sonnig, schattig), in welcher eine Blume nur gedeiht, und fordert für manche derselben besondere Bodenmischungen und Vorrüstungen und dauernde Arbeiten und Veranstaltungen. Der Zweck dieses Anbaues ist kein andrer, als für den botanischen Unterricht in den untern Klassen die nöthigen Exemplare zusammen zu haben, ohne die Kinder zu einer nur zerstreuenden Beschäftigung ins Weite zu schicken. Die Cultur dringt ja bis an die Mauern der Städte und da müssen dann die Pflanzen weit hergeholt werden. Wenn eine Stadt in ihren Schulen auch nur 700 botanisirende Schulknaben zählt, so erfordern diese auch zu jeder Stunde 700 Pflanzenexemplare, wobei erst in jeder Stunde von jedem Schüler nur Ein Exemplar verbraucht wird, während man doch deren mindestens zweie bedarf, und in den obern Klassen, in denen die Uebung des Pflanzenbestimmens vorgenommen wird, viel mehre. Ohne einen solchen botanischen Garten läßt sich in größern Städten kaum Botanik zweckmäßig und fruchtbar lehren. Die hübsch geschilderten botanischen Excursionen sind bei Lichte besehen nur Späßchen. Diese Excursionen überlassen wir nun unserm Vereine, dessen Mitglieder in der Quarta dazu angeleitet sind. Er theilt sich nach Maaßgabe seiner Theilnehmer die Umgegend der Stadt in lauter einzelne Felder, wie man sie in Jagdreviere theilt, und jede Parthie hat nun ihren Theil ab zu botanisiren, ein Herbarium darüber anzulegen, die Pflanzen darauf nach Fundort, Boden, Umgebung, Zeit der Blüthe zu beschreiben, um so eine vollständige Flora der Gegend, eine Art Pflanzen-Geographie, und einen Blüthenkalender gemeinschaftlich zu machen. Die Mitglieder höherer Klassen machen daneben tägliche Beobachtungen der Temperatur, des Hygrometers, des Barometers; Andere unter ihnen sammeln alle offizinellen oder Gift- oder Futter- oder Cultur- oder Topf- ꝛc. Pflanzen. So hat jeder eine eigenthümliche, übersichtliche und lösliche und doch alle zusammen eine gemeinsame Aufgabe. Die auf den verschiedenen Gebieten vorkommenden gleichen Pflanzen geben die sich von selbst darbietende Controlle über die richtige Bestimmung der einzelnen Pflanzen. In der Botanikstunde in Tertia giebt nun jeder Schüler Bericht von seinem Thun, zeigt die gefundenen und bestimmten Pflanzen vor, giebt den Standort an und notirt sich dann aus dem Vortrage der Genossen, was sie über eine Pflanze in seinem Herbarium beibringen, um ihn vor zu engen Schlüssen aus zu wenigen Beobachtungen zu verwahren. An diesen Vorträgen nimmt die ganze Tertia Theil, damit auch die nicht botanisirenden Mitglieder theils das schon Gewußte hiebei gelegentlich wieder anfrischen, Neues hören, Theilnahme behalten und durch die Thätigkeit ihrer Genossen vielleicht für ein gleiches Thun gewonnen werden. Die Vereinsmitglieder sammeln in eignen Kästchen, für welche alle schließlich in der Schule ein eigner Raum angewiesen ist, die aber von den Schülern beschafft werden, jede Art von Sämereien auf dem ihnen zugewiesenen Reviere und geben an dem Kästchen mit wenigen Zeichen Standort und Boden und Pflanzennamen an. Sie überlegen dann die Zeit des Säens jeder Saamengattung und bestellen darnach ihren Garten und führen das Säen aus, und bezeichnen mit den bekannten kleinen Schilderchen die Stelle, an welcher dieser oder jener Saame aufgehen soll. Der Frühling giebt dann eine neue Controlle für genaue Bestimmung des Thuns. Das Aufwachsensehen der jungen Pflanzen, das Beobachten derselben in jedem Stadium, die feindselige Insectenwelt und deren Bekämpfung giebt dem Lehrer der Botanik eine ungesuchte Gelegenheit zu schönen Mittheilungen von allerhand Kenntnissen, die wie sehr auch immer vereinzelt doch behalten werden. Dies ist Schul-Praxis und giebt practischen Sinn und ein Auge für die Wirklichkeit und eine Gewandtheit und Umsicht in der Behandlung dieser spröden Dame.

Leicht bildet sich daneben aus den obern Klassen ein Verein für practische Mathematik. Der Unterricht hat dazu eine Anleitung geboten und nichts weiter, aber in unserm Sinne behandelt, sind die Schüler doch dafür interessirt worden. Die Mitglieder dieses Vereins theilen sich je nach der Menge der Theilnehmer auch in 2 oder 3 Parthieen, und theilen sich die Umgegend in bestimmte Felder ein, die sie vermessen und das entweder mit der Kette und Boussole, oder mit dem Meßtische oder trigonometrisch. Die verschiedenen Messungsarten geben eine schöne Controlle, führen zu den nöthigen Berichtigungen und Correcturen und Nachmessungen. Gleicherweise wird das Nivellement wie die Höhen auf die verschiedene Weise bestimmt und controllirt. So wird eine Plan-Charte, eine Höhen-Charte geliefert, und neben dieser wird eine Terrain-Charte angefertigt mit den verschiedenen Bezeichnungen des so genannten Planzeichnens. Das lernen die Schüler nebenbei. Die Charten werden in einem recht großen Maaßstabe auf verschiedenen Blättern von verschiedenen guten Zeichnern ausgeführt, um die Ungenauigkeiten zu vermindern, und auch um nöthigen Raum für das Auftragen von Gebäuden, Bäumen, Hügeln rc. zu gewinnen.

Die ganze Vermessung und Berechnung wird ins Reine sauber geschrieben und nebst den Charten zur Schulmappe geliefert. So gewinnt nach und nach die Schule einen genauen Plan der Umgegend, der Werth hat. Der kleinen astronomischen Vermessungen mit dem Theodolithen ist schon gedacht, und Anleitung ist dazu gegeben, es fehlt nicht an Liebe dazu, doch werden nur erst einige Primaner zu einer solchen gemeinsamen Arbeit zusammen treten können. Die Mittagslinie, die Höhe des Ortes, die Zeit zu bestimmen, das sind einige hieher gehörige Aufgaben. Ein Observatorium kann eine höhere Bürgerschule nicht entbehren. —

Eben so bildet sich leicht ein Experimentirverein in der Physik, und auf ihn muß ausdrücklich hingewirkt werden, die ganze Anlage des Unterrichtes und seine freie Form hat dafür Lust wie Befähigung gegeben. Wir denken daher außer dem großen physikalischen Cabinete der Schule noch ein Schüler-Cabinet. Die vielen gekauften und ganz nutzlosen physikalischen Kinder- und Jugendfreunde sollen hier von der Jugend gebraucht werden und das physikalische Schüler-Cabinet soll die einzelnen elementaren Theile zu den Apparaten bieten, aus denen die zu jedem Experimente nöthigen Instrumente gebildet werden können. Nicht soll Alles schon fertig da liegen, es wäre damit schon ein wesentlicher Nutzen für den Verein verloren. Vielmehr findet sich hier Zange und Pfeil und Schraube, Metallblech und Metallscheere, Draht und Glasröhren, eine Berzeliussche Lampe, ein Löthrohr nebst Löthmitteln ꝛc. ꝛc., vielleicht auch eine Dreh- Hobel- Schnitzelbank im Kleinen (?). Das Zusammenstellen des Apparates, die kleinen Vorarbeiten, das Ueberlegen, wie er am leichtesten herzustellen sei, das sind hier nothwendige Uebungen und fruchtbare im Sinne der höhern Bürgerschule. Die zusammengestellten Apparate werden einfach abgezeichnet, kurz beschrieben, das Ergebniß des Versuches protocollarisch niedergelegt und an die Schulmappe eingeliefert, um schwächern Schülern wieder als Anhalt zu dienen. Diese Kinderfreunde berühren nicht selten gerade die Gebiete der mehr brillanten und überraschenden, oft noch gar nicht wissenschaftlich erklärten Experimente, und das ist für unsern Zweck gut. Setzen wir also einen solchen experimentellen Kinderfreund voraus, der auf Experimentirmittel rechnen darf, die wohl noch ein solches Schul-Cabinet liefern kann, die aber doch der einzelne Schüler, auf den solche Bücher berechnet sind, sich nicht mehr schaffen kann — die Schulen haben einen solchen zu beschaffen — so schließen sich an diese Schüler-Experimente ganz von selbst diejenigen der neuern noch unerklärten Erscheinungen, welche nicht und durchaus nicht in den Schulunterricht, aber wohl in diese physikalische Gesellschaft gehören. Hat sich eine solche Gesellschaft so recht mit dieser Beschäftigung befreundet, ist ihr der Lehrer beigesprungen mit dem größern Schulapparat, hat er sie hineingeführt in die von der Schule nicht zu beachtenden Gebiete, dann wird es und kann es nicht ausbleiben, daß die reifen Primaner sich noch näher vereinen, um durch Experimente, so weit es möglich ist, diejenigen Erscheinungen zur Anschauung zu bringen, welche ihnen die mathematische Physik in Prima aufgeschlossen hat. Diesen Erfolg setzen wir als das höchste Ziel des Unterrichtes in der höhern Bürgerschule, denn in ihm läge ja die Bürgschaft, daß auch selbst in dieser Wissenschaft eine Befähigung gewonnen wäre, welche auch dem künftigen Bürger eine förderliche Beschäftigung mit der Natur möglich machte. —

Ohne alles Hinzuthun beginnt jeder Primaner auf seiner Stube Chemie zu treiben, bald braucht er hülfreiche Hände zu einem größern Experimente und kleine Vereine entstehen ohne alles Zuthun. Zu größern Experimenten fehlen ihnen dann bald die Mittel, und der Verein ist zu Stande. Die Unterrichtsform hat sie angeleitet und befähigt zu größern Experimenten, und sie finden bald eine Aufgabe, die sie selbstständig verfolgen. Sie führen natürlich über ihr Thun ein Protocoll, und vermerken Alles ihnen unerklärliche in den Erscheinungen. Das chemische Cabinet steht ihnen zu Gebote, die Werke über Chemie nicht minder. Doch genug. Die erzeugten Producte, für welche sie nun die chemische Reinheit erzielen, gehören der Schule und tragen den Namen der Anfertiger, die Protocolle werden an die Schulmappe geliefert zum Gebrauche für die Nachfolger.

§. 80. Niemand wird nach Betrachtung des Vorstehenden daran zweifeln, daß sich ein Gemeinsinn, ein Schulleben, ein Thätigkeitstrieb und Erwerbsfähigkeit auf dem geistigen Gebiete und ein practischer Sinn entwickeln werde, auch wird Niemand sagen, daß die Ausführbarkeit eine Chimäre sei, der das Zusammenwirken aller Mittel und dabei die Wärme der Lehrer für die Aufgabe der höhern Bürgerschulen in Anschlag bringt; aber die Frage nach der Zeit der Schüler wie der Lehrer wird in ihrer Beantwortung das gänzliche Zurückweisen enthalten. Darum werde hier nochmals ausdrücklich bemerkt, daß ja die Schule keine Examina machen will und ein Wissen erzielen, was schließlich alle Schüler im Säckel sollen aufweisen und aus ihm auf Geheiß hervorlangen können, daß sie des positiven Wissens sich so viel als möglich entledigen will, daß sie den Wissensstoff nur so lange im Gedächtnisse festhält, als er zur Benutzung für eine weitere Bildung verwandt wird, daß sie vielmehr jedesmal, wenn es noch wieder nöthig ist, erst das Material sammeln läßt von einigen Schülern und so in der That die Arbeit getheilt wird, daß sie nicht von allen Schülern alles Wissen, alles Können, alles Thun 2c. verlangt, sondern daß sie ihren ganzen Fortschritt aufbaut wie das Bürgerleben und auch das Literaturleben, in welchem jeder einen bestimmten Beitrag nach seinen Kräften und Neigungen bietet, und dennoch auch, so lange er in einem bestimmten Gebiete selbstthätig ist, von dem Fortschreiten Aller mit fortgetragen wird. Darum ist auch nicht gemeint, als sollten alle Schüler an allen Vereinen Theil nehmen, oder als müßten alle Vereine immer zu gleicher Zeit bestehen, manche derselben gehören verschiedenen Klassen, verschiedenen Kräften, verschiedenen Jahreszeiten an. Freilich werden die Schüler am Schlusse der Schule sehr ungleichartig im Wissen erscheinen; aber ihre Gleichartigkeit wird und soll allein bestehen in folgenden Befähigungen: freies Thun für eine Gemeinschaft und williges Fügen und Unterordnen und Hingeben an deren Zwecke, Betheiligung am Realen und Kraft es zu erkennen und Lust es zu gestalten, selbstständiges Urtheilen aus der Anschauung des Realen und der Erfahrung her, Erwerbsfähigkeit auf dem Gebiete irgend eines Wissens, Kraft zur Betheiligung an der Literatur, und Liebe zu ihr 2c.; sie werden mitnehmen einen practischen Sinn, einen gebildeten Geschmack, eine freudige Achtung vor der Wissenschaft, eine abgeschloßne, inhaltreiche, Befriedigung gewährende Bildung. Aufhören aber wird der Todschlag vieler Kräfte, welche in den heutigen Schulen entweder gar nicht gefördert werden, oder die in einer niedern Klasse und in einer niedern Sphäre der Beschäftigung erhalten werden, weil dem Schüler noch irgend was an grammatischem Wissen für die höhere Klasse fehlt. So wird vieler Mißmuth ausgelöscht werden, der sich von solchen todtgeschlagenen, in widernatürlicher Beschäftigung erhaltenen Schülern auf ganze Klassen und oft auf die ganze Schule wie eine düstre Wolke lagert.

Zum Schlusse dieses Abschnittes noch die vielleicht ganz unnöthige Bemerkung, daß das Erblühen solches freien Lebens auch Schulstunden in den einzelnen Fächern frei macht, und manche langweilende Zeit den Schülern erspart werden kann; daß manche öffentliche Lehrstunde, wenn der größte Theil der Klasse an dem Vereine Theil nimmt, wie es doch wohl leicht in Prima der Fall sein dürfte, der Vereinsthätigkeit gewidmet werden kann, daß Früchte werden erzielt werden, welche namentlich in den obern Klassen die Schulstunden in manchen Gegenständen noch beschränken lassen. Je mehr das namentlich in Prima geschehen kann, desto besser. Auch kann es Niemanden einfallen, als hätte hier sollen oder auch nur können das ganze Feld eines solchen Schullebens in seiner Entfaltung dargelegt werden. Schüler- und Lehrerkräfte, Gegenden und Publicum, Erfahrung und Versuche müssen diese gegebnen Andeutungen berichtigen, erweitern. Doch zunächst ein *Schulleben* unter den Lehrern einer höhern Bürgerschule, so wird sich auch das der Jugend finden. Freilich gehört auch mehr Schuleifer der Lehrer, und mehr Kinderliebe dazu, eine flüchtige Jugend an der freien Thätigkeit zu erhalten, als die durch Gesetz und Schulordnung versammelte und eingepferchte mit der Schulweißheit zu futtern. —

Wie steht es hiebei nun aber um alle diejenigen Schüler, welche nicht an solchen Vereinen Theil nehmen, ja die nicht einmal eine der freien Arbeiten übernehmen? Werden sie nicht zu Gunsten einer solchen freien Thätigkeit doch gar zu wenig von Seiten der Schule beschäftigt und somit wenig gefördert werden? Dies Bedenken ist gewiß nicht ohne wichtigen Grund und verdient ernstliche Beachtung. Doch wer nicht Lust zum Arbeiten hat und sie nicht durch die freien Anstalten und das so entzündete geistige Leben gewinnt, den macht die Schule mit allen ihren Ermahnungen und Strafen nicht fleißiger. Diese sind die in allen Schulen vorkommenden Trägen, welche den ganzen Unterricht hemmen, weil sie nie ihre vielen Aufgaben gelernt haben, welche dem Lehrer seine Freudigkeit nehmen, weil sie ihn nie befriedigen, die alle Schüler aufhalten und doch nicht fortkommen. Von diesen sollen einerseits die fähigen, emsigen, betriebsamen Schüler hinweg auf ein freies Feld gewiesen werden, wo diese bleiernen Soldaten nicht mehr ihnen den Weg vertreten; andrerseits soll den Schwachen nur an Thätigkeit zugemuthet werden, was sie gewiß leisten können, was man also auch mit unnachgiebiger Gewalt von ihnen fordern kann, wobei sie dann nach und nach erstarken, während sie jetzt unter einem Drucke von Beschäftigungen leben, der mindestens für die mittlern Kräfte berechnet ist. Es giebt, das möge man recht erwägen, gar keinen andern Weg, auf eine vernünftige und naturgemäße Weise viele verschiedene Schüler in einer Klasse zu beschäftigen, so daß jeder nach

Maaßgabe seines Fortschrittes und seiner sittlichen und geistigen Kraft thätig ist; es giebt keinen andern Weg, der Unmoralität des Geister-Nivellirens vorzubeugen und eine große Reihe von Immoralitäten aus der Schulzucht zu entfernen. Doch diese Betrachtungen führen schon aufs Zuchtgebiet. Ein anderes Bedenken wird vielleicht darin gefunden, daß die freien Vereine leicht einen Schüler ganz arm an Zeit und Kraft für die eigentlichen Schularbeiten machen könnten. Darum aber führt der Director die Controlle. Endlich möchte man sagen: wenn nun aber gar Keiner an einem solchen Vereine Theil nehmen will? Darauf die Antwort: dann haben die Lehrer und die Schule nicht ihre Schuldigkeit gethan, sie haben sich zu Stundengebern herabgewürdigt, die tiefere Bedeutung dieser Idee nicht erkannt, oder haben die Anstrengung dafür gescheut, oder sind ihr nicht gewachsen gewesen.

Die aufmerksamen Leser werden der Unterrichtsform noch einen andern Vorwurf machen, der hier noch näher erörtert werden muß. Da so vieles dem Vortrage der Schüler namentlich in den obern Klassen überwiesen wird, so wird auch natürlich oftmals eine stümperhafte Sprache in der Klasse gehört werden. Denkt man dagegen den Lehrer als den Vortragenden, so wird der hoffentlich mit scharfen Begriffsbestimmungen und präzise und distinct und edel und wohlbetont und mit Anstand sprechen, welche Eigenschaften mehr oder minder dem Schülervortrage abgehen werden. Demgemäß wird dasjenige Bildungsmoment fehlen, welches in dem geistigen Verkehre und dem Wechselgespräche zwischen Lehrer und Schüler liegt und so bedeutungsvoll ist, durch welches ja allein die Kinder geistig gebildeter Eltern einen so weiten Vorsprung vor denen niederer Stände gewinnen. Ja es ist die Wirkung des Umganges mit geistig gebildeten Männern so groß, daß viele Menschen durch dieselbe allein in eine höhere Bildungssphäre gehoben werden. Der Lehrer ist ja ein lebendig und persönlich gewordener Bildungsquell, der über den Geist des Schülers strömt und ihn befruchtet und alle Fruchtkeime in ihm nährt. Darum wirkt ja ein wahrhaft gebildetes Lehrer-Kollegium so viel, auch wenn es in der rein schulmeisterlichen Thätigkeit des Lehrens minder peinlich und energisch ist, darum entzündet der ächt productive Geist eines Lehrers auch die Productionskraft des Schülers, darum tragen alle Schüler einer Anstalt ein allgemeines übereinstimmendes geistiges Gepräge, welches ein Abdruck der allgemeinen geistigen Bildung des Lehrer-Kollegiums ist. Diese unleugbare Wahrheit spricht für und nicht gegen uns. Durch den Umgang und durch den freien geistigen Verkehr fließt die Bildung über, nicht aber durch Abhören und Einprägen und Repetiren der reinen Schulbegriffe und Schulwissenschaften, welche in ausgeprägter Form vom Lehrer gegeben und in derselben ausgeprägten Form vom Schüler wieder dargebracht werden. Nur dann gewinnt Einer vom Andern, wenn beide dasselbe beobachteten, durchdachten und dann die geistige Auffassung im Austausche der Gedanken verglichen. Wenn dagegen der Eine nur empfängt und der Andre nur giebt, so fehlt dem Erstern zunächst die Uebung des Beobachtens und dann auch noch die Beurtheilung der bessern und tiefern Auffassung des Beobachteten. Das macht ja das Reisen so bildend, daß der Austausch der Gedanken über Gesehenes und Gehörtes unter den verschiedensten geistigen Kräften und Individualitäten und Bildungsständen möglich ist. Darum sollen die Schüler nicht immer schon gleich empfangen in einer geistigen Auffassung und in einer Form, welche ihrer geistigen Kraft und Befähigung nicht angemessen ist, sondern sie sollen sich immer erst selbst an dem Stoffe versucht, die Gegend durchreist, auf der Reise beobachtet, über die Begegnisse und Eindrücke nachgedacht haben, und dann erst soll der mitreisende Lehrer schiefe Auffassungen, Mißdeutungen, falsche Schlüsse u. s. w. mit seinem weitern und tiefern Blicke aufhellen. Je mehr sich diese Berichtigungen der Form der Umgangssprache nähern, je mehr sie sich der Absichtlichkeit entkleiden und die Gestalt des geistigen Verkehrs gewinnen können, desto fruchtreicher wirkt solcher geistige Thau des Lehrers. Der oben (§. 60) dargestellte Erfahrungsunterricht hat eben keinen andern Zweck, als wirklich diesen Verkehr zwischen Lehrer und Schüler einzuleiten und eben die Berieselungen durch den Geist des Lehrers zu veranlassen, welche befruchtender wirken als der Hauptstrom, der von der Höhe des Lehrergeistes über das glatt gewaschene Gestein der Schulbücher und Schulwissenschaften fort strömt. Also Erfahrungen zu machen gilt es vornehmlich für den Lehrer, und zwar frische, lebendige. Nur die Form, nicht der Stoff des Erfahrungsunterrichtes soll ausgeprägt werden. Dieser Stoff soll dem Lehrer neu sein wie dem Schüler, beide sollen zusammenreisen. Das Land des Geistes und der geistigen Zustände ist so groß, daß es Niemand ganz durchwandert, daß es stets neue Aus- und Ansichten für die Reisenden darbietet. Das nöthige positive Wissen und die daran gewonnene geistige Kraft bringe der Lehrer bei seiner Anstellung schon mit in die Schule; nun aber in derselben wandre er mit seinen Schülern und lehre auch sie vernünftig reisen. Er sei neugierig, was seine jungen Freunde beobachtet haben, er wolle seine eignen Wahrnehmungen durch die seiner Reisegenossen bereichern; er wisse, daß er nicht in alle Thäler und Schluchten eingedrungen und auf alle Höhen gestiegen sei; er bringe den frischen lebendigen Eindruck des Gesehenen und Vernommenen mit zum Gespräche. Diese Lebensfrische des Lehrers in den höhern Bürgerschulen, welcher den Erfahrungsunterricht zu leiten hat — wir denken ihn in der Hand des Religionslehrers und Ordinarius der Klasse — ist der eigentliche Lebenshauch in der Schule. Sie sich zu erhalten, sie zu nähren durch stets neue Fragen und Untersuchungen, sie zu erhöhen durch stets rüstiges Fortwandern auf dem großen Gebiete der menschlichen Zustände im weitesten Sinne des Wortes, das ist das lebendige pädagogische Studium und die Leben gebende methodische Aufgabe für den Lehrer. Aber wie im Erfahrungsunterrichte so wird auch in den übrigen Lehrgegenständen, welche unserer freien Unterrichtsform Gelegenheit bieten, jener Vorwurf leicht zurückgewiesen werden können, wenn man bedenkt, daß wir eigentlich im Großen und Ganzen die heutige Methode nur gleichsam umkehren. Der heutige Unterrichtsgang ist eigentlich so: zunächst giebt der Lehrer in lebendiger Form, der Schüler entnimmt, wie viel seine Kraft zu erfassen vermag und hascht nach dem in jener Form mitgetheilten Materiale, und achtet kaum der Form aus Mangel an Kraft und in der Bemühung, so viel als möglich von dem Materiale sich zu gewinnen. Dabei reißt der Unterricht selten den Schüler mit fort. Dann erhält der Schüler zum Repetiren ein dünnes Schulbuch, welches die Verlebendigung des Inhaltes als ungehörig zurückweisen muß, da es nicht noch einmal in der Breite des Vortrages sich ergehen kann und darf. Nach unserer Methode soll der Schüler auch aus lebendig geschriebenen Büchern sich den Inhalt erst, also das Material schöpfen, oder er soll in andern Zweigen sich aus dem Realen heraus einen Gedanken gebildet haben, soll diesen als ein Erwerbniß seiner That nun darbringen in der Klasse. Dann erst tritt der Geist des Lehrers hinzu, um den Stoff zu verlebendigen, denselben in der rechten geistigen Form anschauen oder geistig begreifen zu lassen. Der Kampf um den Stoff hat nun schon aufgehört, und die höhere geistige That an demselben beginnt eben mit dem Hinzutreten des Lehrers. So fließt dann an diesem Stoffe die Bildung des Lehrers auf den Geist des Schülers über.

III. Abschnitt.

Das Schulleben als ein selbstständiges in der Gesammtheit.

§. 81. Die Schule wird erst dann ein Abbild des Lebens und so ein Bildungsmittel fürs Leben sein, wenn sie auch im Großen sich als ein wohlorganisirtes, Allen bewußtes, nach einem erkannten Ziele hinstrebendes Ganze kundgiebt, und in diesem Organismus das Bild des öffentlichen Lebens abspiegelt und im kleinen Bilde darstellt. Dieses Bild hat drei Hauptradien, die Kirche, die Rechtsinstitute, die Wehrverfassung, und innerhalb dieser Belebungs- Erhaltungs- und Sicherheits-Veste birgt sich das gesammte Volksleben, welches sich an Volksfesten dann einmal kund giebt. Die Schule darf so wenig in ihrem Organismus diese Institutionen äffen, wie wenig sie in ihrem Leben das Familienleben ersetzen, verdrängen oder auch nur annähernd darstellen durfte. Dennoch aber soll jede der drei Richtungen angebaut und zum Bewußtsein gebracht, ja nicht gelehrt sondern eingelebt werden. Die Schule soll ihre Kirche haben, aber eine Schulkirche, eine Rechtsverfassung aber für einen Schul- und Knabenstaat, und eine Wehrverfassung aber wie sie Knaben haben müssen. Diese hohen Ideen werden mit dem, was eine Schule davon darbieten kann, sich auf einem Schulhofe sehr winzig ausnehmen, und das sollen sie auch, sonst haben sie auf einem Schulhofe nicht Platz und treten über die Ufer und machen aus einem bewässernden Bache einen überfluthenden Bergstrom und bringen statt Segen nur Unheil.

Die Schulkirche ist mehr ein Institut für die Andacht als für Unterricht und umfaßt alle Glieder der Schule, d. h. auch die Lehrer mit. Wir wollen die kirchliche Feier im Schulsaale eine Andacht nennen, und zur Veranschaulichung der von ihr zu hoffenden Wirkungen dieselbe kurz beschreiben. Es werden eine oder zwei Wochenandachten außer den Schlußandachten an jedem Sonnabend, am Censurtage, zum Schlusse des Quartals und des Semesters gehalten. Die Wochenandachten dauern etwa 10 bis höchstens 15

Minuten, die Schlußfeiern etwa höchstens eine halbe Stunde. Die Kirchenfeste der Schule sind Schulacte zur Entlassung der Abiturienten, Stiftungstage der Schule, des Königs Geburtstag, oder dergleichen Ehrentage. An den Hausandachten darf Niemand als die Mitglieder der Schule, an der Schlußandacht können Geistliche, doch nur in Amtstracht, Theil nehmen, zu den Festen haben alle Eltern Zutritt. Zu den Andachten versammeln sich alle Schüler erst in den Klassen und gehen dann zum Saale. Kann das mit kirchlicher Stille im Saale abgemacht werden, so ist das ein großer Gewinn. In den Wochenandachten werden ein oder zwei Verse aus dem Schulgesangbuche gesungen, welches die wichtigsten und bedeutsamsten Lieder und nur diese aus den kirchlichen Gesangbüchern enthält, namentlich lauter solche Lieder, welche in den christlichen Gemeinden so recht heimisch geworden sind. Aus diesem Schulgesangbuche (v. O. Schulz) werden auch die für die Religionsstunden zu lernenden und in den Gesangsstunden einzuübenden Kirchenlieder und Kirchenmelodieen gewählt, so daß den Schülern dieses Gesangbuch ein Hausbuch wird. Das ist wesentlich und ja nicht zu übersehen. Nach Absingung dieser Verse, wobei keine Orgel- oder sonstige Begleitung von Instrumenten, auch kein mehrstimmiger, sondern nur ein reiner einstimmiger Gesang zugelassen wird, hält ein Lehrer eine kleine Ansprache, ein Gebet, liest eine Bibelstelle oder einen Psalm oder sonst ein Gebet zur Erhebung des Herzens vor. Die Schlußandachten am Sonnabend erweitern sich dahin, daß nach Absingung einiger Verse zunächst von einem Primaner das Evangelium des vorigen Sonntags wiederholt, dann das Evangelium des vorstehenden Sonntags verlesen und darauf eine auf das Evangelium oder auf die folgende kleine Ansprache bezügliche Cantate, Motette, oder ein Choral oder ein Psalm 2c. von dem Sängerchor als liturgisches Element hinzugefügt wird. Es folgt dann eine Exegese des eben gelesenen Sonntags-Evangeliums, und eine Anwendung auf das Leben und Treiben in der Schule und den sittlichen und religiösen Zustand der Schüler, aber mit vorwaltender ascetischer Tendenz. Ein Liedervers wird gesungen und ein kurzes Gebet schließt. Die Censurtage erweitern sich dahin, daß vielleicht an geeigneten Stellen mehre Motetten eingelegt werden und die Rede eine umfangreichere, und von mehr betrachtender Art wird. Doch darf auch diese Rede nicht die Kraft der Zuhörer übersteigen, auch nicht einmal durch ihre Länge. Sie schließt sich an einen freien Text der Bibel an. Zu Weihnachten wird diese Rede eine Vorfeier des Weihnachtsfestes, vielleicht bei Erleuchtung und mit Instrumental-Begleitung gefeiert. Man entnimmt hieraus die Anordnung der Oster-Censur, und auch welche Lieder, welche Chöre und Motetten für sie zuzulassen sind. Die Michaelis-Censur wird wie ein Erndtefest behandelt, der Schluß zu Pfingsten feiert die Gründung der Kirche ꝛc. So lebt die Schule hier ihr eigenes kirchliches Leben, aber blickt stets hinaus in die Kirche der Gemeinde, ja holt sich gleichsam ein Stümpfchen Licht aus dieser, um damit auch die Kinderstube zu erleuchten, und auch zu erwärmen. Die Schule bleibt Schule und hängt sich doch an das Schiff der Kirche; ihre Sonnabendsfeierlichkeiten werden gleichsam nur Glockentöne zum Rufe in die Kirche.

Die Wochenandachten halten die einzelnen Lehrer in fest bestimmter Reihenfolge ab. Sie sprechen hier ihr innerstes Leben gegen die Schüler aus, und schütten auf dem Boden der Schulkirche ihr Herz, ihre Sorge, ihre Befürchtungen, ihre Hoffnungen, ihre Freuden als Bitt- und Dankgebete gegen Gott aus; hier zeigen sie den Schülern das ganze Leben der Schule, der einzelnen Schüler, den Werth und Unwerth dieses oder jenes Strebens, dieser oder jener That im Lichte der Religion und verklären das scheinbar Niedrige und Kleinliche zu einem Thun und Treiben, welches in den Augen Gottes hoch und groß ist; sie erheben sich und ihre Schüler hier aus dem Schulstaube auf die reine Tenne, wo man mit jeder Handlung einen Gottesdienst thut; ermuthigen sich und ermuntern die Laschen und Ermüdeten mit der Ueberzeugung, daß es mehr als Lernen gilt, und daß es ein höheres Ziel giebt, als eine Versetzung und ein gutes Zeugniß zu erstreben. Sie decken auf, wie der Fleiß und gutes Betragen und alle die gerühmten Schultugenden nur dann den rechten Werth haben, wenn sie in der rechten Gesinnung wurzeln; sie geißeln den Ehrgeiz und die Tugendeitelkeit und das liebe-Kind-Sein mit der rechten Geißel und nennen die beschönigenden Entschuldigungen, wie kindliche Vergessenheit und jugendlichen Leichtsinn, mit dem rechten Namen und weisen den Quell nach, der eben die Lust ist, und decken die Sclaverei auf, in welche so viele die Lust geschmiedet hat; sie weisen auf die Ohnmacht des eignen Willens, die Nichterfüllung der guten Vorsätze und der gethanen Versprechungen hin, und lehren so die Kinder an sich selber beobachten, daß es mit unserm Willen allein nicht gethan ist. Doch es sind der Thematen wohl genug, und jeder in der Schule und unter der Jugend lebende Lehrer — nicht der, welcher blos in seiner Grammatik hauset — wird wohl von selbst das Nothtuende auffinden. Die Veranstaltung wird nun zunächst auf die Lehrer die Wirkung haben, daß sie sich selber um den Geist des Ganzen kümmern, da sie ja zum Ganzen reden sollen, daß sie sich nicht minder auch nach der wahren Fackel ein wenig umsehen, um auch das Ganze mit dem rechten Lichte zu beleuchten. Diese Fackel wird die Männer lehren, auch solchen Knaben noch Liebe zu schenken, welche scheinbar aller Schulordnung widerstreben und nie in der Klasse befriedigen; wird sie befähigen den Quell vieler unerträglichen Erscheinungen zu entdecken, die sich mit keinen Strafmitteln mehr zudämmen lassen; wird sie entdecken lassen den wahren Richter, vor welchen der bequeme Hausrock von gutem Gewissen und das Schlummerkissen von gethaner Pflichterfüllung nicht mitgebracht werden darf. Mancher erhebt sich auch wohl zu einem Seelenarzte und nimmt mindestens das noch wahr, was noch der Schule an erziehender Kraft und erziehendem Einflusse geblieben ist. Ein Wink sei noch für die Lehrer erlaubt. Nicht Menschenweisheit sondern Gottes Wort soll hier gepredigt werden, man trifft damit den rechten Ton und trifft sichrer das Herz; nicht der Verstand sondern das Herz soll hier erklingen, man kommt mit diesen Klängen dem Schülerherzen näher und findet es offner als den Kopf. Darum mögen hier Anklänge an die Religionsstunden, Anwendungen der Sprüche, Erläuterungen durch biblische Beispiele und an den biblischen Personen des Alten und Neuen Testaments, noch mehr Anwenden der gelernten Liederverse (s. §. 59.) ein Hauptstreben sein. Das Bedeutsame ist schon oben nachgewiesen.

Die Schüler werden sich hier einer religiösen Gemeinschaft bewußt, sehen ihre einzelnen Lehrer hier als Lehrer der Anstalt und nicht mehr der einzelnen Gegenstände und der einzelnen Klassen, hören hier aus dem Munde derselben eine Weisheit, die höher ist als die klassischste in der Klasse, und vernehmen aus derem Herzen Klänge, welche vor der staubigen Schulbank nicht zum Tönen gelangen können. Sie erheben sich in einer Gemeinschaft, wenn auch nicht immer so doch bisweilen — und ein solches Saamenkorn trägt 60 und 100fältige Frucht — zu einer andächtigen Stimmung, zu der sie für sich allein wohl nie kommen möchten; erblicken sich in einem Unterrichte, der nicht repetirt, nichts aufgiebt, nicht straft, nicht zürnt; sondern der da erhebt und erwärmt und auch wohl einmal erquickt. Sie erkennen in der Schule wie in ihren Veranstaltungen, im Lohne wie in der Strafe, einen höhern, Alles durchdringenden Geist, den Geist Christi, und werden damit aus der Vereinzelung herausgerissen, der sie sich sonst so schwer entwinden; sie lernen hier erfahren, wozu man Sprüche und Gesangbuchverse lernt, und wenngleich das, was sie in und an sich selber erfahren, wenig ja vielleicht zunächst sehr wenig sein mag, so macht doch die religiöse Erregung des Lehrers und seine That einen Eindruck, der für das spätere Lebensalter wichtig wird. Wenn der Pythogoras sammt der Grammatik längst vergessen sein wird, dann erst und dann erst recht wird der Klang der Andachten einmal und östermal wie die Glocken am Johanni Mittage erklingen, und manches Sonntagskind wird sie dann erst recht vernehmen.

Wie die Religionsstunde, das Lernen in ihr und das Lernen für sie in den Andachten eigentlich erst die rechte Bedeutung findet, so wird auch das Singen der Choräle und das Singen im Chore zu Etwas höherem erhoben. Es lernt das Kind die Kirchenmelodieen in der Klasse, um auf dem Saale mitsingen zu können, und die Chöre üben Lieder und Motetten und Psalmen ein, um damit die andächtige Stimmung der Schulgemeinde zu erhöhen oder zu beleben. Es ist im Sinne der höhern Bürgerschule, dem Thun einen Zweck wenn möglich für ein Gemeinsames und Ganzes zu geben, und dieses Ziel kann nirgend so schön und vollständig erreicht werden als für den Gesang in diesen Andachten. Aber noch wichtiger wird dies Einüben für die religiösen Feierlichkeiten, wenn man bedenkt, daß man hauptsächlich nur daran Intresse nimmt, für welches man gearbeitet und um das man sich bemüht hat. Wenn man also durch diese Institution einen Sinn für die Kirche und kirchliches Leben erwecken will, so muß die Jugend Gelegenheit und Anleitung bekommen, für die Schulkirche wirklich auch Etwas zu thun. Die rein passive Theilnahme wird gar bald eine gezwungene, und die Wiederkehr derselben Acte wird eine wirkungslose und todte Veranstaltung. Darum muß die Schule in diesen Andachten zwar eine ganz gleichmäßige Form inne halten, aber in dieser Form dennoch eine Mannigfaltigkeit des Dargebotenen erstreben. Was die Schule mit der Musik zu beginnen habe, und welche große Bedeutung sie ihr geben würde, und wie mit ihr und an ihr eine Bethätigung an der Schulkirche und damit wieder ein thätiges Intresse am kirchlichen Leben gewonnen werden könnte, das bedarf nun keiner Erörterung mehr. Mit Predigen lockt man heute nur noch Frauen, Müßiggänger und Kranke in die Kirche. Wer nicht sonst woher einige Kirchlichkeit mit der Muttermilch bekam, der sucht keine Nahrung von den Kanzeln, und muß er sie einmal genießen, so sucht er blinkende Spreu und läßt das Korn liegen, oder was noch öfter der Fall ist, er kennt die Speisen gar nicht. Der liturgische Theil des Gottesdienstes, an welchem die Gemeinde thätigen Antheil nehmen kann, für welchen auch zu Hause noch gedacht und geübt werden muß, der gleichsam die Kirche mit nach Hause nehmen läßt, dieser Theil des Gottesdienstes muß in der Gemeinde ein Intresse erwecken, mit welchem sehr viel gewonnen ist. Der Sinn dafür und die Belebung des Gefühls durch die Liturgik giebt der Rede des Mundes erst den, zum Aufnehmen des gestreuten Saamenkornes, gereinigten und gelockerten Boden, öffnet ihr die Straße vom Verstande zum Herzen. Darum nochmals hier ein ernstes Wort für Musik in der höhern Bürgerschule, damit die Jugend der Stadt, die Glieder der Gemeinde, der Kern des Volkes thätig zu sein lerne für die Kirche und an der Kunst noch etwas Anderes erfahren als Ohrenkitzel und an den Musikaufführungen an den kirchlichen Festtagen noch mehr als einen Ohrenschmaus genießen lerne rc. rc. Will man sich von der großen Bedeutung überzeugen, so übe man nur eine kleine Motette recht bis zur Vollendung ein, und man wird es auf dem Saale hören, wie die Andacht der Sänger während des Singens steigt; aber man mache auch diese Form des Schulgottesdienstes zur Gewohnheit, damit nicht eine hin und wieder nur so veranstaltete Andacht wie aufgeputzt erscheine und statt Sammlung und Erhebung nur Zerstreuung biete. Wohl wäre es deßhalb schön, wenn sich so eine Schulliturgie ausbildete, die nicht die kirchliche äffte, aber auch nicht die kindischen Kindesgebete und Gesänge enthielte, sondern die wie die Andacht und Predigt der Schule in die Kirche schaute und doch in der Schule bliebe. Doch auch diese wird sich wie eine lateinische Grammatik finden, wenn nur erst die Schulen den hier beregten Bildungsheerd als einen heiligen erkennen werden. *) Doch ihre volle Wirkung auf die Jugend wird die Schulkirche nur dann gewinnen, wenn die Lehrer nach ihren Kräften nicht blos durch Predigen oder Moralisiren sondern auch durch ihre etwanige künstlerische Befähigung an der Feier mitwirken, damit das Bild einer Gemeinde vollständig werde. Wenn sie sich blos vornehm etwas vorsingen und

*) Einen Anfang hat C. Reinthaler gemacht. Des Königs und Volkes Freude in dem Herrn. Erf. 1840, und die hohen Feste unsers Herrn. Erf. 1840.

vormusiciren lassen, so hängen sie sich als eine bleierne Last an das Herz der Jugend, und ziehen die religiöse That des Schülers nieder zu einem Schuldienste, den ihm die Schule auch noch aufbürdet; wenn die Lehrer die tiefe Bedeutung eines solchen gemeinsamen Thuns für die höchste Aufgabe der Schule, nämlich die Stimmung des Gemüthes zu erhöhen, nicht erkennen, und nicht selber für sie mitwirken, und höchstens sie benutzen wollen als ein weiches Bett für ihre Weisheitsbrocken, so wird Religion und Kirche auch in den Augen ihrer Schüler zu einem Institute, welches dem Polizei- und Rechtsstaate entweder einen Sonntagsschmuck oder gar nur ein feines Zuchtmittel bieten soll. Wenn der Lehrer sich der Andacht entzieht, wenn er nicht mitsingen kann und mag, wenn er vielleicht, auch in der Kunst befähigt, es gar unter seiner Würde hält, mit den Schülern im Chore einen Psalm zu singen: so kann freilich von einer Schulgemeinde nicht mehr die Rede sein. Er lehrt durch sein Beispiel, daß das Kirchenleben nur für Unmündige und Kinder sei, und daß für die Gebildeten, wofür sich eben alle Leute im feinen Rocke halten, eine Emanzipation eingetreten sei. Hier liegt der Schlüssel, warum Schulandachten viel weniger bisher auf Belebung eines kirchlichen Sinnes gewirkt haben, als man erwarten sollte. Solche Entblößung eines nackten Herzens von Seiten der Lehrer wirkt vielleicht tiefer und schädlicher als andere Entblößungen, welche sich der Lehrer selbst nicht und die ihm Andere nicht verzeihen würden. Wohl ist es denkbar, daß Mancher hier sagt: ich halte die Bedeutung der Schulandachten nicht so hoch; für diese sei bemerkt, daß Manches im großen und weiten Staatsleben geschieht und geschehen muß, von dessen tieferer Bedeutung ein Lehrer nicht die geringste Ahnung hat, wenngleich er das Wort dafür kennt; und denen Lehrern, welche durch eine Theilnahme an einer solchen Sache, die ihnen nicht Sache des Herzens wäre, eine Lüge zu begehen vermeinen, wäre denn doch auch noch zu erwidern, daß sie sich dann zu einem Arbeiten an einem Werke hätten miethen lassen, für welches ihnen die Befähigung abginge. Wer aber vermeint, die Belebung eines kirchlichen und religiösen Sinnes seie heute nicht eben nöthig, dessen bedürfe die anderweitig geistig ausgebildete Jugend nicht, das könne man und müsse man der Kirche und ihren Lehrern überlassen, der wolle nur auch nicht mitwirken an einer Schule, aus der die Volksvertreter in kleinen, größern und größten Kreisen hervorgehen sollen, welche in diesem Berufe die höchsten und heiligsten Intressen des Volkes eben so gut als den Finanz-

Etat berathen sollen. Man möge doch nur nicht wähnen, die Jugend für ein Gemeinden- und Staatsleben mit einem isolirenden, des gemeinsamen Intresses ganz baaren und ledigen, Unterrichte erziehen zu können. Es wird wirklich der Fortschritt der Menschheit durch ganz andere Potenzen und Factoren bedingt als durch den kläglich berechnenden Verstand und den sich isolirenden Egoismus, der sich nur noch vereint, um den zusammentreffenden Zweck desto besser zu erreichen. Ach möchten doch hier die höhern Bürgerschulen und die Lehrer an ihnen so recht einmal die Hand aufs Herz legen, und recht untersuchen in ihm, wie oft dieses ganz anders pulset als der Verstand zählt, wie hier die Geburtsstätte ist so vieler Pläne, Entwürfe, Entschließungen, die der lügnerische Verstand dann nur noch schliff, und nun sie sich aneignete als die seinen. Ach möchten die höhern Bürgerschulen vor allen andern doch recht ächte deutsche Bildung erzielen wollen, welche die griechische Kunst und ein römisches Bürgerthum in einem christlichen Staats- und Volksleben verklärte; möchten sie doch den Gemeinsinn und ächtes Volksleben auf einem Boden wecken, von dem die ächten Triebkräfte wie Blutadern in alle andern Lebensgefäße sich ergießen; ja möchten sie nur recht bedenken, ein wie wichtiger und einflußreicher Theil des Volkes ihnen überwiesen ist, damit sie bange über die große Verantwortlichkeit wie eine liebende Mutter Alles wahrnehmen, was nur irgend den Kindern frommt und frommen kann. Es handelt sich nicht um kopfhängerischen Pietismus, denn der macht die Jugend zu einem Lügner; nicht auch um dogmatisch-kirchliche Glaubensformeln, denn an der Schulkirche soll jede Confession Theil nehmen; nicht um weichliche Gefühlserregungen, denn es soll eine Thatkraft hier entsprießen: sondern um einen Gemeinsinn handelt es sich, der den Menschen auf eine lichte Höhe hinausträgt, wo der Egoismus keine Stätte mehr findet, und wo die Weltehre vor der göttlichen Idee erblindet. Doch genug, und für viele gewiß schon zu viel.

§. 82. Rechtspflege und Wehrhaftigkeit wird auf dem Turnplatze gelernt. Schon diese Zusammenstellung zeigt, daß hier keine kindische Nachahmung Statt haben soll. Da der Turnplatz eine so wichtige Tribüne für eine höhere Bürgerschule werden soll, so müssen wir schon hier den Nachweis seiner Wichtigkeit liefern, damit nicht ein loses Spiel mit ernsten Dingen getrieben werde, oder gar es den Schein gewinne, als sollte in diesen Schulen mit der Jugend umgetrieben werden, während man doch der Umtriebe genug schon hat.

Das Turnen ist von den Schulen mit dem freudigsten Zurufe begrüßt worden, das ist gewiß; es sind viele herzkräftige Worte darüber gesprochen worden; aber leider sind viele schöne Eröffnungsreden schöne Klänge geblieben, und der alte Turneifer ist nicht wieder erwacht, weil man nicht den alten Turngeist wecken durfte und einen neuen Geist ihm nicht eingehaucht hat. Das Turnen als eine reine Kräftigung des Körpers durch allerhand schöne und unschöne Anstrengungen der Muskeln behandelt, möchte wohl kaum das Verheißne und Geträumte leisten. Denn es möchte wohl schwerlich gelingen, mit 2 bis 4 wöchentlichen Stunden wieder eine Jugend zu erwecken, die auf 32—34 Stunden zwischen die Schulbänke und 20 Stunden und darüber an den Arbeitstisch gekrümmt, in enge Zimmer zu je Funfzigen eingeschlossen, vor jedem körperlichen Schmerze wie vor der Pest gesetzlich geschützt, vor jeder körperlichen Anstrengung, Erhitzung und Ermüdung sorgsamst bewahrt, in weichem Schooße gewiegt mit Lust und Wohllust für die Lust und Wohllust aufgezogen ist. Wird es mit den paar Stunden gelingen, den Theequalm und Tanzstaub der Gesellschaftszimmer wegzublasen? Wird die Schule, welche ja sonst nur geistige Intressen vertritt, sich auf diesem Plane nicht unbeholfen und auch machtlos gebärden? Ja können wirklich die geistig gereiften Jünglinge noch eine Befriedigung an einer rein körperlichen Uebung finden? Es ist das Alles wirklich zu bezweifeln, und die Erfahrung bestätigt ja wohl schon die Zweifel. Der Vorwurf, der Lehrer tauge nicht, fällt fürs Turnen ganz von selbst weg; haben die gereiftern Schüler kein Intresse am Turnen, so heißt das, das Turnen taugt nicht für sie. Die Hinweisung auf frühere Zeiten ist ein Beleg für das Mißverstehen der Geschichte; die Jugend von heute, welche mitten in einem dreißigjährigen Frieden geboren ward und in ihm aufwuchs, ist nicht die, welche den Vater in den Krieg ziehen sah, um für des Vaterlandes Befreiung zu kämpfen. Unserer Jugend fehlt ein Trunk aus dem Borne jener Begeisterung. Diese Zweifel und Erfahrungen deuten aber auch an, daß das Turnen nur Gewicht bekommen und Frucht bringen wird, wenn damit irgend welche höhere Idee verwebt werden kann.*) Diese Idee wird für eine höhere Bürgerschule eine andere sein als für andere Anstalten. Um sie darzulegen, möge hier erst vollständig das Jugend- oder Schulleben auf dem Turnplatze dargestellt werden.

*) S. Langbein Gedanken und Vorschläge über die Organisation der Turnübungen in Mager's Pädagog. Revue August-Heft 1845.

Vorturner sind nach und nach vorgebildet, der Turnplatz ist nicht der Stadt zu nahe und ist geräumig, einige Trommler (3 bis 4) und einige Hornisten zum Blasen der Signale sind eingeübt, außer dem nöthigen Turngeräthe ist für jeden Theilnehmer eine Gerstange vorhanden. Die ganze Schule wird wie gewöhnlich nach Riegen mit ihren Vorturnern eingetheilt, je zwei Riegen machen mit einem Zugführer an der Spitze einen Zug, mehre Züge machen ein Bataillon ꝛc. Diese Eintheilung geschieht möglichst so, daß sie den Gesangs-Chören entspricht, also daß in einem oder zwei Zügen der gemischte Chor vereinigt ist, in einer Riege vielleicht der Gesangverein. Die Vorturner haben in jeder Riege noch einen Anmann, jeder Zug enthält die nöthigen Unteroffizire. Alle Zugführer ohne Ausnahme werden auf der Conferenz der Lehrer nach Vorschlag des Turnlehrers gewählt, und auch nur durch die Lehrer-Conferenz abgesetzt. Die Zugführer wählen dann aus ihrer Mitte einen Obmann; jeder einzelne aber bestimmt sich die Unteroffizire und sonstigen Chargen in seinem Zuge selbstständig und legt die Wahl dem Turnlehrer vor zur Bestätigung; darf aber auch den einmal bestätigten nur nach Genehmigung des Turnlehrers und unter Beistimmung des Obmannes wieder absetzen. Die Zugführer sind in den militairischen Exerzitien und im Commandiren gehörig vorgebildet. Den Zugführern wie Vorturnern wird für den ganzen Sommer eine feststehende Turnordnung dictirt, die einen selbstständigen Wechsel mit den Geräthen bedingt, über deren Innehaltung sie nun selber wachen. Sie führen die Listen über die Fehlenden, halten Ordnung in den Zügen, schlichten kleine Zwiste, verweisen Störungen, bestrafen Ungehorsam und Ungezogenheiten; der Obmann schlichtet den Streit zwischen dem Turner und dem Zugführer nach Anhörung beider, und wacht darüber, daß die Zugführer der Turnordnung gemäß die Uebungen anstellen lassen. Die Zugführer bilden mit dem Turnlehrer den Turnrath. Allmonatlich haben die Zugführer einen von den Unteroffizieren und dem Vorturner und Anmann unterschriebenen Bericht an den Turnlehrer einzureichen, welcher neben der Liste der Fehlenden und den nöthig gewordenen Bestrafungen und entstandenen Zwistigkeiten und eingetretenen Unordnungen noch die sonstigen Erfahrungen, Beobachtungen, Wünsche, Vorschläge zur Förderung des Ganzen enthält. Diese Berichte kommen in der Conferenz der Lehrer zur Vorlage. Die Vorschläge allgemeinerer Natur, deren möglichst viele gewünscht werden, die Mittheilungen von besondern Einrichtungen, welche ein Zugführer traf und bewährt fand, werden Gegenstände der monatlichen Conferenz, welche der Turnlehrer mit den Zugführern hält, in welcher er ihnen auch Winke und Verweise rc. giebt über ihr Verhalten. Dieser Conferenz können Lehrer der Anstalt beiwohnen, und werden gut daran thun, und der Schule einen Dienst erweisen. Sie, die auch meistentheils auf dem Turnplatze gegenwärtig gedacht werden, geben mündlich auch ihre gemachten Beobachtungen zur Berathung. Das Berathen, wie dies und das abzustellen sei, bleibt aber durchaus den Schülern überlassen, der Turnlehrer giebt allenfalls einen Fingerzeig, worauf zu denken sei, und überläßt dann wieder das Verfolgen dieses Winkes den Schülern. Vor diese Conferenz, welche auch auf dem Turnplatze gehalten werden mag, werden von den Zugführern diejenigen Schüler geladen, und in ihr verklagt, welche sich der Ordnung nicht haben fügen wollen, und die den Verlauf der Uebungen gestört, ja vielleicht durch ihre Ungezogenheit Gefahr herbeigeführt haben. Jede solche Vorladung geschieht durch den Obmann. Die Vertheidigung wird natürlich dem Verklagten zugestanden, es erfolgt kein Urtheilsspruch und keine Bestrafung, als daß der Turnlehrer nach Anhörung den Ausspruch: schuldig oder verzeihlich, giebt. Aus den Vertheidigungsreden des Verklagten gewinnt er ein Urtheil über das Verfahren der Zugführer und Vorturner. Zu diesen Conferenzen kann der Turnlehrer aber auch Andere laden, von denen Einer jedesmal als Secretair fungirt, der zum nächsten Turntage ein Protocoll über die Versammlung einliefert. Seinen Bericht macht er aber in der nächsten Sitzung mündlich. Für alle wesentlichen Vorkommnisse wird ein eignes Turnbuch, eine Turn-Chronik, angelegt, in welchem verzeichnet stehen Alle chargirten, dann die Turnordnung, dann alle sonstigen feststehenden Veranstaltungen — gleichsam das Gesetzbuch dieses kleinen Staates. — Da hinein werden auch die Vorschläge der Schüler eingetragen, welche eine Anerkennung und entweder eine allgemeine oder eine zeitweilige Einführung nach gepflogener Berathung gefunden haben. Solche Vorschläge zu machen steht jedem Schüler frei, welches er dann durch den Obmann dem Turnlehrer anmeldet. Dieser läßt ihn dann durch den Obmann zur Conferenz laden, auf welcher der Vorschlag mündlich entwickelt und berathen wird. Der beste Schreiber wird Groß-Secretair der Anstalt, der dann Alles in dies Buch einträgt. Die wichtigsten Vorkommnisse auf dem Turnplatze, welche das Ganze betreffen, werden nach Beschluß des Turnrathes in dies Buch eingetragen, und so die Chronik begründet.

Diese Andeutungen reichen wohl aus, zu zeigen, daß hier auf dem Turnplatze Gerichtsverfassung und Rechtsleben und Gesetz berathen und Gemeindezucht und practischer Sinn angebaut wird, der mit den Spielereien, welche jeder Jugendlehrer von selbst in Menge auffindet, doch auf dem Felde der Schule bleibt. Doch gehen wir zur Beschreibung einer andern Seite über. Der Sammelplatz ist ein bestimmter vor dem Thore; geordnet nach Zügen unter dem Commando der Zugführer geht es zum Turnplatze. Ein Zug geht vorauf und übernimmt die Wache, packt Turngeräthe aus und trifft die auf dem Platze nöthigen Anstalten, schafft das Wasser zum Trinken und besorgt das Aufstellen der Trinkgefäße, hat die polizeiliche Macht in Händen während der Turnzeit, hält ungehörige Gäste ab, wehrt den Weichlingen das Hinlaufen zum Trinken ꝛc. stellt daher an den verschiedenen Thoren des eingefriedigten Platzes Posten aus, die etwa alle Viertelstunde abgelöst werden. Der wachhabende Zugführer ist für alles Ungehörige der Art verantwortlich, hat aber auch das Recht, den Unfolgsamen zu arretiren und in die Wache zu bringen, und macht nur Meldung davon an den Zugführer; läßt aber in der Wache die Arrestanten bewachen oder beschäftigt sie auch im Turndienste. Der Wachmannschaft bedienen sich nun auch die Zugführer als eines wesentlichen Unterstützungsmittels der Zucht, indem sie einen Ungehorsamen, der das Exerziren oder die Turnordnung stört und nicht ihnen mehr gehorsamen will, in die Wache schicken, d. h. von derselben durch einen Unteroffizir und zwei Mann abholen lassen. Der wachhabende Offizir hat am Schlusse jedes Turntages an den Turnlehrer Bericht über alle Vorkommnisse abzustatten mündlich in möglichst bester Form, woraus dieser entnimmt, was etwa von seiner Seite im Turnrathe zur Sprache gebracht werden muß. Wichtige Angelegenheiten werden in einem schriftlichen Berichte zum nächsten Turntage abgeliefert. Aus diesen Beobachtungen der wachhabenden Offizire müssen sich eben nach und nach die förderlichen und wünschenswerthen Veranstaltungen entwickeln, wie sich natürlich aus denselben noch vieles Andere entnehmen läßt. In diesen Berichten findet sich auch die schriftliche Angabe über die schadhaft befundenen Turngeräthe. Wenn der Hauptzug angekommen ist, so singt er in geordneter Stellung ein gemeinsames Lied und vielleicht hinterher noch ein vierstimmiges. Die erste halbe Stunde wird nun exerzirt in Zügen, in Sectionen, auf ein Hornzeichen wird Halt gemacht; in der zweiten halben Stunde wird zusammen in dem

Bataillone exerzirt. Am Schlusse der Stunde wird ein- oder mehrstimmig gesungen, am heißen Tage auch der Durst gestillt. Unterdessen ist das Turngeräth von der Wachmannschaft in Ordnung gebracht und auf ein Zeichen geht jede Riege an ihr Geräth, ein neuer Zug zieht auf die Wache. Nach einem halbstündigen Turnen wird durch einen Hörnerklang Ruhe geboten, dann an den Geräthen gewechselt. Am Schlusse dieser zweiten Stunde wird durch ein gleiches Zeichen Alles versammelt, nach Belieben ein Lied gesungen und nun die Turnkür angekündigt. Die Wache sorgt für das Verwahren der nicht gebrauchten Turngeräthe und stellt natürlich keine Posten weiter aus, da Jedem zu gehen oder zu bleiben frei steht. In der Turnkür vereinigen sich einige zum Singen, andere zum Spielen, andere zum Turnen, und die Botaniker besorgen ihre Arbeiten, Graben, Säen, Begießen, Oculiren &c. in ihrem botanischen Garten. Sie legen lebendige Lauben an für die den Turnplatz besuchenden Eltern, andere für die Sänger, um dem Tone im vierstimmigen Chore ein Zusammenklingen zu sichern, andere zum Bergen während des Regnens, und für die Versammlungen des Turnrathes. Ein Zapfenstreich oder sonstiges, allgemein gebietendes, Zeichen endet Alles. Auf dem Rückmarsche werden Volkslieder und Schnurren gesungen. — Von Zeit zu Zeit übt der Turnlehrer mit einigen Wenigen ein neues Spiel ein, und diese werden nun angestellt, es den Genossen auch beizubringen.

Diese weitläuftige Darlegung war nothwendig, um die Bedeutung des Turnplatzes als des practischen Lebensfeldes der Schüler anzuerkennen. Die Aufnahme des Gesanges und seine Verflechtung mit dem Turnen, die Anordnung des Exerzirens, die Einrichtung mit der Wache, das Verlegen des botanischen Gartens auf den Turnplatz und die mit ihm verbundene Gärtnerei für den Turnplatz und für die Zwecke des Turnens, das Bilden der Wache und des Turnrathes, das sind lauter einzelne wichtige und bedeutsame Theile. Alle zusammen repräsentiren im bunten Knabenrocke das Leben nach den verschiedensten Seiten. Im Gesange erscheint die Kunst, im Exerziren die Hindeutung auf Wehrhaftigkeit, im botanischen Garten das Gewerbe, in der Wache die Polizei und Gesetzesvollstreckung, in dem Turnrathe der Gedanke und die Gesetzesentwicklung. So haben wir einen Knabenstaat gewonnen, der mehr vielleicht für das practische Leben leistet und gewiß mehr practischen Sinn ausbildet als Technologie, denn hier giebt es eine wirkliche und wahre und keine gedachte und erlogene Praxis; hier beginnen die Sätze nicht mit wenn und immer wieder mit wenn, sondern es heißt immer: so ist es, so soll es ausgeführt werden. Hiemit ist zugleich der Geist ausgesprochen, welchen eine höhere Bürgerschule in den Turnunterricht hinein zu bringen hat, und dieser Geist ist der der Gemeinsamkeit, des Zusammengehörens, des Arbeitens für einander wie mit einander, der Theilnahme an einander. Da die Bedeutung des eigentlichen Turnens im engern Sinne, welches auf dem Turnplatze der höhern Bürgerschule nicht allein die Zeit des Zusammenlebens ausfüllt, oft genug gewürdigt ist, so kommt es hier nur noch darauf an, die Wesentlichkeit der hier hinzufügten Einrichtungen und Veranstaltungen in ihrer Bedeutung für die Bildung in einer höhern Bürgerschule darzulegen. Den Gesang auf dem Turnplatze erkennt man als eine wohlberechtigte und wesentlich dazu gehörige Sache, wenn man erwägt, daß jede körperliche und namentlich heitere Erregung zum Gesange reizt, und daß da, wo dieser nicht eintritt, unter Knaben namentlich ein widerwärtiges Lärmen und Schreien sich bei ihren körperlichen Spielen entwickelt. Der Gesang, schon daß alle dabei stille stehen müssen, bringt eine Beruhigung in die Aufregung, und bietet ein schönes Mittel zu einer solchen Sammlung, schafft den Vorturnern ein schönes Mittel, der Auflösung der Ordnung zu begegnen, giebt der körperlichen Aufregung und der entwickelten Lust eine edlere Richtung, und verinnerlicht gleichsam die Stimmung der Knaben. Er entrückt aber auch das Turnen dem rein Körperlichen und hemmt den Gedanken, als käme es auf dem Turnplatze nur auf Kraftentwicklung an und als wäre Leibesstärke hier das höchste Gut. Der Gesang setzt aber auch noch — und das ist sehr wichtig — die Schulstube und den Turnplatz in enge Beziehung. Der Schüler singt in der Schulklasse Turnlieder und singt auf dem Turnplatze Klassenlieder; im Chore erscheinen die Züge vom Turnplatze zusammen und auf diesem sind wieder die Chorsänger als Glieder eines andern Ganzen vereint. Der Turnplatz giebt Veranlassung zum Einsingen heiterer, geselliger, wie der eigentlichen Volks-Lieder, und weist diesen Liedern erst den rechten Platz an, und nöthigt die Schule zu einer Thätigkeit für den Turnplatz. Wenn die Lehrer beim Recke stehen und zusehen, so giebt das noch keine Verbindung des Turnens mit der Schule. Hier finden die Gesangsvereine in der Turnkür einen Platz für ihre Lieder und Ohren für ihr Singen und erregen so manche edle Empfindung in den Gemüthern ihrer Genossen. Durch den Gesang, durch die oben gedachten Hornsignale, durch die Militairsignale, wodurch man beim Felddienste die Tirailleure leitet, durch das Marschiren nach der Trommel, und gar einmal mit und nach einem Marschliede, welches von Allen im Gehen gesungen wird, durch alle diese Töne, deren Lautwerden einen bestimmten Zweck hat, kommt ein so heiteres Bild über den Turnplatz, daß das Moment der reinen Körperlichkeit nur als Nebensache erscheint, und doch dabei nur um so vollendeter erreicht wird. Mit dem Singen, Exerziren und Hörnerklange wird es auf dem Turnplatze schön.

Die Berechtigung des Gesanges wird man hienach wohl einräumen; aber die des Exerzirens findet gewiß viele Gegner. Darum möge hier einmal von dem pädagogischen Gesichtspuncte und vom Standpuncte einer höhern Bürgerschule aus die Wesentlichkeit dieser Uebungen nachgewiesen werden. Am Exerziren können alle Schüler ohne Ausnahme, auch die schwächlichen, Theil nehmen, und durch die Einführung desselben bringt man alle Schüler wirklich auf den Turnplatz, und das Bedenken der weichlichen Eltern ist gehoben. Durch dasselbe wird zunächst Auge und Ohr geübt, und jedes Commando, was hier vom Mitschüler ausgeht, ist eine unmittelbare Aufforderung an das freie Wollen und den freiwilligen Gehorsam. Die kleinen einfachen Exerzitien von Links- und Rechtsum an bis zu den Schwenkungen u. s. w. sind wie kleine Declinations- und Conjugationsfragen an die Willenskraft, die sich nach und nach zur Constructionsfrage von ganzen Willenssätzen gestalten. Die kleinen Kinder exerziren daher gerne, wie sie auch gerne decliniren und conjugiren, dem unbändigen Knaben wird es bei der losen Haltung ein Zwang wie jede andere Arbeit, welche Sammlung verlangt, die gereiften Schüler exerziren wiederum gerne. Es ist ferner kein Unterrichtsgegenstand, das eigentliche Turnen nicht ausgenommen, so methodisch vollendet, der so von den einfachsten Uebungen aus sich bald zu sehr verwickelten Combinationen erhöbe, wie das militairische Exerzitium, weßhalb es denn auch sobald den Schülern ganz überwiesen werden kann. Kein Gegenstand — und das ist hier die Hauptsache — fordert eine solche Hingabe an den allgemeinen Zweck, ein solches Aufgeben des Einzelwillens, wie ein solches Ueben, und darum bildet es den Gemeinsinn, wo jeder mit seinem eignen Thun einen Zweck des Gesammten mit Bewußtsein will erreichen helfen, und wo jeder die eigne Lust oder Unlust in dieser Idee bekämpft oder vergißt. Bei ihm tritt viel mehr als bei dem eigentlichen Turnen es ganz entschieden heraus, wie der einzelne

Eigenwillige, Unachtsame, Läßige die Bemühung der Gesammtheit aufhalten und verderben kann. Nur der Chorgesang noch (s. §. 27) hat eine solche Vereinigungskraft aller Mitwirkenden wie das Exerziren. In Reihe und Glied erkennt sich jeder Einzelne als ein nothwendiges Glied des Ganzen, und empfindet die Störung jedes Einzelnen unmittelbar selbst und erlebt die Frucht solcher eignen Störung. Am Exerziren wird vornehmlich Accuratesse geübt und Promptheit, Achten auf Kleines und Kleinstes, genaues Ausführen des Befehles, Fertigkeit in manchen Dingen bis zum Mechanischen, und dabei doch noch eine Sammlung für das, was den Geist nicht mehr vollauf beschäftigt. Fürchtet man von diesem Hinhören auf das, was den Geist nicht vollauf in Anspruch nimmt, Abstumpfung des Geistes, so ist das ein Irrthum; es ist das vielmehr eine bedeutende geistige Erholung, die wie ein Spiel auf den Geist eines Mannes wirkt, der von seinen angestrengten geistigen Beschäftigungen sich befreien will. Ein solches Festhalten des Geistes an solcher Beschäftigung ist aber auch außerdem noch eine sehr schöne Uebung einer Selbstüberwindung, deren Mangel in den Schulen manchen fähigen Knaben zu Nichts kommen läßt, für ihn alle Repetionen so ganz fruchtlos macht, die Befestigung im Wissen und die Sicherheit im Können hemmt, ja unmöglich macht. In der didactischen Taufe heißt jener Mangel an Selbstüberwindung Flatterhaftigkeit, Zerstreuungslust, Flüchtigkeit rc. Wenn sich mit diesem Kindlein dann die Schule abgefunden hat, sobald sie ihm einen solchen Namen gegeben, und wenn sie sich nicht alles Ernstes um eine Festhaltung dieser Geister bemüht, so hat sie Vagabonden in der Schulstube, die öfters noch andere Aergerlichkeiten als Fliegen fangen. Diese Kraft der Selbstüberwindung nimmt freilich mancher Lehrer nur zu sehr in Anspruch, doch die Schülergeister gehen dann mittlerweile anderweitig spatziren und der Lehrer merkts nicht einmal; aber beim Exerziren merkt man es gleich und das ist der Unterschied und darum kann der langweilige Schulunterricht nicht die langweiligen Parthieen des Exerzirens ersetzen. Das künftige bürgerliche Leben fordert diese geistige Kraft, die auch an dem Gleichförmigen noch die nöthige Ausdauer und Sorge für Genauigkeit und Promptheit rc. übt. Noch wichtiger wird das Exerziren für die Uebung des freien Willens, da der Befehl von einem machtlosen Genossen ausgeht. Wird ein Gehorsamen, ein stille Stehen, eine Willigkeit, unter Knaben auch nur Ruhe und Ausdauer, ein Streben nach Ordnung, eine Scheu vor Störung des Ganzen erzielt, so ist das der Ausdruck einer sittlichen Kraft der Gehorchenden, die als eine frei wollende eben eine wahre sittliche ist. Nur die sittliche Gewalt der Menge, die Liebe der Befehlenden, deren Ernst um die Sache, deren Freudigkeit und Ausdauer, deren Langmuth und Emsigkeit und Eifer rc. sind hier das Gebietende, und so liegt in diesem Exerziren für die Befehlenden mindestens eben so viel ja noch mehr Bildendes als für die Gehorchenden. Je geübter deren Sinn für Ordnung und Schönheit, je geschärfter deren Ohr und Auge für Ruhe und Promptheit, je größer deren Eifer für Zustandebringung eines gemeinsamen Unternehmens ist, je williger sie im Dienst für das Allgemeine, je accurater sie selber, je gewissenhafter und treuer sie in ihrem Amte sind, desto besser gelingt es ihnen auch in der ihnen gestellten Aufgabe, desto besser lenken sie die ihnen Untergebenen, desto williger erhalten sie dieselben bei den minder intressanten Parthieen. Der Turnplatz sollte eine Lebensschule für die Schüler sein, und einer solchen darf nicht die Gelegenheit zum freien Umgang mit Genossen fehlen; er soll vielmehr Gelegenheit bieten zur Ausbildung für die Stellung, in welcher man dereinst auch Untergebne leiten, aber sie als freie Menschen behandeln soll. Das wird er nur können mit Hülfe des eingeführten Exerzirens. Dazu erhalten durch die Aufnahme dieser Uebungen viele einen ganz bestimmten, genau begrenzten Dienst, und viele ein Amt, wobei jeder seine Pflicht als einzelnes Thun treu wahrzunehmen, und wenn er es treu wahrgenommen so eine That für das Allgemeine gethan hat. Möge man diesen so bedeutsamen Zug für die Lebensbildung in der höhern Bürgerschule doch ja nicht übersehen. Ohne eine durch das Exerziren zur Gewohnheit erhobene Ordnung, ohne einen durch dasselbe angeübten Gehorsam, ohne eine solche durch dasselbe bedingte feste Gliederung des Ganzen, kann der Turnplatz nicht so der Tummelplatz und die Lebensschule für die Schüler werden, wie das oben dargestellt ist. Ohne diese Verfassung giebt es keine Wache und keine Handhabung des Gesetzes und der Zucht, ohne Hörnerklang giebt es kein fröhliches heiteres Klingen. Wenn viele sich an einem Orte frei und doch ungestört bewegen, beschäftigen und sich ergötzen sollen, und wenn nicht immer der Schulstock auf den Turnplatz mitgebracht werden soll — denn die Lehrer-Autorität ist ein solches Zwangsmittel —; wenn Befehlen und Gehorchen ein freies und so eine sittliche Uebung werden soll; wenn nicht Willkühr und Uebermuth und Laune und Rohheit der Einzelnen das Ganze stören und so die Sinnigen und Sittigen und Gereiften bald vom Turnplatze entfernen soll; wenn nicht über Kurz oder Lang vor dieser Knaben-rohheit oder Knaben-Unbändigkeit die Erwachsenen und Gereiften sich zurückziehen oder durch die geübte Schulzucht von Seiten der Lehrer sich beengt fühlen und so auch zum Wegbleiben gedrängt werden sollen: so muß irgend welche Veranstaltung dem Knaben- und Jugendleben auf dem Turnplatze zu Hülfe kommen, und da haben wir eben keine schönere finden können, als die Wehrverfassung des Volkes, von welcher ja jeder berührt wird. Endlich übersehe man nicht, daß ein Exerziren auf dem Turnplatze fast idealerer Natur als das eigentliche Turnen ist. Das Ziel ist gleichsam ein Tanz im Schritte und schöne Evolutionen und Bewegungen in der Masse. Daher diese Seite vornehmlich ins Auge zu fassen und jeder andere bürgerliche Zweck zu verwerfen ist. An dieser schönen Darstellung und nur an der Schönheit derselben soll der Schüler seine Freude finden und in der Mitwirkung bei solchen schönen Evolutionen soll er seinen einzigen Lohn haben. Das ist ja so bedeutsam für die höhere Bürgerschule. Die Schönheit soll das Muster sein und nicht wird an Soldatendienst und Vaterlandsvertheidigung und Heroismus und Kamaschendienst oder sonst Etwas noch gedacht. Wohl aber soll an demselben noch weiter der practische Sinn geübt werden. Wenn nemlich die Mannschaften alle Elemente des Exerzitiums inne haben, dann werden den Zugführern allerhand Aufgaben gestellt zur Ausführung von Evolutionen, Umstellungen 2c., d. h. der Unterricht zerlegt sich wie der wissenschaftliche in lauter einzelne practische Aufgaben, zu denen die Ausführungsmittel die überwiesenen Truppenabtheilungen, deren Bedingungen die Localitäten und ursprünglichen Stellungen der Truppenabtheilungen sind. Man vergleiche hier das oben (§. 71) über die practische Mathematik Gesagte. Nicht der Turnlehrer giebt durch Einexerziren die beste Lösung, sondern seine Zugführer mögen und sollen sich die Aufgabe erst ganz klar machen, alle Schwierigkeiten und Hemmnisse, welche ihnen die Localitäten in den Weg legen, überdenken und nun angeben aber auch bis ins Einzelste hinein, wie die Ausführung möglich sei. Um deutlich zu sein, möge eine leichte Aufgabe beschrieben werden. Wenn die Declinationen und Conjugationen von Wendungen und Schwenkungen und Abbrechen in Sectionen gelernt sind, so erhält ein Zugführer etwa die Aufgabe, einen Zug von irgend einer Stellung aus über den Turnplatz auf dem möglichst kürzesten Wege, der ihn durch Geräthschaften und Baumpartheien ꝛc. führt, geordnet gleich in die allgemeine Aufstellung zu bringen und der Zugführer soll alle nöthigen Commando's vorher aussprechen. Es gehört dazu eine sehr bestimmte und deutliche Vorstellung aller Localitäten und auch aller der Bewegungen, welche sein Zug in Folge seiner Commando's macht. Natürlich werden dergleichen leichte Aufgaben oft unmittelbar aus dem Stegereife gelöst. Diese bestimmte Erfassung der Localität, dies Anpassen eines Gedankens an eine vorliegende Wirklichkeit, diese Praxis in der Wirklichkeit kann kein anderer Gegenstand so bieten, und diese Praxis dem Exerziren abzugewinnen, solche für den Geist so fruchtreichen Uebungen zu ersinnen, so das Exerziren gleichsam von den Schülern erfinden zu lassen, das ist für den Turnlehrer die Aufgabe, welche des ernstlichsten Nachdenkens werth ist. Ob die Schüler nun eine Lösung finden, wie sie das Exerzir-Reglement giebt, oder eine ungeschicktere, das ist hier für unsern Zweck ganz gleich. Das Exerziren steht im Dienste einer Geist bildenden Schule und nicht in dem des Kriegs-Ministeriums. Je mehr Aufgaben für die Zugführer, je sichrer von ihnen die Lösung ausgesprochen werden kann, zu je complizirteren sich die Schüler befähigen, desto vollkommener dieser Unterricht. So unterstützt er alle practischen Disciplinen an der Schule, ja möchte leicht am meisten zur Entwicklung wie Entfaltung des practischen Sinnes wirken, mindestens nach der Seite hin entscheiden, wo der practische Sinn sich im Umgange mit Menschen bewähren und diese als Mittel zu seinem Zwecke verwenden soll. Wenn der Unterricht fortgeschritten ist mit seinen Aufgaben bis zu Evolutionen mit dem Quarree, oder bis zu Wendungen im Bataillone oder Bewegungen zweier Schlachtreihen, dann erhalten alle Zugführer eine gemeinschaftliche Aufgabe, und wer sie am besten gelöst hat — die Lösung muß schriftlich mit allen einzelnen zu gebenden Commando's erst gegeben sein — der erhält nun das Commando zur Ausführung, und hat auch das Recht, die Vorexerzitien anzuordnen, deren Fertigkeit er für seine Evolutionen gebraucht. Alle tüchtigen Arbeiten gehören zur Chronik des Schullebens, und werden in sie aufgenommen. An einer solchen Aufgabe des Mitschülers betheiligen sich die Untergebnen auf eine eigenthümliche Weise, und es liegt für Befehlende und Gehorchende ein eigner Reiz in der Lösung derselben. Die nicht beliebten Zugführer erkennen dabei, wie mißliebig sie sind, die beliebten erndten in der Willigkeit der Gehorchenden den Dank. Von Zeit zu Zeit übernimmt einmal der Lehrer das Commando einzelner Züge oder des

Bataillons ꝛc. und zeigt dann an der vollendeten militairischen Ausführung, wie weit die Zugführer vor dem Ziele vorbei geschossen oder wie nahe sie es getroffen haben, wodurch dann der Sinn für bessere Entwürfe geweckt wird. Es ist damit freilich, wie mit den mathematischen Aufgaben, welche ihre Bildungskraft gänzlich verloren haben, wenn die Lösung erst von irgend Jemanden gegeben ist. An der Lösung solcher gestellter Aufgaben darf sich aber auch jeder andere Schüler betheiligen und seinen Entwurf unmittelbar einreichen. Eben so hat jeder Schüler das Recht, eine schriftliche Kritik mit der Angabe, wie es hätte besser vollführt werden können, abzugeben. Darum werden die Aufgaben von den Secretairen des Turnplatzes — es sind deren so viele als es Züge giebt — für jeden Zugführer abgeschrieben, diesen werden jedem durch den Obmann eingehändigt und der Zugführer hat sie seinem Zuge vorzulesen. Diese Adjutantur hat ihre Schreibmaterialien in dem Schuppen für die Turn-Utensilien, so daß sie auf der Stelle einen solchen Armeebefehl concipiren kann. Dies wird nun wohl genügen zum Nachweise, wie bildsam eine höhere Bürgerschule in ihrem Sinne sich diese Einrichtung machen könne.

Die Einrichtung mit der Wache, welche eben nur mit der Aufnahme des Exerzirens möglich ist, giebt das einzige gesunde, halb spielende und doch wirksame Zuchtmittel, was man den Schülern vollkommen in die Hände geben kann. Es ist die edle Zucht, welche mit einer Form straft, und so der Idee eine Anerkennung und Wirkung verschafft; in ihrer machtlosen, knabenhaften, spielenden Form lernt der Knabe schon der Idee eine Geltung zuzugestehen; sie erweckt den rechten Ehrgeiz, der unter den Genossen nach der Ehrenhaftigkeit strebt. Dabei schafft diese Strafe in der That alle Störungen hinweg und leistet vollkommen, was man nur irgend von einer Strafe erwarten kann. Wer sich gegen dieselbe sträubt, wird unmittelbar verlacht, und so muß er sich unter die Idee beugen. Die Wache giebt und weckt in jedem Augenblicke ihres Auftretens unter den Schülern das Bewußtsein, daß das Regiment auf dem Turnplatze und die ganze Lebensgestaltung auf demselben ihnen angehöre, und dieses Bewußtsein ruft die Unbefangenheit, die Ungenirtheit, die Sicherheit, das sich Geben wie man ist, aber auch die Freudigkeit und Frische hervor, welche dann alle Stadtdünste aus der Seele heraustreibt. Mit dieser Wache und mit denen an sie geknüpften Uebungen für mündliche und schriftliche Darstellungen, wie für Entwicklung des practischen Sinnes, kommt den Schülern das Bewußtsein eines Thuns und Denkens und sich Bemühens für das Allgemeine. Ohne diese Einrichtung, zu der vielleicht die Errichtung einer Straf=Compagnie hinzukommen dürfte, kann von einem Leben auf dem Turnplatze, auf welchem das Schulleben nun als ein ganz selbstständiges auftreten soll, nicht die Rede sein. Doch es reicht wohl aus, die tiefe Bedeutung dieses Schulspielens zu erkennen. Bringt man nun hiezu die Bedeutung des Turnrathes und die ihm überwiesene Aufgabe, so bedarf es nur ein vorurtheilsfreies Hineindenken und Hindenken auf einen so organisirten Turnplatz, um nicht blos seine Wichtigkeit sondern nun seine Unerläßlichkeit und zwar auch die Unerläßlichkeit einer hier gegebnen Organisation anzuerkennen, wenn anders die von uns entwickelte Aufgabe der höhern Bürgerschulen nicht eine ganz irrige ist. —

§. 83. Die Schulfeste müssen den Erguß eines freien Volkslebens darstellen. In der Schule haben sie noch den Zweck, den stets gleichförmigen und darum für die Jugend so ermüdenden Gang zu unterbrechen. Es ist einem Kinde nichts unerträglicher, als ehrbar an der Hand des Vaters gleichmäßigen Schrittes mit ihm einen Spazirgang zu machen; es läuft vielmehr gerne Strecken vorauf und setzt sich dann, oder vertrödelt sich bis zum weiten Zurückbleiben und holt angestrengten Laufes den Vater ein, oder umkreiset den Vater und durchkreuzet die Wege. Solchen Wechsel muß auch die Schule bieten, sie muß Schulsonntage haben, an denen die Knaben ein Schulfestkleid anziehen. Es sind damit nicht im entferntesten gemeint die Schulschaustücke vor dem Publicum, die man einen Actus nennt, in denen die Schüler mit Lehrerweisheit prunken und wie im geborgten Leibrocke so im geborgten Geistesputze einherschreiten, sondern heitere Lebensergüsse der innern Lebenskraft der Schule sind gemeint. Wir wollen ein solches Sommer= und Winterfest im Einzelnen beschreiben, es geht daraus wieder am deutlichsten die Tendenz und die Fruchtbarkeit für das Schulleben hervor. Für ein Sommerfest haben die Chöre und Gesangvereine Lieder jeglicher Art, besonders solche eingeübt, welche volltönig im Freien klingen; die Turnkür hat Gelegenheit zur Einübung von Spielen und Evolutionen gegeben. Die Zugführer bestimmen zunächst einen schicklichen Platz. Nach getroffener Wahl liefern die Primaner nach trigonometrischer Messung das Nivellement des Platzes, eine Situations=Charte und eine Analyse der Bodenarten, und wenn die Gegend bergig ist, so wird eine Höhenmessung mit dem Barometer zugefügt. Die Secundaner liefern nach einer Messung mit Boussole und Kette eine Plan=Charte, mit Bezeichnung aller auf dem Platze befindlichen Gebäude, Gebüsche, Bäume; die Secundaner und Tertianer zeichnen die einzelnen Plätze perspectivisch und geben eine Ansicht von den Gebäuden, und liefern eine Flora des Platzes; die Tertianer und Quartaner liefern eine Beschreibung des Platzes und, wenn derselbe eine Aussicht darbietet, eine Schilderung derselben; die Zeichner aller Klassen erhalten die Aufgabe, auf vorgeschriebnem Papiere und Formate Skizzen aus der Gegend, wo das Fest verläuft, oder von dem Wege dorthin einzuliefern, welche hernach als Randzeichnungen um die Charten und Pläne und das Fest=Programm gelegt werden. Die Vorturner aller Klassen erhalten die Aufgabe, eine Beschreibung der Spiele und Exerzitien einzureichen, welche sie an dem Orte für ausführbar erachten. Die eingesungenen Lieder werden in den Dictatschreibestunden als orthographischer Uebungsstoff dictirt, und die Schüler dieser untern Klassen erhalten die Aufgabe, schöne Abschriften derselben auf vorgeschriebenem Papiere einzuliefern, wobei dann noch jedem überlassen wird, ob er eine Randverzierung beliebiger Art zu dem Texte geben wolle; auch die Wahl der Schriftart ist freigestellt. Alle diese Aufgaben werden als Preisaufgaben für eine freie Concurrenz hingestellt. Theilnehmer am Feste werden nun erstens alle Sänger im gemischten Chore, alle Mitglieder der freien Vereine für Künste, Wissenschaft und Beschäftigung, dann alle diejenigen, welche in jenen vorhin gedachten Preisaufgaben den Preis davontrugen oder das Accessit erhielten. Diejenigen, welche nun den Preis erhielten, bilden das Fest=Comitee, und sie wählen sich aus denen, die das Accessit erhielten, so viele Mitglieder noch, als sie nöthig zu haben vermeinen. Dem Fest=Comitee werden nun vier Preisaufgaben gestellt: 1) einen genauen Entwurf der öconomischen Verhältnisse für das Fest, 2) eine Disposition für den ganzen Verlauf des Festes, und 3) eine sinnvolle allegorische Randzeichnung zum Fest=Programme einzuliefern, 4) eine schöne Abschrift des entworfenen Fest=Programmes zu liefern. Die welche den Preis davontragen, werden die Festordner; sie wählen sich aus dem Fest=Comitee die nöthige Hülfe aus und das Fest=Comitee zerfällt nun in vier Parthieen, an deren Spitze diese Festordner stehen: 1) für Besorgung der öconomischen Angelegenheit, wohin auch die Aufwartung bei den leiblichen Genüssen gehört; 2) für Direction der Spiele und der Exerzitien; 3) für die Direction der Gesänge, und endlich 4) für die Schönheits= und Polizeiwache, welche darüber wacht, daß Niemand von der Festordnung abweiche und daß die Störer entfernt werden. Jede dieser Parthieen ernennt sich einige Referendare und Secretaire, welche alle einzelnen Verhandlungen und Berathungen und Beschlüsse protocollarisch niederschreiben und dann sauber ins Reine geschrieben an die Schulmappe abliefern; für die Gesammt-Berathungen im Fest-Comitee ernennt der Turnlehrer die Staatsreferendare und Secretaire ganz nach Belieben für jede einzelne Versammlung, welche dann für das Ganze dieselbe Aufgabe haben. Nach Verlauf des Festes haben die Oeconomen eine detaillirte Rechnung mit Belägen einzureichen und ihnen wird vom Fest-Vorstande die Decharge ertheilt. Die übrigen Theile des Festvorstandes geben eine Darstellung der Hindernisse und Schwierigkeiten, auf die sie gestoßen sind mit Angabe der Mittel, wie dieselben zu vermeiden gewesen wären. An das Fest selbst schließen sich nun folgende neue Preisaufgaben. Die Schüler bis Quarta hin liefern eine Darstellung, wie jeder einzelne unter ihnen den Nachmittag zugebracht hat, die Quartaner liefern eine genaue Beschreibung der Spiele, an denen jeder einzelne von ihnen Theil genommen, die Tertianer liefern eine Beschreibung des ganzen Festes, die Secundaner eine Schilderung und die Primaner eine Darstellung der Gemüthseindrücke, die das Fest auf sie oder Andere gemacht hat. Andere Themata sind: Darstellungen einzelner Scenen, welche der Zufall, ein Regenschauer, oder sonst ein unerwarteter Umstand herbei geführt hat, oder Schilderung der Zuschauer-Gruppen, Beurtheilungen der Anordnungen des Fest-Comitee's oder des Festvorstandes oder der Wache, somit Klageschriften, Anerkennungsschreiben, Kritiken, Bittschreiben, Vorschläge für künftige Festanordnungen rc. rc. Die Zeichner machen eine Festmedaille für die einzelnen Festordner. Alle diejenigen freien Arbeiten, welche den Preis hiebei erhalten, gehen an die Schulmappe, werden in der Schul-Chronik aufgeführt, und begründen einen Anspruch zur Theilnahme an künftigen Festen. Endlich giebt der Director vor allen Theilnehmern des Festes eine Uebersicht der gesammten Thätigkeit vor, während und nach dem Feste; nennt alle, welche einen Preis oder doch das Accessit erhielten, und der Secretair bringt auch diese Uebersicht zur Schulmappe. Zum Schlusse noch einige allgemeine Bemerkungen. Nur wer sich durch eine freie Thätigkeit hervorgethan hat, darf an dem Feste Theil nehmen, denn nur das erarbeitete Vergnügen hat Werth und die Schule soll nicht blos Lust machen, sondern den Sinn für edle Freuden wecken. Die Zurüstungen zum Feste bilden das eigentliche Vergnügen, wie das bei allen Festen der Fall ist. Deßhalb ist auf diese Vorrüstungen und Vorarbeiten, welche wie ein Sonnenschein die düstern Schulstuben durchleuchten und durchwärmen, die größte Erfindungskraft der Schule zu verwenden; die Schule muß durch die an ein solches Fest geknüpften, geistigen Arbeiten eine höhere Frucht aus demselben erzielen, sonst kann sie das Lustmachen Andern überlassen; deßhalb muß den Aufsätzen und Berichten eine überwiegende Aufmerksamkeit geschenkt werden, und darum ist so viel als möglich die geistige Thätigkeit der Schüler auf den verschiedenen Gebieten der Schule an dem Feste zu betheiligen. Wenn jedes einzelne Festglied einen ganz bestimmten Dienst bei demselben erhalten kann, desto schöner ist die Anordnung, desto fruchtreicher für die Entwicklung der Jugend. Ein solches Sommerfest soll den practischen Sinn wecken, ein Feld der Erfahrung im Schulleben bieten und zu einer geistigen Fassung solcher Selbsterlebnisse locken und nöthigen, es soll der ganzen Schule einen Plan zur Entfaltung ihrer Schönheit und Schönheitsübungen im Singen, Exerziren, Spielen darbieten und die wohl organisirte Ausführung muß das schöne Gemälde in einen Rahmen fassen, der auch noch einen Kunstwerth hat.

Aus denselben Gesichtspuncten her muß auch das Winterfest gestaltet werden, und es genügt nun wohl, für dasselbe noch ganz kurze Andeutungen zu geben, da ja jeder leicht sich aus dem Sommerfeste her die hieher zu ziehenden Schüleraufgaben auf dem wissenschaftlichen und Kunstgebiete selber denken kann. Schreiben, Zeichnen, Singen, Musik wird hier eben so in Anspruch genommen. Die freien Vereine legen hier ihre großartigen, vereinzelten oder zusammengehörigen Zeichnungen aus, und geben so eine Kunstausstellung, zu denen dann auch Randverzierungen zu den Liedern und Einladungs-Karten und Fest-Programmen kommen; die Sänger der freien Vereine tragen Lieder vor; die Botaniker stellen entweder ihre Herbarien, oder auch selbst gezogene Topfgewächse aus zur Verzierung des Festes; die Physiker halten freie Vorträge an einem Experimente und stellen die von ihnen etwa angefertigten Instrumente und Modelle aus; die Chemiker halten auch Vorträge und stellen schöne von ihnen gewonnene Kristalle zur Schau; die Aesthetiker halten Vorträge über gelesene Stücke, oder Personen oder Literatur-Producte anderer Art; oder tragen Gedichte, dramatische Scenen vor; die welche sich mit Sprachen beschäftigen, halten Vorträge aus diesem Gebiete u. s. w. Kurz es wird so viel aus der freien und der Vereins-Thätigkeit der Schüler herbei gezogen, als nur immerhin möglich ist, und dann wird das Fest für schriftliche Arbeiten der Schüler nach Möglichkeit ausgebeutet. Doch trage auch das Winterfest durchaus den Stempel der Allgemeinheit, und lasse es nicht die Eiteln mit Einzelheiten hervortreten. Sologesang, Solospiel, Declamation des Einzelnen werde möglichst vermieden. Das Fest sei wie im Sommer nach allen seinen Theilen ein Werk der Schüler unter der leitenden Hand der Lehrer. Zugelassen zu einem solchen Feste im Winter werden die Eltern aller der Knaben, welche sich selber die Theilnahme erwarben, und dann die einzelnen Personen, weiche die Lehrer einzuladen für gut befinden. Es bleibt so und soll bleiben ein Familienfest des Schulhauses.

§. 84. Der so genannte öffentliche Actus der Schulen, in denen das Haus dem Publicum geöffnet wird, muß natürlich in der höhern Bürgerschule eine etwas andere Gestalt gewinnen, als es wohl sonst der Fall sein mag und gebräuchlich ist. An einem solchen Tage soll die Schule und will sie die vollendetsten Kräfte zeigen; aber sie soll auch nicht lügen. Hier mögen also einzelne Schüler auftreten, aber eben nur solche, welche durch eine freie Thätigkeit sich Beruf, Geschick und Anrecht dazu erworben; sie mögen das Beste aus ihren frühern Vorträgen und Arbeiten bringen, aber es sei auch das Ihre; sie mögen hier Vorträge aller Art in Physik und Chemie 2c. 2c. halten, aber die Arbeit gehöre dem Schüler. Ferner sollen hier die Sänger zeigen, wie weit sie fähig geworden sind, ein ernstes Tonstück im strengen Style aufzufassen und vorzutragen; die Zeichner sollen die Nachbildungen der ächten Kunstwerke oder ihre ernsten, künstlerischen Arbeiten auf dem Gebiete der Projection und der Perspective oder auch ihre gemachten Modellirungen, die Musiker sollen ihren Fortschritt in der Musik darlegen. Ob Reden auch in fremden Sprachen gehalten werden können und von wem, das müssen die Winterfeste dargelegt haben. Wenn ein verehrliches Publicum solche Schülerreden nicht hören will, und keinen Theil nehmen will an der Entwicklung des jungen Geschlechtes, so bleibt es zu Hause. Dem Schüler soll und muß das Bewußtsein bleiben, daß man seinen Leistungen nur Theilnahme schenke, und daß er mit denselben nicht irgend Jemanden befriedigen könne. Dies ist die Hauptrücksicht.

Möge nun dieser winzige Schulhof wie eine große Kinderstube erscheinen, wo auch die kleinste Lebensäußerung und Willensrichtung des kleinsten Familiengliedes seine Anerkennung findet; mögen die ernsten Didactiker, welche nur mit Wissen und Verstandes-Cultur den geistigen National-Wohlstand erzielen wollen, sich in dieses warme Klima unserer Kinderstube begeben, sie werden in demselben neue Pflanzen und eine ganz andere Flora entdecken, als sie in ihren Compendien verzeichnet finden; mögen die ernsten Disciplinaristen sich auf unsre Spielplätze begeben, sie werden sehen, daß der lachende Knabe nicht immer den Lehrer verlacht, und daß der muthwillige Bube nicht immer den Lehrer verhöhnt; mögen die Aesthetiker an dem Stammeln unserer Jugend den Anfang des selbstständigen Redens und Denkens sehen, und die Techniker an der Schulpraxis unserer Jugend den practischen Sinn und die wahre und einzige Vorbereitung für einen practischen Lebensberuf anzubauen lernen. Mögen endlich die theoretisirenden Pädagogen nicht hohnlächeln über eine so breite, wichtig thuende, Darlegung eines Schullebens. Es war eine höhere Bürgerschule in Deutschland zu construiren, welche einen Lebensplan und ein Tummelfeld und nicht blos ein Gedankengebiet haben muß. Es soll eine Schule fürs Leben sein und darum mußte sie einen Lebensboden gewinnen. Die Unausführbarkeit und Unthunlichkeit wird nur der finden, welcher entweder das eigenthümliche Wesen der höhern Bürgerschule gar nicht anerkennt, oder der nur die einzelnen Veranstaltungen in Betracht zieht, oder vor solcher beweglichen Jugend sich scheut. Die Zerstreuung der Jugend, welche in dem hervortretenden Mangel der systematischen Schulbildung begründet scheinen dürfte, die Hinandrängung der Jugend an das Reale und die Betheiligung an demselben ist ausdrücklich beabsichtigt, denn diese Dinge locken die Knaben aus der Schule und übermannen und vergraben sie dann. Die Schule will und soll den Reiz mildern helfen und der Jugend so durch die Gewöhnung einen Schutz gegen den Andrang wie die Lockungen des wirklichen Lebens gewähren, und sie dagegen abhärten. —

Vierter Theil.

Die Wünsche für die Zukunft.

I. Abschnitt.

Wünsche an die Schulmänner und Schriftsteller.

§. 84. Ein Neubau erfordert Vorbereitungen und Zurüstungen, und ein Bau im neuen Stile bedingt neues Formen der Werkstücke. Wir wollen hier die neuen Formen kurz andeuten, nach welchen die Baustücke bearbeitet sein müssen. Wir überlassen es aber gänzlich den Bauherrn selbst, aus dem zertrümmerten Baue sich diejenigen Materialien heraus zu lesen, welche ihnen noch für den Neubau brauchbar erscheinen möchten, oder die sich leicht umbilden lassen. Wenn sich dabei nun aber für die Leser ergeben sollte, daß wirklich noch erst viel und vielerlei vorgearbeitet werden müsse, ehe man dem Gebäude den Richtkranz aufsetzen könne, so kann und darf das nicht überraschen. Zunächst wird der Lehrapparat in den Händen der Schüler eigner Art sein müssen. Die untern Klassen fordern Bücher, in denen das Material fürs Gedächtniß überwiegend, aber in der einfachsten Sprache vorhanden sein muß; in den obern Klassen muß das, was dem Gedächtniß überwiesen und von ihm aufgenommen werden soll, auf das möglichst kleinste Maaß beschränkt werden. Stellen wir ganz kurz eine Uebersicht zusammen.

a) In der Religion bleibt das eigentliche Schulbuch die Bibel durch alle Klassen. Daneben hat jeder Schüler ein Schulgesangbuch, welches die Kernlieder der evangelischen Kirche enthält. Daneben kann noch ein Spruchbuch gebraucht werden, in welchem die wörtlich zu memorirenden Bibelstellen abgedruckt sind. Durch diese Sprüche werden die Wahrheiten der Sitten- und der Glaubenslehren in einem übersichtlichen und systemartigen Zusammenhange dargestellt. Unter den Sprüchen stehen Hinweisungen auf biblische Personen, Erzählungen, Parabeln, Gleichnisse, Kirchenlieder des Gesangbuches, um Lehrer und Schüler auf jeder Stelle wieder auf die Bibel zurück zu weisen, und aus ihr selber die Erklärung holen zu lassen. Für die obern Klassen könnte vielleicht eine Hinweisung auf diejenigen Bibelstellen gegeben werden, auf die sich im Besondern einzelne Kirchenpartheien und Secten stützen. Eine ganz kurze Uebersicht der Entwicklung der christlichen Kirche machte den Beschluß.

b) In den Sprachen wird zunächst für die deutsche eine ganz kurze, dem Knaben verständliche Erkennungslehre der Wortarten, Satztheile und Sätze und eine Uebersicht der deutschen Form- und Wortbildungslehre gegeben. Ein Abriß einiger weniger orthographischer Regeln und ein Abdruck der Verba, welche verschiedene Casus bei sich haben, und der Präpositionen wird beigegeben. In den obern Klassen wird eine Form- und Wortbildungslehre fürs Alt- und Mittelhochdeutsche (Gothische) gegeben. In den fremden Sprachen wird zunächst auch eine Uebersicht der Formenlehre erfordert mit den Unregelmäßigkeiten. Alle und jede syntactische Regel wird nur in und an Beispielen gegeben, die zu solchem Behufe, ohne daß die Regel selbst ausgesprochen ist, zusammengestellt und in der Grammatik abgedruckt sind. Dabei findet sich für die untern Klassen an dieser Grammatik, wenn man so sagen will, ein Lesestoff. Dieser ist für die Anfangsklasse in lauter einfache Sätze zerlegt und besonders abgedruckt in dem Buche. Diese einfachen Sätze geben die Beispiele zur Declinations- und Conjugationsübung her, wie auch zur Anwendung syntactischer Regeln, indem der Unterricht sobald als nur irgend möglich dahin zu steuern hat, die Casus und Zeiten immer nur den Schüler im Satze schauen und für den Satz bilden zu lassen. Der ganze Vocabelschatz der Lesestücke wird durch dieses Ueben der Formlehre eingeprägt. Aus demselben Lesestoffe sind die Exerzitien für schriftliche Uebungen gebildet, die auch mit abgedruckt sind, so daß der Schüler für diese keiner untergelegten Vocabeln außer einigen Conjunctionen bedarf. Am Schlusse ist ein Lexicon, welches in den mittlern Klassen die Onomatik berücksichtigt. Die Lesebücher schreiten möglichst bald — schon in der zweiten Klasse — zu einem historischen Lesestoffe vor, und unter dem Texte sind Hindeutungen auf erweiterte Erzählungen, welche sich an den Lesestoff anlehnen und von demselben gleichsam zusammen gehalten werden. Der Lesestoff sei des Behaltens werth. Was in obern Klassen auf dem Gebiete der fremden Sprache als Lesestoff nothwendig sei, das ist schon im dritten Abschnitte des zweiten Theiles dargelegt. Was zur Ergötzlichkeit gelesen werden soll, das muß nicht so vielmal grammatisch maltractirt werden. Man verdirbt den Schülern den Text durch dieses Zerlegen und Zersetzen und verdirbt ihnen den Geschmack an der Grammatik, weil sie ihnen den Text verdirbt. Das Meiste davon gehört in den freien Unterricht (§. 70—73). Die Lesebücher im Deutschen (s. §. 61), welche in der Hand der Schüler sein sollen, müssen 1) einen angemessenen Stoff in angemessener Form enthalten, den die Schüler sich aus dem Buche gewinnen sollen, und der so sie anleitet zu dem studirenden, nachdenkenden rc. Lesen; 2) daneben muß ein angemeßner Stoff in dem Buche sein, an den sich der Erfahrungsunterricht (§. 60) leicht und ungezwungen als erläuternd anschließt. In den untern und mittlern Klassen fehlt es noch gar sehr an solchen Sachen. Viel Gutes findet sich in dem Lesebuche von Graßman und Langbein (Berlin bei Oehmigke 1846) für die untersten Klassen, und nach den Erfahrungen, die darüber gemacht sind, eignen sich die Abschnitte aus den Schilderungen und Naturbetrachtungen und einige Fabeln und Erzählungen besonders gut zu diesem Zwecke. Was in andern Lesebüchern für die mittlern Klassen sich zu diesem Zwecke vorfindet, ist meistentheils zu schwer, oder hat nicht einen Inhalt, der erschlossen schon einen Knaben in solchem Alter anzöge, oder dessen Behalten ihm zugemuthet werden könnte. Nur längere und vielfache Erfahrungen auf den verschiedensten Schulen werden endlich ein solches Buch zu Stande bringen können. Für die oberste Klasse hat Mager in seinem Lesebuche zur Encyclopädie einen ganz vorzüglichen Stoff zusammen gestellt, und für die höhere Bürgerschule eine dankenswerthe Arbeit übernommen. Da das Buch einen andern Zweck als den hier gesetzten hat, so kann natürlich nicht Alles für unsern Zweck gebraucht werden. An solchem Buche haben die Primaner einer höhern Bürgerschule ihre Universitätsstudien zu machen. Mag damit zugleich die Höhe bezeichnet sein, bis zu welcher hinauf die höhere Bürgerschule mit ihren Schülern am Schlusse vorgedrungen sein soll. Wenn die reif abgehenden Schüler nicht solche Abhandlungen zu studiren verstehen, oder für solches nachdenkende Lesen keinen Sinn haben, dann haben sie in unserm Sinne noch keine Reife und der Leseunterricht ist nicht recht geleitet.

Das leisten heute freilich die Schüler nicht, auch auf den besten höhern Bürgerschulen nicht; aber diese Leistung muß angestrebt werden und zwar hauptsächlich durch einen von unten auf wohl organisirten Leseunterricht. Wer in seiner Schulbildung nicht so weit gekommen ist, daß er an einem Studium solcher Abhandlungen Geschmack finden kann, der kann auch wohl schwerlich die wahren geistigen Genüsse an der klassischen Literatur haben, denn er kann dann nicht tief genug in den Blüthenkelch hineinschauen.

c) Der Unterricht im Nationalen wird, wenn er begonnen ist, sich auch erst die Form schaffen müssen, um dann sagen zu können, was etwa sich für das Schulbuch in den Händen der Schüler eignen möchte. In unserm Sinne besteht derselbe noch bis jetzt gar nicht, muß also auch erst sich den für Schüler geeigneten Stoff zusammen suchen, und sich zum Lehrmittel gestalten. Seinen Mittelpunkt hat er natürlich an der Geschichte.

d) Der Unterricht in der Geschichte bedingt in den Händen der Schüler gut gearbeitete chronologische Geschichtstabellen, welche die Möglichkeit der Orientirung unter den Begebenheiten und in den verschiedenen Zeiten gewähren. Sie müssen wie eine Landcharte gleichsam die geschichtlichen Plätze enthalten, in welche die einzelnen historischen Abrisse, welche der Unterricht bietet, eingetragen werden. Einzelne Namen, wichtige Personen, merkwürdige Zeitumstände und die Zeit durchdringende Gedanken sind an den betreffenden Stellen in Parenthese mit einem Worte angedeutet; ohne darum den Schüler zu nöthigen, alle die Sachen zu lernen, oder den Lehrer zu bewegen, über jede solche Andeutung mit den Schülern zu sprechen. Enthält ja doch auch eine Landcharte mit Fug und Recht viele Namen von Ortschaften, welche der Unterricht nie berührt. Eine dicht mit Namen besäte Landcharte giebt für die Russischen Steppen ein ganz andres Bild als für Belgien und unterrichtet eben dadurch den Beschauer. So zeige auch die Geschichtstabelle durch die vielen und wenigen Andeutungen Dürre oder Fülle des Lebens an. Daß in der Tabelle über deutsche Geschichte auch Hinweisungen auf literarhistorische Namen, Künstler, Kunstwerke rc. vorkommen müssen, das versteht sich nach früher Gesagtem von selbst. Bei allen Schulbüchern für die obern Klassen und namentlich bei dem für die Geschichte muß der Gesichtspunct festgehalten werden, daß der Schüler nie durch Auswendiglernen desselben dem Lehrer genügen kann.

e) Für den geographischen Unterricht ist in den untern Klassen neben guten Wandcharten in den Händen der Schüler nichts weiter nöthig, als ein Leitfaden mit Namen, die nach irgend welchem Zwecke oder nach irgend welchem leitenden Gedanken an einander gereiht sind. Mit verkleinerten Lettern könnten etwa die Namen gedruckt sein, welche zur Erweiterung für die mittlern Klassen bestimmt sind, damit die jüngern Knaben leicht die Namen herausfinden. In Parenthese bei den einzelnen Namen oder unter dem laufenden Texte sind mit einem Worte Hindeutungen auf Erzählungen gegeben, welche den Unterricht beleben sollen. Außerdem bedarf aber der Schüler einen guten Planiglob, eine Charte von jedem Welttheile, eine Spezial-Charte von Deutschland, Frankreich, England und dem Heimathslande. Diese Charten müssen aber recht gut sein, damit sie dem Schüler eben etwas zum lesen bieten.

f) Das Schulbuch für die Mathematik enthalte für jeden Zweig die ersten Begriffe möglichst scharf und bestimmt, die ersten daraus gewonnenen Folgerungen vollständig, die ersten Lehrsätze mit vollständig durchgeführtem Beweise, die spätern Lehrsätze, auf welche man beim fortschreitenden Unterricht oft zurückkommen muß, alle in scharfem Wortausdrucke mit Andeutungen für den Beweis. Alles Uebrige stehe in Form von Fragen oder Aufgaben, oder in Andeutungen für selbst eigene zusammenhängende Entwickelungen. Eine Aufgabe von jeder Art findet sich vollständig in Musterform bearbeitet. Die Planimetrie und ebne Trigonometrie endet mit Aufgaben für die Feldmeßkunst, Perspective und die Statik, die Stereometrie und sphärische Trigonometrie mit Aufgaben aus der Feldmeßkunst, der Astronomie und mathematischen Geographie; die Algebra mit Aufgaben aus der Electricität, Optik, Akustik; die Functionenlehre mit Aufgaben aus der Wärmelehre, der Dynamik; die analytische Geometrie mit Aufgaben aus der Projectionslehre, der Optik, Astronomie, Statik, Mechanik. Für den Anschauungsunterricht in den untern Klassen bedarf es eines kleinen Büchelchens, in welchem nur Erinnerungen an das Angeschaute, Andeutungen von Constructionen, welche die Schüler selber auszuführen haben, stehen. Wenn das Lehrmittel nicht zu kostspielig werden dürfte, so wäre wünschenswerth eine Reihe von Figuren, welche zunächst jede für sich irgend welche erkennbare und aussprechbare Gesetzmäßigkeit ihrer Bildung aufwiesen und von denen die zu einer Grundgestalt gehörenden alle als Uebergänge aus einer Figur in jede andre betrachtet werden könnten. *)

g) Das Lehrbuch der Physik setzt einen kleinen Apparat in den Händen der Schüler voraus, den die Lehrer der Physik noch erst zu construiren haben. Das Buch giebt 1) Anleitung zu Versuchen, macht durch Fragen aufmerksam auf das, worauf zu achten ist, und führt hin zur Aufsuchung der gefundenen Wahrheit in den Verhältnissen, welche noch im Beobachtungskreise des Schülers liegen, und bleibt somit ganz auf dem experimentellen Gebiete stehen; 2) es leitet die Schüler aus den so von ihnen gefundenen Gesetzen durch Fragen und Andeutungen zu Schlüssen auf Maschinen und Maschinerieen, vornehmlich aber auf Constructionen von größern Apparaten, mit denen sich das geschaute oder auch nur öfters geahnte Gesetz besser darstellen oder genau werde prüfen lassen; 3) es stellt am Schlusse die gefundenen Gesetze ganz kurz zusammen und drückt jedes derselben in mathematischer Sprache aus. Es wird noch lange dauern, ehe die Schulen zu solchem Buche gelangen. Die weitern mathematischen Entwicklungen gehören ins Lehrbuch der Mathematik.

h) Die Chemie verlangt ein Buch mit Aufführung der Körperreihe und stöchiometrischen Zahlen und Tabellen über spezifisches Gewicht ꝛc. Dann in kurz und scharf bezeichneten Experimenten einen stufenmäßigen Fortschritt von einem chemischen Gesetze zum andern, ohne das Gesetz selber auszusprechen. Es leite durch Fragen auf genaues Beobachten und scharfes Urtheilen und behüte so vor Fehlschlüssen; es lasse aber den Schüler in medias res treten, denn sie müssen sich auf dieser Bildungsstufe selbst zu orientiren suchen.

§. 85. Wenn so in den Händen der Schüler wenig an Büchern verlangt wird, so werden um so mehr Hülfsmittel für deren Gebrauch behufs des freien Unterrichts (§. 70) und für die Studienvereine (§. 76, 77, 79) nöthig. Man kann an den beregten Stellen entnehmen, daß ein eigener physikalischer und chemischer Apparat für den Handgebrauch der Schüler und damit auch ein anleitendes Buch für dieses ganz selbstständige Experimentiren

*) Es wäre eine mathematische Botanik gleichsam, welche den Geist übte, Verwandtschaft und Uebergänge, Gesetzmäßigkeit und Abweichung der Gestalten aufzufassen und mit der Sprache zu bezeichnen. K. E. Ph. Wackernagel hat eine solche Arbeit vollendet, möchte sie bald für Schulen zugänglich werden.

zu Gebote stehen muß, welches die nöthige Anleitung zum Gebrauche und zur Abänderung der Experimente giebt. *) Darum möge hier nur das Nöthige über den literarischen Apparat beigebracht werden. Zunächst wird eine Klassenbibliothek erfordert, welche das dem besondern Alter und der besondern Bildungsstufe Angemessene enthält. Hiefür gehören denn auch die Sammlungen in den Lesebüchern, welche zum Theil ganz vortreffliche Auswahl getroffen haben. Diese Klassenbibliotheken umfassen aber auch Sachen aus der fremden Literatur; dürfen sich aber auch nicht darauf beschränken, von jedem Buche etwa nur Ein Exemplar zu haben. In sie gehört nun das Alles, was oben für den Unterricht auf dem Gebiete des Geschmacks, der Literatur oder für die Ergötzlichkeit, Belebung der Phantasie 2c. für den freien Unterricht nur irgend nothwendig und förderlich ist. Für die obern Klassen besteht außerdem eine Schülerbibliothek, in der sich die Klassiker der Nation in mehren Exemplaren und zwar in besondern Schulausgaben vorfinden. Unter dem Texte dieser Ausgaben haben die Herausgeber eine Reihe von Fragen gestellt, welche den Leser auf ein Nachdenken hinleiten, ihn auf den tiefern Kern einzugehen veranlassen, das oberflächliche Schlürfen und Genießen verhüten 2c. 2c. Daneben enthält nun auch die Schülerbibliothek alle Commentare, historische Nachweisungen und sonstigen in der Literatur vorhandenen Hülfsmittel, welche zu einem gründlichern Verstehen eines Dichtwerkes und eines Dichters führen. Jene Anmerkungen weisen die Leser auf diese Hülfsmittel hin. Die Literatur soll in der höhern Bürgerschule so zu sagen studirt werden. Für die französische und englische Literatur werden ähnliche Schulausgaben gefordert und ähnliche Hülfsmittel geboten. Diese Bibliothek fordert ferner für den nationalen Unterricht eine Herausgabe solcher Sachen aus dem Mittelalter, welche dem Schüler zum Lesen, sei es behufs der Literatur oder der Geschichte, in die Hand gegeben werden können. Commentare und sonstige erläuternde Hülfsmittel werden nach und nach von selbst erscheinen, wenn nur erst bedürftige Hände darnach ausgestreckt werden. Neben diesen Ori-

*) Stöckhardts Schule der Chemie, Braunschweig 1846, ist ein Muster gebendes Buch. Möchten doch die Physiker auch ähnlich einen Apparat und eine Anleitung zur Handhabung desselben für Schüler construiren, sie würden damit diese Wissenschaft zum Bildungsmittel erhoben haben, während sie jetzt in vieler Beziehung nur ein Wissensmaterial ist, oder nur eben dem Geiste die Uebung bietet, welche die Mathematik auch schon bietet.

ginalien werden für die Geschichte noch viele Monographieen verlangt sowohl über einzelne Personen als auch über einzelne wichtige Begebenheiten und Zeiten. Eben solche Monographieen werden auch für die Geographie bedingt, welche ein Land oder einige Länder oder Gegenden oder Himmelsstriche ꝛc. nach den verschiedensten Beziehungen hin betrachten, oder vielmehr im Besondern die Data nur zusammen stellen, an die sich solche Betrachtungen anschließen. Auch statistische Tabellen und anderweitige durch Zahlen darstellbare Verhältnisse finden sich zusammen gestellt, damit der Schüler der obern Klassen lerne, aus solchen Tabellen selbstständig Schlüsse zu ziehen. Doch man wird sich leicht weiter von selbst sagen können, was die studienartige Beschäftigung der Primaner einer höhern Bürgerschule noch verlangt.

Der freie Unterricht bedingt aber durchaus noch, wenn er gelingen soll, eine eigenthümliche Veranstaltung, vermöge der es möglich wird, so viel und gerade das dem einzelnen Schüler und auch zugleich allen Schülern zum Durchstudiren in die Hand zu geben und zum Durchdenken und Referiren und Vortragen und Beurtheilen zu überlassen, als nun eben ein Schüler in dem Alter und mit seiner Kraft zu bezwingen vermag. Wir rechnen dahin Zusammenstellungen von Gedichten mit gleichen oder verschiedenen Tendenzen, die nach irgend welcher Beziehung mit einander verglichen werden sollen, Gegenüberstellungen von Dichtern oder Dichtwerken, historischen Personen, historischen Zeiten, oder einzelnen Begebenheiten ꝛc. ꝛc. Nicht minder gehören dahin Beschreibungen aus der Naturlehre im weitesten Sinne des Wortes, Angaben von sinnigen Experimenten, Darstellungen aus dem Völker- und auch aus dem Thierleben ꝛc. ꝛc. Es würden einmal auch die Materialien aus den Klassikern zusammen gestellt, welche zur Bearbeitung irgend welches Thema's dem Schüler leichter zur Hand sein müssen, wenn ihm die Arbeit gelingen soll. Wer genau erwägt, was wir oben für die freie Beschäftigung und den freien Unterricht in den §. 70—73 und §. 76—79 als das Ziel gesetzt haben, der versteht auch, was wir hier meinen. Die Zweifel, welche sich dort über Unausführbarkeit wegen mangelnder Hülfsmittel geregt haben mögen, sollen hier nun ihre Erledigung finden. Wir denken uns nemlich eine Zeitschrift für die Schüler in den höhern Bürgerschulen zum Zwecke des freien Unterrichtes und der selbstständigen Beschäftigung. Die geringe Zahl von Schulbüchern macht zunächst die Anschaffung von Seiten der Schüler möglich. Die Sache ist aber so zu denken. Allwöchentlich erscheint von der Zeitschrift ein Bogen, das macht auf ein Jahr 50 Bogen und in einem Zeitraum von 10 Jahren hat man eine bedeutende Bibliothek. Jeder Schüler bezahlt ein Doppel-Exemplar, von denen das eine an die Schülerbibliothek geht. So hat denn auch die Schülerbibliothek nach etwa 8 bis 10 Jahren so viel Lehrmittel in Händen, daß der freie Unterricht im ausgedehntesten Sinne in Ausführung kommen kann. Man übersieht auf den ersten Blick, daß man so zu einer ächten Schülerbibliothek gelangen wird, daß man ein lebendiges, mit der Entwicklung der Schulen, der Wissenschaften, der Didactik gleichen Schritt haltendes Schulbuch anfertigt. Durch solche Zeitschrift wird es allein möglich, dem Schüler mehr Material zum Durcharbeiten und Durchdenken in die Hände zu geben und somit vielen Uebeln vorzubeugen, woran die heutige Unterrichtsweise leidet. Es hört mit ihr die Dürre in den Schulbüchern auf, denn es kann nun die Fülle vorgelegt werden. Man stellt hiemit die Schüler an das Reale, um sich aus ihm den Gedanken zu gewinnen, und kann ihm desselben genug in die Hände geben, um nicht die Schlüsse vom Besondern aufs Allgemeine aufkommen zu lassen. Mit Hülfe dieser Zeitschrift kann man aus dem Nationalleben so viel bieten, als nur immerhin verarbeitet werden kann; vermittelst ihrer ohne dicke und abschreckende Bücher dem Schüler eine Uebersicht über die Literatur durch eigene Anschauung geben; durch sie das Nöthige für Aesthetik und Psychologie den Schülern bieten. In ihr und durch sie wird man nach und nach auch solche Abhandlungen den Schülern vorlegen können, an denen sie die studienartigen Uebungen vornehmen, und man wird vielleicht so für die verschiedenen Alters- und Lehrstufen den rechten Stoff wählen und den rechten Ton treffen lernen. Mit ihr wird man sogar die ins Leben getretenen Schüler auch ins Leben geleiten und sie später noch mit gesunder Nahrung speisen. Ohne eine solche Zeitschrift kann der Unterricht im Sinne der höhern Bürgerschule nicht füglich durchgeführt werden, mit derselben sind aber auch alle Schwierigkeiten gehoben.

Wenn die Zeitschrift als die erste Bedingung der Entwicklung der höhern Bürgerschule schon ein Zusammenwirken auf dem didactischen Gebiete erheischte, so wird noch ein anderweitiges Zusammenwirken der Schulen zum glücklichen Fortgange nicht minder wünschenswerth. Der für die höhere Bürgerschule aufgefundene Schulweg ist gewiß noch ein unbetretener. Nur allmälig, wenn viele Mitwandrer sind, kann er sich zu einer Wanderstraße gestalten. Wenngleich manche der gedachten Vorschläge sich gleich in Ausführung bringen ließen, so hat doch nicht jede Schule alle die vorhandenen Lehrkräfte und Lehrmittel, welche eine Durchprobung aller der Vorschläge möglich machen ließen. Die starre und beharrende Wirklichkeit wird viele Versuche sich brechen lassen. Für eine Schule ist es in der That zu viel verlangt, den so lange betretnen Fahrweg plötzlich zu verlassen und einen ungebahnten Pfad zu betreten; für eine Lehrergeneration würde es die Kräfte übersteigen, den meisten Lehrgegenständen eine andre Unterlage beim Unterrichte zu geben; für eine Schülergeneration dürfte es Gefahr haben, sie ganz und gar als Probanden anzusehen, um an ihr und mit ihr einen Versuch in dem neuen Sinne des Schulhaltens zu machen. So bleibt denn nur der Wunsch übrig, daß einzelne Lehrer-Collegien nach Maaßgabe der vorhandenen Kräfte und Mittel die eine oder die andre neue Seite des Unterrichtsverfahrens versuchen, und dann das Ergebniß der Erfahrung offen darlegen. So würde sich eine practische Kritik dieser Schulreform aber auch eine practische Zurückführung des Gedankens auf seine Ausführbarkeit durch ein Zusammenarbeiten der verschiedenen Anstalten eher ergeben. Die Zeit verlangt ein schnelles Bauen, ein Arbeiten mit vermehrten Kapitalien. Um nun auch solches Zusammenarbeiten möglich zu machen, dazu sollte man die jährlichen Programme verwenden. Anstatt immer und immer wieder die Lectionsverzeichnisse abdrucken zu lassen, oder anstatt irgend welchen gelehrten Aufsatz zu liefern, der den Verfassern oft nur unnütze Arbeit, den Lesern kein Vergnügen und der Entwicklung der Schulen weder in theoretischer noch in practischer Hinsicht eine Förderung bringt, statt dessen sollte man nun wirkliche Erfahrungen in der neuen Unterrichtsform geben, und die beim Versuche erprobt gefundenen Nebenveranstaltungen bekannt machen. Wenn solche Aufsätze auch nach der Kinderstube schmecken, und den höhern Bürgerschulen vielleicht den Vorwurf zuziehen dürften, daß sie doch gar nicht recht in der Wissenschaft lebten und sich mit lauter puerilibus nur abgäben, so möge man solche Vorwürfe ruhig ertragen. Wenn der Lehrer in der Schulstube so vieles von dem verschweigen muß, was er zu seiner eigenen geistigen Erfrischung sich erwarb, so schweige er auch in den Schulschriften, denn sie sind auch nichts als die öffentlichen Schulstuben, wo die Schule von der Schule und nicht der Gelehrte vom Gelehrten lernen will. Ein solches Schulbeobachtenlernen ist gut, schärft wirklich das Auge, hilft Erfahrungen machen, was nicht alle Leute können. Dann wird der Programmentausch die Wirkung haben, die man sich von ihm versprochen haben mag, als man denselben wie einen Hebel der Didactik empfahl. Ob nicht auch die Schulen für alle ihre Programme eine gemeinsame Redaction anordnen könnten? Dann könnten diese Programme das für die Lehrer sein, was die Zeitschrift für die Schüler ist, und könnten eine die andre ergänzen, indem in dieser Programmenschrift, die nicht in die Hände der Schüler kommt, von den Verfassern der Abhandlungen in der Schülerzeitung hin und wieder eine Gebrauchsanweisung für die Lehrer dargeboten werden könnte.

§. 86. Wenden wir uns nun von diesen allgemeinen Wünschen an den gesammten Lehrstand der höhern Bürgerschulen zu denen an die einzelnen Lehrer-Collegien und einzelnen Lehrer, so könnte diese sich zwar der Leser aus dem ganzen Schulorganismus heraus lesen; da jedoch das Gelingen der Vorschläge bedingt ist durch gewisse im Stillen gemachte Voraussetzungen, so mögen die wichtigsten derselben hier noch im Kurzen Raum finden. Jedes Lehrer-Collegium sei wirklich ein Collegium im ächten Sinne des Wortes. Es sei einig zunächst in dem wahren Ziele einer höhern Bürgerbildung; diese Einigkeit werde umflochten mit dem Bande der Liebe, welches jeden Einzelnen an die zu bildende Jugend gefesselt; sie werde genährt durch die gemeinsame geistige Nahrung, welche jeder einzelne aus dem Borne der Nationalität schöpft; sie werde gereinigt und geläutert durch die Feuerprobe der Wahrheit, welche jeder im Betreiben der Wissenschaften erfahren; sie werde erleuchtet und geheiligt durch das Licht, welches über alles Erdenleuchten erst das rechte Licht wirft. Eine solche Einigkeit ist nicht so leicht, sie beruht auf einer sittlichen That, deren nicht alle Leute fähig sind. Diese That ist keine andre als die rein christliche. Ein solches Collegium sage sich nun zunächst, daß das Wort in der Welt zwar viel Lärm macht, aber sehr wenig und am wenigsten auf die jugendlichen Gemüther wirkt. Die erziehende Kraft muß also im Thun der Lehrer liegen. Der Sinn der Gesammtheit muß einen Gemeinsinn predigen, der die individuelle Ueberzeugung und die persönliche Empfindung und Stimmung gerne und willig einem allgemeinen Wunsche opfert, und freudig auch da die Hand anlegt, wo der Wille der Gesammtheit die Bequemlichkeit oder eigne Neigung weniger berücksichtigen konnte. Die Schüler sehen schon die Opfer, die so der Einzelne freudig aus dem rechten Gemeinsinn darbringt, und sie werden durch einen solchen Blick mehr entzündet als durch schöne Reden. Es stelle das Lehrer-Collegium alle diejenigen Tugenden und Geistes- und Herzensrichtungen dar — so weit das Menschen können — welche als diejenigen bezeichnet wurden, die den Schülern einer höhern Bürgerschule ein- und angebildet werden sollen. Kann solches das Lehrer-Collegium nicht, so begeht es eine Lüge, denn es hält den Zöglingen Waaren hin und preist sie an, nach denen es selber kein Verlangen hat, und will die Zöglinge auf Pfade locken, die es selber nicht geht. Man erzieht nur so viel, als man sich selber zieht. Der Name „erziehender Unterricht" thut es nicht und der Unterrichtsstoff, der so genannt wird, thut es auch nicht und die Ermahnungsreden thun es auch nicht.

Nicht minder schwierig wird es für ein Lehrer-Collegium sein, sich sagen zu sollen: nicht mehr das im Examen aufgewiesene Wissen soll unsere That- und Lehrkraft beurkunden, sondern die dem Zöglinge angeübten und angelebten christlichen und ethischen Vorzüge, die sich der Prüfung nur so schwer unterwerfen. Man soll immer festhalten, daß man keine Leute für die Wissenschaft erziehen und ausbilden und sie doch mit den Prinzipien oder Elementen der Wissenschaft beschäftigen soll; daß man sich selber im geistigen Gebiete jugendlich frisch erhalten soll, ohne doch im Amte das reine Geistesleben der Jugend als das Endziel anzusehen. Es ist nicht so leicht, sich immer recht bestimmt und bewußt vorzustellen, daß die Schüler der höhern Bürgerschule die Männer der That und nicht des Gedankens, der Wirklichkeit und nicht der Idee sein sollen. Mit Gedanken — so soll der denkende Lehrer sich immer sagen — baut man keine Altäre, mit Worten erzeugt man kein Kunstproduct, mit Statuten macht man kein Gemeindeleben und mit Gewerbeordnungen auch noch kein Bürgerthum. Es wird nicht so leicht sein, als es scheinen möchte, dem Leben der Schüler, einem practischen Leben, einer Uebung oder Bethätigung des Willens der Jugend an andern Dingen als am Lernen eine hohe Bedeutung zuzugestehen. Es wird den geübten und auch gerühmten Lehrern sehr schwer werden, ein ganzes Gebiet von schönem Wissen bei Seite liegen zu lassen, und statt dessen andere Kräfte als die des Verstandes und der Erkenntniß auch anzubauen; es gehört Entsagung dazu, den bis dahin gültigen Lehrerruhm — recht viel des Wissens seinen Schülern beigebracht zu haben — abzuthun und sich immer vorzuhalten, daß deutsche Kraft in andern

Kammern reift als in den Bleichkammern der ätzenden Kritik, und daß deutsche Gesinnung auf einem andern Boden wurzelt als auf dem finanziellen und juridischen, und daß deutsche politische Reife anders sich bekundet als in feinen Reden.

Eine andre Forderung an die Lehrer ist die, ihre Studien in andre Bahnen zu lenken. Wie jeder Lehrer an dem Gymnasium nothwendig und unerläßlich durch die altklassischen Studien hindurch gegangen sein muß, und wie diese allen Lehrern gemeinsame geistige Bildung die hauptsächlichste Nahrung für den Schülergeist in den Gymnasien wird, weil er eben aus allen Winkeln und Ecken her denselben anweht, so muß jeder Lehrer an einer höhern Bürgerschule sich alles Ernstes in das Studium des Nationalen versenkt und aus diesem Blüthenkelche auch Honig sich gesogen haben. Dann nur kann man erst sagen, es werde auch der Schüler der höhern Bürgerschule in diesen Geist eingeweiht und werde, in den wenigen Schuljahren von ihm genährt, auch in ihm erstarken. So lange noch in den Lehrern mehr vom Griechenthum als Deutschthum lebt, so lange ihnen Bilder und Gleichnisse aus der antiken Welt näher liegen als aus der deutschen, so lange sie die römischen Helden besser kennen als die deutschen, in den französischen Revolutionen besser Bescheid wissen als unter den deutschen Kaisern, und ein griechisches und lateinisches Wort besser erklären können als ein deutsches: so lange ist noch nicht recht viel Hoffnung für die höhere Bürgerschule. Darum helfen ja so vielen Eltern alle ihre schönen christlichen Ermahnungsreden an die Kinder gar nichts, weil sie eben selber das Christenthum nicht haben; darum kann auch nicht ein Geist in den Schulen heimisch und in die Jugend gepflanzt werden, als bis er in den Lehrern heimisch geworden ist. Wenn nun aber blos die wenigen ja vielleicht gar nur der eine Lehrer, der etwa den deutschen Unterricht in Händen hätte, gründlicher Kenner und Freund des Germanischen und Volksthümlichen wäre, so müßte dieser mehr als ein Mensch sein, wenn sein Odem, mit dem er die Schüler doch nur in wenigen Stunden anweht, in alle Schüler ein eigenthümliches Geistesleben einhauchen sollte. Kann nicht die ganze Atmosphäre in der Schule mit diesem Geiste durchdrungen werden, so daß die Schüler eben überall ihn einathmen, dann helfen zum gewünschten Ziele die deutschen Stunden gerade so wenig, wie die Religionsstunden von dem christlichsten Manne ertheilt helfen, so lange alle Mitgenossen am Schulheerde kalte oder gar keine rechten Bekenner des Christenthums sind. Es läßt sich das Geistige nicht wie eine geprägte Münze ausgeben, für welche ein Säckelmeister in der Schule bestellt werden kann. Welche anderweitige Studien für die Lehrer an den höhern Bürgerschulen in einzelnen Fächern noch nothwendig sind, das liegt in früheren Abschnitten zu deutlich ausgesprochen, als daß es hier noch einer Aufzählung bedürfte. — Man übersieht an den betreffenden Stellen leicht, daß die ganze Ordnung in den einzelnen Unterrichtsfächern umgeändert und die Handhabung der häuslichen Aufgaben umgeformt werden muß. Für einen im heutigen Sinne geübten Schulmann hat das seine Schwierigkeit, und bedingt für den sichern Lehrer noch wieder ein neues Anfangen.

Nicht minder schwierig und doch auch unerläßlich wird die Forderung, daß die Lehrer mit erweitertem Blicke die Schülerthätigkeit messen sollen. Wenn es nun einmal eine freie Thätigkeit der Schüler geben soll, welche nur eben unter der allgemeinen Leitung der ganzen Schule steht, so kann und darf die Schule nicht mehr die ganze Zeit des Schülers mit den Arbeiten für die einzelnen Objecte ausfüllen. Will dabei aber der einzelne Lehrer ein richtiges Urtheil gewinnen, und den Schüler richtig würdigen, dann muß er sich um das ganze Thun des Schülers nach den verschiedenen Richtungen des Schullebens hin bekümmern. Er muß wissen, wie sich der Schüler an den verschiedenen Gegenständen und wieviel er sich daran betheiligt; muß den Schüler in seinem Verhalten zu allen Lehrgegenständen und Lehrern erkennen; muß berechnen und beobachten, in wieweit durch dieses verschiedene Thun auf den verschiedenen Lerngebieten sich der Schüler vollauf beschäftige. Zu solcher Theilnahme an dem gesammten geistigen Leben des Schülers gehört Anstrengung und Bemühung und mehr Beobachtung, als heute wohl die einzelnen Lehrer darzulegen pflegen. Nicht minder gehört dazu von Seiten der tüchtigen Lehrer eine eigenthümliche Entsagung. Sie sollen es sich ohne Empfindlichkeit gefallen lassen, daß ein Schüler ihr Lehrobject einmal weniger betreibt, weil er sich lebhafter nach andern Seiten hin betheiligt; sie sollen ihre eigenen Wünsche und Ermahnungen zu größerm Fleiße in ihrem Lehrobjecte öfters ganz unbeachtet sehen können und dann sich damit trösten, daß ja die Schüler nach andern Seiten hin stärker gezogen werden. Das ist für den tüchtigen, treuen, eifrigen und gewissenhaften Lehrer im heutigen Sinne nicht so leicht, als es dem leichtfertigen, leicht befriedigten, sich bald genug thuenden und eiteln Lehrer scheinen möchte. Diese Entsagung, ja diese oft scheinbare Verschmähung erträgt nur der Lehrer, welcher sich wirklich bis in die wahrhaft väterliche Stellung zu seinen Schülern erhoben hat. Wie ja auch der Vater, der nicht aus Eitelkeit und vorgefaßten Entschlüssen sein Kind in eine bestimmte Form des geistigen Lebens hineingeknetet wissen will, wie ja auch ein solcher Vater seinen Sohn nach der ganzen Strebsamkeit und darnach allein auch richtig beurtheilt; wie er jede selbstständige Willensäußerung in der Richtung auf das Edle und Schöne als einen in der Seele des Sohnes aufgehenden Morgen begrüßt; wie er jede freie und edle That des Sohnes, jedes ungezwungene, nützliche und förderliche Arbeiten desselben als den beginnenden Tag eines männlichen Lebens begrüßt: so soll und muß auch jeder Lehrer wie ein Vater das ganze Thun und Treiben der Schüler nicht mit einem Lieblingsauge für ein bestimmtes Fach ansehen, sondern den ganzen Lebensverlauf desselben stets vor Augen behalten, und jedes freie und edle Thun und jede ernste Uebung, auf welchem Felde sie sich auch bekunden möge, als einen Fortschritt des Schülers begrüßen. Solch ein väterliches Herz wird nun freilich nicht mit Studien und guten Examinibus oder belobten Probejahren gewonnen, sondern das ist der Erwerb einer rechten Liebe zur Jugend, die eben nur mühsam errungen und erarbeitet wird. Sie wird nur errungen, wenn der einzelne Lehrer am ganzen Leben des Schülers und an der ganzen Leitung Seiten der Schule einen thätigen Antheil nimmt, und sich dabei sagen kann, daß die thatkräftige Gesinnung der Schuljugend, wie sie sich auf den verschiedensten Gebieten des Schullebens kund giebt, auch ein Zeugniß seiner eigenen belebenden Thätigkeit ablege. Die freie Arbeit, namentlich die, welche für andere gleichsam geschieht, bedarf eine Vertheilung, sonst werden die Trägen sich die Arbeit gar leicht bequem machen, und nichts mehr thun. Es wird, um es platt heraus zu sagen, vieler Conferenzen und Besprechungen bedürfen, um das allseitige Thun der Schüler im Auge zu behalten und bei aller möglichen Freiheit doch so zu regeln, daß jeder Schüler zu einem tüchtigen Ergebnisse mit seinem Arbeiten gelange. Sprechen doch wohl Eltern täglich einige Worte über die Erziehung weniger Kinder, wie viel mehr wird es nöthig sein, wo viele Männer viele Knaben richtig leiten wollen. Nur solche und auch nur solche Gesinnung kann und wird den Schulen wieder die Macht der Erziehung einräumen, welche ihnen durch eine gesetzliche Befugniß zwar eingeräumt aber nicht gegeben werden kann. Man sei versichert, daß die Eltern gerne es sehen werden, wenn der Knabe die Tischfreuden des Hauses und die Feste für Erwachsene verschmäht, um sich unter seinen Genossen unter den Augen der Lehrer und auf dem Festboden der Schule zu tummeln.

Eine nicht minder wesentliche Forderung ist die, daß die Lehrer nicht blos sollen Lehrstunden geben. Ihre Thätigkeit wird von den verschiedensten Seiten her noch in Anspruch genommen durch den freien Unterricht und das Schulleben. Denn jeder der freien Vereine soll einen Lehrer in allen seinen Versammlungen als Mitglied haben. Nicht die Frage: was wird mir dafür? sondern der Nothruf: woher nehme ich Zeit und Kraft? wird hier das Unmögliche der Anforderung beweisen. Die Liebe für die Jugend, die Begeisterung für eine Idee weiß sich, wie der Spieler immer Geld, auch Zeit und Kraft zu schaffen. Es ist wahr: heute wird die Uebernahme so vieler Nebenarbeiten kein Mensch den Lehrern danken. Eltern und Behörden werden gar leichtlich der Meinung sein, daß das, was zum Vergnügen und zur Anfeuerung der Schüler durch die Lehrer geschehe, auch nur zum Vergnügen der Lehrer diene, und daß das, was die Knaben geistig auffrische, auch eine Auffrischung für den freundlichen Lehrer sei. Sie werden es gar nicht merken, daß die Heiterkeit der Lehrer bei den Festen der Jugend, dies sich Anbequemen an die Wünsche und Neigungen der Knaben, dies freundliche Eingehen und Ausharren bei den Bestrebungen und Ergötzlichkeiten der Schüler, ja dies ermunternde Zujauchzen und ermuthigende Vorarbeiten für den gereiften Mann eine sehr große sittliche Anstrengung und nicht selten eine recht große Selbstüberwindung ist; sie werden es gar nicht merken, daß der Boden der Freude, auf dem sich zum Vergnügen der Zuschauer die Knaben in heiterer Lust tummeln, unter manchen Schweißtropfen der Lehrer und unter vieler Selbstverleugnung geebnet worden ist. Ja die Lehrer werden sich sogar dem Vorwurfe aussetzen, wenn die Schüler nun nicht mehr so viel wie früher im Wissen aufweisen können, als ob sie aus reiner Lust an solcher heitern und lebensfrohen Jugend die ernste Beschäftigung in der Schulstube vernachlässigten. Das Alles wird und kann wohl die Lehrer, welche für die Schule eine erziehende Kraft anbahnen und in einer höhern Bürgerschule auch eine ächte Bürgerbildung erzielen wollen, von ihrem Thun nicht abhalten; aber Gewöhnung, Vornehmheit, Eifersüchtelei auf der einen Seite, Ueberbürdung auf der andern, Abspannung durch die ermüdenden und erschlaffenden Correcturen und Unmuth über die träge, stets nur zu treibende, unfrische Jugend wird das größte Hemmniß sein und bleiben. Es wird sich sogar noch das bittre Gefühl des Undankes der Schüler dazu gesellen. Nur zu bald sehen diese den freien Dienst des Lehrers und das im Stillen dargebrachte Opfer an Zeit und Kraft als eine rechtmäßige oder sich von selbst verstehende Gabe an, für die sie keinen Dank mehr schuldig seien. Es hängt sich dies Alles als ein ganz schweres Gegengewicht gegen die angestrebte Idee an. Kommt nun aber zu dem Allem auch noch ein äußeres Hemmniß, wie nicht selten; muß der Lehrer auch noch ums liebe Brod anderweitige Arbeiten übernehmen; hat ihn die Schule schon mit ihren Pflichtarbeiten zum Lastträger gemacht, daß alle höhern Schwingen seines Geistes und Herzens gebrochen oder doch steif geworden sind: dann ist freilich ein Unmögliches vom Lehrstande gefordert worden. Um so mehr wird es dann aber die Pflicht derer, welchen Gott vor Andern reiche Kräfte des Gemüthes und des Leibes verlieh, alle diese Kräfte daran zu setzen, um den Eltern und aller Welt an ihrem Beispiele zu zeigen, daß die Schule wohl schönere Früchte als die zwischen den Schulbänken gepflückten erzielen könne, wenn man nur den Lehrern für diesen Gartenbau auch Zeit und Kraft und Mittel gönnte. Es mag wohl freilich die Zeit vorüber sein, wo man sich aus Begeisterung für eine Idee opfert; aber man sei darum um so sichrer, daß auch ein solches Opfer um so eher gesehen, erkannt und anerkannt werden und damit der Sieg um ein Bedeutendes erleichtert sein wird. Es hat nicht die Idee ihre Kraft verloren, weil die meisten Menschen dem Materialismus huldigen; sondern weil die meisten Menschen nur diesem Götzen dienen, darum ist die Macht der Idee nicht sichtbar.

Auch das Ungewohnte möge die tüchtigen Lehrer nicht schrecken. Soll nämlich in den obern Klassen mehr und mehr die zerstreuende Thätigkeit verschwinden, soll der Schüler sich in einzelne Aufgaben so vertiefen, daß er durch das Arbeiten selbst zu einer innerlichen Betheiligung kommt; sollen und müssen in der Prima der höhern Bürgerschule diese kleinen Schularbeiten durchaus verschwinden, welche abstumpfen und ermüden anstatt zu kräftigen: dann bleibt bei der Menge der Lehrgegenstände kein andrer Ausweg übrig, als die Schüler etwa von Woche zu Woche mit den verschiedenen Lehrgegenständen wechseln zu lassen, damit sie nicht immer genöthigt sind, die heterogensten Dinge im Geiste zugleich zu beherbergen. Demgemäß wird dann aber auch der Schulgang nothwendig, daß die verschiedenen Lehrer in verschiedenen Wochen mehr zu thun haben als in andern. Denkt man etwa in der Prima und Secunda einen dreiwöchentlichen Wechsel, so würde jeder Gegenstand alle drei Wochen einmal in den Vordergrund der Schulthätigkeit gestellt, und die Lehrer der jedesmaligen Gegenstände würden in den betreffenden Wochen nun nicht blos die Schulstunden sondern auch die häusliche Thätigkeit der Schüler in Händen haben. Sie würden also in solcher Woche viel beschäftigt sein, dafür denn aber auch in einer andern Woche ruhen und neue Kräfte sammeln und neue Arbeiten vorbereiten und einleiten. Diese Einrichtung bedingt einen sehr ungewohnten Schulschritt, der sich dann nicht mehr nach einer vocationsmäßigen Stundenzahl bemessen läßt. Dies bald rasche bald langsame Wandern mit der Jugend wird dem an einen gleichmäßigen Schulschritt gewöhnten Lehrer nicht so leicht, und doch müßte auch diese Schwierigkeit überwunden werden, wenn der methodische Gedanke sich wahrhaft wirksam gestalten und ins Leben der Schule eindringen soll. Nur so kann die Schule Arbeiten von ihren Schülern gewinnen, an denen der Arbeiter eine innere Freudigkeit und Befriedigung und eine wahre sittliche Betheiligung gewinnt; so nur kann auch der Gedanke einer studienartigen Beschäftigung der Schüler zur Wahrheit werden. Drängen wir schließlich noch einige Forderungen kurz zusammen. Da nicht alle Schüler gleichmäßig fortschreiten werden, so hört das Geisternivelliren auf und eine mehr persönliche Behandlung muß eintreten. Es werden die Schüler in den einzelnen Objecten verschieden vorschreiten, das wird verschiedenartige Aufgaben bedingen. Dies Nachbleiben Einzelner in einzelnen Fächern muß benutzt werden zur gegenseitigen Hülfeleistung. Das Voraufeilen einzelner Schüler in einzelnen Fächern kann nur bis zu einem gewissen Ziele gehen, die Schule hat die Ankunft an diesem Ziele wahrzunehmen, und, damit nicht ein Stillstand erfolge, dann den Schüler auf die andern von ihm nicht betretenen Bahnen des Wissens zu lenken.

II. Abschnitt.

Wünsche an die Schulaufsicht, das Patronat und das Publicum.

§. 87. Die Schulaufsicht werde von den Männern der Theorie mit den Männern der Praxis getheilt. Ephorate, Curatorien und Schuldeputationen, oder wie die kleinen und großen Collegien zur Schulbeaufsichtigung sonst noch heißen mögen, sind fast immer von Männern besetzt, die von der Praxis des Schullebens doch eigentlich nicht viel wissen, und sich nun so einige Gedanken darüber gemacht haben, seit sie in ein solches Collegium gekommen sind. Sie sind somit wirklich in Beziehung auf die Schule reine Theoretiker. Bisweilen hat neben diesen Theoretikern auch ein practischer Schulmann einen Sitz und bisweilen sogar eine Stimme. Dieser Zustand bedarf wohl einer Aenderung, denn so gestaltete Aufsichtsbehörden können zu keinem andern Thun für die Schule gelangen, als daß sie Stunden- und Lehrpläne hinstellen, die Rechnungen revidiren, allenfalls Lehrerwahlen vorbereiten, oder die klagenden Kinder anhören und über die Lehrer dann Gericht halten. Wenn sie hie und da noch öfters viel mehr thun, und namentlich zur Beschaffung von Mitteln für die Schule wirksam sind, so geschieht das oft nur aus Rücksicht auf den Rector der Anstalt, der sich etwa das Wohlgefallen zu erwerben wußte. Diese Curatorien sollten und müßten der Kanal sein, auf dem die in den Schulen sichtbar gewordenen Bestrebungen hinüberflössen zur Kenntniß der anderweitigen bürgerlichen Collegien oder Corporationen; sie sollten der Focus sein, in welchem die aus der Schule kommenden Wärme- und Lichtstrahlen vereinigt würden, um von da aus in weitern Kreisen sich zu zerstreuen; durch sie sollte die nächste Vermittlung zwischen der Schule und den anderweitigen bürgerlichen Einrichtungen Statt haben. Das heißt, in diesen Curatorien müßten auch andre Dinge als Geldangelegenheiten und Disciplinarfälle und Lehrerwahlen zur Besprechung kommen, und diese Besprechungen müßten eben von Schulmännern geführt werden, denn Andre verstehen es doch wirklich selten.

Wenn dies nun möglich sein soll, so muß in dem Organismus des bürgerlichen oder Städte- oder Staatenlebens die Schule einen Platz haben, in der auch sie als ein vollberechtigtes Institut gehört wird. Heute wird nur immer über die Schulen gesprochen und gerichtet; sie dürfen höchstens in kriechenden Blättern der Programme einmal im Winkel sich auch hören lassen. So lange als das ganze Staatsleben ein Stillleben blieb, war auch dieses der Schule zugestandene öffentliche Wort vollkommen ausreichend und gab ihr gleichsam eine gewisse Vornehmheit; seit aber alles zur Oeffentlichkeit hingedrängt wird und sich hindrängt, seit man nichts mehr liest als politische Blätter und Romane, vielmehr immer und überall das Ohr zur Vermittlung wählt; seit die höchsten geistigen Intressen: der Kirche, der Justiz, der Wissenschaft rc. im öffentlichen Leben einen Platz zum Aussprechen gefunden haben: so wird man auch schon der Schule ein Plätzchen einräumen müssen, wenn sie nicht innerlich und äußerlich verkümmern soll. Wie sich die Rechtsinstitutionen im Volke einen Boden sichern wollen, so bedürfen noch mehr die Schulinstitutionen einer solchen Sicherung im Volksbewußtsein, denn ihnen sollen Eltern mit Vertrauen ihre Kinder und nicht blos ihre äußere Habe übergeben; wie das öffentliche Gerichtsverfahren eine Gesetzes- und Rechtskenntniß nach und nach in das Volk bringen wird, so muß auch eine Schulkenntniß im Volke heimisch gemacht werden, damit dieselbe Vertrauen erwecke und Förderung und Unterstützung den Schulen bringe. So lange man meint: man verstehe sich schon auch auf die Schulen, weil man ja als Knabe durch sie hindurch gegangen sei, so lange steht es schwach; wenn man aber einmal die Schulen sich wird aussprechen lassen, dann wird man sehen, wieviel man eben als Schulknabe nicht wahrgenommen habe, und nicht habe verstehen und ahnen können.

Es ist hier nicht der Ort, diesen Gedanken weiter zu verfolgen; aber wohl mag er einer Rechtfertigung bedürfen, da er gewiß Vielen sehr anmaßend erscheinen dürfte, denn die kleinen Herrn sind bekanntlich sehr eifersüchtig auf die Machtvollkommenheit, die in ihre Hände gelegt ist und widerstreben einer Theilung derselben am meisten. Es ist oben (§. 6) hervorgehoben, daß die Idee eines Bürgerthums als eine neue in das Staatsleben eingedrungen ist. Der Lehrstand und namentlich der, welcher den höhern Bürgerstand auszubilden hat, konnte, ja darf vermöge seiner Aufgabe nicht davon unberührt bleiben. Nach der Stellung der Schulen aber ist nun dieser Stand als ein nichtssagender bei Seite geschoben und eigentlich aus dem Sprechsaale der Erwachsenen in die Kinderstube gewiesen. Die Presse und der Gang der Literatur kann mit dem lebendigen Worte nicht Schritt halten, und wird von ihm überflügelt. Die üblen Folgen sind nicht ausgeblieben. Mancher Lehrer hat sich fremdartige Felder aufgesucht, auf denen er seine geistigen Garben drischt, und so ist viel Korn der Schultenne entzogen worden; Mancher hat wohl gar im stillen Winkel der Jugendgemüther — möchte es ganz und gar nicht wahr sein — sich für seine politischen Ideen ein Wochenbett gesucht. Das wird sofort aufhören, sobald die Schule mit ihrem Thun und Treiben eben auch als ein berechtigtes Glied im Staate erscheinen wird, und im nahen und fernen Publicum eben so viel Berechtigung hat als die Kämmereikasse. Es ist nur zu wahr, daß die Wirksamkeit der Lehrer gar sehr und fast allein von der Ansicht, ja von der Stimmung, abhängt, welche das Publicum und die einzelnen Eltern von der Schule und den einzelnen Lehrern haben; aber eben so wahr ist es, daß es heute fast für die Schulen und den einzelnen Lehrer eine Unmöglichkeit geworden ist, sich auf dem stillen Heerde des Berufslebens die Anerkennung und Geltung zu verschaffen, welche zur kräftigen Wirksamkeit in dem Berufe unerläßlich ist. Die Anerkennung in den Acten der Behörden reicht heut zu Tage dazu wirklich nicht aus. Dieser Umstand hat manche schöne Kraft der Schule entwunden, indem sie sich wer weiß woran betheiligte, um doch auch zur billigen Anerkennung und Geltung zu gelangen, ja um nur auch einmal vor Männern und Einsichtigen und nicht immer blos vor Kindern erscheinen zu dürfen. Selbst auch das Publicum ist so verwöhnt worden. Die tüchtigen Lehrer, die eben nur Lehrer sein wollen, sind Obscuranten und Dunkelmänner oder wohl gar noch Schlimmeres, wenn sie nicht an irgend welchem öffentlichen Leben sich betheiligen wollen. So finden hier viele für die Schulen mindestens beklagenswerthe Erscheinungen eine Erklärung. Wenn aber die Schule als solche sich wird unter diese mündigen Institute einreihen dürfen, dann wird sie sich auch viele geistige Ströme, die heute in Nebenkanäle abfließen, wieder in ihr Bett zurück leiten. Nicht minder würden auch die Lehrer selber durch dieses Zugeständniß über ihr Berufsleben einen erweiterten Blick gewinnen, was gewiß Manchem unter ihnen auch Noth thut. Wer seinen Berufskreis sich gar zu eng steckt, der wird nur gar zu leicht kleinlich und unter Kindern noch mehr peinlich und das ist den Kindern nicht gut; er verwechselt nur gar zu leicht das Mittel mit dem Zweck und arbeitet wirklich zwecklos. Es würde wirklich mancher kleinliche Kampf in der Schulstube aufhören, wenn der Lehrstand nicht gar zu sehr in die Knabenwelt hineingedrängt wäre und nun hier — um doch auch sich großer Kämpfe und Anstrengungen rühmen zu können — Kindermuthwillen mit Bosheit und Knabenleichtfertigkeit mit Herzlosigkeit und Erwachen zur Selbstständigkeit mit Widerspenstigkeit und Trotz verwechselte. Die Kleingeister haben immer solche Kämpfe in den Schulen. Wenn diese Kleingeisterei in den Schulen ein wenig aufhören könnte, und der Lehrerblick sich nach und nach erweitern dürfte, so möchte wohl mancher Schul-Scandal gar nicht hervorgerufen werden. Wenn nun aber gar der Lehrstand oder die höhere Bürgerschule die ihm hier gesteckte Aufgabe lösen und als ein Factor sich geltend machen soll, dann wird man ihm im Verhältniß zum Publicum schon eine zeitgemäße und durch die Zeitrichtung bedingte Stellung einräumen müssen. Mit dem mitleidsvollen und barmherzigen Worte: der Lehrer hat ein saures, mühevolles und undankbares Geschäft, ist dem Lehrstande nicht geholfen; vielmehr bedarf er einer neuen und zeitgemäßen Stütze dem Publicum gegenüber. Wichtig und bedeutungsvoll und einflußreich muß sein Beruf erscheinen, wenn er wirklich in dem hier geforderten Sinne wirksam werden soll. Nur mit der ihm gegebnen öffentlichen Autorität kann er seine erziehende Aufgabe lösen, die hier von ihm verlangt worden ist. Die Amtswürde ist genommen oder geschwunden, darum muß man ein Neues zur Stütze bieten. Es ist schon einmal in der Welt so, wenn man irgend wo mit der einen Hand entzieht, so muß man mit der andern Hand wieder geben; erniedrigter Arbeitslohn schafft erhöhte Armensteuer. Unselbstständige Menschen, die nur und nur im Dienste stehen, denen keine höhere Idee vorschwebt, zu deren Verwirklichung sie beizutragen berufen und bemächtigt sind, die können kein Geschlecht erziehen, denn aus ihren Händen werden unbändige Knaben und wankende Rohre hervorgehen, welche dann der Zeitwind hin und her weht, wie ihre Führer auch in diesem Winde hin und her wankten. Doch genug.

Den Lehrer-Collegien muß eine gewichtige Stimme bei der Besetzung der Lehrstellen eingeräumt werden. Ohne dies können sie niemals den Character eines Collegiums behaupten in dem hier (§. 86) geforderten Sinne. Es gehört ohnehin schon eine nicht geringe Kraft eines Dirigenten dazu, innerlich verwandte Kräfte zu einem Zusammenwirken zu vermögen, die Aufgabe wird aber eine unlösliche, wenn die verschiedenartigsten Charactere, wie es oft durch solche der Schule ganz fern stehende Wahlkörper zu geschehen pflegt, durch Zufall zusammen gewürfelt werden. In der Wirksamkeit eines Lehrers-Collegiums giebt es keine Entscheidungen durch Stimmenmehrheit sondern nur Stimmeneinheit, welche auf einer gemeinsamen Ueberzeugung ruht. Wenn nun wie bisher den Lehrer-Collegien fast gar kein Urtheil rechtlich zusteht über die Wahl der Genossen, so erklärt sich daraus in der That vollkommen, warum es nur so selten ächte Collegien giebt, denn die durch Bildung des Geistes und Herzens gewonnene Duldsamkeit reicht dazu allein noch nicht hin. Doch diese Berechtigung wird sich aus der voranstehenden von selbst ergeben, wenn darnach dem Lehrstande ein Recht zum Mitreden über Schulen und Schulorganismus eingeräumt worden ist, d. h. wenn die Praxis auch hier das Wort zu führen hat. Diese Anforderung wird freilich allen denjenigen Leuten, welche die bürgerliche Bedeutsamkeit eines Mannes und Standes nur nach dem Grundbesitze oder den gezahlten Steuern schätzen, als eine unerhörte erscheinen. Denn wie können, so sagt man, Leute Aemter vergeben wollen, zu deren äußerer Ausrüstung sie nichts hergeben, ja die selbst nur als Söldlinge der erwerbenden Bürger dastehen. Man lasse aber nur erst den betrübenden Gedanken fahren, als besolde man den und jenen Lehrer, sondern man sehe die für die Schulen ausgesetzten Capitalien als eben für die Schulen bestimmte an; man mache die Schulen nur erst von den Fluctuationen der Zeitmeinungen frei, und überweise ihnen als solchen die zu ihrer Existenz nothwendigen Mittel als ein ihnen zugehöriges Eigenthum; man entziehe die Schulen den Zufälligkeiten, um nicht zu sagen den Launen, welche so oft über die äußern Mittel entscheiden: so wird die Forderung als eine ganz natürliche und naturgemäße erscheinen. Man bedenke aber doch auch, daß die Schulmänner ihr mühsam erworbenes geistiges Capital dem Staate zum Opfer bringen und ihre ganze geistige Kraft als Steuer an den Staat entrichten, und man wird die hier gemachte Forderung sogar als eine billige und gerechte ansehen. Man mache den Lehrer zum Bürger und behandle ihn als Mitbürger, so wird sich alles Andre von selbst verstehen. Wenn man einen intelligenten Bürgerstand wird haben können ohne Schulen und ohne Lehrer, dann erst sind die Schulen mit der hier gemachten Forderung abzuweisen. Man denke aber bei dem hier Gesagten nur nicht an die Emanzipation der Schulen in dem heutigen Sinne, welche sie eben nur einer Aufsicht entziehen will. Die Schule will zu den öffentlichen Institutionen gehören, die wie heute Alles auch ihre Intressen öffentlich berathen will in ihrem Kreise. Daß es ein natürlicher und unabweislicher Wunsch sei, das zeigen die öffentlichen Lehrerversammlungeu.

Soll und muß die höhere Bürgerschule nothwendig die erziehende Aufgabe als eine wesentliche ansehen, dann muß ihr auch das Mittel dazu in der Schulzucht eingeräumt werden. In ihrer Gewalt muß es stehen, die Unsittlichkeit von ihrem Heerde abzuhalten, wenn dieselbe sich nicht mit den Schulmitteln will bekämpfen lassen. Es muß in ihr und zwar in ihren Lehrern die Macht liegen, die schädlichen Elemente zu entfernen, wenn die Zuchtmittel erschöpft sind. Sie muß nicht Besserungs- sondern Erziehungsanstalt sein. Sittlich verwahrloste Knaben, welche mit vornehmer Gemeinheit sich brüsten, welche sich der Schulordnung nicht fügen, die Achtung vor dem Höhern muthwillig verletzen, alle diese müssen ohne Gnade aus ihr verwiesen werden, damit die Eltern mindestens aus Furcht vor Verweisung ihre Kinder nicht gegen die Lehrer aufreizen, vielmehr dieselben mindestens zur Gefügigkeit ermahnen. Die Ohnmacht der Schulen in dieser Beziehung macht dieselben nicht selten zum Wochenbette vieler offener und geheimer Sünden. Es sei hier nur erinnert an schamlose Lüge, an Betrügereien offene und heimliche, an Schmähungen dessen, was dem Knaben mindestens ein Gegenstand der Hochachtung sein sollte, an Verhöhnung des Ehrwürdigen, an — — —. Die höhere Bürgerschule in dem hier angegebnen Sinne bedarf der ernstesten Disciplinargewalt, und wird derselben um so mehr bedürfen, je mehr die Schulstube des Gefängnißlebens entkleidet und zu einem freien geistigen, selbst auch leiblichen, Tummelplatze der Jugend sich umgestalten soll. Eine Schule kann mit sehr wenigen Zuchtmitteln ausreichen, wenn sie die Schüler knechtet, und der Ruhm einer Schule, keiner Strafmittel zu bedürfen, ist nicht so fein, wie er aussieht; denn entweder hat sie ihre erziehende Aufgabe unbeachtet gelassen oder sie hat die Schulstube zu einem Leichenhause gemacht. Dies klingt den Nicht-Schulmännern paradox und doch kann es jeder, welcher sich einen Gedanken aus den wirklichen Zuständen heraus zu lesen befähigt ist, auf jeder Seite der Weltgeschichte und auch an jeder Straßenecke, wo Knaben spielen, lesen. Nur das geknechtete Gemüth der Jugend lebt in den Schranken des Gesetzes, wie wenn es instinctmäßig wüßte, was schön und gut, edel und recht wäre; das freie sucht die Grenzen und äußersten

Schranken auf, um den Tummelplatz sich zu erweitern, und weiß nicht immer sogleich den Lauf auf einer weiten Rennbahn zu hemmen, wenn es recht in den Zug gekommen ist. So lange der Mensch ein sündiger ist, wird auch immer neben dem Höchsten das Niedrige, neben dem Schönsten das Häßliche, neben der Freiheit ihr Mißbrauch bestehen. Wo Niemand fällt, da giebt es auch keine Höhe. Darum können die Schulen nur wieder dann ein freies, männlich erstarktes, dem Gesetze sich beugendes und so starkes Geschlecht erziehen, wenn sie eine erweiterte Macht auf dem Gebiete der Zucht wieder erhalten. Sie bedürfen derselben, um eine freiere Entwicklung der Jugend anbahnen zu können, ja sie nur möglich werden zu lassen. Ohne sie muß die leiseste Regung des kindlichen Muthwillens, der erste Hauch des sich entfesselnden Knabengeistes, die erste Regung der Jünglings-Selbstständigkeit überwacht und unterdrückt werden, damit ja nicht daraus sich ein lebendiger Strom entwickle, der leicht die flachen Ufer der Schulzucht überströmt und in seinem zerstörenden Laufe nicht wieder gehemmt werden kann. Ach der unsäglichen Behütung und Verwahrung! Sie gebiert wie die Zensur ein lügnerisch und heuchlerisch Geschlecht und spinnt die Sünde in feine und feinste Fäden ꝛc. So lange die Lehrer nur den Dienst von Kinderwärterinnen versehen sollen, so lange werden auch aus den Schulen nur unbändige Knaben hervorgehen. Dieser Gedanke und dieser Wunsch wird in dem heutigen liebevollen Zeitgeiste viel Widerspruch finden.

§. 88. Die Patronate, die immer so viel Liebe für die Jugend im Munde führen, müssen diese auch bethätigen durch Darreichung von Mitteln, die allein die hier dargestellte Idee möglich werden lassen. Schon oben ist bemerkt, daß das für die Schulen nothwendige Capital den Schulen angehören muß. Es darf nicht die Laune einer Körperschaft darüber entscheiden. Dann stelle man Lehrer und nicht Stundengeber an, aber besolde sie auch als Erzieher und nicht als die, welche man nach Anzahl und Wichtigkeit der Lehrstunden betagelohnt. Man berufe die Lehrer eben zu Etwas höherem als zum Klassendienste und sie werden damit ein Höheres auch zu erstreben sich aufgefordert fühlen. Man stelle den Lehrstand so, daß es eine Ehre ist, Lehrer zu sein, und alle die schönen und kräftigen Zweige, welche der Lehrstand heute nach Außen treibt, werden im Schulgarten bleiben und mit ihren Früchten die Jugend erquicken. So lange die Lehrer in jeder Nebenbeschäftigung, sei es mit Gesellen oder Lehrburschen, noch mehr Ehre und Dank einerndten als in dem entsagungsvollen Dienste der Schuljugend, so lange helfen die besten und schönsten Projecte den Schulen nichts. Wenn der Lehrstand achtungsvoller hingestellt ist, dann wird ihnen die Zucht unendlich viel leichter, der Einfluß auf das Gemüth der Jugend gesicherter und die Frucht ihrer Thätigkeit eine gesegnetere sein. Mit Worten der Auszeichnung, welche den höflichen Redensarten zuzuzählen sind, ist dies freilich nicht gemacht. Weil man des Lehrers Dienst nach seiner untergeordneten Stellung beurtheilt, so schreibt man ihm nach dieser untergeordneten Stellung auch eine niedrigere Bildungsstufe zu. Der literarisch gebildete Lehrer ist in den Augen der Welt ein kümmerliches Licht gegen den Prediger und Advocaten oder gar Justizrath. Das fühlen die Schulkinder auch heraus, und darum haben die Lehrer einen so schweren Stand. Mögen die Patronate doch wirklich beherzigen, daß den Schulen in der That ein wesentlicher Theil an der Erziehung des künftigen Geschlechtes und nicht blos die Belehrung desselben anheim gegeben werden muß.

Diese höhere Stellung werden die Lehrer nur gewinnen können, wenn man sie wirklich besser besoldet. Aber hiemit ist noch zugleich ein viel wichtigerer Schritt für die Jugend geschehen. Wenn der Lehrstand nicht äußerlich auch mit den Eltern der von ihm zu unterrichtenden Kinder verkehren kann, weil ihm die Mittel ganz fehlen, wenn er sich überall zurückzieht, kaum die edlern Genüsse theilen kann, so erscheint er ungebildet, theilnahmlos, roh wohl gar, und die reiche Bürgerschaft nennt ihn im Geldstolze den armen Hungerleider oder wohl gar noch mit ärgern Namen. Die Kinder, welche den feinen Rock als Zeichen der Bildung anzusehen gewöhnt sind, und die Betheiligung an den Genüssen als den Stempel höherer Cultur kennen gelernt haben, die urtheilen dann wie ihre Eltern. Doch noch mehr. Wenn der Lehrer sich zu Hause erquicken kann, so tritt er wieder froh und heiter, wie es doch immer sein sollte, unter die Jugend und bringt zum Tummelplatze derselben diejenige Heiterkeit des Mannes, welche das geistige und leibliche Spiel der Jugend erst verklärt und edelt. Wunder begehrt man heute vom Lehrstande, wenn er bei äußerer Sorge und Noth, bei Mißachtung und Verkennung im Publicum, bei einer Lebensstellung auf niedrigem Lebensboden eine hohe Selbstverleugnung ja Selbstvergessenheit in die Schule bringen und hier mit freiem, schöpferischem, belebendem, frischem, ungetrübtem Geiste schalten und walten soll.

Die Zeit der Wunder ist vorüber, und darum lagert sich die Last, welche den Lehrer drückt, auch auf die Jugend, die er unterrichtet, denn Sorge und Unmuth hockt ihm auf und begleitet ihn wie sein Schatten. Der sorgenvolle, gedrückte Lehrer sieht viel schwarze Geister in der Schulstube und weil er sie sieht, darum erscheinen sie auch bald. Die Jugend hat es zu büßen. Der in der Schule heimathlose Lehrer, der seine Ehren anderweitig sucht, denn jeder will Anerkenntniß seiner Thätigkeit, sieht in der Schulstube bald nur noch lauter taube Ohren, denen er predigt, und dürre Herzen, die er besät, und weil er sie sieht, so werden auch die Ohren der Schüler bald taub und die Herzen dürre. Die Jugend hat es zu büßen. Der Lehrer hat doch wirklich wie alle andern Menschenkinder nur Ein Herz, und womit dieses zu Hause erfüllt wird, damit muß es schon in die Schule gehen, und kann sich nicht nach Belieben wie eine Tasche umkehren und auf Stunden die Last ablegen und sie sich dann wieder aufladen. Geht es aber gar so weit, daß die Lehrer ob der Behauptung der natürlich ihnen zukommenden sozialen Stellung durch Privatstunden oder Schriftstellerei sich Brod verdienen müssen, dann nimmt diese Nebenschäftigung die eigentliche geistige Blüthe des Geistes und den Duft des Gemüthes hinweg und die Schuljugend muß sich am Strunke genügen lassen. In diesem Falle bezahlt das Patronat Arbeiter, welche in der Schulstunde äußere Dienste zur Erholung verrichten und im soldatenmäßigen Einexerziren von Schulwissen sich als tüchtige Didactiker vor der beaufsichtigenden Behörde ausweisen und für ihr Strohdreschen nicht selten noch Lob und Ehre einerndten. Ahnten doch die Leute, welche so schön sich auf Schulen verstehen, wie wenig an Bildung oftmals mit dieser äußern Lehrtüchtigkeit gewonnen ist, wie wenig Kraft in diesem niedern, prüfbaren und controlirbaren Dienste nöthig ist, sie würden anders wählen, anders besolden, anders urtheilen. Ein Frühlingshauch aus dem Geiste des Lehrers ist erquicklicher als alle Schulwärme mit den Gießkannen der Schulmethode.

Man gebe den Lehrern weniger Lehrstunden. Es ist freilich dem Nichtschulmann schwer begreiflich zu machen, wie viel neben der Schulstunde einhergeht an Arbeit und Sorge, wenn der Lehrer es treu meint. Darum sei es hier nur kurz berührt, daß der Lehrer kein erziehender mehr ist, der nicht die Schule mit nach Hause nimmt, und in diesem stillen Kämmerlein nicht entrüsteter und entmuthigter und verzagter oder sorgenvoller und nachdenkender und vorsorglicher und beschäftigter mit den Schülern ist als in der Klasse. Wer mit seinen Schülern nicht zu Bette geht und mit ihnen aufsteht, der ist nicht der rechte Lehrer, der mag denn auch als Stundengeber verbraucht werden. Das versteht man wohl eher, daß der ermüdete Lehrer gereizter, empfindlicher, galliger ist als der frisch eintretende. Diese Erfahrungen sind nur leider zu wahr, doch oft umsonst wohl ausgesprochen. Solche abgearbeiteten Lehrer kann aber eine höhere Bürgerschule in unserm Sinne gar nicht gebrauchen. Wenn man erwägt, welche geistige Rüstigkeit und Freudigkeit hier von ihnen verlangt wird, welche jugendliche Frische sie zum Unterrichte, namentlich zu dem freien wie zum Erfahrungsunterrichte und zur Leitung des Schullebens mitbringen müssen; wenn man bedenkt, wie viel Arbeit zu Hause mit den einzelnen Schülern und mit den Vereinen vorgenommen werden muß, und wie viel Kraftaufopferung nothwendig ist, um die freie Thätigkeit zu beleben; wenn man beachtet, wie viel Vorarbeiten und Mitarbeiten von Seiten der Lehrer nöthig sind, um die ganze Form des Unterrichtes in unserm Sinne durchzuführen, d. h. mit andern Worten, um wirklich eine höhere Bürgerschule zu bilden: so wird die Forderung nach einer geringern Stundenzahl der Lehrer eine unerläßliche erscheinen. Die Einwendung, daß nicht alle Lehrer zur Leitung der freien Thätigkeit und des Schullebens befähigt wären, wie man es nach der Idee wünschen müsse, ist richtig, aber sie hilft auch über manche Schwierigkeit hinweg, welche in der Herbeischaffuug der Besoldungsmittel liegen dürfte. Wer nicht zu solcher Leitung befähigt ist, der gebe die Lehrstunden, für welche eine freie Thätigkeit der Schüler am wenigsten in Anspruch genommen wird, und übernehme den bei weitem leichtern Dienst des Einexerzirens, und übertrage die Lehrstunden, welche die Kraft der höher begabten und tiefer eingreifenden Lehrer nur abschwächen. Das ist doch die Weisheit in der Verwaltung, daß man jedes Mittel so verwendet, wie es am fruchtbarsten und jede Kraft da anbringt, wo sie am erfolgreichsten wirkt.

Noch leichter wird diese gedachte Schwierigkeit dadurch überwunden, daß bei der gesteigerten Forderung an die Selbstthätigkeit der Schüler namentlich in den obern Klassen durchaus auch eine Erleichterung der Schüler durch Beschränkung der Zahl der öffentlichen Lehrstunden eintreten muß. Wenn den Schülern keine Zeit und Kraft bleibt, so hilft das Ermuntern nichts. Sobald das Schulleben im Innern und Aeußern zur Blüthe gekommen ist, so müssen nothwendig noch öffentliche Lehrstunden wegfallen und den Beschäftigungen in den freien Vereinen zugewiesen werden. So können bei der heutigen Lehrkraft nur in andrer zweckmäßigerer Vertheilung doch nach dieser Seite hin die hier ausgesprochenen Gedanken zur Verwirklichung kommen. Nur stelle man, wir wiederholen es noch einmal, nicht Stundengeber sondern Lehrer und Erzieher an, und suche den zum Vertheiler der Kräfte, dem man die Einsicht dafür und den Eifer bei der practischen Mitarbeit zutraut. Mit solcher Kraftvertheilung leisteten ehemals die Jesuitenschulen so Tüchtiges. Will man dem Dirigenten der Schule nicht diese Vollmacht einräumen, die man doch jedem Dirigenten in jedem Collegio einräumt, so sagt man damit nur, daß man der Leitung der freien Thätigkeit der Schüler und des gesammten Schullebens weniger Wichtigkeit als dem Schullehren zugesteht, oder man sagt gegen den Lehrerstand Etwas noch viel schlimmeres aus, was hier unausgesprochen bleiben mag.

Ganz wird die Schule nur diese ihr gesteckte Aufgabe lösen können, wenn bei verminderter öffentlicher Stundenzahl auch die Zahl der Schüler in den einzelnen Klassen verringert wird. Wohl können Hunderte und Tausende einen laut sprechenden Mann vernehmen; aber unsre Schüler sollen eben keine Hörkerlchen werden uud unsre Lehrer sollen nicht blos **ihre** Weisheit predigen. Nur in denjenigen Stunden, in denen eine mechanische Beschäftigung der Schüler leicht bewacht werden kann, dürfen 50 Schüler in einer Klasse vereinigt sein; in allen andern Stunden wird die Kraft des Lehrers durch Ermuntern und Zuruf und Ueberwachen der Störenfriede geschwächt, und der strenge Lehrer gewinnt endlich eine heuchlerische Theilnahme der Schüler, die nur in wenigen Minuten eine allgemein wahre ist. So schlafen wirklich viele Schüler ein. Das wird der beste Lehrer nicht leugnen, denn er kann, um Allen gerecht zu werden, sich mit jedem Einzelnen zu wenig einlassen. Nirgend giebt es für den Lehrer mehr Täuschung als in der Beurtheilung der Theilnahme aller Schüler einer gefüllten Klasse. Der Lehrer ist selbst zu vollauf beschäftigt, als daß er nur den merken könnte, der nur scheinbar das Ohr spitzt. Doch auch diese practischen Wahrheiten sind oft genug umsonst gepredigt worden, und mancher Knabengeist ist ob dieses vergeblichen Mahnens zur Ruhe gegangen. Wenn dies die Lehrer sagen, so scheinen sie nur ihren eignen Vortheil zu predigen und andere Leute wissens doch nicht; ja selbst viele Lehrer leben in der seligen Täuschung, ihre Klasse dann schon gefesselt und beschäftigt zu haben, wenn jeder Schüler immer weiß, was kurz vorher gefragt oder geantwortet ist. Wenn aber unser Schulleben wirklich zur Blüthe kommen soll, dann muß auch dem Schüler Raum zum Vortragen gegeben sein. Es soll ja nicht mehr immer in einzelnen Wörtern geantwortet werden, für welche die gethane Frage die Stelle anweist. Dies Schulseufzen soll aufhören und der Schüler soll in zusammenhängender Rede Gelerntes und Gedachtes vortragen. Das ist nicht anders möglich und denkbar, als wenn man die Zahl der Schüler in den einzelnen Klassen beschränkt. Wenn der Vater dem einzigen Kinde bei Tische die freie Rede zugesteht und zugestehen kann, so muß er in zahlreicher Familie Schweigen gebieten und mit Ernst darüber wachen, weil sonst ein wüster wirrer Lärm entsteht, und so ergeht es auch den zahlreichen Klassen an den Schultischen. Der Erfahrungsunterricht wie die freie Form in jedem andern Zweige wird unüberwindliche Schwierigkeiten bieten, wenn nicht die Schülerzahl in den Klassen so vermindert werden kann, daß ihre Zahl nie fünfundzwanzig bis dreißig übersteigt. Die verminderte Stundenzahl der öffentlichen Lehrstunden, welche bei solcher Einrichtung um so eher thunlich sein wird, und die bessere Vertheilung der Lehrkräfte, deren vorhin gedacht ist, wird auch diese Schwierigkeit in Betreff des Kostenpunctes leicht überwinden helfen. Man ist ja doch sonst so sehr gegen Glaubensartikel, so werfe man denn auch einmal den von 50—60 Schülern und von 32—34 öffentlichen Lehrstunden für die höhere Bürgerschule weg, und versuche einmal eine Construction einer freien Gemeinde auf andere Glaubensartikel.

Da hier einmal Alles zur Sprache gebracht werden soll, was nöthig sein dürfte auch ohne Hoffnung auf eine jemalige Erfüllung der Wünsche, so sei auch noch der Wohnung der Lehrer in oder bei dem Schulgebäude gedacht. Wie eine zerstreute Heerde wohnen die Lehrer in allen Winkeln der Stadt, und mit diesem äußern Umstande ist viel den Schulen geschadet. Man sehe nur einmal die geschlossenen Schulen, wieviel mehr diese auf dem Schulgebiete zusammen wohnenden Lehrer von der Schule äußerlich und damit auch innerlich berührt werden. Jeder Tritt aus der Thüre mahnt an die Schule und jeder Eintritt in dieselbe weckt die Erinnerung daran. Zu sich sieht der Lehrer die Schüler kommen, von sich sieht er sie gehen, bei sich weilen. In andern Schulen dagegen kommen Lehrer und Schüler nur auf gewisse Stunden in dem

Schulhause zusammen und verrichten beide daselbst ein Geschäft. Es sind nun einmal die Menschen nicht so ideal, wie sie nach ihrer formalen Bildung sich gebärden. Ihnen muß für eine schwierige Aufgabe, welche in der That so viel Selbstverleugnung verlangt, doch mindestens so viel an äußeren Stützen für das rüstige Wandeln auf ihrem Berufswege geboten werden, als mit äußern Mitteln irgend erreichbar ist. Wer von seiner Wohnstube aus seinen Genossen dociren hört, steht der Schule innerlich näher, als wer das störende Gerassel der Geschäftswagen und Karossen durch eine nur um so tiefere Versenkung in die Arbeit überhören soll; wer die Schüler in jeder Zwischenstunde unter seinem Fenster wandeln sieht, blickt auch zur Erholung noch in die Schule, während der fern wohnende im Hause gar leicht Schule und Schüler vergißt. Wenn nun aber nach unserem Schulorganismus ein viel freierer und lebendigerer Verkehr zwischen Schülern und Lehrern eingeleitet werden soll, dann muß der Schüler auch seine Lehrer mehr beisammen finden, und der Lehrer in der Nähe der Schule sein, um für die Thätigkeitsvereine der Schüler gleich zur Hand zu sein, wenn seine Hülfe und Unterstützung nöthig wird, damit nicht Lehrer und Schüler mit dem Hin- und Hergehen Zeit und Lust verlieren.

Dies führt nun auf den letzten Wunsch an die Patronate. Alle Kunst- und Beschäftigungsvereine erfordern natürlich zunächst viele neue Hülfsmittel an Büchern, Apparaten, Charten, und dann auch in der Schule Localitäten. Man kann daher nicht ein Schulgebäude brauchen, welches nur Klassenzimmer und Aufbewahrungszimmer enthält. Zwischen Schulbänken läßt sich nicht musiciren und experimentiren, und in Schulklassen lassen sich nicht Spiele und Festlichkeiten arrangiren. Den Saal muß und darf die höhere Bürgerschule nicht dazu entweihen, er ist ihre Kirche. Je mehr solcher Localitäten die Schule für den freien geistigen Verkehr herstellt, je mehr Vereine zu gleicher Zeit hier ihre Beschäftigungen vornehmen können, je ungehemmter hier jede Thätigkeit im Verein mit den Genossen sich entfaltet, und je näher sie nach obigem Wunsche unter die Augen der Lehrer gerückt ist, desto fröhlicher und frischer wird dieselbe erblühen, und im gegenseitigen Befeuern erstarken, um so lebendiger das Bewußtsein eines Zusammengehörens, eines Strebens nach Einem Ziele, eines ächten Gemeingeistes erwachen. Ohne einen botanischen Garten neben dem Turnplatze sollte keine höhere Bürgerschule gegründet werden. —

So mögen die Patronate Lehrern und Schülern die Arbeit

leicht machen, die Früchte werden für Stadt und Volk nicht ausbleiben. Dies hier angelegte Capital möchte leichtlich die sichersten und reichsten Zinsen tragen. Doch genug der wohl noch lange vergeblichen Wünsche eines Ohnmächtigen. —

§. 89. Schwerlich ist daran zu denken, daß ein Buch für Schulen heut zu Tage von dem Publicum beachtet werde, wenngleich es die Schulen betrifft, in welchen die Bürger gebildet werden sollen. Wenn daher hier Wünsche an das Publicum ausgesprochen werden, so denken wir uns nur einige Leser, welche Einfluß auf dasselbe haben und denen eine Mitwirkung bei den Organisationen oder eine Beaufsichtigung der höhern Bürgerschule zusteht, oder meinen auch, diese Gedanken und Wünsche könnten nach und nach auf andern Wegen dem Publicum zufließen. Zunächst könnten wohl die höhern bürgerlichen Stände, welche sich doch so gerne die gebildeten nennen, darüber wachen, daß der in sie eintretende künftige Bürger mindestens eine Bildung habe, wie sie der Staat von seinen niedern Beamten fordert. Ein künftig zu wählender Stadtrath oder Stadtverordneten-Vorsteher in größern und mittlern Städten sollte mindestens eine allgemeine Bildung aufweisen können, wie sie der niedrigste Beamte in einem Büreau haben soll; nicht minder könnte das von den Vorstehern der Kaufmannschaft, den Kirchen- und Schulvorstehern in den größern Städten verlangt werden. Wohl wäre es denkbar, daß die einzelnen Gilden und Gewerke, um sich selber zu heben, und sich gegen Eindringliche zu schützen, welche dem Gewerke oder der Corporation nicht zur Ehre gereichen, eine bestimmte Bildungsstufe einer höhern Bürgerschule bezeichneten, aus welcher allein die Lehrlinge aufgenommen werden dürften. Ein solche Einrichtung würde das Gewerbe mehr heben als Schutzzölle. Fabrikherrn, Landwirthe, Apotheker, Kaufleute en gros &c. sollten keine andern Lehrlinge zulassen als die, welche die höhere Bürgerschule ganz durchgemacht haben; Uhrmacher, Mechaniker, Maurermeister, Zimmermeister &c. keine andern, als welche mindestens die Prima erreicht hätten u. s. w. Möge man doch nur nicht fürchten, als ob eine geforderte geistige Vorbildung die Zahl die Lehrlinge vermindern werde. Wenn ein Stand sich durch solch eine Forderung selbst erhöht, so wird bei dem natürlichen Streben des Menschen nach dem Höhern sich ganz von selbst ein Andrang zu diesem Gewerbe hinauf bilden; es werden dann die Bessern nur das Ziel erreichen, sie werden in dem zurückgehaltenen Andringen der Ungebildeten,

Untauglichen und Pfuscher, denen jedes Mittel zum Zwecke des Geldverdienens recht ist, auch in dem Gewerbe ihr Brod finden, und selbst die Rohheit des Gesellenlebens, welches heute noch viele Kinder gebildeter Eltern vom Gewerbeerlernen zurückscheucht, würde sich veredeln und eine ganz andre Gestalt gewinnen, wenn die einzelnen Gewerke sich eine Schranke in der Annahme der Lehrlinge auferlegten. Ehe der Staat bestimmte Anforderungen an die geistige Bildung seiner niedern Beamten stellte, dachte Niemand daran, sich schon in der Jugend zu bestimmen für eine solche Lebensbahn, während heute der Andrang dahin sehr groß ist und dem Staate die freiste Wahl unter den Besten dadurch möglich geworden ist. So wird es auch mit den Gewerken und bürgerlichen Ständen der Fall sein, wenn sie sich selber nur erst erheben werden. Daneben muß aber auch noch sogleich ein anderer Wunsch an diese Stände gemacht werden, nemlich der, daß sie die Lehrzeit nach Maaßgabe der von ihren Lehrlingen mitgebrachten allgemeinen Bildung abkürzen. Eine höhere durchgemachte Klasse einer höhern Bürgerschule kürze die practische Lehrzeit um Ein Jahr ab, das wird vor Allem die Schüler in den Schulen erhalten, sie zum Fleiße spornen, und der höhern Bürgerschule diejenige Stellung zum gesammten bürgerlichen Leben geben, die sie nach unserer Idee einnehmen soll. Hiedurch würde sie wirklich eine Bürgerschule werden. Wenn die höhere Bürgerschule in unserm Sinne construirt, und nach unserm Sinne durchgeführt wird, dann können die bürgerlichen und gewerblichen Stände sicher sein, daß ein um eine Klasse geschehener Fortschritt wirklich auch so viel practischen Sinn mehr angebaut hat, als etwa ein Lehrjahr bei dem Lehrherrn und Gewerksmeister gegeben haben dürfte.

III. Abschnitt.

Wünsche an den Staat.

§. 90. Alle Wünsche in dem vorigen Abschnitte werden Traumgebilde bleiben, wenn nicht der Staat helfend und fördernd hinzutritt; es wird ohne diese Unterstützung die Erfüllung jener Wünsche kaum denkbar sein. Fassen wir daher hier kurz die Gedanken zusammen, deren Verwirklichung zum gedachten Ziele führen dürften.

Der Staat erhebe die höhern Bürgerschulen zu Provinzialschulen. Das heißt, es werde aus den Provinzial-Fonds eine Summe für die Unterhaltung dieser Schulen ausgeworfen. Eine einzelne Commüne kann nicht die Mittel alle aufbringen, welche eine wahre höhere Bürgerschule erfordert; die kleinern Städte können nicht eine höhere Bürgerschule sich schaffen, und wenn sie es thun, so geschieht es leider immer auf Kosten der niedern und eigentlichen Stadtschulen; die große Zahl der Landbewohner weiß nirgend mit ihren Söhnen zu bleiben, da deren Kinder nur in den höhern Bürgerschulen der Städte wie Fremdlinge geduldet werden, ja wohl öfters neben dem theuren Unterhalte in einer Stadt auch noch ein erhöhtes Schulgeld bezahlen müssen; eine Commüne muß das Schulgeld viel zu hoch stellen, und muß so die Schule vielen Kräften verschließen. Wenn die Provinz Theil hat an der Schule, dann kann sie Sorge tragen für Freistellen, für ein geeignetes und erleichtertes Unterkommen der Auswärtigen, für eine geeignete Unterstützung der Tüchtigen unter den ärmern Schülern ꝛc. ꝛc. Die Schulen kommen dadurch mehr aus den Händen einzelner Magisträte und Stadtverordneten-Versammlungen, welche letztern ja nur zu oft, die Erfahrung lehrt es hinlänglich, von einem einzelnen Manne geleitet werden; die Lehrer bekommen dadurch in der That schon eine würdigere Stellung, wiefern ihr äußeres Wohl nicht mehr von dem Wohlwollen einzelner Persönlichkeiten abhängig ist. Ob das der Staat unmittelbar nun ausführen könne, oder wie er die Idee nach und nach verwirklichen könnte, das gehört nicht hieher; aber ohne solche Erhebung dieser Anstalten werden sie gymnasial sein und bleiben, oder zuletzt in den Materialismus der technischen Anstalten versinken; sie können in beiden Fällen recht Tüchtiges leisten, aber werden eben nicht wirksam sein können zur Erreichung des ihnen gesteckten Zieles, nemlich eine ächte Bürgerbildung zu geben. Sie sollen ja innerlich ein Universitätsleben in sich gleichsam vollenden, sie können also auch reicherer Mittel nicht entbehren. Ist der Bürgerstand nun aber einmal im Staate ein so wichtiger geworden, dann verdient auch seine ihm eigenthümliche Ausbildung alle mögliche Sorgfalt und Berücksichtigung.

Da nun aber diese Schulen dem Bürgerstande bleiben müssen, ja da durch sie auf denselben rückgewirkt werden soll, daß der gebildete Bürger sich und sein ganzes Streben in einer höhern Idee erfasse, so

errichte der Staat einen Erziehungsrath in jeder Provinz.

Wir denken uns diesen zusammengesetzt aus einem Schulrathe, von dem weiter unten die Rede sein wird, aus einigen Männern der Provinzialstände und einigen Directoren und Lehrern der höhern Bürgerschulen und zwar in der Anzahl, daß sich die Zahl der Laien und der Schulmänner das Gleichgewicht hält. Ihm übergebe man zunächst die Verwaltung der Externa, zu welchem Behufe noch ein Local-Ausschuß von etwa drei Männern für den Ort, an welchem die Schule ist, ernannt wird. Er hat nun im Einverständniß mit der Regierung darüber zu beschließen: 1) ob in einer Stadt eine höhere Bürgerschule anzulegen sei oder nicht, d. h. ob das Bedürfniß der Provinz in dieser oder jener Gegend eine solche höhere Bürgerschule nothwendig mache; 2) beschließt dann über die Zuschüsse aus den Provinzial-Fonds, welche noch nöthig sind, um eine recht tüchtige Stadtschule oder ein Progymnasium in eine höhere Bürgerschule zu verwandeln, wohin zu rechnen sind die Gründung einiger Oberlehrerstellen, die Beschaffung der Lehrmittel für die Schüler, der Apparate, des botanischen Gartens und des Turnplatzes, der baulichen Räumlichkeiten, und der etwanigen Freistellen für die drei obern Klassen 2c. 2c.; 3) setzt vertragsmäßig nach Maaßgabe der von einer Stadt beanspruchten und erforderlichen Zuschüsse fest, welche Leistungen von Seiten der Stadt, in der die Schule errichtet wird, zu thun sind, welche Aufsicht über die Externa der Stadt nothwendig verbleiben müsse, welche Lehrstellen von dem Magistrate und welche von dem Erziehungsrathe besetzt werden 2c. Daß die beschlossenen Geldbewilligungen den Provinziallandtagen vorzulegen sind und von ihnen eben bestätigt werden müssen, das liegt wohl in der Natur der Sache. Nicht minder versteht es sich von selbst, daß der Staat ganz allgemeine Regulative hinstelle, wohin man etwa zu rechnen hätte:

Wenn eine Schule auf den Namen und die weiter zu besprechenden Berechtigungen Anspruch machen will, so muß sie

a) einen Knaben, der bis zum vollendeten 9ten und 10ten Jahre die Elementaria erlernt hat, noch in sechs übereinander stehenden Schulklassen durch einen achtjährigen Schul-Cursus beschäftigen und fortführen können; b) sie muß alle die Lehrmittel für die Schüler und alle Räumlichkeiten und Apparate für das Schulleben, und alle Lehr- und Bildungsmittel für die Lehrer aufweisen und anschaffen können, welche oben als nothwendig erachtet worden sind; c) sie muß außer dem Director mindestens so viel ordentliche Ober- und Unterlehrer aufweisen, als die Schule Klassen hat, von denen keiner ein technischer oder nur für ein besonderes Fach ausgebildeter Lehrer sein darf. Das Maximum der Stundenzahl und das Maximum der Schülerzahl in jeder Klasse und das Minimum des Gehaltes für die einzelnen Lehrstellen wird gesetzlichen Vorschriften gemäß geordnet. Eine solche Schule muß ihren Schülern bis zu derjenigen allgemeinen geistigen Bildungshöhe und anderweitigen Befähigung verholfen haben, daß dieselben sich in den Gebieten und auf eine solche Weise selbstständig beschäftigen können, wie es im §. 53, §. 72, §. 77—79 angedeutet ist. (S. unten §. 91.)

Diesem Erziehungsrathe übergebe er auch die **Berathung über die Interna**. Man rechne dahin die Besprechungen über die Lehrpläne und Lehrgegenstände, und Beschäftigungspläne der Schüler; dann die Leitung der Abiturientenprüfungen — wovon weiter unten ein Mehreres —, der Schulaufsicht im Innern, der Beförderungen der Lehrer, deren Stellungen in der Anstalt u. s. w. Möge sich der Erziehungsrath auch hierin von den oben gedachten Local-Ausschüssen vertreten lassen wie bei den äußern Angelegenheiten; nur nehme er Einsicht von allem dem, was nun eben als ein Wichtiges für die Schulen und deren Entwicklung im Einzelnen wie im Allgemeinen erscheint. Auch für diese innere Leitung giebt der Staat einige Grundzüge. Da jedoch hier nur Andeutungen gegeben werden können, und diese Andeutungen auch nur darum nöthig sind, damit nicht ein solcher Gedanke als ein rein chimärischer erscheine, so muß dies hier schon an dieser Stelle genügen, und zwar um so mehr, je **näher die Aussicht ist, den Gebildeten des Volkes die Berathung über ihre Schulen** anheim zu geben. Es ist auch hier nicht der Ort, diesem Gedanken einen Empfehlungsbrief mit zu geben. Nur die eine Bemerkung sei erlaubt: dem Versinken der Gebildeten in Materialismus und Politik wird dadurch am besten und ersten vorgebeugt werden, wenn man sie sich an den höhern Intressen des Volkes und der Menschheit mindestens eben so viel betheiligen läßt als an der Staats-Einnahme und Ausgabe.

Für die höhern Bürgerschulen einer und derselben Provinz werde

ein Provinzialschulrath aus den Directoren dieser Schulen

ernannt. Er leitet die Geschäfte und Berathungen im Erziehungsrathe, ist aber auch zugleich Mitglied der Regierung, und wird so das Organ der Verhandlungen zwischen Erziehungsrathe, Schulen und Behörden. Seine Wirksamkeit denken wir aber als eine meist practische und dem practischen Schulwesen der Provinz gewidmete. Er erhält seine Besoldung aus dem Provinzial-Fond, bekommt aber seine Instructionen vom Erziehungsrathe, um zunächst eben eine Richtschnur in Händen zu haben, und dem wogenden und unbestimmten Meinen einen bestimmten Anhaltspunct entgegenstellen zu können, welcher nicht mehr in der persönlichen Meinung oder Ansicht seinen letzten Grund hat. Z. B. Er wache darüber, daß an jeder Schule so viel Lehrkraft sei, daß der lateinische Unterricht in der dritten Klasse mit zwei wöchentlichen Stunden und in den beiden ersten Klassen mit 6 — 8 Stunden fortgeführt werden kann. (Die ganze Lectionsvertheilung §. 50, 51, 53 ist darnach angelegt, daß Latein von fähigen Schülern mitgenommen werden kann, wenn man sie nur mit ihrer freien Thätigkeit vom Französischen und Englischen weg und auf das Lateinische hinlenkt.) Er sorge dafür, daß an jeder Schule ein gründlich gebildeter Philologe und ein gründlich gebildeter Theologe angestellt werde; lasse keinen Lehrer zu, der nicht eine etwas erweiterte und gründlichere Kenntniß des Nationalen in dem hier von uns gebrauchten Sinne hat; lasse Niemanden zur Führung eines Ordinariats, der nicht den Religionsunterricht in der betreffenden Klasse zu geben befähigt oder geneigt ist; strebe dahin, daß Zeichnen und Gesang und Musik in die Hände der ordentlichen Lehrer gelegt werden können ꝛc. ꝛc. Seine Hauptbeschäftigung wird zunächst eine organisirende sein müssen; daneben aber bleibe sie auch schulmeisterlich. Er sei nicht Vorgesetzter sondern mehr ein practisch erfahrener Rathgeber. Er besucht daher die Schulen seines Bezirkes so lange, bis er sie nach allen Seiten hin in ihrer Lehrkraft, Lehr- und Erziehungswirksamkeit und in ihrem ganzen Streben vollkommen erkannt hat. Er erlebe in den Schulen die localen Hemmnisse, die persönlichen Hindernisse, die äußerlichen Uebelstände. Während seines Besuches — so lange muß derselbe dauern — soll nicht die Schule aus ihrem Alltagsschritte heraustreten und in einem Festgewande oder gar in einer innern Spannung und Aufregung erscheinen, sondern sein Umgang mit Director, Lehrern und Schülern soll das Fremdartige abstreifen, den Nimbus eines Revisors aufgeben, das Mißtrauen heben, vielmehr ihn als Glied der Schule erscheinen lassen. Er hört deßhalb nicht blos Stunden an, sondern ihm steht es frei, auch Stunden in der Anstalt auf einige Zeit zu übernehmen, den Conferenzen beizuwohnen und sie auch abzuhalten, um so practisch und theoretisch den einzelnen Lehrern die von ihm angeregten Gedanken oder die anderswo als erprobt gefundene Unterrichtsmethode darzulegen. Er wird so das lebendige Organ, welches die auf einer Schule gemachten und erprobten Erfahrungen und Methoden zu einem Gute für alle seine Schulen zu erheben sucht. Er weist die Lehrer auf zweckmäßig befundene Lehrbücher hin, und giebt geradezu auch einmal Anleitung zu einem zweckmäßigen Gebrauche derselben &c. &c. Darum darf er dann auch die Lehrer auffordern zum Anhören der Stunden, welche er selber etwa einmal übernimmt. Daneben sei er nun auch das Organ der Schulen, durch welches sie ihre Wünsche an die Communen und an den Erziehungsrath bringen; er ziehe die tüchtigen und strebsamen Lehrkräfte ans Licht und suche ihnen die Stellung zu schaffen, in der sie vermöge ihrer Individualität und Befähigung am wirksamsten werden können, was ihm eben möglich wird durch seine Stellung im Erziehungsrathe, dem die Besetzung mehrer Lehrstellen bleiben wird. Er sei ferner Mitredacteur der Zeitschrift (§. 85), suche dafür die rechten Arbeiter und leite deren richtige Verwendung ein. Er leite die Entlassungsprüfungen, wenn sie nicht durch ihn und seine Stellung ganz überflüssig erscheinen dürften; aber seine persönliche Stellung zu den Schulen wird diese Examina alles des Unangenehmen entkleiden können, wodurch sie in der That nicht vortheilhaft einwirken. Er kann dieselben so einrichten, daß sie als ein freudiger Act erscheinen und doch den Schulen zu einer Selbsterkenntniß und dem Publicum zu einer Einsicht in das Gesammtstreben seiner Schulen verhelfen. Der Staat hätte in ihm eine ganz naturgemäße unvermittelte Einsicht in die Schulen, ja hätte durch ihn mehr oder minder die obere Leitung in Händen, um sie nicht dem jedesmaligen Zeitgeiste, oder sage man nur dem Localgeiste, anheim zu geben. Aber nicht minder hätte das Publicum die Gelegenheit, durch den Erziehungsrath und durch den Schulrath seine Wünsche unmittelbar den Staatsbehörden vortragen zu können. *)

§. 91. Eine Schule erhält die Berechtigung einer höhern Bürgerschule oder die Berechtigung zu Entlassungs-Prüfungen, wenn sie zunächst in ihrer äußern Ausrüstung den im vorigen Paragraphen gestellten Bedingungen genügt, und wenn sich der Provinzialschulrath überzeugt hat, daß die Schule die den höhern Bürgerschulen gesteckte Bildungshöhe wirklich erreicht hat. Stellen wir diese hier noch einmal in kurzen Sätzen übersichtlich zusammen.

a) In dem Religionsunterrichte sei der Schüler so vielfach und mannigfaltig mit dem Inhalte der Bibel beschäftigt worden, daß er den Paulinischen und Protestantischen Lehrbegriff — im Gegensatz gegen den Katholischen — zu verstehen und eine schwierigere Bibelstelle aus dem Geiste der Bibel her zu verstehen im Stande ist.

*) Die Schwierigkeiten und Bedenken, welche diesen Wünschen heute noch entgegenstehen dürften, liegen wohl nahe; doch sie lassen sich heute in der bewegten und regsamen Zeit alle heben. Ein neues Glied im Staate erfordert neue Formen, und hat man dem erwachten Bürgerthume ein neues Feld seiner Thätigkeit im Staatshaushalte so freisinnig anweisen können, so kann man ihm auch eine Richtung auf die höchsten Intressen geben, und eine Betheiligung desselben an diesen wird allewege gut sein. Die Einmischung der gebildeten Schulmänner wird eine segensreiche Einwirkung zur Folge haben, und der Bildung des Geistes und Gemüthes vielleicht zu der Würde und dem Einflusse verhelfen, den man ihr nur eigentlich nachredet ohne sie ihr einzuräumen. Wenn das Volk Intresse nehmen wird an den Schulen, so wird es dieselben nicht mehr blos gezwungen oder aus Mitleid mit Mitteln ausrüsten, und wenn der Lehrstand so zu einer öffentlichen und staatlichen Anerkennung in der Gemeinde gebracht sein wird, so wird sein Einfluß auch wieder tiefer greifen und manches Unkraut ausrupfen. Doch wenn dieser Gedanke heute als ein gar fremdartiger noch erscheint, so möge er mit der Zeit erst reifen. Aber das Streben, die höhern Bürgerschulen zu Provinzialanstalten zu erheben und ihnen in dem Schulrathe ein vermittelndes einheitliches Organ zu geben, wird man doch nicht ganz bei Seite stellen können, wenn man nicht die ganze Idee der höhern Bürgerschule dem Zufalle Preis geben will. Die größte Schwierigkeit werden die Patronatsverhältnisse bieten, denn die Communen trachten nach eignem, wenn auch lieber kleinerem Besitze.

b) In der Geschichte habe er so spezielle Anschauungen von den verschiedenen Aeußerungen des nationalen Lebens, sowohl nach der politischen als auch nach der kirchlichen, künstlerischen, dichtenden, und denkenden und häuslichen Richtung hin, daß er nicht nur in der Geschichte Englands und Frankreichs das ächt Germanische wieder zu erkennen, sondern auch die fremdartigen Elemente in dem deutschen Leben wieder zu erkennen oder doch heraus zu empfinden vermag. *)

c) Auf dem Sprachgebiete sei er so vielfach und gründlich beschäftigt und auch mit solchen Vorkenntnissen ausgerüstet, daß er die erlernten Sprachen handhaben könne, um sich durch sie seinen Wissensschatz wie seine Einsicht selbstständig zu erweitern; daß er befähigt sei, auch schwierigere Werke der Nationalliteratur und Abhandlungen aus dem betrachtenden und entwickelnden Gebiete der Kunst, der Theologie — mit Ausschluß der streng wissenschaftlichen — der empirischen Psychologie rc. mit eigner Einsicht zu lesen und den Gedanken ganz darin selbstständig zu verfolgen; daß er mit Einsicht in die historische Entwicklung der Muttersprache selbstständig die neuhochdeutsche Sprache mit dem Mittelhochdeutschen, dem Althochdeutschen und dieses mit dem Niederdeutschen und den Volksdialecten, und dem Englischen in Beziehung zu setzen und auch im Französischen selbst die ächt deutschen Elemente allenfalls zu entdecken weiß; daß er in einer fremden Sprache aus der Lectüre der Epoche machenden Werke einen Unterschied in dem Geiste dieser Literatur mit dem der Nationalliteratur angeschaut habe und endlich auch befähigt worden ist, eine ächt fremde Darstellung in einer ächt deutschen und umgekehrt wieder zu geben. **)

*) Eine bestimmtere und individuellere Fassung wird erst möglich sein, wenn dieser Gegenstand in unserm Sinne gehandhabt und angebaut sein wird. Es hätte auch kurz heißen mögen: der Schüler habe eine genaue Kenntniß der deutschen Geschichte und ihrer Berührungspuncte mit der englischen und französischen; doch hätte das nicht den Unterricht des Nationalen umfaßt, und wäre leicht im Sinne einer heutigen Geschichtskenntniß verstanden worden. Darum hier ein so weiter und unbestimmter Begriff.

**) Auch hiebei wird man wieder eine bestimmte gesetzesartige Fassung vermissen. Sie ist absichtlich vermieden, und muß und darf dem sich frei Entwickelnden nicht gegeben werden. Jede solche gesetzliche Fassung des Zieles wird ein Positives nennen müssen als Grenze, und das haben wir in der höhern Bürgerschule nicht zu suchen. Befähigung zu irgend welchem Thun, welches nur sichtbar wird durch das wirkliche

d) In dem Gebiete der Mathematik sei der Schüler durch einen streng systematischen Unterricht bis zu der Höhe und der Fertigkeit in der Anwendung derselben gelangt, daß er selbstständig Aufgaben aus der Physik, der mathematischen Geographie, der höhern Meßkunst durch Hülfe der Stereometrie, der ebnen und sphärischen Trigonometrie, der analytischen Geometrie und der höhern Analysis zu lösen und zu bearbeiten im Stande ist.

e) Auf dem Gebiete der Naturwissenschaften sei durch Botanik, Experimental-Physik und Chemie die Beobachtungsgabe und die Beobachtungsfähigkeit so weit geübt, daß der Schüler die wesentlichen Momente in einem Experimente oder in einer sonstigen Erscheinung aufzufinden, diese von dem Zufälligen und Unwesentlichen zu sondern, und selbstständig Experimente anzuordnen, durchzuführen und Ergebnisse aus ihnen zu gewinnen weiß, und daß er die Naturgesetze einem mathematischen Constructionsgesetze unterzustellen weiß.

f) Auf dem Gebiete der Kunst sei der Schüler im Zeichnen so weit geübt, daß er selbstständige Projectionen machen, nach Gyps zeichnen und nach der Natur einfache Skizzen und Umrisse entwerfen kann; in der Musik habe er mindestens die Befähigung das Schöne vom Unschönen, das Erhabene vom Gemeinen ꝛc. unterscheiden zu können, und in der Kunst des mündlichen Vortrages wisse er mindestens Unschönheiten zu vermeiden.

g) Die welche Latein mitlernten bis zum Schlusse der Schule, müssen die leichtern Historiker mit Geläufigkeit, die schwierigern ohne große Mühe, die populär-philosophischen Betrachtungen des Cicero ohne besondere Anstrengung, die Dichter und namentlich auch den Horaz mit den zugestandenen Hülfsmitteln übersetzen und verstehen können, wozu ihnen dann auch so viel von der Geschichte und dem Leben der Alten geboten sein muß, daß das Verständniß der römischen Werke weiter reicht als bis zum Verstehen der einzelnen Wörter und Sätze. Auch die Sprachübung muß erreicht sein, daß die Schüler ein Exerzitium mit einiger lateinischer Färbung anfertigen können*).

Thun, das ist Ziel der Schule, also auch Maaßstab der Beurtheilung. Darum wurde ein lebendiges Organ, der Schulrath, gesetzt, um das Thun der Schüler genau wahrzunehmen.

*) Daß den Latein Lernenden das in Abzug gebracht werden muß, was die Nichtlateiner durch Selbststudium in den beiden neuern Sprachen gewin-

Ob nun eine Schule mit den nöthigen äußern Mitteln und mit so vielen tüchtigen Lehrkräften ausgerüstet ist, daß sie ihre Schüler durch Unterricht und Leitung des freiern Schullebens bis zu dieser Bildungshöhe bringen kann; ob namentlich in den untern Klassen so viel Stoffliches gewonnen ist, solche geistigen Vorübungen vorgenommen sind, so viele Wissenszweige einmal wenigstens gründlich durchgemacht sind, und so eine Sicherheit in der Handhabung der geistigen Mittel ohne Uebertünchung erzielt ist: das zu beobachten und auf den verschiedenen Stufen des Unterrichtes zu ermitteln, muß dem beobachtenden Auge des Schulrathes überlassen bleiben. In zweifelhaften Fällen mag ihm ein Abgeordneter des Königl. Ministerii beigegeben werden, dem das gesammte höhere Bürgerschulwesen in oberster Leitung anvertraut ist, der aber auch aus den höhern Bürgerschulen hervorgegangen sein muß. —

Die Entlassungsprüfungen in den Schulen, wenn man sie nicht ganz beseitigen will oder sie auch nicht ganz beseitigen kann, da sich die Schüler doch eines bestimmten Schlusses ihrer Schullaufbahn bewußt werden müssen, oder weil man damit eine Controle über die Amtswirksamkeit der Schule und selbst auch der einzelnen Lehrer zu haben meint — sie haben freilich bis jetzt noch nicht eine schlechte Schule besser gemacht —, oder weil man die Leistungen einer Schule auch für weitere Kreise will erkennbar machen, oder weil man in denselben eine höhere Leitung in den Händen zu haben oder den Schulen ein möglichst gemeinsames Ziel stecken zu können vermeint: diese Entlassungsprüfungen bedürfen unter allen Umständen wohl einer Umformung, wenn das Urtheil des pädagogischen Publicums und namentlich desjenigen, welches noch immer nicht die erziehende Seite der Schule will ganz aufgeben, auch nur mit irgend einem Gewichte in die Waagschale gelegt werden darf. Es sei daher auch hierüber eine kurze Andeutung versucht, wie dieselben gehandhabt werden könnten, um auch die Gegner derselben vielleicht zu befriedigen.

Sie werden in die Hand des Erziehungsrathes gelegt, an dessen Spitze eben der Schulrath steht und der die bedeutendsten Lehrer der Provinz von verschiedenen Schulen auch als Mitglieder zählt, und der aus diesen so zusammengesetzt ist, daß eben die Männer, welche in bestimmten Fächern tüchtig sind, einen Sitz

nen müssen, und was der Schulunterricht als solcher nie geben kann, aber doch gefordert wird, das ist schon oben angedeutet (§. 90).

darin haben und so alle Hauptlehrgegenstände von Sachkundigen vertreten sind.

a) Die verschiedenen Schulen schicken Themata an den Erziehungsrath ein, welche von demselben in einer jährlichen Generalversammlung berathen werden. Diese Themata sind nun immer von der Art, daß sie in ihrer Gesammtheit aus den verschiedenen Fächern die Abiturienten mindestens auf ein halbes Jahr neben den laufenden Schularbeiten beschäftigen und sie zu einer dauernden, sammelnden, studienartigen Thätigkeit nöthigen und so ein Ausdruck ihrer geistigen Befähigung werden, womit sie sich ein Wissensmaterial selbstständig zu erwerben und zu verarbeiten im Stande sein dürften. Sie mögen etwa bestehen: in beurtheilenden Vergleichungen von Werken, Abhandlungen, in Gegenüberstellungen von Dichtwerken, Dichtern, und historischen Personen oder historischen Ereignissen oder Perioden, oder in Zusammenstellungen der in der Literatur — fremder und einheimischer — zerstreut hingeworfenen Gedanken und Urtheile, sei es über Kunst oder Natur oder Literatur rc.; ferner in Aufgaben, welche die Beobachtungskraft im Gebiete der Sprachen oder eine fertige Lectüre und ausgedehntere Belesenheit in den erlernten Sprachen voraussetzen; ferner in Aufgaben, welche eine Verwendung der Mathematik nach verschiedenen Seiten hin und die Handhabung der mathematischen nicht minder als der physikalischen und chemischen Instrumente oder anderer Darstellungsformen bekunden; ferner in Aufgaben, welche die Beobachtung und Erwägung realer Zustände, sei es im Seelenleben oder in Ereignissen und Umgebungen rc. darlegen sollen; ferner in experimentellen Aufgaben, durch welche ein ganz bestimmter Gedanke dargestellt oder erläutert werden soll rc. rc. Die Hauptrücksicht bei der Wahl dieser Themen ist die, daß die Schüler ihre B e f ä h i g u n g darlegen, entweder mit dem ihnen zu Gebote stehenden Formalen ein Reales sich aufzuschließen und anzueignen oder auch ein gegebnes Reales nach irgend welcher gegebnen Form zu gestalten*).

Diese von den einzelnen Schulen vorgeschlagenen Themata

*) Auch hierauf kann nicht näher eingegangen werden, da auch hier noch erst das bestimmte Feld der Beschäftigung für die höhere Bürgerschule erprobt und erobert werden muß. Bestimmtere Andeutungen solcher Themen sind ohnehin oben gegeben (§. 72), wo von der freien Thätigkeit in der Prima die Rede war. Das Abiturienten-Examen soll, das ist der Sinn, diese Thätigkeit nicht u n t e r b r e c h e n sondern f ö r d e r n und zu ihr n ö t h i g e n.

werden im Erziehungsrathe erst geprüft und berathen. Die von diesem als gut befundenen Themen werden an eine obere Behörde, etwa an die wissenschaftliche Prüfungs-Commission oder Provinzialschul-Collegium oder Regierung, zur Genehmigung eingesandt, und alle von dieser Behörde bestätigten Aufgaben den einzelnen Lehrer-Collegien mitgetheilt zur Kenntnißnahme mit der ausdrücklichen Bedingung, daß der Schulunterricht diese Aufgaben zu umgehen habe; auch die freie Thätigkeit der Schüler nicht auf diese speziellen Aufgaben hin zu lenken sei.

Ein halbes Jahr vor dem Abgange erhalten nun die Abiturienten aller Schulen der Provinz durch den Schulrath drei bis fünf für alle Schulen gleiche Aufgaben zur Bearbeitung. Die vier Wochen vor dem Abgangstermine eingelieferten Arbeiten gehen mit der Correctur und dem Urtheile der betreffenden Lehrer an den Schulrath. Zugleich werden von allen Schulen einige, in der Lehrstunde und in Gegenwart des betreffenden Lehrers zugleich mit den Mitschülern bearbeitete, und von den betreffenden Lehrern corrigirte und beurtheilte Aufgaben eingesandt, zu denen den Schülern eine und höchstens zwei Schulstunden eingeräumt sind und die eben gerade wie eine jede Schülerprobearbeit behandelt werden, ja von denen der Abiturient kaum zu wissen braucht, daß sie einen Theil seiner Examenarbeiten ausmachen. Sie bestehen in Exerzitien, Uebersetzungen, Bearbeitung eines leichten deutschen Thema's, in einigen leichten mathematischen Aufgaben u. s. w. Auch diese Aufgaben bestimmt der Schulrath für alle Schulen ganz gleich; weßhalb auch sie im Erziehungsrathe vorher besprochen werden können. Der Schulrath ersieht sich nun aus den Mitgliedern des Erziehungsrathes drei oder vier oder fünf Berichterstatter, und übersendet jedem die Arbeiten einer Art zur vergleichenden Beurtheilung der Leistungen der einzelnen Schüler in den verschiedenen Schulen. Der Bericht ist schriftlich und wohl motivirt abzufassen.

b) Der Schulrath beruft dann — alle Jahre einmal — den Erziehungsrath zusammen zur Beurtheilung der Abiturientenarbeiten. Da zu demselben mindestens alle Directoren gehören, so haben diese zur Stelle mitzubringen:

1. alle selbstständigen Arbeiten, welche die Abiturienten während der letzten beiden Schuljahre auf den verschiedensten Gebieten der Schulthätigkeit geliefert haben; überhaupt Alles das, was die Thätigkeit und Beschäftigungsweise des Schülers characterisirt;

2. ein vom Lehrer-Collegio in allgemeiner Conferenz berathenes und wohl motivirtes Zeugniß über die Sittlichkeit, den Character, den Fleiß und die Leistungen des Schülers in den einzelnen Lehrfächern;
3. ein von den Eltern beglaubigtes Attest über den gewählten Lebensberuf.

c) Einige Tage vor der eigentlichen Versammlungszeit werden in dem Versammlungs-Locale für alle Mitglieder des Erziehungsrathes die Arbeiten aller Abiturienten zur Kenntnißnahme bereit gelegt, deren jede ein jedes Mitglied mit seines Namens Unterschrift versieht zum Zeichen, daß sie ihm vorgelegen habe*).

Die Sitzung, in welcher nun über das Reif oder Unreif der Schüler entschieden wird, wird mit Vorlesung und dann Besprechung der Berichte eröffnet. Dann kommen die Zeugnisse der Schulen über die betreffenden Schüler zum Vortrage, wobei dem vortragenden Director eben frei steht, alles das hinzuzufügen und mit den mitgebrachten Arbeiten der Schüler zu belegen, was er zur richtigen Würdigung des Schülers für nöthig erachtet. Endlich wird der von jedem Schüler gewählte Lebensberuf namhaft gemacht.

Nach Stimmenmehrheit wird nun schließlich entschieden, ob der Schüler reif oder unreif sei.

Als Anhaltepuncte hiezu dienen: Reif ist der, welcher in einer fremden Sprache, einer Wissenschaft und einer Kunst Tüchtiges leistet und dabei durch Darlegung seiner freien Thätigkeit gezeigt hat, daß er bis zu einer geeigneten und fruchtreichen Selbstbeschäftigung in einem Gebiete mindestens vorgedrungen sei, und dabei von der Schule ein gutes Sittenzeugniß erhalten hat. Für diejenigen, welche für ihren künftigen Beruf des Lateins bedürfen, muß eine unbedingte Reife in dieser Sprache gefordert werden.

Wenn das Sittenzeugniß eines Schülers ungenügend ausfällt, in welchem Falle die Schulen in einem Begleitschreiben die Facta anzugeben haben, worauf sich die tadelnden Bemerkungen im Zeugnisse beziehen, und wenn der Erziehungsrath diesen Tadel für gegründet und wichtig hält, dann ist der Schüler noch auf ein halbes Jahr zurückzustellen, welches in allen den Fällen geschehen muß,

*) Diese Tage werden mit den anderweitigen, oben schon bezeichneten Geschäftsangelegenheiten ausgefüllt, wofür natürlich auch eine ähnliche hier nicht her gehörige Geschäftsordnung entworfen wird.

wenn ein Ungehorsam gegen die Schulordnung oder ein Trotz gegen die Lehrer vorliegt.

Wenn das Sittenzeugniß nicht ganz genügend ist, oder wenn ein Mangel an freier Thätigkeit sichtbar ist, oder wenn nicht in den oben genannten einzelnen Fächern besondere Leistungen hervortreten, sondern mehr ein allgemeines in allen Fächern gleiches Wissen, so weit es die Schule in den Schulstunden giebt, sichtbar wird, oder wo die in den Klassen geschriebenen Spezimina bei dem Vergleiche mit den freien größern Arbeiten den Verdacht fremder Hülfe erregen: kurz in allen den Fällen, wo der Erziehungsrath durch den Vergleich der Arbeiten einzelner Schüler mit den Leistungen der übrigen zweifelhaft wird, ob noch das Reif oder Unreif auszusprechen sei, wird eine schriftliche und mündliche Prüfung und letztere in Gegenwart des Schulrathes oder auch eines andern Deputirten des Erziehungsrathes angeordnet. Den Lehrern der Anstalt wird es bei dieser Prüfung dann lediglich anheim gegeben, dem Schulrathe oder Deputirten die Kenntnisse des Examinanden nach allen Seiten hin darzulegen. Die mündliche Prüfung beschränkt sich aber durchaus nur auf das Lehrpensum der ersten Klasse. Nach nochmaliger Berathung mit den Lehrern spricht der Schulrath das Reif oder Unreif über die so Nachgeprüften aus. Die Prüfungsarbeiten und ein genaues Protocoll über die mündliche Prüfung wird in einem solchen Falle, wenn das Unreif ausgesprochen ist, oder wenn das Lehrer-Collegium der Mehrzahl nach mit dem Schulrathe im Widerspruche ist, an die betreffende höhere Behörde eingereicht, welche sich gutachtlich und berichtigend darüber ausläßt; damit das gefällte Urtheil für den Fall nicht umstößt, sondern nur für die Zukunft leitende Gedanken giebt.

d) Auf Grund des Sittenzeugnisses der Schule und der über die Arbeiten geführten Berathungen wird sofort ein Zeugniß der Reife ausgefertigt und vom Erziehungsrathe vollzogen durch die Namensunterschrift des Schulrathes und eines andern Mitgliedes. Eine Abschrift, welche noch mit den Unterschriften aller Lehrer der betreffenden Schüler, welche in Prima unterrichten, versehen wird, wird den Schülern in öffentlicher und feierlicher Schulversammlung überreicht, wobei mindestens Ein Mitglied des Erziehungsrathes aus dem Stande der Laien (s. oben §. 90 den Local-Ausschuß) zugegen sein muß. Eine zweite Abschrift nebst den Arbeiten und den Berichten der Berichterstatter geht an die betreffenden höhern Behörden, von denen sie mit den leitenden Bemerkungen an die einzelnen Schulen zurückgehen.

e) Die Namen der Entlassenen, welche späterhin nicht in höhere Schulen eintreten, werden in den Localblättern bekannt gemacht.

f) Wenn Schüler auf ein halbes Jahr zurückgestellt werden, so wird die Prüfung wie mit den zweifelhaften durch den Schulrath oder einen andern Deputirten abgehalten, und wie bei jenen das Reif oder Unreif bestimmt.

g) Der ordentliche Prüfungstermin findet nur alle Jahre einmal zu den Osterferien statt, und die Entlassung geschieht mit dem Beginne des neuen Semesters. —

Es mögen hier noch einige Betrachtungen einen Platz finden, welche die Tendenz dieses Examen-Modus näher beleuchten. Zunächst, das ist wohl klar, wird das betreffende Publicum auf das Thun und Treiben der höhern Bürgerschulen hingewiesen sowohl durch die Vorberathungen über die zu stellenden Aufgaben als auch hernach durch das Betrachten der schließlichen Leistungen. Solche Theilnahme und Aufmerksamkeit für das innere Treiben der Schulen thut Noth. Den Lehrern wird hiedurch ein Platz einer öffentlichen Stellung im Erziehungsrathe eingeräumt, welches nach Obigem (§. 87) für ihre Wirksamkeit so wesentlich war. Sie werden ferner durch solcherlei Besprechungen und Berathungen, durch Beobachtungen und Beurtheilungen der Leistungen anderer Schulen, durch Kritik der Leistungen ihrer eigenen Schüler aus dem Munde andrer erfahrener und in gleichem Streben begriffener Schulmänner, durch Mittheilung von gelungenen und mißlungenen Versuchen nicht nur die beste Anleitung zur eigenen Weiterbildung gewonnen haben, sondern sie werden auch vor Ueberschätzung des eigenen Thuns bewahrt, gegen eine ganz einseitige Richtung geschützt und vor einem trägen Zurückbleiben und Versinken in Bequemlichkeit behütet bleiben. Die Bestrebungen des Lehrstandes zeigen mindestens, daß die meisten Lehrer die Nothwendigkeit eines solchen Austausches von Erfahrungen und Gedanken bedürfen. Diese Bestrebungen sprechen sich in dem Bestehen vieler Vereine aus, denen man mit den hier angedeuteten Veranstaltungen einen bestimmten Kreis der Besprechungen, eine bestimmte Aufgabe, eine bestimmte Bedeutung gegeben haben wird. Den höhern Bürgerschulen ist ferner hiedurch die Möglichkeit einer freien Entwicklung in die Hand gegeben, ohne sie sich doch in ganz nutzlosen Versuchen verflüchtigen oder sie in den verschiedensten Richtungen auseinander treten zu lassen. Die im Erziehungsrathe zur Sprache gebrachten und gut geheißenen Themata sind ja eben nichts als eine Abiturienten-Instruction, welche von Jahr zu Jahr oder nach Bedürfniß von den Schulen und den an ihnen arbeitenden Kräften revidirt, ergänzt, abgeändert ꝛc. wird. Das Lebensrad ist in Schwung gesetzt, die höhere Bürgerschule darf nicht stationär werden. Somit ist die Abiturienten-Instruction eine lebendige, durch keine positive Vorschriften einengende und den Schulgang beschwerende, sondern aus dem Leben der Schule selbst entquellende geworden, und doch wird durch die ganze vorgeschlagene Veranstaltung viel mehr Einheit in die Richtung der Schulen kommen, ein gleicherer Maaßstab an sie gelegt werden können, als es heute möglich ist bei der feststehenden Instruction. Nur bei einer solchen Veranstaltung — sie muß aber in ihrer Gesammtheit aufgefaßt werden — kann der Sittlichkeit, der Entwicklung der Willenskraft, dem practischen Sinne, der Ausbildung des Geschmackes, der Treue und Sorgfalt im Kleinen, der Befähigung, ein Reales geistig zu durchdringen und zu gestalten, diejenige Bedeutung gegeben werden, welche diese Dinge in der höhern Bürgerschule haben müssen vorauf vor dem Wissen. Dem Examen-Modus ist das Polizeiliche genommen, welches heute den Schülern bei ihrer ersten Berührung mit dem Staate die Ueberzeugung oder doch das Gefühl giebt, daß man weder ihnen noch ihren Lehrern traue. Die Störung, welche heute ein Examen im Unterrichtsgange der ersten Klasse, in der man solche Störungen am ungernsten hat, mit sich führt, das Haschen und Zusammenraffen von Wissen, die Aufregung und Unruhe und vieles Andere noch, was sich heute von den Examinibus nicht wegnehmen läßt, das Alles fällt weg. Statt der Repetition der Wissensdinge, denen das Bildende für den Schüler abgewonnen ist, wird hier nun das Fortschreiten gefördert und so das letzte Schuljahr erst wahrhaft nutzbar gemacht, und so tritt das Examen als ein wahrer belebender Sporn in die Schule, nicht aber als ein Zügel, der die Kraft an das Vergeßne schmiedet, um es nach der Aneignung sogleich wieder fahren zu lassen. Man schenkt dem Lehrer, dem Schüler, der Schule Vertrauen, und hat sich vorher durch Beobachten überzeugt, ob dies Vertrauen gerechtfertigt sei. Nur der Unsittliche wird gleichsam in die Examenschraube gespannt, und so muß es auch sein. Man muß nicht den Menschen bei seinem ersten Berühren mit dem Staate als einen Betrüger behandeln, indem man ihn bei Darlegung seiner Befähigung in so enge Schranken einschnürt, als wenn er eben betrügen würde, sondern die erste Begrüßung im Staate sollte wohl eine vertrauende sein. Es drücken sich, man glaube es nur, bei diesem ersten Staatsgruße oft Stacheln in die aufgeregten Gemüther der Examinanden, welche oft gar nicht wieder herausgezogen werden können. Ist der eine einzige Umstand, daß die Abiturienten einen Betrug im Examen nur als Kampf der List mit der einschnürenden Klugheit der Staatsverordnung ansehen, nicht schon ein recht übler und beklagenswerther? Wenn sich solche Unsittlichkeiten bei dem Examen in den höhern Bürgerschulen bisher weniger kund gegeben haben, so ist das leicht erklärlich dadurch, daß vielen Abiturienten am Gelingen und Mißlingen des Examens nichts gelegen ist, und sie es also auch nur machen, wenn sie sich ganz reif dazu fühlen, daß die einzelnen Schulen gleichsam selber noch immer auf der Prüfungsliste stehen, und daher sich nach Möglichkeit wahren, daß nicht schwache Schüler auf die Schulen ein schlechtes Licht werfen, daß endlich bei dem vielen positiven Wissen, was die vorläufige Abiturienten-Instruction fordert, auch der Dummkopf sich für ein solches Examen reif machen kann, wenn derselbe nur Willenskraft und Ausdauer genug besitzt. Das hier vorgeschlagene Examen wird schwerer sein aber auch förderlicher, und die hier vorgeschlagene Art der Leitung der höhern Bürgerschulen gewährt dem Staate vollkommene Einsicht in das Thun und Treiben der Schulen, schafft eine freie Entwicklung der Schulen, den Lehrern eine bedeutsamere Stellung, und läßt dabei doch eine genaue und vollkommene Beaufsichtigung zu*).

*) Es giebt gewiß vielerlei Bedenken gegen diese Examenart, wenn man jedoch das Wesen der höhern Bürgerschule, wie sie nun einmal hier aufgefaßt ist, erwägt, ihre Bedeutung und ihre Aufgabe festhält, das ihr gesteckte Ziel einer Bürgerbildung nicht als ein leeres wegwirft, die erziehende Aufgabe für wesentlich erachtet und so eine bedeutsamere Stellung des Lehrstandes dem Publicum gegenüber als unerläßlich erkennt, so wird man mit Nothwendigkeit zur Construction solcher Verhältnisse gedrängt, wie sie hier §. 90 und §. 91 dargelegt sind. Einwände gegen diese Vorschläge würden nur dann ein bedeutendes Gewicht haben, wenn sie zeigten, daß diese Vorschläge der Tendenz der höhern Bürgerschule entgegen wären. Unerreichbares und Unausführbares giebt es nur für den, welcher furchtsam oder bequem ist. Schwierigkeiten locken zu Anstrengungen. Die bestehende Wirklichkeit ist starr und beharrend, aber sie beugt sich auch vor der Wärme des Herzens und dem Lichte des Geistes.

§. 92. Im ersten Theile ist hin und wieder darauf hingewiesen, wie die Bildungshöhe der heutigen höhern Bürgerschulen für die Stände, welche in ihnen ihre Ausbildung suchen, noch entschieden zu hoch ist. Wenn aber die hier entworfene Schule gewiß noch höher hinausstrebt als die jetzige, so wird der größte Theil der Schüler mit einer unvollendeten oder nicht abgeschlossenen Bildung abgehen. Der Uebelstand ist ein sehr großer, und weil er ein so großer ist, darum scheint der Gedanke so nahe zu liegen, das Ziel nicht höher, sondern niedriger zu stecken. Eine Halbbildung, welche in Alles hineingeguckt hat und doch nichts gesehen, die gegen Alles einen Anlauf genommen und nichts erobert hat, die von Allem mitzureden weiß und dabei nichts weiß, sie ist ein um so größeres Uebel, je mehre der so genannten Gebildeten in ihr stecken bleiben. Steht nun fest, daß es noch lange dauern wird, bis das bürgerliche Leben die Gestaltung annimmt, daß eine solche erweiterte Bildung vor dem Eintritte in dasselbe erworben werden kann; werden erst viele so gebildete Schüler nach und nach ins Leben eingetreten sein müssen, um nicht künftig als Lehrherrn eine erweiterte Bildung ihrer Lehrlinge zu fürchten; müssen erst viele unwürdige und ungehörige Beschäftigungen für den Lehrling im practischen Berufe wegfallen, damit die Lehrzeit abgekürzt und so eine erweiterte allgemeine Bildung erstrebt werden könne durch eine länger dauernde, der Lehrzeit abgewonnene, Schulzeit; muß erst unter den so genannten Gebildeten die Bildung als solche zur Anerkennung kommen, damit sie nicht mehr bloß als ein Luxusartikel oder gar als ein Mittel zum Geldmachen und Broderwerbe oder als eine Stufenleiter zu irgend welchem Amte angesehen werde: so kann und darf doch der Gedanke nicht Raum gewinnen, schon heute die Schulen unter den Materialismus der Zeit zu beugen und sie nach den Forderungen und Bedürfnissen dieser heutigen Zeit zu modeln und zu kürzen und so den Gedanken und die Ansicht der Jetztzeit gleichsam zu verkörpern und zu versteinern. Die Bildungsanstalten des bürgerlichen Standes müssen das Ideal der Berufsbildung hinstellen als eine lockende Leuchte, um die Stände selber zu heben. Wem ein nahes Ziel hingehalten wird als Tagemarsch, der kommt auch nur am Abende hin, und wer sich ein weiteres Ziel steckte, der erreicht es auch. Die Geschichte der Gymnasien giebt hier ein nahe liegendes und vollkommen schlagendes Beispiel. Die vorläufige Abiturienten-Instruction für die höhern Bürgerschulen hat in dieser Beziehung einen durchaus wohlthätigen Einfluß gehabt, und hat manchen Schüler um Jahre länger in der Schule festgehalten. Da indeß später noch einmal dieser Punct erwogen werden muß, so sei hier nur noch bemerkt, daß es um die höhern Bürgerschulen vielleicht bald besser stehen wird, wenn die gebildeten Bürger wirklich wüßten, was in denselben dargeboten werden soll, und wenn sie genöthigt wären, sich darum zu kümmern, und wenn nicht wie bisher der Fortschritt der Schulen in Akten und Schulbüchern begraben und unbeachtet bleibt. Hat ja doch die Stiftung des Gustav-Adolph-Vereins viele Blicke wieder auf die Kirche und manche auch hinein gelenkt. Warum sollte man sich nicht eine Wirkung der Art auch für die höhern Bürgerschulen möglich denken, wenn durch den Erziehungsrath diese Schulen auch äußerlich mehr den Bürgern nahe und ihnen zur thätlichen Betheiligung hingestellt würden. Vielleicht möchte auch wohl der neue Organismus, wenn er von den Bürgern erst ganz verstanden und gewürdigt sein wird, nicht ganz ohne Einfluß auf die Verlängerung der Schulzeit bleiben. Doch dies sind nur Aussichten in die Zukunft, für die Gegenwart sind und bleiben die Uebelstände nach wie vor, ja scheinen bei der erweiterten Bildungshöhe nur um so schlimmer werden zu müssen. Diese Uebelstände berühren aber auch das Leben der Schulen und dürfen nicht unbeachtet bleiben. Der ungeregelte Abgang der Schüler in den verschiedenen Klassen giebt für die Zurückbleibenden immer eine gewisse Unruhe, der Mangel eines bestimmten heute schon erreichbaren Zieles in der Schule läßt Eltern und Kinder eine erste beste günstige Gelegenheit zum Abgange ergreifen und so die Schulzeit oft ohne Noth abkürzen, wodurch wieder rückwirkend die noch Bleibenden die Ansicht gewinnen, es käme eben nicht fürs Leben darauf an, bis zu welcher Lehrstufe man vorgeschritten sei. Darum wird es nun nothwendig, einen bemerkbaren Abschluß in die Anstalt hinein zu legen, bis zu welchem mindestens die meisten vordringen können. Dieser Abschluß ist bei der ganzen Construction der Schule vorgesehen worden und an den Schluß von Secunda (s. §. 50 und §. 44) hingelegt; es bedarf daher bloß einer Veranstaltung, diesen Abschluß auch äußerlich für das Publicum zu bezeichnen. Wähle man dazu

ein Abiturienten-Examen am Schlusse von der zweiten Klasse.

Diese Klasse bietet ein erreichbares Ziel, indem es etwas niedriger gesteckt ist als das für die jetzige höhere Bürgerschule. Weil es erreichbar und ein namhaftes ist, so wird das Publicum sich gewöhnen, seine Kinder mindestens bis zu demselben kommen zu lassen; die Söhne werden durch das Beispiel angespornt es zu erreichen suchen und die Prüfung am Endziele wird ein kleiner Sporn für die Thätigkeit in den letzten Schuljahren sein. Die fähigern und eifrigern Schüler werden auch wie heute noch über dies Ziel hinaus fortkommen, und manche mit sich fortreißen. Allmälig wird sich so die höhere Bürgerschule aufbauen; sie würde aber, wenn sie mit dieser Bildung abschlösse und sich in ihr die Grenze steckte, auch nie weiter kommen. Die Schulen haben mit den Communalwegen viel Gemeinsames. Je besser die Wege, je vollendeter die Reisegelegenheiten, desto mehr Reisende finden sich, und desto weiter reist man. Es versteht sich ohne weitere Bemerkung von selbst, daß diese Grenze der Schule dem betreffenden Publicum möglichst nahe gelegt werden muß. Kurze Andeutungen werden hier nun aber vollkommen genügen.

Was der Erziehungsrath für die Abiturienten der letzten Klasse ist, das wird der Local-Ausschuß desselben für das hier gedachte. Mögen die beiden Examina als großes und kleines unterschieden werden. Der Local-Ausschuß wird behufs desselben um einige Mitglieder aus dem Bürgerstande erweitert; aber es werden so viel Männer aus dem Lehrerstande hinzu genommen, daß die Zahl auf beiden Seiten gleich ist. Nennen wir diese Versammlung der Kürze halber den kleinen Erziehungsrath. An der Spitze dieses steht gleichfalls der Provinzialschulrath. Welche Bedingungen von Seiten einer Schule erfüllt sein müssen, wenn ihr die Berechtigung zu diesem kleinen Examen zugestanden werden soll, welche Kenntnisse und Bildungshöhe im Allgemeinen erreicht sein muß, ehe man den Schüler zuläßt, das kann leichtlich aus dem vorigen Paragraphen und aus §. 51 entwickelt und für diese Klasse gemodelt und zu einer leitenden Richtschnur für den kleinen Rath hingestellt werden. Einige Andeutungen werden vollkommen genügen.

a) Die Schule sendet Themata und Aufgaben für den kleinen Rath an den Schulrath ein. Sie betreffen Analysen und Vergleichungen von größern Gedichten, Betrachtungen über leichtere Dramen, Darlegungen des Gedankenganges in leichtern Abhandlungen, Auszüge aus mittelhochdeutschen, französischen, englischen (lateinischen) Werken, Uebersetzungen von längern Abschnitten, Uebersetzungen in die fremden Sprachen. Bearbeitungen von leichten Aufgaben aus dem Gebiete der Feldmeßkunst, der rechnenden und algebraischen

Geometrie, der reinen Construction und der Physik, und zwar von solchen Aufgaben, welche mehr Ausdauer, Sorgfalt, Genauigkeit und Sicherheit in der Handhabung der Mittel als Scharfsinn, Talent oder glückliche Combinationsgabe erheischen. Ferner Beobachtungen auf dem Gebiete der experimentalen Physik und genaue Darlegungen aller im Experimente vorkommenden Momente u. s. w. Diese Themen und Aufgaben werden berathen vom kleinen Rathe und genehmigt. Der Schulrath bringt aber auch die von andern Schulen in deren kleinem Rathe besprochenen Themata und Aufgaben zur Kenntniß, und bringt so eine Reihe von Aufgaben zu Stande, welche von allen Schulen gemeinsam als zweckmäßige und ausführbare anerkannt worden sind. Diese Themata werden allen Schulen dann namhaft gemacht, damit sie im Laufe des Unterrichtes dieselben umgehen.

Ein halbes Jahr vor dem Abgange erhalten die Schüler aller Schulen derselben Provinz durch den Schulrath gleiche Aufgaben, welche die Schüler neben ihren laufenden Schularbeiten anzufertigen haben. Die Zeit gewinnen sie dadurch, daß ihnen eben Zeit zu freier Beschäftigung gewährt worden ist, welche Beschäftigung durch diese Arbeiten nur auf einen bestimmten Punct hingelenkt wird. In den Klassen werden in jedem Gegenstande im Laufe des Unterrichtes Probe-Exerzitia angefertigt, und beide Arbeiten corrigirt und beurtheilt an den Schulrath eingeliefert.

b) Zu dem vom Schulrathe angesetzten Prüfungs-Termine bringen die Mitglieder des kleinen Rathes, welche Lehrer sind, die größern Schularbeiten des letzten Jahres der Schüler, ein wohl motivirtes Sittenzeugniß und ein Attest über den gewählten Lebensberuf. Wenn der Schulrath nicht selber gegenwärtig sein kann, so wird ein königlicher Commissarius als Stellvertreter ernannt.

c) Die Arbeiten sind zur Ansicht der Mitglieder ausgelegt, und nach denselben auf Grund des Schulzeugnisses der Lehrer das bestanden oder nicht bestanden ausgesprochen.

Ein mündliches Examen tritt in allen zweifelhaften Fällen ein, und namentlich dann immer, wenn das Sittenzeugniß unbefriedigend oder zweifelhaft ausgefallen ist oder wenn ein Verdacht des Gebrauchs unerlaubter Hülfsmittel entstanden ist. Die Prüfung wird dann eine schriftliche und mündliche und die erstere unter strenger Aufsicht; beide aber werden dem Lehrer-Collegio in die Hand gelegt, um den wirklichen Zustand des Wissens des betreffenden

Schülers darzulegen. Das mündliche Examen darf sich aber nur im Gebiete des Lehrpensums der letzten Klasse bewegen. Die Mitglieder des kleinen Rathes sind dabei zugegen. Unmittelbar nach demselben erfolgt nach einer Statt gehabten Berathung das nach Stimmenmehrheit gefällte Urtheil über bestanden und nicht bestanden.

d) Die Zeugnisse werden von der Schule angefertigt und von einigen Mitgliedern des kleinen Rathes mit vollzogen, und den Abgehenden gleichfalls in feierlicher und öffentlicher Schulversammlung überreicht.

e) Die Namen derer, welche dies Examen bestanden haben, werden gleichfalls bekannt gemacht in Localblättern.

Es ist hier nun ein Abiturienten-Examen construirt, welches die vielen kleinen höhern Bürgerschulen in den kleinen Provinzialstädten allenfalls erreichen können, denen äußere Mittel und Lehrkräfte fehlen, um das Ziel des großen Examens zu erreichen. Wenn dabei wiederum ganz ausdrücklich des positiven Wissensmateriales nicht gedacht ist, so durfte auch das nicht geschehen, um nicht irgend wem die Hände zu binden. Aber darum müssen auch diese Schulen, welche nur diese Bildungshöhe erreichen, unter dem Provinzialschulrathe bleiben, damit durch sein Besuchen derselben die in ihnen angestrebte Geistesbildung ermittelt, und nicht schließlich ein für ein Examen gelerntes und mit ihm vergeßnes Einzelwissen für Bildung ausgegeben werde. Sollte indeß doch ein bestimmtes Maaß von Kenntnissen gesetzlich festgestellt werden müssen, um dies als eine Richtschnur für die Beurtheilung zu haben, so ist solches leicht aus §. 51 herzunehmen. Das Wesentlichste bei diesem Examen ist: recht viele von denen, welche ins bürgerliche Leben treten wollen, anzulocken zu diesem Examen, und mit Rücksicht auf den künftigen Beruf diese Grenzen möglichst weit zu stecken, und erst dann, wenn das Erreichen dieser Bildungshöhe eine gebietende Sitte geworden ist, erst dann die Forderungen etwa höher zu stellen. Daß solche Erziehung des sich der Mündigkeit rühmenden Volkes immer noch möglich sei, davon nur ein einfaches Beispiel. Nur Ein Jahr und als Freiwilliger dienen zu dürfen, das ist ein Vorzug welcher der Bildung eines Menschen zugestanden wird. Der Vortheil ist für viele in der That nicht groß; aber ein Vater schämt sich seines Sohnes, wenn er nicht einmal so viel gelernt hat, daß er für diese Art des Militairdienstes würdig befunden worden. Nicht einmal so viel hat er gelernt, ist eine Art beschämenden Vorwurfs, der schon viele noch länger in den Schulen hält, als sie sonst darin zubringen würden. Ein andres wichtiges Moment des Examens ist, durch dasselbe dem Publicum eine Notiznahme von ihrer Schule aufzudringen. Zuletzt sieht es sie doch, wenn es auch fürs erste nur der Neugierde wegen geschehen sollte. Die Männer in den Local-Ausschüssen, welche man etwa nach einigen Jahren wechseln lassen kann, so daß immer ein Drittheil der Nichtschulmänner und vielleicht auch der Schulmänner ausscheidet, so daß nur der Schulrath und der Director und vielleicht ein Laien-Mitglied stehend darin bleibt, diese Männer sind eben die, welche dann auch mitreden können von dem Treiben der Schule und ihrem Wollen und Streben, und ihr so die Bahn im weitern Kreise brechen. —

§. 93. Wie im Voranstehenden eine eigenthümliche Stellung der höhern Bürgerschule zu den bürgerlichen Ständen gewünscht ist, so wird man ganz natürlich auch eine andere Stellung zur Kirche nothwendig finden müssen, wenn die der Schule hingestellten Zwecke nicht blos Träume bleiben sollen. An vielen Stellen (§. 15, 25, 42, 59, 81) ist nicht blos auf eine religiöse sondern auf eine kirchliche Richtung der Schule hingewiesen, oder diese Richtung hat sich als nothwendig ergeben müssen. Fassen wir in kurzen Sätzen das zusammen, was hier wünschenswerth bleibt.

Die höhere Bürgerschule erhalte von der Kirche Auftrag und das Vertrauen, den Religionsunterricht ihrer Schüler, mit Ausschließung des rein Sacramentalen, ganz und gar zu übernehmen. Ein sechswöchentlicher Confirmanden-Unterricht über die richtige Auffassung der Sacramente werde zugleich zu einer Prüfung der Leistungen der Schulen. Dieser Wunsch kann nicht anmaßend erscheinen, wenn man nur recht erwägt, was die Schulen eben für den Religionsunterricht und für Erweckung des religiösen und kirchlichen Sinnes thun sollen. Wenn aber wie heute den Schulen die Schüler durch einen zwei Jahre lang dauernden Confirmanden-Unterricht entnommen werden, so werden sie auch zunächst der religiösen Zucht der Schule und oft auf immer entnommen. Der Geistliche, so sagen Eltern und Kinder, giebt ja eben einen höhern, bessern rc. Unterricht, den die Lehrer nicht geben können. Wozu denn überhaupt der Religions-Unterricht in den Schulen? das ist schon heute die erschreckende Frage der Zeit. Ihn besorgt ja der Geistliche, der in zwei Jahren Religionskenntnisse genug den Kindern geben wird. Der Vater der es recht gut meint läßt seinen Sohn wohl drei Jahre zum

Geistlichen gehen, um ihn ganz dem Religionsunterrichte der Schule und so natürlich auch ihrem tiefern Erziehungsgrunde zu entnehmen. Das sind thatsächliche Erscheinungen, und die Schule muß schweigen, wenn man ihr vorwirft, daß sie lediglich aus Pietisterei oder gar wohl unedlen Beweggründen die Kinder mit Aufgaben für den Religionsunterricht plage, da ja die Kirche dafür sorge, daß hier das Nöthige gelernt werde. Weil diese Ansicht vom Religions-Unterrichte der Schule, auch wenn sie nicht ausgesprochen wird, doch die allgemeine, mehr oder minder deutlich bewußte ist, so sieht man den Schaden, den sich die Kirche für ihre eigene Wirksamkeit dadurch zugefügt hat, daß sie nicht die Schulen des Vertrauens gewürdigt hat, Mit- und Vorarbeiter für sie zu sein. Die Kirche hat die Wirkung der Schule auf dem religiösen und kirchlichen Gebiete dadurch aufgehoben, daß sie die That der Schule nicht irgend wo als eine genügende anerkennt. Wenn die Kirche eine Vorbereitung bis zur Einsegnung von den Schulen fordert und sich nur den Unterricht über die Sacramente vorbehält, so werden die Schulen hier so gut wie in andern Gebieten des Wissens und der Erkenntniß das Geforderte leisten. Vertrauen giebt Kraft, und hier giebt dasselbe auch noch Zustimmung der Eltern und auch der Kinder und ein berechtigtes Thun, was ja heute schon angefochten wird. Sollten dem Vertrauen die Schulen nicht entsprechen **können**? Ja gewiß, sie werden es können, denn sie haben mehr Disciplinargewalt in Händen, als der Geistliche anwenden darf; sie haben genauere Kenntniß der Zöglinge, als jener sie jemals gewinnen kann; sie können individueller, beziehlicher, fruchtreicher, eingreifender unterrichten, weil ihnen der ganze geistige und sittliche Zustand des Knaben vorliegt; sie können practischer wirken, weil ihnen die ganze Umgebung ja des Knaben Häuslichkeit ganz aufgeschlossen ist; weil sie auf eine dem Schulleben und dem Schulorganismus ganz angemessene Weise die Knaben der verschiedenen Bildungsstufen **trennen**, was der Geistliche nicht darf, und dadurch auch ihren Unterricht angemeßner gestalten können. Werden die Schulen dem Vertrauen auch entsprechen **wollen**? Vielleicht antworten Lehrer und auch Zuschauer aus dem Anschauen des Bestehenden her mit Nein. Dennoch ist die Frage zu bejahen. Daß das Bestehende eben das Gegentheil aussagt und aussagen muß, folgt ja aus dem Mangel an Vertrauen, den die Kirche der Schule erwiesen hat. Die Schule hatte kein Intresse an der Entwicklung des kirchlichen Sinnes ihrer Zöglinge, ja sie durfte und darf kaum darnach fragen, ohne in einen eigenthümlichen Geruch zu kommen, der ihr die Jugendherzen mehr entwindet, als ein gemeinschaftliches Abendmahl oder gemeinsames Kirchengehen fördernd und anziehend wirkt. Die so verschmähte Schule ist selber muthlos geworden, hat sich von einer Thätigkeit nach dieser Seite hin entwöhnt, und so traut ihr auch Niemand und sie sich selber keine rechte Wirksamkeit und Kraft nach dieser Seite hin zu. Es scheint dabei die Kirche nicht viel gewonnen zu haben dadurch, daß sie die Mitarbeit der Schule so von der Hand gewiesen hat; versuche sie es darum einmal anders, sie gewinnt gewiß dabei. Wenn viele Kräfte, seien die einzelnen auch nur schwach, zusammen wirken, so ist der Erfolg doch durch die Menge gesichert. Eine derartige Anforderung an die Schule wird manches Collegium und manchen Collegen aus ihrem Schlummer wecken. *)

Mit diesem Zugeständnisse, daß die Schule ihre Zöglinge auch für die kirchliche Gemeinschaft vorzubereiten und zu beleben habe, würde auch die Schulkirche erst die wahre Weihe und mit dieser erst ihre wahre und tiefer greifende Bedeutung erhalten. Ohne diese Weihe wird sie von Eltern und damit auch von den Kindern als ein rein persönliches Strebniß des Directors oder Collegiums angesehen werden, und so schon viel an ihrer Wirkung verlieren.

Wenn die Schule diesen Auftrag von der Kirche empfangen hat, so wird der zweite spezielle Wunsch sich als ein ganz natürlicher ausnehmen, wie fremdartig er auch heute noch erscheinen möge. So lange der junge Mensch der erziehenden Schule angehört, muß er in ihr auch den Beichtiger sehen; sie muß sein Gewissensrath sein. Wie die Sachen heute stehen, so hat die Schule die ganze Leitung des Geistes und auch des Herzens, und die Kirche will durch den ferne stehenden Prediger den religiösen Anbau übernehmen. Man überlasse daher oder überweise es der Schule, die Vorbereitung für den Genuß des Abendmahls oder die Beichte mit den Schülern abzuhalten. Es wird solch ein Auftrag seine schönen Früchte eintragen: man sei dessen versichert. Möge es nur die eine sein, daß manche Männer blos darum, weil sie hier den Kirchenschritt inne halten sollen, vom Lehrheerde wegbleiben, und so den Platz tüchtigern Erziehern überlassen werden. Anderer Seits möchte denn doch auch die für die Lehrer eintretende

*) Die Frage nach den Geldern für den Confirmanden-Unterricht sollte als eine unwürdige von den Geistlichen nicht gethan werden; doch dürfte sie leider eine wichtige Rolle spielen müssen. Es ist leider so.

Nothwendigkeit, sich um Kirche und Kirchliches näher zu bekümmern, Manchen wieder für dieselbe gewinnen, der heute theilnahmlos an ihr vorüber geht; ja man würde mit dieser der Schule überwiesenen Mitwirkung an der Kirche und dem kirchlichen Leben manche Verordnungen über theologische Bildung der Lehrer wieder zu einer natürlichen Forderung erheben. Die Schule würde dann das Haus, in welchem man sich für den Kirchgang innerlich kleidet und zurüstet. Die Kirche verwalte die Sacramente, lehre weiter und erhalte und befestige alle diejenigen, welche das Schulhaus bereits verlassen haben. Sie hat wirklich daran genug zu thun. Sollten die höhern Bürgerschulen diesen Auftrag aber ablehnen wollen, so haben sie die Prinzipien, worauf die höhere Bürgerschule hier gegründet worden ist, nicht zugestanden, oder scheuen eine Verpflichtung, die ihnen als eine fremdartige und so auch nicht zusagende entgegentritt. Mögen sie aber nur die Furcht überwinden. Schon Mancher will heute nicht wieder den Religionsunterricht abgeben, den er vor wenigen Jahren nur ungern übernahm; schon Mancher hat es erfahren, daß das Wort Gottes nur für den kraftlos ist, der es nicht besitzt und nichts von ihm weiß. Die Schulen werden nach wenigen Dezennien inne werden, daß ihnen dies Vertrauen der Kirche, wenn sie es rechtfertigen werden, die Schule zu einem wahren häuslichen Tempel umgestalten, und daß viel Zuchtnoth verschwinden wird. Die Kirche wird aber auch bald inne werden, daß die Gebildeten des Volkes nur bei solcher Zusammenwirkung der beiden Bildungsinstitute in die Kirche gelangen werden, deren Meisten heute auf dem Gange von der Schule zur Kirche den Weg zur Schule und zur Kirche verlieren. Eingesegnet werden ist Emanzipation für sie. Leider ist es bei vielen so, und die Schule kann nicht viel beginnen, weil es nicht ihr Beruf ist, und die Kirche kann auch nicht viel beginnen, weil sie die Schule nicht zur Mitwirkung berechtigt und aufgefordert hat. —

Endlich trete alle Jahre einmal mindestens die Schule auch in die Kirche und zwar an einem Wochentage, vielleicht auch zweimal; aber nicht öfter. Ein solcher Tag sei ein Schulsonntag. Es sei der Tag, an welchem die Schüler eingesegnet werden. Die Predigt halte ein Lehrer der Anstalt, die liturgischen Chöre singen die Schüler der Anstalt, der Geistliche segnet ein und reicht das Abendmahl. Es wird das schon seine Früchte tragen und sei es nur die einzige, daß auch dann in der Schule die liturgische Seite des kirchlichen Gottesdienstes zur Anschauung kommen muß. Dies würde aber in das Volk den bedeutsamen Gedanken hinein stellen: die Schule führt in die Christengemeinschaft ein. Dieser bedeutsame Gedanke wird alle kleinlichen Bedenken überwinden helfen. *)

§. 94. Da es nun einmal Herkommen ist, gewisse Gerechtsame an die erreichte Bildungshöhe zu knüpfen, so mögen auch diese hier einen Platz finden als Wünsche, welche freilich durch das gedachte Herkommen über das fernere Leben der höhern Bürgerschule entscheiden. Doch es sei vorauf bemerkt, was sich freilich von selbst verstehen sollte, daß hier von keinen Berathungen die Rede ist, welche der höhern Bürgerschule vornehmlich und exclusive etwa zukommen sollen. Schulen von gleicher allgemeiner Bildungshöhe fordern naturgemäß auch gleiche Berechtigungen, und es darf keine Schule den Vorzug haben, ihren Schülern zu denselben auf einem kürzern oder bequemern Wege dazu zu verhelfen.

1. Wer das kleine Examen bestanden hat, hat damit die Berechtigung zum Eintritt in den Büreau-Dienst, ins Steuerfach, Postfach, niedere Baufach, in die Lehrer-Seminarien um sich zu einem Lehrer an den Stadtschulen und für eine Elementarlehrer-Stelle an den Gymnasien und höhern Bürgerschulen auszubilden; desgleichen ist er berechtigt zum Eintritt in die Zeichen- und Kunst-Akademieen, um sich zu einem Lehrer in der Musik, dem Gesange und dem Zeichnen an diesen Anstalten auszubilden; desgleichen kann er zu den medizinischen Anstalten übergehen, um sich als Chirurg erster Klasse oder als Thierarzt ꝛc. auszubilden.

Nur wer eine Bildungshöhe aufweisen kann, welche der eben gedachten entspricht, kann künftig nach erlerntem practischen Dienste und Gewerbe zum Examen als Landwehr-Offizir, Apotheker erster Klasse, Maurer- und Zimmermeister ꝛc. in den größern Städten zugelassen werden; nur mit dieser Vorbildung ist es gestattet, die landwirthschaftlichen Akademieen und das Gewerbe-Institut zu besuchen.

2. Wenn Jemand Ein Jahr in der ersten Klasse einer vollständigen höhern Bürgerschule gewesen ist und ein gutes Zeugniß von der Schule aufweist, der hat natürlich die ad 1 genannten Berechtigungen; außerdem aber kann er mit demselben den Dienst auf

*) Man wird aus diesen Wünschen wohl begreifen, wie dem Sittenzeugniß der Schule ein so großes Gewicht oben beigelegt werden durfte.

Avancement im stehenden Heere beginnen, zum höhern Baufache, Forstfache, zur Intendantur übergehen.

3. Wer das große Examen gemacht und die Reife im Lateinischen erlangt hat, wird zu den Universitäts-Studien für alle diejenigen Fächer zugelassen, für welche zunächst nicht die Kenntniß des Griechischen unerläßlich, und für welche die logisch dialectische Durchbildung nicht ein wesentliches Erforderniß ist. Man könnte dahin rechnen: Lehrer, welche eben nicht die alt-klassische Philologie zu lehren hätten, Mediziner, Forstmänner, Bauräthe, Polizeiräthe, Kameralisten rc. *)

§. 95. Die hier ausgesprochenen Wünsche an den Staat in Betreff der den höhern Bürgerschulen zu überweisenden Berechtigungen scheinen in Widerspruch zu treten mit dem, was in §. 9 und §. 10 gesagt ist, ja sie scheinen nach dem, was in §. 20—23 gesagt worden ist, gar nicht zuläßig. Vergegenwärtigt man sich die Gedanken in §. 9 und 10, so wurde dort nur behauptet, daß die in der höhern Bürgerschule angestrebte Bildung für einige Zweige der Beamtenwelt der organischen Entwicklung der Schulen einen Hemmschuh angelegt habe, weil die für jene Stände geforderte besondere Vorbildung eine bestimmte Richtung dem Unterrichte angewiesen habe. Dieser Fessel mußte sich die Untersuchung entledigen, um ungehindert Schritt für Schritt ihr Ziel zu gewinnen, und den Kampf mit dem Bestehenden und Verordneten zu vermeiden. Nachdem nun so die reine höhere Bürgerschule construirt ist, entsteht die Frage, ob der Staat eine solche Bildungsrichtung für einige seiner Beamten zuläßig oder gar wünschenswerth erachten könne. Nicht ein Widerspruch ist hier, sondern eine Umkehrung des Verhältnisses. Wenn bis dahin die Schulen mehr mit Rücksicht auf die zu bildenden Beamten organisirt wurden, so

*) Daß hier für diejenigen, welche zu Universitätsstudien zugelassen werden wollen, das Latein unbedingt gefordert ist, das wird aus den Untersuchungen in §. 31—33 erhellen, wo die Bedeutung des Lateinlernens entwickelt wurde. Die Frage, ob ein solcher Schüler, wie ihn die höhere Bürgerschule liefert, den wissenschaftlichen Sinn auf die Universität mitbringen wird, der zu einem ernsten Studium treibt, wird man bejahen können, indem dieser durch die angestrebte Befähigung einer ernsten Selbstbeschäftigung ersetzt wird. Eine Bevorzugung dieser neuern Bildungsrichtung vor der in den Gymnasien angebahnten wird man wohl nicht hierin sehen, denn das Ziel der Reife, was hier gesteckt ist, möchte wohl nicht niedriger sein als das in den mittlern Gymnasien angestrebte und erreichte.

gingen gleichsam die Bürger bei den Beamten in die Schule; jetzt sollen, so wird gewünscht, einige Beamte mit den Bürgern in die Schule gehen. Erwägt man genauer, was in den Paragraphen 20—23 gesagt ist, so sieht man bald, daß die dort gegebne Characteristik mehr auf die höhern Staatsbeamten paßt als auf die große Menge der ausführenden, und mindestens wird man nicht leugnen, daß vielen Zweigen im Staatsdienste die in der höhern Bürgerschule angestrebte Bildung eine ganz willkommene sein werde. Sei es einmal erlaubt, unsre Ueberzeugung auszusprechen. Wenn die wahre Bildung des erwerbenden und produzirenden und gestaltenden Bürgers die ist, welche die von uns hier construirte höhere Bürgerschule anbahnen möchte, dann muß in einem monarchischen Staate, weil er alle Fäden der National- und Staatsentwicklung in Händen hat, auch seine Beamtenwelt jede Bildungsrichtung des Volkes vertreten. Sobald nun eine höhere Bürgerschule einen andern Mittelpunct der geistigen Bildung als die Gymnasien z. B. das Nationale im Gegensatze zum Altklassischen, und die Bildung aus dem Realen im Gegensatze zu der mehr logisch-dialectischen Bildung erlangt hat, so muß eine solche Bildung auch in der Beamtenwelt sich wieder finden. Hat man bis jetzt verlangt, daß die höhern bürgerlichen Stände, um nicht eine Kluft in der Bildungs-Sphäre der Beamten und des Volkes entstehen zu lassen, darum einen Theil des Bildungsweges der Staatsbeamten durchwandern, so wird hier nun aus denselben Gründen der Wunsch gerechtfertigt erscheinen, daß ein Theil der Staatsbeamten eine Strecke des Weges auf dem Bildungsgange des Bürgerthums wandern möchten. Dadurch erhält ja dann erst diese Bürgerbildung in dem monarchischen Staate ihre Würdigung und Anerkennung; es fiele die Kluft weg, welche nur leider zu oft Beamtenthum und Bürgerthum scheiden, und mancherlei ausgedachte Gegensätze zwischen Beidem wahrscheinlich machen läßt; es würde sich der intelligente Bürger mit seiner Bildung und innern Richtung, welche ihm das Jugendleben in der Schule gab, wieder finden in dem Beamten, der nur noch eine höhere Stufe der Intelligenz vor ihm voraus hätte; es würde damit das Brüsten mit practischem Verstande gegenüber der Beamtenwelt vermindert, und vielleicht auch von der andren Seite dem practischen Sinne öfters, als es vielleicht sonst der Fall ist, die rechte Geltung zugestanden werden. Sollte es wirklich nicht heilsam sein, wenn Beamten und Bürger wieder in dem Nationalen und in der innern Betheiligung daran auch außer dem Bereiche des Geschäftslebens einen andern Anknüpfungspunct des geistigen Verkehres fänden als Politik und schönes Wetter? Der alt klassische Boden ist beiden, dem Beamten wie Bürger, nur gar bald unter den Füßen verschwunden und bietet keine geistige Begegnung. Sollte es nicht für einige Staatsbeamten, welche das Geschäftsleben nur gar zu leicht vergräbt, wünschenswerth sein, einen Bildungsmittelpunct gewonnen zu haben in der Jugend, den sie nicht so leicht verlieren als die altklassische Literatur, weil er sie immer umgiebt? Sollte der angebahnte practische Sinn nicht wirklich manchem Beamten in manchen Fällen eine sehr zweckmäßige Zugabe zu seiner Intelligenz sein? Würde er nicht manche unverdiente wie ungerechte Schmähung im Munde der Stimmführer ersticken?

Wichtiger freilich würden die den höhern Bürgerschulen zugestandenen Berechtigungen noch für die Hebung der Bildung des höhern Bürgerstandes sein. Es hat dieser Stand seine Bildung bis dahin in den Schulen gesucht, welche der Staat als die höhern allgemeinen Bildungsstätten für seine künftigen Beamten hinstellte, und er hat mit einem gewissen Stolze sich dieser Bildung gerühmt, und sie wohl öfter ganz oder doch zum größern Theile sich zu erwerben gesucht. Was nun auch die in §. 6 dargestellten neuen Elemente im Volksleben hervorgerufen haben mag, sie sind nun einmal vorhanden, und treten mit dem ersten erwachenden Bewußtsein in einem Gegensatze gegen dvs Bestehende auf. Sobald der Staat diesen Gegensatz dadurch factisch aufhebt, daß er in einer höhern Einheit diese scheinbaren Gegensätze zwischen dem Alten und Neuen in sich aufnimmt, und — um nur von den Schulen zu reden — in dem engern Staatsleben seiner Beamten diese Differenz durch Gleichstellung oder doch billige und rücksichtsvolle Einreihung der verschiedenen Bildungsrichtungen ausgleicht, so werden nach wie vor die Söhne der Bürger eine Weihe der eigenen Bildung darin sehen, daß auch der Staatsbeamte sie sucht, und sie werden nach wie vor wieder ein Streben gewinnen, das möglichst höchste Ziel mit jenen zu erreichen, während sie jetzt keinen Grenzpunct haben, der ein würdiges Ziel bietet. Mancher wird in der Hoffnung, auch die über die Schule hinaus liegenden Bildungsstufen und die mit ihnen verknüpften Berechtigungen zu erlangen, viel weiter und auch emsiger fortwandeln, als es heute geschieht, wo keine schöne Aussicht auf der Höhe lockt. Ja es wird die von den Staatsbeamten geforderte, weiter hinaus reichende, Bildung eine große Zahl der in den Bürgerstand hinüber tretenden Zöglinge nach wie vor mit sich fortreißen, und es wird so ohne Zwang und Gewalt und beengendes Gesetz die Bürgerbildung durch eine Genossenschaft mit den künftigen Staatsbeamten erhöht und erweitert werden. Diesen moralischen Hebel darf der Staat nicht unbeachtet lassen; er ist zu wichtig. Die höhern Bürgerschulen ihrem eigenen Schicksale wie ihrem Stolze zu überlassen, möchte leicht gefährlich werden und die höhere waltende Idee leicht der Gefahr eines Versinkens in den Materialismus aussetzen, oder gar zur Ausbildung eines unerwünschten Gegensatzes führen. Diese eigenthümliche Bildung des höhern Bürgerstandes aber gar nicht zur Anerkennung kommen und jede höhere Bildung nur wieder in den Gymnasien suchen zu lassen, das ist nicht eher möglich, als bis man den erwachten Nationalsinn wieder ausgelöscht, das Bewußtsein des Bürgerthums aufgehoben und die Bedeutung des Gewerbes und der Industrie im Staatshaushalte bedeutungslos gemacht hat. Heute aber, es ist schon einmal bemerkt, kann die höhere Bürgerschule eines Hebels, der sie zur Ausbildung einiger Staatsbeamten berechtigt, gar nicht entbehren, denn es bleiben die Schüler, welche fürs bürgerliche Leben bestimmt sind, gar nicht so lange in der Anstalt, als es nöthig wäre, um die in ihr sich vollendende Bildung zu gewinnen. Wenn daher nicht der Staat durch die Hineinweisung eines Theiles seiner Beamten ihr Schüler schafft, an denen die Bildung zur Anschauung gebracht werden kann, bis endlich dieselbe den Bürgern selber als eine wünschenswerthe erscheint, so wird das vielleicht niemals erreicht, was hier angestrebt ist und diese höhere Bürgerbildung bleibt ein Gedanke, der nie zur Verwirklichung kommt. Möge nur an Eines erinnert werden: es werden sich die Stimmführer im Volke über die Richtung der höhern Bürgerschulen gewiß gegen den Gedanken erheben, dem Nationalen auf Kosten des Fremden in den höhern Bürgerschulen einen größern Spielraum zu gewähren; man wird — es darf nicht verschwiegen werden — sogar die von der Kirche her gewünschte Vollmacht mit verdächtigendem Blicke betrachten. Man breche darum aber nicht den Stab über die Idee, denn jedes neue Lebenselement im Staate ist wie ein neugebornes Kind, was der Pflege in der Jugend bedarf; nur das wilde Gewächs bedarf des Begießens und der Impfung nicht.

Mit der Gewährung der gedachten Wünsche bliebe dem Staate

diejenige Einsicht in den Bildungsgang der Schulen, welche ihren Lauf vor Irrwegen bewahren könnte, oder welche doch als eine ganz natürliche und sich von selbst verstehende nicht mehr als eine Bevormundung verschrieen werden dürfte; nur freilich wird immer vorausgesetzt, daß nicht um der Beamten willen Bedingungen gestellt würden, deren Erfüllung die angestrebte eigentliche Bürgerbildung hemmte. Gefahr der Neuerungssucht und so Schaden für die Staatsentwicklung wird man doch nicht fürchten? So vollendete höhere Bürgerschulen, mit so vielen Lehrkräften und Lehrmitteln, werden eben nicht viele entstehen. Vielleicht kann jede Provinz deren eine und höchstens zweie aufstellen. Sollten diese wenigen Schulen mit denen aus ihnen etwa hervorgehenden wenigen Beamten so gefährlich auf das Beamtenthum einwirken können, daß man darum die Berechtigungen versagen müßte? Das glaubt im Ernste Niemand. Die meisten der heute so genannten höhern Bürgerschulen würden nicht eben einen viel höhern Bildungsstand erreichen, als den für den Schluß von Secunda angegebenen. Man braucht eben auch nicht zu fürchten, daß viele den Weg durch die höhern Bürgerschulen nehmen werden, um zur Laufbahn eines Staatsbeamten zu gelangen, da sie in diesen Schulen weder Freistellen, noch Freitische, noch Stipendien ꝛc. finden. Auch könnte ja der Staat in billiger Vorsicht eben nur in jeder Provinz etwa *einer* Schule versuchsweise eine solche Berechtigung zugestehen und die Erfahrung über das Ergebniß abwarten. Es würde ja darum noch keine Trübung des Beamtenthums in Preußen sichtbar werden, *wohl aber wäre es doch Preußens Stellung zur Intelligenz gemäß, einen neuen Bildungskreis einmal zuerst versucht und geprüft zu haben, auf den die Richtung der Zeit und das Moment der Staatsentwicklung hindrängt.* Vielleicht wäre dadurch auch vermieden, daß nicht die den Schülern der Bürgerschulen eröffneten wenigen Beamten-Carrieren so überschwemmt würden, und — was doch auch nicht ohne Wichtigkeit ist und oft genug als ein Grund gegen die Vermehrung der höhern Bürgerschulen gebraucht ist — gewiß wäre damit die Möglichkeit geboten, manche tüchtige geistige Kraft aus dem Volke der Beamtenwelt zuzuziehen, welche jetzt ohne bedeutende äußere Mittel und ohne hervorstechende *practische Talente* für das Staatsleben doch mehr oder minder ungenutzt bleibt und im niedern bürgerlichen Dienste verloren geht.

Unerläßlich zum Bestehen der höhern Bürgerschulen erscheint aber die Forderung, daß man die künftigen wissenschaftlichen Lehrer dieser Anstalten sich ihre allgemeine Vorbildung auf diesen Schulen gewinnen lasse und ihnen dann zu ihrem wissenschaftlichen Studium die Universität öffne. Wenn eine differente Richtung des Bildungsweges zwischen der höhern Bürgerschule und dem Gymnasium vorhanden ist, so folgt daraus ganz von selbst, daß die Lehrer, welche an die höhere Bürgerschule aus den Gymnasien kommen, diesen Bildungsgang höchstens von Außen kennen, ihn nicht innerlich in sich durchlebt haben und mindestens ihn doch nicht gleich betreten können, sondern ihn selber erst kennen lernen müssen. So hat die höhere Bürgerschule statt Lehrer gleichsam Lehrlinge, denen die neue Lehrart um so schwerer ankommt, je länger sie in einer andern geschult sind. Es ist dem ächten deutschen Gemüthe nicht so leicht, das wegzuwerfen und mit einem Neuen zu vertauschen, was zehn Jahre und darüber ihm als das Höchste hingehalten wurde und dem es mit Ernst und Eifer so viel Jahre nachgestrebt. So lange die Lehrer der höhern Bürgerschulen alle aus den Gymnasien genommen werden müssen, so lange werden diese Schulen Abarten oder doch Colonieen der Gymnasien sein, die in ihrem Innern nie ihr Mutterland verleugnen können, weil ja die ganze Verwaltung des Innern immer wieder von der Mutter ausgeht. Sie werden daher Gymnasien bleiben, auch wenn sie kein Wörtchen Latein mehr lehren. Wenn ja auch einmal ein Collegium sich der Mutter entwindet, so wird die folgende Lehrergeneration wieder auf der Stelle anfangen, wo jene begann, und so werden die höhern Bürgerschulen von Geschlecht zu Geschlecht im steten Anfangen einer selbstständigen Entwicklung stehen bleiben. Sollte dies nicht schon ein Erfahrungssatz sein? Wie ganz anders stehen die Schulen, in denen die Lehrer bei ihrem Abgange zur Berufsbildung den damaligen Standpunct der Entwicklung der Schule in sich aufgenommen und in sich erlebt hatten, um dann nach ihrer Rückkehr die Schule weiter zu führen. Werden Männer jemals Scharfblick genug haben, zu erkennen, was in dem S c h u l l e b e n die Jugend vornehmlich beschäftigt, intressirt, gelockt habe oder was ihr nur die Lehrer-Auctorität aufgedrungen und in ihr nur ein Schein-Intresse und eine Scheinthätigkeit erweckt habe? Werden jemals Männer den freien Unterricht in einer Schule leiten können, wenn sie nicht selber in ihrer Jugend an sich die Erfahrung darüber gemacht haben, welche Thätigkeit am tiefsten in das Geistesleben eingegriffen habe? Nur erst, wenn die künftigen Lehrer ihre eigenen Jugenderfahrungen mit zum Lehrstuhle bringen, werden sie zweckmäßig wählen, fruchtreich leiten, das Bewährte fördern, das nur im Gedanken nicht aber in der Wirklichkeit Anwendbare aussondern können. Es ist ferner in §. 18 der sittliche Zustand der in der höhern Bürgerschule vorhandenen Jugend als ein eigenthümlicher dargestellt, und es darf hier hinzu gesetzt werden, die Gefahren, welche den ins Leben eintretenden jungen Bürger erwarten, sind ganz andere als etwa der Sohn der stillen Beamtenfamilie in dem verlockenden Studentenleben finden möchte. Wenn die Lehrer dieser Jugend diese Zustände nicht aus der eignen Jugenderfahrung her kennen, so können sie auch nicht warnen, nicht erziehen; sie fechten mit ihren Mahnungen und Warnungen oft gegen Windmühlen, und ihre Lockstimmen werden oft gar nicht verstanden, da das Ohr der Jugend nach andern Schällen horcht, und zwar nach Tönen, welche der Lehrer nicht kennt und nicht versteht. Die Directoren der höhern Bürgerschule wissens wohl, wie oft ihre wissenschaftlich tüchtigen Lehrer, die vom Bürgerleben nichts wissen, mit allem ihrem Eifer und Eifern nichts ausrichten, weil sie die eigentlich gefährliche Stelle gar nicht kennen. Gelingt es den feinen Sachsen selten, mit der derben pommerschen Jugend fertig zu werden, und wird die französische Lebendigkeit in der Schulstube der deutschen Jugend so gar leicht zum Spotte, so liegen hierin die Belege für die hier gestellte Behauptung, daß nur der, welcher im Bürgerstande aufgewachsen ist, und seine Gefahren kennt, auch ein rechter Zuchtmeister der für diese Stände bestimmten Jugend werden kann. Die fast in allen höhern Bürgerschulen sichtbare größere Strenge in der Handhabung der Schulzucht ist nicht ein zufälliger Umstand, sondern hat seine Begründung darin, daß sich Lehrer und Schüler und Eltern über das Moment der Sittlichkeit in einer Art Widerspruch befinden, und der zum wissenschaftlichen Leben drängende Lehrer mit diesem Lockmittel kein Gehör findet. Doch der wichtigste Umstand ist der, daß keine Schulart den höhern Bürgerschulen ihre Lehrer vorbereitet. Daß Sprachmeister, die wohl sprechen aber nicht eine Sprache lehren können, ganz untaugliche Leute in einem erziehenden Schulorganismus sind, das ist erfahrungsmäßig festgestellt, weßhalb hier kein Wort weiter darüber; daß das Studium der neuern Sprachen, wenn es zu einem bildenden Unterricht der Jugend führen soll, ein ernstes sein muß und nicht blos ein gelegentliches sein darf, das hat die neuste Literatur auf diesem Felde hinlänglich bewiesen; daß der künftige Lehrer an einer Schule, welche das Nationale als den eigentlichen geistigen Kern haben soll, auch mit diesem Kerne von Jugend auf genährt worden sein muß, das wird jeder einräumen, der in einem Gymnasio gelernt und an sich erfahren hat, wie seine Richtung auf das Altklassische nicht blos in griechischen und lateinischen Stunden sondern auf allen Stegen und Wegen ihm angewiesen worden. Nun ist aber an tüchtigen Lehrern in den neuern fremden Sprachen durchaus ein Mangel, und so lange die Gymnasien den höhern Bürgerschulen ihre Lehrer liefern sollen, ist auch gar nicht abzusehen, wann dieser Zustand sich jemals ändern solle oder wie er sich ändern könne. Nicht minder ist sogar öffentlich die Stimme der Lehrer an den Realschulen laut geworden, daß nicht einmal für den deutschen Unterricht in dem heutigen engern Sinne der rechte Lehrer zu finden sei: wie soll denn nur erst der Lehrer für den so erweiterten Unterricht gefunden werden. —

§. 96. Die Voraussetzung, daß die literarisch gebildeten Lehrer an den höhern und niedern Bürgerschulen mit Ausschluß derer, welche etwa zugleich ein geistliches Amt zu bekleiden hätten, ihre Schulbildung und Reife zur Universität in den höhern Bürgerschulen sich erwerben dürften, möchte dann auch noch wohl die Folge nach sich ziehen müssen, daß für sie eine Studienzeit von vier Jahren zu fordern wäre, und zwar dergestalt, daß sie das letzte Jahr in einem Seminar theoretische und practische Anleitung für das Lehrfach bekämen. Diese pädagogischen Seminare müßten mit den höhern Bürgerschulen in Königsberg, Breslau, Berlin, Halle verbunden und neben einem Universitäts-Professor von den Directoren und Lehrern der gedachten Anstalten geleitet werden. Freilich wird der Besuch der Universität den künftigen Lehrern an den höhern Bürgerschulen nicht eher für ihr Fach im Besonderen zu Gute kommen, als bis auch Professoren für die neuern Sprachen und das Germanische angestellt sind. Der Kreis der Vorlesungen auf den Universitäten, wenn nicht auf allen so doch auf einigen, müßte sich also hienach erweitern, weil sich ja die Bildungsmittel erweitert haben. Da nun aber auch viele dieser Lehrer Religionsstunden werden zu geben haben, da ja (§. 93) den höhern Bürgerschulen eine wichtige Mitwirkung auf dem religiösen und kirchlichen Gebiete eingeräumt werden soll: so muß auch dazu eine Vorbereitung auf der Universität getroffen werden. Es muß eine Exegese des Neuen Testaments und eine christliche Dogmatik und Moral mit zu Grundelegung der Lutherischen und anderer guter Uebersetzungen der heiligen

Schrift, dann eine Kirchengeschichte ohne gelehrte Citate gelesen werden, und alle diese Collegia müssen von den Studiosen, welche sich für das Lehrfach an einer höhern Bürgerschule vorbereiten wollen, nothwendig neben dem eigentlichen Fachstudium gehört werden. Wir meinen, daß eine Anhörung dieser Collegien noch vielen andern Studiosen außer den wenigen, die sich etwa dem Lehrfache an den höhern Bürgerschulen widmen, ganz nützlich und ersprießlich sein würde. Die Kanzelvorträge der Geistlichen, welche auf ein größeres Publicum berechnet sein müssen, befriedigen nur gar selten das religiöse Bedürfniß der jungen Männer, welche sich rein wissenschaftlich beschäftigen, und so thut es Noth, daß ihnen auch die Religion in der Form, in welcher sie zunächst jede Erkenntniß empfangen, entgegen gebracht werde.

So fordert die höhere Bürgerschule neue Professuren für das Germanische und Nationale, für Französisch, Englisch, Theologie (?) und Didactik, und das Alles, um dem Bürgerstande zu der rechten Bildung zu verhelfen. Er ist dieser Gabe wohl werth. Aber mit dieser Veranstaltung ist zugleich auch die Frage entschieden: ob denn nicht der Gymnasiast eben so an dem Nationalen betheiligt werden solle, wie der Schüler der höhern Bürgerschule? Er hat auf dem Gymnasium keine Zeit für diese speziellen Arbeiten, wenn er nicht noch mehr als heute angestrengt und damit in seiner geistigen Kraft abgeschwächt werden soll; er ist aber durch das Betreiben der alten Sprachen befähigt, sich in eine Vergangenheit und in ein ferner liegendes Geistesleben leicht hinein zu denken. Er hole nun auf der Universität das nach, was ihm die Schule noch nicht bieten konnte, ja die Schule weise ihn darauf hin, daß sie ihre Fortsetzung in der Universität habe; weise ihn hin auf das Fehlende in diesem Gebiete. Er findet, wenn die höhere Bürgerschule auch zur Universität entlassen, Genossen in Collegiensälen, und in deren Weihe für das Nationale einen freundlichen Antrieb, sich auch in dies Gebiet tiefer zu versenken.

Druck von G. Reimer.

Kolibri 360 GmbH
Ferdinand-Jühlke-Straße 7
99095 Erfurt, Deutschland
produktsicherheit@kolibri360.de